Erd-A-I-42

Stiftung
Entwicklung
und Frieden

Die Globalen Trends sind eine Antwort auf die wachsende Komplexität und Interdependenz der Weltentwicklung. Gestützt auf die Fülle international verfügbarer wissenschaftlicher Daten und Erkenntnisse werden Entwicklungen von vitaler Bedeutung für die Menschen in allen Teilen der Welt dokumentiert und analysiert. Ursachen, Folgen und Wechselwirkungen werden deutlich, sie führen zu Projektionen in die Zukunft und zu Schlußfolgerungen für die Gegenwart: zu Handlungsempfehlungen für die Praxis der internationalen Politik wie für das Verhalten der Menschen.

Die vorliegende dritte Ausgabe der Globalen Trends – in neuem Format und Design – sammelt und sichtet die jeweils jüngsten verfügbaren Daten, Erkenntnisse und Projektionen. Sachliche und verständliche Interpretation, anschauliche und ausgewogene Darstellung in Text und Grafik und die fachübergreifende Sicht auf Vernetzungen der Weltentwicklung geben dem Werk hohen Informationswert und machen es für zukunftsorientierte politische Arbeit, aber auch für die Bildungsarbeit in Schule und Hochschule unentbehrlich. Es ist ein Beitrag zu dem Bemühen, das Bewußtsein der *einen* Welt zu schärfen, die Beziehungen in der Weltgesellschaft zu zivilisieren und Politik in globaler Verantwortung auf allen Feldern durchzusetzen.

Dieser Aufgabe ist die **Stiftung Entwicklung und Frieden (SEF)** verpflichtet, die Trägerin des Projekts Globale Trends ist. 1986 auf Initiative von Willy Brandt gegründet, vereint sie unter Leitung des nordrhein-westfälischen Ministerpräsidenten Johannes Rau (Vorsitzender des Vorstands) und des sächsischen Ministerpräsidenten Kurt H. Biedenkopf (Vorsitzender des Kuratoriums) unabhängige Persönlichkeiten aus Politik und Gesellschaft, Wissenschaft und Wirtschaft im gemeinsamen Ziel.

Namhafte Fachautoren der einzelnen Disziplinen und das **Institut für Entwicklung und Frieden (INEF)** der Universität Duisburg unter der Leitung von Franz Nuscheler haben die wissenschaftlichen Grundlagen dieses Buches erarbeitet.

Stiftung Entwicklung und Frieden

Globale Trends 1996

Fakten Analysen Prognosen

Herausgegeben von
Ingomar Hauchler

Fischer
Taschenbuch
Verlag

Stiftung Entwicklung und Frieden, Bonn
Herausgeber: Ingomar Hauchler
Redaktion: Barbara Bortfeldt und Inga Thiede

In Zusammenarbeit mit dem
Institut für Entwicklung und Frieden
der Gerhard-Mercator-Universität
Gesamthochschule Duisburg

11.–13. Tausend: März 1996

Originalausgabe
Veröffentlicht im Fischer Taschenbuch Verlag GmbH
Frankfurt am Main, November 1995

© Stiftung Entwicklung und Frieden, Bonn 1995
Alle Rechte dieser Ausgabe liegen beim
Fischer Taschenbuch Verlag GmbH, Frankfurt am Main
Schaubilder: © Fischer Taschenbuch Verlag GmbH, Frankfurt am Main 1995
Schaubilder: SIGN-Kommunikation GmbH, Frankfurt am Main
Satz: Fotosatz Otto Gutfreund GmbH, Darmstadt
Druck und Bindung: Clausen & Bosse, Leck
Printed in Germany
ISBN 3-596-12941-9

Inhalt

7 Vorwort

Weltpolitik

11 **Weltordnungspolitik – Chance oder Utopie?**
Thesen zur Steuerbarkeit globaler Entwicklung – Ein Szenario des globalen Wachstums

Weltgesellschaft

39 **Lebensverhältnisse:** Die Verteilung des Wohlstands – Dimensionen menschlicher Entwicklung – Die Verpflichtungen des Weltsozialgipfels

75 **Menschenrechte:** Der kodifizierte Menschenrechtsschutz – Menschenrechtsverletzungen – Die universale Gültigkeit der Menschenrechte – Internationale Menschenrechtspolitik

101 **Bevölkerung:** Wachstumsprognosen und Trends in den Weltregionen – Folgen des ungleichen Wachstums – Familienplanung und Gleichstellung der Frauen

121 **Migration:** Wanderungsbewegungen, ein Weltordnungsproblem – Ursachen und Formen von Migration und Flucht – Strategien der Prävention

Weltwirtschaft

151 **Ökonomien:** Wachstum und Krise der Weltwirtschaft – Die neue Globalisierung – Transnationale Konzerne – Die Verantwortung der Industriestaaten – Die Rolle der Politik

181 **Finanzen:** Das instabile Weltwährungssystem – Abkoppelung der Finanzmärkte von der Realwirtschaft – Die internationale Verschuldung – Perspektive: Multinationale Steuerungskompetenz

205 **Handel:** Regionalisierung und Strukturwandel – Wachstum, internationale Arbeitsteilung und Terms of Trade – Zukunftsthemen: fairer Wettbewerb, Umwelt- und Sozialstandards

229 **Arbeit:** Der Arbeitsmarkt als gesellschaftliche Institution – Trends in den Weltregionen: Die Beschäftigungskrise der Industrieländer – Eckpunkte für politisches Handeln

Weltökologie

259 **Atmosphäre und Klima:** Der Treibhauseffekt, Ursachen und Folgen – Das Ozonloch, Ursachen, Gefahren – Internationale Klimapolitik zwischen Anpassen und Vermeiden

281 **Boden, Wasser, Biosphäre:** Die Interdependenz der natürlichen Lebensgrundlagen, ihre Bedeutung und Bedrohung – Formen und Folgen menschlicher Eingriffe – Internationale Lösungsansätze

309 **Energie:** Weltentwicklung und Energie – Verbrauch, Reserven, Märkte – Risiken der Energieversorgung – Sparpotentiale und Techniken für den Klimaschutz – Energiepolitik: Wege ins »postfossile« Zeitalter

Weltfrieden

331 **Frieden:** Zivilisierung der Weltgesellschaft – Präventive Friedensarbeit – Akute Konfliktbearbeitung: Methoden und Strategien der Mediation – Die UN-Friedenssicherung

361 **Kriege:** Kein Frieden nach zwei Weltkriegen – Kriegstypen, Kriegsursachen – Die »wahren Kosten« des Krieges – Politische Optionen der Kriegsverhütung

387 **Rüstung:** Die Militäretats schrumpfen – Aufrüstungsregionen – Der Waffenhandel und seine Kontrolle – Demobilisierung, Rüstungsabbau, Konversion: Die künftige Friedensdividende

Weltkultur

421 **Religionen:** Renaissance der Weltreligionen – Regionale Trends – Religionen im Konflikt – Religiöse Minderheiten und staatliche Toleranz – Der interreligiöse Dialog

445 **Kommunikation:** Die Globalisierung und Privatisierung der Wissensmärkte – Geistiges Eigentum und Wissensindustrien – Die Ökonomisierung von Öffentlichkeit – Das Recht auf freien Zugang zu Information

469 **Neue Technologien:** Zukunftstechnologien als Problemlösungen – Technologiepolitik im Wettbewerb der Industriestaaten – Der Transfer in Entwicklungsländer – Handlungsbedarf: Risikoforschung und Technikfolgenabschätzung

Anhang

501 **Die Länder der Erde**
512 **Quellen- und Literaturverzeichnis**
514 **Abkürzungsverzeichnis**
520 **Autorinnen und Autoren**
522 **Register**

Vorwort

Das vorliegende Buch ist der Versuch, die Trends der Weltentwicklung zu dokumentieren und sie in einem Band anschaulich und verständlich zu präsentieren. Es führt neue Fakten und wissenschaftliche Erkenntnisse auf den wichtigsten Problemfeldern zusammen und ermöglicht dem Leser damit eine Gesamtschau globaler Entwicklung.

Diese Aufgabe zwang Autoren und Herausgeber, Daten und Zusammenhänge, Analysen und Handlungsoptionen auf sehr engem Raum zu komprimieren und Schwerpunkte in der Auswahl von Fakten und Erklärungen zu setzen.

Die Globalen Trends möchten jenen, die sich in Wissenschaft und Politik, Wirtschaft und Gesellschaft vorwiegend mit nur einem Gebiet befassen, die Möglichkeit geben, einen Überblick über andere Themen zu gewinnen und die Vernetzung der globalen Probleme zu erkennen. Das Buch richtet den Blick sowohl auf Entwicklungen der Weltgesellschaft und des Weltfriedens als auch der Weltwirtschaft, der Weltökologie und der Weltkultur. Im einleitenden Essay zur Weltordnungspolitik sind über die Einzeldisziplinen hinweg Thesen zur globalen Interdependenz formuliert.

Das Buch will insofern auf eine Not der Zeit reagieren: daß nämlich Gesellschaft, Politik und Wissenschaft sich immer mehr in Disziplinen aufspalten – oft unverbunden nebeneinander. So stehen die Menschen vor einer verwirrenden Komplexität der Erscheinungen, Entwicklungen und Erklärungen. Die Folge ist: immer mehr ziehen sich resigniert auf das Überschaubare zurück, auf das Nächstliegende, Lokale, Private. Das Gegenteil jedoch ist notwendig: Ein breiteres Engagement angesichts wachsender globaler Zukunftsrisiken.

So mag das Buch auch vielen, die sich für globale Entwicklung interessieren und engagieren, ermöglichen, sich umfassend zu informieren und sich untereinander besser zu verständigen.

Die Globalen Trends plädieren für eine globale Orientierung der Politik. Nationalstaatliches Denken und Handeln kann die Zukunft einer immer enger vernetzten Welt nicht mehr allein gestalten. Politiker, die global verantwortlich handeln sollen, sind aber in der Demokratie darauf angewiesen, daß auch die Bürgerinnen und Bürger globale Entwicklungen verstehen. Insofern will das Buch auch dem Trend der letzten Jahre entgegenwirken, sich aus multilateralem Engagement in eher nationale Versuche der Problemlösung zurückzuziehen.

Die Globalen Trends nehmen Partei für politisches Handeln in globaler Verantwortung. Dafür ist jedoch nicht enges parteiliches Denken, sondern ein überparteilicher Dialog notwendig. Zu schnelles Wachstum der Weltbevölkerung, tiefe soziale Spaltungen innerhalb von Gesellschaften und zwischen Weltregionen, eine gefährliche Diskrepanz zwischen ökonomischem Wachstum und der Zerstörung natürlicher Ressourcen, die Ausbreitung von Bürgerkriegen und internationaler Kriminalität, aber auch nachlassende politische Gestaltungsmöglichkeiten im Bereich der Wirtschaft und der Weltkommunikation sind Probleme, die nicht aus rein parteilicher Sicht gelöst werden können. Sie erfordern das Zusammenwirken vieler Denktraditionen und Interessenlager.

Die **Globalen Trends** sind also den drei wichtigsten Prinzipien verpflichtet, die der Stiftung Entwicklung und Frieden zugrunde liegen: globaler Verantwortung, interdisziplinärer Sicht und überparteilichem Dialog. Für diese Orientierung bürgen die Persönlichkeiten, die die Stiftung gegründet haben, Willy Brandt, Johannes Rau und Kurt Biedenkopf.

Ich danke allen Autoren, der Redaktion und dem Institut für Entwicklung und Frieden der Universität Duisburg, die mit großem Engagement an dieser gemeinsamen Arbeit mitgewirkt haben.

Ingomar Hauchler

Weltpolitik

11 Weltordnungspolitik – Chance oder Utopie?

Thesen zur Steuerbarkeit globaler Entwicklung
Ein Szenario des globalen Wachstums bis 2100

Weltordnungspolitik
Chance oder Utopie?

Thesen zur Steuerbarkeit globaler Entwicklung

In unserer Welt, die sich zunehmend vernetzt, hat die Ökonomie den Primat über alle Lebensbereiche gewonnen. Im globalen Maßstab scheint auf absehbare Zeit unerreichbar, was früher den Nationen zeitweilig gelang, nämlich die Unterordnung der Ökonomie unter humane und soziale Ziele. Die Weltökonomie hat sich verselbständigt, weil die Politik nicht in der Lage war, Instrumente zur Steuerung der globalen Entwicklung zu schaffen. Sie hat sich noch nicht an eine neue historische Lage angepaßt, die durch weltweite Interdependenz und globale Zukunftsrisiken bestimmt ist.

Die Politik ist einer selbstlaufenden ökonomischen Dynamik, die zunehmend die ganze Welt erfaßt, nicht gewachsen. Ihre Steuerungsfähigkeit hinkt weit hinter jener der Ökonomie zurück. Die Politik wiederum versagt, weil ihre gesellschaftlichen und kulturellen Grundlagen noch nicht auf globale Verantwortung angelegt sind, aus der politische Handlungsfähigkeit auf globaler Ebene erwachsen könnte.

Interdependenz zeigt sich also nicht nur in weltweit räumlicher Vernetzung, sondern auch in einem Bedingungszusammenhang von Ökonomie, Politik und Gesellschaft. Es ist dieser Aspekt, den ich in den folgenden Thesen in Umrissen herausarbeiten möchte.

Die bisherigen Versuche, einzelne globale Probleme isoliert voneinander zu analysieren und zu lösen, reichen nicht mehr aus für die notwendigen ökonomischen, sozialen und ökologischen Korrekturen zur Sicherung der Zukunft. Die Risiken, die sich aus den globalen Trends ergeben, lassen sich allein durch technologisch immer besseres »peacemeal-engineering« einzelner Faktoren nicht mehr bewältigen. Nur das Zusammendenken der ökonomischen, politischen und gesellschaftlichen Faktoren, also die Erfassung des inneren Zusammenhangs der Weltentwicklung, und die Analyse der eigentlichen Ursachen globaler Dynamik könnten integriertes Handeln in globaler Verantwortung möglich machen.

Die Schere zwischen Globalisierung und politischer Handlungsfähigkeit

These 1 *Die globale Entwicklung ist von zwei widersprüchlichen Trends geprägt. Während die Welt sich zunehmend vernetzt, nimmt die Fähigkeit ab, die Probleme der Welt zu lösen. Es öffnet sich eine Schere zwischen Globalisierung und politischer Handlungsfähigkeit. Wir sind dem Ziel, eine globale Ordnung für Entwicklung und Frieden zu schaffen, in den letzten Jahren nicht, wie erhofft, näher gekommen. Es zeigt sich sogar die Tendenz, daß die globale politische Zusammenarbeit schwächer wird.*

Die Erwartung, mit den Vereinten Nationen sei die Basis einer internationalen Ordnung geschaffen worden, blieb bis heute unerfüllt. Vielmehr scheint globales Denken und Handeln durch nationalstaatliche und ethnozentrische Bestrebungen gefährdet.

1   Die **Globalisierung** schreitet voran, die Welt vernetzt sich immer mehr. Dies gilt aber nicht für alle Lebensbereiche. Es gilt für Ökonomie und Technologie – und auch für die Umweltzerstörung. Hier vernetzt sich die Welt in nicht rückholbarer Weise. Dagegen aber steht eine Fragmentierung im politischen und sozialen Bereich.

Die Globalisierung der **Ökonomie** zeigt sich darin, daß sich die Volkswirtschaften immer stärker integrieren; daß der Welthandel seit Jahren stärker wächst als die Weltproduktion, also der Austausch von Gütern und Dienstleistungen zunimmt; daß Investitionen weltweit geplant werden; daß immer größere transnationale Unternehmen den Wirtschaftsprozeß gestalten und daß Geld und Kapital frei über den Globus fließen. Produkte und Dienstleistungen werden für einen weltweiten Bedarf produziert. Nationaler Wirtschafts-, Sozial- und Umweltpolitik sind immer engere Grenzen gezogen.

Die Globalisierung der **Technologie** zeigt sich in weltweiten Datennetzen und Satellitenkommunikation. Bilder und Informationen gelangen fast zeitgleich an jeden Ort der Welt. Technologie macht es möglich, binnen eines Tages den Globus zu umkreisen. Sie ermöglicht massenhaften Verkehr von Menschen und Gütern über alle Grenzen hinweg. Sie löst Arbeit und Produktion, Produkte, Medien und Wissenschaft von nationalen Standorten.

Die Globalisierung der **Ökologie** zeigt sich darin, daß viele Schäden, die der Mensch der Natur zufügt, nicht mehr lokal begrenzt sind, sondern sich weltweit auswirken. Die Zerstörung der Atmosphäre, die Verschmutzung von Meeren und Flüssen, die Vernichtung der Wälder, der exzessive Verbrauch von Energie und anderen Ressourcen trifft alle – ob sie dafür verantwortlich sind oder nicht.

2   Während sich die Welt also ökonomisch, technologisch und ökologisch globalisiert, bleiben die politische und die soziale Welt, bleiben die **Gesellschaften** fragmentiert. Asymmetrien und Antagonismen verstärken sich hier sogar.

Politisch ist die Welt eine **Staatenwelt** geblieben. Nationale Sonderinteressen – vor allem der großen Staaten und starken Wirtschaftsmächte – bestimmen die internationalen Beziehungen. Zwar verbinden sich Teile der Zivilgesellschaft über die Grenzen hinweg. Die internationalen Verbindungen und Aktionen von Nichtregierungsorganisationen – wie jüngst von Greenpeace in der Nordsee und der Südsee – sind dafür ein Beleg. Und die Zahl der internationalen Konferenzen, Verträge und Institutionen ist sprunghaft gestiegen. Beides konnte jedoch bisher das Regelungsmonopol des Nationalstaates im Kern nicht einschränken oder gar ersetzen.

Entgegen dem bleibenden Anspruch des Nationalstaates auf Souveränität und Selbstbestimmung wird seine tatsächliche Regelungskompetenz aber durch die ökonomische und technologische Globalisierung ausgedünnt. Seine Leistungsfähigkeit in inneren und äußeren Angelegenheiten wird vor allem durch die ökonomische Globalisierung geschwächt. Mit dem klassischen Ansatz, internationale Probleme vorwiegend bilateral zwischen souveränen Staaten zu lösen, sind viele Zukunftsrisiken nicht mehr zu bewältigen, und damit bleiben die internationalen Beziehungen per se instabil.

Das **politische Vakuum**, das mit der wachsenden Kluft zwischen Anspruch und Leistungsfähigkeit des Nationalstaates entstanden ist, wird durch multilaterale Regime und Institutionen und durch zivilgesellschaftliche Vernetzung bisher nicht gefüllt. Die Nationalstaaten gestehen ihnen die Kompetenzen, die sie selbst verloren haben, nicht zu. Gegenwärtig zeigt sich sogar in einigen westlichen Staaten, insbesondere in den USA, die Tendenz zum Rückzug aus multilateralem Engagement.

Die **soziale Fragmentierung** zeigt sich in tiefen Asymmetrien der Lebensverhältnisse und Entwicklungsbedingungen in den Weltregionen, aber auch innerhalb einzelner Nationalstaaten. Dies betrifft die Verfügung über Güter, Arbeit und Ressourcen, die Bildung, soziale Sicherheit und gesellschaftliche Partizipation. Während sich etwa Teile Asiens schnell entwickeln, fällt Afrika immer weiter zurück. Während sich in China eine bürgerliche Besitzschicht herausbildet, befinden sich in diesem Land 100 Millionen Menschen auf Wanderung und Arbeitssuche. Und in vielen Industrieländern hat sich eine Zweidrittelgesellschaft herausgebildet, in der ein großer Teil der Menschen von Wohlstand und Arbeit abgekoppelt wird.

Im gesellschaftlichen und kulturellen Bereich ist die Entwicklung widersprüchlich. Einerseits greifen westliche Vorstellungen und Normen, Ansprüche und Lebensformen weltweit aus. Sie schaffen den Trend zu einer internationalen Gesellschaftswelt und Weltkultur. Autonome Werte in anderen Kulturen werden zunehmend in Frage gestellt. In einer Welt von MacDonald's und amerikanischen Seifenopern, aber auch westlicher Computermedizin und Mikroelektronik haben wertvolle traditionelle Fertigkeiten und autonome kulturelle Lebensformen kaum eine Chance.

Andererseits ist von einem heraufkommenden »Kampf der Kulturen« (Huntington) die Rede. Gemeint ist, daß sich internationale Konflikte künftig vor allem an den traditionellen Grenzen der Kulturen entzünden werden. Tatsächlich zeigt sich vor allem in der islamischen Welt wachsender Widerstand gegen gesellschaftliche und kulturelle Einflüsse des Westens – etwa in Algerien, in Ägypten und im Iran. Dieser Konflikt führt aber bis jetzt noch eher zu innergesellschaftlicher Konfrontation. Seine Stilisierung zum globalen Kulturkampf erscheint übertrieben. Der Widerstand gegen eine vom Westen geprägte Welt ist (noch) nicht stark genug, um großräumige Sicherheitsrisiken zu begründen.

Das internationale »Management« globaler Probleme greift nicht

These 2 *In den letzten Jahren haben sich die Bemühungen verstärkt, die internationale Zusammenarbeit zu intensivieren und internationale Konflikte multilateral zu bewältigen. Was erreicht wurde, blieb aber weit hinter den Zielen und Notwendigkeiten zurück. Die internationale Sicherheitspolitik steckt in einer Sackgasse. Der Versuch, globale Probleme der Umwelt, der wirtschaftlichen und sozialen Entwicklung, des Bevölkerungswachstums, der Menschenrechte und der Frauen zu lösen, hat mehr Bewußtsein geschaffen, aber wenig praktische Ergebnisse gebracht. Die internationalen Institutionen haben sich, was globale Kompetenz betrifft, als nicht handlungsfähig genug erwiesen. Insgesamt scheinen auf globaler und regionaler Ebene eher desintegrative Tendenzen die Oberhand zu gewinnen.*

1 Die internationalen Anstrengungen, **Frieden** zu erhalten und durchzusetzen, haben sich in den letzten Jahren verstärkt. Die Friedensmissionen der Vereinten Nationen konnten jedoch nicht verhindern, daß in vielen Teilen der Welt immer mehr Gewalt und vor allem Bürgerkriege um sich griffen.

Die **bosnische Tragödie** hat bewiesen, daß die internationale Gemeinschaft noch nicht fähig ist, ethnische und soziale Konflikte zu lösen, weder mit friedlichen Mitteln noch militärisch. Jahrelange Verhandlungen und zahlreiche Modelle der friedlichen Konfliktlösung konnten nach dem Zerfall Jugoslawiens keine dauerhafte Friedensperspektive für diese Region eröffnen.

Ebenso hilflos stand die internationale Gemeinschaft vor dem Morden und Sterben in **Ruanda** vor laufenden Kameras, sichtbar für alle Welt. Auch der Einsatz der Vereinten Nationen in **Somalia** war ein Fehlschlag. Das Land ist nicht befriedet, sondern mehr zerstört als zuvor. Der **Golfkrieg** war ein spektakulärer Erfolg amerikanischer Militärmacht; er hat aber der Region keine Perspektive für Zusammenarbeit und Frieden eröffnet. Nach Abzug der alliierten Truppen beherrscht der irakische Diktator weiterhin das Land, ist die Lage der Kurden und Schiiten prekärer als zuvor, ist die feudalistische Diktatur in Kuwait ungebrochen. Und die internationale Gemeinschaft ist bis jetzt immer dann untätig geblieben, wenn die Großmächte Rußland und USA ihre regionale Vorherrschaft mit militärischen Mitteln gewahrt haben (Tschetschenien, Panama). Diese und andere ungelöste Fälle haben das Vertrauen in die Handlungsfähigkeit internationaler Friedenspolitik erschüttert.

2 Auch bei anderen globalen Risiken haben Regelungsversuche der internationalen Gemeinschaft noch nicht zu praktischen Erfolgen geführt.

Die **Konferenz für Umwelt und Entwicklung** in Rio (1992) hat eine zukunftweisende Agenda für nachhaltige Entwicklung und eine Klimakonvention verabschiedet. Kein Staat ist aber bis jetzt bereit, die dort einvernehmlich verabschiedeten Erklärungen in konkrete Politik umzusetzen. Jeder Staat wartet auf den anderen, weil ein international verbindliches Regime zur Durchsetzung der anerkannten Forderungen fehlt. Die **Klimakonferenz** in Berlin (1995) hat dies bestätigt.

Die **Menschenrechtskonferenz** in Wien (1993) hat den Gedanken der universellen Menschenrechte breit diskutiert und im Prinzip anerkannt. Konkrete Fortschritte zur Eindämmung von Menschenrechtsverletzungen zeigen sich jedoch bis jetzt nicht. Im Gegenteil. Gegensätzliche westliche, islamische und asiatische Positionen haben sich seither eher verfestigt. Die großen Wirtschaftsmächte haben ihre aktive Menschenrechtspolitik – etwa gegenüber China – hinter ökonomischen Interessen zurückgestellt.

Die **Bevölkerungskonferenz** in Kairo (1994) hat aller Welt deutlich gemacht, daß zu hohes Bevölkerungswachstum vor allem in den armen Ländern eine der größten Gefahren für die Zukunft der Menschheit ist. Die Weltbevölkerung wird sich in zwei Generationen auf über zehn Milliarden Menschen verdoppeln. Angesichts dessen wurde in Kairo einvernehmlich eine wichtige Resolution verabschiedet. Es fehlen aber wiederum die Instrumente, um die wichtigsten Maßnahmen zur Eindämmung des Bevölkerungswachstums in den einzelnen Staaten durchzusetzen.

Auch der **Weltgipfel für soziale Entwicklung** in Kopenhagen (1995) hat sich eher auf ein Wunschprogramm denn auf konkrete Politik verständigt, mit der Armut und Arbeitslosigkeit bekämpft und mehr soziale Sicherheit geschaffen werden könnte. Weder Industrie- noch Entwicklungsländer haben sich zu Maßnahmen verpflichtet, mit denen die Ursachen von Migration, Kriegen und Umweltzerstörung zu beseitigen wären.

Die globalen Konferenzen der vergangenen Jahre waren ein Schritt in die richtige Richtung. Ihre Wirkung aber ist zweischneidig. Sie haben weltweit das Bewußtsein der globalen Risiken verstärkt. Aber immer neue Resolutionen, die das Richtige sagen, jedoch unverbindlich bleiben, bergen die Gefahr, daß die Menschen das Vertrauen verlieren, die globalen Probleme seien noch zu lösen, und sich resigniert abwenden, daß aber auch die Staaten wieder zunehmend in nationalen Alleingängen Zuflucht suchen.

3 Die **internationalen Institutionen**, die allgemein als stark und handlungsfähig gelten, haben die Erwartungen in ihre Kompetenz nicht erfüllt. Ihre Entscheidungen haben teilweise zwar globale Wirkung, berücksichtigen aber in vielen Fällen nicht das allgemeine globale Interesse. Es mangelt ihnen an der notwendigen Kompetenz und Effizienz, aber auch Legitimität.

Die Uruguay-Runde hat mit der neuen **Welthandelsorganisation (WTO)** ein stärkeres Instrument zur Durchsetzung weltweiter Liberalisierung für Güter und Dienstleistungen geschaffen. Die Handelskriege zwischen den USA, Japan und Westeuropa werden aber vorerst wohl unvermindert weitergehen. Das neugeschaffene Sanktionsinstrumentarium muß erst noch beweisen, daß es gegenüber den Sonderinteressen der großen Wirtschaftsmächte funktionieren kann; Skepsis ist hier angebracht. Die Aufgabe, effektiven und fairen globalen Wettbewerb zu sichern und soziale und ökologische Verträglichkeit in den internationalen Wirtschaftsbeziehungen durchzusetzen, ist noch nicht wirklich in Angriff genommen. Für die Verhinderung weiterer sozialer Verwerfungen, aber auch der durch Wachstum induzierten Verschwendung von Ressourcen und Umwelt könnte es bald zu spät sein.

Der **Internationale Währungsfonds (IWF)** hat seine ureigene Aufgabe nicht erfüllt, das internationale Währungs- und Finanzsystem zu stabilisieren und damit optimale Bedingungen für Wachstum, Investition und Handel zu schaffen. Die internationale Finanz- und Währungspolitik wird nach wie vor von den nationalen

Interessen der großen Industriestaaten und der transnationalen Konzerne und Banken bestimmt. Für die in den vergangenen Jahren neu übernommene Aufgabe der Entwicklungsfinanzierung und der globalen Lenkung wirtschaftlicher Strukturanpassung ist der finanzielle Spielraum des IWF zu eng, sind seine Programme sozial und ökologisch zu wenig abgesichert. Strukturelle Lösungen angesichts wachsender Finanz- und Verschuldungsprobleme vieler Entwicklungsländer können so nicht wirksam angestoßen werden. Dies hat sich im Falle Mexikos, der Russischen Föderation und vieler Entwicklungsländer erwiesen.

Die **Weltbank** gilt, ähnlich wie der IWF, als kompetente globale Institution. Sie ist aber schwächer als allgemein angenommen. Viele ihrer Projekte haben sich als ineffizient und sozial und ökologisch schädlich erwiesen, wie erst vor kurzem ein interner Prüfungsbericht der Weltbank dargelegt hat.

Alle drei Institutionen – WTO, IWF und Weltbank – können noch nicht als internationale Organisationen gelten, die Ersatz für den Verlust nationaler Handlungsfähigkeit im Prozeß der wachsenden Globalisierung bieten. Sie verfügen über zu wenig eigene Kompetenzen, und ihr finanzieller Spielraum ist zu eng. Das mindert ihre Leistungsfähigkeit. Sie leiden aber auch an einem doppelten Legitimitätsdefizit. Zum einen werden sie nicht demokratisch kontrolliert, zum anderen sind sie gezwungen, vorrangig die Sonderinteressen der starken Industriestaaten zu vertreten. Das schwächt ihre Akzeptanz.

4 Die globale Institution per se, die **Vereinten Nationen**, ist in den vergangenen Jahren nicht stärker, sondern schwächer geworden. Mit großen Hoffnungen nach dem Zweiten Weltkrieg gegründet, in den 60er und 70er Jahren ausgebaut und zum Forum des globalen Dialogs geworden, sind die Vereinten Nationen 1995, an ihrem 50. Geburtstag, politisch weniger handlungsfähig denn je und stehen finanziell vor dem Ruin. Die Weigerung der größten Militär- und Wirtschaftsmacht, der USA, den Vereinten Nationen sicherheitspolitisch und ökonomisch stärkere Kompetenzen einzuräumen und ihre Beiträge zu bezahlen, beweist, daß sich die einzig verbliebene Supermacht, die globalen Einfluß für sich reklamiert, aus der globalen Zusammenarbeit zurückzieht und auf sich selbst zurückwendet. Dies steht im krassen Gegensatz zu der Erkenntnis, daß die Vereinten Nationen neben ihren friedenspolitischen Missionen zunehmend auch Entwicklungsaufgaben übernehmen müßten.

Auch die **Gruppe der Sieben** (G7) hat sich als unfähig erwiesen, das Vakuum an internationaler Handlungsfähigkeit zu füllen. Sie repräsentiert zwar über die Hälfte der internationalen Wirtschaftskraft, sie exportiert über 80 % der Waffen, sie verbraucht zwei Drittel der Weltenergie. Der letzte Weltwirtschaftsgipfel 1995 in Halifax hat aber wiederum keinen wirklichen Schritt getan, um aktuelle oder gar langfristige globale Probleme, die von den G7-Staaten oft selbst zu verantworten sind, zu lösen. Der Weltwirtschaftsgipfel dient zunehmend dazu, mehr die inneren Konflikte der starken Industrieländer zu verschleiern als im globalen Interesse zu handeln.

5 Nicht nur auf globaler Ebene, sondern auch regional scheinen eher desintegrative Tendenzen die Oberhand zu gewinnen, obwohl die Notwendigkeit stärkerer internationaler Zusammenarbeit beschworen wird. **Regionale Zusammenschlüsse** werden in allen Weltteilen angestrebt, sie kommen aber bis jetzt über das Stadium schwacher politischer und ökonomischer Abkommen nicht hinaus (MERCOSUR, NAFTA, ASEAN). Wirkliche Integration mit kompetenten und dauerhaften Institutionen kommt nicht voran. Auch die weitere Integration der Europäischen Union scheint, vor allem was Außen- und Innenpolitik betrifft, eher zu stagnieren. Nationale Alleingänge und kurzsichtige Egoismen mehren sich. Die britische Verweigerung gegenüber einer effektiven gemeinsamen Kriminalitätsbekämpfung, der französische Alleingang bei Atomtests, die deutsche Überheblichkeit in Wirtschafts- und Währungsfragen und der Streit um die Finanzierung des Lomé-Abkommens, aber auch um Prioritäten bei der Förderung Osteuropas und des Mittelmeerraumes, sind Warnsignale. Es ist zu hoffen, daß sie nicht die Spitze eines Eisberges nationaler Rückwendung sind.

Die Ökonomie hat den Primat über die Politik übernommen

These 3 *Die Globalisierung wird bisher überwiegend von ökonomischen Interessen vorangetrieben. Sie hat seit den 8oer Jahren – insbesondere nach dem Zusammenbruch des kommunistischen Systems – mit der weltweiten Durchsetzung der neoliberalen Wirtschaftspolitik stetig an Dynamik gewonnen. Dieser ökonomischen Globalisierung fehlt aber die politische Flankierung, die für die Unterordnung der wirtschaftlichen Leistung unter humane und soziale Ziele sorgt. Die Weltökonomie ist noch in einem anarchischen Stadium, in dem sich die ökonomischen Interessen politischer Kontrolle entziehen und den Primat über die Politik beanspruchen. Eine verselbständigte Weltökonomie hebelt die wirtschaftliche, soziale und ökologische Regelungskompetenz der einzelnen Staaten aus. Sie droht national und international soziale Asymmetrien zu verschärfen und könnte in wenigen Jahrzehnten weltweit die Lebensgrundlagen verspielen. Ohne politische Kontrolle sind aber auch Wohlstand und Arbeit in Industrie- und Entwicklungsländern nicht zu sichern.*

1 Der wirtschaftliche **Neoliberalismus** beruht auf wenigen Grundgedanken. Erstens: Wohlstand wird durch autonome Entscheidungen der Wirtschaftssubjekte und ihren möglichst ungehemmten Wettbewerb am besten gesichert. Quasi hinter dem Rücken stellt sich über das Spiel der individuellen Interessen das Gemeinwohl von selbst her. Zweitens: Der Wohlstand wird um so mehr gefördert, je weiter die Arbeitsteilung vorangetrieben wird. Dies führt zu der Vorstellung, daß der Wohlstand mit der Größe der Märkte wächst, und damit zur Maxime eines weltweit liberalisierten Austausches von Gütern und Produktionsfaktoren. Drittens: Das Individuum handelt rational. Seine Motivation und Innovation sind um so größer, je mehr es seine persönlichen Interessen befriedigen kann. Viertens: Die Maximierung des Wachstums ist Voraussetzung für die Befriedigung (fast) aller anderen menschlichen Bedürfnisse. Fünftens: Der Markt spiegelt im Wege freier Preisbildung die Knappheiten der Produktionsfaktoren wider.

Dieses Modell hat zu einer ökonomischen und technologischen Leistung des Westens geführt, die im Vergleich zu anderen Weltregionen einmalig ist.

Seine Prämissen entsprechen aber, vor allem in einer globalisierten Ökonomie, teilweise nicht der Wirklichkeit. Der Wettbewerb ist verzerrt. Die globale Arbeitsteilung führt zu tiefgreifenden Strukturanpassungen, die hohe gesellschaftliche Kosten auslösen und im ökonomischen Kalkül nicht berücksichtigt werden. Das Individuum handelt nicht nur nach rationalen Maximen, und seine Leistung wird nicht allein durch materielle Interessen bestimmt. Nicht alle seine Bedürfnisse sind durch das, was der Markt produziert, zu befriedigen. Und die Preise spiegeln in keiner Weise künftige Knappheiten und Bedürfnisse wider.

Das neoliberale Wirtschaftsmodell ist in einer zusammenwachsenden Welt der Wirklichkeit nicht mehr angemessen. In seiner Eindimensionalität und Fixierung auf gegenwärtige Bedürfnisse und Ressourcenspielräume verabsolutiert es das materielle Wachstum zu Lasten anderer Lebensbereiche und zu Lasten der Zukunftssicherung.

Der Neoliberalismus übersieht, daß die Basis einer unbegrenzten ökonomischen Dynamik schwindet, weil Umwelt und Ressourcen im Gegensatz zu ökonomischer Produktion nicht beliebig vermehrbar sind. Er übersieht, daß die sozialen und ökologischen Folgekosten ökonomischer Dynamik, sei es in Form von Arbeitslosigkeit oder von Umweltschutz, einen immer größeren Teil seiner produktiven Leistung beanspruchen, der für produktive Zwecke nicht mehr zur Verfügung steht. Auch eine immer weitere Steigerung der Produktivität durch modernste Technologie kann den Verlust nicht-regenerierbarer Ressourcen auf Dauer nicht kompensieren, der durch immer höhere Produktion und die wachsende Weltbevölkerung verursacht wird. Und die Ausgleichsmaßnahmen, die notwendig sind, um soziale und politische Stabilität und die natürlichen Lebensgrundlagen zu sichern, sowie stetig steigende Ansprüche an staatliche Leistungen führen zu einer immanenten Finanzkrise der Volkswirtschaften und zu immer höherer Verschuldung zu Lasten der Zukunft.

Die herrschende **Wirtschaftspolitik** geht davon aus, daß der Schlüssel zur Bewältigung fast aller Probleme in immer höherem Wachstum liegt und daß dieses durch immer weitere Deregulierung und Privatisierung ermöglicht wird. Diese Annahme nimmt offenbar die genannten systemimmanenten Folgeprobleme eines unbegrenzten Wachstums nicht zur Kenntnis. Sie übersieht auch, daß die Wachstumsraten seit den 80er Jahren gegenüber jenen der 60er und 70er Jahre auf ein wesentlich niedrigeres Niveau zurückgefallen sind, so daß schon von daher die Kompensation höherer sozialer und ökologischer Kosten schwerer geworden ist. Die Hohepriester des modernen Neoliberalismus müßten erkennen, daß das historische Wirtschaftsmodell des Westens weder räumlich noch zeitlich verallgemeinert werden kann. Wenn seine weltweite Durchsetzung dennoch gelänge, würde die Ökonomie ihre eigene Naturbasis zerstören.

Jeder weiß: Wenn China und Indien, dem westlichen Modell folgend, ihr materielles Wachstum auf europäisches Niveau steigern, werden natürliche Lebensgrundlagen unwiederbringlich zerstört. Jeder weiß: Wenn Armut und Migration bei schnell wachsender Bevölkerung und Ressourcenverknappung zunehmen, wird es blutige Kämpfe ums Überleben geben. Die Erde ist zu klein, um eine globale Expansion nach dem historischem Wirtschaftsmodell Europas zu tragen.

2 In der globalisierten Welt funktionieren die Kerntheoreme des ökonomischen Modells Europa nicht mehr so, wie die herrschende Wirtschaftspolitik dies unterstellt. Dies gilt vor allem für die Theoreme von Markt und internationaler Arbeitsteilung.

Es ist unbestritten, daß ohne funktionierenden **Markt** und Wettbewerb die wirtschaftliche Leistungsfähigkeit geringer, die Kosten höher sind. Ohne Wettbewerb verliert der Preis seine Funktion, eine bedarfsgerechte und möglichst effiziente Allokation der Produktionsfaktoren zu gewährleisten. Ebenso unbestritten ist aber, daß Voraussetzung für das Funktionieren des Wettbewerbs sowohl Rechtssicherheit als auch eine politisch gesetzte Wettbewerbsordnung sind. Beide Bedingungen sind innerhalb der Industriestaaten in einem langen historischen Prozeß weitgehend geschaffen worden. In einer globalisierten Ökonomie sind diese Voraussetzungen bisher aber in keiner Weise gegeben. Auch für die Flankierung der freien Marktkräfte durch Systeme der sozialen Sicherheit, die in den westlichen Industrieländern in einem konfliktreichen Prozeß durchgesetzt wurden und die die nötige Massenkaufkraft und die soziale Befriedung ermöglichen, fehlen in der globalisierten Ökonomie bisher jegliche Ansatzpunkte.

Unbestritten ist auch, daß eine immer weiter getriebene **internationale Arbeitsteilung** und der dazu notwendige freie Fluß von Gütern und Dienstleistungen, Investitionen und Kapital Innovation und Produktivität fördern und im allgemeinen niedrige Kosten und Preise ermöglichen. Gemäß dem Theorem der komparativen Kostenvorteile gilt, daß unter diesen Bedingungen Arbeit, Kapital und Technologie dort eingesetzt werden, wo ein Standort die günstigsten Produktionsbedingungen, also auch die niedrigsten Kosten garantiert. Wenn alle Produkte an den optimalen Standorten produziert und dann weltweit ausgetauscht werden, wird die Wohlfahrt aller optimiert.

So logisch diese Vorstellung im abstrakten Modell ist, so sehr bricht sie sich zunehmend an der Wirklichkeit. Sie setzt wiederum voraus, daß der Wettbewerb global funktioniert. Sie unterstellt, daß die mit dem Prozeß der internationalen Arbeitsteilung verbundene Externalisierung sozialer und ökologischer Kosten im ökonomischen Kalkül unberücksichtigt bleiben kann, daß es auf Dauer natürliche Standortvorteile gibt und daß das Geld in neutraler Funktion den realen Wirtschaftsprozeß fördert. Alle diese Bedingungen sind in der globalisierten Ökonomie nicht ausreichend gegeben.

Die internationale Arbeitsteilung von Unternehmen und Banken findet global nicht – wie national – im Rahmen einer Wettbewerbsordnung statt. Weltweit operierende transnationale Konzerne schließen sich zu strategischen Allianzen zusammen, die Monopole schaffen, höchstens aber noch in einen oligopolistischen Wettbewerb treten. Kleine und mittlere Unternehmen verlieren den Anschluß, viele Entwicklungsländer werden abgekoppelt. Auch die großen, geschweige denn die kleinen Staaten können den im neoliberalen Modell als notwendig vorausgesetzten freien Wettbewerb nicht mehr sichern. Insofern verliert die Ökonomie auf globalisierter Basis heute eine ihrer wesentlichsten Funktionen, nämlich die optimale Allokation der Produktionsfaktoren zu sichern.

Die sozialen und ökologischen Kosten einer wachsenden internationalen Arbeitsteilung übersteigen zunehmend die durch sie ermöglichten Produktivitätszuwächse. Der Grenznutzen internationaler

Arbeitsteilung droht gegen Null oder darunter zu fallen. Die weltumspannende Standortkonkurrenz der Staaten hat zur Verlagerung von Kosten auf den Staat geführt, die seinen finanziellen Spielraum übersteigen. Die Kosten infrastruktureller und sozialer Anpassungen, die ganze Regionen betreffen, und staatlicher Subventionen, die vor allem großen Unternehmen für den Erhalt von Arbeitsplätzen zugute kommen, wachsen weltweit.

Die im Theorem vorausgesetzten »natürlichen« Standortvorteile werden mit der Globalisierung, der wachsenden Kapitalintensität und dem ständig steigenden Anteil der Technologie an Produktionsprozessen immer mehr relativiert. Entscheidend für die Standortkonkurrenz der Staaten und für die Beschäftigung werden die künstlich geschaffenen Standortfaktoren, die mit immer massiverem Einsatz von Kapital und Technologie produziert werden und nicht mehr örtlich gebunden sind. Jedes Unternehmen kann heute theoretisch an jedem Ort der Welt produzieren, an dem ein Staat die nötige Infrastruktur bereitstellt.

Die primäre **Funktion des Geldes**, den realen Produktionsprozeß und seine Transaktionen zu fördern, tritt immer stärker hinter einer Verselbständigung der finanziellen Kreisläufe zurück. Das Geld hat seine neutrale Funktion verloren. Unkontrollierte Geld- und Kapitalströme schaffen autonom Zins- und Wechselkursbewegungen, die im globalisierten Markt Preise und Standortbedingungen verzerren.

Die Grundtheoreme herrschender Wirtschaftspolitik funktionieren in der Praxis also nicht so, wie vielfach angenommen. Die Folge ist, daß das neoliberale Modell in der globalisierten Ökonomie seine Leistungsfähigkeit zu verlieren droht und auch in den Industriegesellschaften Wohlstand und Arbeit nicht mehr auf Dauer sichern kann. Es kann deshalb nicht verwundern, daß die Entkoppelung von Wachstum und Beschäftigung zu einem Strukturmerkmal moderner Ökonomie geworden ist.

3 Es hat sich gezeigt, daß die globalisierte Ökonomie auch die Tendenz hat, national wie international **soziale Asymmetrien** zu verschärfen. In den einzelnen Volkswirtschaften vor allem der Industrieländer führt die staatliche Standortkonkurrenz dazu, daß soziale Standards in Frage gestellt, Arbeitnehmerrechte ausgehebelt und Wirtschaftsbranchen und Regionen von Arbeitslosigkeit betroffen werden.

Statistiken beweisen, daß in den Industrieländern seit den 80er Jahren eine Umverteilung der Einkommen zugunsten des Kapitals stattfindet. Die Gegenmacht der Gewerkschaften, die in Europa nicht nur sozial, sondern auch volkswirtschaftlich positiv gewirkt hat, ist geschwächt. Die transnationalen Unternehmen und Banken können angesichts fehlender politischer Kontrolle und des unbegrenzten und schnellen Flusses von Technologie und Geld ihre Produktion jederzeit verlagern. Arbeitnehmer und Staaten, die im Gegensatz zum Kapital an Standorte gebunden sind, werden zunehmend einflußloser und von autonomen Kapitalentscheidungen abhängiger. Die »staatenlosen« transnationalen Konzerne scheinen zu Subjekten, Arbeitnehmer und Staaten zu Objekten einer globalen Wirtschaftsdynamik geworden zu sein, die sich verselbständigt hat. Diese Entwicklung dem Manager oder Unternehmer persönlich anzulasten, wäre verfehlt. Die Entscheidungen werden nicht mehr von freien Unternehmern getroffen, sondern unterliegen in der globalisierten Ökonomie – mehr noch als schon in relativ geschlossenen Volkswirtschaften – unternehmerischen Interessen, die vom Druck anonym erfahrener ökonomischer Zwänge bestimmt sind.

Die soziale Asymmetrie verschärft sich aber nicht nur zwischen Individuen, sondern auch zwischen Staaten, und hier vor allem zu Lasten der meisten Entwicklungsländer. Viele Länder in Asien und Afrika haben entweder den Anschluß an die Weltökonomie und die Hochtechnologie ganz verloren oder weisen wirtschaftliche Entwicklung nur in vereinzelten Zentren auf. Die Wirtschaftskraft vieler Entwicklungsländer bleibt hinter dem Umsatz einzelner transnationaler Konzerne oft weit zurück. Die vom Westen verordneten und von IWF und Weltbank durchgesetzten Strukturanpassungsmaßnahmen haben vielfach zur Einschränkung ohnehin minimaler sozialer Sicherung, zum Rückgang der Bildung und zur Verelendung beigetragen – und so das eigene langfristige Entwicklungspotential vieler Länder geschwächt. Die Folgen sind anhaltendes Bevölkerungswachstum und Migration und der Zerfall gesellschaftlicher Stabilität.

4 Globalisierte Ökonomie neoliberaler Prägung gefährdet auch die **ökologischen Grundlagen**. Die Dominanz ökonomischer Interessen, die auf die Befriedigung gegenwärtiger Bedürfnisse und Rentabilitäten gerichtet ist, verengt den zukünftigen Spielraum für autonome wirtschaftliche, gesellschaftliche und kulturelle Entscheidungen in historisch einmaliger Weise. Der Primat einer auf die kurze Frist fixierten Ökonomie belastet die Zukunft und nimmt künftigen Generationen die Chance, selbst über Ziele und Ressourcen menschlicher und gesellschaftlicher Entwicklung zu bestimmen.

Globalisierte Ökonomie neoliberaler Prägung ist in sich unfähig, den Verbrauch von Ressourcen an deren Endlichkeit anzupassen, weil sie von sich aus künftige Knappheiten nicht in heutige ökonomische Entscheidungen einbeziehen kann. Es kommt also nicht nur zur Verlagerung gegenwärtiger sozialer und ökologischer Kosten von Unternehmen auf den Staat und von Industrieländern auf Entwicklungsländer (horizontale Externalisierung), sondern auch zur Verlagerung von Gegenwartsproblemen auf künftige Generationen (vertikale Externalisierung). Dies zeigt sich in der Verminderung der Ressourcen- und Umweltbasis zugunsten gegenwärtiger und zu Lasten zukünftiger Bedürfnisse, aber auch in steigender Staatsverschuldung bei zurückgehenden möglichen Wachstumsspielräumen.

5 Ich habe versucht, in aller Kürze darzulegen, daß im ökonomisch und technologisch getriebenen Globalisierungsprozeß die Ökonomie den Primat über alle anderen Lebensbereiche gewonnen hat, in einer neuen historischen Weltlage aber das in Europa entwickelte, heute global herrschende Wirtschaftsmodell seine postulierte Leistungsfähigkeit verliert – nicht nur sozial und ökologisch, sondern auch wirtschaftlich.

Der Ausweg kann nicht ein neuer Staatsinterventionismus sein. Die Geschichte hat gezeigt, daß eine staatliche Bürokratie die Leistungen, die ein funktionierender Markt und autonome unternehmerische Entscheidungen ermöglichen, nicht ersetzen kann. Die Konzentration ökonomischer Entscheidungen und politischer Macht in einer Hand – dies hat das kommunistische System bewiesen – hat nicht nur zu wirtschaftlicher Ineffizienz und zur Mißachtung der Ökologie, sondern auch zu gesellschaftlicher Unterdrückung geführt. Das Gegenmodell zum herrschenden Wirtschaftssystem neoliberaler Prägung ist nicht der Staatsinterventionismus, sondern eine globale Marktwirtschaft, die auf humane und soziale Ziele politisch verpflichtet wird, die zukünftigen Bedürfnissen und Risiken gerecht wird und mit den natürlichen Lebensgrundlagen haushält. Das herrschende Wirtschaftssystem muß unter neuen historischen Bedingungen umgebaut werden.

Die Politik muß den Primat über die Ökonomie zurückgewinnen. Nur so ist ein wirksamer Rahmen zu schaffen, in dem die ökonomische Leistung an das allgemeine globale Interesse gebunden und die Zukunft gesichert werden kann. Um die globalisierte Ökonomie aber in diesem Sinne kontrollieren zu können, müßte sich die Politik selbst globalisieren.

Zentrale Aufgaben einer solchen **globalen Politik** sind
▶ die Schaffung einer internationalen Wettbewerbsordnung,
▶ die Rückbindung der internationalen Finanzflüsse an realwirtschaftliche Ziele von Wachstum und Beschäftigung,
▶ soziale Sicherung gegen wachsende strukturelle Verwerfungen, die die globalisierte Ökonomie verschärft hat,
▶ Ausgleich des drastischen wirtschaftlichen und sozialen Gefälles zwischen den Weltregionen,
▶ die Internalisierung der steigenden sozialen und ökologischen Kosten, die aus der wirtschaftlichen Globalisierung erwachsen, und
▶ ein internationales Ordnungsrecht, das den exzessiven Verbrauch nicht regenerierbarer Ressourcen stoppt.

Werden diese Aufgaben nicht in kurzer Zeit gelöst, dann werden nicht wiedergutzumachende wirtschaftliche, soziale und ökologische Katastrophen eintreten, die den Frieden gefährden und zu nationalistischen Ausstiegen aus globaler Verantwortung führen. Auch Richard von Weizsäcker hat kürzlich in einem Vortrag in München warnend darauf hingewiesen, daß die einseitige ökonomische Globalisierung nicht nur eine Chance sei, sondern auch zur gesellschaftlichen Bedrohung werden könne.

Ob der Umbau der anarchischen und dominierenden zu einer auf globalen Ausgleich und ökologische Vernunft verpflichteten Ökonomie gelingt, hängt davon ab, ob das politische System vor allem der westlichen Industriestaaten, die die ökonomische Globalisierung vorangetrieben haben und noch geraume Zeit eine dominierende Position haben werden, genügend Substanz hat, um sich an eine neue historische Weltlage anzupassen und – auch unter Zurückstellung kurzfristiger eigener Interessen – im Dienste des globalen Allgemeinwohls zu handeln. Wie steht es damit?

Politik und Gesellschaft des Westens versagen vor globalen Problemen

These 4 *Der Nationalstaat behauptet das politische Monopol, obwohl er in wichtigen Bereichen seine Steuerungskompetenz verloren hat. Immer noch vorherrschendes nationales Souveränitätsdenken und die Dominanz der Interessen westlicher Industriestaaten verhindern eine Weltordnungspolitik, die globales Gemeininteresse durchsetzt. Die politischen Eliten der westlichen Demokratien denken und handeln zum großen Teil nicht in globaler Orientierung; sie sind auf nationale Tagesinteressen fixiert. Bildung und Massenmedien haben, wie die Politik, gegenüber der globalisierten Ökonomie weitgehend ihre Autonomie verloren. Die zivilgesellschaftlichen Bewegungen, die die globale Verantwortung nationaler Politik erkennen, sind zu fragmentiert und zu schwach, um auf politische Prozesse, auf Bildung und Medien wirklich Einfluß im Sinne globaler Verantwortung zu gewinnen.*

1 Die vom Westen dominierte ökonomische und technologische Globalisierung hat die **Souveränität der Nationalstaaten** ausgehöhlt. Ihre sinkende Handlungskompetenz wird nicht durch wirksame internationale Regime und Institutionen ausgeglichen. Dagegen spricht nicht, daß es faktisch immer mehr zivile und staatliche internationale Beziehungen und Institutionen gibt. Diese haben sich vervielfacht. Sie haben aber auf globaler Ebene keine der nationalstaatlichen vergleichbare exekutive, judikative und legislative Handlungskompetenz geschaffen.

Angesichts wachsender wirtschaftlicher und sozialer Probleme und eines internationalen politischen Vakuums zeigen große westliche Staaten sogar die Tendenz, sich auf die Nation zurückzuziehen, obwohl die eigene Regelungskompetenz schwächer geworden ist. Die Neigung, sich aus multilateralen Engagements zurückzuziehen, wie sie etwa in den USA, aber auch in europäischen Staaten mit der Schwächung der Finanzierung internationaler Institutionen und globaler Entwicklungsaufgaben sichtbar wird, vergrößert noch das Vakuum an globaler politischer Steuerungsfähigkeit.

In dieser Lage kann eine globalisierte Ökonomie den Primat über die Politik übernehmen. Die Staaten, die, um Wachstum und Beschäftigung zu sichern, in immer heftigere bilaterale Standortkämpfe verwickelt sind, werden von Interessen der transnationalen Unternehmen und Banken abhängig. Dies eröffnet auch kleineren und mittleren Betrieben größeren Spielraum zur Durchsetzung ihrer Interessen in Politik und Gesellschaft.

Da nationale Wirtschafts-, Sozial- und Umweltpolitik zunehmend an Einfluß verliert, wird sie zum Dienstleistungssystem kurzfristiger ökonomischer Interessen und Maximen: Entgegen der Einsicht, daß die Aufrüstung großer Entwicklungsländer mit Individualverkehr zur Klimakatastrophe führen muß, und entgegen der Einsicht, daß Waffenexporte in Krisenregionen verheerende Kriege ermöglichen, unterstützen die einzelnen Staaten massiv »ihre« Auto- und Rüstungsindustrien, die doch schon staatenlos geworden sind, da sie längst einen großen oder sogar den größten Teil ihrer Produkte im Ausland herstellen und ihr Kapital weltweit gestreut haben. Entgegen der Einsicht, daß Armut Hauptursache von Bevölkerungswachstum und Migration ist, wird in der Entwicklungspolitik die Unterstützung für Afrika gekürzt; die Subventionen für transnationale Konzerne aber werden erhöht.

Die Welt ist eine Staatenwelt geblieben, in der sich die von nationalen ökonomischen Interessen und »ihrer« Wirtschaft geleiteten starken Industriestaaten durchsetzen und globale Regelungsmechanismen, die ihre Position schwächen könnten, verhindern.

Die Rückwendung von multilateralen zu bilateralen politischen Problemlösungen zeigt sich jedoch nicht nur bei den großen Wirtschaftsmächten, sondern weltweit in nationalistischen und ethnozentristischen Strömungen, die sich in den letzten Jahren verstärkt haben. Dies gilt besonders für den früheren kommunistischen Machtbereich, aber auch für Teile Afrikas und Westeuropas. Wo die großen Mächte nicht bereit sind, ihre Dominanz aufzugeben, wo sie die internationalen Institutionen nur nach ihren Interessen formen und sogar schwächen, werden kleinere Staaten oder Minderheiten nicht bereit sein, ihrerseits den Anspruch auf Souveränität, Selbstbestimmung und Autonomie aufzugeben.

Das internationale Klima für die Abgabe von Kompetenzen an multilaterale Regime und Institutionen hat sich also verschlechtert. Dies gilt nicht nur im globalen, sondern auch im regionalen Maßstab, wie Tendenzen zur Desintegration und nationalen Selbstbehauptung in der Europäischen Union zeigen.

2 Nicht nur die Nationalstaaten als ganze, auch ihre **politischen Eliten** erfüllen nicht die Anforderungen, eine wirksame internationale Ordnung zu schaffen, die dem globalen Gemeininteresse dient. Vor allem in den Vereinigten Staaten, aber auch in anderen Industrieländern zeigt sich ein Trend zur Provinzialisierung politischen Denkens und Handelns. Die großen Industriestaaten beanspruchen – etwa im Kreis der G7 – globalen Einfluß, sind aber gleichzeitig in vielfältige bilaterale Interessenkämpfe verstrickt. Der amerikanisch-japanische Handelskrieg, der – oft entgegen den internationalen Regeln – staatlich subventionierte Wettlauf um U-Bahnen, Staudämme und Kraftwerke in Asien oder Lateinamerika, die Eifersucht um ständige Sitze im Weltsicherheitsrat und die mangelnde Bereitschaft, schnell wirksame Friedensmissionen der Vereinten Nationen auszurüsten, sind nur einige Beispiele.

Die nationalen Eliten verstehen politische Führung nicht mehr als Herausforderung, im nationenübergreifenden gemeinsamen Interesse allseits tragfähige Lösungen zu finden und über globale Entwicklungen und Risiken aufzuklären. Sie betreiben Politik als vordergründiges Management aktueller Krisen – und als Kunst, in einer Welt der Massenmedien die Macht zu behalten. Politische Visionen und Reformentwürfe für globale Handlungsfähigkeit sind in den letzten Jahren auf der Strecke geblieben. Dies gilt für gemeinsame Strategien zur Bekämpfung der Ursachen von Arbeitslosigkeit und Verelendung, von Umweltzerstörung und zu hohem Bevölkerungswachstum. Dies gilt für verbindliche Abkommen zur nuklearen Abrüstung und zur Bekämpfung des internationalen Waffenhandels, zur Eindämmung der internationalen Spekulation und zur Bekämpfung organisierter Kriminalität. Reformen lassen auf sich warten, wo es um mehr Handlungsfähigkeit und Demokratisierung der internationalen Institutionen und um die Nutzung zivilgesellschaftlicher Kräfte und Energien für die Bewältigung alter und neuer globaler Probleme geht.

Zunehmend zerfällt die Solidarität

zwischen den Machteliten und der breiten Bevölkerung. Über Grenzen hinweg verbünden sich privilegierte nationale Kreise in Politik und Wirtschaft. Sie verbünden sich immer mehr in der gegenseitigen Unterstützung ihrer spezifischen Eigeninteressen und identifizieren sich immer weniger mit dem Allgemeininteresse ihrer Bevölkerung. Parallel zur »offiziellen« Rivalität von Staaten und Konzernen hat sich inoffiziell eine grenzüberschreitende **globale Dreiklassengesellschaft** gebildet. Die obere globale Klasse ist zwischen den Metropolen in ihren Wirtschafts- und Machtinteressen eng vernetzt. Diesem internationalen Jet-set steht die untere globale Klasse gegenüber, die wirtschaftlich abhängig, unterprivilegiert und teilweise verelendet ist und eine in sich vielfach gespaltene Peripherie der Weltentwicklung bildet. Dazwischen steht die mittlere Klasse von Halbprivilegierten, die in sich zwar sehr differenziert ist, jedoch fast widerstandslos den Vorgaben der oberen Klasse folgt und an deren Interessen gebunden ist. Diese globale soziale Schichtung überdeckt nicht nur die Industrie-, sondern auch die Entwicklungsländer.

3 Zur mangelnden globalen Orientierung der Nationalstaaten und ihrer politischen Eliten kommt, daß der Einfluß der **gesellschaftlichen Kräfte** auf Wirtschaft, Politik und Kultur sinkt. Die in der Politologie diskutierte Hypothese, die Welt wandle sich seit einiger Zeit von der Staatenwelt zur Gesellschaftswelt, in der neben den Staaten nicht nur die internationalen Institutionen, sondern jetzt zunehmend auch zivilgesellschaftliche Kräfte als gewichtige Akteure aufträten, scheint eher Ausdruck einer Hoffnung denn Ergebnis einer nüchternen empirischen Bestandsaufnahme zu sein. Es ist sicher richtig, daß die Zahl von Nichtregierungorganisationen und die zivilen internationalen Beziehungen in den letzten Jahren sprunghaft zugenommen haben. Das heißt aber nicht, daß sie der Politik bereits eine nennenswerte neue Qualität gegeben hätten. Individuelle und punktuelle Anstrengungen in der Zivilgesellschaft können bis jetzt das internationale politische Vakuum nicht füllen und die im globalen System herrschenden Wirtschafts- und Machtverhältnisse nur marginal beeinflussen.

Diese Initiativen sind wichtig und sollten in Zukunft höheres Gewicht erhalten. Die friedens-, umwelt- und entwicklungspolitischen Initiativen verbinden sich jedoch noch nicht zu einer breiten demokratischen Bewegung, die machtvollen Einfluß auf die institutionellen Systeme in Wirtschaft, Politik und Kultur ausüben könnte. Und sie verknüpfen sich noch nicht mit dem Bewußtsein und den Interessen der breiten Bevölkerung. Der zunehmenden Aktivität kritischer gesellschaftlicher Eliten steht zunehmende Passivität und »Politikverdrossenheit« eines wachsenden Teils der Bevölkerung gegenüber.

4 Nicht nur die Politik, auch das westliche System der **Bildung** und der **Massenmedien** wird immer mehr zum Dienstleistungsbetrieb globalisierter Ökonomie und verliert so seine autonome Funktion. Bildung und Medien haben sich immer weiter verbreitet und technologisch immer mehr perfektioniert, tragen aber wenig zu globalem Bewußtsein und zur Motivation der Menschen bei, im globalen Interesse zu denken und zu handeln.

Das Bildungssystem hat im Westen immer mehr Menschen den Zugang zum Lernen, zur beruflichen Ausbildung, zu höherer Bildung und zur Wissenschaft eröffnet. Dies war eine wichtige Basis für mehr Qualifikation und immer höhere Leistungen in Technologie und Wirtschaft. Die Gewichte haben sich jedoch in den letzten Jahrzehnten immer mehr zugunsten rein wirtschaftlich verwertbarer Bildung verschoben. Allgemeinbildung und damit auch Weltbildung ist zum Luxus geworden. Verschultes Lernen ebenso wie die einseitige Spezialisierung auf beruflich erfolgversprechende Fächer sind Ausdruck dieses Trends. Der einzelne hat immer weniger Chancen, die gesellschaftlichen, wirtschaftlichen und politischen Verhältnisse, die in der globalisierten Welt komplex vernetzt sind, zu verstehen. Das aber wäre in der Demokratie zentrale Voraussetzung dafür, daß Bürgerinnen und Bürger ihre politischen Entscheidungen im Bewußtsein globaler Entwicklungen und Probleme, die ja auch sie selbst berühren, treffen können.

Auch die Massenmedien sind zunehmend den Maximen ökonomischer Globalisierung unterworfen. Transnationale Medienkonzerne greifen weltweit aus und beherrschen die Inhalte der Fernsehprogramme und der Boulevardpresse. Aus den westlichen und einigen asiatischen Medienmetropolen, die sich weltweit vernetzen, wird für ein Milliardenpublikum billigste Unterhaltungsware geliefert, um dem wirtschaftlichen Diktat maximaler Auflagen und Einschaltquoten zu genügen. Diese sind nur zu erreichen, wenn sich die Medien am Status quo von Bewußtsein, Bedürfnissen und Verhalten orientieren. Informative Information und anspruchsvolle Unterhaltung sind in Nischen verdrängt. Auch früher anspruchsvolle Medien beugen sich mehr und mehr dem Trend, der von den Massenmedien vorgegeben wird. Politik wird in Talk-Shows zu Happening und Personality-Show, Bürgerkriege werden zum Krimiersatz, Liebe wird zur Konsumware. Der ökonomischen Globalisierung der Massenmedien zuwider reproduzieren ihre Inhalte – etwa in amerikanischen und europäischen Familienserien – provinzielles Denken. Über globale Probleme wie Bevölkerungswachstum, Armut und Umweltzerstörung oder globale Entwicklungen in Politik und Wirtschaft wird nicht von ihren strukturellen Ursachen her informiert. Sie sind in leicht konsumierbare Emotionsware verpackt.

Bildung und Medien wirken tief auf menschliches Bewußtsein und Verhalten ein, auf Familie und Gesellschaft, aber auch auf die Funktionsfähigkeit der Demokratie. Da sie zunehmend zu Dienstleistungssystemen einseitig ökonomischer Interessen werden, die nur an der massenhaften Befriedigung von trivialen Freizeit- und Unterhaltungsansprüchen und an wachsenden Qualifikationen in Beruf und Wirtschaft wirklich verdienen, können Bildung und Massenmedien die notwendige Funktion, Wissen über die immer komplexere Welt und ihre globalen Interdependenzen zu vermitteln, Bewußtsein zu wecken und kritisches Denken zu fördern, nicht erfüllen. Damit fehlt eine in der Demokratie wichtige Voraussetzung, um das politische System so umzubauen, daß es globalen Erfordernissen gerecht wird. Solange dies nicht gelingt, kann auch der Primat der Ökonomie nicht gebrochen werden.

5 Der notwendige Umbau der Politik zu einem internationalen System, das den globalen Herausforderungen genügen könnte, verlangt einschneidende politische und gesellschaftliche **Reformen** auf nationaler und internationaler Ebene. Worauf diese zielen müßten, ergibt sich aus den Defiziten, die oben skizziert wurden. Drei Ebenen sind hier zu nennen, auf denen Reformen ansetzen müßten.
▶ Die **internationalen Regime und Institutionen** müssen gestärkt werden.

Ihre Kompetenzen und ihre Effektivität müssen weit über das jetzige Maß hinausgehen. Dies kann aber nur gelingen, wenn sie auch einen eigenen legislativen Unterbau, eine sanktionsfähige Rechtsbasis und einen eigenen finanziellen Spielraum erhalten, die ihren Aufgaben angemessen sind. Ein entsprechender Souveränitätsverzicht der Staaten auf klar zu definierenden Gebieten, die sie national nicht mehr politisch kontrollieren können, ist dafür unerläßlich. Gleichzeitig müssen sich die internationalen Institutionen strikt auf die ihnen zugewiesenen Kompetenzen beschränken, so daß eine unnötige und bürokratische Über-Regelung, wie wir sie in der Europäischen Union erleben, vermieden wird.

Parallel zur Abgabe von Rahmenkompetenzen der Staaten nach »oben« sollten innerhalb der Staaten Aufgaben, die lokal besser und bürgernäher erfüllt werden können, nach »unten« delegiert werden. Der Grad politischer Zentralisierung und Dezentralisierung kann sich in Zukunft nicht mehr nach historisch oft willkürlich gezogenen nationalen Grenzen richten, sondern muß sich danach bestimmen, auf welcher Ebene die Probleme besser gelöst werden können und wie die Aufgaben im Interesse und unter Mitwirkung der betroffenen Menschen, also legitim, erfüllt werden können. Der Nationalstaat muß erkennen, daß er im bisherigen Verständnis ausgedient hat.

▶ Die **politischen Eliten** müssen sich – neben dem Krisen-, Macht- und Medienmanagement des Tages – darauf konzentrieren, die notwendigen politischen Strukturen zu schaffen, um die nicht mehr rückholbare ökonomisch-technologische Globalisierung zu beherrschen und um die ökonomischen Ansprüche auf das ökologisch Mögliche zu begrenzen. Bedingung dafür ist, daß sich Denken und Selbstverständnis der politischen Eliten und Parteien zum internationalen Verständnis ihrer Aufgaben wandelt. Politiker und Parteien, die die globalen Interdependenzen nicht erkennen und die Folgen und Rückwirkungen ihres lokalen und nationalen Handelns für weitere Räume und Zeiten nicht bedenken, haben die Fähigkeit, Grundprobleme der Zeit zu lösen, verloren. Ob der Durchbruch zu einer neuen Generation global orientierter Politiker gelingt, hängt von den Selektionsmechanismen ab, die ihre Auswahl und Karriere bestimmen.

▶ Die Politik muß gegenüber der weltweit agierenden Ökonomie globale Regelungskompetenz aufbauen, gleichzeitig aber den **gesellschaftlichen Kräften** dort größere Autonomie einräumen, wo sie leistungsfähiger und kreativer sind. Die Allzuständigkeit der Parteien – sei es in der Justiz, im Bildungswesen oder in den öffentlichen Funkmedien – muß aufgebrochen werden. Das politische System muß durchlässiger werden – vor allem die Parlamente – und sich besonders jenen zivilgesellschaftlichen Kräften öffnen, die der globalen Orientierung vorarbeiten. Die Demokratie muß also eine neue Qualität gewinnen, die den Menschen zwischen den Wahltagen aktive Beteiligung ermöglicht und Raum gibt für breite gesellschaftliche Bewegungen, die über Sicht und Interessen der Parteien hinausblicken.

Die globale Leistungsfähigkeit der Politik hängt jedoch nicht nur von diesen Bedingungen ab, sondern ebenso davon, ob sich das westliche Denken, auf dem Politik und Wirtschaft gründen, zum globalen Verständnis von Mensch, Geschichte und Natur durchringt.

Der universale Anspruch westlichen Denkens muß revidiert werden

These 5 *Westliches Denken hat eine historisch einmalige technologische und wirtschaftliche Leistung ermöglicht. Sein universaler Geltungsanspruch und seine Dynamik brechen sich jedoch immer stärker an den Bedingungen einer zugleich offenen und endlichen Welt. Ohne Revision des Denkens kann sich die Politik nicht wirklich globalisieren und der Ökonomie einen Rahmen geben, der die Grenzen der Natur respektiert, den globalen Frieden durch Ausgleich sichert und allen Menschen eine Chance auf Freiheit und Leben gibt. Westliches Denken muß sich mit dem anderer Weltkulturen zum globalen Denken verbinden und ein gemeinsames Projekt von Weltethos, Weltwissen und Weltpolitik verwirklichen.*

1 Das westliche Denken beansprucht universale Geltung, weil es zunächst in Europa, dann in Nordamerika und schließlich auch in einigen Teilen Ostasiens eine historisch beispiellose wirtschaftliche Dynamik auslöste. Sie stützte sich auf hohe wissenschaftliche und technologische Leistungen und erlaubte, daß immer mehr Menschen immer mehr Bedürfnisse befriedigen können. Universale Geltung beansprucht dieses Denken aber auch, weil es den Weg zur Demokratie bereitete. Im Westen sind die Menschen mehr als in anderen Kulturkreisen frei von tradierten Normen und direkten gesellschaftlichen und politischen Herrschaftszwängen. Ein Grundbestand von Menschenrechten schützt sie vor staatlichen Übergriffen und ermöglicht ihnen, selbst auf Gesellschaft und Politik Einfluß zu nehmen.

Wer jedoch behauptet, die faktischen historischen Leistungen des westlichen Denkens rechtfertigten heute und in Zukunft seine Übertragung auf den ganzen Globus, müßte ein Zweifaches beweisen. Zum einen müßte nachgewiesen werden, daß auch die Menschen in anderen Kulturen und in ferneren Zeiten die westlichen Vorstellungen von Wirtschaft und Demokratie als ihre primären Ziele anerkennen. Zum anderen müßte nachgewiesen werden, daß westliches Denken sich auch unter den Bedingungen einer offenen und endlichen Welt als unverändert leistungsfähig erweisen kann.

Beide Annahmen müssen in Zweifel gezogen werden. Warum sollten alle Menschen dieser Welt die stetige individuelle Ausweitung von Konsum, Mobilität und Aktivität und die immer größere Teilung und Abhängigkeit der Arbeit einem Leben vorziehen, das eher von Maß und Muße, von Gemeinschaft und eigenschöpferischer und kollektiver Arbeit geprägt ist? Es scheint, daß im Verweis auf seine faktische historische Leistungsfähigkeit das westliche Denken seine eigenen Normen und Lebensformen verabsolutiert hat und alternatives Denken als geringerwertig erachtet.

In Zweifel zu ziehen ist auch die andere Annahme. Wer behauptet, daß Niveau und Dynamik des westlichen Produktionssystems auf alle Länder und auf eine doppelt so große Weltbevölkerung übertragbar seien, der müßte beweisen, daß Ressourcen und Umwelt binnen einer Generation mehr als das Zweifache, binnen zweier Generationen das Vierfache und binnen dreier Generationen das Achtfache der heutigen Weltproduktion schadlos verkraften. Ein einfaches Szenario beweist diese Hochrechnung, wenn man die allgemein anerkannten Faktoren und Ziele des westlichen Expansionsmodells kombiniert [vgl. Schaubild und Tabelle *Szenario des globalen Wachstums bis 2100*]. Ein globalisiertes Modell nachholender westlicher Entwicklung würde sich an der Endlichkeit der Erde brechen und eine Weltkatastrophe bewirken, die alles Dagewesene weit übertrifft. Das Wort vom »Ende der Geschichte«, das sagen wollte, dem westlichen System sei nach dem Zusammenbruch des Kommunismus welthistorisch nichts mehr entgegenzusetzen, würde sich dann – allerdings nicht in gutem, sondern in schrecklichem Sinne – erfüllen.

Auch die Behauptung, die Demokratie westlichen Zuschnitts könne in der globalisierten Ökonomie und Weltgesellschaft die gleichen Bedingungen vorfinden, wie sie im Westen historisch gegeben waren, beruht eher auf Hoffnung denn auf Realitätssinn. In einer ökonomisch homogenisierten, globalisierten Welt von bald zehn Milliarden Menschen, in der die großen Staaten politisch dominieren und immer mehr dem ökonomischen Diktat der transnationalen Allianzen folgen, in einer Welt, die sich zunehmend sozial spaltet, ist die legitime und wirksame Vertretung aller Menschen zur Durchsetzung ihrer Interessen in Politik, Wirtschaft und Gesellschaft schwer vorstellbar. Die Beteiligung zivilgesellschaftlicher Gruppen wäre ein wichtiges Element der Demokratisierung globaler Politik. Da sie aber von den Bürgerinnen und Bürgern nicht förmlich beauftragt sind und sich oft nur auf Teilfragen beziehen, können sie eine parlamentarische Vertretung nicht ersetzen. Eine breit legitimierte Volksvertretung auf globaler Ebene, ein Weltparlament, wäre also notwendig. Angesichts der unvergleichlich größeren Dimensionen der Weltbevölkerung und der Notwendigkeit, die Größe des Parlaments zu begrenzen, um seine Funktionsfähigkeit sicherzustellen, würden kleine Staaten und nationale Minderheiten nicht mehr ausreichend parlamentarisch vertreten. In einer ökonomisch dominierten und vernetzten Welt müssen Formen der Demokratie entwickelt werden, die im westlichen Modell bisher nicht vorgedacht sind.

Das westliche Denken kann seinen universalen Anspruch also nicht damit rechtfertigen, daß es in einem bestimmten Stadium der Geschichte und in einer bestimmten Weltregion eine vergleichsweise sehr hohe ökonomisch-technologische Leistungsfähigkeit bewirkt hat. Denn gerade diese spezifische Leistung würde, global übertragen, zur Zerstörung ihrer Ressourcen und zur Auflösung ihrer gesellschaftlichen Basis führen. Was im westlichen Kulturkreis gelang, beweist wenig für die Zukunft der ganzen Erde. Hier fallen wesentliche historische Voraussetzungen der europäischen »Erfolgsgeschichte« weg: vor allem die relativ geschlossene Religion und Philosophie, Gesellschaft und Kultur; die Vernutzung der übrigen Welt im Kolonialismus und im ökonomischen Imperialismus; die scheinbar unendlichen Ressourcen. Die Zeit läuft aus, in der die Eroberung ferner Länder und die rücksichtslose Ausbeutung der Natur möglich waren.

2 Das westliche Denken muß seinen universalen Anspruch aufgeben. Es muß sich dem Denken anderer Kulturkreise öffnen, deren Grundwerte respektieren und im offenen Dialog bereit sein, sich selbst zu bescheiden und in Zweifel zu ziehen. Dazu müssen wir uns im Westen zunächst darauf besinnen, auf welchen geistigen Grundlagen wir stehen, welche Werte und Vorstellungen wir in global verantwortliches Denken einbringen können und welche historisch nicht mehr tragen.

Szenario des globalen Wachstums bis 2100
Das erwartete globale Wachstum von Produktion und Bevölkerung
Index und absolute Werte: Produktion in Mrd. US-$, Bevölkerung in Mrd.

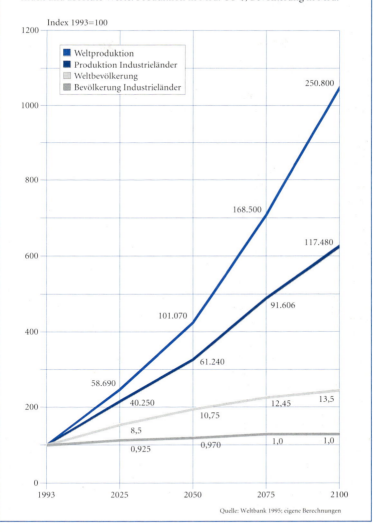

Quelle: Weltbank 1995; eigene Berechnungen

Der notwendige Wandel im westlichen Verständnis von Mensch, Geschichte und Natur, der auf eine neue welthistorische Lage antwortet, setzt voraus, daß wir uns klar darüber werden, wo die tieferen Wurzeln für den (falschen) westlichen Anspruch liegen, sein Denken, seine Werte und sein ökonomisches, politisches und gesellschaftliches System seien universalisierbar.

Das westliche Denken hat gegenüber dem anderer Weltkulturen in besonderer Weise drei Aspekte betont: die Autonomie des Individuums, die teleologische Orientierung der Geschichte und den Vorrang des Geistes vor der Natur.

Menschenrechte und Emanzipation waren seit Reformation und Aufklärung Glanzpunkte einer Befreiung des Individuums von der Unterdrückung durch autoritäre religiöse, politische und gesellschaftliche Normen und Institutionen. Dabei lockerte sich jedoch die Bindung des Individuums an Gesellschaft und Natur. Heute spiegelt sich dies vor allem in der Vereinsamung vieler Menschen, in der Spaltung persönlicher, familiärer und nachbarschaftlicher Beziehungen, aber auch im Verbrauch natürlicher Lebensgrundlagen ohne Rücksicht auf fernere Räume und Zeiten und in der zynischen Hinnahme globaler Katastrophen wider.

Der teleologische Gedanke, die Geschichte sei auf ewigen Fortschritt angelegt, hat Europa seine historische Leistung in Wissenschaft, Technik und Wirtschaft ermöglicht. Dahinter traten andere kulturelle Werte immer mehr zurück. Produktivität und Aktivität konzentrierten sich auf materielles Wachstum. Ganzheitliche Menschenbildung, Maß und Muße wurden zurückgedrängt. Immer mehr Menschen erkranken psychisch, leiden an »Streß« oder geraten an den Rand des produktiven Systems.

Der europäische Rationalismus hat in Philosophie und Wissenschaft die Befreiung des Individuums und das westliche Verständnis von ewigem Fortschritt gestützt und mit seiner Fähigkeit, durch Analyse, Abstraktion und Zweckdenken naturwissenschaftliches und gesellschaftliches Wissen zu akkumulieren und in Technik und Organisation umzusetzen, seinerseits zu ökonomischer Leistungsfähigkeit beigetragen. Aber er ließ gegenüber der Verstandesleistung andere Werte und anderes Wissen zurücktreten. Dies gilt für die Anerkennung des Eigenwertes der Natur, für die handwerklichen, künstlerischen und gesellschaftlichen Leistungen der Menschen, für den Wert der familiären Erziehungs- und Bildungsarbeit, für eine ganzheitlich-synthetische Form des Denkens und der Bildung.

3 Individualismus, Teleologie und Rationalismus wurzeln in der jüdisch-christlichen Tradition. Sie setzte im Verständnis von Mensch und Natur, Gesellschaft und Geschichte deutliche Kontrapunkte zu anderen geistigen Traditionen – etwa den asiatischen, afrikanischen und indianischen Kulturen, die die kollektive Bindung des Menschen, den Kreislauf der Geschichte und den Eigenwert der Natur stärker betonen.

Da in der christlichen Religion Gott Person ist und diese Person Geist, da der Mensch aber das Ebenbild Gottes ist und seine Bestimmung und sein Glück im stetigen individuellen, geistbestimmten Aufstieg zu Gott und der von ihm repräsentierten alleinigen Wahrheit findet, kann es nicht verwundern, daß von dieser monistischen Religion eine ungeheure Dynamik und der universale Geltungsanspruch ausgingen.

Der universale Anspruch zeigte sich schon im Frühchristentum, das Rom beerbte, dann im Papsttum des Mittelalters und seinen Kreuzzügen, seit der Renaissance – im Gefolge des Kolonialismus – in einer weltweit ausgreifenden Mission. Im Zuge der Aufklärung säkularisierte sich das bis dahin religiös und feudal gebundene europäische Denken zur universalen Wahrheit in Philosophie und Wissenschaft. Darauf bauten schließlich Liberalismus und Sozialismus des 19. Jahrhunderts auf. Sie übertrugen den westlichen Wahrheitsanspruch nun auf das Verständnis von Gesellschaft, Politik und Wirtschaft. Es entstanden weltgeschichtliche Entwürfe, die aus europäischen Denktraditionen heraus eine deterministische Entwicklung der Welt postulierten. Die holistischen Welterklärungen von Hegel und Marx waren beide Ausdruck eines westlichen Denkens, das vom absoluten Wahrheitsanspruch und seiner universalen Geltung geprägt ist, auch wenn sie von einem konträren Ansatz ausgingen, welches die treibenden Kräfte der Weltgeschichte sind. Nach dem Zusammenbruch des Kommunismus triumphiert nun der universale Geltungsanspruch des Neoliberalismus, der der Welt das Credo auferlegt, seine Prinzipien seien ein quasi naturgesetzliches Optimum wirtschaftlicher und gesellschaftlicher Entwicklung.

Die westliche Kultur unterscheidet sich von allen anderen Kulturen vor allem auch durch die hohe Dynamik ihrer Wissenschaft, Technologie und Ökonomie. In der Renaissance gewann sie hier auch gegenüber dem Islam, der bis dahin auf vielen Gebieten gleichwertig und etwa in der Mathematik, Astronomie und Medizin überlegen war, einen entscheidenden Vorsprung. Die Befreiung des Individuums, der Geschichte und des Geistes von jenseitiger und autoritärer Bindung (die der Islam, der auf dem gleichen religiösen Fundament steht, nicht vollzog) und ihre ausschließliche Hinwendung zum diesseitigen Glück, wie sie sich am stärksten in der utilitaristischen Ethik zeigt, setzten ungeheure Produktivkräfte und Bedürfnisse frei. Ihr Wechselspiel installierte die Ökonomie als innerweltliche Religion – als geistiges und materielles Zwangssystem, das schließlich Politik und Gesellschaft beherrschen konnte.

4 Universaler Wahrheitsanspruch des westlichen Denkens und die daraus fließende Dynamik der Ökonomie werden nach allem, was wir heute über Ressourcen und Umwelt wissen, den endlichen Rahmen der Erde sprengen. Nur ein globales Denken, das die Verabsolutierung des Individuums, des Fortschritts und der Ratio korrigiert, kann dies verhindern.

Die ewigen Modernisierer wollen dies nicht wahrhaben. Sie sagen, der Mensch und seine Technik hätten für neue Probleme immer wieder neue Lösungen entwickelt – darauf könne man auch in Zukunft vertrauen. Fortschrittliches Denken hat sich hier zum Fortschrittsglauben verfestigt. Der rational-analytischen Erkenntnis im einzelnen steht zunehmend eine irrationale Hoffnung in bezug auf das Ganze gegenüber. Diese Haltung, die allgemein die herrschende Wissenschaft, Wirtschaft und Politik des Westens bestimmt, ist fahrlässig. Die stückweise Reparatur der einzelnen ökonomischen, sozialen und ökologischen Instrumente kann die Selbstzerstörung ihrer Basis immer weniger hinausschieben, wenn sie nicht in einem neuen globalen Denken gründet, das die Endlichkeit der Welt zur Kenntnis nimmt.

Der Westen kann viel zum globalen Denken beitragen, wenn er seine Maßlosigkeit überwindet und insbesondere seinen Anspruch aufgibt, sein sozioökonomisches System könne weltweit verallgemeinert werden. Der Westen kann aber auch von jenen Kulturen, die nach seiner

Vorstellung »zurückgeblieben« sind, viel lernen. Diese haben, etwa im asiatischen Raum, Werte bewahrt, die die tödliche Dynamik einer selbstlaufenden Ökonomie und Technologie bremsen könnten. Westliches und östliches Denken müssen sich in einem gemeinsamen Weltethos und Weltwissen verbinden, das individuelle Emanzipation und kollektive Einbindung ausgleicht, das den Fortschritt der Geschichte nicht mehr im abstrakten Wachstum des Ganzen, sondern im konkreten Leben und in der ganzheitlichen Entwicklung und Verantwortung der einzelnen sieht und das den Geist wieder in ein vernünftiges Verhältnis zur Natur bringt.

Nur globales Denken, das die technisch-ökonomischen Fähigkeiten mit den Möglichkeiten der Natur und mit dem Wissen und den psychischen Fähigkeiten des Menschen ins Gleichgewicht setzt, vermag die Zukunft zu sichern. Nicht ewiges Wachstum und die Hybris unendlicher Machbarkeit, sondern Verlangsamung und Einordnung in das Ganze von Gesellschaft und Natur haben Perspektive und können das wertvolle Erbe der westlichen Kultur für die Welt fruchtbar machen.

Exkurs

Szenario des globalen Wachstums bis 2100					
	1993	2025	2050	2075	2100
Weltbevölkerung absolut in Mio.	5.500	8.500	10.750	12.450	13.500
I. Hohes Einkommen[1]	812	925	970	1.000	1.000
II. Oberes mittleres Einkommen[1]	501	780	950	1.050	1.135
III. Unteres mittleres Einkommen[1]	1.096	1.605	1.910	2.110	2.274
IV. China/Indien	2.076	2.950	3.425	3.700	3.890
V. Niedriges Einkommen[1]	1.015	2.240	3.495	4.590	5.200
Weltbevölkerung Wachstumsrate jährlich in %[2]					
I. Hohes Einkommen	0,4	0,2	0,1	0,0	n. v.
II. Oberes mittleres Einkommen	1,4	0,8	0,4	0,3	n. v.
III. Unteres mittleres Einkommen	1,2	0,7	0,4	0,3	n. v.
IV. China/Indien	1,1	0,6	0,3	0,2	n. v.
V. Niedriges Einkommen	2,5	1,8	1,1	0,5	n. v.
Anteile an Weltbevölkerung in %					
I. Hohes Einkommen	14,9	10,9	9,0	8,0	7,4
II. Oberes mittleres Einkommen	9,1	9,2	8,8	8,5	8,4
III. Unteres mittleres Einkommen	19,9	18,9	17,8	16,9	16,8
IV. China/Indien	37,7	34,7	31,9	29,7	28,9
V. Niedriges Einkommen	18,4	26,3	32,5	36,9	38,5

	1993	2025	2050	2075	2100
Pro-Kopf-Einkommen[3]					
jährlich in 1.000 US-$					
I. Hohes Einkommen	23.090	43.514	63.136	91.606	117.478
II. Oberes mittleres Einkommen	4.370	9.630	15.799	25.920	37.608
III. Unteres mittleres Einkommen	1.590	4.094	7.590	12.452	20.428
IV. China/Indien	408	1.050	1.891	3.505	5.750
V. Niedriges Einkommen	300	565	1.047	2.192	4.063
Weltproduktion					
Wachstumsrate jährlich in %[2]					
I. Hohes Einkommen	2,0	1,5	1,5	1,0	n. v.
II. Oberes mittleres Einkommen	2,5	2,0	2,0	1,5	n. v.
III. Unteres mittleres Einkommen	3,0	2,5	2,0	2,0	n. v.
IV China/Indien	3,0	2,5	2,5	2,0	n. v.
V. Niedriges Einkommen	2,0	2,5	3,0	2,5	n. v.
Weltproduktion[3]					
jährlich in Mrd. US-$	23.830	58.690	100.820	168.130	250.110
I. Hohes Einkommen	18.749	40.250	61.240	91.606	117.478
II. Oberes mittleres Einkommen	2.189	7.510	15.009	27.216	42.685
III. Unteres mittleres Einkommen	1.742	6.570	14.495	26.275	46.450
IV China/Indien	846	3.095	6.477	12.970	22.370
V. Niedriges Einkommen	304	1.265	3.659	10.063	21.127
Anteile an der Weltproduktion in %					
I. Hohes Einkommen	78,6	68,6	60,7	54,5	47,0
II. Oberes mittleres Einkommen	9,2	12,8	14,9	16,2	17,1
III. Unteres mittleres Einkommen	7,3	11,2	14,4	15,6	18,6
IV. China/Indien	3,6	5,3	6,4	7,7	8,9
V. Niedriges Einkommen	1,3	2,1	3,6	6,0	8,4

[1] Ländergruppen: Länder mit hohem Einkommen: PKE über 8.626 US-$/Jahr; mit oberem mittlerem Einkommen: PKE über 2.785 US-$/Jahr; mit unterem mittlerem Einkommen: PKE über 695US-$/Jahr; mit niedrigem Einkommen: PKE unter 695 US-$/Jahr
[2] Jahresdurchschnitt der folgenden Periode
[3] Die Zahlen sind gerundet. Es werden konstante Preise unterstellt.

Quelle: Weltbank 1995; eigene Berechnungen

Szenario der Weltentwicklung

Wachstum gilt weltweit als Schlüssel für soziale Sicherheit, Beschäftigung und Umweltschutz. Die jüngsten Erklärungen des Weltwirtschaftsgipfels, des Internationalen Währungsfonds und der Weltbank, aber auch aller nationalen Regierungen bestätigen dies.
Die geltende Wachstumspolitik bewegt sich allerdings in einem sehr engen Horizont. Er dehnt sich höchstens über die kommenden fünf Jahre. Das vorliegende Szenario erweitert diesen Horizont auf die nächsten Generationen. Es wird gefragt, was sein wird, wenn die

geltende Politik weitergeführt wird, wenn also die allgemein als wünschenswert erachteten Wachstumsziele tatsächlich erreicht werden.

Das Szenario zeigt nicht, ob die geltende Politik tatsächlich durchgehalten werden kann oder ob sie durch soziale und ökologische Schocks zu einem Richtungswechsel gezwungen wird.

Wie rechnet das Szenario?

Unser Szenario faßt die Länder der Welt in fünf Gruppen zusammen (I bis V). Wir folgen der Einteilung der Weltbank, die die verschiedenen Ländergruppen nach dem Niveau des durchschnittlichen Pro-Kopf-Einkommens unterscheidet.

Die absolute Höhe der Weltproduktion ergibt sich als Summe der Produktion dieser fünf Ländergruppen.

Die Produktion einer Ländergruppe ergibt sich aus dem Produkt ihrer Bevölkerung und ihres durchschnittlichen jährlichen Pro-Kopf-Einkommens. Dieses ist entsprechend der Definition der volkswirtschaftlichen Gesamtrechnung identisch mit der durchschnittlichen jährlichen Produktion pro Kopf.

Die Bevölkerungsentwicklung in den einzelnen Ländergruppen ist das Ergebnis eines exponentiellen Verlaufs, der sich aus den künftig erwarteten Wachstumsraten der Bevölkerung und dem tatsächlichen Niveau im Jahre 1993 ergibt. Das jährliche Pro-Kopf-Einkommen in den Ländergruppen ist das Ergebnis eines exponentiellen Verlaufs, der sich aus der künftig erwarteten Wachstumsrate des Pro-Kopf-Einkommens und ihrem tatsächlichen Niveau 1993 ergibt.

Welche Annahmen macht das Szenario?

Die absoluten Niveaus von Bevölkerung und Pro-Kopf-Einkommen wurden dem Weltentwicklungsbericht 1995 der Weltbank entnommen.

Die Wachstumsraten der Bevölkerung in den einzelnen Ländergruppen orientieren sich an der mittleren Variante des Weltbevölkerungsberichts 1992 des UN-Bevölkerungsfonds (UNFPA), die in dessen jüngstem Bericht nur geringfügig korrigiert wurde. Die Wachstumsraten gehen im zeitlichen Verlauf stark zurück. Es ist unterstellt, daß steigende Einkommen und verschiedene bevölkerungspolitische Maßnahmen sukzessive greifen.

Die Wachstumsraten des Pro-Kopf-Einkommens stützen sich auf die politischen Ziele, die die geltende Wirtschaftspolitik weltweit verfolgt. Die Raten sind allerdings gegenüber diesen Zielen eher niedriger gewählt.

Zu welchem Ergebnis kommt das Szenario?

Die Weltproduktion wird sich bis 2025 mindestens verdoppeln, im Laufe der darauffolgenden Generation bis 2050 wird sie sich fast nochmals verdoppeln und so auf das über 4fache des jetzigen Niveaus ansteigen. In der dritten Generation schwächt sich der Anstieg etwas ab, erreicht aber 2075 (wenn also die Menschen, die heute geboren werden, alt geworden sind) das 7- bis 8fache und in der 4. Generation im Jahr 2100 das 10fache des heutigen Volumens.

Der Anteil der reichen Länder an der Weltbevölkerung wird immer kleiner und sinkt schließlich auf 7–8 % ab. Ihr absoluter Einkommensvorsprung gegenüber den armen Ländern wächst aber stetig an, auch wenn ihr Anteil an der Weltproduktion zurückgeht. Der Anteil der »ärmsten« Länder an der Weltbevölkerung steigt gewaltig an. Sie werden aber trotz einer mäßigen Steigerung der absoluten Pro-Kopf-Einkommen vergleichsweise immer ärmer.

Die Rechnung widerlegt die verbreitete Ansicht, das Bevölkerungswachstum sei die zentrale Ursache der künftigen Ressourcenbelastung. Der Hauptfaktor sind vielmehr die von der

Wirtschaftspolitik als notwendig erachteten Raten des Wirtschaftswachstums. Sie treiben die Entwicklung der Weltproduktion stärker an, als das Bevölkerungswachstum dies tut.

Welche sozialen und ökologischen Folgen würden sich ergeben?
Die ökologischen Folgen dieses Szenarios können, nach allem, was wir heute wissen, nicht verkraftet werden, auch wenn die Technologie erhebliche weitere Fortschritte macht und eine noch stärkere Umschichtung der Produktion von materiellen auf immaterielle Güter erfolgt.
Die sozialen Folgen ergeben sich zum einen aus der stetigen Verknappung der Ressourcen. Dies trifft alle Ländergruppen. Zum anderen verschärfen sich die Differenzen zwischen den Ländergruppen. Die Schere der absoluten Differenzen zwischen hohen und niedrigen Einkommen öffnet sich weiter. Die sozialen Spannungen werden sich also sowohl innerhalb als auch zwischen den Ländern verschärfen. Dies vertieft die Ursachen für Migration, Bürgerkriege und globale Sicherheitsrisiken.

Weltgesellschaft

39 **Lebensverhältnisse**

Die Verteilung des Wohlstands in der Weltgesellschaft
Dimensionen der menschlichen Entwicklung: Lebenserwartung, Gesundheit und Ernährung, Bildung und soziale Sicherung
Die Verpflichtungen des Weltsozialgipfels

75 **Menschenrechte**

Der internationale Menschenrechtsschutz: Vereinbarungen und Instrumente
Menschenrechtsverletzungen in den Weltregionen
Die universale Gültigkeit der Menschenrechte in der interkulturellen Diskussion
Strategien internationaler Menschenrechtspolitik

101 **Bevölkerung**

Die Menschheit wächst zu schnell
Wachstumsprognosen und Trends in den Weltregionen
Folgen des Wachstums für Ressourcen und Umwelt, Entwicklung und globale Sicherheit
Familienplanung und Gleichstellung der Frauen
Die Verantwortung der Industrienationen

121 **Migration**

Wanderungsbewegungen, ein Weltordnungsproblem
Ursachen und Formen von Migration und Flucht
Die globalen und regionalen Trends
Wachsender Migrationsdruck durch Armut, Umweltzerstörung und Krieg
Strategien der Prävention

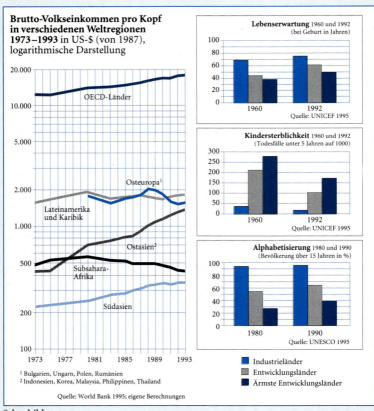

Schaubild 1

Lebensverhältnisse

Der Wohlstand in der Weltgesellschaft hat in den vergangenen zwei Jahrzehnten deutlich zugenommen. Allerdings hatten die Menschen in den verschiedenen Weltregionen an den Fortschritten sehr unterschiedlich teil. In den Industrieländern stieg das Pro-Kopf-Einkommen kontinuierlich, kam jedoch in den 90er Jahren vielerorts zum Stillstand. In den meisten Entwicklungsländern wuchs die reale Kaufkraft pro Kopf – von wenigen asiatischen Schwellenländern abgesehen – geringer als in den Industrieländern. In den meisten Ländern südlich der Sahara müssen die Menschen seit Mitte der 80er Jahre mit sinkenden Einkommen leben; und in den Ländern Osteuropas und der GUS haben sie seit Ende der 80er Jahre dramatische Einkommenseinbußen hinzunehmen.

Unter den Entwicklungsländern vollzieht sich unterdessen ein anhaltender Prozeß der Differenzierung bei Lebenserwartung, Kindersterblichkeit und Alphabetisierung. Die Unterschiede zwischen Nord und Süd jedoch haben sich hier tendenziell verringert.

Wirtschaftswachstum allein reicht nicht aus, um die Lebensverhältnisse zu verbessern und sozialen Ausgleich zu schaffen. Es bedarf einer Entwicklungsstrategie, die neben wirtschaftlichem und technischem Fortschritt die Bekämpfung der Armut, die Schaffung von Arbeitsplätzen, die Chancengleichheit der Geschlechter und eine aktive Politik der sozialen Sicherung in den Vordergrund stellt. Dafür sind gesellschaftliche Reformen unverzichtbar, die allen Mitgliedern der Gesellschaft die Teilhabe am Entwicklungsprozeß sichern.

Verteilung des Wohlstands in der Weltgesellschaft

Lebensverhältnisse und Entwicklungschancen der Menschen werden in der modernen Welt wesentlich vom Einkommen bestimmt. In den vergangenen 50 Jahren hat sich das Welteinkommen real versiebenfacht, pro Kopf verdreifacht. Der Zuwachs war national wie international sehr ungleich verteilt, so daß sich die Einkommensunterschiede kraß verschärften. Der Anteil der reichsten 20% der Bevölkerung am Welteinkommen stieg zwischen 1960 und 1991 von 70 auf 85%; der Anteil der 20% Ärmsten schrumpfte von 2,3 auf 1,4%. Anfang der 90er Jahre verfügte mithin ein Fünftel der Menschheit – zum überwiegenden Teil in den Industrieländern des Nordens – über mehr als vier Fünftel des weltweiten Einkommens [vgl. Schaubild 2].

Diese Zahlen beziehen sich nur auf die Einkommensungleichheiten zwischen Staaten. Ginge die Einkommensverteilung innerhalb der Länder in die Rechnung ein, so ergäbe sich nach Einschätzung des Entwicklungsprogramms der Vereinten Nationen (UNDP), daß die reichsten 20% der Weltbevölkerung über mehr als das 150fache des Einkommens der ärmsten 20% verfügen.

Einkommenskluft zwischen den reichsten und den ärmsten 20% der Weltbevölkerung 1960–1991
Verhältnis der Einkommen

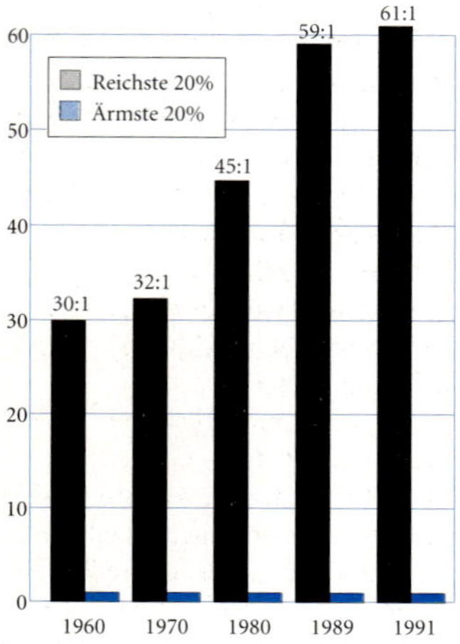

Jahr	Reichste 20% : Ärmste 20%
1960	30:1
1970	32:1
1980	45:1
1989	59:1
1991	61:1

Quellen: UNDP 1992, 1994

Schaubild 2

Industrieländer

Waren die durchschnittlichen Pro-Kopf-Einkommen der Industrieländer in den 80er Jahren noch um 2 bis 3% jährlich gewachsen, so mußten die Menschen in der weltweiten Rezession Anfang der 90er Jahre stagnierende, in vielen Ländern sogar sinkende Einkommen hinnehmen [vgl. Tabelle 1].

Die Durchschnittswerte verbergen leicht, daß die unteren sozialen Schichten die Hauptlast des wirtschaftlichen Einbruchs getragen haben. Menschen, die ihre Arbeit verloren oder schon vorher auf soziale Transferleistungen angewiesen waren, erlitten mit der Kürzung öffentlicher Sozialetats oft erhebliche Einkommenseinbußen oder rutschten in die Armut ab. Vieles deutet darauf hin, daß in Ländern mit stagnierenden oder sin-

Veränderung des realen Pro-Kopf-Einkommens in ausgewählten Industrieländern 1986–1996
in %

	1986	1990	1991	1992	1993	1994	1995[1]	1996[1]
USA	2,0	0,2	-1,7	1,2	2,0	3,0	2,2	0,9
Kanada	2,3	-1,7	-3,0	-0,5	1,1	3,2	3,2	1,5
Japan	2,1	4,5	3,9	0,8	-0,5	0,3	1,5	3,2
Deutschland[2]	2,3	3,8	2,0	1,4	-1,8	2,6	2,6	2,7
Frankreich	2,1	2,0	0,4	0,8	-1,4	2,1	2,8	2,6
Italien	2,8	2,0	0,9	1,1	0,7	2,4	2,9	3,0
Großbritannien	4,0	0,1	-2,6	-0,8	2,0	3,5	3,0	2,6

[1] Schätzung
[2] bis 1990 nur Westdeutschland

Quellen: IMF 1994, 1995

Tabelle 1

kenden Einkommen die Einkommensverteilung ungleicher geworden ist.

Mitte der 90er Jahre zeichnen sich mit dem Wirtschaftsaufschwung wieder steigende Pro-Kopf-Einkommen ab. Von den zusätzlichen Einkommen sind die unteren sozialen Schichten bisher weitgehend ausgeschlossen; gering Qualifizierte finden nur schwer Arbeit [vgl. Kapitel *Arbeit*].

Transformationsländer

Die kommunistische Planwirtschaft hat den Menschen in Osteuropa und der Sowjetunion Einkommen gesichert, die etwa den Pro-Kopf-Einkommen der Entwicklungsländer mit mittlerem Einkommen entsprachen. In den 80er Jahren waren dies zumeist noch leicht steigende, zumindest nicht sinkende Einkommen. Mit der Auflösung des Ostblocks setzte ab 1990 ein dramatischer Verfall der Realeinkommen ein. Die sozialen Kosten des Übergangs von Kommando- zu Marktwirtschaften waren immens. Explosionsartig steigende Lebenshaltungskosten, rasch wachsende Arbeitslosigkeit und der Zerfall der herkömmlichen Systeme sozialer Sicherung ließen die Realeinkommen der abhängig Beschäftigten und der auf Transferzahlungen Angewiesenen vielerorts auf den Wert eines Taschengelds schrumpfen. Hauptleidtragende waren und sind vor allem öffentlich Bedienstete und ältere Menschen, die keine Chance haben, sich auf die Marktwirtschaft einzustellen.

Unter dem Kommunismus war die Einkommensverteilung in Osteuropa und der Sowjetunion vergleichsweise egalitär. Der die Einkommensungleichheit messende Gini-Koeffizient erreichte Werte zwischen 0,2 und 0,3 (in anderen Weltregionen rangiert er zwischen 0,3 und 0,4). Erhebungen von UNICEF deuten darauf hin, daß sich seit der Einführung markt-

BSP pro Kopf in Ländern Osteuropas und der früheren Sowjetunion 1990–1993
US-$ in laufenden Preisen

	1990	1991	1992	1993
Bulgarien	2.180	1.510	1.350	1.140
Polen	1.730	1.840	1.970	2.260
Rumänien	1.760	1.460	1.170	1.140
Ungarn	2.920	3.030	3.210	3.350
Armenien	2.140	1.970	870	660
Estland	4.750	4.340	3.150	3.080
Lettland	4.500	4.260	2.630	2.010
Litauen	3.440	3.030	1.730	1.320
Moldau	2.320	1.880	1.320	1.060
Russische Föderation	4.160	3.650	2.830	2.340
Tadschikistan	880	810	600	470
Turkmenistan	1.610	1.490	1.390	n. v.
Ukraine	2.770	2.640	2.440	2.210
Usbekistan	1.070	1.100	1.010	970
Weißrußland	3.330	3.440	3.210	2.870

n. v. = nicht verfügbar

Quelle: World Bank 1995b

Tabelle 2

wirtschaftlicher Reformen die Lohnunterschiede erheblich vergrößert haben. Mit der seit Anfang der 90er Jahre stark expandierenden Schattenwirtschaft werden die Einkommensunterschiede noch ausgeprägter.

Inzwischen gibt es in Polen, Slowenien, der Tschechischen Republik und Ungarn Zeichen eines stetigen Wirtschaftsaufschwungs, der die Einkommenssituation verbessert. In den Staaten der früheren Sowjetunion – mit Ausnahme von Turkmenistan – setzt sich die wirtschaftliche Desintegration fort. Die Einkommen der Bevölkerungen sinken weiterhin dramatisch [vgl. Tabelle 2].

Entwicklungsländer

Das Einkommen der Menschen in Entwicklungsländern wuchs 1990–1993 im jährlichen Durchschnitt um 3 % – und damit deutlich stärker als im Durchschnitt des vorangegangenen Jahrzehnts. Allerdings verdeckt diese Zahl einen Prozeß starker Differenzierung zwischen den Weltregionen und einzelnen Ländern [vgl. Schaubilder 3 und 4].

Für viele Asiaten wuchsen die Einkommen kräftig, für ein gut Teil der Lateinamerikaner nur bescheiden, viele Afrikaner hingegen mußten sinkende Einkommen hinnehmen. Die Unter-

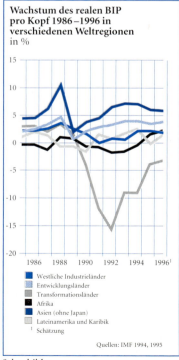

Schaubild 3

schiede zwischen Entwicklungsländern werden nach Prognosen des Internationalen Währungsfonds (IWF) auch in den nächsten Jahren zunehmen.

Asien

Das Einkommenswachstum der Entwicklungsländer in der ersten Hälfte der 90er Jahre geht zu einem guten Teil auf das Konto Asiens. Dort waren es vor allem die vier »Tiger« (Republik Korea, Taiwan, Hongkong und Singapur) und China, die ihre hohen Wachstumsraten der 80er Jahre nahezu aufrechterhalten, im Falle Chinas sogar übertreffen konnten. Im Verein mit Thailand, Indonesien und Malaysia, die in der jüngeren Vergangenheit an diesen Boom anknüpfen konnten, erreichte die Region Ostasien 1982–92 ein durchschnittliches jährliches Wachstum der Pro-Kopf-Einkommen von 6%. In Südasien stiegen die Pro-Kopf-Einkommen im gleichen Zeitraum um 3% jährlich.

Lateinamerika und Karibik

1990 lagen die Pro-Kopf-Einkommen in den Ländern Lateinamerikas und der Karibik im Durchschnitt um 12% unter dem Niveau von 1980. Seitdem verbuchen die meisten Länder mit jährlich durchschnittlich 2% leicht steigende Einkommen. Dabei verläuft die Entwicklung in einzelnen Ländern sehr unterschiedlich: In Chile, das schon seit 1984 kontinuierlich im Aufwärtstrend ist, stiegen die Pro-Kopf-Einkommen 1990–92 um durchschnittlich 7%; in Haiti und Nicaragua blieb der 1981 einsetzende Abwärtstrend ungebrochen. Hier schrumpften die Einkommen 1990–92 um jährlich bis zu 13%.

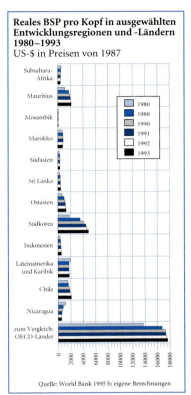

Schaubild 4

Afrika

Von niedrigem Niveau ausgehend, waren in den 80er Jahren die Einkommen der Menschen in Afrika überwiegend geschrumpft (im jährlichen Durchschnitt um –0,5%). 1990–93 beschleunigte sich der Trend; die Pro-Kopf-Einkommen sanken jährlich um 1,5%. Vor allem die Länder südlich der Sahara waren von dieser Entwicklung betroffen. Aber es gab Ausnahmen. Die bemerkenswerteste ist Mauritius; die Insel erreicht seit Anfang der 80er Jahre Wachstumsraten des Pro-

Kopf-Einkommens um 5%. In von Bürgerkriegen zerrütteten, von korrupten Regimen ausgeplünderten oder von Dürre geplagten Ländern wie dem Sudan, Somalia, Liberia, Ruanda und Zaire hingegen verschlechterte sich die Einkommenssituation für große Teile der Bevölkerungen drastisch.

Die Einkommensverteilung ist in fast allen Entwicklungsländern ungleicher als in Industrieländern infolge oligarchischer politischer Strukturen und extrem ungleicher Landbesitzverhältnisse vor allem in Lateinamerika [vgl. Tabelle 3].

Die wenigen Daten zu Entwicklungstrends der Einkommensverteilung ergeben ein uneinheitliches Bild. Von zwölf Entwicklungsländern hatten fünf (Guatemala, Marokko, Brasilien, Argentinien, China) von 1987 bis 1992 eine ungleichere Einkommensverteilung als zwischen 1980 und 1985; vier (Bangladesch, Indien, Philippinen, Uruguay) verzeichneten kaum Veränderungen; in drei Ländern (Côte d'Ivoire, Pakistan, Paraguay) wurde die Einkommensverteilung gleicher.

Armut – Leben unter dem Existenzminimum

Armut ist die »Unfähigkeit, einen Mindest-Lebensstandard zu erreichen« (Weltbank). Der Mindest-Lebensstandard und damit die Armutsgrenze wird durch zwei Komponenten bestimmt:

Das Pro-Kopf-Einkommen – eine Größe mit begrenzter Aussagekraft

Das in US-Dollar umgerechnete Pro-Kopf-Einkommen (PKE) ist die gebräuchlichste Größe, um den Entwicklungsstand eines Landes zu messen und Aussagen über die Lebenssituation der Menschen zu treffen. Vorteil des Indikators: Er ist relativ leicht und über längere Zeitreihen verfügbar. Die Weltbank benutzt ihn, um Ländern den Zugang zu subventionierten Krediten zu gewähren oder zu verweigern. Tatsächlich ist die Aussagekraft des Indikators begrenzt [vgl. auch Kapitel *Ökonomien*]. Das durchschnittliche PKE
▸ berücksichtigt nur unzureichend die in vielen Entwicklungsländern wichtige Subsistenzwirtschaft und den informellen Sektor; es täuscht eine Genauigkeit vor, die der Indikator nicht hat,
▸ läßt wesentliche Elemente der Lebensverhältnisse wie das Gesundheits-, Bildungs- und Ernährungsniveau außer acht,
▸ ignoriert Qualitätsveränderungen von Gütern und Dienstleistungen, wenn diese sich nicht in veränderten Preisen niederschlagen,
▸ verdeckt Ungleichheiten zwischen sozialen Gruppen, Regionen, Stadt und Land, Männern und Frauen,
▸ vernachlässigt die Effekte ressourcenverbrauchenden Wachstums: Dieses wirkt einkommensteigernd, bedeutet aber häufig eine Verschlechterung der Lebensverhältnisse, z. B. bei Luft und Gewässer belastenden Produktionen oder bei Krankenhausbehandlung nach einem Verkehrsunfall,
▸ orientiert sich an Wechselkursen und sagt nur wenig über die tatsächliche Kaufkraft aus. Der Indikator PPP (Purchasing Power Parity), der die reale Kaufkraft der Währungen in Rechnung stellt, versucht dieses Defizit auszugleichen [vgl. Tabelle 4].
Das Entwicklungsprogramm der Vereinten Nationen (UNDP) hat mit dem »Human Development Index« (HDI) einen Indikator entwickelt, der einige dieser Mängel überwindet [vgl. Abschnitt *Ein Index für »menschliche Entwicklung«*]

Anteil der reichsten und der ärmsten 20% der Bevölkerung am Einkommen/Konsum in ausgewählten Ländern			
	Jahr	ärmste 20%	reichste 20%
Industrieländer			
Deutschland[1]	1988	7	40
Japan	1979	9	37
USA	1985	5	42
Großbritannien	1988	5	44
Transformationsländer			
Bulgarien	1992	8	39
Polen	1989	9	36
Entwicklungsländer Asien			
Bangladesch	1988–89	10	39
China	1990	6	42
Indien	1989–90	9	41
Pakistan	1991	8	40
Philippinen	1988	7	48
Entwicklungsländer Lateinamerika			
Argentinien	1987–92	5	51
Brasilien	1989	2	68
Guatemala	1987–92	2	63
Uruguay	1988–93	6	48
Entwicklungsländer Afrika			
Côte d'Ivoire	1988	7	42
Marokko	1990–91	7	46

[1] Westdeutschland vor der Vereinigung

Quellen: Weltbank 1995, 1995a

Tabelle 3

BSP pro Kopf und reale Kaufkraft pro Kopf in ausgewählten Ländern 1993 in US-$		
	BSP pro Kopf (PKE)	Reale Kaufkraft pro Kopf (PPP)[1]
Mosambik	90	550
Indien	300	1.220
Ghana	430	1.970
China	490	2.330
Guatemala	1.100	3.350
Algerien	1.780	5.380
Russische Föderation	2.340	5.050
Tschechische Republik	2.710	7.550
Brasilien	2.930	5.370
Großbritannien	18.060	17.210
Deutschland	23.560	16.850
USA	24.740	24.740
Japan	31.490	20.850

[1] Purchasing Power Parities, ausgedrückt in »Internationalen Dollar«

Quelle: Weltbank 1995

Tabelle 4

▶ durch die Ausgaben, die notwendig sind, um ein unverzichtbares Minimum an Nahrungsmitteln und anderen Grundbedarfsgütern zu erwerben, und

▶ durch einen Betrag, der die angemessene Teilnahme am gesellschaftlichen Leben ermöglicht.

Während das nötige Minimum an Nahrungsmitteln relativ präzise bestimmbar ist und von Land zu Land nur wenig variiert, ist der für die Teilnahme am gesellschaftlichen Leben zu veranschlagende Betrag vergleichsweise subjektiv und nach Ländern und Kulturen unterschiedlich. Was in einigen Regionen zur Grundversorgung gerechnet werden muß, ist in anderen Luxus.

Nicht ohne ein Element von Willkür hat die Weltbank 1990 mit Blick auf die Entwicklungsländer die Armutsgrenze bei

370 US-$ gezogen. Menschen, deren reale jährliche Kaufkraft (in Preisen von 1985) diesen Wert unterschreitet, bezeichnet die Bank als »arm«; »extrem arm« sind Menschen, deren Kaufkraft unter 275 US-$ liegt.

Die Zahl der Armen nahm in den vergangenen Jahren unter dem Einfluß der weltwirtschaftlichen Rezession in den Industrieländern und des Umbruchs im ehemaligen Ostblock deutlich zu. Unter den Entwicklungsländern erzielte die Hauptarmutsregion Asien erhebliche Erfolge bei der Armutsbekämpfung. Dennoch wird die Gesamtzahl der Armen in den Entwicklungsländern im Jahre 2000 nach Prognose der Weltbank über der von 1985 liegen.

So unterschiedlich die Erscheinungsformen von Armut in den verschiedenen Weltregionen sind, Frauen sind in allen Regionen von Armut besonders betroffen. Sie tragen in armen Haushalten häufig den größten Teil der Arbeitslast, sind schlechter ausgebildet und haben geringere Erwerbsmöglichkeiten als Männer. Daneben sind es Kinder, ethnische Minderheiten und Ureinwohner, die besonders unter Armut leiden.

Armut in Entwicklungsländern

Armut in Entwicklungsländern bedeutet mehr noch als in anderen Weltregionen Hunger und Unterernährung, hohe Sterblichkeit und mangelnde Gesundheitsversorgung, unhygienische Verhältnisse, eingeschränkte Mobilität, unzureichenden Zugang zu sauberem Trinkwasser und sanitären Einrichtungen. Und mehr noch als in anderen Weltregionen befinden sich die Armen in Entwicklungsländern in einem Teufelskreis, aus dem nur schwer auszubrechen ist: Geringes Einkommen, schlechte Ausbildung besonders der Frauen und hohe Kindersterblichkeit tragen zu hohen Geburtenraten bei – gleichsam als individueller Versuch, ein System sozialer Sicherheit zu schaf-

Armut in Entwicklungsländern 1985–2000

	Bevölkerungsanteil der Armen in %			Zahl der Armen in Millionen		
	1985	1990	2000	1985	1990	2000
Alle Entwicklungsländer	30,5	29,7	24,1	1.051	1.133	1.107
Südasien	51,8	49,0	36,9	532	562	511
Ostasien	13,2	11,3	4,2	182	169	73
Subsahara-Afrika	47,6	47,8	49,7	184	216	304
Nahost u. Nordafrika	30,6	33,1	30,6	60	73	89
Osteuropa[1]	7,1	7,1	5,8	5	5	4
Lateinamerika u. Karibik	22,4	25,5	24,9	87	108	126

[1] ohne frühere Sowjetunion

Quelle: Weltbank 1992

Tabelle 5

fen. Tatsächlich verstärkt das rasche Bevölkerungswachstum die Armut [vgl. Kapitel *Bevölkerung*].

Armut in Entwicklungsländern konzentriert sich auf die ländlichen Regionen. Mit wenigen Ausnahmen in Lateinamerika lebt die überwiegende Mehrzahl der Armen, in einigen Ländern über 90 % (China, Malawi, Burundi, Zaire, Bangladesch), auf dem Lande, vor allem in ressourcenschwachen Gebieten. 1990 mußten nach den jüngsten verfügbaren Zahlen der Weltbank 1.133 Millionen Menschen, also mehr als ein Fünftel der Weltbevölkerung, als arm eingestuft werden [vgl. Tabelle 5].

Mehr als die Hälfte der Armen lebte in Asien, allein 448 Millionen in Indien (40 %) und 128 Millionen in China (11 %). Asien, namentlich die Wachstumsregion Ostasien, verzeichnete zugleich den größten Rückgang der Armut. Sowohl die absolute Zahl der Armen als auch der Anteil der Bevölkerung unterhalb der Armutsgrenze nahm ab. Der positive Trend wird sich nach Weltbank-Prognose noch verstärken; allerdings lebte 1990 in Südasien noch jeder zweite Mensch unter dem Mindest-Lebensstandard, die überwiegende Zahl davon in Indien.

In Lateinamerika und der Karibik, wo 1990 rund 10 % der Armen lebten, nahm die Armut in den 80er Jahren in absoluten Zahlen wie auch als Anteil der Bevölkerung zu. Für die Jahrhundertwende erwartet die Weltbank einen mit 25 % etwa gleichbleibenden Anteil Armer an der Bevölkerung; mit dem Bevölkerungswachstum werde ihre Zahl von 108 Millionen (1990) auf 126 Millionen steigen.

In Afrika und im Nahen Osten – hier lebte 1990 etwa ein Viertel der Armen – hat sich die Lage seit Mitte der 80er Jahre verschlechtert. Für Subsahara-Afrika, dessen Arme die Weltbank für 1990 auf 216 Millionen (weniger als die Hälfte der Armen in Indien) bezifferte, erwarten die Experten bis zum Jahr 2000 einen dramatischen Anstieg auf 304 Millionen Arme. Dort wird dann jeder zweite Mensch in Armut leben.

Armut in den Transformationsländern

In den Jahren der Nachkriegsindustrialisierung war Armut in den zentralen Planwirtschaften weitgehend überwunden. Ende der 70er Jahre gab es wieder Anzeichen von Armut; Ende der 80er Jahre gehörten Obdachlose und Bettler erneut zum Straßenbild der Städte in vielen Ländern. Für 1990 schätzte UNDP die Zahl der Armen in Osteuropa und der früheren Sowjetunion auf 100 Millionen.

Angaben zur Armut in dieser Weltregion sind mit noch größeren Unsicherheiten behaftet als zur Armut anderswo. Sicher ist, daß sich Armut seit dem Scheitern des Kommunismus und der Auflösung der Sowjetunion stark ausgebreitet hat. Betroffen sind vor allem schlecht bezahlte Arbeitnehmer, Arbeitslose, kinderreiche Familien und Haushalte alleinerziehender Mütter.

Der Anteil der »extrem Armen«, der Menschen, die ihre Grundbedürfnisse nicht befriedigen können, stieg nach UNICEF-Erkenntnissen in Bulgarien, Polen, Rumänien, in den städtischen Gebieten Albaniens, in der Russischen Föderation und augenscheinlich auch in der Ukraine bis 1992/93 auf 15–26 % [vgl. Tabelle 6]. Allerdings liegen die Einkommen vieler dieser »extrem Armen« nur geringfügig unter der Definitionsgrenze, so daß bereits ein bescheidener Wirtschaftsaufschwung ihre Zahl schnell verringern kann. In der Russischen Föderation war der Anteil der »extrem Armen« nach Einschätzung der UNICEF-Forscher ab Ende 1992 rückläufig.

Armut und extreme Armut in sieben osteuropäischen Ländern 1989–1993
in % der Bevölkerung

	1989	1990	1991	1992	1993
Bulgarien					
extrem Arme[4]	–	2,0	12,7	23,4	26,2
Arme[1]	–	13,8	52,1	53,6	57,0
Tschechische Republik					
extrem Arme[4]	0,2	0,2	0,2	1,3	–
Arme[2]	4,2	8,6	29,8	25,3	–
Ungarn					
extrem Arme[4]	0,7	–	2,5	–	–
Arme[3]	14,5	–	19,4	–	–
Polen					
extrem Arme[4]	5,8	15,0	12,3	15,1	–
Arme[3]	24,7	43,1	41,2	43,7	–
Rumänien					
extrem Arme[4]	8,6	2,8	8,4	19,1	–
Arme[1]	33,0	21,4	29,7	51,5	–
Slowakei					
extrem Arme[4]	0,1	0,2	3,2	3,9	–
Arme[3]	5,8	6,4	27,7	34,1	35,5[5]
Russische Föderation					
extrem Arme[4]	2,5	2,7	2,5	23,2	–
Arme[3]	15,8	14,0	15,5	61,3	–

[1] Armutsgrenze bei 45% des Durchschnittslohns von 1989
[2] Armutsgrenze bei 35% des Durchschnittslohns von 1989
[3] Armutsgrenze bei 40% des Durchschnittslohns von 1989
[4] unter 60% des die Armutsgrenze bestimmenden Einkommens
[5] Haushalte, vorläufige Schätzung

Quelle: UNICEF 1994a

Tabelle 6

Die Tschechische Republik, die Slowakei und Ungarn verzeichneten während der Transformation einen relativ geringen Anteil der »extrem Armen« (unter 4%). Der Grund: Hier waren die Inflation und der Rückgang der Realeinkommen vergleichsweise gering. Auch konnten die sozialen Sicherungssysteme in ihren Grundstrukturen bewahrt werden.

Zu den »extrem Armen« kommen in allen genannten Ländern noch 17–38% der Bevölkerung, die nicht das soziale Mindesteinkommen erreichen und von UNICEF als »arm« eingestuft wurden.

Für die ehemaligen Sowjetrepubliken kann nur auf Daten von 1989 zurückgegriffen werden. Danach war Armut in der Union sehr ungleich verteilt: In Tadschikistan lebten über 60% der Bevölkerung unter der Armutsgrenze, in Usbekistan die Hälfte und in Aserbaidschan, Kirgisistan und Turkmenistan etwa ein Drittel der Bevölkerung. Nur in den drei baltischen Republiken litten deutlich weniger als 10% der Bevölkerung unter Armut.

Armut in Industrieländern

In den meisten westlichen Industrieländern erschien Armut bis in die 70er Jahre als nahezu überwundenes Problem. Seit den 80er Jahren tritt sie erneut und zunehmend in Erscheinung. Symptome der »neuen Armut« sind die wieder auffällige Präsenz von Bettlern, der Andrang bei Kleiderkammern und die mancherorts eingerichtete Notversorgung mit Mahlzeiten. Betroffen sind vor allem Arbeitslose, Alleinstehende, Ausländer, Alte, alleinerziehende Mütter und ihre Kinder sowie schlecht ausgebildete Menschen. Immer mehr Bürger fallen durch die Maschen des sozialen Netzes.

Die Armutsgrenze wird in Industrieländern gemeinhin bei 50% des Durch-

Armut und Lebenschancen – das Beispiel USA

Armut trifft die verschiedenen sozialen Gruppen, Ethnien und Regionen höchst unterschiedlich. Die Wahrscheinlichkeit, in Armut zu leben, ist für einen Schwarzen fast dreimal so hoch wie für einen Weißen [vgl. Schaubild 5]. Kinder und Jugendliche unter 18 Jahren machten 1991 fast 22% der armen Bevölkerung (14,3 Millionen) aus – ein doppelt so hoher Anteil wie in europäischen Industrieländern. In Familien alleinerziehender Mütter lebten 55% der Kinder und Jugendlichen in Armut. Fast jeder zweite Schwarze unter 18 Jahren (46%) war arm, bei Kindern und Jugendlichen lateinamerikanischer Abstammung lag die Quote bei 40%, bei Weißen nur bei 17%. Im Mittleren Westen war Armut unter Schwarzen (38%) fast viermal so häufig wie unter Weißen (10%).

1992 verdienten 18% der vollzeitbeschäftigten US-Amerikaner weniger als $ 13.091 im Jahr und damit weniger, als das U.S. Census Bureau veranschlagte, um eine vierköpfige Familie oberhalb der Armutsgrenze einzustufen. Dies bedeutete eine Steigerung um 50% gegenüber den vorangegangenen 13 Jahren.

Wirtschaftswachstum hat seit den 80er Jahren kaum noch Einfluß auf den Abbau von Armut – so lautet das Ergebnis einer Untersuchung, die die Brookings Institution veröffentlicht hat (Blank/Card 1993).

---

schnittseinkommens gezogen. Danach lebten 1985 in den Ländern der Europäischen Gemeinschaft 50 Millionen Menschen, rund 15% der Gesamtbevölkerung, in Armut; in den USA, wo die offizielle Armutsgrenze etwa 41% des Durchschnittseinkommens entspricht, wurden 33 Millionen Menschen, 14% der Bevölkerung, als arm eingestuft. Sieben Jahre später, 1992, gab es in den USA 35,7 Millionen Arme [vgl. *Armut und Lebenschancen – das Beispiel USA*]. Ihr Anteil an der Bevölkerung blieb trotz wirtschaftlichen Aufschwungs nahezu konstant.

Die jüngsten Zahlen für die Länder der Europäischen Union weisen für Portugal den höchsten Anteil an Armen aus. Hier lebt etwa ein Viertel der Bevölkerung in Armut, in Italien jeder fünfte. Den geringsten Anteil an Armen haben die Niederlande, Belgien und Deutschland [vgl. Tabelle 7].

In Westdeutschland war der Anteil der Armen 1992 mit 7,5% gegenüber den Vorjahren relativ konstant, in Ostdeutsch-

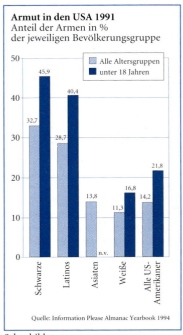

Schaubild 5

Armut in elf Ländern der EU		
Einwohner mit weniger als 50% des durchschnittlichen Konsums		
	in %	in Tausend
Portugal (1990)	24,5	2.532
Italien (1988)	21,1	12.111
Griechenland (1987)	18,7	1.868
Spanien (1988)	16,9	6.546
Irland (1987)	15,7	556
Niederlande (1988)	14,8	706
Großbritannien (1988)	14,8	8.436
Frankreich (1989)	14,7	8.234
Luxemburg (1987)	11,1	41
Deutschland[1] (1992)	9,1	7.335
Belgien (1988)	8,6	848
[1] Einkommen, nicht Konsum		
Quellen: Ramprakash 1994; für Deutschland: Hanesch 1994, eigene Berechnung		

Tabelle 7

land mit 14,8% sogar rückläufig. Doch die Zahl für Ostdeutschland täuscht: Trotz der umfangreichen Transfers aus dem Westen ist hier ein zunehmender Bevölkerungsanteil von der positiven Einkommensentwicklung ausgeschlossen und läuft Gefahr, in dauerhafte Armut abgedrängt zu werden.

Neuere Untersuchungen für Westdeutschland (1984-92) zeigen dagegen, daß Armut hier für das Gros der Betroffenen ein vorübergehendes Schicksal ist. 69% konnten sich innerhalb eines Jahres von ihr befreien, nur knapp 14% lebten drei und mehr Jahre in Armut.

Die Zahl der Sozialhilfeempfänger verdoppelte sich von 1980 bis 1990 auf 1,8 Millionen (2,9% der Bevölkerung); im vereinigten Deutschland waren 1992 2,3 Millionen Menschen (2,9% der Bevölkerung) auf staatliche Hilfe zum Lebensunterhalt angewiesen. Eine andere Entwicklung erlebte Japan: Hier nahm der Anteil der Sozialhilfeempfänger 1980-1990 von 1,2 auf 0,8% der Bevölkerung (1 Million Menschen) ab.

In Deutschland deckt die Sozialhilfe nach Auffassung der Nationalen Armutskonferenz spätestens seit 1993 nicht mehr den soziokulturellen Mindestbedarf.

Ein Index für »menschliche Entwicklung«

Die Lebensverhältnisse und -chancen der Menschen werden nicht allein vom Einkommen, sondern von vielen Faktoren bestimmt. Dazu gehören Zugang zu Bildungs- und Gesundheitseinrichtungen,

---

»**Menschliche Sicherheit**« und »**menschliche Entwicklung**«

»Das Konzept der menschlichen Sicherheit geht davon aus, daß jeder in der Lage sein sollte, sein Leben selbst in die Hand zu nehmen: alle Menschen sollten die Chance haben, ihre wichtigsten Bedürfnisse zu decken und ihren eigenen Lebensunterhalt zu verdienen. Dies macht sie frei und stellt sicher, daß sie ihren vollen Beitrag zur Entwicklung leisten können – ihrer eigenen und der ihrer Gemeinschaft, ihres Landes und der ganzen Welt« (UNDP 1994).
»Menschliche Entwicklung ist ein Prozeß der Erweiterung menschlicher Möglichkeiten. Die wichtigsten ... sind, lange in Gesundheit zu leben, sich zu bilden und Zugang zu den Ressourcen zu haben, die für einen annehmbaren Lebensstandard nötig sind. Zu den weiteren Möglichkeiten gehören politische Freiheit, garantierte Menschenrechte und persönliche Selbstachtung« (UNDP 1990).

> **Berechnung des Index für »menschliche Entwicklung« (HDI)**
>
> Der HDI setzt sich aus drei Komponenten zusammen, für die Mindest- und Höchstwerte festgelegt wurden:
> - **Lebensdauer**, gemessen als Lebenserwartung zwischen 25 und 80 Jahren,
> - **Wissen**, gemessen als Alphabetisierung Erwachsener (zwei Drittel) zwischen 0 und 100 Prozent sowie als Dauer des Schulbesuchs (ein Drittel) zwischen 0 und 15 Jahren,
> - **Lebensstandard**, gemessen als Pro-Kopf-Einkommen in realer Kaufkraft (PPP) zwischen 200 und 40.000 US-$.
>
> Für jeden der drei Bereiche ergeben sich Werte auf einer Skala zwischen 0 und 1. Die Lebensdauer-Komponente beträgt bei einer durchschnittlichen Lebenserwartung von 55 Jahren 0,5; die Alphabetisierungskomponente des Wissens ergibt bei einer Alphabetisierung von 75 % 0,75. Der Durchschnitt der Werte für Lebensdauer, Wissen und Lebensstandard ergibt den HDI. Je näher dieser bei 0 liegt, um so größer die Mangelsituation im Bereich der »menschlichen Entwicklung« (UNDP 1994).

Wohnbedingungen, aber auch der Zustand der Umwelt, die »innere Sicherheit« eines Landes, die Möglichkeit, an politischen Entscheidungen mitzuwirken, und die Verwirklichung der Menschenrechte.

Um Entwicklung nicht auf ökonomische Ziele zu verengen und den Menschen als Ganzes in seinen vielfältigen Lebensbezügen in den Mittelpunkt der Entwicklungsanstrengungen zu stellen, hat das UNDP den Begriff der »menschlichen Entwicklung« geprägt. Voraussetzung dafür sei »menschliche Sicherheit« [vgl. *»Menschliche Sicherheit« und »menschliche Entwicklung«*]. Zur Messung der materiellen Aspekte »menschlicher Entwicklung« hat das UNDP den »Human Development Index« (HDI) konstruiert, der neben dem Einkommen auch Lebensdauer und Bildung berücksichtigt [vgl. *Berechnung des Index für »menschliche Entwicklung«*].

Kritiker wenden ein, daß die Auswahl der Komponenten des HDI wie deren Gewichtung ein gerüttelt Maß an Willkür enthält. Tatsächlich kann mit den Indikatoren Lebensdauer und Bildung nur ein Ausschnitt menschlicher Lebensverhältnisse erfaßt werden. Langes Leben kann von Armut geprägt sein, und hohes Bildungsniveau garantiert noch keinen angemessenen Arbeitsplatz. Dennoch scheint der HDI für Aussagen über die Lebensverhältnisse in einem Land geeigneter als der Indikator Pro-Kopf-Einkommen.

Wie die Weltbank Länder nach »niedrigem«, »mittlerem« und »hohem Einkommen« unterscheidet, teilt das UNDP die Welt in Länder mit »geringer«, »mittlerer« und »hoher menschlicher Entwicklung« ein. Ein Vergleich zeigt, daß die meisten Länder mit hohem Pro-Kopf-Einkommen in die Kategorie »hohe menschliche Entwicklung« fallen und Länder mit niedrigem Einkommen überwiegend in der Kategorie »geringe menschliche Entwicklung« zu finden sind [vgl. Anhang, *Länder der Erde*].

Eine differenzierte Betrachtung der Rangfolgen fördert allerdings frappierende Unterschiede zwischen PKE und HDI zutage. Einige Länder vor allem in Afrika und im Nahen Osten (Oman, Saudi-Arabien, die VAE, Libyen, Gabun, Pakistan und Marokko), aber auch die Schweiz und Deutschland, haben einen deutlich höheren Rang auf der PKE- als

Pro-Kopf-Einkommen und »menschliche Entwicklung« – Beispiele unterschiedlicher Einstufung 1992
(Rang 1 ist die höchste, Rang 174 die niedrigste Position)

	PKE-Rang[1]	HDI-Rang	PKE- minus HDI-Rang[2]
Kanada	8	1	7
USA	1	2	−1
Japan	8	3	5
Frankreich	11	8	3
Schweiz	2	13	−11
Deutschland	6	15	−9
Großbritannien	23	18	5
Costa Rica	60	28	32
Polen	71	51	20
Russische Föderation	52	52	0
Kolumbien	60	57	3
Saudi-Arabien	33	76	−43
Algerien	70	85	−15
Oman	31	91	−60
Sri Lanka	102	97	5
Guyana	125	105	20
China	123	111	12
Gabun	78	114	−36
Madagaskar	165	135	30
Niger	156	174	−18

[1] in realer Kaufkraft (PPP-$)
[2] Eine positive Zahl zeigt, daß der HDI-Rang höher ist als der BSP-Pro-Kopf-Rang, eine negative Zahl zeigt das Gegenteil

Quelle: UNDP 1995

Tabelle 8

auf der HDI-Liste – sie haben UNDP zufolge ihren Wohlstand nicht ausreichend für menschliche Entwicklung eingesetzt. Andere Länder (etwa Costa Rica, Madagaskar, Guyana, Polen und Uruguay) stehen auf der HDI-Rangliste weit höher als auf der PKE-Rangliste. Diesen Ländern bescheinigt das UNDP, ihren teilweise bescheidenen Wohlstand besser für die menschliche Entwicklung eingesetzt zu haben [vgl. Tabelle 8].

Seit 1960 haben alle Länder erhebliche Fortschritte in der »menschlichen Entwicklung« gemacht. Waren 1960 nach UNDP-Kriterien noch fast drei Viertel der Menschheit »gering entwickelt«, so ging dieser Anteil bis 1992 auf etwas über ein Drittel zurück.

Allerdings schritt die »menschliche Entwicklung« in den verschiedenen Weltregionen sehr unterschiedlich voran. Die Industrieländer konnten, da von einem hohen HDI-Niveau ausgehend, weniger Fortschritte machen als Entwicklungslän-

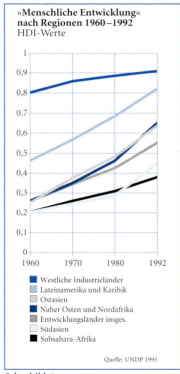

Schaubild 6

der. Unter diesen verbuchten die Länder Ostasiens die größten Fortschritte; südlich der Sahara blieb der Fortschritt vergleichsweise gering. Vor allem unter den Entwicklungsländern sind deshalb die Disparitäten in den vergangenen 30 Jahren gewachsen [vgl. Schaubild 6].

Wie der Indikator Pro-Kopf-Einkommen [vgl. *Das Pro-Kopf-Einkommen – eine Größe mit begrenzter Aussagekraft*] vernachlässigt auch der »Index für menschliche Entwicklung« Ungleichheiten innerhalb eines Landes, z. B. bei der Einkommensverteilung oder zwischen den Geschlechtern. Wo es die Datenlage erlaubt, versucht das UNDP, diesen Mangel durch die Berechnung spezieller HDI zu überwinden.

Nach dem HDI, der die sozioökonomische Ungleichheit zwischen Männern und Frauen berücksichtigt, verschlechtern sich die Werte aller untersuchten 43 Länder. Allerdings ist die Benachteiligung der Frauen in einigen Ländern weniger stark als in anderen. Länder wie Finnland (+13), Dänemark (+11), Neuseeland (+10) und Schweden (+3) rücken deshalb auf der Rangliste nach vorn. Japan (−16), die Schweiz (−15), Kanada (−8) und Hongkong (−8) fallen wegen der vergleichsweise starken Benachteiligung von Frauen zurück.

Deutliche Veränderungen ergibt auch ein HDI, der für 55 Länder die innere Verteilung der Einkommen berücksichtigt. Belgien (+9) und Deutschland (+7) verbessern ihre Position aufgrund einer relativ egalitären Einkommensverteilung; Australien (−8), die Schweiz (−7) und Kanada (−7) werden zurückgestuft. Unter den Entwicklungsländern fallen Botsuana (−8) und Brasilien (−7) zurück; Jamaika (+8), Sri Lanka (+7) und China (+6) rücken auf.

Dimensionen der menschlichen Entwicklung

Die soziale Lage der Menschen hat sich in den vergangenen 30 Jahren in allen Weltregionen verbessert, trotz mancher Rückschläge in einzelnen Ländern. Bei Lebenserwartung, Kindersterblichkeit, Alphabetisierung und Ernährung verringerte sich der Abstand zwischen Industrie- und Entwicklungsländern. Während einige Schwellenländer, vor allem in Ostasien, sich dem Niveau von Industrieländern näherten, waren in anderen Ländern, namentlich in Afrika, Fortschritte kaum spürbar. Nicht nur beim Einkommen, auch in anderen Bereichen ist die soziale Lage der Entwicklungsländer differenzierter geworden.

Lebenserwartung

Die Lebenserwartung ist seit 1950 weltweit gestiegen. Von einem hohen Niveau ausgehend, nahm die Lebenserwartung in den Industrieländern bis 1992 um zwölf auf 77 Jahre zu. Alle anderen Regionen verzeichneten noch höhere Zuwächse; vor allem in China stieg die durchschnittliche Lebenserwartung erheblich: von 38 auf 69 Jahre. Der Zuwachs von 42 auf 61 Jahre im ebenfalls bevölkerungsreichen Indien war deutlich geringer. In Subsahara-Afrika haben die Menschen mit durchschnittlich 52 Jahren weiterhin die geringste Lebenserwartung [vgl. Schaubild 7].

Seit dem Umbruch in Osteuropa ist hier die Lebenserwartung in den meisten

»Fehlende« Frauen

Mädchen haben biologisch bessere Überlebenschancen als Jungen. Obwohl mehr Jungen als Mädchen geboren werden, gibt es in den meisten Ländern einen Frauenüberschuß. In den Industrieländern kommen auf 100 Männer 106 Frauen. In einigen Ländern sind Frauen in der Minderzahl – ein Hinweis darauf, daß weibliche Säuglinge und Kinder, bewußt oder unbewußt, weniger Fürsorge erhalten als männliche, mitunter sogar getötet werden. So fehlen in China 40 Millionen Frauen; in Indien sind es fast 36, in Pakistan und Bangladesch je vier, in Westasien drei, in Ägypten 1,2 Millionen und in Nepal eine halbe Million (UNICEF 1993a; Klasen 1993).

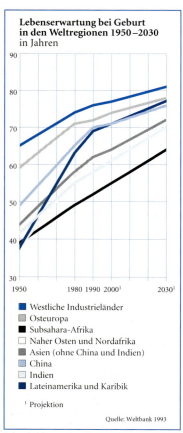

Schaubild 7

Ländern gesunken, vor allem die von Männern. Ihre durchschnittliche Lebenserwartung sank in der Russischen Föderation von 1989 bis 1993 um fünf Jahre. Zunehmende Armut, Verschlechterung der Gesundheitsversorgung und sozialer Streß werden dafür verantwortlich gemacht.

In Japan leben die Menschen mit durchschnittlich 79 Jahren am längsten, in Sierra Leone mit 39 Jahren am kürzesten. Frauen haben außer auf den Malediven, in Nepal und Bangladesch in allen Ländern eine höhere Lebenserwartung als Männer (Angaben für 1992).

Die Säuglingssterblichkeit nahm weltweit deutlich ab. 1960 starben in Industrieländern 36 von tausend Kindern vor ihrem ersten Geburtstag, 1992 nur noch neun. In den Entwicklungsländern fiel die Quote in diesem Zeitraum von 137 auf 70. Ostasien registrierte den stärksten Rückgang der Säuglingssterblichkeit (von 132 auf 42), Subsahara-Afrika den geringsten (von 152 auf 111).

Als zentraler Indikator für menschliche Entwicklung gilt die Sterblichkeitsrate bei Kindern unter fünf Jahren, denn in ihn gehen eine Reihe weiterer Lebensbedingungen mittelbar ein: Einkommen und Bildung der Eltern, insbesondere der Mütter, die Ernährungssituation, die Effizienz der Gesundheitsversorgung und der Zugang zu sauberem Wasser. Die Rate der Kleinkindersterblichkeit ist seit 1960 rückläufig; auch die absolute Zahl der Todesfälle bei Kindern nimmt ab, trotz des Bevölkerungswachstums. Allerdings sind die Fortschritte regional und in einzelnen Ländern sehr unterschiedlich, große Disparitäten bleiben bestehen [vgl. Schaubild 8].

Länder derselben Region trennen zum Teil extreme Unterschiede, die nicht allein mit dem Stand der wirtschaftlichen Entwicklung zu erklären sind. So sterben in der Republik Korea neun von tausend Kindern vor dem sechsten Lebensjahr – das ist Industrieländerniveau –, in Indonesien sind es noch 111. In Afrika weist Mauritius mit einer Kindersterblichkeit von 22 den niedrigsten Wert auf, Niger bildet mit 320 das weltweite Schlußlicht. In den Transformationsländern bewegt sich die Quote zwischen 89 (Turkmenistan) und 20 (Litauen); in Osteuropa hat die Tschechische Republik die niedrigste Kindersterblichkeit (10), Albanien (41) die höchste (Angaben für 1992).

In sieben Ländern mit Krieg (Irak, Mosambik, Angola, Afghanistan) oder einschneidenden Sparprogrammen (Sambia, Ghana, Uganda) hat sich die Kindersterblichkeit seit 1980 zum Teil erheblich erhöht. Für stark von AIDS betroffene Länder, vor allem in Afrika, ist in den kommenden Jahren mit einem Wiederanstieg der Quote zu rechnen.

Eklatante Disparitäten zwischen Industrie- und Entwicklungsländern gibt es bei der Müttersterblichkeit. Todesfälle im Zusammenhang mit Schwangerschaft und Geburt werden auf eine halbe Million jährlich geschätzt, 99% entfallen auf Entwicklungsländer [vgl. Tabelle 9]. Von 100.000 Frauen sterben hier 350 durch Komplikationen während der Schwangerschaft, in den Industrieländern sind es nur 10. In einigen afrikanischen Ländern (Mali, Somalia, Ghana) liegt die Sterb-

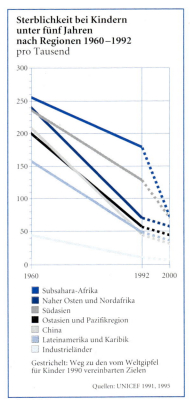

Schaubild 8

lichkeit bei über 1.000 auf 100.000 Lebendgeburten (Angaben für die 80er Jahre).

Gesundheit

Unzureichende Gesundheits- und Wasserversorgung sowie unhygienische sanitäre Verhältnisse sind vielfach für geringe Lebenserwartung und hohe Kindersterblichkeit verantwortlich. Trotz erheblicher Verbesserungen in jüngerer Vergangenheit hatten Anfang der 90er

Jahre erst 77% der Menschen in Entwicklungsländern Zugang zu Gesundheitseinrichtungen, 69% zu Trinkwasser, 36% zu hygienischen Sanitäranlagen. Die Verhältnisse variieren in den Regionen erheblich, doch überall sind die ländlichen Gebiete besonders schlecht versorgt [vgl. Schaubild 9].

In Entwicklungsländern sind infektiöse und parasitäre Krankheiten die häufigste Todesursache [vgl. Tabelle 9]; an ihnen sterben jährlich 17 Millionen Menschen, darunter 6,5 Millionen an Infektionen der Atemwege, 4,5 Millionen an Durchfallerkrankungen.

Etwa 3,5 Millionen Todesfälle gehen auf das Konto von Tuberkulose; Schätzungen zufolge waren 1990 1,7 Milliarden

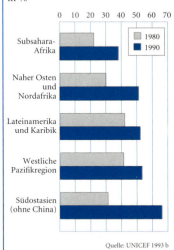

Schaubild 9

Todesfälle in Industrie- und Entwicklungsländern nach Ursachen 1990
Schätzungen in %

	Industrieländer[1]	Entwicklungsländer
Infektionen u. Parasiten	4,4	44,2
Herz- und Kreislaufkrankheiten	47,6	16,9
Kinderkrankheiten	0,75	7,8
Krebs	21,2	7,0
Äußere Einwirkungen	7,6	6,7
Lungenkrankheiten	3,4	6,5
Krankheiten im Zusammenhang mit Schwangerschaft und Geburt	0,035	1,3
Sonstige Ursachen	15,3	9,6
Insgesamt in Millionen	11,4	38,5

[1] einschließlich Transformationsländer

Quelle: Eigene Berechnungen nach WHO 1993

Tabelle 9

Menschen – rund ein Drittel der Menschheit – infiziert. 95% der Tuberkulose-Fälle werden in Entwicklungsländern registriert. Seit dem Umbruch in Osteuropa ist die Krankheit hier wieder auf dem Vormarsch. Aber auch große Städte in westlichen Ländern, zum Beispiel New York und Los Angeles, verzeichnen mit der sich ausbreitenden Armut und der AIDS-Pandemie einen Wiederanstieg der Krankheitsfälle.

Eine bis zwei Millionen Menschen vor allem in Entwicklungsländern fallen jährlich der Malaria zum Opfer; auf dem amerikanischen Kontinent und in einigen asiatischen Ländern breitet sich die Krankheit weiter aus. Etwa 200 Millionen Menschen leiden an Bilharziose.

In den Industrie- und Transforma-

Drogen und Sucht

Rauschgift

Der Mißbrauch von Drogen hat sich in den letzten zwei Jahrzehnten globalisiert. In einigen westlichen Industrieländern ist die Zahl der Drogenkonsumenten leicht rückläufig, bleibt aber auf hohem Niveau; in allen anderen Regionen nimmt der Mißbrauch zu. Wo der Verbrauch bestimmter Drogen (wie Kokain in den USA) nachläßt, werden fast immer andere Rauschgifte (zum Beispiel Amphetamine) vermehrt konsumiert.

Mit Nachfrage und Konsum nimmt der wirtschaftliche und politische Einfluß der Drogenkartelle zu. Diese »handeln« inzwischen verschiedene Drogenarten untereinander und sind zunehmend auch in anderen Bereichen organisierter Kriminalität aktiv.

In den USA ging die Zahl der illegalen Drogenkonsumenten 1992 um 11 % auf 11,4 Millionen zurück. Eine ähnliche Entwicklung verzeichnete Deutschland ein Jahr später: Die Zahl der Erstkonsumenten harter Drogen fiel 1993 um 9 %, 1992 war sie noch um fast 10 % gestiegen. Die Gesamtzahl der Konsumenten harter Drogen in Deutschland wurde Ende 1993 auf 139.000–184.000 geschätzt. Die Zahl der Drogentoten nahm 1993 erstmals seit 1986 signifikant ab: von 2.099 (1992) auf 1.738.

Cannabisprodukte (Haschisch, Marihuana) sind in den westlichen Industrieländern, in Afrika und vielen asiatischen Ländern die meistkonsumierten illegalen Drogen. (Eine Ausnahme unter den Industrieländern macht Japan, wo Amphetamine die wichtigsten Drogen sind.) Cannabis erreicht Nordamerika vor allem aus Kolumbien, Jamaika und Mexiko; in den USA hat in jüngster Zeit die inländische Produktion deutlich zugenommen. Europa wird vorrangig aus Westafrika und West- und Südasien beliefert. Afghanistan bleibt Hauptquelle für Cannabisharz (Haschisch), das über Pakistan nach Europa gelangt. In Kasachstan und Kirgisistan wird wildwachsender Cannabis auf etwa 140.000 bzw. 6.000 Hektar geerntet. Während die Zahl der Cannabis-Konsumenten in den USA zurückgeht (1992 um 8 %), stagniert sie in Westeuropa; in den Transformationsländern steigt sie. Wie bei anderen Drogen ist die Zahl der Konsumenten in den Erzeugerländern und entlang den Transitrouten erheblich.

Unter den harten Drogen sind **Kokain** und **Crack** (eine mit Backpulver und Wasser aufgekochte, rauchbare Kokainbase) in den USA und Kanada die wichtigsten. Die Zahl der Kokain-Konsumenten in den USA sank 1992 gegenüber dem Vorjahr um eine Million auf fünf Millionen, doch stieg gleichzeitig die Zahl der Notfälle im Zusammenhang mit Kokain um 16 %. Im Unterschied zu Nordamerika nahm der Kokainmißbrauch in Europa zu; in Deutschland vermehrten sich 1993 die Delikte im Zusammenhang mit Kokain um 21 %. Der Konsum von Crack ist vor allem in Großbritannien verbreitet.

Hauptherkunftsland von Kokain ist Kolumbien, der weltweit größte Produzent von Cocablättern ist jedoch Peru. Der Anbau von Coca wird hier auf schätzungsweise 130.000 bis 150.000 Hektar betrieben, in Bolivien auf etwa 40.000 Hektar. Die auch in Ecuador und Brasilien erzeugten Blätter werden vor allem in Bolivien und Peru zu Cocapaste verarbeitet, nach Kolumbien geschmuggelt, dort zu Kokain raffiniert und von Drogenkartellen, die inzwischen auch von anderen Ländern der Region aus operieren, nach Nordamerika und Europa, aber auch nach Asien und Afrika geliefert. In den Erzeugerländern ist das Kauen von Cocablättern und das Rauchen von Cocapaste vor allem unter den Ärmsten der Gesellschaft verbreitet.

Opiate (Heroin und Opium) bleiben in den westlichen Industrieländern weitverbreitete harte Drogen. In Deutschland griffen 60 % der Erstkonsumenten 1993 zu Heroin. Vor allem in den Transformationsländern nimmt der Konsum aus Mohnstroh gewonnener Präparate zu. Afghanistan ist einer der größten Produzenten von Opium, nach Schätzungen wurde hier 1992 auf etwa 57.000 Hektar Schlafmohn für rund 2.000 Tonnen Rohopium produziert; im Nachbarland Pakistan werden jährlich 140 bis 180 Tonnen Opium erzeugt. Ein weiteres wichtiges Produktionsgebiet ist die als »Goldenes Dreieck« bekannte Grenzregion zwischen Thailand, China und Myanmar (Birma). Über Bangkok, aber auch über China erreichen Opium und Heroin Schmuggelrouten nach Europa und Nordamerika. 60–70 % des Heroins in Europa kommen über die »Balkanroute«; Heroin in den USA stammt etwa zu einem Viertel aus Mexiko. In den Erzeuger-, Transit- und Verarbeitungsländern ist der Heroin- und Opiumkonsum verbreitet und greift vielerorts weiter um sich. Schätzungen sprechen für 1992 von 400.000 Opiumsüchtigen in Pakistan, 200.000 Heroinabhängigen im Iran, 42.000 Opiumkonsumenten in Laos und 150.000 in Vietnam. In China greift der Heroinkonsum, der sich bislang auf die südlichen Provinzen konzentrierte, auch auf andere Landesteile über.

Der Konsum von **synthetischen Drogen** (Amphetamine, darunter »Ecstasy« und »Eve«, LSD u. a.) nimmt in den westlichen Industrieländern dramatisch zu. In Europa stammen sie zu etwa 80 % aus illegalen Labors in den Niederlanden, aber auch aus Polen und anderen ost- und mitteleuropäischen Ländern; die in Japan (und Südkorea) konsumierten Amphetamine werden vor allem in Taiwan hergestellt. Synthetische Drogen finden auch in den Entwicklungsregionen zunehmende Verbreitung. Verheerende gesundheitliche Folgen hat hier nicht zuletzt das Inhalieren organischer Lösungsmittel, das etwa unter den Straßenkindern der lateinamerikanischen Großstädte weit verbreitet ist.

Alkohol

Nach einer knapp 50 Länder umfassenden Übersicht über den Alkoholkonsum pro Kopf lag Deutschland 1992 mit zwölf Litern an der Spitze, gefolgt von Frankreich und Spanien [vgl. Tabelle 10]. 1993 fiel der Konsum in Deutschland auf 11,5 Liter pro Kopf, doch die Zahl der Alkoholkranken, überwiegend Männer, wurde noch immer auf 2,5 Millionen geschätzt.

In den Transformationsländern, die sich traditionell durch hohen Alkoholverbrauch auszeichnen, hat der Konsum nach dem politischen und wirtschaftlichen Umbruch erheblich zugenommen. Alkoholismus ist in den Nachfolgestaaten der Sowjetunion zu einem drängenden sozialen Problem geworden. Während Alkoholerkrankungen in einigen Industrieländern zumindest nicht mehr zunehmen, gibt es Anzeichen eines Anstiegs in Afrika und Lateinamerika.

Alkoholkonsum in ausgewählten Ländern 1992

	Konsum pro Kopf (Liter)	Änderung 1980–90 (%)
Deutschland	12,0	–3,2
Frankreich	11,8	–11,5
Spanien	10,9	–20,8
Dänemark	10,3	8,4
Italien	8,9	–33,4
Bulgarien	8,6	7,4
Argentinien	7,6	–34,8
Großbritannien	7,2	4,7
USA	6,9	–8,5
Japan	6,6	19,7
Südafrika	4,8	30,1

Quelle: DHS 1994

Tabelle 10

Nikotin

Das Zigarettenrauchen – die weltweit vorherrschende Form des Nikotinkonsums – stieg in den 80er Jahren um 2 % jährlich; für die 90er Jahre wird ein Wachstum um jährlich 0,5 %

erwartet. In Entwicklungsländern wird noch immer deutlich weniger geraucht als in Industrie- und Transformationsländern, doch haben sie die höchsten Wachstumsraten. So wird für China die Zunahme des Zigarettenkonsums von jährlich 1,73 Billionen (1993) auf 2,2 Billionen Stück bis zum Jahr 2000 prognostiziert – 40 % aller Zigaretten werden dann in China geraucht.
In den USA zeigen unterdessen Kampagnen gegen das Rauchen Wirkung: Nur noch 25 % der Erwachsenen rauchen. Der Zigarettenkonsum ist seit den 80er Jahren rückläufig; bis 2000 wird er voraussichtlich weiter abnehmen, von 507 Milliarden (1993) auf 424 Milliarden Stück jährlich.
In Europa, wo die Zahl der Todesfälle im Zusammenhang mit Rauchen von der WHO für 1995 auf 1,4 Millionen geschätzt wird, ist die Entwicklung uneinheitlich. Während der Zigarettenkonsum in einigen Ländern stagniert, sinkt er in Deutschland: von 146 Milliarden (1991) auf 128 Milliarden Stück (1993). 29 % der Deutschen über 15 Jahre (37 % der Männer, 22 % der Frauen) waren 1992 Raucher. Eine gegenläufige Entwicklung verzeichnet Japan: Hier ist der Zigarettenkonsum seit 1990 stark gestiegen.
In den Ländern der GUS ist der Zigarettenkonsum in der Wirtschaftskrise mangels Angebot stark zurückgegangen. Die Tabakindustrie geht jedoch davon aus, daß er wieder steigen und bis zum Jahr 2000 US-Niveau ereicht haben wird.
In vielen Ländern (Ausnahmen sind Kanada und Großbritannien) nimmt die Zahl rauchender Frauen zu.

tionsländern sind 40–50 % aller Todesfälle auf Herz-Kreislauf-Erkrankungen zurückzuführen. Während im Westen die Zahlen in den 80er Jahren fielen, sind sie in den Ländern Osteuropas gestiegen (in Bulgarien und Polen um 10 %). Krebs ist weltweit eine wesentliche Todesursache; etwa 70 % aller Fälle werden auf Lebens- und Umweltbedingungen zurückgeführt. Am häufigsten ist Magenkrebs, gefolgt vom Lungenkrebs.

Eine wachsende Zahl von Menschen – nach UN-Schätzungen etwa 300 Millionen – leiden an geistigen oder neurologischen Störungen. Die Suizidraten waren Ende der 80er Jahre um 35–40 % höher als in den 50er Jahren.

AIDS

Die ersten AIDS-Fälle wurden 1981 registriert, Ende 1994 waren 13–15 Millionen Erwachsene mit dem HI-Virus infiziert und mindestens zwei Millionen an den Folgen von AIDS gestorben. Lange Zeit breitete sich das Virus in Afrika am schnellsten aus, mittlerweile ist das Ausbreitungstempo in Asien am größten. In Subsahara-Afrika, wo 10 % der Weltbevölkerung leben, findet sich jedoch weiterhin über die Hälfte der Infizierten.

Der Frauenanteil steigt weltweit überproportional: 1980 lag er bei 20 %, 1993 bereits bei 40 %. Im Jahre 2000 werden etwa gleich viele Männer und Frauen infiziert sein – nach Schätzungen der Weltgesundheitsorganisation (WHO) insgesamt 30–40 Millionen Menschen. Im selben Jahr werden 1,8 Millionen Menschen der Krankheit erliegen [vgl. Schaubild 10].

Die sozioökonomischen Auswirkungen der Seuche sind in stark betroffenen Ländern schon heute immens, weil die Behandlung der mit AIDS verbundenen Krankheiten sehr teuer ist und weil AIDS hauptsächlich junge, produktive Erwachsene trifft. So sind im ugandischen Rakai-Distrikt die landwirtschaftliche

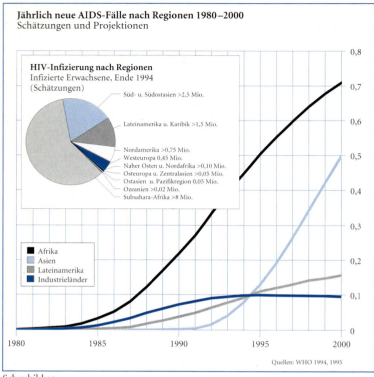

Schaubild 10

Produktion, das Transportwesen und die Vermarktung bereits erheblich gestört.

Die hohen Behandlungskosten binden einen großen Teil der öffentlichen Ausgaben für Gesundheit – in Uganda waren es Ende der 80er Jahre schon 55% – und verhindern produktive Investitionen. Familien müssen ein gut Teil ihrer Einkommen für die Pflege der Kranken aufwenden, die selber als Ernährer ausfallen. Die Zahl der Waisenkinder als Folge der Pandemie wird nach WHO-Schätzungen bis zum Ende des Jahrzehnts auf über fünf Millionen steigen.

Medizinische Versorgung

Bedarf und Angebot an medizinischer Versorgung stehen, global gesehen, in krassem Mißverhältnis. Während in Industrieländern (einschließlich Transformationsländern) im Durchschnitt 390 Menschen einen Arzt haben, sind es in Entwicklungsländern 6.670, in den ärmsten Entwicklungsländern sogar 18.654 (Angaben für 1990). Noch krasser werden die Disparitäten bei regionaler Aufschlüsselung: Ostasien ist vergleichsweise gut versorgt, Subsahara-Afrika steht auf verlorenem Posten [vgl. Schaubild 11].

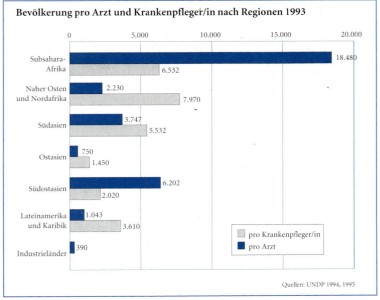

Schaubild 11

In Entwicklungsländern wurden 1991 durchschnittlich 4,2 % des BSP für das Gesundheitswesen ausgegeben, in Industrieländern 9,4 % – bei steigender Tendenz [vgl. Tabelle 11]. Die rasch wachsenden Kosten haben hier vielerorts zu Bestrebungen geführt, die Gesundheitssysteme zu reformieren.

Wohnen

Statistisch betrachtet müssen sich in Entwicklungsländern 1,9 Menschen einen Wohnraum teilen; in Industrieländern gibt es einen Raum für 0,9 Menschen. In Entwicklungsländern haben sich mit der raschen Urbanisierung die Wohnverhältnisse vor allem in städtischen Zuzugsgebieten drastisch verschlechtert. In Kumasi (Ghana) lebt ein Viertel aller Haushalte in Einraumbehausungen, in Mexiko-Stadt ein Drittel und in Kalkutta die Hälfte. Fast 25 % der Einwohner von Kalkutta, Dhaka und Mexiko-Stadt sind obdachlos [vgl. Tabelle 12].

Obdachlosigkeit wächst auch in den Industrieländern. Die Zahl obdachloser New Yorker wird Mitte der 90er Jahre auf fast 250.000 geschätzt, über 3 % der Stadtbevölkerung. In London gibt es etwa 400.000 Menschen ohne feste Bleibe, in Paris fast 10.000, in ganz Frankreich 500.000. Die Zahl der Obdachlosen in Deutschland wurde 1987 auf 100.000, 1994 bereits auf 180.000 geschätzt. Dabei haben sich in den Industrieländern Zahl und Ausstattung der Wohnungen seit dem Zweiten Weltkrieg deutlich verbessert; es mangelt jedoch an erschwing-

Ausgaben für Gesundheit in Regionen und ausgewählten Ländern 1991		
	Anteil der Ausgaben für Gesundheit am BSP (in %)	Ausgaben für Gesundheit pro Kopf (US-$)
Industrieländer	9,4	1.402
USA	13,3	2.971
Deutschland	9,1	1.866
Transformationsländer	3,7	93
Russische Föderation	3,0	104
Entwicklungsländer	4,2	37
China[1]	3,5	21
Indien[1]	6,0	11
[1] Angaben für 1990		
Quellen: UNDP 1994; Weltbank 1993		

Tabelle 11

Ernährung

Die Erde hat genügend Nahrung, um alle Menschen ausreichend mit Kalorien zu versorgen. Dennoch waren 1990 mindestens 780 Millionen Menschen, größtenteils in ländlichen Gebieten der Entwicklungsländer, chronisch unterernährt – sie waren nicht in der Lage, genügend Energie aufzunehmen, um ihr Mindestgewicht zu halten und auch nur leichte körperliche Arbeit zu verrichten. Gegenüber 1970 hat sich die Lage aber insgesamt verbessert. Damals waren rund 940 Millionen Menschen unterernährt. Nach Prognosen der Ernährungs- und Landwirtschaftsorganisation der Vereinten Nationen (FAO) wird die Zahl der Unterernährten trotz wachsender Weltbevölkerung bis zum Jahr 2010 auf etwa 640 Millionen abnehmen.

Hauptursache von Unterernährung und Hunger ist Armut. Die Hunger- und Armutsregionen sind deshalb weitgehend deckungsgleich. Es zeigen sich parallele Trends: In Asien nehmen Armut und Hunger ab, in Afrika zu. Südlich der Sahara hat sich die Zahl der Unterernährten von 94 (1970) auf 175 Millionen (1990) erhöht, bis 2010 wird sie auf rund

lichem Wohnraum für die unteren sozialen Schichten. So stehen in den USA mehrere Millionen Wohnungen leer, in anderen Industrieländern Hunderttausende. Schätzungsweise 550.000 Menschen mußten 1994 in Deutschland in Notunterkünften und Billigpensionen leben.

Wohnungsmangel herrscht in den Transformationsländern. Der statistisch verfügbare Raum pro Person entspricht weniger als der Hälfte des verfügbaren Raums pro Person in westlichen Industrieländern. Die Qualität der Wohnungen ist vergleichsweise schlecht; angesichts der ökonomischen Krise sind Verbesserungen vorerst nicht zu erwarten.

Wohnungen je 1.000 Einwohner in ausgewählten Ländern	
Frankreich (1992)	471
USA (1991)	429
Deutschland (1992)	427
Großbritannien (1992)	414
Russische Föderation (1991)	330
Ungarn (1992)	382
Polen (1992)	294
Quellen: ECE, Annual Bulletin of Housing and Building Statistics for Europe and North America, Geneva 1993; Statistisches Bundesamt, Statistisches Jahrbuch für das Ausland 1994	

Tabelle 12

Kriminalität

Die Wahrscheinlichkeit, Opfer einer kriminellen Handlung zu werden, hat in den vergangenen 20 Jahren in den meisten Ländern zugenommen. In Deutschland verdoppelte sich die Zahl der Straftaten pro 100.000 Einwohner 1973–93 auf 8.337. Internationale Vergleiche, zumal im zeitlichen Verlauf, sind nicht nur deshalb mit großen Unsicherheiten behaftet, weil die am jeweiligen nationalen Strafrecht orientierte Statistik sehr unterschiedlich ist, sondern auch, weil die Dunkelziffern variieren und die Erfassungsmethoden sich verändern. Sicher ist jedoch, daß es erhebliche Unterschiede in der Häufigkeit von Straftaten zwischen einzelnen Ländern gibt. Das soziokulturelle Milieu Japans und der Republik Korea begünstigt vergleichsweise niedrige Kriminalitätsraten, während in Industrie-, aber auch in Entwicklungsgesellschaften, in denen die soziale Desintegration voranschreitet, die Kriminalität hoch ist und teilweise weiter zunimmt.

So ist die Wahrscheinlichkeit, Opfer von Mord oder Totschlag zu werden, in den USA fast achtmal so hoch wie in Japan. In einzelnen Entwicklungsländern liegen die Häufigkeitszahlen noch deutlich über denen der USA, andere wiederum weisen sehr niedrige Werte auf. Deutschland nimmt eine Mittelposition ein [vgl. Tabelle 12].

Häufigkeit von Straftaten in ausgewählten Ländern
Fälle pro 100.000 Einwohner

	Mord, Totschlag u. Kindestötung		Vergewaltigung		gefährliche/schwere Körperverletzung		Diebstahl insgesamt (inkl. Einbruch, Raub)	
	1970	1989	1977	1989	1977	1989	1970	1989
USA		$8,4^2$	29,1	$37,6^2$	242	370		5.248^2
Frankreich	3,9	$4,6^2$	2,9	$6,8^2$	60	76^2	1.342	3.569^2
Deutschland[1]	4,0	3,8	11,0	8,0	86	105	2.567	4.197
Ungarn		2,9	$4,4^3$	4,3	45^3	55		1.368
England/Wales	1,3	2,0	2,1	$6,0^2$	163	305^2	2.794	5.534^2
Japan	1,9	1,1	2,6	1,3	28	16	1.005	1.205

[1] Westdeutschland vor der Vereinigung
[2] 1988 statt 1989
[3] 1980 statt 1977

Quelle: Dörmann 1991

Tabelle 13

Kriminalität steht offensichtlich nicht mit dem wirtschaftlichen Entwicklungsstand eines Landes im Zusammenhang, sondern eher mit dessen Fähigkeit zu sozialer Integration. So ist zu erklären, daß Kriminalität vor allem in den rasch wachsenden Städten der Entwicklungsländer zum drängenden Problem geworden ist. Die verzweifelte, mitunter aussichtslose Lage der Unterschichten hat hier die Zahlen von Mord, Raub und Diebstahl in die Höhe schnellen lassen.

300 Millionen steigen. In Ostasien, in den 70er Jahren noch Hauptregion des Hungers, halbierte sich die Zahl der Unterernährten von 500 auf 250 Millionen. Im Jahre 2010 werden in ganz Asien weniger Menschen hungern als in Subsahara-Afrika [vgl. Tabelle 14].

In den Transformationsländern leiden vergleichsweise kleine, aber wachsende Bevölkerungsteile an Unterernährung. Hunger gab es 1992/93 vor allem in Ländern mit bewaffneten Konflikten (im ehemaligen Jugoslawien, in Georgien, Armenien und Tadschikistan) sowie in Albanien.

Verbesserungen zeigen sich bei der Zahl der untergewichtigen Kinder unter fünf Jahren – ein Indikator für Unterernährung, der lebenslang wirkende Entwicklungsstörungen ankündigt. Mit Unterernährung einhergehender Eisenmangel beeinträchtigt die Hirnfunktionen; Jodmangel kann zu irreversibler geistiger Unterentwicklung und Vitamin-A-Mangel zu Blindheit führen. 1975 waren noch 47 % aller Kinder in Entwicklungsregionen untergewichtig; bis 1992 sank die Zahl auf 36 %. Die Quote verbesserte sich in allen Regionen, allein in Afrika stagnierte sie bei 31 %. Das Gros der untergewichtigen Kinder lebt nach wie vor in Südasien, wo Bangladesch (66 %) und Indien (63 %) extrem hohe Werte verzeichnen.

Unter- und vor allem Fehlernährung ist auch ein Problem in Industrieländern. In den USA leidet nach Schätzungen eines von acht Kindern Hunger. Laut WHO sind 40 % der älteren Europäer übergewichtig.

Statistisch standen 1990 jedem Menschen 18 % mehr Nahrungsmittel zur Verfügung als noch 30 Jahre zuvor: 2.700 statt 2.300 Kalorien täglich. Die Zuwachsraten der Nahrungsmittelerzeugung sind in der jüngeren Vergangenheit zwar deutlich gefallen – ein Anlaß zur Sorge –, aber sie liegen mit jährlich 1,8 % weiterhin über dem Bevölkerungswachstum.

Das Kalorienangebot ist jedoch regional sehr unterschiedlich verteilt, ebenso der Zuwachs. Einem Nordamerikaner

	Chronisch Unterernährte in Entwicklungsländern 1969/1971, 1988/1990, 2010 (Schätzungen)					
	Unterernährte Bevölkerung in %			Unterernährte Bevölkerung in Millionen		
	1969/71	1988/90	2010	1969/71	1988/90	2010
Alle Entwicklungsländer	36	20	11	941	781	637
Subsahara-Afrika	35	37	32	94	175	296
Nahost/Nordafrika	24	8	6	42	24	29
Ostasien	44	16	4	506	258	77
Südasien	34	24	12	245	265	195
Lateinamerika/Karibik	19	13	6	54	59	40
Quelle: FAO 1995						

Tabelle 14

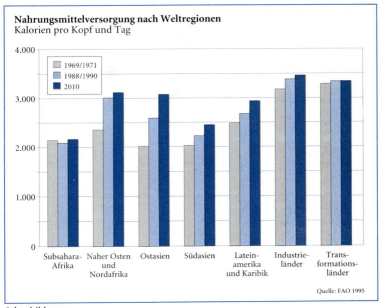

Schaubild 12

standen 1990 pro Tag 3.600 Kalorien zur Verfügung, einem Afrikaner südlich der Sahara nur 2.100. Der von der WHO empfohlene Durchschnittswert liegt bei 2.300–2.500 Kalorien. Während Afrikaner kaum grundlegende Änderungen erhoffen können, wird sich die Situation in Asien weiter verbessern. Schon in den vorangegangenen 20 Jahren hat sich hier, vor allem in der Wachstumsregion Ostasien, das Angebot nachhaltig erweitert. Bis 2010 wird der Wert von 3.000 Kalorien pro Kopf und Tag voraussichtlich überschritten; neben den Industrie- und Transformationsländern hat die Region Nordafrika/ Naher Osten die Marke schon erreicht [vgl. Schaubild 12]. Große Teile der afrikanischen Bevölkerungen werden dagegen weiterhin auf Nahrungsmittelhilfe angewiesen sein.

Bildung

Grundbildung ist Voraussetzung für die Überwindung von Armut. Mehr als 40 Jahre nach Verabschiedung der UNESCO-Charta, die jedem Menschen ein »Recht auf Bildung« gibt, konnten 1990 rund 900 Millionen Erwachsene weder lesen noch schreiben, mehr als 130 Millionen Kinder hatten keine Chance einer Grundschulbildung.

Analphabetismus ist vor allem ein Problem der Entwicklungsländer, hier leben 97 % aller Analphabeten. Die Bildungsanstrengungen der 70er und 80er Jahre haben die Alphabetisierungsquoten zwar weltweit erhöht, doch nahm mit dem Bevölkerungswachstum in Afrika, in den arabischen Ländern und in Südasien auch die absolute Zahl der Analphabeten zu. Sie wird nach UNESCO-Prognose weiter steigen.

Die Industrieländer, Ostasien und Lateinamerika waren mit ihren Bildungsanstrengungen erfolgreicher; die absolute Zahl der Lese- und Schreibunkundigen nahm hier ab. Nach Prognose der UNESCO wird sich der Trend fortsetzen. Im Jahre 2000 wird die Alphabetisierung in Entwicklungsländern von 67 auf 74 % gestiegen sein [vgl. Tabelle 15].

Die Zahlen verbergen zum Teil große Disparitäten
▶ innerhalb einer Region: die Alphabetisierung in den Ländern der Sahel-Zone z. B. liegt nur bei etwa 30 %,
▶ innerhalb eines Landes: die Mehrzahl der Analphabeten lebt auf dem Lande, in Thailand z. B. 90 %,
▶ und zwischen den Geschlechtern: zwei Drittel aller Analphabeten sind Frauen (Angaben für 1990).

Die Benachteiligung der Frauen wird auch beim Schulbesuch augenfällig. In allen Entwicklungsregionen werden deutlich weniger Mädchen als Jungen eingeschult. Noch eklatanter sind die Disparitäten beim Besuch weiterführender Schulen und Universitäten, vor allem in Südasien und Afrika. Hier finden sich vielerorts im Sekundar- und Tertiärbereich mehr als doppelt so viele Männer wie Frauen. Gegenüber den 60er und 70er Jahren hat sich jedoch die Benachteiligung der Frauen in allen Regionen verringert.

Die Schulbesuchsquoten haben sich

Regionale Verteilung der Alphabetisierung 1980, 1990 und 2000 (Schätzungen)

	Analphabeten[1] in Mio.			Alphabetisierungsrate in %		
Region	1980	1990	2000	1980	1990	2000
Welt insgesamt	945,8	905,4	869,4	67,2	74,7	79,8
Entwicklungsländer	898,5	873,9	853,7	55,2	66,7	73,9
Subsahara-Afrika	132,3	138,8	146,8	32,5	47,3	59,7
Arabische Länder	58,1	61,1	65,8	37,0	51,3	61,9
Lateinamerika /Karibik	45,14	43,3	41,7	79,5	84,9	88,5
Ostasien	306,7	232,7	165,6	65,9	80,2	88,0
Südasien	350,6	398,1	437,1	38,3	46,1	54,1
ärmste Entwicklungsländer	124,6	148,2	170,1	27,6	39,6	49,0
Industrieländer (einschl. Transformationsländer)	47,3	31,5	15,7	94,6	96,7	98,5

[1] Bevölkerung über 15 Jahre

Quelle: UNESCO 1993

Tabelle 15

Einschulungen nach Regionen und Geschlecht 1990
Schätzungen in %[1]

	Grundschule		weiterführende Schulen		höhere Schulen und Universitäten	
	Jungen	Mädchen	Jungen	Mädchen	Männer	Frauen
Welt insgesamt	104,8	93,0	55,0	45,6	13,7	11,6
Entwicklungsländer	105,2	91,2	48,2	36,2	8,4	5,4
Subsahara-Afrika	75,4	61,2	21,7	14,4	3,1	1,1
Arabische Länder	92,2	74,1	60,2	45,7	14,7	8,7
Lateinamerika/Karibik	108,6	105,1	51,1	55,5	18,4	16,4
Ostasien	123,2	115,3	53,2	44,0	5,8	3,9
Südasien	100,6	76,3	48,7	29,3	9,0	4,0
Industrieländer	102,7	100,9	88,6	92,0	36,9	39,0
Nordamerika	109,8	102,8	91,7	91,6	67,1	83,8
Europa/GUS	101,9	102,0	89,5	94,3	28,4	28,2

[1] Brutto-Einschulungsrate = Zahl der Einschulungen geteilt durch die Bevölkerung im offiziellen Alter des jeweiligen Bildungsniveaus

Quelle: UNESCO 1993

Tabelle 16

überall erheblich verbessert, mit einer Ausnahme: In Subsahara-Afrika, wo 1980 noch 77 von 100 schulfähigen Kindern eingeschult wurden, waren es zehn Jahre später nur noch 68. Ostasien und Lateinamerika haben dagegen bei der Grundschulbildung Industrieländerniveau erreicht [vgl. Tabelle 16].

Steigende Einschulungsraten lassen leicht vergessen, daß die absolute Zahl der Kinder und Jugendlichen ohne Zugang zu Schulbildung in fast allen Entwicklungsregionen steigt [vgl. Schaubild 13].

Die öffentlichen Bildungsausgaben in Entwicklungsländern lagen 1991 mit einem Durchschnittsanteil am Bruttosozialprodukt von 4,1 % gut einen Prozentpunkt hinter den Industrieländern (5,3 %). Auf jeden Schüler in Industrieländern entfielen (Angaben von 1990) im Durchschnitt US-$ 2.419 jährlich, auf Schüler in den Entwicklungsländern nur US-$ 122, in Subsahara-Afrika – bei fallender Tendenz – sogar nur US-$ 58 [vgl. Schaubild 14].

Als Indikator für die Qualität der Ausbildung kann auch die Zahl der Lehrer im Verhältnis zur Bevölkerung gelten. Sie hat sich außer in Asien in allen Weltregionen verbessert, die Kluft zwischen Industrie- und Entwicklungsländern ist aber noch groß. Kommen in Industrieländern durchschnittlich 23 Lehrer auf 1.000 Menschen, so sind es in Entwicklungsländern 13, in den ärmsten Entwicklungsländern nur 7 [vgl. Schaubild 14].

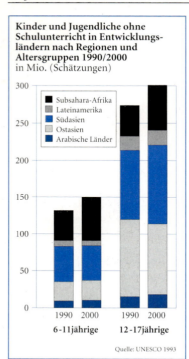

Schaubild 13

Soziale Sicherungssysteme

Die staatlichen Systeme sozialer Sicherung gerieten im letzten Jahrzehnt – bei regional unterschiedlichem Entwicklungsstand – weltweit unter Druck.

In den westlichen Industrieländern, wo 1985–90 (bei steigender Tendenz) im Durchschnitt 16,2 % des BIP aufgewendet wurden, um die Bürger im Alter, bei Krankheit, Arbeitslosigkeit und Armut abzusichern [vgl. Tabelle 17], lösten die Überalterung der Bevölkerung, geringes Wirtschaftswachstum und Fälle von Mißbrauch eine Diskussion über Leistungsfähigkeit und Reformbedarf der sozialen Sicherungssysteme aus.

In den Transformationsländern konnten die herkömmlichen, mit den marktwirtschaftlichen Reformen abgebauten Systeme sozialer Sicherung bisher nicht durch leistungsfähige neue ersetzt werden. Zwar gibt es inzwischen überall Arbeitslosenversicherungen, doch deren Leistungen sind wegen der gesamtwirtschaftlichen Schwierigkeiten meist ebenso unzureichend wie die meisten Rentenzahlungen.

In Entwicklungsländern, wo 1985–90 durchschnittlich 2,7 % des BIP für die staatlichen Systeme sozialer Sicherung aufgebracht wurden, kann – außer in Lateinamerika – bisher nur ein Teil der Bevölkerung als in Ansätzen abgesichert gelten. Mit zunehmender Industrialisierung und Verstädterung nimmt die traditionelle Sicherung etwa durch die Groß-

Anteil der Sozialversicherungsleistungen am BIP in ausgewählten Regionen und Ländern 1985–1990 in %	
Industrieländer	16,2
Schweden[1]	18,5
Frankreich[1]	17,7
Deutschland[1]	16,1
USA[1]	7,0
Japan	11,0
Osteuropa (ohne GUS)	14,9
Bulgarien[1]	12,7
Polen	11,5
Entwicklungsländer	2,7
Chile	9,9
Brasilien	4,6
China	3,4
Indien	0,5
Côte d'Ivoire	0,5
[1] Angaben für 1992	
Quellen: UNDP 1994, 1995	

Tabelle 17

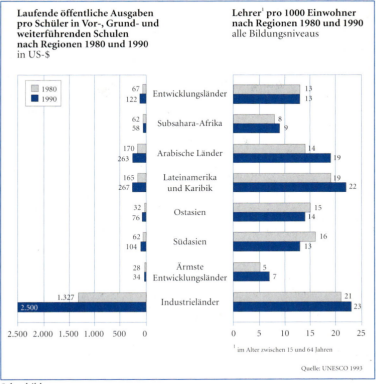

Schaubild 14

familie ab, ohne daß leistungsfähige staatliche Systeme an ihre Stelle träten. Arbeitslosenversicherungen existieren in den wenigsten Entwicklungsländern; in den Genuß einer Rentenversicherung kommen in den meisten Ländern nur Militärs, öffentlich Bedienstete und Angestellte großer Unternehmen.

Perspektiven und Optionen

Der Status quo der Lebensverhältnisse steht im Widerspruch zu den Menschenrechten [vgl. *Allgemeine Erklärung der Menschenrechte*] und zum Sozialpakt der Vereinten Nationen von 1966, der die Menschenrechte um soziale Normen erweitert. Danach hat jeder Mensch ein Recht auf angemessenen Lebensstandard, ausreichende Ernährung, Bekleidung und Wohnung, Schutz vor Hunger (Artikel 11), körperliche und geistige Gesundheit (Artikel 12) sowie Bildung zumindest in Form von Grundschulunterricht (Artikel 13).

Deshalb ist eine Politik geboten, die weltweit soziale Mindeststandards zu erreichen sucht und auf sozialen Ausgleich zielt – nicht nur um internationale Übereinkommen zu erfüllen, sondern auch und vor allem um den inneren und äußeren Frieden zu wahren oder zu erreichen. Aus sozialer Not entstehende Konflikte und Probleme bedrohen die innere Stabilität von Gesellschaften und sind nicht mehr in nationalen Grenzen zu halten. Es ist kostengünstiger und zugleich humaner, gegen die Ursachen globaler Bedrohungen vorzugehen, als auf ihre Folgen zu reagieren. So muß, soll der Teufelskreis aus Bevölkerungswachstum und Umweltzerstörung durchbrochen werden, vorrangig die Armut bekämpft und Arbeit geschaffen werden.

Für eine solche Politik, die in Menschen investiert und damit Wirtschaftswachstum als Mittel und nicht als Zweck begreift, besteht Handlungsbedarf im Norden wie im Süden:

▶ **Im Norden für den Norden** sind die sozialen Sicherungssysteme zu effektivieren, so daß alle Gesellschaftsmitglieder unter menschenwürdigen Bedingungen leben und am gesellschaftlichen Leben teilnehmen können. Dies schließt ein, daß Voraussetzungen für die produktive (Re-)integration der Benachteiligten geschaffen werden.

▶ **Im Süden für den Süden** muß die Befriedigung der Grundbedürfnisse, d. h. die Bekämpfung der Armut, oberste politische Priorität erhalten. Gesellschaftliche Reformen müssen dort vorgenommen werden, wo eine Teilhabe aller an Entscheidungen und sozialem Fortschritt noch nicht möglich ist.

▶ **Vom Norden für den Süden** sind weltwirtschaftliche Rahmenbedingungen zu schaffen, die den Süden in die Lage versetzen, das für soziale Investitionen

---

Allgemeine Erklärung der Menschenrechte vom 10. Dezember 1948

Artikel 22

»Jedermann hat als Mitglied der Gesellschaft das Recht auf soziale Sicherheit; er hat Anspruch darauf, durch innerstaatliche Maßnahmen und internationale Zusammenarbeit unter Berücksichtigung der Organisation und der Hilfsmittel jedes Staates in den Genuß der für seine Würde und die freie Entfaltung seiner Persönlichkeit unentbehrlichen wirtschaftlichen, sozialen und kulturellen Rechte zu gelangen.«

Artikel 28

»Jedermann hat Anspruch auf eine soziale Ordnung, in der die in dieser Erklärung aufgeführten Rechte und Freiheiten voll verwirklicht werden können.«

> **Die Verpflichtungen des Weltsozialgipfels 1995**
>
> Die 185 Teilnehmerstaaten des Weltgipfels für soziale Entwicklung haben sich am 12. März 1995 in Kopenhagen auf zehn Selbstverpflichtungen geeinigt, die allerdings völkerrechtlich nicht verbindlich sind. Die Kernsätze lauten:
> 1. Wir verpflichten uns, wirtschaftliche, politische, soziale, kulturelle und rechtliche Rahmenbedingungen zu schaffen, die den Menschen soziale Entwicklung ermöglichen.
> 2. Wir verpflichten uns, das Ziel der Ausrottung der Armut auf der Welt durch entschiedenes nationales Handeln und internationale Zusammenarbeit zu verfolgen. Dies ist ein ethischer, sozialer, politischer und wirtschaftlicher Imperativ der Menschheit.
> 3. Wir verpflichten uns, das Ziel der Vollbeschäftigung als grundlegende Priorität unserer Wirtschafts- und Sozialpolitik anzustreben. (...)
> 4. Wir verpflichten uns, die soziale Integration voranzubringen durch die Förderung stabiler, sicherer und gerechter Gesellschaften, die auf dem Schutz der Menschenrechte, der Nicht-Diskriminierung, der Toleranz, dem Respekt vor Verschiedenheit, auf Chancengleichheit, Solidarität, Sicherheit und der Teilhabe aller Menschen einschließlich der sozial benachteiligten und sozial schwachen Gruppen beruhen.
> 5. Wir verpflichten uns, die Achtung der menschlichen Würde zu fördern und die Gleichstellung und Gleichberechtigung von Mann und Frau zu erreichen. (...)
> 6. Wir verpflichten uns, das Ziel des allgemeinen und gleichberechtigten Zugangs zu guter Ausbildung, die Verwirklichung des höchsten Standards körperlicher und geistiger Gesundheit und den Zugang aller zur Basisgesundheitsversorgung zu fördern und zu erreichen. (...)
> 7. Wir verpflichten uns, die wirtschaftliche, soziale und menschliche Entwicklung in Afrika und in den ärmsten Ländern zu beschleunigen.
> 8. Wir verpflichten uns, sicherzustellen, daß vereinbarte Strukturanpassungsprogramme soziale Entwicklungsziele enthalten, insbesondere die Ausrottung der Armut, die Förderung produktiver Beschäftigung und die Verbesserung der sozialen Integration.
> 9. Wir verpflichten uns, die Mittel für soziale Entwicklung deutlich zu erhöhen und/oder wirksamer zu nutzen, um die Ziele des Gipfels durch nationale, regionale und internationale Zusammenarbeit zu erreichen.
> 10. Wir verpflichten uns, in partnerschaftlichem Geiste die Rahmenbedingungen für internationale und regionale Zusammenarbeit mit dem Ziel sozialer Entwicklung durch die Vereinten Nationen und andere multilaterale Organisationen zu verbessern und zu stärken.
>
> (Nach inoffizieller Übersetzung von epd entwicklungspolitik, April 1995)

notwendige Kapital aufzubringen. Dazu gehören Entschuldungen und ein größerer Finanztransfer; vom Ziel der Vereinten Nationen, 0,7 % des BSP als öffentliche Entwicklungshilfe zu leisten, sind die meisten Industrieländer (1993: Deutschland 0,36 %, USA 0,15 %) noch weit entfernt.

In der Entwicklungszusammenarbeit müssen die Grundbedürfnisbefriedigung, die Minderung der Armut und die Schaffung produktiver Beschäftigungsmöglichkeiten zu den zentralen, handlungsleitenden Kategorien werden. Zu den Zielen und Instrumenten einer Strategie der Armutsbekämpfung gehört die Verbesserung der Lage der Frauen. Nur wenn sie mit gleichen wirtschaftlichen, sozialen und politischen Chancen am gesellschaftlichen Leben teilnehmen können, wird Armut nachhaltig überwunden werden können.

Das Entwicklungsprogramm der Vereinten Nationen (UNDP) hat einen »20:20-Vertrag für menschliche Entwicklung« vorgeschlagen: Statt bisher durchschnittlich 13 % sollten die Entwicklungsländer 20 % ihres öffentlichen Haushalts für »vorrangige Bedürfnisse der Menschen« aufwenden, die Geberländer den entsprechenden Anteil ihrer Entwicklungshilfeetats von 7 auf 20 % erhöhen. Die Entwicklungsländer müßten dafür vor allem ihre Militärausgaben senken und zweifelhafte Prestigeobjekte aufgeben, die Geberländer innerhalb ihrer Entwicklungshilfeetats umschichten. Nach UNDP-Rechnung stünden dann für Grundbildung, elementare Gesundheits- und Wasserversorgung, Sanitäreinrichtungen und Familienplanungsdienste statt 60 Milliarden jährlich rund 100 Milliarden US-$ zur Verfügung, 88 Milliarden aus Entwicklungs- und zwölf Milliarden aus Geberländern. Die Verwirklichung des Vorschlags wäre ein wichtiger Schritt zur nachhaltigen Verbesserung der Lebensverhältnisse, die zugleich eine tragfähige Basis für wirtschaftliche Entwicklung schaffen würde.

Literatur

Blank, Rebecca M.; David Card 1993: Poverty, Income Distribution, and Growth: Are They Still Connected?, in: Brooking Papers on Economic Activity, No.2, S. 285–339.

Bread for the World Institute 1993: Hunger 1994. Transforming the Politics of Hunger, Silver Spring.

Bundeskriminalamt 1994: Polizeiliche Kriminalstatistik Bundesrepublik Deutschland. Berichtsjahr 1993, Wiesbaden.

DHS (Deutsche Hauptstelle gegen die Suchtgefahren) 1994: Jahrbuch Sucht '95, Geesthacht.

Dörmann, Uwe 1991: Internationaler Kriminalitätsvergleich. Daten und Anmerkungen zum internationalen Kriminalitätsvergleich, in: Hans-Heiner Kühne; Koichi Miyazawa: Kriminalität und Kriminalitätsbekämpfung in Japan, Bundeskriminalamt Wiesbaden, 2. überarb. u. erg. Aufl., S. 9–49.

FAO (Food and Agricultural Organization) 1995: Agriculture: Towards 2010, Rome.

Hanesch, Walter u. a. 1994: Armut in Deutschland (Armutsbericht des DGB und des Paritätischen Wohlfahrtsverbandes), Reinbek.

IMF (International Monetary Fund) 1994, 1995: World Economic Outlook (October 1994, May 1995), Washington, D. C.

INCB (International Narcotics Control Board) 1993: Report of the International Narcotics Control Board for 1993, New York.

Klasen, Stephan (1993): Tödliche Ungleichheit, in: der überblick, 29. Jg., Heft 2, S. 25–29.

Nationale Armutskonferenz für die Bundesrepublik Deutschland 1994: Armut im Sozialstaat – Fragen an die Politik, o. O. Mai.

OGD (Observatoire géopolitique des drogues) 1993: Der Welt-Drogen-Bericht, München.

Ramprakash, Deo 1994: Poverty in the countries of the European Union: A synthesis of Eurostat's statistical research on poverty, in: Journal of European Social Policy, Vol.4 No.2, S. 117–128.

Randzio-Plath, Christa/Sigrid Mangold-Wegener (Hg.) 1995: Frauen im Süden: Unser Reichtum, ihre Armut, Bonn.

Tobacco Merchants Association of the U. S. 1993: To the year 2000. Global cigarette consumption to increase steadily; American-blend consumption to surge forward, in: Tobacco Reporter, May, S. 42–48.

UN (United Nations – Department of Economic and Social Development) 1993: Report on the World Social Situation 1993, New York.

UNDP (United Nations Development Programme) 1990, 1991, 1992, 1994: Human Development Report 1990, 1991, 1992/Bericht über die menschliche Entwicklung 1994, New York/Oxford.

UNICEF 1994a: Crisis in Mortality, Health and Nutrition, Economies in Transition Studies, Regional Monitoring Report, No.2 (August).
- 1993a, 1994: The Progress of Nations 1993, 1994, New York.
- 1991, 1993b, 1995: Zur Situation der Kinder in der Welt 1992, 1994, 1995, New York.

UNESCO 1991, 1993: World Education Report 1991, 1993, Paris.

Weltbank 1990: Weltentwicklungsbericht 1990: Die Armut, Washington, D. C.
- 1992: Weltentwicklungsbericht 1992: Entwicklung und Umwelt, Washington, D. C.
- 1993: Weltentwicklungsbericht 1993: Investitionen in die Gesundheit, Washington, D. C.
- 1994: Weltentwicklungsbericht 1994: Infrastruktur und Entwicklung, Washington, D. C.

World Bank 1995a: Social Indicators of Development 1995, Washington, D. C.
- 1995b: World Tables 1995, Washington, D. C.
- 1995: World Development Report 1995, Workers in an Integrated World, Washington, D. C.

WHO (World Health Organization) 1993: World Health Statistics Annual 1992, Genf.
- (World Health Organization) 1994: Global Programme on AIDS. The HIV/AIDS Pandemic: 1994 Overview, Genf.
- (World Health Organization) 1995: Global Programme on AIDS. The Current Global Situation of the HIV/AIDS Pandemic, 3 January, Genf.

Zwick, Michael M. (Hg.) 1994: Einmal arm, immer arm? Neue Befunde zur Armut in Deutschland, Frankfurt/M., New York.

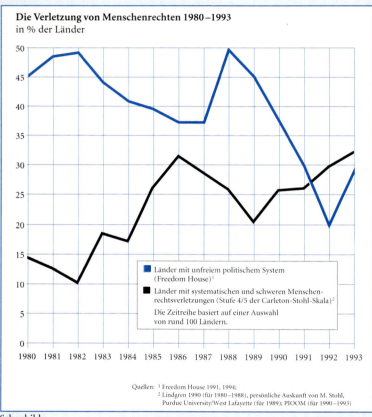

Schaubild 1

Menschenrechte

Politische Umbrüche in einigen Staaten fördern den Demokratisierungsprozeß, zugleich aber auch politische, soziale und wirtschaftliche Instabilität. Krisenhafte Bedingungen dieser Art lassen Konflikte leicht zu kriegerischer und ethnisch-religiös motivierter Gewalt eskalieren, die zu schweren und systematischen Menschenrechtsverletzungen führt. Der Einfluß von Militärs und Oligarchien, Korruption und ökonomische Krisen verschlechtern zusätzlich die Menschenrechtslage.

Eklatant ist das Versagen der Staatengemeinschaft, Menschenrechte als umfassendes Konzept umzusetzen, was bedeuten würde, daß *alle* Menschenrechte, die politischen wie die sozialen, kulturellen und ökonomischen Rechte, gleichermaßen das politische Handeln bestimmten. Die Menschenrechte in ihrer Unteilbarkeit und Interdependenz sind nur durch internationale und nationale Entwicklungsanstrengungen, die Voraussetzungen eines menschenwürdigen Lebens schaffen, zu verwirklichen. Verlauf und Ergebnisse der großen UN-Konferenzen der letzten Jahre – der Weltmenschenrechts- und der Weltbevölkerungskonferenz, des Sozial- und des Klimagipfels – müssen alarmieren: Sie haben dringend notwendige Reformen nicht oder nur unzureichend auf den Weg gebracht. Das nährt Befürchtungen, diese Großveranstaltungen dienten überwiegend als Forum für öffentlichkeitswirksame Lippenbekenntnisse.

Auf der Staatenebene ist die Verwirklichung der Menschenrechte durch Machtstreben und nationale Egoismen gefährdet; ermutigend ist jedoch der weltweite Trend, daß die Menschen selbst zunehmend die Verwirklichung ihrer Rechte einfordern.

Schutz der Menschenrechte im UN-System

Noch im 19. Jahrhundert und unter dem Völkerbund oblag der Schutz der Rechte des einzelnen überwiegend den souveränen Staaten. Erst nach dem Zweiten Weltkrieg fand der Menschenrechtsschutz mit der Gründung der Vereinten Nationen breite internationale Beachtung [vgl. Tabellen 1 und 2].

Die beiden Menschenrechtspakte der Vereinten Nationen von 1966, der »Sozialpakt« und der »Zivilpakt«, die zusammen mit der Allgemeinen Erklärung der Menschenrechte als »International Bill of Rights« gelten, sind bis heute nicht von allen UN-Mitgliedstaaten ratifiziert worden [vgl. *Die UN-Menschenrechtspakte von 1966 und ihre Ratifizierung*].

Die Universalität der Menschenrechte

Als die damals 56 Mitgliedstaaten der Vereinten Nationen 1948 die Allgemeine Erklärung der Menschenrechte verabschiedeten, enthielten sich neben Saudi-Arabien und Südafrika auch sechs kommunistische Staaten der Stimme. Sie begründeten ihre Haltung damit, daß in der Betonung individueller Rechte einseitig eine westliche Denkweise zum Ausdruck komme. Mit ähnlichen Argumenten bestreiten auch heute die Regierungen einiger ost- und südostasiatischer Staaten (China, Malaysia, Indonesien, Singapur) sowie islamistischer Staaten (Sudan, Iran) die universale Gültigkeit der Menschenrechte. Die Betonung der Rechte des Individuums gegenüber dem Staat widerspreche dem asiatischen bzw. islamischen Menschenbild, das die Rechte des einzelnen stärker über seine Zugehörigkeit zur Gemeinschaft definiere.

Damit geht eine prinzipielle Kritik am westlichen Gesellschaftsmodell einher, das nicht nur durch Individualisierungstendenzen und den Verfall sozialer Institutionen wie der Familie dem einzelnen die Sicherheit und Geborgenheit der Gemeinschaft entziehe, sondern auch gesellschaftliche Integrationsinstanzen auflöse und damit den Zusammenhalt der Gesellschaft selbst gefährde.

Ungeachtet dieser unterschiedlichen Auffassungen haben die anwesenden 171 Staaten dem Schlußdokument der zweiten Weltmenschenrechtskonferenz 1993 in Wien zugestimmt; diese *formale* Anerkennung der Menschenrechte beruht damit auf einer breiteren Grundlage als je zuvor [vgl. *Aus der Erklärung der Wiener Weltmenschenrechtskonferenz*].

Widerstand gegen den universalen Geltungsanspruch

Doch der Streit um die Universalität der Menschenrechte ist damit keinesfalls beigelegt. Nur wenige Monate nach der Wiener Konferenz, im September 1993 in Kuala Lumpur, verabschiedete die 14. Tagung der ASEAN Inter-Parliamentary Organization (AIPO) eine asiatische Menschenrechtserklärung. Die ASEAN-Staaten Brunei Darussalam, Malaysia, Indonesien, Philippinen, Singapur und Thailand stellen darin die Universalität erneut in Frage.

Gegner der Universalität der Menschenrechte wie China wenden ein, daß

Die UN-Menschenrechtspakte von 1966 und ihre Ratifizierung

Von 186 Staaten (Stand: 30. 7. 1994) haben 55 weder den Internationalen Pakt über ökonomische, soziale und kulturelle Rechte (Sozialpakt) noch den Internationalen Pakt über bürgerliche und politische Rechte (Zivilpakt) ratifiziert:

Antigua/Barbuda	Indonesien	Mikronesien	St. Lucia
Bahamas	Kasachstan	Monaco	Südafrika
Bahrain	Katar	Myanmar	Swasiland
Bangladesch	Kiribati	Namibia	Tadschikistan
Belize	Komoren	Nauru	Thailand
Bhutan	Kuba	Oman	Tonga
Botsuana	Kuwait	Pakistan	Tschad
Brunei	Laos	Papua-Neuguinea	Türkei
Burkina Faso	Liberia[1]	Samoa	Turkmenistan
China	Liechtenstein	São Tomé u. Príncipe	Tuvalu
Dschibuti	Malaysia	Saudi-Arabien	Vanuatu
Eritrea	Malediven	Sierra Leone	Vatikanstadt
Fidschi	Marshallinseln	Singapur	Ver. Arab. Emirate
Ghana	Mauretanien	St. Kitts u. Nevis	

Staaten, die den Sozialpakt, aber nicht den Zivilpakt ratifiziert haben:

Griechenland	Irland
Guinea-Bissau	Salomonen
Honduras[2]	Uganda

Staaten, die den Zivilpakt, aber nicht den Sozialpakt ratifiziert haben:

Haiti	Mosambik	USA[3]

[1] signiert, aber noch nicht ratifiziert
[2] Der Zivilpakt wurde signiert, aber nicht ratifiziert.
[3] Der Sozialpakt wurde signiert, aber nicht ratifiziert.

Aus der Erklärung der Wiener Weltmenschenrechtskonferenz

»Alle Menschenrechte sind allgemeingültig und unteilbar, bedingen einander und sind miteinander verknüpft. Die Völkergemeinschaft muß die Menschenrechte weltweit in gerechter und gleicher Weise, auf derselben Grundlage und mit demselben Nachdruck behandeln. Zwar ist die Bedeutung nationaler und regionaler Besonderheiten und unterschiedlicher historischer, kultureller und religiöser Voraussetzungen im Auge zu behalten, doch ist es die Pflicht der Staaten, ohne Rücksicht auf ihre jeweilige politische, wirtschaftliche und kulturelle Ordnung alle Menschenrechte und Grundfreiheiten zu fördern und zu schützen« (Schlußdokument der Wiener Konferenz vom 14. bis 25. 6.1993, Teil I, Absatz 5).

Erklärungen, Pakte und Übereinkommen zum internationalen Menschenrechtsschutz
Eine Auswahl

Jahr der Annahme	Rechtsinstrument	Allgemeine Darstellung: Inhalt	Zielgruppe	Rechtscharakter	Im wesentlichen bezogen auf: politische Rechte	soziale, ökonomische, kulturelle Rechte	Entwicklungsrechte	Zuständig
1945	Charta der Vereinten Nationen	Satzung und »Programm« der Vereinten Nationen		völkerrechtlicher Vertrag	x	x	x	Generalversammlung
1948	Allgemeine Erklärung der Menschenrechte*	umfassender Menschenrechtskatalog mit Schwerpunkt auf politischen Rechten und bürgerlichen Freiheiten sowie Rahmenbedingungen für die Verwirklichung der Menschenrechte	generelle Gültigkeit (Artikel 27 gilt dem Schutz der Angehörigen von Minderheiten)	Rechtsempfehlung, völkerrechtlich nicht bindend	x	x	x	- Generalversammlung der UN - Menschenrechtskommission (gegründet 1946) als Gremium des Wirtschafts- und Sozialrates (ECOSOC)
1952	Übereinkommen über die politischen Rechte der Frau (Inkrafttreten 1954)	politische Gleichstellung der Frau (Wahlrecht, gleicher Zugang zu öffentlichen Ämtern)	Frauen	völkerrechtlicher Vertrag	x			- Generalversammlung - Internationaler Gerichtshof
1965	Internationales Übereinkommen zur Beseitigung jeder Form von Rassendiskriminierung (Inkrafttreten 1969)	Verhütung von Diskriminierung aufgrund von unterschiedlicher »Rasse«, der Hautfarbe, der Abstammung, dem nationalen Ursprung oder dem Volkstum«	generelle Gültigkeit	völkerrechtlicher Vertrag	x	x		Rassendiskriminierungsausschuß (CERD)
1966	Internationaler Pakt über wirtschaftliche, soziale und kulturelle Rechte (Inkrafttreten 1976, »Sozialpakt«)*	Bedingungen für ein menschenwürdiges (Über-)Leben (u.a. Recht auf Arbeit, Bildung, Ernährung, Schutz der Familie, Teilnahme am kulturellen Leben)	generelle Gültigkeit	völkerrechtlicher Vertrag		x		ursprünglich zuständig war der ECOSOC, jetzt Ausschuß für wirtschaftliche, soziale und kulturelle Rechte (CESCR)
1966	Internationaler Pakt über bürgerliche und politische Rechte (Inkrafttreten 1976; »Zivilpakt«)*	Sicherung des individuellen menschlichen Lebens u.a. durch das Verbot der Folter und Rechtsschutz; individuelle Entfaltungsfreiheit und Partizipationsrechte	generelle Gültigkeit	völkerrechtlicher Vertrag	x			Ausschuß für Menschenrechte
1966	1. Fakultativprotokoll zum Internationalen Pakt über bürgerliche und politische Rechte (Inkrafttreten 1976)	Individualbeschwerde bei Verletzung der im »Zivilpakt« niedergelegten Menschenrechte durch einen Vertragsstaat	generelle Gültigkeit	völkerrechtlicher Vertrag	x			Ausschuß für Menschenrechte
1968	Proklamation von Teheran	Bestandsaufnahme und Programm für den Menschenrechtsschutz der	generelle Gültigkeit	völkerrechtlich nicht bindende	x	x	x	

				Empfehlung				
		Vereinten Nationen nach 20jährigem Bestehen der Allgemeinen Erklärung der Menschenrechte; Betonung der Interdependenz und Unteilbarkeit aller Menschenrechte						
1979	Übereinkommen zur Beseitigung jeder Form von Diskriminierung der Frau (Inkrafttreten 1981; »Frauenkonvention«)	Gleichberechtigung von Frauen in allen (öffentlichen und privaten) Lebensbereichen spez. Frauenförderung	Frauen	völkerrechtlicher Vertrag	x	x		Ausschuß für die Beseitigung der Diskriminierung der Frau (CEDAW)
1984	Übereinkommen gegen Folter und andere grausame, unmenschliche oder erniedrigende Behandlung oder Strafe (Inkrafttreten 1987; »Anti-Folterkonvention«)	Definition von Folter; Festlegung der Verfolgung von Folterverbrechen und des internationalen Schutzes von Folteropfern	generelle Gültigkeit	völkerrechtlicher Vertrag	x			Ausschuß gegen Folter (CAT)
1986	Erklärung über das Recht auf Entwicklung	Entwicklung als Verwirklichung aller Menschenrechte; kollektive und individuelle Träger dieses Rechts	generelle Gültigkeit	völkerrechtlich nicht bindende Empfehlung	x	x	x	
1989	Übereinkommen über die Rechte des Kindes (Inkrafttreten 1990; »Kinderkonvention«)	Schutz und Entfaltungsmöglichkeiten von Kindern eigenständige Rechtsstellung des Kindes	Kinder	völkerrechtlicher Vertrag	x	x		Ausschuß für Rechte des Kindes (CRC)
1989	2. Fakultativprotokoll zum Internationalen Pakt über bürgerliche und politische Rechte zur Abschaffung der Todesstrafe (Inkrafttreten 1991)	Abschaffung der Todesstrafe durch die Vertragsstaaten	generelle Gültigkeit	völkerrechtlicher Vertrag	x			Ausschuß für Menschenrechte
1992	Deklaration über die Rechte von Personen, die zu nationalen, ethnischen, religiösen und sprachlichen Minderheiten gehören	Schutz und Verwirklichung der kulturellen, ökonomischen, politischen und sozialen Menschenrechte der Angehörigen von Minderheiten	Angehörige von Minderheiten	völkerrechtlich nicht bindende Empfehlung	x	x		
1993	Schlußdokument der Wiener Weltkonferenz über die Menschenrechte	Bestandsaufnahme und Programm für den zukünftigen Menschenrechtsschutz; Betonung der Universalität und Unteilbarkeit der Menschenrechte; Hervorhebung des Rechts auf Entwicklung	generelle Gültigkeit	völkerrechtlich nicht bindende Empfehlung	x	x	x	

* Die Allgemeine Erklärung der Menschenrechte, der »Sozialpakt« und der »Zivilpakt« gelten zusammen als die International Bill of Rights der Menschenrechte.

Tabelle 1

Regionaler Menschenrechtsschutz

Region	Jahr der Verabschiedung	Rechtsinstrument	Rechtscharakter	Zuständigkeit
Afrika	1981	sog. »Banjul-Charta« = Afrikanische Charta der Menschenrechte und Rechte der Völker	völkerrechtlich verbindlicher Vertrag (Inkrafttreten 1986)	Afrikanische Menschenrechtskommission (mit geringen Kompetenzen)
Amerika	1948	Amerikanische Erklärung der Rechte und Pflichten der Menschen	völkerrechtlich unverbindliche Empfehlung	
	1969	sog. »Pakt von San José« = Amerikanische Menschenrechtskonvention	völkerrechtlich verbindlicher Vertrag mit obligatorischer Individualbeschwerde (Inkrafttreten 1978)	▶ Interamerikanische Menschenrechtskommission (eingerichtet 1959) ▶ Interamerikanischer Gerichtshof (eingerichtet 1979)
Asien	1980er Jahre	verschiedene Bemühungen von Nichtregierungsorganisationen und privaten Einrichtungen	unverbindliche Empfehlungen	
	1993	Menschenrechtserklärung der ASEAN-Staaten	völkerrechtlich unverbindliche Empfehlung	
Europa[1]	1950	sog. »Europäische Menschenrechtskonvention« = Europäische Konvention zum Schutz der Menschenrechte (bisher 9 Zusatzprotokolle)	völkerrechtlich verbindlicher Vertrag mit fakultativer Individualbeschwerde (Inkrafttreten 1953)	▶ Europäische Menschenrechtskommission ▶ Europäischer Gerichtshof für Menschenrechte (eingerichtet 1953)
	1961	Europäische Sozialcharta	völkerrechtlich verbindlicher Vertrag (Inkrafttreten 1975)	
	1987	sog. »Europäische Anti-Folterkonvention« = Europäische Konvention zur Verhütung von Folter und unmenschlicher oder erniedrigender Behandlung	völkerrechtlich verbindlicher Vertrag, der sich vor allem auf die Prävention richtet (Inkrafttreten 1989)	
Naher Osten/ Nordafrika	1981 1990	verschiedene *Entwürfe* für eine Islamische Menschenrechtserklärung, z. B.: ▶ des Europäischen Islamrates in Paris ▶ der Außenminister der Islamischen Konferenzorganisation in Kairo	völkerrechtlich unverbindliche Empfehlungen	

[1] Seit der Schlußakte von Helsinki (1975) verstärkten die Teilnehmerstaaten der KSZE ihre Verpflichtungen zum Schutz der Menschenrechte in Europa und richteten mit der sogenannten »menschlichen Dimension der KSZE« ein entsprechendes Kontrollverfahren ein.

Tabelle 2

zunächst der wirtschaftlichen Entwicklung Vorrang vor der Gewährung individueller Freiheitsrechte eingeräumt werden müsse. Der chinesische Außenminister Liu Huaqui geht noch weiter und ordnet die Menschenrechte staatlichen Interessen unter: »Auf der Welt gibt es keine absoluten persönlichen Rechte und Freiheiten. Persönliche Rechte und Freiheiten müssen sich den juristischen Vorschriften unterordnen. Niemand darf seine eigenen Rechte vor die Interessen des Staates und der Gesellschaft stellen und den Interessen anderer und der Massen schaden.« Vertreter islamistischer Regime lehnen die im Rahmen des UN-Systems gültigen Menschenrechte als mit dem Islam unvereinbar ab. Ihre Kritik richtet sich vor allem gegen die Trennung von Staat und Religion, wie sie durch die Betonung der Rechtsstaatlichkeit in der Idee der Menschenrechte angelegt ist, und gegen die Gleichberechtigung der Frauen.

Solche Auffassungen finden jedoch nicht die Zustimmung asiatischer Nichtregierungsorganisationen: »Wenn wir von einer pluralistischen Weltsicht ausgehen, kann jede Kultur zu einem vertieften Verständnis der Menschenrechte beitragen (...) Wir setzen uns zwar für kulturelle Vielfalt ein, doch alle Sitten und Bräuche, welche die allgemein anerkannten Menschenrechte – insbesondere auch jene der Frauen – verletzen, sind nicht annehmbar...« (Bangkok-Erklärung der asiatischen NGOs). Gegen die Regierungen betonen die Nichtregierungsorganisationen dieser Region die uneingeschränkte Gültigkeit der Menschenrechte auch für Asien: »... wir weisen die Logik zurück, daß eine Person in Asien ein geringeres Schutzrecht vor Folter haben soll, nur weil sie in Asien gefoltert wird.«

Unteilbarkeit und Interdependenz

Den oft armen Ländern des Südens fällt es um so leichter, Vorbehalte gegen die Universalität der Menschenrechte anzumelden, je länger die reichen Industrieländer ihrerseits deren Unteilbarkeit und Interdependenz zwar formal anerkennen, aber in der politischen Praxis nicht konsequent umsetzen. Immer noch neigen viele Industrieländer dazu, die politischen Menschenrechte zu betonen und der Verwirklichung der ökonomischen, sozialen und kulturellen Menschenrechte – auch in ihren eigenen Gesellschaften – weniger Gewicht beizumessen. Diese Haltung macht ein generelles Bekenntnis des Nordens zu den Menschenrechten und ihrer Universalität unglaubwürdig und schürt im Süden Befürchtungen, daß die Betonung der politischen Menschenrechte vor allem der Verbreitung des westlichen Demokratiemodells dienen soll. Gegen solchen »Werteimperialismus« wenden sich nicht nur Regierungen, sondern auch Nichtregierungsorganisationen des Südens.

Das »Recht auf Entwicklung«
Die Interdependenz und Unteilbarkeit der Menschenrechte kommt im »**Recht auf Entwicklung**« zum Ausdruck, das auf der Wiener Weltmenschenrechtskonferenz 1993 breit diskutiert wurde. Es wird als Synthese von kulturellen, ökonomischen, politischen und sozialen Rechten verstanden. Dies bedeutet, daß das »Recht auf Entwicklung« die Verwirklichung der genannten Menschenrechte voraussetzt und umfaßt. Danach sind alle fundamentalen Rechte und Freiheiten notwendigerweise an das Recht auf Leben und an einen steigenden Lebensstandard, also an Entwicklung, geknüpft.

Das »Recht auf Entwicklung« zählt zu den Menschenrechten der sogenannten dritten Generation, die die Entwicklungsländer in den 70er Jahren in die Menschenrechtsdebatte einbrachten. Als Solidaritätsrechte setzen sie nicht nur die Solidarität der Menschen, sondern auch der Staatengemeinschaft voraus. Das Wiener Schlußdokument fordert für die Verwirklichung des »Rechts auf Entwicklung« »internationale Zusammenarbeit, ... wirksame entwicklungspolitische Konzepte auf nationaler Ebene sowie gerechte Wirtschaftsbeziehungen und ein günstiges wirtschaftliches Umfeld auf internationaler Ebene«. Wenn Regierungen des Nordens mit dem Instrument der politischen Konditionalität vor allem die Verwirklichung der politischen Menschenrechte einfordern, ohne sich auf die notwendigen Strukturreformen in der internationalen Wirtschaft und Politik einzulassen, wird diese Konditionalität von den Staaten des Südens als Diktat und das Bekenntnis der Industrieländer zum »Recht auf Entwicklung« und somit zur Interdependenz und Unteilbarkeit aller Menschenrechte als bloßes Lippenbekenntnis interpretiert.

Weitere Konkretisierung der Menschenrechte

Menschenrechte der Frauen
Im Dezember 1993 verabschiedete die UN-Vollversammlung die »Erklärung zur Gewalt gegen Frauen«. Die Menschenrechtskommission ernannte auf ihrer 50. Tagung Anfang 1994 Radhika Coomaraswamy aus Sri Lanka zur ersten Sonderberichterstatterin über Gewalt gegen Frauen. Die 4. Weltfrauenkonferenz der Vereinten Nationen im September 1995 in Peking steht unter dem Motto »Handeln für Gleichheit, Entwicklung und Frieden«. Sie ist ein weiterer Schritt im Bemühen der Frauen, Frauenrechte als Menschenrechte zu verankern. Besondere Beachtung findet in Peking die soziale Gleichstellung der Frauen.

Menschenrechtsverletzungen an Frauen können nur verhindert werden, wenn Frauen ihre Rechte kennen und über traditionelle Vorstellungen hinweg fordern, daß geschlechtsspezifische Menschenrechtsverletzungen gesellschaftlich und juristisch geahndet werden. Damit das gelingen kann, müssen Frauen gleiche Bildungschancen erhalten und planvoll in den wirtschaftlichen und gesellschaftlichen Entwicklungsprozeß einbezogen werden. Weltweit organisieren sich Frauen zunehmend für ihre Ziele und fordern national und international die Verwirklichung ihrer Rechte.

Menschenrechte der Kinder
Von 186 Staaten hatten 163 am 30. Juli 1994 das Übereinkommen über die Rechte des Kindes, die sogenannte Kinderkonvention, ratifiziert. Kein anderer völkerrechtlicher Vertrag zum Schutz der Menschenrechte hat eine so breite Zustimmung erfahren. Weltweit sind gerade Kinder besonders gefährdet: Traumatisierung im Krieg, Verfolgung und Ermordung von Straßenkindern wie in Brasilien, Kinderhandel und -prostitution oder Kinderarbeit sind nur einige Beispiele. Zusagen auf dem Weltkindergipfel 1990, durch die Bekämpfung von Armut und Kinderprostitution sowie durch die Förderung elementarer Schulbildung die Situation von Kindern zu verbessern, sind bisher nicht eingehalten worden.

Schutz von Minderheiten
Nach dem Ende des Ost-West-Konflikts gefährden zahlreiche ethnisch-religiöse und ethnisch-religiös verbrämte Konflikte das friedliche Zusammenleben der Menschen [vgl. Kapitel *Kriege*]. Ein wirksamer Minderheitenschutz, der hilft,

solche Konflikte zu vermeiden und Angehörige von Minderheiten zu schützen, ist von vorrangiger Bedeutung. Im Dezember 1992 verabschiedete die UN-Vollversammlung eine Deklaration »Über die Rechte von Personen, die zu nationalen oder ethnischen, religiösen und sprachlichen Minderheiten gehören« (Res. 47/137). Auch Nichtregierungsorganisationen bewerten die Deklaration als wichtigen Beitrag zum Minderheitenschutz. Doch noch immer fehlt eine umfassende Definition von Minderheiten, so daß letztlich offenbleibt, auf wen die Regelungen dieser Deklaration anzuwenden sind.

Schutz indigener Völker

Weltweit leben in über 70 Staaten schätzungsweise 300 Millionen Angehörige indigener Völker. In vielen Staaten werden sie ihrer natürlichen Lebensgrundlage beraubt. Im Streit um das Land ihrer Vorfahren sind sie häufig schweren Menschenrechtsverletzungen ausgesetzt. Für die indigenen Völker besteht bisher völkerrechtlich kein Menschenrechtsschutz. Für die Friedensnobelpreisträgerin Rigoberta Menchú hatte das Internationale Jahr der Indigenen Völker 1993 allenfalls Symbolwert. Sie kritisierte, daß Regierungen und Nichtregierungsorganisationen sich »so wenig« für die indigenen Völker einsetzten. Es bleibt zu hoffen, daß die 1994 ausgerufene UN-Dekade der indigenen Völker erfolgreicher sein wird. *Ein* Ziel ist, daß die Vollversammlung eine Deklaration zum Schutz dieser Völker verabschiedet.

Instrumente des Menschenrechtsschutzes

Nach jahrelangen Forderungen vor allem von Nichtregierungsorganisationen beschloß die UN-Vollversammlung Ende 1993, das Amt eines Hochkommissars für den Schutz der Menschenrechte einzurichten, und bestätigte im Januar 1994 den früheren Außenminister von Ecuador, José Ayala Lasso, in diesem Amt. Im Rang eines Untergeneralsekretärs unterliegt der Hochkommissar für Menschenrechte den Weisungen des UN-Generalsekretärs. Seine Ernennung bedarf jedoch der Bestätigung durch die Vollversammlung, was seine Legitimität im Vergleich zu anderen stellvertretenden Generalsekretären erhöht.

Das Mandat des Hochkommissars umfaßt ausdrücklich alle Menschenrechte einschließlich des »Rechts auf Entwicklung«. Es erlaubt ihm aber nicht, gegen einen Staat, der schwere Menschenrechtsverletzungen begeht, Anklage zu erheben. Auch verfügt der Hochkommissar nicht über Durchsetzungsgewalt und kann nicht von sich aus »Fact-Finding Missions« in Krisenregionen entsenden. Dennoch bietet das Mandat des Hochkommissars Spielräume für Verbesserungen des Menschenrechtsschutzes [vgl. *Aufgaben des Hochkommissars für Menschenrechte*].

Internationale Gerichtsbarkeit

Menschenrechtsorganisationen fordern seit langem die Einrichtung eines ständigen Internationalen Gerichtshofes für Menschenrechtsverletzungen, was in der internationalen Staatengemeinschaft aber bisher keine Zustimmung fand. Die UN-Völkerrechtskommission berät hingegen über einen ständigen internationalen

> **Aufgaben des Hochkommissars für Menschenrechte**
>
> **Koordinationsaufgaben:** Der Hochkommissar koordiniert die verschiedenen Aktivitäten zur Förderung und zum Schutz der Menschenrechte im UN-System. Die Vermeidung von Doppelzuständigkeiten dient der Stärkung der Menschenrechtsmechanismen.
> **Förderung der menschenrechtlichen Kooperation:** Der Hochkommissar koordiniert die internationale Zusammenarbeit im Bereich der Menschenrechte und bietet »Beratende Dienste« (technische und finanzielle Hilfe) bei der Einrichtung nationaler Menschenrechtsprogramme an.
> **Initiativrecht:** Der Hochkommissar übernimmt »eine aktive Rolle, um die bestehenden Hindernisse für die volle Verwirklichung aller Menschenrechte zu beseitigen und sich den diesbezüglichen Herausforderungen zu stellen sowie um die Fortdauer von Menschenrechtsverletzungen in der ganzen Welt zu verhindern« (§ 4 der UN-Resolution).

Strafgerichtshof, der internationale Verbrechen wie Drogenhandel oder Verbrechen gegen die Menschlichkeit verfolgen soll. Als Rechtsgrundlage eines solchen Gerichtes schlägt sie einen völkerrechtlichen Vertrag vor, dem die Staaten freiwillig beitreten müßten. Eingriffe einer internationalen Gerichtsbarkeit in die Zuständigkeit nationaler Rechtsprechung hängen demnach weiterhin von der Zustimmung der Einzelstaaten ab. Sie werden von ihnen häufig als Verletzung ihrer nationalen Souveränität abgelehnt.

Völkerrechtlich anders gestellt ist hingegen der Strafgerichtshof für Kriegsverbrechen im ehemaligen Jugoslawien, der 1993 vom UN-Sicherheitsrat unter Berufung auf Kapitel VII der UN-Charta eingerichtet wurde. Die Maßnahmen zur Wahrung des Weltfriedens und der internationalen Sicherheit nach Kapitel VII sind für alle Staaten verbindlich und bedürfen keiner einzelstaatlichen Zustimmung. Der Gerichtshof nahm im November 1993 in Den Haag seine Arbeit auf. Bisher wurde noch kein Urteil gesprochen.

Die Messung von Menschenrechtsverletzungen

Politische Rechte und bürgerliche Freiheiten

Das Interesse des Freedom House, einer US-amerikanischen Nichtregierungsorganisation, gilt der Entwicklung demokratischer Verhältnisse in den verschiedenen Ländern der Erde. Die Organisation veröffentlicht ihre Befunde seit Anfang der 70er Jahre im Jahresbericht »Freedom in the World«. Freiheit wird dabei *überwiegend* auf die Möglichkeit demokratischer Wahlen bezogen. Mit Hilfe zweier getrennter Skalen bewertet Freedom House zunächst die Verwirklichung politischer Rechte und bürgerlicher Freiheiten. Aus dem Durchschnitt beider Fragenkomplexe ergibt sich die abschließende Einstufung der Staaten als »frei«, »teilweise frei« oder »unfrei« [vgl. *Kategorien des Freedom House*].

Kategorien des Freedom House

Politische Rechte (PR): freie Wahlen, gewichtige Rolle des gewählten Parlaments im politischen Entscheidungsprozeß, offener Parteienwettbewerb, Organisationsfreiheit, Minderheitenschutz

Bürgerliche Freiheiten (BF): Religions-, Presse-, Vereinigungs- und Versammlungsfreiheit, Freiheit der Gewerkschaften, Recht auf Eigentum und Gleichheit vor dem Gesetz, Schutz vor politischem Terror, gegen Korruption der Regierung

Rangordnung: Bestnote 1; schlechteste Note 7

Bewertung (gewichtet aus PR und BF): »frei« = 1 bis 2,5
»teilweise frei« = 3 bis 5,5[1]
»nicht frei« = 5,5 bis 7

[1] Der Durchschnittswert von 5,5 liegt an der Grenze zwischen »nicht frei« und »teilweise frei«. Die Zuordnung ergibt sich aus unterschiedlichen Rohwerten bei PR und BF.

Quelle: Freedom House 1994

Stufen des politischen Terrors

Eine andere Skala, die sogenannte »Political Terror Scale«, rückt die Schutzrechte des Individuums gegenüber dem Staat in den Mittelpunkt des Interesses. Sie mißt das Ausmaß schwerer und systematischer Menschenrechtsverletzungen. Als Informationsgrundlage dienen die Länderberichte des US-Außenministeriums [vgl. *Skala zur Erfassung staatlichen Terrors*]. In Europa arbeitet PIOOM, ein interdisziplinäres Forschungsprojekt über grundlegende Ursachen von Menschenrechtsverletzungen an der Universität Leiden in den Niederlanden, mit dieser Skala.

Skala zur Erfassung staatlichen Terrors
(Gross Human Rights Violations, GHRV)

Stufe 1: In Ländern mit sicherer rechtsstaatlicher Ordnung gibt es keine politischen Gefangenen; Folter und politische Morde sind äußerst selten.

Stufe 2: Inhaftierung wegen gewaltloser Opposition kommt in begrenztem Umfang vor. Folter ist die Ausnahme, politische Morde sind selten.

Stufe 3: Politische Haft ist bzw. war in jüngerer Zeit gängige Praxis. Hinrichtungen und politische Morde können häufig vorkommen, ebenso unbegrenzte Haft wegen politischer Ansichten.

Stufe 4: Die Praxis von Stufe 3 hat sich zahlenmäßig ausgeweitet. Mord, »Verschwindenlassen« und Folter sind an der Tagesordnung. Der Terror richtet sich vornehmlich gegen Menschen, die wegen ihrer politischen oder weltanschaulichen Auffassungen verfolgt werden.

Stufe 5: Der Terror von Stufe 4 ist auf die gesamte Bevölkerung ausgeweitet worden. Die politischen Führer wenden auch brutalste Mittel zur Verwirklichung ihrer persönlichen und ideologischen Ziele an.

Quelle: PIOOM Newsletter, vol. 4(1)1992

Regionale Trends

Nach der Bewertung des Freedom House wiesen 1994 erstmals 60 % aller Staaten formaldemokratische Strukturen auf; im Jahre 1983 waren es nur 38 %. Damit lebten 1994 ca. 20 % der Weltbevölkerung, rund 1,12 Milliarden Menschen, in sogenannten freien Staaten mit gewählten Regierungen. Die Entwicklung formaldemokratischer Systeme ging nicht immer mit der Beachtung grundlegender Menschenrechte einher, wie die folgenden regionalspezifischen Tabellen verdeutlichen.

PIOOM mußte 1992 noch 13 Staaten als schwerste Menschenrechtsverletzer brandmarken; 1993 waren es 20 Staaten [vgl. Schaubild 2]. Der Zuwachs geht vor allem auf immer mehr bewaffnete Konflikte zurück. Schon dieser Widerspruch zwischen zunehmender Demokratisierung und zurückgehender Beachtung der Menschenrechte weist darauf hin, daß Menschenrechtsverletzungen vielfältige Ursachen haben und daß demokratische Strukturen allein noch keine Garantie für die Verwirklichung der Menschenrechte sind. Im folgenden werden schlaglichtartig vor allem jene Staaten genauer betrachtet, die Menschenrechte grob mißachten und laut PIOOM den Stufen 4 oder 5 der Terrorskala zuzuordnen sind.

Europa

Der Krieg im ehemaligen Jugoslawien eskalierte mit unverminderter Brutalität und Menschenverachtung: Ethnische Säuberungen, Vergewaltigungen und Gefangenenmißhandlung sind auch weiterhin an der Tagesordnung. Die Tatenlosigkeit der internationalen Staatengemeinschaft, insbesondere der westlichen Staaten, ist mitverantwortlich für diesen Krieg mitten in Europa, für den es lange vor seinem Ausbruch deutliche Warnzeichen gab. Gefährlich schwelend befinden sich auch die Konflikte im Kosovo, in Makedonien und in Rumänien an der Grenze zur gewaltsamen Eskalation. Es bleibt eine vordringliche Aufgabe in Europa, die Menschenrechtslage zu verbessern und kriegerische Auseinandersetzungen zu verhindern [vgl. Tabelle 3].

In weiten Teilen Europas nehmen Ausländerfeindlichkeit, Rassismus und Antisemitismus zu. Der UN-Ausschuß gegen Folter, zuständig für die Einhaltung der Anti-Folter-Konvention und für die Prüfung diesbezüglicher Individualbeschwerden, äußerte auf einer Tagung 1994 die Befürchtung, daß in den Ländern Europas die Rechte von Asylbewerbern im Polizeigewahrsam verletzt werden könnten und daß ihnen trotz Foltergefahr in ihren Herkunftsländern die Abschiebung dorthin drohe.

Auf dem Gebiet der ehemaligen Sowjetunion sind schwere Menschenrechtsverletzungen insbesondere in den Kriegsregionen zu beobachten: so in Aserbaidschan, Georgien, Tadschikistan und Tschetschenien [vgl. Tabelle 4]. Neben den zahlreichen Kriegstoten und -verletzten beunruhigt das Ausmaß ethnischer Verfolgungen und Vertreibungen sowie das große Flüchtlingselend wie z. B. in Aserbaidschan. Restriktive Bestimmungen zur Staatsbürgerschaft wie in Lettland und Estland diskriminieren nicht nur dort lebende Minderheiten, sondern bergen auch die Gefahr neuer Konflikte. Doch zeigen diese und andere Staaten (wie Armenien oder Moldau) auch ihren Willen, Konflikte auf dem Verhandlungswege zu bearbeiten. Einige Staaten

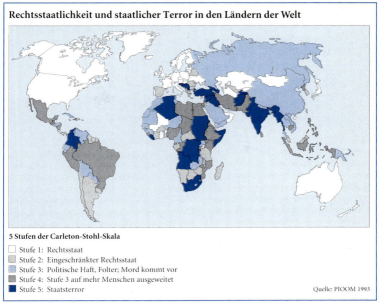

Rechtsstaatlichkeit und staatlicher Terror in den Ländern der Welt

5 Stufen der Carleton-Stohl-Skala
- Stufe 1: Rechtsstaat
- Stufe 2: Eingeschränkter Rechtsstaat
- Stufe 3: Politische Haft, Folter; Mord kommt vor
- Stufe 4: Stufe 3 auf mehr Menschen ausgeweitet
- Stufe 5: Staatsterror

Quelle: PIOOM 1993

Schaubild 2

(Armenien, Moldau, Kasachstan und Kirgisistan) sind völkerrechtlichen Verträgen beigetreten, die internationale Menschenrechtsstandards garantieren sollen, u. a. dem »Zivilpakt«. Damit unterwerfen sie sich einem verbindlichen Maßstab, an dem ihre Menschenrechtspolitik zu messen sein wird.

Afrika

Mit der Ablösung von Einparteien- durch Mehrparteiensysteme setzte seit 1989/90 in Afrika ein Demokratisierungsprozeß ein, der zunächst als Wiedergeburt des Kontinents gefeiert wurde. In vielen Staaten Afrikas konnte die Bevölkerung bürgerliche Freiheiten wie Presse- und Versammlungsfreiheit durchsetzen, wodurch sich auch die Berichterstattung über Menschenrechtsverletzungen verbesserte.

Aber die Stabilisierung demokratischer Prozesse und die Verwirklichung der Menschenrechte werden ebensosehr durch anhaltende und sich verschärfende ökonomische Krisen wie durch den Zerfall staatlicher Strukturen gefährdet, der als »Somalisierung« weiter Teile Afrikas beschrieben wird. Insgesamt bestimmt der Widerspruch zwischen Demokratisierungsbemühungen und humanitären Katastrophen die Menschenrechtslage in Afrika. Nach PIOOM verüben 16 afrikanische Staaten schwere Menschenrechtsverletzungen (Stufen 4 und 5 der »Political Terror Scale«). Damit ist Afrika der Kontinent, auf dem schwere und systematische Menschenrechtsverletzungen besonders häufig sind [vgl. Tabelle 5].

Menschenrechte in West- und Mitteleuropa 1993

Land	GHRV[1] [PIOOM]	PR[2] [Freedom House]	BF[3] [Freedom House]	Freiheitsindex [Freedom House]
Albanien	2	2↑	4↓	teilweise frei
Andorra	keine Angabe	2	1	frei
Belgien	1	1	1	frei
Bosnien-Herzegowina	5	6	6	nicht frei
Bulgarien	2	2	2↑	frei
Dänemark	1	1	1	frei
Deutschland	1	1	2	frei
Finnland	1	1	1	frei
Frankreich	1	1	2	frei
Griechenland	2	1	3↓	frei
Großbritannien	1	1	2	frei
GB-Nordirland	2	5↓	4↓	teilweise frei
Irland	1	1	2↓	frei
Island	1	1	1	frei
Italien	1	1	3↓	frei
Kroatien	5	4	4	teilweise frei
Liechtenstein	1	1	1	frei
Luxemburg	1	1	1	frei
Mazedonien	1	3	3↑	teilweise frei
Malta	1	1	1	frei
Monaco	keine Angabe	2↑	1	frei
Niederlande	1	1	1	frei
Norwegen	1	1	1	frei
Österreich	1	1	1	frei
Polen	1↑	2	2	frei
Portugal	1	1	1	frei
Rumänien	2↓	4	4	teilweise frei
San Marino	1	1	1	frei
Schweden	1	1	1	frei
Schweiz	1↑	1	1	frei
Serbien	5	6	6↓	nicht frei ↓
Slowakei	keine Angabe	3	4	teilweise frei
Slowenien	1	1↑	2	frei
Spanien	2	1	2↓	frei
Tschechische Republik	1	1	2	frei
Ungarn	1	1↑	2	frei
Zypern	1	1	1	frei

[1] GHRV: Schwere und systematische Menschenrechtsverletzungen
[2] PR: Politische Rechte
[3] BF: Bürgerliche Freiheiten
↑ zeigt eine Verbesserung und ↓ eine Verschlechterung der Menschenrechtslage gegenüber dem Vorjahr an.

Tabelle 3

Menschenrechte in den Transformationsländern Osteuropas 1993				
Land	GHRV[1] [PIOOM]	PR[2] [Freedom House]	BF[3] [Freedom House]	Freiheitsindex [Freedom House]
Armenien	3↑	3↑	4↓	teilweise frei
Aserbaidschan	5↓	6↓	6↓	nicht frei ↓
Estland	2↓	3	2↑	frei ↑
Georgien	5↓	5↓	5	teilweise frei
Kasachstan	1	6↓	4↑	teilweise frei
Kirgisistan	1	5↓	3↓	teilweise frei
Lettland	1	3	3	teilweise frei
Litauen	1	1↑	3	frei
Moldau	2↑	5	5	teilweise frei
Russische Föderation	3	3	4	teilweise frei
Tadschikistan	5	7↓	7↓	nicht frei
Turkmenistan	1↑	7	7↓	nicht frei
Ukraine	1	4↓	4↓	teilweise frei
Usbekistan	2	7↓	7↓	nicht frei
Weißrußland	2	5↓	4↓	teilweise frei

[1] GHRV: Schwere und systematische Menschenrechtsverletzungen
[2] PR: Politische Rechte
[3] BF: Bürgerliche Freiheiten
↑ zeigt eine Verbesserung und ↓ eine Verschlechterung der Menschenrechtslage gegenüber dem Vorjahr an.

Tabelle 4

In allen Staaten der Stufe 5 (Angola, Burundi, Liberia, Somalia, Sudan und Zaire) haben Bürgerkriege und gewaltsame ethnische Zusammenstöße zu schweren und systematischen Menschenrechtsverletzungen geführt, die meistens von allen beteiligten Kriegsparteien verübt wurden [vgl. Kapitel *Kriege*]. In all diesen Kriegen waren Frauen Opfer systematischer und massenhafter Vergewaltigungen.

In **Angola** entbrannte der Bürgerkrieg erneut, als die vom Westen unterstützte UNITA-Führung ihre Niederlage bei den Wahlen 1992 nicht anerkennen wollte. Trotz Vermittlungsbemühungen der Vereinten Nationen verschärfte sich dieser »vergessene« Krieg. 1994 waren schätzungsweise 3,7 Millionen Flüchtlinge im eigenen Land, meist ohne ausreichende Nahrung und medizinische Versorgung.

Im **Sudan** führt das islamistische Militärregime einen brutalen und blutigen Auslöschungskrieg gegen die schwarze Zivilbevölkerung im Süden des Landes, die überwiegend christlichen und nichtmonotheistischen Glaubensrichtungen angehört. Die Vertreibung von mehreren Millionen Menschen in Flüchtlingslager der Nachbarstaaten und innerhalb des Sudans ist eine Taktik, die die Regierung ebenso anwendet wie Gruppierungen der oppositionellen Sudanesischen Volksbefreiungsarmee (SPLA). Auch unter der islamischen Bevölkerung verfolgen die Militärmachthaber jegliche Opposition mit brutalsten Methoden. Sogenannte »ghost houses« dienen als berüchtigte Folterkammern. Tausenden von Menschen, vor allem Frauen, die gegen die Kleider- und Verhaltensregeln der Islamisten ver-

Menschenrechte in Subsahara-Afrika 1993

Land	GHRV[1] [PIOOM]	PR[2] [Freedom House]	BF[3] [Freedom House]	Freiheitsindex [Freedom House]
Angola	5	7 ↑	7 ↑	nicht frei
Äquatorialguinea	4 ↓	7	7 ↓	nicht frei
Äthiopien	4	6	5 ↓	nicht frei ↓
Benin	1	2	3	frei
Botsuana	2 ↓	2 ↓	3 ↓	frei
Burkina Faso	2	5	4 ↑	teilweise frei
Burundi	5 ↓	7 ↓	7 ↓	nicht frei ↓
Côte d'Ivoire	2 ↑	6	5 ↓	nicht frei ↓
Dschibuti	4 ↓	6	6	nicht frei
Eritrea	keine Angabe	6	5 ↓	nicht frei ↓
Gabun	2	5 ↓	4	teilweise frei
Gambia	1	2 ↓	2	frei
Ghana	1 ↑	5	4 ↑	teilweise frei
Guinea	3	6	5	nicht frei ↓
Guinea-Bissau	3	6	5	teilweise frei
Kamerun	3 ↑	6	5	nicht frei
Kap Verde	1	1	2	frei
Kenia	4	5 ↓	6 ↓	nicht frei ↓
Komoren	1 ↑	4	4 ↓	teilweise frei
Kongo	4 ↓	3	3	teilweise frei
Lesotho	3	3 ↑	4	teilweise frei
Liberia	5	6 ↑	6	nicht frei
Madagaskar	2 ↑	2 ↑	4	teilweise frei
Malawi	2 ↑	6	5 ↑	nicht frei
Mali	1 ↑	2	3	frei
Mauretanien	3 ↑	7	6	nicht frei
Mauritius	keine Angabe	1 ↑	2	frei
Mosambik	4 ↑	6	5 ↓	nicht frei ↓
Namibia	2	2	3 ↓	frei
Niger	3	3 ↑	4	teilweise frei
Nigeria	4 ↓	7 ↓	5 ↓	nicht frei ↓
Ruanda	4	6	5	nicht frei
Sambia	3 ↓	3 ↓	4 ↓	teilweise frei ↓
São Tomé u. Príncipe	1	1 ↑	2 ↑	frei
Senegal	3	4	5 ↓	teilweise frei
Seychellen	1 ↑	3 ↑	4	teilweise frei
Sierra Leone	4	7	6	nicht frei
Simbabwe	2	5	5 ↓	teilweise frei
Somalia	5	7	7	nicht frei
Sudan	5	7	7	nicht frei
Südafrika[4]	5 ↓	5	4	teilweise frei
Swasiland	2	6	5	nicht frei ↓
Tansania	2	6	5	nicht frei ↓
Togo	3	7 ↓	5	nicht frei
Tschad	4	6	5 ↑	nicht frei
Uganda	3	6	5	nicht frei
Zaire	5 ↓	7 ↓	6 ↓	nicht frei
Zentralafrik. Republik	2 ↑	3 ↑	4 ↑	teilweise frei

[1] GHRV: Schwere und systematische Menschenrechtsverletzungen
[2] PR: Politische Rechte
[3] BF: Bürgerliche Freiheiten
[4] Entscheidende Verbesserungen setzten erst 1994 ein.
↑ zeigt eine Verbesserung und ↓ eine Verschlechterung der Menschenrechtslage gegenüber dem Vorjahr an.

Tabelle 5

stoßen, drohen Prügelstrafe, Auspeitschung und Steinigung. Damit verstößt das Regime gegen die Folterkonvention, die 1986 vom Sudan ratifiziert wurde.

In **Ruanda** und im Nachbarstaat **Burundi** flammen seit Jahrzehnten immer wieder Kämpfe zwischen extremistischen Führern der Hutu und Tutsi auf. Für ihre Interessen schüren die Führer den Haß zwischen den Menschen beider Ethnien, die durch Heirat und als Nachbarn oft friedlich zusammengelebt hatten. 1993/1994 forderte der Krieg zwischen Hutu und Tutsi in Ruanda mindestens 500.000 Menschenleben [vgl. Kapitel *Kriege*]. Schätzungsweise 1,5 Millionen Menschen der 7-Millionen-Bevölkerung Ruandas befinden sich auf der Flucht. Unter Berufung auf Kapitel VII der UN-Charta beschloß der Sicherheitsrat am 8. November 1994 die Schaffung eines Internationalen Gerichts für Ruanda, das Verstöße gegen das humanitäre Völkerrecht ahnden soll.

In einigen afrikanischen Staaten kann von einer Verbesserung der Menschenrechtssituation gesprochen werden. Unter Beteiligung von UN-Peace-Keeping Forces konnte z. B. in **Mosambik** nach 15 Jahren Bürgerkrieg mit der Entmilitarisierung des Landes und der Repatriierung der Bevölkerung begonnen werden. Die als fair eingestuften Wahlen von 1994 verstärkten diese positive Tendenz.

In **Südafrika** ging nach der Abschaffung des Apartheidsystems aus den Wahlen 1994 der ANC unter Führung von Nelson Mandela als Sieger hervor. Trotz der kritischen Wirtschaftslage besteht Hoffnung, daß sich ein für alle Bevölkerungsgruppen konsensfähiges demokratisches System entwickeln und die Verwirklichung der Menschenrechte Fortschritte machen wird.

Im **Kongo** kam es 1993 nach freien Wahlen zu politischen Auseinandersetzungen und Streiks. Eine drohende Eskalation konnte durch die Mediation der Organisation für Afrikanische Einheit (OAU) und des Präsidenten von Gabun gebannt werden. Obgleich sich die Lage wieder verschlechtert hat, ist der Wille zur friedlichen Konfliktbearbeitung unter Einbeziehung einer regionalen Organisation als positiv und ermutigend zu werten.

Asien

Die Regierungen **Chinas** und **Indonesiens**, Vorreiter in der Debatte um ein asiatisches Menschenrechtskonzept, schrecken nicht vor schweren und systematischen Menschenrechtsverletzungen zurück, um Regimegegner einzuschüchtern und öffentliche Kritik zu verhindern. Der UN-Sonderberichterstatter über Folter, Nigel S. Rodley, stellte 1994 in seinem Bericht an die UN-Menschenrechtskommission fest, daß in chinesischen Gefängnissen und Arbeitslagern gefoltert wird und unmenschliche Arbeitsbedingungen herrschen. Die chinesische Regierung bestreitet diese Vorwürfe.

In Indonesien lebt rund die Hälfte der Bevölkerung am Rande des Existenzminimums. Schätzungsweise sechs Millionen Kinder im Alter von zehn bis 14 Jahren müssen für ihren Lebensunterhalt arbeiten und können deshalb ihr Recht auf Bildung nicht wahrnehmen. Diese Tatsachen strafen den indonesischen Außenminister Ali Alatas Lügen, der sich in der Menschenrechtsfrage gegen westliche Einmischung wehrt und behauptet, daß für seine Regierung soziale Ziele, nämlich die Freiheit von Armut und Hunger, im Vordergrund stünden. 1994 kam es in Ost-Timor, das Indonesien seit 1975 besetzt hält, erneut zur gewaltsamen Niederschlagung von Demonstrationen.

Indien wurde von Freedom House einst als größte Demokratie der Welt gepriesen. Doch heute gelten die politischen Verhältnisse in Indien nur als »teilweise frei«. PIOOM zählt Indien zu der Gruppe asiatischer Staaten, in denen die Menschenrechte im Vergleich zu anderen Staaten am stärksten verletzt werden. Trotz eines ausgebauten Rechtssystems gehört Folter in allen 25 Bundesstaaten als »weitverbreitetes Phänomen« zum Gefängnisalltag, wie der Sonderberichterstatter über Folter in seinem Bericht beklagt. Der Sonderberichterstatter prangert auch systematische und Massenvergewaltigungen als kollektive Strafmaßnahme gegen Frauen durch Angehörige der indischen Polizei und der Sicherheitskräfte an.

Im blutig ausgetragenen Konflikt um **Kaschmir** gehen Polizei, Armee und paramilitärische Einheiten brutal gegen Muslime vor. Zwischen 1989 und 1993 kamen nach vorsichtigen Schätzungen in Kaschmir mehr als 6.000 Menschen, überwiegend Zivilisten, ums Leben. Ethnische und von religiösen Fundamentalisten geschürte Konflikte führen in vielen Regionen Indiens zu Gewalt und schweren Menschenrechtsverletzungen. Rechte Hindu-Fundamentalisten wenden sich gegen einen Dialog mit anderen Religionsgemeinschaften und betonen die Überlegenheit der hinduistischen Arier. Zunehmend fordern die unteren Kasten ihre sozialen und politischen Menschenrechte ein. Besonders Frauengruppen prangern die untergeordnete Stellung der Frauen und ihre soziale Geringschätzung an.

Unverändert schlecht und ohne konkrete Anzeichen einer positiven Entwicklung ist die Menschenrechtslage in **Bhutan**, **Kambodscha**, **Nordkorea**, **Pakistan** und **Sri Lanka**. Auch das Militärregime von **Myanmar**, dem früheren Burma, gehört in die Gruppe der schweren Menschenrechtsverletzer. In diesem Land hat sich jedoch nach Berichten von Human Rights Watch, einer internationalen Menschenrechtsorganisation, 1994 die Menschenrechtslage leicht verbessert.

Seit 1992 ist auch auf den **Philippinen** die Menschenrechtslage etwas besser geworden. Dies geht sicherlich in nicht unerheblichem Maße auf den großen Einsatz von Nichtregierungsorganisationen im Inselstaat zurück [vgl. Tabelle 6].

Naher Osten – Nordafrika

Trotz verschiedener Vereinbarungen zwischen **Israel** und der PLO bleibt die Region ein Unruheherd, in vielen Staaten kommt es zu systematischen und schweren Menschenrechtsverletzungen. In einigen arabischen Ländern wie **Ägypten** und **Algerien** sind die Menschenrechte durch den Machtkampf zwischen reaktionären Regimen und Islamisten gefährdet, in anderen Staaten, so in **Jordanien**, verhalten sich islamistische Parteien bisher eher als gemäßigte Opposition.

Viele Menschen erfahren am eigenen Leibe, daß der von ihren Regierungen eingeschlagene, am Westen orientierte Entwicklungsweg zur Verschlechterung ihrer sozioökonomischen Lage führt. Zunehmend finden deshalb Islamisten Gehör, die sich auch um die sozialen Belange der Menschen kümmern. Sie verurteilen Modernisierungsbestrebungen nach westlichem Muster als Ausverkauf und Verfall der Sitten und als unvereinbar mit dem Islam [vgl. Kapitel *Religionen*]. In **Algerien** ermorden militante islamistische Gruppen nicht nur Polizisten und Angehörige der Sicherheitskräfte, sondern auch Journalisten und Intellektuelle, die sich kritisch mit dem Islamismus auseinandersetzen. Besonders

Menschenrechte in Asien und im pazifischen Raum 1993				
Land	GHRV[1] [PIOOM]	PR[2] [Freedom House]	BF[3] [Freedom House]	Freiheitsindex [Freedom House]
Afghanistan	5	7↓	7↓	nicht frei
Australien	1	1	1	frei
Bangladesch	3	2	4↓	teilweise frei ↓
Bhutan	4	7	7↓	nicht frei
Brunei	1	7	6	nicht frei
China	3	7	7	nicht frei
Fidschi	1	4	3	teilweise frei
Hongkong	1↑	5↓	2↑	teilweise frei
Indien	5↓	4↓	4	teilweise frei
Indonesien	4↓	7↓	6↓	nicht frei ↓
Japan	1	2↓	2	frei
Kambodscha	4↓	4↑	5↑	teilweise frei ↑
Kiribati	1	1	1↑	frei
Korea (Nord)	4	7	7	nicht frei
Korea (Süd)	2↑	2	2↑	frei
Laos	3	7	6	nicht frei
Malaysia	2	4↑	5↓	teilweise frei
Malediven	1↑	6	6↓	nicht frei
Marshallinseln	1	1	1	frei
Mikronesien	keine Angabe	1	1	frei
Mongolei	1	2↑	3↓	frei
Myanmar	5	7	7	nicht frei
Nauru	keine Angabe	1	3↓	frei
Nepal	3	3↓	4↓	teilweise frei ↓
Neuseeland	1	1	1	frei
Pakistan	4	3↑	5	teilweise frei
Papua-Neuguinea	3	2	4↓	teilweise frei ↓
Philippinen	4	3	4↓	teilweise frei
Salomonen	1	1	2↓	frei
Samoa	1	2	2	frei
Singapur	2↓	5↓	5	teilweise frei
Sri Lanka	4	4	5	teilweise frei
Taiwan	2	4↓	4↓	teilweise frei
Thailand	3	3	5↓	teilweise frei
Tonga	1	5↓	3	teilweise frei
Tuvalu	1	1	1	frei
Vanuatu	1	1↑	2↑	frei
Vietnam	3	7	7	nicht frei

[1] GHRV: Schwere und systematische Menschenrechtsverletzungen
[2] PR: Politische Rechte
[3] BF: Bürgerliche Freiheiten
↑ zeigt eine Verbesserung und ↓ eine Verschlechterung der Menschenrechtslage gegenüber dem Vorjahr an.

Tabelle 6

attackieren Islamisten moderne arabische Frauen, die sich ihrem traditionellen Sittenkodex nicht unterwerfen wollen. Die algerische Armee führt gegen die Islamisten einen Vernichtungskrieg und verletzt dabei die Menschenrechte schwer.

Im **Irak** ist die Menschenrechtslage weiterhin verheerend, wie der UN-Sonderberichterstatter über die Menschenrechtslage im Irak, Max van der Stoel, darlegte. Unter Berufung auf das Prinzip der nationalen Souveränität weigert sich Saddam Hussein, auf den Vorschlag der Vereinten Nationen einzugehen, mit den Erlösen eines beschränkten Verkaufs von Erdöl die Versorgung der Bevölkerung mit Nahrungsmitteln und Medikamenten zu verbessern.

Der NATO-Partner **Türkei** zählt zu den schwersten Menschenrechtsverletzern der Region. Kritik an der Regierungspolitik und an den Verhältnissen im Land wird unter Berufung auf das Anti-Terror-Gesetz von 1991 als separatistische Propaganda unterbunden. Zunehmend macht die Regierung Zugeständnisse an radikale Islamisten, statt die Bevölkerung vor Übergriffen der Extremisten zu schützen. Nach Überfällen auf Kaffeehäuser der als liberal eingestuften Alawiten kam es in Istanbul zu Demonstrationen und Massenkundgebungen von Angehörigen dieser mit schätzungsweise 17 Millionen Menschen großen islamischen Religionsgemeinschaft. Die türkische Armee ging brutal gegen die Alawiten vor, tötete mehrere und verschleppte Hunderte von Menschen.

Der Militäreinsatz gegen die Kurden eskalierte. Neben der Zerstörung kurdischer Dörfer und Siedlungen im Südosten der Türkei griff die türkische Armee im März 1995 das Kurdengebiet im Norden des Irak an, das vielen Zivilisten aus dem kurdischen Teil der Türkei Zuflucht geboten hatte. Der Luftraum über diesem Gebiet steht unter alliierter Kontrolle, um die Kurden vor militärischen Übergriffen der Armee Saddam Husseins zu schützen. Doch beim Angriff durch den Bündnispartner Türkei erweist sich der Schutz des kurdischen Volkes einmal mehr als vordergründig und von militärstrategischen Überlegungen und politischen Interessen geleitet [vgl. Tabelle 7].

Amerika

Daß demokratische Wahlen allein noch keine Gewähr für die Verwirklichung der Menschenrechte bieten, zeigt sich besonders deutlich in vielen lateinamerikanischen Staaten.

Im Namen der inneren Sicherheit »legitimiert« in **Kolumbien** eine Notstandsverordnung das massive Vorgehen von Militär und Polizei nicht nur gegen terroristische Gruppen oder die Drogenmafia, sondern gegen die Bevölkerung insgesamt. Ein Gesetzentwurf gegen das Verschwindenlassen von Personen scheiterte am Veto des Präsidenten.

In **Mexikos** südlichem Staat Chiapas verhängte die Regierung den Ausnahmezustand. Der brutale Einsatz der Armee gegen die indianische Bevölkerung forderte Hunderte von Menschenleben. Doch gelang weder dieser Einschüchterungsversuch, noch konnten die Führer des Aufstandes gefaßt werden. Statt dessen führte der Militäreinsatz zu einer nationalen Solidarisierung mit den Indianern. Zehntausende demonstrierten in Mexiko-Stadt gegen die Politik der Regierung.

Positiv ist zu werten, daß sich die Regierungen von **Honduras** und **Nicaragua** bemühen, Armee und Polizei durch gesetzliche Bestimmungen besser zu kontrollieren. In **Chile** und **Paraguay** will die Justiz Menschenrechtsverletzungen, die unter den alten Regime begangen

Menschenrechte in Nahost und Nordafrika 1993

Land	GHRV[1] [PIOOM]	PR[2] [Freedom House]	BF[3] [Freedom House]	Freiheitsindex [Freedom House]
Algerien	5↓	7	6	nicht frei
Ägypten	4↓	6↓	6	nicht frei ↓
Bahrain	2↓	6	6↓	nicht frei ↓
Irak	5	7	7	nicht frei
Iran	4	6	7↓	nicht frei
Israel	2	1↑	3↓	frei
Israel, besetzte Geb.	4	6	5↑	nicht frei
Jemen	3	4↑	5↓	teilweise frei
Jordanien	2	4↓	4↓	teilweise frei
Katar	2	7	6	nicht frei
Kuwait	2	5	5	teilweise frei
Libanon	4↓	6↓	5↓	teilweise frei
Libyen	4	7	7	nicht frei
Marokko	3	5↑	5	teilweise frei
Oman	1	6	6↓	nicht frei
Saudi-Arabien	3	7	7	nicht frei
Syrien	4	7	7	nicht frei
Tunesien	3	6	5	nicht frei ↓
Türkei	5↓	4↓	4	teilweise frei
Ver. Arab. Emirate	1↑	7↓	5	nicht frei ↓
West-Sahara	3	7	6↓	nicht frei

[1] GHRV: Schwere und systematische Menschenrechtsverletzungen
[2] PR: Politische Rechte
[3] BF: Bürgerliche Freiheiten
↑ zeigt eine Verbesserung und ↓ eine Verschlechterung der Menschenrechtslage gegenüber dem Vorjahr an.

Tabelle 7

wurden, verstärkt aufklären. Mit der Rückkehr von Präsident Aristide nach **Haiti** im Oktober 1994 ist – trotz nach wie vor sehr instabiler Lage – die Hoffnung gewachsen, daß das Land sich demokratisch entwickeln und die Menschenrechtslage sich bessern wird [vgl. Tabelle 8].

In den **USA**, so beklagt Amnesty International, warten mehrere Tausend zum Tode Verurteilte in Gefängnissen auf ihre Hinrichtung. Im Widerspruch zum Zivilpakt, den die USA 1992 ratifiziert haben und der Einschränkungen für die Todesstrafe festlegt, sind auch geistig Behinderte und Jugendliche hingerichtet worden.

Menschenrechte auf dem amerikanischen Kontinent und in der Karibik 1993

Land	GHRV[1] [PIOOM]	PR[2] [Freedom House]	BF[3] [Freedom House]	Freiheitsindex [Freedom House]
Antigua u. Barbuda	1	4↓	3	teilweise frei
Argentinien	2	2	3	frei
Bahamas	1	1	2	frei
Barbados	1	1	1	frei
Belize	1	1	1	frei
Bolivien	3↓	2	3	frei
Brasilien	4	3↓	4↓	teilweise frei ↓
Chile	2↑	2	2	frei
Costa Rica	1	1	2↓	frei
Dominica	1	2	1	frei
Dominikanische Rep.	2	3↓	3	teilweise frei ↓
Ecuador	3	2	3	frei
El Salvador	3↑	3	3	teilweise frei
Grenada	1	1	2	frei
Guatemala	4	4	5	teilweise frei
Guyana	2	2↑	2↑	frei ↑
Haiti	4	7	7	nicht frei
Honduras	3	3↓	3	teilweise frei ↓
Jamaika	3	2	3↓	frei
Kanada	1	1	1	frei
Kolumbien	5↓	2	4	teilweise frei
Kuba	3	7	7	nicht frei
Mexiko	4↓	4	4↓	teilweise frei
Nicaragua	4	4	5↓	teilweise frei
Panama	2	3↑	3	teilweise frei
Paraguay	3	3	3	teilweise frei
Peru	4↑	5↑	5	teilweise frei
St. Kitts und Nevis	1	1	1	frei
St. Lucia	1	1	2	frei
St. Vincent und die Grenadinen	1	1	1↑	frei
Suriname	2	3	3	teilweise frei
Trinidad und Tobago	2	1	1	frei
Uruguay	2	2↓	2	frei
USA	keine Angabe	1	1	frei
Venezuela	3	3	3	teilweise frei

[1] GHRV: Schwere und systematische Menschenrechtsverletzungen
[2] PR: Politische Rechte
[3] BF: Bürgerliche Freiheiten
↑ zeigt eine Verbesserung und ↓ eine Verschlechterung der Menschenrechtslage gegenüber dem Vorjahr an.

Tabelle 8

Perspektiven und Optionen

Die Hoffnung, daß nach dem Ende des Ost-West-Konflikts die Menschenrechte weltweit mehr Beachtung finden, darf sich nicht als Illusion erweisen. Schutz und Verwirklichung der Menschenrechte können nur durch gemeinsame Anstrengungen der Staatengemeinschaft und der zahlreichen für die Menschenrechte eintretenden Nichtregierungsorganisationen vorangebracht werden. Für die Verwirklichung der Menschenrechte sind sowohl allgemeine Rahmenbedingungen als auch die Stärkung spezifischer Instrumente erforderlich.

Universale Gültigkeit der Menschenrechte

Die Idee der Menschenrechte hat zwar ihren historischen Ursprung im abendländisch-christlichen Europa, aber sie ist kein regionales und kein in sich geschlossenes, statisches Konzept. Vielmehr werden die Menschenrechte im Ringen um ein menschenwürdiges Leben weiter ausformuliert. Der Dialog zwischen Kulturen und Religionen, der auf verschiedenen Ebenen geführt wird, ist nicht nur zur Verständigung über die Idee der Menschenrechte notwendig, er ist auch eine Chance für deren weitere Konkretisierung und Verankerung.

Mit dem Streit um die Universalität der Menschenrechte droht die Ideologisierung des Nord-Süd-Konflikts. Auch fundamentalistische Strömungen, der Aufbau von Feindbildern und Rassismus erschweren die Verständigung über ein universal gültiges Menschenrechtskonzept. Der Dialog zwischen den Kulturen und Religionen kann der Deeskalierung und Entideologisierung dieses Konfliktes dienen. Häufig aber trägt der Wille zur Verständigung auf lokaler Ebene eher Früchte, weil hier scheinbar übergeordnete Interessen nicht dasselbe Gewicht haben.

Verstärkte Entwicklungsbemühungen

Die Verwirklichung politischer Menschenrechte ist ohne günstige kulturelle, ökonomische und soziale Bedingungen nicht möglich. Umgekehrt ist die Verwirklichung kultureller, ökonomischer und sozialer Menschenrechte an die Durchsetzung politischer Rechte wie das der Partizipation geknüpft, auch wenn diese in ihrer konkreten Ausformung kulturspezifisch variieren können. Alle auf der Wiener Weltmenschenrechtskonferenz vertretenen Staaten haben das »Recht auf Entwicklung« als Menschenrecht anerkannt und haben sich damit zu ihrer nationalen wie internationalen Verantwortung für eine Entwicklung bekannt, die der Verwirklichung aller Menschenrechte dient. Dem widerspricht, daß vielfach die Mittel für Sozialpolitik und Entwicklungshilfe gekürzt werden. Am offiziellen UN-Ziel, 0,7 % des Bruttosozialprodukts für Entwicklungshilfe (ODA) bereitzustellen, muß aber festgehalten werden. Mehr als bisher müssen die Industrieländer ihrer prinzipiellen Anerkennung des »Rechts auf Entwicklung« Taten folgen lassen, indem sie mit den Ländern des Südens in Verhandlungen über Schuldenabbau und gerechte Außenhandelsbeziehungen eintreten.

Als Bewertungsmaßstab in der Entwicklungspolitik haben sich menschenrechtliche Kriterien zunehmend durchgesetzt. Damit dieses Instrument der politischen Konditionalität nicht als inkonsistent und widersprüchlich erscheint, ist eine stärkere Abstimmung zwischen Außen-, Außenwirtschafts- und Entwicklungspolitik der Industrieländer erforderlich. Wird Entwicklungszusammenarbeit auf Bereiche mit menschlicher Priorität wie Bildung und Gesundheit konzentriert, unterstützt sie unmittelbar die Verwirklichung der ökonomischen und sozialen Menschenrechte und indirekt auch die der politischen Menschenrechte. Frauen und Kinder müssen in die Entwicklungsbemühungen stärker einbezogen werden.

Bessere Krisen- und Kriegsprävention

Bewaffnete Konflikte und Kriege sind Hauptursachen für die Verletzung der Menschenrechte. Wenn in Zukunft humanitäre Katastrophen wie in Somalia, Jugoslawien, Ruanda/Burundi, Afghanistan oder Tschetschenien vor ihrem Ausbruch verhindert, zumindest aber wirksam bearbeitet werden sollen, dann müssen die Strukturen der Vereinten Nationen reformiert und neue, konstruktive Verfahren der Konfliktregelung eingerichtet und genutzt werden [vgl. Kapitel *Frieden*]. Erweiterte und fortentwickelte Frühwarnsysteme können für die Krisen- und Konfliktprävention genutzt werden.

In der aktuellen weltpolitischen Lage ist der Schutz von Minderheiten, wie ihn die Ende 1992 verabschiedete Deklaration der UN-Vollversammlung zum Minderheitenschutz präzisiert, eine vorrangige Aufgabe der internationalen Friedenssicherung. Eine internationale Konvention zu den Rechten von Minderheiten muß Individual- und Gruppenrechte völkerrechtlich verbindlich festlegen. Durch die Einrichtung regionaler Hoher Kommissare für den Minderheitenschutz nach dem Vorbild der OSZE kann dieser Schutz verbessert werden. Generell sollte die regionale Zusammenarbeit zur Konfliktvermeidung und -bearbeitung gestärkt werden.

Nationale, regionale und internationale Zusammenschlüsse von Nichtregierungsorganisationen können zunehmenden Druck auf Staaten und internationale Organisationen ausüben, den Schutz der Menschenrechte ernst zu nehmen.

Wirksame Instrumente zum Schutz der Menschenrechte

Völkerrechtliche Verträge zum Schutz der Menschenrechte sind zwar zum Teil von einer großen Anzahl von Staaten ratifiziert worden, aber es ist weiter darauf zu dringen, daß *alle* UN-Mitgliedstaaten diese Verträge ratifizieren und sich damit den internationalen Menschenrechtsstandards auch völkerrechtlich unterwerfen. Zugleich muß die Einhaltung der Menschenrechte international wirksamer kontrolliert werden. Als wichtiger Schritt zu besserem Menschenrechtsschutz ist das Amt des Hochkommissars für Menschenrechte eingerichtet worden. Die Schaffung eines internationalen Gerichtshofes für Menschenrechte muß weiterhin gefordert werden, um Täter und Verursacher von Menschenrechtsverletzungen juristisch verfolgen zu können. Ein internationaler Strafgerichtshof kann den internationalen Menschenrechtsgerichtshof nicht ersetzen. Zunehmend muß die Verwirklichung der Menschenrechte zu einer Sache der internationalen Verantwortung werden.

Literatur

Amnesty International 1994: Jahresbericht 1994, Frankfurt/M.

Bielefeldt, Heiner/Deile, Volkmar/Thomsen, Bernd (Hrsg.) 1993: Amnesty International: Menschenrechte vor der Jahrtausendwende, Frankfurt/M.

Freedom House 1994: Freedom in the World. Political Rights & Civil Liberties 1993–1994, New York.

Human Rights Watch 1995: Human Rights Watch World Report 1995, New York.

Jongman, Berto 1992: Freedom and Development as Determinants of Human Rights Observance, PIOOM Newsletter vol. 4, 1.

Melchers, Konrad 1993: Weichenstellung – Erfolge der Menschenrechtskonferenz – Globale NRO-Vernetzung, in: epd-Entwicklungspolitik, 13, 14–16.

Tetzlaff, Rainer (Hrsg.) 1993: Menschenrechte und Entwicklung, Stiftung Entwicklung und Frieden, Bonn.

Tomuschat, Christian (Hrsg.) 1992: Menschenrechte. Eine Sammlung internationaler Dokumente zum Menschenrechtsschutz, DGVN-Texte 42, Bonn.

US-Department of State 1994: Country Reports on Human Rights Practices for 1993, Washington.

UNDP (United Nations Development Programme) 1994: Human Development Report 1994, New York.

United Nations Publication 1994: *Update Chart of Ratification, see forward to Human Rights – Status of International Instruments as at 31 July 1994* (ST/HR/5).

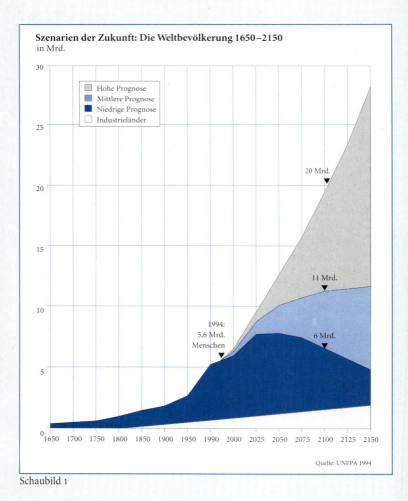

Schaubild 1

Bevölkerung

Das Wachstum der Weltbevölkerung steht in immer deutlicherem Mißverhältnis zu den Ressourcen der Erde und gefährdet die natürlichen Lebensgrundlagen. Es wird in den 90er Jahren höher sein als je zuvor – allein im Jahre 1995 steigt die Zahl um etwa 90 Millionen auf 5,7 Milliarden Menschen. Alle Prognosen sagen ein unterschiedliches, aber weiterhin hohes Wachstum voraus. Etwa 94 von 100 Kindern werden heute in den armen Ländern der Erde geboren, wo mit mehr als 4,4 Milliarden Menschen schon rund 80% der Weltbevölkerung leben.

Hohes Bevölkerungswachstum hat soziale, wirtschaftliche und ökologische Konsequenzen, die nachhaltige Entwicklung (sustainable development) erschweren: Natürliche Lebensgrundlagen werden übernutzt und zerstört; in wachsenden Megastädten verschärfen sich Infrastruktur-, Sicherheits- und Umweltprobleme, die Arbeitslosigkeit steigt. Damit vertieft sich die absolute und relative Armut weiter und schafft neue Probleme in allen Bereichen.

Voraussetzung einer menschengerechten, nachhaltigen globalen Entwicklung ist konsequente Bevölkerungspolitik als integraler Bestandteil umfassender, grundbedürfnisorientierter Entwicklungsstrategien. Dazu gehören neben genereller wirtschaftlicher Entwicklung der armen Länder der Erde vor allem eine soziale Grundsicherung, die gesellschaftliche Gleichstellung der Frauen und kulturell akzeptable Möglichkeiten der Familienplanung. Wenn nachhaltige Entwicklung bedeutet, allen Menschen eine lebenswerte Zukunft in Frieden und unter Wahrung der Natur zu sichern, ist damit weder hohes Bevölkerungswachstum in Entwicklungsländern noch das Festhalten an nicht universalisierbaren Denk- und Verhaltensweisen in Industrieländern zu vereinbaren.

Die Menschheit wächst zu schnell

In der Zeit, die man zum Lesen dieses Satzes in normaler Geschwindigkeit braucht, nimmt die Weltbevölkerung um etwa 20 Menschen zu. Die Dynamik des Bevölkerungswachstums ist historisch ein völlig neues Phänomen: In 99,9 % der Zeit menschlicher Existenz gab es auf der Erde weniger als 10 Millionen Menschen; das entspricht etwa der heutigen Einwohnerzahl Jakartas. Die Menschheit brauchte die Zeit von Beginn ihrer Geschichte bis zum Jahre 1800, um die Erde mit der ersten Milliarde zu bevölkern. Für die zweite Milliarde waren noch 125 Jahre (1800–1925) erforderlich, für die dritte 35 (bis 1960) und für die vierte nur noch 14 Jahre. Zwischen 1974 und 1987 wuchs die Weltbevölkerung erneut um eine auf fünf Milliarden an. Die zwölf Jahre zwischen 1987 und 1999 werden die kürzeste Zeitspanne in der Geschichte der Menschheit sein, in der eine zusätzliche, die sechste Milliarde heranwächst [vgl. Schaubild 2]. Aus heutiger Sicht wird die Weltbevölkerung bis zum Jahre 2025 um weitere 2 Mrd. Menschen zunehmen. Erst dann wird der Punkt erreicht sein, an dem die Zeitspanne für die nächste Milliarde Menschen wieder länger sein wird, nämlich 16 Jahre.

Wie verläßlich sind Prognosen?

Vorausschätzungen der Entwicklung des Bevölkerungswachstums sind keine Prophezeiungen, sondern bedingte Prognosen. Sie erfüllen sich, falls die unterstellten Annahmen [vgl. Tabelle 1] sich in

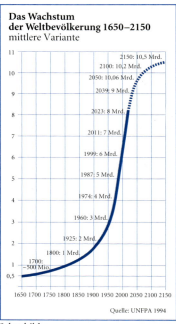

Schaubild 2

Zukunft realisieren: Wenn die Sterblichkeit dem sinkenden und die Lebenserwartung dem steigenden Trend der vergangenen Jahre weiterhin folgen und wenn die Zahl der lebend geborenen Kinder pro Frau in Entwicklungsländern von derzeit 3,6 bis zum Jahre 2050 auf 2,3 sinkt, dann wird die Weltbevölkerung im Jahre 2050 auf 10,06 Mrd. Menschen angewachsen sein. Weicht die Realität von diesen Annahmen ab, so wird auch die tatsächliche Bevölkerungszahl im Jahre 2050 höher oder geringer sein [vgl. Schaubild 3].

Demographische Indikatoren

Region/ Land	Geburten- rate[1]	Sterbe- rate[2]	Bevölke- rungs- wachstum[3]	Lebenser- wartung[4]	Fruchtbarkeitsrate der Frauen[5]	
	1992	1992	1992–2000	1992	1992	2000
Länder mit niedrigem Einkommen	28	10	1,7	62	3,4	3,1
Mosambik	45	21	2,6	44	6,5	6,9
Äthiopien	51	18	2,6	49	7,5	7,3
Niger	52	19	3,3	46	7,4	7,4
Bangladesch	31	11	1,8	55	4,0	3,1
Indien	29	10	1,7	61	3,7	3,1
Sri Lanka	21	6	1,1	72	2,5	2,1
China	19	8	1,0	69	2,0	1,9
Länder mit mittlerem Einkommen	24	8	1,5	68	3,0	2,7
Côte d'Ivoire	45	12	3,5	56	6,6	6,1
Bolivien	36	10	2,4	60	4,7	4,0
Philippinen	32	7	2,3	65	4,1	3,5
Peru	27	7	1,8	65	3,3	2,7
Thailand	20	6	1,3	69	2,2	2,2
Länder mit hohem Einkommen	13	9	0,5	77	1,7	1,8
Ver. Arab. Emirate	22	4	2,0	72	4,5	3,8
USA	16	9	1,0	77	2,1	2,1
Deutschland	10	11	0,1	76	1,3	1,3
Welt	25	9	1,6	65	3,2	2,87

[1] unbereinigte Geburtenziffer je 1.000 Einwohner
[2] unbereinigte Sterbeziffer je 1.000 Einwohner
[3] Weltbank-Projektion in %
[4] in Jahren bei Geburt;
[5] Zusammengefaßte Geburtenziffer = Zahl der Kinder, die eine Frau bekäme, wenn sie bis zum Ende ihres gebärfähigen Alters leben und in jeder Altersstufe in Übereinstimmung mit den altersspezifischen Fruchtbarkeitsziffern Kinder zur Welt bringen würde

Quellen: Worldbank 1994; Population Reference Bureau (für »Welt«)

Tabelle 1

Nach den meisten Prognosen ist nicht zu erwarten, daß das Wachstum der Weltbevölkerung vor dem Jahre 2200 zum Stillstand kommt – vieles weist sogar darauf hin, daß von einem (zwar niedrigeren, aber dennoch signifikanten) Wachstum der Weltbevölkerung auf unabsehbare Zeit auszugehen ist.

Welchen Einfluß unterschiedliche Annahmen auf Prognosen haben, läßt sich am Beispiel der drei Varianten der Vereinten Nationen [vgl. Schaubild 1] verdeutlichen: Unter den Annahmen, die der niedrigen Variante zugrunde liegen, wird die Weltbevölkerung in den nächsten 20 Jahren auf 7,1 Mrd. anwachsen, unter den Annahmen der mittleren Variante auf 7,5 und unter denen der hohen Variante auf 7,8 Mrd. Die Differenz zwischen der niedrigen und der hohen Variante für das Jahr 2015 beträgt 720 Mio. und somit mehr Menschen, als heute in ganz Afrika leben.

Da einzelne Organisationen unterschiedliche Annahmen über den Fruchtbarkeits- und Sterblichkeitsverlauf und sogar über die Ausgangsbevölkerung zugrunde legen, finden wir auch relativ große Abweichungen zwischen Projektionen verschiedener Institutionen. So rechnet die Weltbank für das Jahr 2025 mit einer Weltbevölkerung von 8,121 Mrd., der renommierte World Population Council mit 8,378 und der Bevölkerungsfonds der Vereinten Nationen (UNFPA) mit 8,472 Mrd. Menschen. Die rechnerische Differenz von 350 Mio. ist größer als die heutige Bevölkerung ganz Südamerikas.

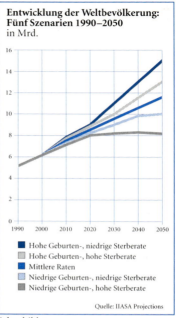

Schaubild 3

Trends in den Weltregionen

Der Anteil der Armen nimmt zu

Das Bevölkerungswachstum vollzieht sich zum weit überwiegenden Teil in Entwicklungsländern. Afrika wächst von allen Entwicklungsregionen am schnellsten. Zwar lag der »Weltrekord« im Jahre 1994 mit 5% in Gaza, gefolgt von Oman (4,9%), den Marshall-Inseln (4,0%), Irak und Syrien (3,7%) und dem Iran (3,6%), aber mehr als die Hälfte der 55 Staaten Afrikas hatte im Jahre 1994 ein Bevölkerungswachstum von über 3% zu verzeichnen. Nach UN-Projektionen wird sich die Bevölkerung Afrikas in den nächsten 30 Jahren mehr als verdoppeln; die Zahl der Menschen in den ärmsten Ländern Asiens, Afrikas und Lateinamerikas steigt von heute rund 575 Millionen bis zum Jahre 2025 auf 1,162 Milliarden. Damit nimmt auch der Anteil der Armen an der Weltbevölkerung immer weiter zu [vgl. Schaubild 4].

»Empfängnisverhütung oder Entwicklung?«

Im Vorfeld der Kairoer Weltbevölkerungskonferenz 1994 gab es ausgedehnte, teils mit großem ideologischem Elan ausgetragene Auseinandersetzungen über die Bedeutung der Familienplanung. Die

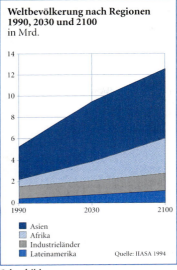

Schaubild 4

große Mehrzahl der Experten ist sich darin einig, daß man der Komplexität des Sachverhalts mit dem Ansatz »Empfängnisverhütung oder Entwicklung« nicht gerecht wird, daß vielmehr beides vorangebracht werden muß, wenn die derzeit sichtbar werdenden positiven Resultate auch in Zukunft erzielt werden sollen. Ein Beitrag zur Versachlichung dieser Diskussion gelang dem Washingtoner Population Reference Bureau: Es quantifizierte die Auswirkungen beider Elemente auf die künftige Weltbevölkerung [vgl. Schaubild 5].

Danach könnte das Bevölkerungswachstum in den Entwicklungsländern mit einer integrierten Strategie der Empfängnisverhütung *und* Entwicklung so verlangsamt werden, daß die für das Jahr 2100 prognostizierte Bevölkerungszahl von etwa 10,2 Mrd. um rund 2,9 Mrd. Menschen geringer wäre. Die drei wichtigsten Aspekte dabei sind:

▶ **Unerwünschte Geburten.** Ohne ein ausreichendes, für alle Männer und Frauen angemessen zugängliches Angebot empfängnisverhütender Mittel und Methoden wird im Jahre 2100 die Bevölkerung der Entwicklungsländer 1,9 Milliarden Menschen mehr zählen als mit ausgebauten Dienstleistungen der Familienplanung. Der Grund: Es wird weiterhin zahllose unerwünschte Geburten geben, weil Familien, die eigentlich keine Kinder mehr bekommen wollen, ihren Wunsch in der Praxis nicht umsetzen können.

▶ **Die herrschende Norm.** Gelänge es zusätzlich – etwa durch bessere Ausbildung der Mädchen, Verhaltensänderungen bei Männern und weitere gesellschaftliche Modernisierung –, die Norm

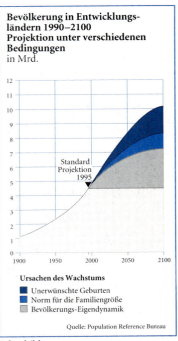

Schaubild 5

zu ändern, d. h. die gewünschte, weil als ideal geltende Kinderzahl einer Familie zu senken, so läge die Bevölkerungszahl der Entwicklungsländer im Jahre 2100 um eine weitere Milliarde niedriger, als nach den heutigen Denk- und Verhaltensweisen zu erwarten ist.

▶ **Die Bevölkerungs-Eigendynamik.** Selbst für den utopischen Fall, daß ab morgen alle Familien in Entwicklungsländern nur noch etwa zwei Kinder hätten (»replacement fertility«), würde die dortige Bevölkerung von heute rund 4,5 Mrd. auf etwa 7,3 Mrd. im Jahr 2100 wachsen. Diese Eigendynamik der Bevölkerungsentwicklung beruht darauf, daß in vielen Entwicklungsländern fast 50 % der Bevölkerung jünger als 15 Jahre sind und somit in den nächsten Jahren sehr viel mehr neue Familien gegründet werden als in der Vergangenheit.

Doch gerade bei jüngeren Familien versprechen verstärkte Bemühungen um Familienplanung und Entwicklung Erfolg. So zeigen Daten, die der World Fertility Survey in Ländern der Dritten Welt erhoben hat, daß die tatsächliche Fruchtbarkeitsrate der Frauen im gebärfähigen Alter häufig einen erheblichen Anteil unerwünschter Geburten enthält und daß insbesondere die jüngeren Frauen zu kleineren Familien neigen: In Bangladesch z. B. lag die gewünschte Kinderzahl der Frauen zwischen 15 und 19 Jahren bei 3,7, die aller Frauen bis 49 Jahre bei 4,1 Kindern; die tatsächliche Fruchtbarkeitsrate hingegen betrug 5,4. Die entsprechenden Zahlen für Kenia lauten 6,6 und 7,2 gegenüber 7,9, die für Mexiko 3,8 und 4,4 gegenüber 5,7.

Der Anteil der Reichen sinkt

Am anderen Ende der Skala liegen mit Estland (–0,4 %), Ungarn (–0,3 %), Bul-

Bevölkerungswachstum in Industrie- und Entwicklungsländern 1994/2025

	Bevölkerung in Millionen 1994	2025	Zuwachs in Millionen	Zuwachs in %
Welt	5.607	8.378	2.771	50
Industrieländer	1.164	1.259	95	8
Entwicklungsländer	4.443	7.119	2.676	60

Quelle: Population Reference Bureau 1994

Tabelle 2

garien, der Russischen Föderation, der Ukraine (jeweils –0,2 %) und Deutschland (–0,1 %) Länder, in denen die Bevölkerungszahl schrumpft. Insgesamt verschärft das unterschiedliche Bevölkerungswachstum in Nord und Süd das Ungleichgewicht zwischen den armen und den reichen Gesellschaften der Welt [vgl. Tabelle 2].

Die Bevölkerungen der »reichen« Länder, das heißt der Länder mit einem jährlichen Pro-Kopf-Einkommen von 20.000 US-$ und darüber, wachsen sehr langsam, die von »armen« Ländern, das heißt Ländern mit einem jährlichen Pro-Kopf-Einkommen von 1.000 US-$ oder weniger, wachsen dagegen sehr schnell [vgl. Tabelle 3]. Die Menschheit insgesamt wird also ärmer: Die unteren Einkommensgruppen werden im Jahre 2025 fast zwei Drittel der Erdbevölkerung ausmachen.

Die Welt wird älter

Die Weltbevölkerung wird nicht nur zahlenmäßig wachsen, sie ist auch im Begriff, älter zu werden, und zwar unabhängig von allen denkbaren Szenarien der künftigen demographischen Entwicklung. Während das heutige Durchschnittsalter

Bevölkerung, Bevölkerungszuwachs und prozentuale Verteilung nach Regionen und Einkommensgruppen

	Bevölkerung in Millionen			Prozentsatz der Weltbevölkerung			Jährl. Zuwachs in Millionen	
	1990	2000	2025	1990	2000	2025	1990/1995	2000/2005
Welt	5.266	6.114	8.121	100	100	100	85,2	82,8
Afrika	627	821	1.431	11,9	13,4	20,9	18,4	22,8
Asien	3.174	3.703	4.860	60,3	60,6	59,8	53,8	49,6
Lateinamerika	435	512	686	8,3	8,4	8,4	8,0	7,4
Europa	723	737	744	13,7	12,1	9,2	1,6	0,4
Einkommensgruppen:								
untere	3.072	3.653	5.060	58,3	59,3	62,3	58,4	57,2
obere	817	866	923	15,5	14,2	11,4	5,2	3,2
Quelle: Bos et al. 1994								

Tabelle 3

Weltbevölkerung nach Alter und Geschlecht 1990 und 2030
in Mrd.

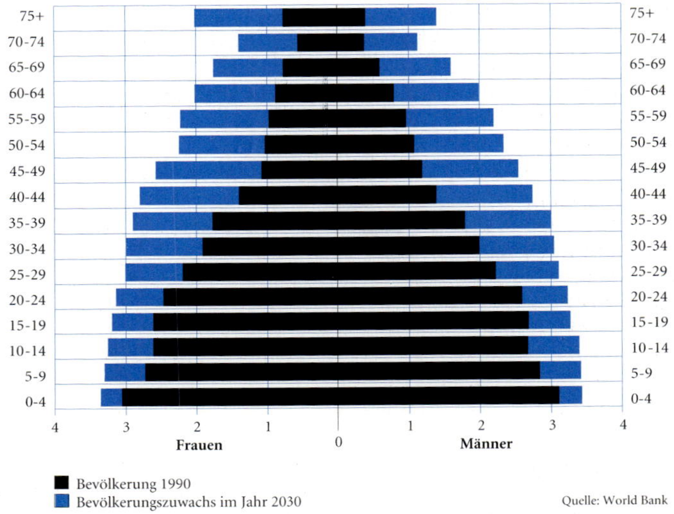

■ Bevölkerung 1990
■ Bevölkerungszuwachs im Jahr 2030

Quelle: World Bank

Schaubild 6

(Median) der Weltbevölkerung bei 28 Jahren liegt, wird es bis zum Jahre 2030 – je nachdem, wie sich die Fruchtbarkeits- und Mortalitätsraten entwickeln – auf 31 bis 35 Jahre steigen.

Doch nicht nur das durchschnittliche (und immer noch niedrige) Alter der Weltbevölkerung steigt, sondern auch der Anteil der Menschen, die 60 Jahre und älter sind: Unter den Annahmen des Szenarios hoher Geburten- und Sterberaten wird sich der Anteil älterer Menschen weltweit von heute 9 auf 13 % im Jahre 2030 erhöhen. Setzt man niedrige Geburten- und Sterberaten voraus, werden dann rund 17 % der Weltbevölkerung 60 Jahre und älter sein [vgl. Schaubild 6].

Die Annahmen der mittleren Variante für die Geburten- und Sterberaten sehen den Weltbevölkerungs-Anteil der Menschen von 60 Jahren und älter im Jahre 2030 bei 14 %, im Jahre 2100 sogar bei 25,5 %. In Westeuropa wäre nach diesem Szenario sogar jeder Dritte dann 60 oder mehr Jahre alt.

Die Graue Revolution

In der politischen Öffentlichkeit vieler westlicher Industrieländer wächst die Besorgnis über den stetigen Geburtenrückgang, die Überalterung der Gesellschaft und die damit aufkommenden Probleme der sozialen Sicherung; im Zusammenhang mit Entwicklungsländern hingegen wird das Thema bisher kaum diskutiert [vgl. Schaubild 7]. Aber ganz gleich, ob die Geburtenraten in Entwicklungsländern schneller oder langsamer abnehmen: auch dort wird sich in Zukunft ein »Alterungsproblem« stellen.

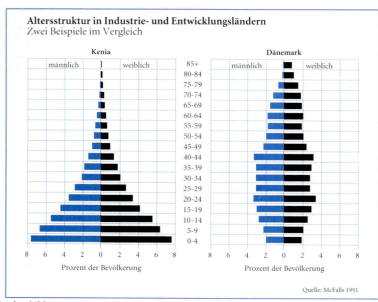

Schaubild 7

Alternde Industriegesellschaften

Die meisten westlichen Industrieländer befinden sich in einem rasch fortschreitenden Alterungsprozeß. So haben in Deutschland nach Angaben des Instituts der deutschen Wirtschaft (DIW) die erwerbsfähigen Jahrgänge (20 bis unter 60 Jahre) im Jahre 1985 noch 56 % der Bevölkerung ausgemacht, die unter 20jährigen (24 %) und über 60jährigen (20 %) waren mit 44 % in der Minderheit. Dieses Verhältnis wird sich schon in einer Generation umkehren: Im Jahre 2030 werden nur noch 48 % der Bevölkerung zwischen 20 und 60 Jahre alt sein, weil der Anteil der »Senioren« (60 Jahre und älter) auf 37 % steigt. Der Anteil der unter 20jährigen wird dann auf 15 % geschrumpft sein; der weitere Alterungsprozeß ist also programmiert.

Schon heute ist nach Angaben der EU-Kommission jeder fünfte Einwohner der Europäischen Union 60 Jahre und älter. Fast ein Drittel der EU-Bevölkerung ist über 50. Im Jahre 2020 werden 40 % der Menschen in der EU mindestens 50 Jahre alt sein, der Anteil der über 60jährigen erhöht sich dann auf 35 % der Gesamtbevölkerung, der Prozentsatz der über 85jährigen wird sich etwa verdoppeln.

Die Tatsache, daß mehr Menschen relativ rüstig bis ins hohe Alter leben, ist uneingeschränkt positiv zu bewerten: Es ist Folge des auf breiter Basis verbesserten Lebensstandards und erfolgreicher medizinisch-pharmazeutischer Forschung. Wie meistens im Leben sind jedoch Erfolge an einer »Front« immer mit problematischen Folgeerscheinungen an einer anderen verbunden. Stichworte in diesem Zusammenhang sind:

▶ **Alterssicherung**, denn nach heutiger Praxis zahlen die jeweils Erwerbstätigen mit ihren Beiträgen die Altersversorgung der jeweils aus dem Erwerbsprozeß Ausgeschiedenen. Noch 1990 standen 100 Beitragszahlern zur Rentenversicherung 48 Rentner gegenüber – im Jahre 2030 werden auf 100 Beitragszahler 96 Rentenbezieher kommen. Wenn keine neuen Finanzierungsinstrumente gefunden werden (z. B. im Rahmen einer ökologischen Steuerreform), sind Verteilungskämpfe zwischen den Generationen oder höhere Belastungen der öffentlichen Haushalte zu befürchten.

▶ **Fehlender Nachwuchs** vermindert die Regeneration des Arbeitskräftepotentials, was eine abnehmende Innovationsrate und damit internationale Wettbewerbsnachteile zur Folge haben könnte. »Lebenslanges Lernen« als Grundeinstellung und die Schaffung entsprechender Möglichkeiten im Rahmen der jeweiligen Berufe könnten dieser Gefahr tendenziell entgegenwirken.

▶ **Erhöhung der sozialen Kosten** für Gesundheit, Pflege und Betreuung, weil z. B. der Anteil der chronischen Krankheiten steigen wird. Über 71 % der Pflegebedürftigen in Deutschland sind 65 Jahre alt und älter. Damit wird ein höherer Anteil der in einer Volkswirtschaft verfügbaren Ressourcen für Konsumzwecke verwendet und fehlt für Investitionen in die Zukunftssicherung.

Wo sind Lösungen zu suchen?

Aus heutiger Sicht wird der Alterungsprozeß der Industriegesellschaften auf absehbare Zeit anhalten. Vieles spricht sogar dafür, daß er sich durch krankheitsvorbeugendes Verhalten (gesündere Ernährung, Rückgang gesundheitsschädlicher Gewohnheiten wie Rauchen, mehr körperliche Bewegung u. a.) und medizinisch-pharmazeutische Fortschritte sogar noch beschleunigen wird. Deshalb muß über Maßnahmen nachgedacht werden, mit denen dieser Wandel der Bevölkerungsstruktur menschenwürdig und politisch konsensfähig zu gestalten ist.

Hoffnungsvolle Zukunftsprognosen sind heute mit folgenden Stichworten verbunden:

▶ **Technischer Fortschritt**, denn er ermöglicht einkommensteigernde Produktivitätsfortschritte, die den »Kuchen« vergrößern, aus dem auch die Leistungen der Altersversorgung bezahlt werden können.

▶ **Verlängerung der Lebensarbeitszeit** und **Flexibilisierung der Arbeitszeiten**, denn dadurch blieben mehr Menschen länger in der Lage, Mehrwert zu schaffen, Einkommen zu erzielen und von sozialen Versorgungsleistungen unabhängig zu bleiben. Die Tatsache, daß ältere Menschen heute länger leistungsfähig sind als früher und schon heute ein signifikanter Teil der »Senioren« wertvolle Arbeit in freien Verbänden und Wohlfahrtsinstitutionen leistet, kann als Hinweis darauf gewertet werden, daß neue Vorstellungen über die Altersgrenzen der Erwerbsarbeit – bei entsprechender Flexibilität der angebotenen Arbeit und positiver Beschäftigungsentwicklung – in den nächsten Jahren an Attraktivität gewinnen könnten. Der altersbedingte Kompetenzwechsel (z. B. mehr soziale Kompetenz, mehr Erfahrung, reifere Persönlichkeit) kann in diesem Zusammenhang durchaus neue Arbeitsmarktchancen eröffnen.

▶ **Bessere Möglichkeiten der Erwerbsarbeit für Frauen** und damit die bessere Ausschöpfung des vorhandenen Leistungs-, Produktivitäts- und Innovationspotentials in den Gesellschaften. Unterstützend dazu wären der Ausbau der sozialen Infrastruktur und eine Veränderung männlicher Denk- und Verhaltensweisen erforderlich, damit die Erwerbstätigkeit von Frauen mit ihrer Rolle als Mutter besser vereinbar wird.

▶ **Aktive Einwanderungspolitik**, denn mit ihr könnten gezielt jüngere, gut ausgebildete und erwerbsfähige Jahrgänge verstärkt werden. Damit könnten zumindest der gesellschaftliche Anpassungsprozeß an die veränderte Altersstruktur zeitlich hinausgeschoben und mehr Zeit für geeignete Lösungen gewonnen werden.

All diese Lösungsansätze haben ihre relativen Vor- und Nachteile. So wäre es z. B. ebenso fahrlässig, Lösungen ausschließlich vom technischen Fortschritt zu erhoffen, wie die politischen und kulturellen Widerstände gegen Einwanderer aus anderen Kulturen zu unterschätzen. Angemessene Lösungen werden also auch hier in der richtigen Mischung verschiedener Lösungskomponenten liegen.

Alterungsprozeß in Entwicklungsländern

Als Folge wesentlicher Verbesserungen der Nahrungsmittelsicherheit, der Gesundheitsdienste und der sanitären und hygienischen Versorgung zeichnet sich auch in vielen Entwicklungsländern ein Alterungsprozeß ab, der in den nächsten Jahrzehnten dem der heutigen Industrieländer vergleichbar sein wird. Mit abnehmendem Bevölkerungswachstum wird die Zahl der alten Menschen weltweit absolut und im Verhältnis zur Gesamtbevölkerung drastisch steigen [vgl. Tabelle 4].

Das Wachstum der Städte

Das schnelle Wachstum der Städte in den armen Ländern ist ein Problem eigener Art. In den meisten Ländern der Dritten Welt wächst die Stadtbevölkerung fast doppelt so schnell wie die Gesamtbevölkerung. So stieg nach Daten der Weltbank der Anteil der Stadt- an der Gesamtbevölkerung Chinas von 18 % im Jahre 1965 auf 60 % im Jahre 1991. In Mosambik schritt die Verstädterung im gleichen Zeitraum mit einer jährlichen Zuwachsrate von über 10% fort, Tansania verzeichnete 1965–1980 Zuwachsraten von 11,3%, zwischen 1980 und 1991 von 10,1%. In den nächsten 30–35 Jahren, so schätzt man heute, wird die städtische Bevölkerung in der Dritten Welt von derzeit etwa 1,5 Mrd. auf über 4 Mrd. Menschen anwachsen.

Die Megastädte der Welt liegen daher zunehmend in Entwicklungsländern. London, 1950 noch zweitgrößte Stadt der Welt, wird im Jahre 2000 nicht mehr zu den größten Metropolen gehören. Lagen noch 1950 sieben der zehn größten Städte der Welt in Industrieländern und nur drei in der Dritten Welt (Schanghai, Buenos Aires und Kalkutta), so kehrt sich dieses Verhältnis bis 2000 um: sieben der zehn größten sind Städte in Entwicklungsländern [vgl. Schaubild 8]. Von hundert städtischen Haushalten der Dritten Welt, die in den 80er Jahren gegründet wurden, lagen 72 in den Elendsvierteln der *slums* und *favelas*, in Subsahara-Afrika waren es sogar 92. Die Gründe für diese Flucht in die Städte sind vielfältig [vgl. Kapitel *Migration*]. Sie liegen zum einen in den wirtschaftlichen Vorteilen konzentrierter Siedlungen, zum anderen in den immer geringeren Möglichkeiten, den wachsenden Bevölkerungen ländlicher Gebiete befriedigende Lebensperspektiven zu geben.

Die zunehmende Verstädterung – etwa 45% der Weltbevölkerung leben gegen-

Anteil der Bevölkerung über 60 Jahre nach Regionen 2030 und 2100						
in %	1990	2030				2100
		Vier Szenarien:				Szenario
		1	2	3	4	1
Nordafrika	5,6	8,4	8,6	7,9	9,8	21,5
Subsahara-Afrika	4,6	4,8	5,1	4,5	5,8	16,6
Mittelamerika und Karibik	6,4	13,2	13,6	12,1	14,2	30,2
Südamerika	7,6	14,8	15,8	14,1	16,5	25,5
West-/Zentralasien	6,6	11,1	11,2	11,1	12,9	27,3
Südasien	6,5	10,2	10,3	10,0	11,6	26,2
China, Hongkong	8,8	20,9	22,2	20,0	24,0	30,6
Südostasien	6,3	13,5	13,6	13,2	15,3	27,5
Nordamerika	16,7	25,6	24,2	26,9	31,7	28,1
Japan, Australien, Neuseeland	16,9	31,8	31,1	32,3	37,0	38,6
Osteuropa	15,8	26,0	25,8	26,5	32,1	28,2
Westeuropa	19,6	30,6	30,1	31,1	35,8	34,7
Welt total	9,2	14,3	15,0	13,9	16,6	25,5

Szenarien:
1. Moderates Szenario
2. Hohe Migrations- und Mortalitätsraten, niedrige Fertilität
3. Niedrige Migrations- und Mortalitätsraten, hohe Fertilität
4. Niedrige Migrations-, Mortalitäts- und Fertilitätsraten

Quelle: Lutz 1994

Tabelle 4

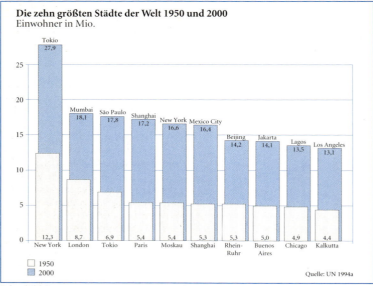

Die zehn größten Städte der Welt 1950 und 2000
Einwohner in Mio.

☐ 1950
■ 2000

Quelle: UN 1994a

Schaubild 8

wärtig in Städten, schon in 20 Jahren werden es 56% sein – stellt vor allem die Metropolen in Entwicklungsländern vor immense Probleme: Die öffentlichen Investitionen in zusätzliche Wohnungen, in Abwasserentsorgung, Straßen, Transportmittel und andere infrastrukturelle Einrichtungen oder städtische Dienstleistungen entsprechen in fast keiner Stadt der Dritten Welt dem städtischen Bevölkerungszuwachs der letzten drei Jahrzehnte. Schon heute leben etwa 1,2 Mrd. Menschen – das sind etwa 60% der städtischen Bevölkerung armer Länder – in Elendsvierteln und Spontansiedlungen auf engstem Raum, ohne angemessene Trinkwasserversorgung, hygienische und sanitäre Einrichtungen, Elektrizitätsversorgung und andere Mindestanforderungen an einen menschenwürdigen Lebensstandard.

Folgen des Bevölkerungswachstums

Schon das Erarbeiten einer zuverlässigen Datenbasis innerhalb gewisser Fehlergrenzen bereitet Schwierigkeiten; noch sehr viel schwieriger wird es, wenn es um die Bewertung von Fakten geht. Denn Bevölkerungswachstum an sich ist für die soziale, ökonomische und ökologische Entwicklung eines Landes weder positiv noch negativ zu werten.

Probleme, die eine bestimmte Bevölkerungszahl und ihre Wachstumsrate mit sich bringen können, sind erst abzuschätzen, wenn man diese Zahlen ins Verhältnis zur landwirtschaftlich nutzbaren Fläche, zur natürlichen Ressourcenbasis oder zur Infrastruktur eines Landes setzt. Zwar gilt ein Bevölkerungswachstum von über 2% im allgemeinen als

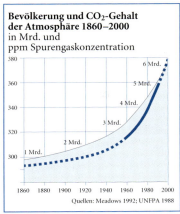

Bevölkerung und CO$_2$-Gehalt der Atmosphäre 1860–2000 in Mrd. und ppm Spurengaskonzentration

Quellen: Meadows 1992; UNFPA 1988

Schaubild 9

»hoch«, doch bedeutet »hohes Bevölkerungswachstum« für ein großflächiges, mit Ressourcen reich ausgestattetes Land von geringer Bevölkerungsdichte offensichtlich nicht das gleiche wie für ein kleines, armes, sehr dicht besiedeltes Land. Daher muß die Rechnung für jedes einzelne Land separat aufgemacht werden. Die Diskussion um die Frage, ob wir aus globaler Perspektive »zu viele Menschen« sind, ist mehr ein Streit um Meinungen als um eindeutiges Wissen.

Breiter internationaler Konsens besteht darüber, daß in der Kausalkette zahlreicher wirtschaftlicher, ökologischer, sozialer und politischer Verschlechterungsprozesse hohes Bevölkerungswachstum sowohl Ursache als auch Folge ist. Es schafft Probleme auf globaler, nationaler und familiärer Ebene.

Gefährdung der globalen Lebensgrundlagen

Die endliche Erde kann nicht unendlich viele Menschen aufnehmen und versorgen. Ein begrenztes Angebot an nicht erneuerbaren Ressourcen setzt Grenzen des Verbrauchs, ebenso eine begrenzte Absorptionskapazität für Abfall und Emissionen. Ein eklatantes Beispiel sind die von Menschen verursachten CO$_2$-Emissionen, die wesentliche Ursache der globalen Klimaveränderung sind [vgl. Schaubild 9, vgl. auch Kapitel *Atmosphäre und Klima*].

Mehr als eine Milliarde Menschen leben in absoluter Armut. Sie müssen ihr Überleben mit den Ressourcen ihrer unmittelbaren Umwelt sichern; Rücksichten auf die Umwelt oder auf künftige Generationen können sie dabei nicht nehmen. Der Bevölkerungsdruck führt dazu, daß die natürlichen Lebensgrundlagen übernutzt und damit oft in kurzer Zeit zerstört werden. Die Armut wird vertieft und festgeschrieben, und das wiederum verstärkt die Tendenz zu hohen Geburtenraten.

Die reichste Milliarde Menschen der Erde verursacht jedoch eindeutig die ökologisch destruktivere globale Belastung. Der heutige Zustand der Erde und der Erdatmosphäre ist in erheblich höherem Maße auf die industrielle Entwicklung des Nordens und sein Konsum- und Abfallverhalten zurückzuführen als auf die großen und wachsenden Bevölkerungen des Südens. Die Begrenztheit globaler Ressourcen und die Gefährdung der globalen Umwelt ist so lange kein glaubhaftes Argument der Industrieländer gegen das Bevölkerungswachstum in der Dritten Welt, wie die »Reichen« der Welt ihre jetzigen Produktions- und Konsummuster beibehalten [vgl. Schaubild 10].

Gefährdung der globalen Sicherheit

Die ökologischen Folgen sind allerdings nur ein Aspekt der generellen Gefährdung der globalen Sicherheit durch hohes Bevölkerungswachstum und zunehmende Armut in der Welt. Die extremen Un-

Verbrauch und Belastung der natürlichen Lebensgrundlagen
Tausend Menschen belasten die Umwelt
jährlich durch

in Deutschland		in einem Entwicklungsland	
158	Energieverbrauch (TJ)	22	(Ägypten)
13.700	Treibhausgas CO$_2$ (t)	1.300	(Ägypten)
450	Ozonschichtkiller FCKW (kg)	16	(Philippinen)
8	Straßen (km)	0,7	(Ägypten)
4.391.000	Gütertransporte (tkm)	776.000	(Ägypten)
9.126.000	Personentransporte in PKW (Pkm)	904.000	(Ägypten)
443	PKW	6	(Philippinen)
28	Aluminiumverbrauch (t)	2	(Argentinien)
413	Zementverbrauch (t)	56	(Philippinen)
655	Stahlverbrauch (t)	5	(Philippinen)
400	Hausmüll (t)	120	
100	hochgiftigen Sondermüll (t)	ca. 2	

Die Balkenlängen spiegeln Anteile von Hundert.

Quelle: von Weizsäcker 1994

Schaubild 10

---

gleichgewichte der Lebensverhältnisse werden mehr Migration auslösen; sie schaffen und verschärfen soziale, wirtschaftliche, politische, ethnische und kulturelle Spannungen und Konflikte bis hin zu Terror und Krieg. Deshalb gilt: Nachhaltige Entwicklung und friedlicher Ausgleich bedingen einander. Beide sind Voraussetzung für die Sicherung des menschlichen Überlebens auf einem intakten Planeten.

Gefährdung der Entwicklung in armen Ländern

Anhaltend hohes Bevölkerungswachstum erschwert entwicklungspolitische Bemühungen. Besonders die Versorgung aller Menschen eines Landes mit einem Minimum an Gütern und Dienstleistungen (wie Gesundheitspflege, Bildung, sanitärer und hygienischer Infrastruktur, Abwasser- und Abfallbeseitigung) wird

---

Die Überforderung der Staaten

»Starkes Bevölkerungswachstum erschwert es den meisten Regierungen ganz erheblich, mit dem wachsenden Bedarf an Entwicklungsdienstleistungen etwa in den Bereichen Gesundheit und Bildung Schritt zu halten. In Ländern mit niedrigem Einkommen – Indien und China nicht mitgerechnet – sind die Einschulungsquoten von durchschnittlich 5,6% jährlich im Zeitraum 1975–1980 auf 2,7% in den Jahren 1980–1987 gesunken. Nach Schätzungen der UNESCO gingen im Jahre 1985 ungefähr 105 Millionen schulpflichtiger Kinder im Alter zwischen 6 und 11 Jahren nicht zur Schule; mehr als 70% dieser Kinder lebten in den am wenigsten entwickelten Ländern. Wenn der gegenwärtige Trend anhält, wird sich bis zum Jahre 2000 die Zahl der Kinder, die keine Schule besuchen, auf etwa 200 Millionen fast verdoppeln.«

Quelle: UNFPA 1991

erschwert. Auch die Nahrungsmittelsicherheit ist gefährdet, vor allem dort, wo Böden infolge hohen Bevölkerungsdrucks übernutzt werden [vgl. Kapitel *Boden, Wasser, Biosphäre*].

Die Ergebnisse zahlreicher Untersuchungen belegen die negativen Folgen des Bevölkerungswachstums für die Entwicklungsbemühungen der Länder: Die Einkommensungleichheiten verschärfen sich, die Kapitalbildung geht zurück und die Investitionsstruktur verändert sich. UNFPA hat in einer Vergleichsstudie in 120 Ländern den Einfluß hohen Bevölkerungswachstums auf die Leistung der nationalen politischen Institutionen und deren entwicklungspolitische Ergebnisse untersucht [vgl. *Die Überforderung der Staaten*]. Die Studie kam u. a. zu dem Schluß, daß es nur sehr wenigen Ländern mit starkem Bevölkerungsdruck gelungen ist, stabile rechtsstaatliche Verhältnisse mit einer vorzeigbaren Bilanz der bürgerlichen und politischen Rechte aufrechtzuerhalten.

Risiken für Frauen und Familien

Zu viele Geburten in zu kurzen Abständen von zu jungen Frauen erhöhen die ohnehin schon hohe Kinder- und Müttersterblichkeit in armen Ländern und schaffen vermeidbares menschliches Leid [vgl. Tabelle 5]. Sie haben auch wirtschaftlich und sozial weitreichende negative Folgen für Familien. Unter anderem sinkt deren Spar- und Investitionsfähigkeit.

Jährlich sterben mindestens 500.000 Frauen durch Komplikationen bei Schwangerschaft und Geburt, 99 % von ihnen in der Dritten Welt. In den armen Ländern ist die Müttersterblichkeit 125- bis 250mal so hoch wie in den reichen, wobei von einer hohen Dunkelziffer auszugehen ist. Viele Frauen erleiden darüber hinaus dauerhafte Gesundheitsschäden. Ein großer, wenn nicht der größte Teil der Müttersterblichkeit geht auf un-

---

Gefährdungsfaktoren für Mutter und Kind

Zu oft: Zu kurze Intervalle zwischen den Geburten erhöhen die Risiken für Mutter und Kind.

Intervalle zwischen den Geburten	Säuglingssterblichkeit (auf 1.000 Lebendgeborene)
Weniger als 1 Jahr	200
1 bis 2 Jahre	145
2 bis 3 Jahre	100
3 bis 4 Jahre	80

Untersuchung in Südindien

Zu viele: Nach dem vierten Kind nehmen die Gesundheitsrisiken für Mutter und Kind erheblich zu.

Anzahl Kinder	Säuglingssterblichkeit (auf 1.000 Lebendgeborene)
5 Kinder	160
4 Kinder	85
3 Kinder	80
2 Kinder	70
1 Kind	60

Untersuchung in El Salvador

Zu jung: Bei Müttern unter 20 Jahren ist die Säuglingssterblichkeit doppelt so hoch wie bei Müttern, die bei der Geburt 25 bis 30 Jahre alt waren.

Alter der Mutter	Säuglingssterblichkeit (auf 1.000 Lebendgeborene)
Unter 20 Jahre	130
20–24 Jahre	75
25–29 Jahre	60
30–34 Jahre	70

Untersuchung in Algerien

Quelle: UNICEF: Information »Geburtenregelung – Familienplanung« 1987

Tabelle 5

erwünschte Schwangerschaften zurück, die durch Familienplanung vermieden werden könnten.

Das soziale Umfeld der Armen gefährdet auch das Überleben und die Gesundheit von Säuglingen und Kleinkindern, besonders bei hohen Geburtenraten. Verkürzte Stillzeiten und qualitativ schlechtere Ernährung durch eine wachsende Geschwisterzahl beeinflussen das Gedeihen von Kleinkindern unmittelbar negativ, ebenso die nachlassende Pflege älterer nach Geburt eines neuen Kindes.

Generell gilt: Je größer die Kinderzahl einer Familie, desto schlechter der Gesundheitszustand der Kinder, insbesondere der jüngeren Mädchen. Und desto geringer auch Bildungschancen und Bildungsqualität für die Kinder, wiederum in erster Linie für die Mädchen.

Perspektiven und Optionen

Humane Bevölkerungspolitik

Menschenwürdige Strategien zur Senkung hoher Geburtenraten sind heute bekannt und in der Praxis erprobt. Als besonders erfolgreich haben sich bevölkerungspolitische Bemühungen erwiesen, die darauf gerichtet sind, bessere soziale und wirtschaftliche Rahmenbedingungen zu schaffen. Dies kann Eltern motivieren, ihre Kinderzahl in *eigenverantworteter Entscheidung* – und rückgebunden an das Allgemeinwohl – auf das Maß zu beschränken, das mit nachhaltiger Entwicklung vereinbar ist.

Angesichts des Massenelends in vielen Entwicklungsländern sind bevökerungspolitische Maßnahmen dringend erforderlich. Durch aufgeschobene Entscheidungen und institutionelle Trägheiten wurde bereits wertvolle Zeit vergeudet. Dennoch ist bei der Vorbereitung der Maßnahmen Sorgfalt geboten. Bevölkerungspolitische »Schnellschüsse« können zu schwer korrigierbaren Fehlentwicklungen führen. Höchst unterschiedliche wirtschaftliche und soziale Ausgangsbedingungen, religiöse, kulturelle und ethnische Besonderheiten sowie verschieden große Bevölkerungszahlen und -wachstumsraten erlauben keine Patentrezepte.

»Maßgeschneidertes«, die jeweiligen Besonderheiten berücksichtigendes und in Abstimmung mit den betroffenen Menschen konzipiertes Vorgehen ist gefordert.

Generell gehören jedoch vier Elemente zum Standard einer menschenwürdigen Bevölkerungspolitik:

▶ **Die Senkung der Kindersterblichkeit**
Eltern überall auf der Welt wünschen sich nicht in erster Linie viele Geburten, sondern überlebende Nachkommen. Die Motivation, sich für kleinere Familien zu entscheiden, entsteht meist erst dann, wenn sich entwicklungspolitische Fortschritte für die Menschen der ärmsten Schichten in der Verbesserung ihrer Lebensqualität und damit auch in einer signifikanten Senkung der Säuglings- und Kindersterblichkeit äußern. Alle empirischen Erfahrungen weisen darauf hin, daß Eltern unter solchen Bedingungen leichter für Familienplanungsprogramme ansprechbar sind.

▶ **Die soziale Grundsicherung**
Wo es an formalen Systemen der sozialen Grundsicherung fehlt (Sicherung bei Krankheit und im Alter), sind viele Kinder die einzige Möglichkeit der Vorsorge für die Eltern und für die Überlebensfähigkeit der Familie. Außerdem sind

Kinder unbezahlte Arbeitskräfte für Haus- und Feldarbeit; auch im städtischen Umfeld tragen sie durch Gelegenheitsarbeit im informellen Sektor zur Überlebenssicherung der Familie bei. Erst dann, wenn auch die ärmsten Länder durch wirtschaftliche Entwicklung und umfassende entwicklungspolitische Fortschritte in der Lage sind, mehr in soziale und menschliche Ressourcen zu investieren und eine soziale Grundsicherung für alle Schichten der Bevölkerung zu schaffen, wird der Wunsch nach kleineren Familien wachsen.

▶ **Die Gleichstellung der Frauen**
Eine tragende Säule erfolgreicher Entwicklungs- und Bevölkerungspolitik ist die Verwirklichung der Menschenrechte für Frauen. Dort, wo Frauen in der Lage sind, die Gestaltung ihrer Lebensbedingungen in die eigenen Hände zu nehmen, wo sie sich persönlich, gesellschaftlich und beruflich entfalten können, sinkt ihre Abhängigkeit von Nachkommen für die eigene Existenzsicherung. In der Folge sinkt auch die Zahl ihrer Kinder.

Die Gleichstellung der Geschlechter muß bereits im Säuglingsalter beginnen: Den Mädchen muß die gleiche Pflege und Gesundheitsfürsorge zuteil werden, müssen die gleichen Bildungs- und Ausbildungschancen offenstehen wie männlichen Mitgliedern der Gesellschaft. In Wirtschaft und Politik müssen sie die gleichen Chancen der Mitwirkung und Mitverantwortung erhalten. Wo dies nicht der Fall ist, leistet sich der Staat entwicklungspolitisch den bedauerlichen Verzicht auf das Leistungspotential der Hälfte seiner Bürgerschaft.

Schließlich kann weder von der Gleichstellung der Geschlechter gesprochen noch ernsthaft eine signifikante Minderung des Bevölkerungswachstums erwartet werden, solange Empfängnisverhütung »Frauensache« bleibt und Männer ihrer Verantwortung für ein partnerschaftliches Sexual- und Fortpflanzungsverhalten enthoben sind.

▶ **Ganzheitliche Familienplanung**
Ganzheitliche Familienplanung umfaßt wesentlich mehr als nur Empfängnisverhütung: Paare werden beraten, wie viele Kinder sie sich ihren wirtschaftlichen und sozialen Verhältnissen entsprechend »leisten« können. Ganzheitliche Familienplanung fördert auch eine Denkhaltung der Männer, die Empfängnisverhütung nicht nur toleriert oder akzeptiert, sondern sie als umfassende Verantwortung *beider* Partner betrachtet.

Besserer Zugang zu geeigneten Einrichtungen der Familienplanung – erst recht in Verbindung mit sozialen Verbesserungen und wirtschaftlichem Wachstum – hatte in einer Vielzahl von Ländern (z. B. in Indonesien, Mexiko, Simbabwe) bemerkenswert positive Ergebnisse.

Der geburtensenkende Einfluß empfängnisverhütender Mittel ist in jedem Fall bedeutend, daher ist deren Verfügbarkeit zum Zeitpunkt der aktuellen Nachfrage unverzichtbar. Heute haben etwa 120 Millionen Paare, die eigentlich Familienplanung betreiben wollen, keinen Zugang zu geeigneten Mitteln und Methoden. Die Beseitigung dieses Defizits muß zur international unterstützten entwicklungspolitischen Priorität werden.

Die Konferenz von Kairo

Die Ergebnisse der Kairoer Konferenz über Bevölkerung und Entwicklung im September 1994 sind besser als ihr Ruf. Anders als in den beiden letzten Weltbevölkerungskonferenzen (Bukarest 1974, Mexiko-Stadt 1984) wurde Bevölkerungspolitik zum ersten Mal in den Gesamtkontext der sozialen, wirtschaftlichen, ökologischen und politischen Entwicklung gestellt. Das als Abschlußdokument vorgelegte »Aktionsprogramm« verweist auf die Notwendigkeit, Bevölkerungspolitik in Entwicklungsstrategien zu integrieren. Ein ganzes Kapitel ist der Gleichstellung der Geschlechter gewidmet. Auf die Notwendigkeit, daß sich die Einstellung und das Verhalten der Männer in Richtung auf eine harmonische *Partnerschaft* verändern muß, wird ausdrücklich hingewiesen.

Als Fortschritt ist auch anzusehen, daß der unsachgemäße Schwangerschaftsabbruch erstmals ausdrücklich als ein öffentliches Gesundheitsproblem bezeichnet wurde. Was immer die Realität in vielen Ländern auch sein mag – Abtreibung darf nach dem internationalen Konsens in Kairo nicht zum familienplanerischen Repertoire gehören. Für betroffene Eltern muß jedoch als Ultima ratio die legale und medizinisch betreute Möglichkeit dazu bestehen.

Das Problem der unerwünschten Schwangerschaften ist noch immer immens: Sie führen weltweit zu etwa 50 Millionen Abbrüchen pro Jahr, die zur Hälfte illegal und unter ungünstigsten Bedingungen vollzogen werden. Daran sterben jeden Tag mehr als 500 Frauen – was zwei vollbesetzten Jumbo-Jets täglich entspräche, die weitgehend unbemerkt abstürzten.

Als Aktivposten der Kairoer Konferenz ist schließlich zu verbuchen, daß man nicht nur zum Konsens über den Kostenrahmen für Familienplanung und »reproduktive Gesundheit« (Gesundheitsprogramme für Mütter, Prävention sexuell übertragbarer Krankheiten einschließlich AIDS) fand – 17 bis 21,7 Mrd. US-$ für die Jahre 2000–2015. Es wurden darüber hinaus auch konkrete zusätzliche Finanzbeiträge in zweistelliger Milliardenhöhe von OECD-Ländern zugesagt.

Die Verantwortung der Industrieländer

Viele Menschen in westlichen Industrienationen fühlen sich vom hohen Bevölkerungswachstum in armen Ländern unmittelbar bedroht. Die sehr viel direkteren Gefahren für die soziale, wirtschaftliche und ökologische Sicherheit des Globus, die aus ihrem eigenen energie- und abfallintensiven Produktions- und Konsumstil resultieren, werden dagegen gemeinhin verdrängt.

Unbestreitbar ist, daß eine stetig und schnell wachsende Zahl von Menschen mit nachhaltiger Entwicklung nicht zu vereinbaren ist. Es wäre jedoch eine Illusion, zu glauben, nachhaltige Entwicklung könne ohne ökonomisch-ökologische Umgestaltung der Industriegesellschaften erreicht werden. Denn diese reiche Minderheit der Erdbevölkerung trägt wegen ihrer beängstigenden Fähigkeit, Ressourcen zu konsumieren und Abfall zu verursachen, für die lebensbedrohliche Zerstörung der globalen Umwelt die Hauptverantwortung. Sie lebt nicht von den Zinsen des natürlichen Kapitals der Erde, sondern zehrt an der unwiederbringlichen Substanz.

Neben einer die Menschenwürde und kulturelle Werte achtenden Senkung der Geburtenraten in armen Ländern ist ein ökologischer Kurswechsel in den Industrieländern mit all seinen Konsequenzen für Ordnungspolitik, Wirtschaft, Technik und für Bewußtsein und Verhalten der Menschen Voraussetzung für die nachhaltige Entwicklung der gesamten Lebensgemeinschaft Erde.

Literatur

Birg, H./E. J. Flöthmann/I. Reiter 1991: Biographische Theorie der demographischen Reproduktion, Frankfurt/New York.

Bos, E./M. T. Vu/E. Massiah/R. A. Bulatao 1994: World Population Projections. Estimates and Projections with Related Demographic Statistics 1994–95, Washington, D. C.

Cassen, R. et al. 1994: Population and Development: Old Debates, New Conclusions, New Brunswick/Oxford 1994.

IIASA (Internationales Institut für Angewandte Systemanalysen) 1994: Options, Autumn 1994, Laxenburg.

Leisinger, K. M. 1994: Hoffnung als Prinzip. Bevölkerungspolitik mit menschlichem Antlitz, Deutsche Stiftung Weltbevölkerung/Deutsche Welthungerhilfe (Hg.), Hannover.

Leisinger, K. M./K. Schmitt (Hg.) 1992: Überleben im Sahel. Eine ökologische und entwicklungspolitische Herausforderung, Basel.

Lutz, W. 1994: The Future of World Population. Population Bulletin, Vol. 49, No. 1 (Juni 1994), Population Reference Bureau, Washington, D. C.

McFalls, J. A. 1991: Population. A Lively Introduction. Population Reference Bureau, Washington D. C.

Meadows, D. et al. 1992: Die neuen Grenzen des Wachstums, Stuttgart.

Netherlands Advisory Council for Research on Nature and Environment 1992: The Ecocapacity as a Challenge to Technological Development, Rijswijk.

Population Council 1994: Population Growth and Our Caring Capacity, New York.

Population Reference Bureau 1993, 1994: World Population Data Sheet, Autumn 1994, Washington D. C.

Robey, B./S. O. Rutstein/L. Morris (Hg.) 1992: The Reproductive Revolution: New Survey Findings, in: Population Reports, Vol. XX, No. 4, Series M, No. 11 (December 1992), Baltimore.

UN 1994: Programme of Action of the United Nations International Conference on Population and Development, Kairo (provisorischer, nicht-editierter Text, September 1994).

– 1994a: World Urbanization Prospects: The 1994 Revision, New York.

UNFPA (Bevölkerungsfonds der Vereinten Nationen) jährlich: World Population Report/Weltbevölkerungsbericht, Washington/Bonn.

von Weizsäcker, E. U. 1992: Erdpolitik. Ökologische Realpolitik an der Schwelle zum Jahrhundert der Umwelt, Darmstadt.

– 1994: Wohlstand im Jahrhundert der Umwelt, in: Universitas Nr. 571 (Januar 1994), Köln.

World Bank jährlich: Population and Development. Implications for the World Bank, Washington, D. C.

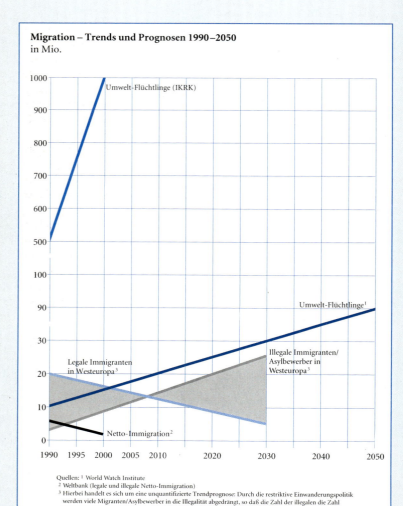

Schaubild 1

Migration

Wanderungsbewegungen über Staatsgrenzen, Regionen und Kontinente hinweg entwickeln sich zu einem der größten Weltordnungsprobleme. Internationale Organisationen erwarten einen wachsenden Migrationsdruck vor allem aus den Armutsregionen der Welt, weil sich dort die Schubkräfte der Migration (Bevölkerungswachstum, Arbeitslosigkeit, Verelendung, Umweltzerstörung) verstärken. Gleichzeitig verschärfen die Zielländer die Zuwanderungskontrollen und handhaben das Asylrecht immer restriktiver.

Bürgerkriege und politische Repression haben in den letzten Jahren etwa 40 Millionen Menschen zu Binnenflüchtlingen gemacht oder über Staatsgrenzen hinweg vertrieben. Das Aufbrechen ethnonationaler Konflikte in vielen Regionen droht zu einer neuen Hauptquelle von Fluchtbewegungen zu werden, nun auch in oder am Rande von Europa.

Die internationalen Hilfsorganisationen sind zunehmend überfordert, mehr als notdürftige Hilfe zu leisten. Wirksame Prävention erfordert eine Kombination von humanitären, friedens- und entwicklungspolitischen Maßnahmen, die dauerhaft die Lebensbedingungen in den Armutsregionen verbessern. Migrationspolitik ist zu einer Hauptaufgabe der Weltordnungspolitik (Global Governance) geworden, die multilaterale Problemlösungskonzepte verlangt.

Die globalen Trends

Die Menschheitsgeschichte ist eine Geschichte der Wanderungen. Entwicklung war immer von Migrationsprozessen begleitet. Internationale Migration hat ganze Kontinente und Regionen verändert. Migranten gelten als mobile Menschen – und Mobilität gilt als eine Tugend des modernen Weltbürgers. Globalisierungsprozesse machen die Grenzen nicht nur für Güter, Kapital, Dienstleistungen und Informationen, sondern auch für Menschen durchlässiger.

Was so natürlich scheint, wird in den heutigen Zielländern von Migration zunehmend als Bedrohung empfunden. Migration konfrontiert sie mit schwierigen gesellschaftlichen Lernprozessen und politischen Entscheidungen, die erhebliche Auswirkungen auf die politische Kultur, den inneren Frieden und die Handhabung von Menschenrechten haben. Viele Länder sind bereits, was sie nicht werden wollten: Einwanderungsländer mit einer Vielzahl von ethnischen und religiösen Minderheiten.

Die »neuen Völkerwanderungen«

Medien, Wissenschaftler und Politiker gebrauchen häufig das Schlagwort von den »neuen Völkerwanderungen«, um die Dramatik der schon stattfindenden und noch befürchteten Wanderungsbewegungen zu illustrieren. Der befürchtete Migrationsdruck aus dem Süden und Osten gilt als neues Sicherheitsrisiko und verunsichert die westlichen Gesellschaften nach dem Ende des Ost-West-Konflikts mehr als militärische Bedrohungspotentiale.

Das Schlagwort »neue Völkerwanderungen«, unterfüttert durch stark steigende Asylbewerberzahlen in Deutschland in den Jahren 1991/92 und bis Mitte 1993, ist irreführend. Es weckt Assoziationen zu den historischen Völkerwanderungen, bei denen es sich um Eroberungszüge ganzer Völker auf der Suche nach neuen Lebensgrundlagen handelte. Es ist auch gefährlich, weil es angstmachende Szenarien nährt, die einen rationalen Umgang mit dem Migrationsproblem erschweren. Und es widerspricht schließlich auch den Tatsachen. Die notwendige Versachlichung beginnt schon beim Umgang mit Begriffen und Zahlen.

Begriffe und Zahlen

Es ist schwierig, alle internen und grenzüberschreitenden Migrationsbewegungen der Gegenwart zu erfassen. Uneinheitliche Kategorien, begriffliche Ungenauigkeiten und mangelhafte Informationen erschweren die Erstellung einer einigermaßen zuverlässigen Weltkarte der Migration. Die Weltflüchtlingskarten des UN-Hochkommissars für Flüchtlinge (UNHCR) können zur Verharmlosung des Problems beitragen, denn sie zeigen wegen der engen Definition des Flüchtlings in der Genfer Flüchtlingskonvention von 1951 nur einen Ausschnitt der weltweiten Wanderungsbewegungen [vgl. *Wer ist Migrant? Wer ist Flüchtling?*].

Migrationsforscher schätzen die Zahl aller grenzüberschreitenden Migranten zu

Beginn der 90er Jahre auf bis zu 100 Millionen. Unter ihnen befinden sich 25 Millionen »legale« Arbeitsmigranten oder Kontraktarbeiter (»Gastarbeiter«) und 20–24 Millionen Flüchtlinge. Hinzu kommen illegale bzw. »irreguläre« Migranten, deren Zahl allein in den USA auf rund 10 Millionen geschätzt wird.

Das Schlagwort von den »neuen Völkerwanderungen« wird häufig mit Zahlen unterfüttert, die auch interne »Landflüchtlinge« oder »Umweltflüchtlinge«, die die Landesgrenzen nicht überschritten haben, einschließen. Allerdings bildet die Landflucht häufig nur die Vorstufe grenzüberschreitender Wanderungen. Der Umfang dieser innerstaatlichen Wanderungen vom Land in die Städte im Laufe der 90er Jahre wird inzwischen auf rund 500 Millionen hochgerechnet.

Dimensionen des Weltflüchtlingsproblems

Die politische Alltagssprache unterscheidet selten zwischen Migration und Flucht. Wenn vom »Weltflüchtlingsproblem« oder vom »Jahrhundert der Flüchtlinge« die Rede ist, sind nicht nur die Flücht-

---

Wer ist Migrant?

Der Begriff der internationalen Migration umfaßt alle grenzüberschreitenden Wanderungen: freiwillige Emigration, durch Aufenthalts- und Arbeitserlaubnisse legalisierte und »illegale« Arbeitsmigration (wobei »Illegalität« häufig nur durch das Überschreiten von Aufenthaltsfristen entsteht), außerdem die durch Gewalt oder lebensbedrohende Situationen erzwungene Flucht und Vertreibung. Die größte Zahl der grenzüberschreitenden Migranten besteht aus den sogenannten »Wirtschaftsflüchtlingen«, die juristisch nicht als Flüchtlinge anerkannt werden. Die Vereinten Nationen haben den Begriff der »illegalen« durch den Begriff der »irregulären Migration« ersetzt, um der Kriminalisierung der »Illegalen« vorzubeugen. Die internationale Migration umfaßt nicht die verschiedenen Arten von Binnenmigration (wie die Landflucht). Die Internationale Organisation für Migration (IOM) rechnet auch diejenigen Personen, die in der ersten und zweiten Generation die Staatsbürgerschaft des Gastlandes angenommen haben, nicht mehr zu den Migranten.

Wer ist Flüchtling?

Als Flüchtlinge werden nach der Genfer Flüchtlingskonvention (GFK) von 1951 nur solche Personen anerkannt, die »aus wohlbegründeter Furcht vor Verfolgung wegen ihrer Rasse, Religion, Nationalität, Zugehörigkeit zu einer sozialen Gruppe oder wegen ihrer politischen Überzeugung sich außerhalb des Landes befinden, dessen Staatsangehörigkeit sie besitzen«. Die Organisation für afrikanische Einheit (OAU) hat diese enge Definition in ihrer Flüchtlingskonvention von 1967, die allerdings nur in Afrika gilt, auf Flüchtlinge vor inneren Unruhen ausgeweitet. Die westlichen Länder wenden die GFK an, die weder »Binnenflüchtlinge« noch Kriegsflüchtlinge als »echte« Flüchtlinge anerkennt. Sie unterscheiden in der Regel zwei Kategorien: die Asylberechtigten, die die Bedingungen der GFK erfüllen, und die »De-facto-Flüchtlinge« oder »B-Flüchtlinge«, die aus humanitären Gründen nicht abgeschoben werden. Häufig bestimmt die nationalstaatliche Willkür, wer als schutzbedürftiger Flüchtling oder als »illegaler Einwanderer« behandelt wird, weil nur etwa 100 Staaten die GFK ratifiziert haben.

linge gemeint, die in den Weltflüchtlingskarten des UNHCR auftauchen [vgl. Schaubild 2]. Während der UNHCR Ende 1993 z. B. in Deutschland 529.100 Flüchtlinge (ohne Asylbewerber) zählte, meldete das Bundesinnenministerium fast die doppelte Zahl. Die rund 350.000 Bürgerkriegsflüchtlinge aus Bosnien, die kein Asyl, sondern nur vorübergehendes Bleiberecht erhielten, werden mal mitgezählt, mal nicht.

Flüchtlinge sind aus verschiedenen Gründen gezwungen, ihre Heimatländer zu verlassen. Aber auch wenn man den Zwang als Unterscheidungsmerkmal wählt, verwischen sich die Grenzen zwischen der mehr oder weniger freiwilligen Migration und erzwungener Flucht. Auch die »strukturelle Gewalt« von Armut kann Zwang erzeugen. Außerdem vermengen sich objektive Tatbestände (wie Kriege) mit subjektiven Wahrnehmungen (wie der Furcht vor Verfolgung). Der Grad der Leidensfähigkeit, der den Entschluß zur Migration mitbestimmt, ist auch bei ähnlichen Lebensbedingungen unterschiedlich hoch.

Anfang der 90er Jahre folgerten Optimisten, das Ende des Ost-West-Konflikts und einiger Regionalkonflikte werde das Weltflüchtlingsproblem entschärfen. Neu aufbrechende Bürgerkriege in Afrika und auf dem Balkan bewirkten das Gegenteil. Flüchtlinge – nach den engen Kriterien des UNHCR – sind aus der Sicht des Nordens ein begrenztes und steuerbares Problem, weil sie zu etwa 90% in den Herkunftsregionen bleiben.

15 der 21 größten Zufluchtsstaaten sind arme Entwicklungsländer [vgl. Schaubild 3]. Selbst wenn ihnen die internationale Flüchtlingshilfe einen Teil der Bürde abnimmt, schaffen die meistens auf engstem Raum konzentrierten Flüchtlingslager viele Probleme: Gefährdung der Sicherheit, wenn sich in den Lagern Guerillagruppen organisieren; Überbeanspruchung der Infrastruktur, der Wasserreserven und Waldbestände; Unmut der Einheimischen, z. B. wenn die Preise steigen oder Flüchtlinge als Lohnbrecher eingesetzt werden.

Der UNHCR schätzte die weltweite Zahl der Flüchtlinge Mitte 1994 auf rund 24 Millionen, wobei sich diese Zahl vor allem durch das Geschehen in und um Ruanda und Bosnien-Herzegowina ständig veränderte. Sie schließt nicht die mindestens ebenso große Zahl von Binnenflüchtlingen ein, die sich zwar in einer »flüchtlingsähnlichen Situation« befinden, aber keine Staatsgrenzen über-

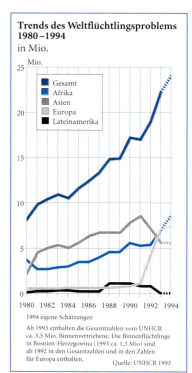

Schaubild 2

schritten haben [vgl. Tabelle 1]. Beiden Gruppen ist gemein, daß die Mehrheit aus Frauen und Kindern besteht. Geht man von UNHCR-Zahlen aus, dann waren 1994 weltweit mindestens dreimal so viele legale und irreguläre Migranten auf der Suche nach besseren Lebensperspektiven in anderen Ländern, Regionen und Kontinenten unterwegs.

Ursachen von Migration

Legale und irreguläre Migration hat einander verstärkende strukturelle Ursachen:
▶ Sie ist **erstens** die Folge einer globalen Beschäftigungskrise. Der Weltbevölkerungsbericht von 1993 betonte, daß nicht so sehr die Erwartung höherer Einkommen, sondern Arbeitslosigkeit die wichtigste Schubkraft für Migration bilde. Nach Schätzungen der ILO hat ungefähr eine halbe Milliarde Menschen keine geregelte Arbeit mit regelmäßigem Einkommen.
▶ Sie wird **zweitens** von wachsendem Bevölkerungsdruck angeschoben. Die hohen Geburtenraten treffen auf einen schnell voranschreitenden Marginalisierungsprozeß auf dem Lande. Bodenverknappung und Mechanisierungsprozesse vertreiben immer mehr Kleinbauern und Landarbeiter in die städtischen Ballungszentren. Heute kommen Migranten vor allem aus den Armutsmilieus der ausufernden Großstädte.

Allerdings gibt es keine schicksalhafte Automatik zwischen Bevölkerungswachstum und Migration. Auch in schnell wachsenden Gesellschaften entsteht Wanderung nur dann, wenn sie die junge Bevölkerung nicht produktiv absorbieren können. In Ost- und Südostasien zeigt sich, daß Bevölkerungs- und Migrationsdruck durch Entwicklung entschärft werden kann.

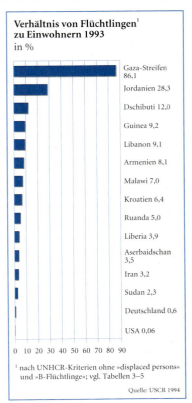

Schaubild 3

▶ Sie ist **drittens** ein Bumerangeffekt globaler und regionaler Entwicklungs- und Wohlstandsgefälle, verschärft durch Globalisierungs- und Marginalisierungsprozesse. Armut ist ein Schubfaktor. Aber es wandern in der Regel nicht die Ärmsten, sondern die relativ gut ausgebildeten und mobilen Mittelschichten, die Zugang zu Informationen und Mittel für weite Reisen und Schlepperdienste haben. Der von Migrationsforschern konstruierten »Theorie des größten Gefälles« steht auch die Erfahrung gegenüber, daß es keine allein vom Wohlstandsgefälle er-

Flüchtlinge und Binnenflüchtlinge im Dezember 1993
in Tausend

Regionen/Länder	Flüchtlinge		Binnenflüchtlinge
	Herkunftsland	Zielland	
Äthiopien	232	156	500
Angola	335	11	2.000
Burundi	780	110	500
Kenia	..	332	300
Liberia	701	110	1.000
Mosambik	1.332	..	2.000
Ruanda	275[1]	370	3.000[2]
Somalia	491,2	..	700
Sudan	373	633	4.000
Südafrika	10,6	300	4.000
Tansania	..	479,5	..
Zaire	79	452	700
Afghanistan	3.429,8	35	..
Irak	134,7	39,5	1.000
Iran	39	1.995	260
Jordanien	..	1.073,6	..
Libanon	..	329	700
China	133[3]	296,9	..
Myanmar	289,5	..	500[4]
Sri Lanka	106,5	..	600
Vietnam	303,5	35	..
Armenien	200	290	..
Aserbaidschan	290	251	600
Bosnien-Herzegowina	1.332[5]	..	1.300
Georgien	143	..	250
Kroatien	..	280	350

[1] Mitte 1994: etwa 1,5 Mio.
[2] Mitte 1994: etwa 4 Mio.
[3] aus Tibet
[4] 500.000 bis 1 Mio.
[5] früheres Jugoslawien

Quellen: USCR 1994; Zahlen in ergänzenden Anmerkungen aus der UNHCR-Zeitschrift »Flüchtlinge« und (ungesicherten) Zeitungsberichten

Tabelle 1

zeugte Migrationsautomatik gibt. Wäre es anders, hätten mehr Griechen, Portugiesen oder Iren die Freizügigkeit innerhalb der EU genutzt. Menschen verhalten sich nicht wie Flüssigkeit auf einer schiefen Ebene.
▶ Sie entsteht **viertens** durch sich häufende Umweltkatastrophen. Flucht vor Dürre oder Überschwemmungen hat es auch in der Vergangenheit gegeben. Neu sind Massenabwanderungen aus den Trockenzonen Afrikas, Brasiliens und Indiens, aus Überschwemmungsgebieten Südasiens oder aus Vulkanzonen der Philippinen. Nach Berichten der Internationalen Dekade zur Vorbeugung gegen Naturkatastrophen (IDNDR) nimmt die von Menschen verursachte Katastrophenanfälligkeit und -häufigkeit rapide zu. Die Schätzungen der aktuellen Zahl der Umweltflüchtlinge weichen weit voneinander ab, weil sie nicht deutlich zwischen internen und externen Flüchtlingen unterscheiden.
▶ Sie ist **fünftens** ein Effekt der Globalisierung von Produktionsstrukturen und Marktbeziehungen. Es ist der Weltmarkt, der neben der Globalisierung der Güter- und Finanzströme auch einen Weltmarkt für Arbeit hergestellt hat. Wissenschaftler, Ingenieure und Manager zirkulieren als Beschäftigte multinationaler Unternehmen rund um den Globus. Die irregulären Arbeitsmigranten aber sind nach einem Buchtitel von Robert Cohen (1988) die »neuen Heloten« in einer neuen internationalen Arbeitsteilung. Das gilt auch für Frauen auf dem international organisierten Prostitutionsmarkt.
▶ Sie ist **sechstens** auch auf die neue Mobilität im Gefolge der Revolutionierung des Transportwesens und der globalen Vernetzung durch neue Kommunikationstechnologien zurückzuführen. Die für die Expansion der Märkte notwendige Bedürfnismanipulation erzeugt nicht nur gewollte Konsumanreize, sondern auch ungewollte Migrationsanreize. Die internationale Kommunikation fördert Migration, weil sie die soziale Ungleichheit in der Welt ins Bild setzt und damit die Sogfaktoren verstärkt.

Migration ist also Begleiterscheinung einer zusammenwachsenden Weltgesellschaft. Verdichtungsorte dieser Globalisierung sind die »global cities«. Sie sind die Arenen der Multikulturalität, soziokultureller Integrations- und Segmentierungsprozesse, häufig Schauplätze ethnischer Konflikte, aber auch Kontaktpunkte zwischen Kulturen und Religionen.

Für Marktwirtschaftler ist die internationale Migration nicht nur normale, sondern sogar wünschenswerte Mobilität des Produktionsfaktors Arbeit. Für sie treffen Arbeitsmigranten eine rationale Entscheidung und folgen lediglich einem Prinzip der kapitalistischen Wirtschaftsordnung: daß die Arbeitskräfte dorthin wandern, wo es Arbeit gibt. Allerdings können sie das Menschenrecht auf Freizügigkeit nicht beanspruchen, weil es nicht mit dem komplementären Recht auf Einwanderung gekoppelt ist. Die GATT-Regeln schließen die Freizügigkeit der Arbeit nicht ein.

Bürgerkrieg und Repression

»Flüchtling« ist ein Sammelbegriff, der sehr unterschiedliche Typen von Flüchtlingen mit je spezifischen Fluchtmotiven umfaßt. Es gibt in der Regel eine Mischung von Fluchtgründen: Kriege verbinden sich mit Hungersnöten, die manifeste Gewalt von Diktaturen mit der strukturellen Gewalt von Elend [vgl. Schaubild 4]. Aus dem Gemenge von Schubfaktoren lassen sich zwei Hauptursachen herausschälen:
▶ Brennpunkte des internationalen Fluchtgeschehens sind Kriegsgebiete; sie

lagen früher fast ausschließlich im Süden, kehrten aber nach Auflösung der Staatsverbände der UdSSR und Jugoslawiens nach Europa zurück. Die Wurzeln dieser Kriege liegen in je besonderen Hinterlassenschaften des Kolonialismus, in Integrationskrisen künstlich geschaffener Staatsgebilde in willkürlich gezogenen Staatsgrenzen, in Machtkämpfen um staatliche Pfründen, die häufig in ethnischem oder religiösem Gewande auftreten. Viele Bürgerkriege sind Spätfolgen mißlungener Nationenbildung und Folgen von Verteilungskonflikten, die wiederum ethnische Konflikte verschärfen.

Zur Brutalisierung der Kriege tragen Waffenlieferungen aus dem Westen und Osten bei.

▶ Trotz der Anfang der 90er Jahre in vielen Ländern erfolgreichen Demokratiebewegung wird nach Berichten von Menschenrechtsorganisationen weiterhin in vielen Staaten gefoltert – auch in vordergründig demokratischen Staaten, die auch von deutschen Ausländerbehörden und Gerichten als »verfolgungsfrei« erklärt wurden. Opfer von Verfolgung sind häufig Angehörige ethnischer oder religiöser Minderheiten. Aber im Unterschied zu den 80er Jahren hat politische

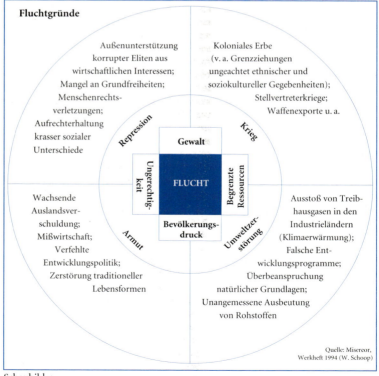

Schaubild 4

Repression in den 90ern keine fluchtverursachende Hauptbedeutung mehr [vgl. Kapitel *Menschenrechte*].

Ziele und Formen internationaler Migration

Während Flüchtlinge größtenteils in den Herkunftsregionen bleiben, streben Arbeitsmigranten dorthin, wo sie sich Arbeit erhoffen. Sie nutzen dabei Netzwerke von Freunden und Verwandten oder Schlepperorganisationen, die Migranten oft für viel Geld über Grenzen und Kontinente schleusen.

Diese Form der »organisierten Migration« verbindet sich häufig mit organisierter Kriminalität. Internationale Gangsterkartelle handeln Frauen als Hausangestellte und Prostituierte oder Kinder im Adoptionsgeschäft. Migration ist wie der Drogenhandel zum internationalen Geschäft geworden. Diese Komponente von Illegalität erzeugt eine pauschale »Mißbrauchsvermutung« und baut eine Solidaritätsbarriere gegen Migranten auf.

Es gibt intra- und interkontinentale Wanderungsbewegungen zu den Wohlstandsinseln. Zielregionen sind vor allem die westlichen Industrieländer, aber auch die bevölkerungsarmen Golfstaaten, die ost- und südostasiatische Wachstumsregion, Südafrika, die Küstenregionen Westafrikas und die Grenzregionen zwischen Ländern mit unterschiedlichem Entwicklungs- und Einkommensniveau. Grenzregionen sind fast überall Migrationsräume.

Die Zielländer werden nach folgenden Kriterien ausgewählt:
▶ der geographischen Nähe von Herkunfts- und Zielland;
▶ dem Vorhandensein familiärer Migrationsketten und anderer kommunikativer Vernetzungsformen;
▶ ethnischen und sprachlichen Verbindungen und Affinitäten;
▶ den rechtlichen und sozialen Aufenthaltsbedingungen im Zielland.

Flüchtlinge vor Kriegen und Gewalt, mehrheitlich Frauen und Kinder, haben selten die Wahl: Sie fliehen über die nächstliegende Grenze und stranden häufig in Ländern, die allenfalls Schutz und – mit internationaler Hilfe – notdürftige Versorgung anbieten.

Gewinn und Verlust

Volkswirtschaftliche Kosten- und Nutzenrechnungen ergeben einerseits für Zielländer einen Gewinn, für Herkunftsländer einen Verlust an Humankapital (»brain drain«), den Überweisungen von Arbeitseinkommen nur teilweise ausgleichen. Andererseits ist für viele Länder (wie die Türkei, Ägypten, Jemen, Philippinen, Kap Verde, Lesotho u. a.) der staatlich geförderte Export von Arbeitskräften zur wichtigen Devisenquelle und zum sozialen Ventil geworden. Diese Gewinnerwartung kann Exportländer von Arbeitskräften dazu verführen, sich nicht um die Verbesserung der Bleibemöglichkeiten zu kümmern.

Nach Daten des IWF überweisen Arbeitsmigranten jährlich etwa 70 Mrd. US-$ in ihre Heimatländer. So wird geschätzt, daß etwa 60 % der Familien im Großraum Manila ganz oder teilweise von Überweisungen der Familienmitglieder leben. Insgesamt übersteigen die Transferleistungen der Migranten bei weitem die Leistungen der Entwicklungszusammenarbeit.

Regionale Trends

Europa: Vom Aus- zum Einwanderungskontinent

Zwischen 1820 und 1930 haben etwa 40 Millionen Menschen aus vorwiegend wirtschaftlichen Gründen Europa verlassen, das mit dem Ventil der Auswanderung ein gut Teil seiner sozialen Probleme nach Übersee exportierte. Nach dem Zweiten Weltkrieg wurden die Staaten Westeuropas mit dem »Wirtschaftswunder« zum Einwanderungsmagneten, obwohl sie keine Einwanderungsländer sein oder werden wollten. Bis Mitte der 70er Jahre waren sie das Ziel von insgesamt 15 Millionen Arbeitsmigranten aus Süd- und Südosteuropa, deren Zuwanderung gewollt und organisiert war und erheblich zur Wohlstandsmehrung beitrug. Seit 1985 schwankte die Zahl der Zuwanderer, nun vor allem im Wege der Familienzusammenführung, im jährlichen Durchschnitt um 800.000. Anfang der 90er Jahre lebten in Westeuropa etwa 21 Millionen Einwanderer; davon kamen über 8 Millionen aus Drittstaaten außerhalb der EU (damals EG), vor allem aus Nordafrika, der Türkei und Jugoslawien.

Süd-Nord-Migration

Seit Mitte der 70er Jahre war Westeuropa verstärkt mit einer neuen und ungewollten Form der Migration konfrontiert: der Zuwanderung von Asylsuchenden und illegalen Einwanderern [vgl. Tabelle 2 und Schaubild 5].

Die Zahl der Asylsuchenden erhöhte sich europaweit von nur 13.000 im Jahre 1973 auf über 600.000 im Jahre 1992. Zielländer waren vorwiegend die nordwestlichen EU-Staaten, vor allem Deutschland. Aber auch die »klassischen« Auswanderungsländer in Südeuropa wurden nun zu Einwanderungsländern, teilweise auch durch Rückwanderung ehemaliger Emigranten oder Diaspora-Minderheiten.

Während Deutschland, Österreich und die Schweiz vorwiegend Zielländer der neuen Ost-West-Migration waren, wurden Frankreich, Großbritannien, Holland und Belgien von ihrer Kolonialgeschichte eingeholt: Hier überwog der Anteil von Zuwanderern aus Afrika und Asien. Auch Italien, Spanien und Portugal hatten es vor allem mit illegaler Zuwanderung aus Afrika zu tun, Spanien zudem mit Rückwanderung aus Lateinamerika.

In Deutschland, auf das sich 1992 rund 80 % aller Asylsuchenden in der EU kon-

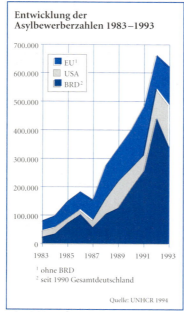

Schaubild 5

Asylsuchende in Europa 1980-1993
in Tausend

Land	1980	1984	1986	1988	1990	1992	1993
Belgien	2,7	3,7	7,6	4,5	13,0	17,6	26,9
Dänemark	0,2	4,3	9,3	4,7	5,3	13,9	14,3
Deutschland	107,8	35,3	99,7	103,1	193,1	438,0	322,8
Finnland	..	..	0,1	0,1	2,7	3,6	2,0
Frankreich	18,8	21,6	26,2	34,3	54,8	28,9	27,6
Griechenland	..	0,8	4,3	9,3	4,1	2,0	0,9
Großbritannien	9,9	4,2	5,7	5,7	38,2	24,5	22,4
Italien	..	4,6	6,5	1,4	3,6	2,6	1,5
Niederlande	1,3	2,6	5,9	7,5	21,2	17,1	35,4
Norwegen	0,1	0,3	2,7	6,6	4,0	5,2	12,9
Österreich	9,3	7,2	8,6	15,8	22,8	16,2	>4,7
Portugal	1,6	0,2	0,1	0,3	0,1	0,6	2,1
Spanien	..	1,1	2,8	4,5	8,6	11,7	13,8
Schweden	..	12,0	14,6	19,6	29,4	83,2	37,6
Schweiz	6,1	7,4	8,5	16,7	35,8	18,1	24,7

Quellen: OECD (SOPEMI) 1992/93; UNHCR-Regionalbüro Europa 1994

Tabelle 2

zentriert hatten, verringerte sich nach dem Inkrafttreten des neuen Grundgesetz-Artikels 16a am 1. Juli 1993 der Zustrom von Asylsuchenden erheblich [vgl. Schaubilder 6 und 7]. Mit dem Schengen-Abkommen versuchten die europäischen Vertragsstaaten, die Weiterwanderung abgelehnter Asylbewerber und illegaler Einwanderer nach Öffnung der Binnengrenzen der EU zu unterbinden.

Ost-West-Migration

Bei der Ost-West-Migration spielt das vereinte Deutschland eine zentrale Rolle: erstens war es aufgrund des Zuwanderungsprivilegs nach Art. 116 GG das alleinige westliche Zielland der bisher etwa drei Millionen deutschstämmigen Aussiedler; zweitens ist es – zusammen mit Österreich – für Osteuropa das erste Zielland auf dem Weg in den »gelobten Westen«.

Neben den Aussiedlern, deren Zuwanderung im Jahr 1990 mit 397.073 Menschen den Höhepunkt erreicht hatte und sich in den folgenden Jahren bei 230.000 einpendelte, stieg die Zahl der Asylbewerber aus Südosteuropa (Jugoslawien, Rumänien, Bulgarien und Türkei) seit 1988 sprunghaft an. Aus diesen vier Ländern kamen 1992 fast zwei Drittel der 438.191 registrierten Asylbewerber. Diese Zahl wuchs allerdings auch deshalb so stark, weil die Bürgerkriegsflüchtlinge aus den Kriegsgebieten des Balkans mangels anderer Zugangstore in das Asylverfahren gezwungen wurden.

Bemerkenswert ist, daß der befürchtete Massenexodus aus Polen nach Aufhebung der Visumpflicht ausblieb. Statt dessen nutzten viele Polen die Einreiseerlaubnis zu illegaler Arbeit oder zu Geschäften auf den »Polenmärkten«. Sprunghaft gestiegen ist auch der von Gangsterkartellen organisierte Frauenhandel. Die »neue Völkerwanderung« aus dem Osten hat nicht stattgefunden.

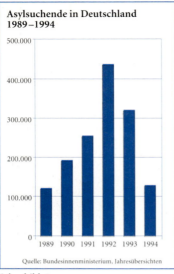

Asylsuchende in Deutschland 1989–1994

Quelle: Bundesinnenministerium, Jahresübersichten

Schaubild 6

Flucht aus zerfallenden Vielvölkerstaaten

Der Bürgerkrieg und die »ethnischen Säuberungen« im ehemaligen Jugoslawien haben mindestens drei Millionen Menschen zu Flüchtlingen und »entwurzelten Personen« gemacht. Darunter befanden sich 650.000 Kinder. Bis Ende 1993 hatte nach Schätzungen des UNHCR rund eine dreiviertel Million Kriegsflüchtlinge im Ausland Bleiberecht erhalten, davon etwa 350.000 in Deutschland. Die Kämpfe an wechselnden Brennpunkten vertrieben je nach Kriegslage mal Serben, mal Kroaten, mal Moslems aus ihren angestammten Siedlungsgebieten.

Die Vertreibung ethnischer Minderheiten in Kaukasien und Zentralasien schuf ein von der Weltöffentlichkeit kaum beachtetes Flüchtlingsproblem in der GUS-Region, löste aber keinen Marsch gen Westen aus. Der UNHCR registrierte Ende 1993 rund 950.000 Flüchtlinge aus Aserbaidschan, 520.000 aus Tadschikistan, 417.000 aus Armenien und 260.000 aus Georgien. Diese Zahlen enthalten nicht die Hunderttausende von Russen, die von Stalin zur Russifizierung der sowjetischen Randrepubliken gezwungen worden waren, nun als ehemalige Kolonialherren unerwünscht sind und in ein Land mit großen Absorptionsproblemen zurückkehren. Ihre Zahl wird auf rund 25 Millionen geschätzt.

Im Dezember 1994/Januar 1995 entvölkerte die Intervention russischer Truppen in Tschetschenien die Hauptstadtregion von Grosny, vertrieb etwa 200.000 Einwohner in die Nachbarrepubliken Inguschien und Dagestan und machte etwa eine viertel Million Tschetschenen zu Binnenflüchtlingen. Anfang 1995 war etwa jeder dritte Bewohner von Inguschien ein Flüchtling, weil sich hier auch etwa 60.000 Flüchtlinge aus Nordossetien aufhielten. Der Krieg in Tschetschenien schuf in Kaukasien einen neuen Konfliktherd, der auf die anderen kaukasischen – und ebenfalls mehrheitlich islamischen – Teilrepubliken der Russischen Föderation übergreifen könnte.

Prognosen leiteten aus dem Wohlstandsgefälle zwischen Ost- und Westeuropa einen wachsenden Migrationsdruck ab, der sich bei verschärften Wirtschafts- und Sozialkrisen und vermehrten kriegerischen Konflikten noch verstärken könnte. Selbst wenn das geschehen sollte, stoßen die Migrationswilligen im Westen auf strikte Zuwanderungskontrollen. Deutschland hat seit Mitte 1993 durch Rücknahmeverträge mit den östlichen Nachbarn einen »cordon sanitaire« gegen unerwünschte Zuwanderer aufgebaut und den Grenztruppen von Polen, der Tschechischen Republik und Ungarn mit finanzieller Unterstützung eine Art von »Vorwärtsverteidigung« der EU übertragen.

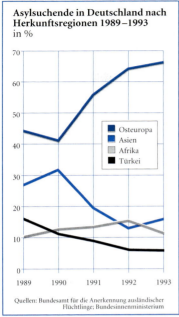

Schaubild 7

Brennpunkt Afrika

Auf dem sprichwörtlichen »Krisen- und Katastrophenkontinent« Afrika kumulieren die Schubfaktoren für Migration. Die Zahl der grenzüberschreitenden Migranten im subsaharischen Afrika wird auf etwa 35 Millionen und damit auf mehr als ein Drittel aller Migranten der Welt geschätzt, obwohl in der Region nur etwa ein Zehntel der Weltbevölkerung lebt. Der Großteil dieser Migration findet innerhalb des Kontinents statt [vgl. Schaubild 8]. Aber einige afrikanische Länder gehören auch zu den Hauptherkunftsländern von Asylsuchenden in der EU.

Fast alle afrikanischen Länder sind in das miteinander verwobene Migrations- und Fluchtgeschehen einbezogen. Überall vermengen sich Fluchtbewegungen, die durch Kriege und Repression verursacht werden, mit internen und grenzüberschreitenden Wanderungen auf der Suche nach Überlebenschancen. Die Zahlen von 1993 [vgl. Tabelle 1] hatten schon im Laufe des Jahres 1994 nur noch begrenzt Gültigkeit, weil neue Bürgerkriege (wie in Angola und Ruanda) neue Fluchtbewegungen auslösten oder Flüchtlinge zurückkehren konnten [vgl. Tabelle 6].

Hauptursache von Fluchtbewegungen blieben Bürgerkriege. Die Hoffnung, mit dem Ende des Ost-West-Konflikts würden auch »Stellvertreterkriege« enden, hat sich zwar in Namibia, Äthiopien und Mosambik erfüllt. Gleichzeitig aber haben sich andere Konflikte verschärft (wie im Sudan und in Angola) oder sind neu entbrannt (in Somalia, Ruanda, Burundi, Sierra Leone und Togo). Die selektive Medienberichterstattung (der sogenannte »CNN-Faktor«) sorgte dafür, daß zwar kurzzeitig über die »Hölle von Goma«, aber nur selten über das kaum weniger grausame Geschehen in Angola oder im Sudan berichtet wurde.

Die Situation in Somalia blieb nach dem Abzug der UN-Blauhelme labil und schließt keineswegs neue Machtkämpfe zwischen rivalisierenden Clans und Warlords und damit neue Fluchtwellen aus. Somalia zeigt auch, daß militärische Interventionen die eigentlichen Konfliktursachen nicht beseitigen können. Die Kämpfe haben einerseits somalische Flüchtlinge in die Nachbarländer getrieben, andererseits die Rückkehr einer halben Million äthiopischer Flüchtlinge beschleunigt. Das »Horn von Afrika« bleibt auch nach Beendigung des Bürgerkriegs in Äthiopien eine Krisenregion. Der neue Staat Eritrea steht vor der schweren Aufgabe, zurückgekehrten Flüchtlingen eine Lebensgrundlage zu schaffen.

Weltgesellschaft

Neben mindestens 7 Millionen Kriegsflüchtlingen sind im subsaharischen Afrika 20–25 Millionen Arbeitsmigranten unterwegs. In allen Grenzregionen gibt es ein reges Hin und Her über die von den früheren Kolonialmächten willkürlich gezogenen Grenzen hinweg, häufig innerhalb verwandter Ethnien. In Westafrika sind die Küstenstaaten Zielländer von Migranten aus dem Sahelraum, wo Migration ein traditionelles Mittel der Subsistenzsicherung ist.

In Südafrika drängen nun Millionen von Schwarzen, die der Apartheid-Staat in die Homelands abgeschoben hatte, nach der Entwaldung und Übernutzung

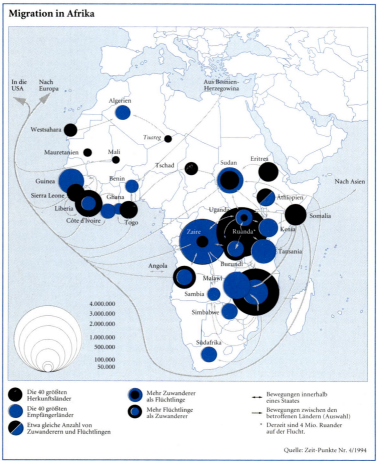

Schaubild 8

Die Fluchttragödie in und um Ruanda

Die Geschichte des Kleinstaates Ruanda war von Anfang an von Spannungen zwischen Tutsi-Minderheit und Hutu-Mehrheit, von Pogromen und Vertreibungen begleitet. Der Ende 1992/Anfang 1993 ausgebrochene Bürgerkrieg hatte nach Angaben des Roten Kreuzes etwa 1 Million Menschen aus ihren Siedlungs- und Wohngebieten vertrieben, teilweise auch über die Grenzen nach Uganda, Tansania und Zaire. Kaum war dieser Konflikt vorübergehend entschärft, entbrannte im Nachbarstaat Burundi ein Bürgerkrieg, der etwa 700.000 Menschen in die Nachbarländer vertrieb, davon 300.000 in das übervölkerte Ruanda.

Hier ereignete sich im Sommer 1994 eine Fluchttragödie apokalyptischen Ausmaßes. Die Vorgeschichte dieser Gewalteruption reicht bis in die vorkoloniale Geschichte zurück. Ihre eigentliche Wurzel aber liegt in wachsender Landnot durch hohes Bevölkerungswachstum, in der Konkurrenz um Arbeitsplätze und im Kampf rivalisierender Cliquen um Macht und Pfründen. Dieser Machtkampf wurde durch rassistische Scharfmacher »tribalisiert«.

Nachdem das Regime von Präsident Habyarimana das Friedensabkommen vom August 1993 mit der aus Uganda vorrückenden und mehrheitlich aus Tutsi rekrutierten »Patriotischen Front von Ruanda« (FPR) nicht eingehalten hatte, löste der Abschuß des Präsidentenflugzeugs im April 1994 eine Orgie von Gewalt aus. Sie kostete mindestens eine halbe Million Menschen, vorwiegend Tutsi, das Leben. Mehr als die Hälfte der gesamten Bevölkerung wurde aus ihren Siedlungsgebieten vertrieben. Etwa 1,5 Millionen Hutu flüchteten sich in die von französischen Truppen errichtete Schutzzone im Südwesten, etwa 1,2 Millionen in Lager um die zairischen Grenzstädte Goma und Bukavu und etwa eine viertel Million in grenznahe Lager in Tansania; 390.000 Flüchtlinge aus Burundi kehrten dorthin zurück.

Alle diese Zahlen sind grobe Schätzungen. Die von den Ereignissen traumatisierten und in den Lagern von Hutu-Milizen terrorisierten Flüchtlinge, von denen viele an Erschöpfung, Wassermangel, Cholera und Ruhr starben, folgten nur zögernd den Appellen der neuen Regierung und der internationalen Hilfsorganisationen, nach Ruanda zurückzukehren. Was sich in und um Ruanda abspielte, könnte sich im benachbarten Burundi mit ähnlichen wirtschaftlichen und politischen Strukturproblemen ebenfalls abspielen.

---

der größtenteils unfruchtbaren Böden in die Slums der Großstädte und verdichten dort das explosive Gemisch von Elend und Gewalt. Allein im südlichen Afrika sind etwa 10 Millionen Arbeitsmigranten, Flüchtlinge oder durch die Bürgerkriege in Angola und Mosambik »entwurzelte Personen« unterwegs [vgl. Tabelle 3 und Schaubild 8].

Es gibt allerdings auch Hoffnungsschimmer. Millionen von Flüchtlingen konnten nach Friedensregelungen mit Hilfe des UNHCR in ihre Heimatländer zurückkehren: u. a. nach Äthiopien, Eritrea, Liberia und Mosambik [vgl. Tabelle 7]. 1994 organisierte der UNHCR für 700.000 liberianische und 1,5 Millionen mosambikanische Flüchtlinge Rückkehrprogramme. Mit dem Friedensabkommen zwischen Regierung und UNITA im November 1994 könnte auch der Bürgerkrieg in Angola beendet werden, der täglich bis zu 1.000 Menschenleben forderte, ganze Regionen entvölkerte und Millionen zu Flüchtlingen im eigenen Land und in den Nachbarländern machte.

Flüchtlinge in Afrika – Schwerpunktländer im Dezember 1993

Zielland	Flüchtlinge	Zielland	Flüchtlinge
Äthiopien	156.000	Malawi	700.000
davon aus Somalia	100.000	davon aus Mosambik	700.000
Sudan	43.000	Ruanda	370.000
		davon aus Burundi	370.000
Algerien	121.000	Südafrika	300.000
davon aus Westsahara	80.000	davon aus Mosambik	300.000
Benin	120.000	Sudan	633.000
davon aus Togo	120.000	davon aus Eritrea	420.000
		Äthiopien	200.000
Burundi	110.000	Tansania	479.500[1]
davon aus Ruanda	85.000	davon aus Burundi	350.000
		Mosambik	60.000
Dschibuti	60.000	Ruanda	50.000[1]
davon aus Somalia	40.000	Uganda	257.000
Äthiopien	20.000	davon aus Sudan	150.000
		Ruanda	90.000[3]
Côte d'Ivoire	250.000	Zaire	452.000[2]
davon aus Liberia	250.000	davon aus Angola	200.000
		Sudan	120.000
Ghana	133.000	Burundi	60.000
davon aus Togo	120.000	Ruanda	50.000[2]
Guinea	570.000	Sambia	158.500
davon aus Liberia	420.000	davon aus Angola	120.000
Sierra Leone	150.000	Simbabwe	200.000
Kenia	332.000	davon aus Mosambik	200.000
davon aus Somalia	280.000		
Sudan	37.000		

[1] Sommer 1994: weitere 250.000 aus Ruanda
[2] Sommer 1994: etwa 1 weitere Million aus Ruanda
[3] +120.000 Bürgerkriegsflüchtlinge

Quelle: USCR 1994

Tabelle 3

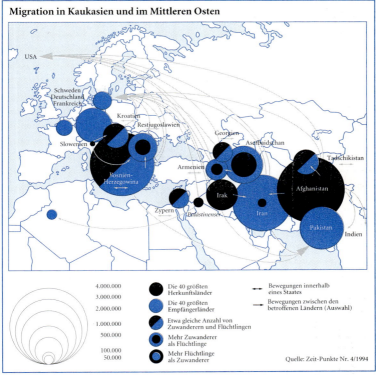

Schaubild 9

Migrationsdruck aus dem Maghreb: »Feindbild Islam«

Französische Migrationsforscher schätzen das Migrationspotential im Maghreb in den nächsten Jahrzehnten auf 30 Millionen, sollten die Maghreb-Länder den Schulabgängern nicht bessere Berufs- und Lebensperspektiven bieten können. Von diesem Migrationsdruck fühlt sich vor allem Frankreich bedroht, das auch ein Überschwappen des islamischen Fundamentalismus auf die bereits im Lande lebenden 2,5 Millionen Moslems befürchtet. Seine immer rigoroseren Abwehrmaßnahmen verbreiteten wiederum in Spanien die Angst, vom Durchgangs- zum Zielland afrikanischer »Illegaler« zu werden.

Auf der anderen Seite des Mittelmeers wurde Marokko zum Stauraum für aus Subsahara-Afrika nachdrängende Migranten. Die fortwährende Besetzung der Westsahara durch Marokko machte den Großteil der Saharauis weiterhin zu Flüchtlingen in Algerien. Auch hier ist es den UN nicht gelungen, einem Volk das Heimat- und Selbstbestimmungsrecht zu verschaffen.

Die Migration aus dem islamischen Maghreb erhält durch die Verquickung mit dem »Feindbild Islam« in der Wahrnehmung Europas eine besondere Brisanz. Die zunehmende Militanz fundamentalistischer Gruppen, die ihre Schubkraft aus sozialen Krisen und Frustrationen beziehen, erzeugt zusätzliche Unsicherheit und damit Schubfaktoren für Migration. Im November 1994 veranstaltete die NATO in Spanien ein großes Manöver, bei dem ein angenommener Massenexodus aus Algerien die »Lage« bildete.

Nah- und Mittelost: Magnet und Fluchtregion

Zur Geschichte des Unfriedens im Nahen Osten gehört das »Palästinenserproblem«: die Fluchtgeschichte eines ganzen Volkes. Sie erreichte im Sommer 1994 durch Vereinbarungen zwischen Israel und der PLO und den Friedensvertrag zwischen Israel und Jordanien einen historischen Wendepunkt. Die Flüchtlinge könnten bald Bürger autonomer Gebiete werden und damit ihren Flüchtlingsstatus verlieren. Diese Gebiete sind allerdings schon so dicht besiedelt und so arm, daß sie andere Flüchtlinge, die im Libanon, in Syrien und Jordanien zum Teil noch in Lagern leben, nicht aufnehmen können. Sie werden weiterhin auf die Hilfe der UN-Relief and Works Agency for Palestinian Refugees (UNRWA) angewiesen sein, zumal die von der Staatengemeinschaft zugesagte Aufbauhilfe auf sich warten läßt [vgl. Tabelle 4].

Die Region ist seit der Ölpreisexplosion von 1973 auch ein Magnet für die inner- und interregionale Arbeitsmigration. In den bevölkerungsarmen Golfstaaten verrichten etwa sieben Millionen Kontraktarbeiter aus der Region (Ägypten, Jemen, Sudan, Jordanien) sowie aus Süd- und Südostasien als gut bezahlte, aber rechtlose Heloten alle manuellen Arbeiten. Jahr für Jahr migrieren etwa 700.000 Arbeitskräfte, zu einem Drittel Frauen, aus Asien in die Golfregion und ersetzen Rückkehrer nach Ablauf der Arbeitskontrakte. Kuwait, Katar und die Vereinigten Arabischen Emirate haben sich längst in Immigrantengesellschaften verwandelt, in denen der Anteil der Gastarbeiter bis zu 90 % der Erwerbstätigen erreicht. Die Überweisungen der Migranten an ihre Familien werden auf etwa 12 Mrd. US-$ pro Jahr geschätzt.

Der Iran hat mehr Flüchtlinge aufgenommen als jedes westliche Industrieland, weil er von Staaten umgeben ist, in denen Bürgerkriege geführt oder Minderheiten verfolgt werden. Zugleich ist der fundamentalistische »Gottesstaat« Herkunftsland Hunderttausender von Flüchtlingen aus politischen oder religiösen Gründen, darunter vielen Frauen. Die mit Resolution 688 des UN-Sicherheitsrates eingerichtete Sicherheitszone gewährte zwar den im Norden des Irak lebenden Kurden Schutz vor dem Terror des Hussein-Regimes, aber im Süden trieb die irakische Armee weiterhin Schiiten in die Sümpfe im Grenzgebiet zum Iran.

Der fortdauernde Bürgerkrieg in Afghanistan verzögerte die vom UNHCR organisierte Rückkehr der rund fünf Millionen afghanischen Flüchtlinge aus den Grenzregionen des Iran und aus Pakistan in das weithin zerstörte und verminte Land. 1994 erzeugten Kämpfe zwischen rivalisierenden Gruppen um die Macht in Kabul erneut Fluchtbewegungen aus der Hauptstadt auf das Land und in die Nachbarländer. Ende 1993 hielten sich noch 1,9 Millionen afghanische Flüchtlinge im Iran und ebenso viele in Pakistan auf. Dieser nach dem Rückzug der Roten Armee von der internationalen Publizistik verdrängte Krieg droht das Land zu »libanisieren« und ein dauerhaftes Flüchtlingsproblem zu schaffen.

Flüchtlinge im Nahen Osten im Dezember 1993

Zielland	Flüchtlinge	Zielland	Flüchtlinge
Ägypten	100.000[1]	Libanon	320.000
davon aus Palästina	100.000[1]		125.000[1]
		davon aus Palästina	328.000
Gaza-Streifen	603.000	Palästina	125.000[1]
davon aus Palästina	603.000	Saudi-Arabien	25.000
Irak	39.500		150.000[1]
	130.000[1]	davon aus Irak	25.000
davon aus Iran	38.500	Somalia	150.000[1]
Kuwait	130.000[1]	Syrien	319.200
Iran	1.995.000		40.000[1]
	500.000[1]	davon aus Palästina	314.000
davon aus Afghanistan	1.900.000	Palästina	40.000[1]
Irak	500.000[1]	Westbank	479.000
Jordanien	1.073.600	davon aus Palästina	479.000
	750.000[1]	Jemen	60.500
davon aus Palästina	1.073.000	davon aus Somalia	57.000
Palästina	750.000[1]		

[1] in »flüchtlingsähnlicher Situation«

Quelle: USCR 1994

Tabelle 4

Armuts- und Konfliktregion Südasien

Südasien mit seinen bevölkerungsreichen Gesellschaften und knapper werdenden Ressourcen (Boden und Wasser) ist Herkunftsregion von Millionen Arbeitsmigranten, die größtenteils zum Golf wandern, aber auch Migrationsnetze nach Großbritannien, Südostasien und Ozeanien zu nutzen suchen, die im Rahmen des britischen Kolonialreichs entstanden waren. Hypotheken kolonialer Grenzziehungen und Staatenbildungen verursachen zudem Konflikte und Fluchtbewegungen [vgl. Tabelle 5]. Der Streit zwischen Indien und Pakistan um das Grenzgebiet von **Kaschmir**, der zwei Grenzkriege ausgelöst hatte, verwehrt den eingesessenen Kaschmiri ein gesichertes Heimatrecht.

Auf **Sri Lanka** konnte auch die militärische Intervention der regionalen Großmacht Indien den verlustreichen Konflikt zwischen der singhalesischen Mehrheit und der tamilischen Minderheit, der seit vielen Jahren Asylsuchende auch nach Europa verschlug, nicht lösen. Der im Januar 1995 geschlossene Waffenstillstand hat nur kurzfristigen Bestand.

Bangladesch, eins der am dichtesten bevölkerten Länder der Erde, hat kaum noch Landreserven und wird zudem häufig von Flutkatastrophen heimgesucht. Einem Drittel des Landes droht mit dem steigenden Meeresspiegel die Überflutung. Das Land versucht seit Jahren,

Flüchtlinge in Südasien im Dezember 1993			
Zielland	Flüchtlinge	Zielland	Flüchtlinge
Bangladesch	199.000	davon aus Afghanistan	24.400
	238.000[1]	Bhutan	20.000
davon aus Myanmar	198.000	Nepal	99.100
Pakistan	238.000[1]	davon aus Bhutan	85.100
Indien	325.000	Pakistan	1.482.300
davon aus China (Tibet)	119.000		400.000[1]
Sri Lanka	106.400	davon aus Afghanistan	1.482.300
Bangladesch	53.500	Afghanistan	400.000[1]
[1] in »flüchtlingsähnlicher Situation«			
Quelle: USCR 1994			

Tabelle 5

seine Wirtschafts- und Sozialprobleme zu lindern, indem es Auswanderung in die Golfstaaten und nach Ost- und Südostasien fördert. Gleichzeitig mußte es etwa 200.000 muslimische Flüchtlinge aufnehmen, die das Militärregime von Myanmar vertrieben hatte.

Hoffnungsregion Südostasien

Südostasien war Ende der 70er und Anfang der 80er Jahre Schauplatz einer dramatischen Massenflucht aus Vietnam, Kambodscha und Laos. Etwa 1,4 Millionen Flüchtlinge aus Indochina wurden in westlichen Ländern, vorwiegend in den USA, als sogenannte Kontingentflüchtlinge aufgenommen. Anfang der 90er Jahre ergab sich für die rund 300.000 Khmer-Flüchtlinge, die in grenznahen Lagern in Thailand eingepfercht waren, die Chance zur Rückkehr in das verminte und noch immer nicht befriedete Land. Die UN organisierten eine der größten Repatriierungs- und Wiederaufbauoperationen ihrer Geschichte. **Thailand** blieb Fluchtburg für ethnische Minderheiten aus Myanmar, die seit Jahrzehnten im gebirgigen Grenzgebiet einen Guerillakrieg für ihre Autonomie führen.

Die politische Öffnung **Vietnams** und sein Versuch, im Westen Hilfe zu erhalten, hat das Regime gezwungen, in internationalen Verträgen der ungehinderten Rückkehr von Flüchtlingen zuzustimmen. Diese erzwungene Bereitschaft veranlaßte die Asylländer Hongkong, Thailand, Malaysia und Indonesien, sich der Flüchtlinge durch Zwangsrepatriierung zu entledigen. Der wirtschaftliche Boom in Vietnam erleichterte die Wiedereingliederung der Heimkehrer. Die rasche Transformation kommunistischer Regime macht das frühere Krisengebiet zur Hoffnungsregion.

Ostasien: Ziel- und Herkunftsregion

Die eng verflochtenen Regionen Ost- und Südostasien gehören seit zwei Jahrzehnten zu den dynamischen Wachstumsregionen der Weltwirtschaft. Sie verdanken ein gut Teil dieser Dynamik auch historischen Migrationsprozessen. Die

Erfolgsgeschichte der »kleinen Tiger« Taiwan, Hongkong und Singapur ist auch das Werk chinesischer Zuwanderer. Sie bilden noch heute für Handel und Investitionen wie für die Migration von Arbeitskräften funktionierende Netze, die bis nach Europa und Nordamerika reichen.

China hat zwar gute Aussichten, zur wirtschaftlichen Großmacht aufzusteigen, aber diese Entwicklung ist regional und sozial sehr ungleich verteilt. Die ungleiche Entwicklung zwischen boomenden Küstenregionen und dem stagnierenden Hinterland erzeugt Schub- und Sogkräfte für eine enorme Binnenmigration. Trotz Zuwanderungskontrollen arbeiten bereits 80–100 Millionen Migranten aus den ärmeren Regionen wie die vorrevolutionären Kulis in marginalen Bereichen der Städte im Osten und Südosten. Inzwischen sickern chinesische »Illegale« nicht nur in allen Nachbarländern ein, sondern setzen mit Booten auch nach Taiwan, Südkorea und Japan über.

Die Folge des Wirtschaftsbooms in der **ASEAN-Region** ist wachsender Bedarf an Arbeitskräften, der auch durch Migration gedeckt wird, teilweise in »geduldeter Illegalität«, die Migranten zu rechtlich ungeschützten Reservearmeen degradiert. Nach Erkenntnissen der ILO sollen sich inzwischen in Malaysia schon eine Million, in Singapur bis zu 300.000 »Illegale« aufhalten, die vor allem aus Indonesien und von den Philippinen kamen. Etwa 3,5 Millionen Filipinos und Filipinas arbeiten in rund 120 Ländern: die Männer als Bauarbeiter in den Golfstaaten oder als Seeleute auf Schiffen unter »Billigflagge«, die Frauen als Hausangestellte, Krankenschwestern oder Prostituierte.

Japan erlebte seit den 70er Jahren einen von der Mafia organisierten Import von »Unterhaltungsdamen«, seit Mitte der 80er Jahre auch die verstärkte Zuwanderung männlicher Arbeitsmigranten vorwiegend aus Südostasien, neuerdings auch aus Südasien. Außerdem wurden allein aus Brasilien etwa 150.000 Nachkommen ehemaliger Auswanderer ins Land zurückgeholt. Das Einreisekontrollgesetz von 1990 verwies genau die Migranten in die Illegalität, die am Arbeitsmarkt am meisten nachgefragt werden. Viele Zulieferfirmen der Großunternehmen, die unter schwerem Kosten- und Konkurrenzdruck stehen, und Baufirmen brauchen billige Arbeitskräfte, die die drei »San ki«-Arbeiten (die schmutzigen, gefährlichen und anstrengenden Arbeiten) verrichten. Die »geduldete Illegalität« reagiert flexibel auf den Bedarf des Arbeitsmarktes.

Wie Entwicklung das Migrationsverhalten in kurzer Zeit verändern kann, zeigt das Beispiel **Südkorea**. Hier hatte der Staat über Jahrzehnte Bauarbeiter, Bergleute, Krankenschwestern u. a. in viele Länder vermittelt. Nun braucht er diese Arbeitskräfte selbst.

Ein- und Auswanderung auf dem »fünften Kontinent«

Australien, Neuseeland und einige Inseln im Südpazifik (Fidschi, Neukaledonien, Französisch-Polynesien) sind durch Einwanderung zu dem geworden, was sie heute sind. Diese »klassischen Einwanderungsländer« auf dem »fünften Kontinent« praktizieren heute eine restriktive Einwanderungspolitik. Sie werben zwar »Kapitalflüchtlinge« an, verschließen sich aber gegenüber »Wirtschaftsflüchtlingen«. Die Fixierung auf spektakuläre Fluchtbewegungen ignoriert häufig quantitativ unbedeutende, aber mikrokosmisch durchaus dramatische Vorgänge. So sprechen Pazifikforscher schon von

einer tendenziellen Entvölkerung der
südpazifischen Inselwelt: Hier vollzieht
sich der Auszug aus einem angeblichen
»Südseeparadies«. Die Touristen kommen, aber die Insulaner zieht es dorthin,
woher die Touristen kommen.

Migration in Amerika

In **Südamerika** haben in den 60er und
70er Jahren Militärdiktaturen Hunderttausende ins Exil vertrieben, mehrheitlich
in die Nachbarländer, aber auch nach
Nordamerika und Europa. In den 80ern
haben Bürgerkriege und die Repression
von Militärdiktatoren Mittelamerika zu
einer Region von Flüchtlingen und noch
mehr Binnenflüchtlingen gemacht. Anfang der 90er Jahre hatten die Kleinstaaten immer noch mit dem Problem
der Rückführung und Reintegration der
Flüchtlinge zu tun.

Der Fluchtgrund der politischen
Verfolgung ist mit der Demokratisierung
des Subkontinents in den 80er Jahren
verschwunden. Nun aber verstärkten
Verelendungsprozesse im Gefolge der
Verschuldungskrise die wirtschaftlichen
Schubfaktoren für Wanderungsbewegungen. Sie finden nicht nur in Richtung
Norden, sondern vor allem innerhalb des
Subkontinents statt, erleichtert durch die
gemeinsame oder ähnliche Sprache. In
vielen Grenzregionen pendeln Saisonarbeiter, auch angeworben von Unternehmen und Plantagenbesitzern, um
Löhne zu drücken und die gewerkschaftliche Organisation zu erschweren. Grenzüberschreitende Migration hat die Andenstaaten mehr miteinander verbunden
als die Integrationsmechanismen des Andenpaktes. Gleichzeitig lösten Ansammlungen von Migranten in den Grenzregionen immer wieder Konflikte aus.

Das »Mexiko-Syndrom«

Was William Clark (1985) in den 80er
Jahren als »Mexiko-Syndrom« umschrieb, ist Alltag am Rio Grande, dem
Grenzfluß zwischen Mexiko und den
USA. Täglich sollen rund 1.000 »Illegale«
aus Mexiko, Mittel- und Südamerika versuchen, die neue Grenzmauer zu überwinden und die Grenzwachen zu überlisten. Viele werden, wie die Bootsflüchtlinge aus der Karibik, von Grenztruppen
oder Küstenwachen aufgegriffen und
zurückgeschickt – und versuchen wieder,
das »gelobte Land« im Norden zu erreichen und in den *Little Haitis* oder
Latin Quarters der Großstädte unterzutauchen.

Der doppelte Standard der US-Asylpolitik wurde im Verhalten gegenüber
Flüchtlingen aus **Kuba** und **Haiti** deutlich. Während kubanische Flüchtlinge bis
August 1994 problemlos Asyl erhielten,
wurden haitianische als »Wirtschaftsflüchtlinge« zurückgeschickt, obwohl sie
nicht nur einem Armenhaus, sondern
auch einer Militärdiktatur zu entfliehen
suchten. Die Militärintervention auf Haiti
hatte auch das Ziel, mit dem Sturz der
Militärdiktatur einen Fluchtgrund zu
beseitigen.

Im August 1994 setzte eine panikartige
Flucht von etwa 30.000 kubanischen Boat
people in Richtung Florida ein. Viele
kamen auf See ums Leben; die meisten
wurden von Rettungsschiffen aufgefischt
und zum US-Stützpunkt Guantanamo auf
Kuba oder in die Kanalzone von Panama
gebracht, nachdem die US-Regierung das
bisher für kubanische Flüchtlinge geltende Einwanderungsprivileg aufgehoben
hatte. Das Regime Fidel Castros unterband die zum Medienspektakel gewordene Fluchtwelle erst nach Verhandlungen mit der US-Regierung, die Kuba eine
jährliche Einwanderungsquote von
20.000 zugestand, aber nicht bereit

Einwanderungsland USA Anteile der wichtigsten Einwanderungsgruppen			
1820–1992	in Mio.	1993	
Deutsche	58	Gesamt: etwa 1 Mio.	
Iren	39	davon:	
Briten	33	Lateinamerika	
Afrikaner	24[1]	u. Karibik	44 %
Italiener	15	Asien[2]	33 %
Mexikaner	12	Naher Osten	4 %
Franzosen	10	Osteuropa	4 %
Holländer	6	Afrika	3 %
		andere	12 %

[1] größtenteils Sklaven
[2] ohne Nahen Osten

Quellen: US-Einwanderungsbehörde/
Focus 24/1994

Tabelle 6

war, durch Aufheben der Wirtschaftsblockade einen wesentlichen Grund für die Flucht aus wirtschaftlicher Not zu beseitigen.

Die Zuwanderer aus Lateinamerika haben die Südstaaten der USA und den südlichen Teil Kaliforniens zunehmend »latinisiert«. 1990 bestand die Bevölkerung New Mexicos nur noch zur Hälfte aus Weißen nichtspanischer Abstammung; in Kalifornien lebten nur noch 57 % Weiße. In Los Angeles leben mehr »Guanacos« aus El Salvador als in der Hauptstadt San Salvador. Im Herbst 1994 gab es im Staate Kalifornien eine Initiative, die darauf abzielte, »Illegalen« den Zugang zur Sozialfürsorge zu verwehren.

Die »Latinos« spielen in der Landwirtschaft, den arbeitsintensiven »alten Industrien« und den Dienstleistungsbereichen eine wichtige Rolle als billige Arbeitskräfte. Ohne Zuwanderer aus Lateinamerika und Asien wären Gesundheitswesen und Altenpflege nicht mehr funktionsfähig. Und ohne ihre Dollar-Überweisungen, die die Entwicklungstransfers der USA bei weitem übersteigen, könnten Millionen von Familien in den Herkunftsländern die täglichen Überlebensprobleme noch schwerer bewältigen.

Perspektiven und Optionen

Die künftige Entwicklung der weltweiten Wanderungsbewegungen kann allenfalls erahnt, aber nicht prognostiziert werden. Ereignisse und Entwicklungen, die Migration auslösen, wie Kriege oder Umweltkatastrophen, lassen keine gesicherten Prognosen zu. Die Schubfaktoren für Flucht und Migration lassen befürchten, daß der Kranz von Flüchtlingslagern auch in Zukunft zum Erscheinungsbild von Grenzgebieten in konfliktreichen Weltregionen gehören wird und Arbeitsuchende rund um den Globus auf »reguläre« und »irreguläre« Weise unterwegs sein werden. Der *Human Development Report 1993* des UNDP gebrauchte das zutreffende Bild: Die globale Armut geht auf Reisen, ohne Paß und nicht auf Wegen, die Staaten für das »reguläre« Reisen vorschreiben.

Die Steuerung der Arbeitsmigration mittels arbeits- und ausländerrechtlicher Instrumente ist schwieriger geworden, seit Arbeitsmigranten zunehmend »irreguläre« Zugänge zu den Zielländern ausschöpften oder die juristische Hintertür des Asylrechts zu nutzen versuchten. Das prinzipiell politisch Verfolgten vorbehaltene Asylrecht ist damit unter Legitimationsdruck geraten.

Die kurative Flüchtlingshilfe des UNHCR

Die Industrieländer versuchten weiterhin erfolgreich, das Weltflüchtlingsproblem zu regionalisieren, das heißt, die wachsende Zahl von Kriegsflüchtlingen durch internationale Flüchtlingshilfe in den Herkunftsregionen zu halten. Ihr wichtigstes Instrument blieb der UNHCR, der auch die Flüchtlingshilfe anderer UN-Organisationen, der Staaten und privater Hilfsorganisationen zu koordinieren sucht. Er kann aber mit seinen Hilfsmaßnahmen erst dann tätig werden, wenn die Konfliktvermeidung versagt hat und die Flüchtlinge bereits unterwegs sind.

Der UNHCR war in den Jahren 1993/94 durch die Vermehrung der Einsatzorte zunehmend überfordert und gleichzeitig mit Konfliktsituationen konfrontiert, auf die er nicht vorbereitet war: Er ist hilflos, wenn in Kriegszonen, die der UN-Sicherheitsrat zu Schutzzonen erklärt hat, auch UN-Blauhelme seine Hilfsaktionen nicht vor Behinderungen oder Angriffen einer der Konfliktparteien schützen können. Dies geschah in Bosnien-Herzegowina, in Somalia und im Sudan. Seine Fähigkeit zu wirksamer Hilfe litt außerdem unter dem Mangel an Geld und qualifiziertem Personal. Die Staatengemeinschaft stellte ihm 1994 nur rund 1,6 Mrd. US-$ (500 Mio. für allgemeine Programme und 1,1 Mrd. für Sonder- und Soforthilfeprogramme) zur Verfügung, um rund 24 Millionen Flüchtlinge zu versorgen und gleichzeitig aufwendige Repatriierungsprogramme durchzuführen [vgl. Tabelle 7]. Die wachsende Kritik an seinen Organisationsmängeln muß sich deshalb auch gegen sie richten.

Die Bekämpfung des Weltflüchtlingsproblems kann sich nicht darauf beschränken, Flüchtlingslager zu errichten und zu versorgen. Er muß auch mit gezielten entwicklungspolitischen Maßnahmen die Aufnahmefähigkeit und -bereitschaft der häufig sehr armen »Erstasylländer« in den Herkunftsregionen der Flüchtlinge stärken. Das erspart den prospektiven Ziellländern im Norden oder Westen weit höhere politische und finanzielle Kosten.

Von der Katastrophenhilfe zur Prävention

Asyl- und ausländerrechtliche Barrieren allein können das Migrationsproblem nur regional verlagern, nicht lösen. Notwendig ist eine umfassende und international konzertierte Strategie, die durch präventive Diplomatie zur Vermeidung kriegerischer Konflikte, durch Verbesserung der Lebensbedingungen und durch Vorbeugung gegen Umweltkatastrophen die

---

Armut und Migration

»Wenn (dagegen) die Entwicklungswelt in ihrer Armutsfalle gefangen bleibt, werden die weiterentwickelten Länder unter die Belagerung von vielen Millionen Auswanderern und Flüchtlingen geraten, die alles daransetzen werden, unter den Wohlhabenden, aber alternden Bevölkerungen der Demokratien zu leben. So oder so werden die Resultate dieses Prozesses wahrscheinlich ungemütlich für das wohlhabende Sechstel der Erdbevölkerung, das im Moment unverhältnismäßige fünf Sechstel des Reichtums der Erde genießt.«

Paul Kennedy 1993 [In Vorbereitung auf das 21. Jahrhundert]

Repatriierung von Flüchtlingen 1993

Rückkehrland	Fluchtland	Zahl
Äthiopien	Kenia Sudan	56.000 13.000
Afghanistan	Pakistan Iran	358.800 337.500
Eritrea	Sudan	10.000
Guatemala	Mexiko	5.100
Kambodscha	Thailand	128.500
Liberia	Guinea/ Côte d'Ivoire Ghana	70.000 7.000
Mosambik	Malawi u.a.	500.000
Myanmar	Bangladesch	36.100
Somalia	Kenia	50.000
Sri Lanka	Indien	6.900
Tadschikistan	Afghanistan	25.000
Tschad	Sudan	11.000
Vietnam	Hongkong u.a.	12.300
Quelle: USCR 1994		

Tabelle 7

Schubkräfte für Migration zu verringern sucht.

Wenn das Migrationsproblem zunehmend als Sicherheitsproblem erkannt wird, dann gewinnt auch Entwicklungspolitik die Funktion präventiver Sicherheitspolitik. Ein Memorandum des Wissenschaftlichen Beirates beim deutschen Entwicklungsministerium (BMZ) vom Januar 1994 betonte die Hilflosigkeit der bisherigen Entwicklungszusammenarbeit gegenüber dem Migrationsproblem. Dieser Befund läuft auf eine entwicklungspolitische Bankrotterklärung hinaus. Er liefert der auf Entwicklungshilfe verengten Entwicklungspolitik allzu voreilig ein Alibi, sich gar nicht erst um Prävention zu bemühen.

Eine auf Prävention angelegte Strategie verlangt ein Bündel von kurz- und mittelfristig konzipierten Elementen. Zu einer Politik, die nicht die Flüchtlinge und Migranten, sondern die Ursachen ihrer Wanderung bekämpft, gehören:

▶ Aktive Friedensstrategien, die regionale Systeme der kollektiven Sicherheit (z. B. im Rahmen der OSZE oder OAU) fördern, das Friedensvölkerrecht und die friedenserhaltende Rolle der Vereinten Nationen stärken und damit inner- und zwischenstaatlichen Kriegen als Hauptursachen von Fluchtbewegungen entgegenwirken. Das Ziel, Fluchtbewegungen zu vermeiden oder Flüchtlinge zu schützen, kann auch friedenserzwingende Maßnahmen erfordern, wenn alle Bemühungen um die Friedenserhaltung versagen. Das von der UN-Charta gedeckte »Recht auf Einmischung« kann aus humanitären Gründen zur »Pflicht auf Einmischung« werden, wenn das Leben vieler Menschen bedroht ist oder Flüchtlinge Schutz brauchen. Vorausgehen müssen glaubwürdigen Friedensstrategien die international kontrollierte Einschränkung der Rüstungsexporte und der Abbau vorhandener Gewaltpotentiale.

▶ Notwendig ist eine glaubwürdige Menschenrechtspolitik, die auch aus wirtschaftlichen Interessen gegenüber Diktaturen nicht schweigt. Demokratisierung ist eine Bedingung für die friedliche Lösung von Konflikten. Ein multilateral abgestimmter Politikdialog kann dazu beitragen, repressive und diskriminierende Strukturen zu verändern.

▶ Mittel- und langfristig können die sozialen Schub- und Sogkräfte der Migration nur abgebaut werden, wenn die soziale Kluft zwischen Wohlstandsinseln und Armutsregionen verringert wird, die den völkerrechtlich verbindlichen Normen des »Sozialpaktes« und dem »Recht auf Entwicklung« widerspricht [vgl. Kapitel *Menschenrechte*]. Ohne gezielte Armutsbekämpfung kann auch das Bevölkerungswachstum nicht unter eine kritische Grenze gedrückt werden [vgl. Kapitel *Bevölkerung*]. Zu einem »globalen Sozialpakt« gehört eine sozialverträgliche Lösung der Schuldenkrise, die das Massenelend vergrößert, Entwicklung blockiert und Demokratisierung erschwert hat.

▶ Entwicklungspolitik darf sich also, wenn sie sich als präventive Sicherheitspolitik oder gar als Weltordnungspolitik begreifen will, nicht auf punktuelle Hilfsprojekte beschränken, sondern muß versuchen, sowohl interne als auch internationale Strukturen zu verändern.

Menschenrechte: Grundlage humaner Migrationspolitik

Diese Strategien zur Vermeidung als bedrohlich empfundener Wanderungsbewegungen entheben die Zielländer nicht der menschenrechtlichen Pflicht, politisch Verfolgten Asyl zu gewähren und Asylsuchende menschenwürdig zu behandeln. Die Industrieländer müssen sich außerdem aufgrund ihrer Alterssklerose auf die Zukunft als Einwanderungsländer vorbereiten. Die ständige Beteuerung, kein Einwanderungsland zu sein oder werden zu wollen, ist eine Erkenntnisverweigerung und der Verzicht auf vorausplanende Einwanderungspolitik.

Die EU muß sich zur Verabschiedung einer Europäischen Flüchtlingskonvention durchringen, die vor allem den Begriff der politischen Verfolgung einvernehmlich definiert; sie muß eine gesamteuropäische Einwanderungspolitik konzipieren, nicht zuletzt deshalb, weil sie zur Wohlstandssicherung Einwanderung braucht. Sie wird auch nicht umhinkönnen, die von der UN-Vollversammlung verabschiedete Wanderarbeiterkonvention zu unterzeichnen, die Arbeitsmigranten vor Rechtlosigkeit und Ausbeutung schützen soll. Die Menschenrechte bleiben der Maßstab für eine humane Migrationspolitik.

Literatur

BIVS (Berliner Institut für Vergleichende Sozialforschung) 1992 ff.: Weltflüchtlingsbericht (Loseblattsammlung), Berlin.
– 1987/88 ff.: Jahrbuch für Vergleichende Sozialforschung (mit theoretischen Beiträgen über Migration), Berlin.
Boheme, Günter u. a. (Hg.) 1994: Migration und Ausländerfeindlichkeit, Darmstadt.
Castles, Stephan / Mark Miller 1993: The Age of Migration, London.
Cohen, Robin 1988: The New Helotes. Migrants in the International Division of Labor, Gower.
Eckert, Josef 1993: Arbeitsmigration aus Afrika in die EG. Eine Bibliographie, Wuppertal.
Friedrich-Ebert-Stiftung 1994: Ost-West-Migration, Bonn.
Gläser, Hans-Georg / Frauke Siefkes 1993: Bibliography on Migration. German and English Language Literature, Kiel.
Kälin, Walter / Rupert Moser (Hg.) 1993: Migration aus der Dritten Welt, 3. Aufl., Bern.
Körner, Heiko 1990: Internationale Mobilität der Arbeit, Darmstadt.
Kritz, Mary / Lin Lean Lim / Hania Zlotnik (Hg.) 1992: International Migration Systems, Oxford.

Löscher, Gil 1993: Beyond Charity: International Cooperation and the Global Refugee Problem, New York.

Nuscheler, Franz 1995: Internationale Migration. Flucht und Asyl, Opladen.

OECD 1994: Trends in International Migration, Paris.

Russell, Sharon / Michael Teitelbaum 1992: International Migration and International Trade, Washington, D. C.

Stark, Oded 1991: The Migration of Labor, Cambridge.

Steinacker, Karl 1992: Flüchtlingskrisen – Möglichkeiten und Grenzen von Entwicklungszusammenarbeit, München/Köln/London.

UNFPA (UN Fund for Population Activities)/Weltbevölkerungsbericht 1993: Das Individuum und die Welt: Bevölkerung, Migration und Entwicklung in den neunziger Jahren, Bonn.

UNHCR (UN High Commissioner for Refugees) 1994: Die Lage der Flüchtlinge in der Welt, Bonn.

USCR (U. S. Committee for Refugees) 1994: World Refugee Survey 1994, Washington, D. C.

Waever, Ole u. a. 1993: Migration and the New Security Agenda in Europe, London.

Weiner, Myron (Hg.) 1993: International Migration and Security, Boulder/Col.

Weltwirtschaft

151 **Ökonomien**

　　Die Dynamik der Weltwirtschaft: Wachstum und Krise
　　Regionale Differenzierung
　　Die neue Globalisierung – Transnationale Konzerne im rechtsfreien Raum
　　Die andere Globalisierungsstrategie: Aufgaben der internationalen Politik

181 **Finanzen**

　　Die unregierbare Welt der Finanzen
　　Defizite und Trends
　　Die Instabilität des internationalen Währungssystems
　　Abkoppelung der Finanzmärkte von der Realwirtschaft
　　Derivative Finanzinstrumente
　　Die internationale Verschuldung
　　Aufgaben der internationalen Politik

205 **Handel**

　　Die Dynamik des Welthandels
　　Regionalisierung und Strukturwandel
　　Wachstum, internationale Arbeitsteilung und Terms of Trade
　　Zukunftsthemen: Fairer Wettbewerb, Umwelt- und Sozialstandards
　　Der multilaterale Handlungsbedarf: Die WTO und ihre Aufgaben

229 **Arbeit**

　　Der Arbeitsmarkt als gesellschaftliche Institution
　　Arbeit in den Weltregionen: Die Krise des Beschäftigungssystems in den
　　Industrieländern
　　Arbeitslosigkeit und Unterbeschäftigung in Entwicklungs- und
　　Transformationsländern: der »informelle Sektor«
　　Eckpunkte für politisches Handeln

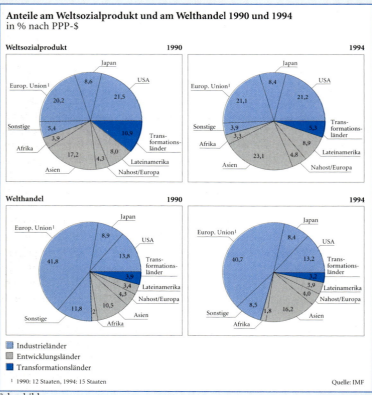

Schaubild 1

Ökonomien

In der Weltwirtschaft dominieren nach wie vor die Industrieländer unter Führung der Triadenmächte USA, Japan und Westeuropa (EU). Ihr Gewicht ist allerdings nicht mehr so ausgeprägt wie vor Jahren, besonders wenn die Wirtschaftskraft nach dem neuen Index der Kaufkraftparitäten gemessen wird. Vor allem die Länder Ost- und Südostasiens haben stark aufgeholt, während Afrika und Osteuropa zurückgefallen sind, ebenso Lateinamerika, das nach wie vor mit den Folgen der Schuldenkrise zu kämpfen hat.

Die Tendenz zur Globalisierung hat sich in den 90er Jahren weiter verstärkt. Nach der Triadenbildung in den 70er und 80er Jahren werden seit Anfang der 90er Jahre Teile des Südens mehr in den Globalisierungsprozeß einbezogen. Die transnationalen Konzerne haben als Hauptakteure der Weltwirtschaft weiter an Bedeutung gewonnen; ihre Tätigkeit unter den Bedingungen einer weitgehenden globalen Deregulierung verschärft die internationale Konkurrenz und hebelt politische Kontroll- und Steuerungskompetenzen zunehmend aus. Der ökonomische Globalisierungsprozeß in den vorherrschenden Formen ist mit erheblichen sozialen Risiken verknüpft und bedroht Bevölkerungsgruppen im Norden (z. B. ungelernte Arbeitnehmer) ebenso wie ganze Ländergruppen im Süden (z. B. Subsahara-Afrika). Mit der Globalisierung wird auch die ökologische Zerstörungsdynamik des überkommenen Wachstumsmodells weltweit verallgemeinert, wenn nicht politisch gegengesteuert wird.

Die Entwicklungsstrategie der Zukunft muß deshalb von einem korrigierten Wohlstandsbegriff ausgehen, der sich an den Erfordernissen einer sozial- und umweltverträglichen Entwicklung der Weltgesellschaft orientiert. Besonders wichtig ist die politische Erschließung der internationalen Handlungsebene, wenn der Globalisierung über den Markt eine andere, humanere Globalisierungsperspektive entgegengesetzt und nationalstaatliche Sackgassen vermieden werden sollen.

Die Dynamik der Weltwirtschaft: Wachstum und Krise

Die weltwirtschaftliche Dynamik der letzten Jahrzehnte ist durch drei grundlegende Tendenzen gekennzeichnet:
▶ ein langfristig abnehmendes wirtschaftliches Expansionstempo,
▶ eine verstärkte zyklische Entwicklung der Ökonomien und
▶ eine strukturelle Krisenentwicklung seit den 70er Jahren, die mit starken regionalen Ungleichgewichten einhergeht.

Das Expansionstempo sinkt

In langfristiger Perspektive betrachtet weist die Weltwirtschaft eine beachtliche Expansion auf. Im Jahre 1994 belief sich das weltweit erwirtschaftete Sozialprodukt schätzungsweise auf 23 bis 24 Billionen US-Dollar. Dies bedeutet eine Verzwölffachung der globalen Wirtschaftsleistung in drei Jahrzehnten. Hinter diesem globalen Wachstum verbirgt sich allerdings eine zeitlich wie regional sehr unterschiedliche Dynamik.

Das Wachstumstempo hat sich in den 70er und 80er Jahren im Vergleich zu den beiden vorhergehenden Jahrzehnten deutlich verlangsamt. Wuchs das weltweit addierte Bruttoinlandsprodukt bis zur Mitte der 70er Jahre noch um mehr als 5 % pro Jahr, so wurden danach nur noch rund 3 % erreicht; die Rezession Anfang der 90er Jahre dämpfte die Dynamik der Weltwirtschaft dann naturgemäß weiter [vgl. Tabelle 1].

Noch in den 60er und 70er Jahren lagen die durchschnittlichen Wachstumsraten der Entwicklungsländer deutlich über dem Weltdurchschnitt und denen der Industrieländer. Die 80er Jahre kennzeichnete dann eher eine Angleichung des wirtschaftlichen Expansionstempos auf verringertem Niveau in Nord und Süd. Erst Anfang der 90er Jahre haben die Entwicklungsländer – insgesamt betrachtet – die überdurchschnittliche Wachstumsdynamik der ersten beiden »Entwicklungsdekaden« wiedererlangt.

Zunehmende Ungleichgewichte

Das Gesamtbild eines neu belebten Wachstums im Süden wird den zunehmenden Differenzierungen innerhalb der Gruppe der Entwicklungsländer kaum gerecht. Die Regionen Subsahara-Afrikas, Lateinamerikas und des Nahen Ostens hatten in den 80er Jahren überdurchschnittliche Einbrüche zu verzeichnen, von denen sie sich auch in der ersten Hälfte der 90er Jahre nicht durchgreifend erholen konnten.

Für Subsahara-Afrika hält der Abwärtstrend des »verlorenen Jahrzehnts« bis weit in die 90er Jahre hinein an, während die konjunkturelle Wiederbelebung in Lateinamerika, wie nicht zuletzt die mexikanische Peso-Krise gezeigt hat, mit zahlreichen Unsicherheitsfaktoren behaftet bleibt.

Ganz anders stellt sich die Lage in Ostasien dar, das schon zuvor Spitzenwerte des Wachstums präsentierte und von den Auswirkungen des »verlorenen Jahrzehnts« vollständig verschont blieb. Südasien erlebte demgegenüber zwar

Durchschnittliche jährliche Wachstumsraten 1966–1994
in %

1. Reales Bruttoinlandsprodukt (BIP)

	1966–73	1974–80	1981–90	1991–93	1994[1]
Welt	5,1	3,4	3,2	1,2	2,8
OECD	4,8	2,9	3,1	1,2	2,9
USA	3,0	2,6[2]	n. v.	1,7	4,0
Japan	9,9	4,0[2]	n. v.	1,8	0,8
Deutschland[3]	4,1	2,5[2]	n. v.	1,3	2,8
Entwicklungsländer[4]	6,2	4,9	3,3	4,6	4,6
Ostasien/Pazifik	7,9	6,8	7,6	8,7	9,3
Südasien	3,7	4,0	5,7	3,2	4,7
Subsahara-Afrika	4,7	3,4	1,7	0,6	2,2
Lateinamerika[5]	6,4	4,8	1,7	3,2	3,9
Nahost/Nordafrika	8,5	4,7	0,2	3,4	0,3
Transformationsländer[6]	7,0	5,1	2,7	−12,5	−9,1

2. Pro-Kopf-Einkommen

	1966–73	1974–90	1991–93	1993	1994[1]
Welt	3,1	1,2	−0,4	−0,2	1,2
Industrieländer	3,8	2,2	0,6	0,5	2,3
Entwicklungsländer[4]	3,6	1,4	2,6	2,8	2,7
Ostasien/Pazifik	5,2	5,4	7,2	7,8	7,6
Südasien	1,3	2,6	1,1	0,7	2,7
Lateinamerika[5]	3,7	0,5	1,3	1,8	2,0
Nahost/Nordafrika	5,8	−2,4	0,7	−1,1	−2,2
Subsahara-Afrika	2,0	−0,7	−2,3	−2,3	−0,7
Europa/Mittelasien[7]	6,0	2,6	−9,8	−8,0	−7,9
Sowjetunion/Russ. Föderation	6,5	3,1	−15,5	−12,1	−12,0

n. v. = nicht verfügbar

[1] Geschätzt
[2] 1974–90
[3] Bis 1991 nur Westdeutschland
[4] Länder mit niedrigem und mittlerem Einkommen ohne Osteuropa und die ehemalige Sowjetunion
[5] Einschließlich Karibik
[6] Bis 1990 Sowjetunion und Osteuropa
[7] Albanien, Bulgarien, Gibraltar, Griechenland, Republiken des ehemaligen Jugoslawien, Insel Man, Malta, Polen, Portugal, Rumänien, Republiken der ehemaligen Sowjetunion, Tschechoslowakei (bis 1992, danach Tschechische Republik und Slowakei), Türkei und Ungarn

Quelle: Weltbank

Tabelle 1

auch nach 1974 eine Beschleunigung seiner Zuwachsraten, die aber durch ein überdurchschnittliches Bevölkerungswachstum weitgehend kompensiert wurden.

Diese Diagnose wird durch einen Blick auf die Veränderungen des *Pro-Kopf-Einkommens* im Süden bestätigt [vgl. Tabelle 1]. Dieser das Durchschnittseinkommen widerspiegelnde Indikator war sowohl für Afrika und den Nahen Osten als auch für Lateinamerika in den 80er Jahren absolut rückläufig und weist nur für Ostasien eine eindeutige Verbesserung auf. Für Afrika scheint sich der reale Abwärtstrend in den 90er Jahren fortzusetzen, während das Wachstum des Pro-Kopf-Einkommens in Lateinamerika – auch nach dem Jahrzehnt der Schuldenkrise – nur schwach ausfällt. Auffallend ist ferner die absolute Schrumpfung der Wirtschaftsleistung in den Ländern des früheren Ostblocks, wo – nach vergleichsweise hohen Zuwächsen bis Anfang der 80er Jahre – die Transformationsprozesse in den 90ern mit einem anhaltenden Rückgang sowohl des Bruttoinlandsprodukts wie auch des Pro-Kopf-Einkommens verbunden sind.

Die Rückkehr der Wirtschaftskrisen

Die langfristig rückläufige Dynamik der Weltwirtschaft sowie die teils gegenläufigen Tendenzen der regionalen Wachstumsentwicklung werden von einer Reihe unterschiedlicher – langfristiger und

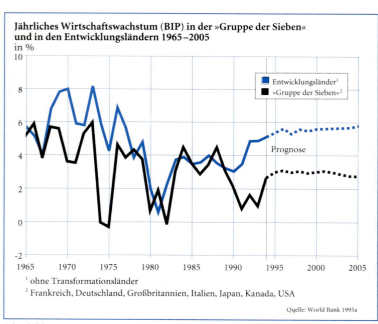

Schaubild 2

kurzfristiger, quantitativer wie qualitativer – Faktoren beeinflußt. Eine der auffallendsten Veränderungen in der kurzfristigen Entwicklung der Ökonomien ist die Rückkehr stark ausgeprägter Wirtschaftszyklen seit Anfang der 70er Jahre [vgl. Schaubild 2].

Nach relativ hohen und verhältnismäßig gleichförmigen Wachstumsraten in der Nachkriegsperiode ist die wirtschaftliche Entwicklung seither durch starke Schwankungen mit signifikanten Ausschlägen nach unten gekennzeichnet. Besonders die Entwicklung der die Weltwirtschaft dominierenden G-7-Ökonomien folgt einem konjunkturellen Verlauf, den drei ausgeprägte Rezessionen (Mitte der 70er, Anfang der 80er und Anfang der 90er Jahre) mit anschließenden, mehr oder weniger langen Phasen der wirtschaftlichen Wiederbelebung prägen. Der jeweilige Aufschwung erreicht freilich vielerorts nicht mehr die Kraft früherer Wachstumsphasen. Dies führt tendenziell zur Entkoppelung von Konjunktur und Beschäftigung: Die nationalen Beschäftigungssysteme sind auch bei relativ günstigem Konjunkturverlauf nicht mehr in der Lage, die in der Rezession produzierte Arbeitslosigkeit wieder zu absorbieren. Die in den Ländern der OECD registrierte Massenarbeitslosigkeit ist bis in die erste Hälfte der 90er Jahre auf mehr als 35 Millionen Menschen angewachsen und wird nach allen Prognosen in der zweiten Hälfte des Jahrzehnts nur geringfügig zurückgehen [vgl. auch Kapitel *Arbeit*].

Die Entwicklung des Wirtschaftswachstums in den Ländern des Südens folgt dem wellenförmigen Auf und Ab der Konjunkturentwicklung in den Zentren nur teilweise. Die mittelfristige Entwicklung seit den 70er Jahren ist hier mit Ausnahme Ostasiens durch einen krisenhaften Einbruch der Wachstumsraten gekennzeichnet, der sich in den 80er Jahren verstärkt. Erst Anfang der 90er Jahre zeigen sich Erholungstendenzen. Seither wächst die gesamte Wirtschaft im Süden allerdings etwa doppelt so schnell wie in den Industrieländern. Prognosen der Weltbank sagen eine Verstetigung dieser Entwicklung bis ins nächste Jahrtausend voraus [vgl. Tabelle 2].

Faktoren des Wachstums

Die lineare Fortschreibung der aktuellen Wachstumsraten über die nächsten zehn Jahre – wie in der Weltbank-Prognose –

Die Projektion der Weltbank: Kommender Boom im Süden?
Jahresdurchschnittliche Wachstumsraten in %

	Bruttoinlandsprodukt		
	gesamt		pro Kopf
	1995/96	1995–2004	1995–2004
Welt	3,2	3,3	1,9
OECD-Staaten	2,9	2,8	2,3
Entwicklungsländer[1]	4,8	5,2	3,5
Ostasien/Pazifik	8,1	7,7	6,6
Südasien	5,0	5,4	3,6
Lateinamerika	2,4	3,5	1,9
Subsahara-Afrika	4,0	3,8	0,9
Nahost/Nordafrika	2,7	3,2	0,6
Transformationsländer	0,1	3,5	n.v.

n. v. = nicht verfügbar
[1] Länder mit niedrigem und mittlerem Einkommen, ohne Transformationsländer

Quelle: World Bank 1995a

Tabelle 2

ist allerdings nicht nur wegen möglicher neuer rezessiver Entwicklungen in den Zentren problematisch. Jenseits der zyklischen Auf-und-Ab-Tendenzen sind vielmehr auch und vor allem strukturelle Faktoren in Rechnung zu stellen, die die Stabilität der weltwirtschaftlichen Entwicklung längerfristig beeinträchtigen und die von ihr ausgehenden Risiken verstärken können.

▸ Auf eine anhaltend ungleiche Entwicklung in der Weltwirtschaft verweisen beispielsweise die gravierenden Unterschiede zwischen einzelnen Ländern und Regionen bei den **Investitions- und Sparquoten**, d. h. dem Anteil von Investitionen und Ersparnissen am Sozialprodukt [vgl. Tabelle 3]. Während in den meisten Industrieländern – so in den USA, Deutschland, Frankreich und Großbritannien – diese Quoten langfristig abnehmen und nur Japan ein hohes Niveau (über 30%) halten konnte, ist die Entwicklung im Süden von krassen Divergenzen gekennzeichnet. So ist die Spar- und Investitionsquote in Ostasien inzwischen mehr als doppelt so hoch wie in Afrika. Als einzige Region des Südens war Ostasien zu einer signifikanten Steigerung seiner relativen Investitionstätigkeit und Ersparnisbildung in der Lage (auf 37 bzw. 35%), während die Werte in Afrika und Lateinamerika auf niedrigem Niveau stagnieren und überdies dadurch relativiert werden, daß ein erheblicher Teil der Ersparnisse für einen anhaltend hohen Schuldendienst verwendet werden muß und somit für wachstumswirksame Investitionen verlorengeht [vgl. Kapitel *Finanzen*].

Investitions- und Sparquoten in Industrie- und Entwicklungsländern 1965–1992 in %								
	Investitionsquote				Sparquote			
	1965	1988	1990	1992	1965	1988	1990	1992
Welt	23	22	23	22	23	23	23	22
OECD-Staaten	23	22	22	21	24	23	22	22
USA	20	15	16	16	21	13	15	15
Japan	32	31	33	31	33	33	34	34
Westdeutschland	28	21	22	21	29	26	28	28
Frankreich	26	21	22	20	27	21	22	21
Großbritannien	20	21	19	15	19	17	17	14
Entwicklungsländer[1]	20	26	26	n. v.	20	27	24	n. v.
Subsahara-Afrika	15	15	16	16	13	12	16	15
Ostasien/Pazifik	22	31	37	n. v.	22	34	35	n. v.
Südasien	17	22	21	22	14	18	19	19
Lateinamerika[2]	20	22	19	n. v.	22	24	22	n. v.

n. v. = nicht verfügbar
[1] Länder mit niedrigem und mittlerem Einkommen
[2] einschließlich Karibik

Quelle: Weltbank

Tabelle 3

▸ Neuere Untersuchungen haben gezeigt, daß die langfristigen Wachstumsaussichten darüber hinaus ganz wesentlich durch **qualitative Faktoren** wie den effizienten Einsatz des technischen Fortschritts, das allgemeine Qualifikationsniveau der Bevölkerung, die spezifischen Formen der Arbeitsorganisation und die Gestaltung des jeweiligen Unternehmensumfeldes – vor allem der Infrastruktur – beeinflußt werden. Gerade bei diesen Faktoren dürfte die Kluft zwischen Industrie- und Entwicklungsländern aber auf lange Sicht allenfalls in Einzelfällen geschlossen werden können.

Ein wichtiges Beispiel ist die Bedeutung der **Infrastruktur** (Verkehrsnetze, Wasserversorgung, Elektrizitätsnetze, Telekommunikation und Sanitätsversorgung) für Wachstum und Entwicklung, die im Weltentwicklungsbericht der Weltbank von 1994 einer eingehenden Untersuchung unterzogen wurde. Dabei zeigte sich, daß die Ausstattung eines Landes mit guten und effizienten Infrastruktureinrichtungen die gesamtwirtschaftliche oder sektorale Produktivität erhöhen und die Kosten senken kann, allerdings nur unter der Voraussetzung, daß die Entwicklung der Infrastruktur mit dem allgemeinen Wirtschaftswachstum Schritt hält. Ihre Vernachlässigung, wie in den 80er Jahren als Folge der Strukturanpassungsprogramme, kann somit zu einer gravierenden Beeinträchtigung der längerfristigen Wachstumsaussichten eines Landes führen.

▸ Schließlich bietet die zunehmende wirtschaftliche **Globalisierung** nicht nur neue Wachstumschancen, sondern birgt auch eine Vielzahl von Risiken, die bislang noch kaum erforscht sind, die die Entwicklungsaussichten der Länder und Regionen jedoch drastisch beeinflussen können. Dies reicht von der zunehmenden Volatilität der internationalen Kapitalbewegungen, also der Tendenz zur Kapitalflucht (siehe Mexiko Anfang 1995), über die sich verstärkende Tendenz zu Handelskonflikten bis hin zur allgemeinen Abnahme der nationalen wirtschaftlichen Steuerungsfähigkeit durch wachsende internationale Verflechtung. Ein Effekt der Globalisierungstendenzen besteht auch nach Ansicht der Weltbank gerade darin, »daß die Entscheidungsmöglichkeiten von Privatpersonen und Unternehmen zu- und die der Politiker abnehmen« (World Bank 1995a: 5). Weshalb unter den Bedingungen einer anhaltenden Dominanz der Industrieländer in der Weltwirtschaft gerade die ungleich stärker von den globalen ökonomischen Trends abhängigen Entwicklungsländer zum Schauplatz eines künftigen Booms werden sollten, ist vor diesem Hintergrund fraglich.

Verschiebung der Gewichte

Insgesamt gesehen lassen sich in den letzten Jahrzehnten eine Reihe wichtiger Verschiebungen der wirtschaftlichen Gewichte (gemessen am Beitrag zur globalen Wertschöpfung, dem sogenannten Weltsozialprodukt) feststellen [vgl. Tabelle 4]. Die Entwicklung der ökonomischen Kräfteverhältnisse unter den Industrieländern wird von einem relativen Abstieg der USA bestimmt, dem eine Aufwertung vor allem Japans und Deutschlands entspricht. Wird der Anteil der Regionen am Weltsozialprodukt auf Dollarbasis ausgewiesen, konnten die westlichen Industrieländer ihre überragende Stellung in der Weltwirtschaft bis 1993 noch weiter ausbauen.

Die zeitweise überdurchschnittlichen Wachstumsraten der Entwicklungsländer führen offensichtlich nicht automatisch zu ihrer Aufwertung in der Weltwirtschaft.

Anteile der Regionen am Weltsozialprodukt 1970 und 1993

	1970		1993	
	In Mrd. US-$	In %	In Mrd. US-$	In %
Welt	2.802	100,0	23.113	100,0
Industrieländer[1]	2.083	74,3	18.312	79,2
USA	1.012	36,1	6.260	27,1
Japan	204	7,3	4.214	18,2
Westdeutschland	184	6,6	1.911	8,3
Frankreich	142	5,1	1.252	5,4
Großbritannien	106	3,8	819	3,5
Entwicklungsländer[2]	n.v.	n.v.	4.865	21,0
Lateinamerika/Karibik	166	5,9	1.406	6,1
Ostasien/Pazifik	159	5,7	1.285	5,6
Südasien	74	2,6	314	1,4
Europa/Mittelasien[3]	n.v.	n.v.	1.094	4,7
Subsahara-Afrika	57	2,0	269	1,2

n.v. = nicht verfügbar.

[1] Länder mit hohem Einkommen
[2] Länder mit niedrigem und mittlerem Einkommen
[3] Albanien, Bulgarien, Gibraltar, Griechenland, Republiken des ehemaligen Jugoslawien, Insel Man, Malta, Polen, Portugal, Rumänien, Republiken der ehemaligen Sowjetunion, Tschechoslowakei (bis 1992, danach Tschechische Republik und Slowakei), Türkei und Ungarn

Quelle: World Bank 1995c; eigene Berechnungen

Tabelle 4

Der Beitrag Lateinamerikas zur globalen Wertschöpfung stagniert, derjenige Afrikas und Südasiens hat weiter abgenommen. Selbst Ostasien konnte nach dieser Berechnungsmethode zwischen 1970 und 1993 keine Steigerung seines realen Gewichts in der Weltökonomie erreichen.

Ein anderes Bild ergibt sich allerdings, wenn der Beitrag der Regionen zum Weltsozialprodukt auf der Basis eines nationalen Kaufkraftparitäten-Vergleichs (*Purchasing Power Parity* – PPP) gemessen wird, wie ihn IWF und Weltbank in jüngster Zeit – zusätzlich zur konventionellen Berechnung in US-$ – zur Bemessung der Wirtschaftsleistung verwenden [vgl. Schaubild 1 und Abschnitt *Das globale Wachstumsmodell* dieses Kapitels]. Danach haben die Entwicklungsländer ihren Anteil am Weltsozialprodukt auf inzwischen 40 % gesteigert – ein Zuwachs, der vor allem auf das starke Wachstum in Ost- und Südostasien zurückgeht. Die asiatischen Entwicklungsländer erreichen danach inzwischen einen Anteil von gut 23 % an der globalen Wertschöpfung.

Die neue Globalisierung

Die langfristig abnehmende Wachstumsdynamik geht – scheinbar paradox – mit einem Prozeß der zunehmenden internationalen Verflechtung einher, die auch als »neue Globalisierung der Ökonomie« bezeichnet werden kann. Zunehmende internationale Verflechtung kann sich dabei für einzelne Länder und Regionen sowohl als Vertiefung *gegenseitiger* als auch als Verstärkung *einseitiger* Abhängigkeiten ausdrücken. Eine Marginalisierung ganzer Regionen in der Weltwirtschaft – z. B. Afrikas – ist für diese meistens nicht gleichbedeutend mit ihrer »Abkoppelung« von weltwirtschaftlichen Zwängen oder gar mit größerer ökonomischer Unabhängigkeit. Umgekehrt kann die Aufwertung eines Landes in der Weltwirtschaft mit einer zunehmenden internationalen Verflechtung und damit verstärkter außenwirtschaftlicher Verwundbarkeit einhergehen. Auch wenn die Volkswirtschaften einzelner Länder und Regionen untereinander unterschiedlich stark verflochten sind, werden durch die Globalisierungstendenzen letztlich alle in eine einheitliche Weltwirtschaft eingebunden.

Internationaler Handel und Investitionen

Die zunehmende Internationalisierung läßt sich an der schnellen Ausdehnung des internationalen Handels seit den 50er Jahren ebenso ablesen wie an der Expansion der Auslandsproduktion seit den 70er Jahren. Seither ist auch eine rasche Internationalisierung der Kapitalmärkte zu beobachten, auf die schließlich in den 80er Jahren die Ausbildung wirklich globaler Produktmärkte folgt, d. h., daß Produkte weltweit gleichzeitig auf die Märkte gebracht werden. Die Dynamik dieses Internationalisierungsprozesses läßt sich an den Wachstumsraten des internationalen Handels in den letzten Jahren ablesen, die in der Regel über den Zuwachsraten der weltwirtschaftlichen Gesamtproduktion lagen. Beträchtlich schneller noch als der Handel expandieren seit geraumer Zeit die grenzüberschreitenden Investitionen [vgl. Tabelle 5].

Weltsozialprodukt, Welthandel und internationale Direktinvestitionen 1981–1993
durchschnittliches Wachstum pro Jahr in %

	1981–1985	1986–1990	1991–1993	1993 in Mrd. US-$
Weltsozialprodukt	2,4	3,1	1,6	23.500[3]
Welthandel	2,6	6,3	3,1	4.721[3]
Weltweiter Bestand an Direktinvestitionen	5,0	20,0	8,0	2.133
Umsätze ausländischer TNC[4]-Niederlassungen	1,0[1]	17,0	20,0[2]	5.800[3]

[1] 1982–1985
[2] 1991–1992
[3] 1992
[4] Transnational Corporations

Quellen: IWF; UNCTAD; eigene Berechnungen

Tabelle 5

Expansion des internationalen Finanzsektors

Geradezu explosionsartig hat sich der Finanzsektor internationalisiert: So ist das Auslandsguthaben der Banken weltweit von 1.836 Mrd. US-$ im Jahr 1980 auf 7.021 Mrd. US-$ im Jahr 1993 angewachsen. Das nominale Volumen der sogenannten derivativen Finanzinstrumente [vgl. auch Kapitel *Finanzen*] ist bis Ende 1993 auf ca. 16.500 Mrd. US-$ angewachsen. Der tägliche Umsatz im weltweiten Handel mit Währungen dürfte sich nach einer Schätzung der Bank von England auf 1.000 Mrd. US-$ belaufen – fast das Hundertfache dessen, was zur Abwicklung des internationalen Handels notwendig ist.

Was ist neu an der Globalisierung?

Historisch gesehen sind ökonomische Globalisierung und Internationalisierung entgegen einer weitverbreiteten Annahme keine völlig neuen Phänomene. Gemessen an der Bedeutung des internationalen Handels und der ausländischen Direktinvestitionen für die weltweite Produktion erreichte die Internationalisierung des Handels erst um 1970 und die der Direktinvestitionen sogar erst Anfang der 90er Jahre wieder das Niveau der Zeit unmittelbar vor dem Ersten Weltkrieg. »Noch erstaunlicher ist, daß die internationalen Nettokapitalflüsse (im Gegensatz zu komplexen finanziellen Transaktionen, die keine realen Investitionen darstellen) in den Jahren vor dem Ersten Weltkrieg einen um einiges höheren Anteil an den Weltspargutshaben ausmachten als während des Booms der *emerging markets* der letzten Jahre.« (Krugman 1995)

Gleichwohl unterscheidet sich die »neue Globalisierung« vor allem im Bereich der Produktion von Gütern und Dienstleistungen qualitativ von früheren Phasen der kapitalistischen Internationalisierung. Neu ist zum einen die regionale Verteilung der internationalen Investitionen, zum anderen die »Tiefe« der Internationalisierung, d.h. die in zunehmendem Maße global ausgreifende konzerninterne Arbeitsteilung.

Die Triade der Investitionen...

Die Jahr für Jahr im Ausland vorgenommenen Direktinvestitionen haben sich zwischen Mitte der 80er und Mitte der 90er Jahre von 56 auf 208 Mrd. US-$ vervierfacht [vgl. Schaubild 4]. Nach einem Rückgang Anfang der 90er Jahre erreichten die jährlichen Investitionszuflüsse 1994 weltweit erneut fast 200 Mrd. US-$. Ende 1993 befanden sich 76 % des weltweiten Bestands an Direktinvestitionen in den Industrieländern und nur noch rund 23 % in Entwicklungsländern. Innerhalb der Industrieländer konzentrierten sich die Direktinvestitionen zu weit über 90 % auf die Triade aus Westeuropa, Nordamerika und Japan [vgl. Schaubild 3]. Umgekehrt kamen 77 % der weltweit getätigten Direktinvestitionen aus den fünf wichtigsten Herkunftsländern USA, Großbritannien, Japan, Deutschland und Frankreich. Die »neue Globalisierung« ist also durch ein nie dagewesenes Maß an gegenseitiger Durchdringung der Wirtschaftsräume Nordamerika, Europa und Japan gekennzeichnet. Das heißt: An den Globalisierungsprozessen der 70er und 80er Jahre waren nicht alle Regionen gleichmäßig beteiligt, sondern es wurden hauptsächlich regionale Blöcke bzw. die Triade davon erfaßt [vgl. Schaubild 3].

... und ihr Ausgreifen in die Peripherie

Seit Anfang der 90er Jahre scheint sich das Verteilungsmuster der internatioona-

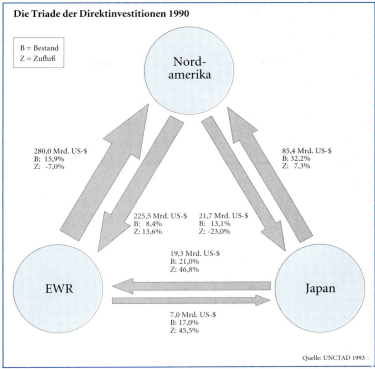

Schaubild 3

len Investitionen jedoch erneut im Sinne eines selektiven Ausgreifens der Triade in die Peripherie, einer wieder stärkeren Einbindung des Südens in die Investitionsstrategie der transnationalen Konzerne, zu verändern. Zwischen 1990 und 1994 erhöhte sich der Anteil der Entwicklungsländer an den jährlich neu vorgenommenen Direktinvestitionen von nur 15 auf gut 40% [vgl. Schaubild 4].

Allerdings ist dieses überdurchschnittliche Wachstum teilweise die Kehrseite der rezessiven Entwicklung in den Industrieländern und konzentriert sich innerhalb der Entwicklungsländer auf wenige Staaten; allein in zehn Länder des Südens flossen 1993 rund vier Fünftel aller Auslandsinvestitionen in der Dritten Welt. Auf ebenfalls zehn Länder konzentrieren sich ferner 68% des Bestands an Direktinvestitionen im Süden [vgl. Schaubild 5]. Dabei scheint eine beschleunigte Einbeziehung zumindest Chinas, der Wachstumsländer Asiens und eines Teils von Lateinamerika und Osteuropa in den Globalisierungsprozeß auch künftig aus mehreren Gründen vorgezeichnet:

Zum einen schlägt sich die wachsende ökonomische Differenzierung der Dritten Welt nicht nur in zunehmender Verelendung und weltwirtschaftlicher Marginalisierung zahlreicher wirtschaftlich und politisch unbedeutender Länder nieder, sondern eben auch in der gewachsenen ökonomischen Bedeutung anderer Länder, die damit auch als Zielregionen für Direktinvestitionen attraktiver werden. Die Bewegung der internationalen Investitionen baut auf diesem Differenzierungsprozeß auf und verstärkt ihn so zusätzlich.

Zum anderen sind für den Aufschwung der Direktinvestitionen – im Unterschied zu anderen Formen privater Kapitalzuflüsse, wie Portfolio- und Kreditinvestitionen – eher strukturelle als zyklische Faktoren bestimmend, so daß allgemein mit einem Anhalten der Aufwärtstendenz gerechnet wird. In einigen Studien wird vorausgesagt, daß sich der Anteil der Entwicklungsländer am weltweiten Direktinvestitionsbestand bis Ende des Jahrhunderts wieder auf bis zu 30 %, den Stand der 60er und 70er Jahre, erhöhen wird.

Diese Entwicklung wird schließlich durch einen politischen Trend verstärkt: Der Süden ist in den 80er Jahren durch die fast flächendeckende Politik der neoliberalen Strukturanpassung systematisch für den Weltmarkt geöffnet worden; fast überall wurden die starken »Entwicklungsstaaten« im Zuge einer Art nord-süd-politischen »Roll-backs« durch Deregulierungs- und Privatisierungsoffensiven zurückgedrängt. Auch haben der Zusammenbruch des »real existierenden Sozialismus« und der damit verbundene Wegfall der ideologischen Herausforderung des Kapitalismus es wieder sicherer gemacht, in Niedriglohnländern zu investieren, ohne Enteignungen als Folge eines kommunistischen Umschwungs

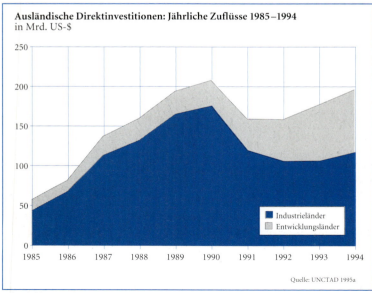

Quelle: UNCTAD 1995a

Schaubild 4

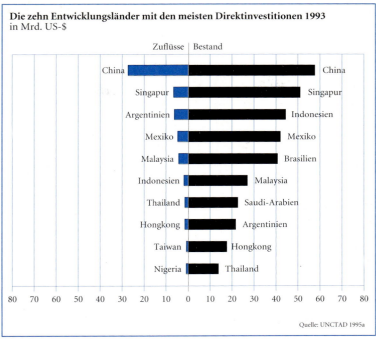

Die zehn Entwicklungsländer mit den meisten Direktinvestitionen 1993 in Mrd. US-$

Quelle: UNCTAD 1995a

Schaubild 5

befürchten zu müssen. Die noch in den 70er Jahren sehr kritische Einstellung der meisten Entwicklungsländer gegenüber den transnationalen Konzernen und ihren Aktivitäten ist inzwischen einem Glauben an den »freien Markt« und die »Segnungen« der Privatwirtschaft gewichen. Dies geht einher mit einer verstärkten, fast blinden Konkurrenz um ausländische Investitionen.

Die Akteure der Globalisierung

Die transnationalen Konzerne (TNCs), die sich nach dem Zweiten Weltkrieg herausbildeten [vgl. Tabelle 6], sind endgültig zu den dominanten Akteuren des Globalisierungsprozesses geworden, die sich auf internationaler Ebene – jenseits der Nationalstaaten – in einem quasi rechtsfreien Raum bewegen können. Die von ihnen favorisierten Investitions-, Produktions- und Produktstrategien bestimmen mehr und mehr die Muster und Formen der internationalen Investitionen und des internationalen Handels.

Was sich im Strukturwandel des Handels und der Direktinvestitionen – hin zum substitutiven Güteraustausch, bei dem relativ gleichartige Produkte gehandelt werden, und zum Verarbeitungs- und Dienstleistungssektor – bereits länger andeutete, wird heute infolge des technologischen Wandels und der globalen Deregulierung auf die Spitze getrie-

Die 25 größten Industrie-TNCs der Welt 1993

TNC	Herkunftsland	Umsatz in Mrd. US-$	Profit in Mrd. US-$	Hauptaktivität
General Motors	USA	133,6	2.466	Fahrzeugbau
Ford Motor	USA	108,5	2.529	Fahrzeugbau
Exxon	USA	97,8	5.280	Öl
Shell	NL/GB	95,1	4.505	Öl
Toyota	Japan	85,3	1.474	Fahrzeugbau
Hitachi	Japan	68,6	605	Elektro
IBM	USA	62,7	8.101	Computer
Matsushita	Japan	61,4	227	Elektronik
Gen. Electric	USA	60,8	4.315	Elektro
Daimler-Benz	Deutschland	59,1	364	Fahrzeugbau
Mobil	USA	56,6	2.084	Öl
Nissan	Japan	53,8	806	Fahrzeugbau
BP	Großbritannien	52,5	924	Öl
Samsung	Republik Korea	51,3	520	Elektronik
Philip Morris	USA	50,6	3.091	Zigaretten
IRI	Italien	50,5	n. v.	Metall
Siemens	Deutschland	50,4	1.232	Elektro
Volkswagen	Deutschland	46,3	1.323	Fahrzeugbau
Chrysler	USA	43,6	2.551	Fahrzeugbau
Toshiba	Japan	42,9	113	Computer
Unilever	NL/GB	41,8	1.946	Nahrungsmittel
Nestlé	Schweiz	38,9	1.953	Nahrungsmittel
Elf Aquitaine	Frankreich	37,0	189	Öl
Honda	Japan	35,8	220	Fahrzeugbau
ENI	Italien	34,8	267	Öl

n. v. = nicht verfügbar

Quelle: ICDA 1995

Tabelle 6

ben. Der globale Produktionsprozeß wird durch die immer komplexeren Integrationsstrategien der international operierenden Unternehmen geprägt:

Nach den neuesten Statistiken der UNCTAD kontrollieren die transnationalen Konzerne inzwischen rund ein Drittel der globalen Industrieproduktion direkt, wobei ihr indirekter Einfluß wahrscheinlich doppelt so hoch ist. Anfang der 60er Jahre gab es erst 3.500 ausländische Tochterunternehmen von TNCs auf der Welt, 1993 waren es schon ca. 206.000. Deren Verkaufszahlen übertrafen die weltweiten Exporte um mehr als 20 %. Zugleich entfiel 1993 mehr als ein Drittel der Welthandelsströme auf den sogenannten Intra-Konzern-Handel, d. h. auf den Handel zwischen Mutter- und Tochtergesellschaften innerhalb einzelner Konzerne. Anfang der 70er Jahre machte dieser Handel demgegenüber erst ein Fünftel des Welthandels aus.

Ein weiterer Unterschied zu früheren

Phasen kapitalistischer Internationalisierung hängt mit der Art der Produktentwicklung zusammen. So haben erst die neuen Informationstechnologien die TNCs wirklich in die Lage versetzt, ihre Aktivitäten weltweit und schnell zu koordinieren [vgl. Kapitel *Kommunikation*]. Die ersten TNCs, die die Revolutionierung der Kommunikationsmittel effizient genutzt haben, waren die Banken und Finanzgesellschaften. Der profitable Handel mit den sogenannten derivativen Produkten und der spekulative Handel mit Währungen beruhen im wesentlichen auf der Effizienz, mit der heute Informationen über die globalen Finanzmärkte weltweit ausgetauscht werden können [vgl. Kapitel *Finanzen*].

Inzwischen gehören *World-wide Sourcing* und *Outsourcing* – d. h. die weltweite Nutzung von Standorten bei der Herstellung bestimmter Produkte oder die Auslagerung bestimmter Dienstleistungen ins Ausland – zu den gängigen Strategien transnationaler Konzerne, um weltweit die Kosten zu senken. Die verwertungsoptimale Aufspaltung der Produktion und der Unternehmensfunktionen an verschiedenen Standorten umfaßt keineswegs nurmehr die traditionellen Niedriglohnbereiche wie Textilien und Elektrotechnik, sondern beispielsweise auch moderne Dienstleistungen; so werden etwa die Routinearbeiten im Bereich der Datenerfassung in sogenannte Teleports in der Karibik oder der Software-Entwicklung nach Indien verlagert.

Einen Wandel hat mit diesen Veränderungen auch das traditionelle Bild des transnationalen Konzerns erfahren. Längst agieren nicht mehr nur Industriekonzerne in weltweiter Vernetzung. Auch die Banken sind zu transnationalen Akteuren geworden, die die globale Infrastruktur für den internationalen Finanzsektor und eine globale Finanzbasis für globalisierte Produktion und Handel bereitstellen [vgl. Tabelle 7]. In dem Maße, wie sich seit den 80er Jahren Firmenzusammenschlüsse und -übernahmen (*mergers and acquisitions*) zu wesentlichen Elementen der internationalen Konzernstrategie an den Börsen entwickelt haben, ist mit den international agierenden Broker-Häusern ein neuer Typ von TNC entstanden, dessen Aktivitäten einen prägenden Einfluß in der Weltwirtschaft ausüben [vgl. Tabelle 8].

Die 15 größten Banken der Welt 1994
nach dem Gesamtanlagevermögen

Rang	Bank	Land
1	Fuji Bank	Japan
2	Dai-Ichi Kangyo Bank	Japan
3	Sumitomo Bank	Japan
4	Sakura Bank	Japan
5	Sanwa Bank	Japan
6	Mitsubishi Bank	Japan
7	Norinchukin Bank	Japan
8	Industrial Bank of Japan	Japan
9	Crédit Lyonnais	Frankreich
10	Industrial and Commercial Bank of China	China
11	Deutsche Bank	Deutschland
12	Tokai Bank	Japan
13	HSBC Holdings	Großbritannien
14	Long-Term Credit Bank	Japan
15	Credit Agricole	Frankreich
Weitere deutsche und US-Banken:		
26	Citicorp	USA
27	Dresdner Bank	Deutschland
31	BankAmerica Corp	USA
32	Westdeutsche Landesbank	Deutschland
Quelle: Financial Times, 20. 1. 1995		

Tabelle 7

Die 15 größten Broker-Häuser in den USA 1994
Umsätze und Marktanteile bei Firmenzusammenschlüssen und -übernahmen in den USA

Rang	Firma	Mrd. $	%
1	Goldman Sachs	74,31	22,6
2	Morgan Stanley	62,10	18,9
3	Merrill Lynch	47,22	14,3
4	Salomon Brothers	36,57	11,1
5	CS First Boston	36,40	11,1
6	Lehman Brothers	35,02	10,6
7	Lazard Frères	26,38	8,0
8	Smith Barney	23,46	7,1
9	Bear, Stearns	23,23	7,1
10	Paine Webber	16,97	5,2
11	Donaldson, Lufkin & Jenrette	16,80	5,1
12	J. P. Morgan	15,96	4,9
13	Wasserstein, Perella	14,52	4,4
14	Gleacher	13,04	4,0
15	Dillon Read	12,94	3,9

Quelle: Financial Times, 3. 5. 1995

Tabelle 8

Internationale Standortkonkurrenz und interne Polarisierung

Während die Regierungen mit Maßnahmen der globalen Deregulierung die adäquaten politischen Rahmenbedingungen schaffen, wird die neue ökonomische Globalisierung vor allem durch die Weltmarktkonkurrenz der transnationalen Unternehmen vorangetrieben. Dieser Prozeß ist mit einer zunehmenden Unternehmenskonzentration auch auf internationaler Ebene verbunden sowie mit einer wachsenden gesellschaftlichen Abhängigkeit, die mit zunehmender sozialer Polarisierung und Fragmentierung innerhalb der Nationen und zwischen ihnen einhergeht. Die internationale Arbeitsteilung – sosehr sie als »Leiter« für den Auf- oder Abstieg dieser oder jener Unternehmen gesehen werden kann – wird darüber mehr und mehr zur »Rutschbahn« für die Abhängigen, seien es Individuen, gesellschaftliche Gruppen, kleine und mittlere Unternehmen, ganze ökonomische Branchen und sogar ganze Nationen.

Konzentration

»Das Universum der TNCs ist nicht nur groß, sondern auch hochgradig konzentriert«, schreiben die Vereinten Nationen in einem Bericht über die weltweite Investitionstätigkeit (UN 1993). Rund die Hälfte aller Auslandsinvestitionen eines Landes entfällt in der Regel auf nur 1 % der Muttergesellschaften des betreffenden Landes, wenngleich auch kleine und mittlere Unternehmen eine gewisse Rolle spielen. Weltweit entfiel Anfang der 90er Jahre rund ein Drittel der Direktinvestitionen im Bereich des verarbeitenden Gewerbes auf die 100 größten (Industrie-) TNCs. Auch innerhalb dieser Spitzengruppe steigt sowohl der Konzentrationsgrad als auch der Internationalisierungsgrad mit der Unternehmensgröße. So entfielen auf die zehn größten TNCs 1990 fast 26 % aller Anlagewerte der Top 100 und über 33 % aller Auslandsanlagen dieser Spitzengruppe. Je größer der Konzern, desto höher ist in der Regel auch der Anteil des Umsatzes, der im Ausland erzielt wird, bzw. der Anteil der Anlagen, der sich im Ausland befindet. Die zehn größten Unternehmen hatten beispielsweise 1990 fast 50 % ihres Kapitals im Ausland [vgl. Tabelle 9].

Transnationalisierung und Konzentrationsgrad der 100 größten Industrie-TNCs (Top 100) 1990
Anteile an den Top 100 in %

	Gesamt-anlagen	Auslands-anlagen	Gesamt-umsatz	Auslands-umsatz	Auslandsanteile an den gesamten Anlagen	Auslandsanteile am gesamten Umsatz
Top 10	25,8	33,5	23,2	29,4	49,1	61,2
Top 25	50,0	54,4	46,0	49,2	41,1	51,7
Top 50	70,9	76,3	68,7	70,9	41,0	49,9
Top 100	100,0	100,0	100,0	100,0	37,8	48,4

Quelle: UNCTAD 1993

Tabelle 9

Standortdebatte

Bereits diese Zahlen deuten darauf hin, daß die eigentlichen Hauptakteure des internationalen Wettbewerbs die transnationalen Konzerne sind. Gemessen an rein ökonomischen Indikatoren wie dem Vergleich zwischen Jahresumsatz und Bruttosozialprodukt übertreffen sie schon seit geraumer Zeit zahlreiche mittelgroße Staaten an Gewicht und Einfluß in der Weltwirtschaft. So lag der Umsatz von General Motors im Jahre 1993 vor dem BSP Argentiniens, Saudi-Arabiens oder der Türkei. Gleichwohl hat sich vor dem Hintergrund der wachsenden Globalisierung und der wirtschaftlichen Krisentendenzen der letzten Jahre weltweit eine Diskussion um die »Wettbewerbsfähigkeit der Nationen« entwickelt. Die Facetten dieser Debatte, die die Länder und Nationen in einen ständigen Wettstreit um die Verbesserung ihrer »Standortqualität« verstrickt sieht, reichen von der militanten Vorstellung eines neuen »Weltwirtschaftskrieges« um nationale Überlegenheit in der »Geo-Ökonomie« (Luttwark 1994) über die Perspektive eines »Kopf-an-Kopf-Rennens«, in dem ein Land Wettbewerbsfähigkeit nur noch auf Kosten anderer gewinnen könne (Thurow 1993), bis hin zu dramatischen Abstiegs- und Niedergangsszenarien angesichts der Herausforderung durch die jeweils anderen Triadenpartner (Thurow 1993; Seitz 1994).

Ein zentrales Mißverständnis in dieser Debatte besteht darin, daß die Konkurrenz auf dem Weltmarkt nicht von Ländern oder Nationen bestimmt wird, sondern von Unternehmen. Und während in der Strategie der Unternehmen die Nutzung unterschiedlicher Standortbedingungen eine zunehmend wichtigere Rolle für die Kosteneinsparung und Markteroberung – und damit die Gewinnerzielung – spielt, wird der Lebensstandard eines Landes immer noch wesentlich durch die Produktivitätsentwicklung im nationalen Kontext bestimmt. Wenn sich unter den Bedingungen zunehmender Globalisierung die Nationen oder deren Regierungen umstandslos die Unternehmensperspektive zu eigen machen, begeben sie sich folglich nolens volens in einen fragwürdigen Wettlauf, aus dem nicht »die Länder« oder gar die Mehrheit der in ihnen lebenden Bevölkerung, sondern die Unternehmen bzw. die transnational operierenden Konzerne als Gewinner hervorgehen werden. Unter diesen

Vorzeichen spricht vieles für die These, daß das Streben nach Verbesserung der »nationalen Wettbewerbsfähigkeit« – wie ein bekannter US-Ökonom schrieb – heute zu einer »gefährlichen Obsession« geworden ist (Krugman 1994).

nationale Konzerne feststellte, führen derartige Finanzanreize – ähnlich wie Handelsrestriktionen – zu Marktverzerrungen mit gesamtgesellschaftlichen Kosten, die vor allem die ärmeren Länder überfordern (UNCTAD 1995b).

Das »Ende der Geographie«?

Die Standort- und Wettbewerbsfixierung, wie sie bei Politikern und Regierungen zunehmend auf fruchtbaren Boden fällt, spiegelt eine paradox-widersprüchliche »Aufwertung« der Nationalstaaten wider, die als Basis und Rückendeckung für den Konkurrenzkampf der jeweils »eigenen« transnational operierenden Unternehmen keineswegs überflüssig werden. Sosehr durch die neuen Technologien im Bereich des Transports und der Kommunikation die einstmals bestehenden räumlichen »Konkurrenzgrenzen« eingerissen und die nationalstaatlichen Handlungskompetenzen durch das globale Agieren der TNCs unterlaufen werden, sowenig möchten die *global players* bei ihrem Wettlauf um Märkte, neue Spitzentechnologien und die weltweite Senkung der Unternehmenskosten auf staatliche Förderung und Unterstützung verzichten.

Schon die gesellschaftlichen Kosten, die der Wettlauf der Staaten bei der Subventionierung der »eigenen« Konzerne verursacht, sind teilweise beträchtlich. Ebensogern werden finanzielle Anreize, die die Staaten – in gegenseitiger Konkurrenz – zur Anziehung ausländischer Investitionen aufbieten, von den Konzernen als Mitnahmegewinne eingesteckt. Dabei beeinflussen derlei Zuwendungen ihre Standortwahl kaum, da Marktzugang und Kostenaspekte die Hauptmotive für Direktinvestitionen sind. Wie eine neuere Studie für die UNCTAD-Kommission für internationale Investitionen und trans-

Gesellschaftliche Konsequenzen

Die neueren Formen der Transnationalisierung, geleitet von den Interessen der »Systemführer«, verstärken letztlich auch die Heterogenisierung nationaler Ökonomien, d. h. die Auseinanderentwicklung der Gewinnspannen in den verschiedenen Wirtschaftsbereichen, mit der Konsequenz zunehmender gesellschaftlicher Spaltung und Polarisierung. In dem Maße, wie die Ressourcen auf die technologieintensiven Zweige der »Hochwertproduktion«, also beispielsweise der Mikroelektronik oder der Gentechnologie, konzentriert werden, sehen sich die anderen Zweige in einen ruinösen Wettbewerb hineingezerrt. Letztere werden vor allem für die »Wettbewerbsposition« der Industrieländer immer uninteressanter: »Es sind die Wirtschaftsbereiche, in denen weltweit mit unterschiedlichen Technologien, Kapitalintensität und Arbeitsbedingungen ziemlich ähnliche Güter hergestellt werden. Für ihre Herstellung stehen Menschen im Überfluß bereit. Die Käufer reagieren folglich ausgesprochen sensibel auf Preisunterschiede, so daß sich die Produzenten mit niedrigsten Produktionskosten und Gewinnmargen durchsetzen« (Narr/Schubert 1994).

Importkonkurrenz und Arbeitslosigkeit

In zahlreichen Ländern des Nordens hat deshalb nicht von ungefähr die Vorstellung an Gewicht gewonnen, daß die weltwirtschaftliche Integration wesentlich mitverantwortlich für die wachsende Massenarbeitslosigkeit in den alten Industrieländern ist. Es ist nicht leicht, den Anteil der Globalisierung an dieser Entwicklung zu bestimmen. Sicher ist aber, daß diesen Ängsten mit bloßer Beschwichtigung ebensowenig begegnet werden kann wie mit populistischer Beschwörung.

Unbestreitbar ist, daß für die Industrieländer die Importkonkurrenz aus Entwicklungs- und Transformationsländern stark zugenommen hat. Seit Anfang der 70er Jahre hat das Exportprofil der Länder des Südens einen radikalen Wandel zugunsten von Fertigwaren erfahren, so daß das traditionelle Bild der klassischen Arbeitsteilung zwischen Rohstofflieferanten – den Entwicklungsländern – und Industriewarenherstellern – den Industrieländern – längst der Vergangenheit angehört.

Die neue Konkurrenz aus dem Süden

Zwischen 1970 und 1990 hat sich der Anteil der Fertigwaren am Gesamtexport der Entwicklungsländer von rund 20 auf 60% erhöht; rechnet man die Erdölexporte, die wegen ihrer starken Preisschwankungen den Trend verfälschen, heraus, sogar auf über 70%. Erreichten diese Importe 1970 erst 3% des Wertes der gesamten Fertigwarenproduktion in der OECD, so waren es 1992 schon 12%. Gemessen am Bruttosozialprodukt der OECD, also der gesamten Wirtschaftsleistung, schlug der Wert dieser Importe 1992 allerdings erst mit 3,77% zu Buche – nach Ansicht optimistischer Beobachter wie der Weltbank ein zu geringer Wert, um Arbeitslosigkeit und stagnierende oder sinkende Löhne in den Industrieländern erklären zu können.

Wenngleich solche Globalzahlen die Bedeutung der Nord-Süd-Integration für wachsende Arbeitslosigkeit und soziale Ungleichheit im Norden eher zu gering einstufen, verweisen sie doch zumindest auf eine Tendenz. Diese wird noch deutlicher, wenn die Beschäftigungsentwicklung weltweit und insbesondere bei den transnationalen Konzernen verglichen wird. Noch befindet sich das Gros der im direkten Einflußbereich der TNCs Beschäftigten (etwa 10% der weltweiten Arbeitskräfte) in den Industrieländern (ca. 61 Millionen Menschen im Vergleich zu zwölf Millionen in den Entwicklungsländern). Von den zwischen 1985 und 1992 im Bereich der TNCs neu entstandenen acht Millionen Arbeitsplätzen entfielen jedoch bereits fünf Millionen, also fast zwei Drittel, auf Entwicklungsländer.

Verdrängungseffekte im Norden

Was die direkten und indirekten Verdrängungseffekte des Nord-Süd-Handels auf die Arbeitsmärkte des Nordens betrifft, so ist eine Fülle von Faktoren in Rechnung zu stellen, die bei der einfachen Gegenüberstellung von Import- und Exportflüssen – wie in konventionellen Untersuchungen nach dem Faktorproportionenansatz – nicht erfaßt werden.

Erstens sind die Konsequenzen des Wandels in der Produktstrategie, die die Unternehmen in Reaktion auf südliche Importkonkurrenz einschlagen, für die Beschäftigungsmöglichkeiten zu erfassen. Vor allem arbeitsintensive Tätigkeiten werden dann betroffen, wenn Unternehmen wegen Kostenkonkurrenz aus dem Ausland von der Herstellung bestimmter Produkte im Inland ganz Abstand nehmen oder wenn sie den Produktionsprozeß so aufspalten, daß nur noch relativ ausbildungsintensive Produktionssegmente im Inland bleiben.

Außerdem ist zu beobachten, daß der technische Fortschritt, der oft als völlig unabhängige Variable für das Zustandekommen von Arbeitslosigkeit angesehen wird, selbst eine Reaktion auf die billigere Importkonkurrenz aus dem Süden ist. Auch eine solche Strategie der »defensiven Innovation« führt in der Regel zum Abbau von Arbeitsplätzen, die ein relativ niedriges Qualifikationsprofil erfordern.

Als einziger hat bislang der britische Wirtschaftswissenschaftler Adrian Wood die Relevanz des Nord-Süd-Handels für die Krise des Beschäftigungssystems im Norden mit solch umfassenden Fragestellungen untersucht. Sein Ergebnis: Mindestens 20% der Arbeitslosigkeit unter ungelernten Arbeitnehmern, die das Gros des Arbeitslosenheeres in den Industrieländern bilden und von zunehmender Verarmung bedroht sind, sind auf die direkte und indirekte Importkonkurrenz aus dem Süden zurückzuführen. Drei Viertel dieser auf den Strukturwandel des Nord-Süd-Handels seit Anfang der 70er Jahre zurückzuführenden Arbeitslosigkeit entfallen auf die 80er Jahre, wobei sich diese Tendenz in den 90er Jahren und darüber hinaus noch beschleunigen wird.

In ihrem jüngsten Weltentwicklungsbericht bestätigte auch die Weltbank, daß durch den Wandel der internationalen Arbeitsteilung und die globale Deregulierung für einen wachsenden Teil der Bevölkerung im Norden und eine ganze Reihe von Ländern im Süden der soziale Abstieg droht: »Wenn sich eine Volkswirtschaft nach außen öffnet, geraten die Preise auf dem Binnenmarkt unter den Druck der internationalen Preissituation, und die Löhne der Arbeiter, deren Qualifikationen international relativ knapper als zu Hause sind, steigen, während die Löhne fallen, die stärkerer Konkurrenz ausgesetzt sind. In dem Maße, wie sich andere Ökonomien ebenfalls öffnen, verändert sich die relative Knappheit verschiedener Qualifikationen auf dem Weltmarkt weiter; dies trifft jene Länder, die Arbeitskräfte im Überfluß haben, deren Qualifikation dann weniger knapp sein wird. Zunehmende Konkurrenz bedeutet auch, daß die Löhne der Arbeitnehmer in solchen Ländern unter Druck geraten, die nicht in der Lage sind, mit den Produktivitätsgewinnen ihrer Konkurrenten mitzuhalten.« (World Bank 1995c, eigene Übersetzung)

Es herrscht inzwischen weitgehende Übereinstimmung darin, daß der »Rutschbahneffekt« der internationalen Arbeitsteilung in den kommenden zehn Jahren zwei Gruppen in besonderem Maße treffen wird: erstens in Ländern mit hohem und mittlerem Einkommen die abhängig Beschäftigten mit relativ niedriger Qualifikation, die einer wachsenden Billiglohnkonkurrenz ausgesetzt sein werden; und zweitens ganze Länder (vor allem in Subsahara-Afrika), die dem Effizienzwettlauf auf dem Weltmarkt nicht gewachsen sein werden. Die Frage ist nur, ob sich der Rutschbahneffekt auf diese beiden Gruppen beschränken lassen wird und welche internationalen Regulierungen erforderlich sein werden, um die sozialen Folgewirkungen abzuwehren oder zumindest in Grenzen zu halten.

Das globale Wachstumsmodell

Das dominierende globale Wachstumsmodell beruht auf einem zentralen Mißverständnis: der Gleichsetzung der aus der volkswirtschaftlichen Gesamtrechnung resultierenden ökonomischen Indikatoren wie Bruttosozialprodukt (BSP) oder Bruttoinlandsprodukt (BIP) mit Wohlstandsindikatoren, die über Lebensqualität und Lebensstandard der Bevölkerung etwas aussagen. Tatsächlich waren diese Indikatoren noch nie geeignet, Wohlstand oder gar Wohlfahrt im umfassenden Sinne, die sozialen Disparitäten innerhalb oder zwischen Ländern oder die gesellschaftlich-sozialen, geschweige denn die ökologischen Kosten des Wachstums adäquat zu messen.

Wachsende soziale Ungleichheit

»Während des letzten Jahrhunderts war die wachsende Ungleichheit der Einkommen ein vorherrschender Trend in der Weltwirtschaft«, konstatiert die Weltbank in ihrem letzten Weltentwicklungsbericht. Sowohl innerhalb der Ländergruppen als auch zwischen ihnen haben Ungleichheit und Polarisierung in den letzten Jahrzehnten zugenommen:
▶ Gemessen am bloßen statistischen Durchschnittseinkommen (Pro-Kopf-Einkommen), das selbst noch die internen Einkommensdifferenzen unberücksichtigt läßt, verdoppelte sich die Kluft zwischen Industrie- und Entwicklungsländern seit Anfang der 60er Jahre, als die Vereinten Nationen die erste »Entwicklungsdekade« ausriefen, von rund 10:1 auf über 20:1.
▶ Auch wenn man die Weltbevölkerung in Einkommensgruppen unterteilt, hat sich die Schere zwischen dem Fünftel der Weltbevölkerung in den reichsten Ländern und dem Fünftel in den ärmsten Ländern seit 1960 weiter geöffnet: von 30:1 auf 60:1. Das heißt: Anfang der 90er Jahre verfügte das Fünftel der Weltbevölkerung, das in den reichsten Ländern lebt, über das 60fache des Durchschnittseinkommens, das dem Fünftel in den ärmsten Ländern zur Verfügung stand.
▶ Berücksichtigt man die ungleiche Einkommensverteilung innerhalb der Länder, so vergrößert sich der Abstand zwischen dem reichsten Fünftel der Erdbevölkerung (die nicht alle unbedingt in den Industrieländern leben) und dem ärmsten Fünftel (von dem die meisten, doch nicht alle in den Entwicklungsländern leben) weiter bis zu einem Verhältnis von 140:1 [vgl. Kapitel *Lebensverhältnisse*].

Wie Tabelle 10 zeigt, ist die Einkommenskonzentration in Entwicklungsländern in der Regel beträchtlich höher als in den westlichen Industrieländern. Besonders kraß ist sie in lateinamerikanischen und afrikanischen Staaten. Eine gewisse Tendenz zur Angleichung der Verteilungsverhältnisse an die Industrieländer weisen die asiatischen Wachstumsländer auf. Umgekehrt hat sich die Einkommensverteilung in einigen europäischen Ländern, beispielsweise in Großbritannien, unter die Werte verschlechtert, die inzwischen von südostasiatischen Schwellenländern, z. B. der Republik Korea oder Indonesien, erreicht werden.

Vergleicht man die Werte der Einkommenskonzentration mit der Rangfolge einzelner Länder beim Pro-Kopf-Einkommen, so wird die geringe Aussagekraft dieses Indikators in bezug auf die Lebensverhältnisse innerhalb der Länder deutlich. So liegen beispielsweise Spitzenreiter in der Einkommenskonzentration wie Chile und Brasilien beim Pro-Kopf-Einkommen im oberen Mittelfeld der Länderliste der Weltbank. Umgekehrt lassen sich extrem hohe Konzentrationsgrade beim Einkommen aber auch in Ländern feststellen, die – wie Tansania – beim Pro-Kopf-Einkommen ganz am Schluß liegen.

Kaufkraftparität vs. Dollarparität

Selbst als Mittel zur Bestimmung der rein ökonomischen Kräfteverhältnisse zwischen Ländern und Ländergruppen wird das konventionelle Bruttosozialprodukt

(BSP) mehr und mehr in Frage gestellt. Denn die Erfassung wirtschaftlicher Größen auf Dollarbasis blendet nicht nur die zunehmenden Währungsschwankungen aus bzw. macht eine ständige und komplizierte Anpassung der jeweiligen Daten an die Wechselkursentwicklungen erforderlich; auch gesellschaftlich notwendige Arbeitsleistungen, etwa die Arbeit im informellen Sektor, Haus- und Reproduktionsarbeit in Privathaushalten oder auch Nachbarschaftshilfe in dörflichen Gemeinschaften, die monetär überhaupt nicht oder jedenfalls nicht auf konvertibler Basis erfaßt werden, fallen durch das Raster.

Seit 1993 hat der Internationale Währungsfonds (IWF) deshalb versucht, die wirtschaftliche Stärke der einzelnen Länder auf der Basis der realen Kaufkraftparität neu zu berechnen. Das Pro-Kopf-Einkommen wird dabei an die lokalen Lebenshaltungskosten angepaßt und in PPP-Dollars (purchasing power parity) ausgewiesen. Aus dieser Berechnungsmethode, die vom IWF erstmals im World Economic Outlook vom Mai 1993 angewendet wurde, resultieren, wie die Schaubilder 1, 6 und 7 zeigen, einige erstaunliche Ergebnisse:

▶ Wird die Wirtschaftsleistung in PPP-Dollars ausgewiesen, dann entfielen 1994 auf die Industrieländer nur noch 54,6% der globalen Wertschöpfung, während die Entwicklungsländer ihren Anteil bereits auf etwas über 40% steigern konnten. Einen noch stärkeren Gewichtsverlust als bei Zugrundelegung des konventionellen Dollar-BSP verzeichnen nach dieser Berechnungsmethode die Transformationsländer der ehemaligen Sowjetunion (GUS) und Osteuropas. Ihr Anteil an der Weltwirtschaft war bis 1994 auf nur noch 5,3% zurückgefallen [vgl. Schaubild 1]. Während der Aufholprozeß der asiatischen Länder nach diesem Index deutlich hervortritt, wird die rückläufige oder stagnierende Position Afrikas oder Lateinamerikas bestätigt.

Einkommenskonzentration in ausgewählten Industrie- und Entwicklungsländern Ende der 80er und Anfang der 90er Jahre
Anteil der ärmsten 20% bzw. der reichsten 20% und 10% der Bevölkerung am gesamten Einkommen bzw. Konsum in %

	Ärmste 20%	Reichste 20%	Reichste 10%
Industrieländer			
USA	4,7	41,9	25,0
Japan	8,7	37,5	22,4
Deutschland[1]	7,0	40,3	24,4
Frankreich	5,6	41,9	26,1
Großbritannien	4,6	44,3	27,8
Asien			
Korea (Süd)	7,4	42,2	27,6
Malaysia	4,6	53,7	37,9
Thailand	6,1	50,7	35,3
Indonesien	8,7	42,3	27,9
Indien	8,8	41,3	27,1
Lateinamerika			
Mexiko	4,1	55,9	39,5
Chile	3,3	60,4	45,8
Brasilien	2,1	67,5	51,3
Guatemala	2,1	63,0	46,6
Nicaragua	4,2	55,3	39,8
Afrika			
Tunesien	5,9	46,3	30,7
Senegal	3,5	58,6	42,8
Simbabwe	4,0	62,3	46,9
Äthiopien	8,6	41,3	27,5
Tansania	2,4	62,7	46,5

[1] Nur Westdeutschland

Quelle: Weltbank 1995c

Tabelle 10

Schaubild 6

▶ Noch bemerkenswertere Verschiebungen ergeben sich in der Rangliste der einzelnen Länder [vgl. Schaubild 6]. Auf Platz 3 der Wirtschaftsmächte wird durch die PPP-Methode China katapultiert. Nach der Kaufkraftparität bemessen gehören einige der G-7-Länder bereits nicht mehr zu den ökonomisch stärksten Ländern der Welt. Vor Kanada rangieren jetzt sechs Nationen, die nicht zur westlichen Welt gehören: China, Indien, Brasilien, die Russische Föderation, Mexiko und Indonesien. Während nach dem neuen Maßstab neben Kanada auch Großbritannien nicht mehr zur G-7-Gruppe gehört, könnten mit China und Indien zwei klassische Länder der »Bewegung der Blockfreien« einen Platz unter den Großen Sieben beanspruchen.

▶ Ähnlich bemerkenswert sind die Verschiebungen in der Rangfolge der Länder nach der Höhe des Pro-Kopf-Einkommens [vgl. Schaubild 7]. Danach gehören immerhin schon vier Länder des Südens zum Klub der zehn reichsten Länder der Welt: Neben zwei traditionellen Öl-Emiraten – den Vereinigten Arabischen Emiraten/VAE und Katar – verfügten 1993 auch Hongkong und Singapur über vergleichbar hohe Pro-Kopf-Einkommen wie Westdeutschland oder Japan.

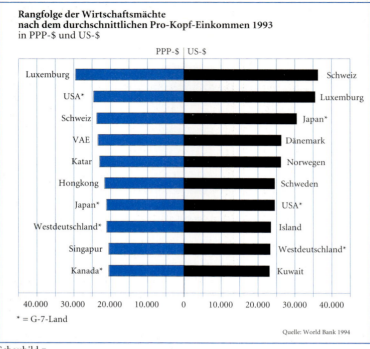

Schaubild 7

Der Index der menschlichen Entwicklung

Als Beitrag zur Suche nach einem umfassenderen sozioökonomischen Maßstab, der neben quantitativen auch qualitative Aspekte der menschlichen Lebensverhältnisse erfaßt, versteht sich der seit 1990 vom UN-Entwicklungsprogramm (UNDP) entwickelte Human Development Index (HDI). Der HDI berücksichtigt in seiner 1994 überarbeiteten Version neben dem in PPP-Dollars gemessenen Pro-Kopf-Einkommen auch die Lebenserwartung in den einzelnen Ländern und den Bildungsstand, gemessen am Alphabetisierungsgrad der Erwachsenen und am Einschulungsgrad [vgl. Kapitel *Lebensverhältnisse*].

Der »Index der menschlichen Entwicklung« hat in den letzten Jahren viel dazu beigetragen, die Diskussion über innerstaatliche Ungleichheiten, über die Notwendigkeit neuer Verfahren zur Messung des Wohlstands und über eine veränderte Prioritätensetzung in der internationalen Zusammenarbeit anzuregen. Er hat die Fragwürdigkeit des Pro-Kopf-BSP als des zentralen Indikators der Wohlstandsmessung weiter bestätigt.

Die auf seiner Basis aufgestellten Zeitreihen verweisen andererseits auch auf problematische Seiten. Dazu gehört vor allem die enge Datenbasis, die sich stark an Maßnahmen im Bildungs- und Gesundheitsbereich orientiert, die Entwicklungshilfegeber finanzieren. So weist der HDI für alle Weltregionen eine kontinuierliche Steigerung des Niveaus der menschlichen Entwicklung in den letzten drei Jahrzehnten aus. Wenngleich auch der »Bericht über die menschliche Entwicklung« die Ausbreitung der Armut in den letzten Jahrzehnten betont, spiegeln sich die unbestreitbaren entwicklungspolitischen Mißerfolge, vor allem in Afrika und Lateinamerika, im HDI überhaupt nicht wider. Ein Teilindikator für den Ernährungszustand fehlt beispielsweise völlig. Die elementare Fähigkeit zur Einkommenserzielung und -sicherung als Ausdruck der inneren Entwicklungspotentiale eines Landes wird zugunsten von Bildungs- und Gesundheitsindikatoren unterbewertet, die sich durch gezielte internationale Hilfsmaßnahmen, z. B. Impfkampagnen, relativ leicht beeinflussen lassen (vgl. dazu: Goldberg 1995).

Vom BSP zum Ökosozialprodukt?

Die zweifellos größte Herausforderung für das traditionelle Wachstumsmodell sind seine negativen ökologischen Implikationen. Daß es grundsätzlich korrigiert werden muß und qualitative Entwicklungsindikatoren gegenüber quantitativen stärker gewichtet werden müssen (vgl. Hauchler 1985), ergibt sich aus der heute kaum mehr bestrittenen Erkenntnis, daß das bisherige Modell des kapitalistischen Wachstums schon aus Gründen der globalen ökologischen Tragfähigkeit nicht zu verallgemeinern ist. So würde sich der Weltenergieverbrauch bei Fortschreibung der gegenwärtigen Wachstumspfade bis zum Jahr 2040 verdoppeln und läge damit rund viermal so hoch wie der vom *Intergovernmental Panel on Climate Change* (IPCC) ermittelte reduzierte Energieverbrauch, der zur Stabilisierung des Weltklimas erforderlich wäre [vgl. Kapitel *Energie*].

Sowohl auf der Makro- als auch auf der Mikroebene gilt, daß die überkommenen Leitgrößen wirtschaftlicher Entwicklung wie BSP oder BIP ausschließlich die finanziellen Transaktionen, und zwar unabhängig von ihrem Zweck, erfassen. Dadurch werden beispielsweise auch die Reparaturen ökonomisch bedingter Umwelt- und Gesundheitsschäden als positiver Beitrag für die Volkswirtschaft gewertet. Wird etwa ein Wald abgeholzt, so zählt die Wertschöpfung des erzeugten Holzes, nicht aber der Verlust des Biotops oder des Erholungswertes. Wird die Fläche dann wiederaufgeforstet, wird dies ebenfalls als Steigerung des Bruttosozialprodukts verbucht. Würde auf Unternehmensebene der natürliche Ressourcenverbrauch (z. B. bei einem Viehzuchtbetrieb die Überweidung) über die übliche rein betriebswirtschaftliche Kostenrechnung hinaus mit in die Bilanz eingerechnet, so fiele der Ertrag der Investitionen um bis zu 50%.

Ein Ansatz zur Korrektur der überkommenen Leitvorstellungen des Wirtschaftens sind die in letzter Zeit verstärkten Bemühungen um eine Reform der volkswirtschaftlichen Gesamtrechnungen, die in die Bildung eines »Ökosozialprodukts« münden sollen. Dabei geht es darum, nun endlich auch für das immer knapper werdende »natürliche Kapital« das zu praktizieren, was sich für das sogenannte »Sachkapital« seit Jahrzehnten als selbstverständlich eingebürgert hat: Abschreibungen auf den mit wirtschaftlichen Aktivitäten verbundenen Naturverbrauch zu ermitteln und in die Einkommensberechnungen einzubeziehen. Letztlich handelt es sich um Versuche zur Internalisierung externer Kosten, um eine ökologische Verschwendung von Ressourcen zu vermeiden. Zu diesem Zweck werden entweder Marktpreise zur monetären Bewertung der verbrauchten Naturgüter oder sogenannte »Vermeidungskosten« von präventiven Umweltschutzmaßnahmen ermittelt.

Die Diskussion hierüber wird freilich bis heute durch einen zentralen ordnungspolitischen Dissens bestimmt: Reicht eine Internalisierung externer Kosten über die Neugestaltung des Preissystems aus, um danach einer Art ökologisch geläuterter Marktwirtschaft das Feld zu überlassen, oder bedarf es darüber hinaus politischer Steuerungsinstrumente – etwa eines gestärkten Ordnungsrechts oder einer Vielfalt von Anreizsystemen –, um die ökologische Zerstörungsdynamik zu bekämpfen?

Ein weiteres mittelfristiges Problem wird durch eine ökologische Korrektur der herrschenden ökonomischen Leitvorstellungen – die allerdings in der Realität noch kaum irgendwo Platz gegriffen hat – nicht gelöst werden können, sondern bedarf gezielter politischer Weichenstellungen: Wie müssen ökonomische Wachstums- und eventuelle Schrumpfungsoptionen regional verteilt werden, um den Entwicklungsländern jene weltwirtschaftlichen Spielräume zu verschaffen, die sie brauchen, um Armut und Hunger wenigstens in ihren gröbsten und menschenunwürdigsten Formen in einem vertretbaren Zeitraum zu beseitigen?

Perspektiven und Optionen

Die Trends der weltökonomischen Entwicklung verweisen auf vielfältige gesellschaftliche Regelungsdefizite, denen bislang weder Wirtschaftstheorie noch -politik gerecht werden konnten. Die unkorrigierte Fortschreibung der vorherrschenden Trends wäre weltweit und innerhalb der Nationen mit der Verschärfung der Tendenzen zu sozialer Ungleichheit und mit der weiteren Zerstörung der natürlichen Lebensgrundlagen auf dem Planeten verbunden. Ein alternatives Entwicklungsszenario kann angesichts des bereits erreichten Internationalisierungsgrads freilich nicht im neuerlichen Rückzug auf die nationalstaatliche Ebene bestehen. Denn sowohl die sich verstärkende Tendenz zum Protektionismus als auch die »Besessenheit« (Krugman), mit der die »nationale« Wettbewerbsfähigkeit zur obersten Maxime der Wirtschaftspolitik gemacht wird, bergen letztlich die Gefahr verschärfter internationaler Konflikte, die nach der Auflösung des Ost-West-Gegensatzes jetzt mehr und mehr von den ökonomischen Interessen der dominanten Akteure bestimmt werden.

Eine andere Perspektive der Globalisierung

Ein alternatives Szenario muß sich an den Erfordernissen einer sozial- und umweltverträglichen Entwicklung der »Weltgesellschaft« ausrichten. Dies erfordert bewußte Wertentscheidungen für das Primat langfristiger Überlebensinteressen sowie sozialer Gleichheit und Gerechtigkeit in und zwischen den Nationen.

Dazu muß man wohl der Perspektive einer wildwuchernden Globalisierung über den Markt eine andere Perspektive der Globalisierung entgegenstellen, die an einem starken Multilateralismus festhält und von hier aus versucht, politische Handlungskompetenz gegenüber dem derzeit gegebenen Primat der Ökonomie zurückzugewinnen [vgl. Kapitel *Weltordnungspolitik*].

Ausgangs- und Ansatzpunkt einer solchen Perspektive kann die Tatsache sein, daß die Globalisierung der Ökonomie mit der Globalisierung sozialer und ökologischer Krisenprozesse einhergeht, die das Versagen bisheriger Entwicklungsstrategien gleichermaßen im Norden wie im Süden offenlegen. Nationale Strategien – wie sie beispielsweise in der Renaissance einer Politik der verstärkten Ausbildung von »Humankapital« zum Ausdruck kommen – können hier eine wichtige Rolle bei der Anpassung an bzw. der Abfederung von sozialen Risiken des Weltmarktes spielen, die die den Krisentendenzen zugrundeliegenden Triebkräfte aber nicht beschränken und schon gar nicht außer Kraft setzen. Letztlich führt kein Weg daran vorbei, das Hauptaugenmerk auf eine neue Qualität der politisch-gesellschaftlichen Regelung des Weltmarkts zu legen.

Regelungsbedarf im internationalen Handel

Mit dem Abschluß des Allgemeinen Zoll- und Handelsabkommens (GATT) und der Errichtung der neuen Welthandelsorganisation (WTO) 1995 hat sich die Diskussion um eine sozial- und umweltverträgliche Gestaltung des internationalen Handels belebt. Während Mainstream-Ökonomen und Vertreter von Unternehmerinteressen nach wie vor dem reinen Freihandel allgemeine Wohlfahrtswirkungen zuschreiben, sehen kritische Ökonomen, Gewerkschaften, Umwelt- und Sozialverbände Handlungsbedarf in mindestens drei Bereichen:

▶ Die negativen sozialen Auswirkungen des internationalen Handels und die Möglichkeiten der TNCs, Arbeitskräfte mittels ihrer transnationalen Investitionsstrategien gegeneinander auszuspielen, sollen durch die Verankerung international verbindlicher sozialer Mindeststandards (z. B. nach dem Muster der elementaren Sozialklauseln der ILO) eingedämmt werden.
▶ Analog sollen Umweltstandards internationales »Öko-Dumping« verhindern oder zumindest einschränken; zugleich wären die Transaktionskosten bei Umweltgütern, vor allem bei fossilen Brennstoffen, anzuheben.
▶ Schließlich wird gefordert, analog zum nationalen Wettbewerbsrecht auch im internationalen Handel verbindliche Regelungen für die unternehmerische Tätigkeit zu schaffen.

Für alle drei Bereiche ist die internationale Ebene von entscheidender Bedeutung, wenn Einfallstore für einseitige Instrumentalisierungen (Öko- und Sozialprotektionismus) wirksam versperrt werden sollen.

Neue Regeln für die transnationalen Konzerne

Im Unterschied zum internationalen Handel, der einer Fülle multilateraler Bestimmungen unterliegt, bewegen sich die internationalen Investitionen – von bilateralen Investitionsschutzabkommen und der Absicherung von Einzelprojekten durch die Multilaterale Investitionsversicherungs-Agentur (MIGA) der Weltbank abgesehen – in einem weitgehend rechtsfreien Raum. Ein 1995 gestarteter neuer Anlauf zu einem multilateralen Abkommen über internationale Investitionen ist bislang auf den Rahmen der OECD beschränkt und darauf ausgelegt, die Liberalisierungsbestrebungen der Konzerne rechtsverbindlich festzuschreiben, statt ein internationales Wettbewerbsrecht zu schaffen, das ökonomisch negative Konzentrationen einschränkt, und einheitliche soziale und ökologische Auflagen für grenzüberschreitende Investitionen durchzusetzen. Demgegenüber ist mit der *Commission on Global Governance* zu fordern, daß ein neuer Investitionskodex im multilateralen Rahmen der WTO und der UNO ausgehandelt werden muß, der neben Schutzbestimmungen für Direktinvestitionen auch Verpflichtungen für die TNCs enthalten sollte, deren Einhaltung international überwacht werden müßte. Darüber hinaus wären bei der Untersuchung von Möglichkeiten zur Besteuerung der internationalen Währungsspekulation auch Optionen zur Schaffung einer internationalen Unternehmenssteuer für die TNCs zu prüfen.

Reform der internationalen Finanzinstitutionen

Wenn es angesichts der Globalisierungstendenzen einen verstärkten weltwirtschaftlichen Steuerungsbedarf gibt, kommt schließlich den internationalen Finanz- und Währungsinstitutionen und ihrer Reform eine herausragende Bedeutung zu. Vor allem die Kompetenzen des IWF wären neu zu bestimmen [vgl. Kapitel *Finanzen*].

Um wirksam zu sein und der Interessenvielfalt der Akteure in der Weltökonomie gerecht zu werden, bedürfen gestärkte weltwirtschaftliche Steuerungsinstrumente einer breiteren Akzeptanz und Legitimationsbasis als bisher. Unabdingbar erscheinen deshalb die Einordnung der Bretton-Woods-Institutionen in den Rahmen des Systems der Vereinten Nationen und die Demokratisierung ihrer eigenen Strukturen. Erste Schritte in dieser Richtung wären die Einführung einer Berichtspflicht für IWF und Weltbank gegenüber wichtigen Gremien des UN-Systems und die Neuverteilung der Stimmrechte innerhalb der Institutionen nach dem von ihnen selbst entwickelten PPP-Maßstab. Denn wenn für die Welt der Ökonomie gilt, daß Kräfteverhältnisse nicht mehr ausschließlich nach dem Kriterium »One-Dollar-one-vote« bemessen werden können, dann sollte dieser Maßstab auch in den weltwirtschaftlichen Institutionen kein unumstößliches Kriterium mehr sein.

Literatur

Altvater, Elmar 1995: Wettlauf ohne Sieger. Politische Gestaltung im Zeitalter der Geo-Ökonomie, in: Blätter für deutsche und internationale Politik, Heft 2, S. 192–202.

van Dieren, Wouter (Hg.) 1995: Mit der Natur rechnen. Der neue Club-of-Rome-Bericht: Vom Bruttosozialprodukt zum Ökosozialprodukt, Basel–Boston–Berlin.

Commission on Global Governance 1995: Nachbarn in Einer Welt. Der Bericht der Kommission für Weltordnungspolitik, Texte Eine Welt Nr. 14, Stiftung Entwicklung und Frieden (Hg.), Bonn.

Eßer, Klaus/Wolfgang Hillebrand/Dirk Messner/Jörg Meyer-Stamer 1994: Systemische Wettbewerbsfähigkeit. Internationale Wettbewerbsfähigkeit der Unternehmen und Anforderungen an die Politik, Deutsches Institut für Entwicklungspolitik, Berlin.

Goldberg, Jörg 1995: Lebensstandardbemes-

sung, in: Blätter für deutsche und internationale Politik, Heft 4, S. 499–501.
Hauchler, Ingomar 1985: Vom Wohlstand zur Wohlfahrt, in: V. Hauff und M. Müller (Hg.), Umweltpolitik am Scheideweg: Die Industriegesellschaft zwischen Selbstzerstörung und Aussteigermentalität, München, S. 62–70.
ICDA (International Coalition for Development Action) 1995: An Alternative Report on Trade. An NGO Perspective on International Trade, Brüssel.
IMF div. Jgg.: Annual Report, Washington, D. C.
– div. Jgg., World Economic Outlook, Washington, D. C.
Krugman, Paul 1994: Competitiveness: A Dangerous Obsession, in: Foreign Affairs, No. 2/March–April.
– 1995: Globales Dorf – lokale Wirtschaft. Anmerkungen zu einer gängigen These, in: der überblick (ursprünglich in: New Perspectives Quarterly, Los Angeles), Nr. 1, S. 12–15.
Leipert, Christian 1989: Die heimlichen Kosten des Fortschritts. Wie Umweltzerstörung das Wirtschaftswachstum fördert, Frankfurt/M.
Luttwak, Edward N. 1994: Weltwirtschaftskrieg. Export als Waffe – aus Partnern werden Gegner, Reinbek bei Hamburg.
Narr, Wolf-Dieter/Alexander Schubert 1994: Weltökonomie. Die Misere der Politik, Frankfurt/M.
Porter, Michael E. 1993: Nationale Wettbewerbsvorteile. Erfolgreich konkurrieren auf dem Weltmarkt (Sonderausgabe), Wien.
Seitz, Konrad 1994: Deutschland und Europa in der Weltwirtschaft von morgen. Partner in der Triade oder Kolonie?, in: Merkur, Heft 9–10, S. 828–849.
Thurow, Lester 1993: Kopf an Kopf. Wer siegt im Wirtschaftskrieg zwischen Europa, Japan und den USA?, Frankfurt/M.
UN 1993: World Investment Report 1993. Transnational Corporations and Integrated International Production, New York.
– 1994: World Investment Report 1994. Transnational Corporations, Employment and the Workplace, New York.
UNCTAD 1995a: Recent Developments in International Investment and Transnational Corporations, TD/B/ITNC/2, Genf.
– 1995b: Incentives and foreign direct investment. Background report by the UNCTAD secretariat, TD/B/ITNC/Misc. 1, Genf.
UNDP 1992: Human Development Report 1992, New York–Oxford
– 1994: Bericht über die menschliche Entwicklung 1994, New York–Bonn
Weltbank, div. Jgg.: Weltentwicklungsbericht, Washington, D. C.
– div. Jgg.: Jahresbericht, Washington, D. C.
Wood, Adrian 1994: North-South Trade, Employment and Equality. Changing Fortunes in a Skill-Driven World, Oxford.
World Bank 1994: The World Bank Atlas 1995, Washington, D. C.
– 1995a: Global Economic Prospects and the Developing Countries 1995, Washington, D. C.
– 1995b: World Debt Tables 1994–95, Washington, D. C.
– 1995c: World Development Report 1995: Workers in an Integrating World, Washington, D. C.

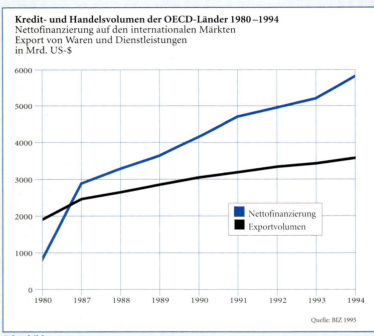

Schaubild 1

Finanzen

Seit Jahrzehnten wachsen die transnationalen Finanzmärkte; inzwischen haben sie ein Volumen erreicht, das größer ist und schneller wächst als das des Welthandels und der Weltproduktion. Die Finanzmärkte haben sich immer mehr verselbständigt und nationalen Steuerungsversuchen entzogen. Sie bestimmen weltweit Wechselkurse und Zinsniveau und beeinflussen – oft unabhängig von der realwirtschaftlichen Entwicklung – die Wettbewerbsbedingungen der nationalen Volkswirtschaften und damit auch Investitionen und Beschäftigung.

Das internationale Währungssystem ist instabil, die Wechselkurse stehen unter permanentem Druck, und die Inflationsgefahr bleibt akut. Das führt zu Wettbewerbsverzerrungen und mindert die Verläßlichkeit ökonomischer Entscheidungen; die Investitionstätigkeit wird behindert, und nationale Rivalitäten werden verschärft. Der internationale Geld- und Kapitalmarkt und der damit verbundene Handel mit Derivaten hat ungeahnte Dimensionen erreicht. Beides dient ausschließlich den Interessen der transnationalen Banken, Kapitalanleger und Unternehmen. Die Finanztransfers gehorchen einer eigenen Logik, die sich von volkswirtschaftlichen Bedürfnissen abkoppelt und nationale Geldpolitik aushebelt. Die internationale Verschuldung steigt weiter. Sie blockiert die wirtschaftliche Entwicklung, vor allem in Ländern der Dritten Welt; sie verstärkt Rezessionstendenzen und destabilisiert ihrerseits das internationale Finanzsystem.

Die internationalen Institutionen haben heute kaum Einfluß auf Währungen, Zinsen und Finanztransfers. Nur mit Hilfe einer internationalen Kreditaufsicht und mit ausreichender, offizieller internationaler Liquidität können die finanzwirtschaftlichen Verzerrungen, die weltweit Wachstum, Investition und Beschäftigung belasten, überwunden werden.

Die unregierbare Welt der Finanzen

Heftige Wechselkursschwankungen zwischen den wichtigsten Währungen der Welt, enorme internationale Kapitalbewegungen, eine starke Ausdehnung der Geldmärkte und des damit verbundenen Handels mit Derivaten sowie die unaufhaltsam zunehmende internationale Verschuldung von Staaten kennzeichnen seit Jahren die internationale Währungs- und Finanzentwicklung.

Die internationale Währungsordnung

Kennzeichen des internationalen Währungssystems ist also Instabilität. Statt zu konvergieren, driften die nationale Konjunktur- und Beschäftigungspolitik der Staaten und die Entwicklung der Preise auseinander. Das löst – meist rein spekulative – Kapitalbewegungen aus, die die Wechselkurse permanent unter Druck setzen. Von internationaler Geldwertstabilität kann nicht die Rede sein, wenn Währungen manchmal täglich um bis zu mehreren Prozentpunkten auf- oder abgewertet werden. Damit bleiben nicht nur die Inflationsgefahren akut; die reale Ökonomie gerät zudem unter den Druck preislicher Wettbewerbsverzerrungen, die langfristige Investitionen behindern und verschärfte Rivalitäten zwischen Staaten heraufbeschwören.

Die Europäische Union ist zwar auf dem Weg zur Währungsunion, die zu einer einheitlichen Währung zumindest in einigen »Kernstaaten« führen soll. Mit der Bildung des europäischen Zentralbanksystems sollen die nationalen Geldsysteme dieser Staaten in ein supranationales Währungssystem integriert werden. Aber die währungspolitische Integration wird forciert, obwohl die reale Konvergenz der westeuropäischen Ökonomien nirgends erkennbar ist und steigende soziale Kosten – etwa durch sehr hohe Arbeitslosigkeit – in Kauf genommen werden müssen.

Der globale Geld- und Kapitalmarkt

Die Geld- und Kapitalmärkte haben sich global integriert. Ihnen untergeordnet bleiben die vielfältigen nationalen Geld- und Kreditmärkte, auf denen Geldanleger und Kreditnehmer wesentlich ungünstigere Bedingungen hinnehmen müssen als die transnationalen Banken und Konzerne auf globaler Ebene.

Die transnationalen Geldmärkte haben sich von der »realen« Wirtschaft, d. h. vom Welthandel, gelöst. Sie wachsen inzwischen überproportional. Daneben gibt es eine Abkoppelung zweiten Grades: Die transnationalen Geldmärkte funktionieren nach einer eigenen Logik, die sie nun auch von den nationalen Geldmärkten abhebt. Nationale Währungsbehörden sehen der Entwicklung genauso hilflos zu wie der Internationale Währungsfonds (IWF), der einst zur Sicherung der internationalen Währungsstabilität gegründet wurde.

Der internationale Geld- und Kapitalmarkt und der darauf beruhende Handel mit Derivaten haben inzwischen fast unvorstellbare Dimensionen erreicht. Der

Kleines Lexikon wichtiger Fachbegriffe

Bank für Internationalen Zahlungsausgleich (BIZ): 1930 von den Zentralbanken der USA (Federal Reserve), Kanadas, Japans, Südafrikas und der Mehrheit der europäischen Zentralbanken gegründetes Koordinierungsorgan mit Sitz in Basel. Die Jahresberichte und andere Publikationen der Bank sind eine wertvolle, oft kritische Quelle zum Verständnis der Entwicklung auf den internationalen Währungs- und Finanzmärkten.

Derivate Instrumente: Rechte zum An- bzw. Verkauf von Aktien, Wertpapieren und festverzinslichen Anleihen, deren Preis von der Entwicklung des Börsenpreises (Kurs) oder Zinssatzes der ihnen zugrundeliegenden Papiere (»Basisprodukte«) abhängt.

Direktinvestitionen: Investitionen eines Konzerns außerhalb des Ursprungslandes der Muttergesellschaft.

Europäisches Zentralbanksystem: Im Entstehen begriffene Institution der EU, die Aufgaben der (supranationalen) Zentralbank übernehmen wird. Ihre institutionellen und technischen Voraussetzungen werden z. Zt. vom Europäischen Währungsinstitut (EWI) in Frankfurt a. M. erörtert bzw. geschaffen.

Futures (»financial futures«): Eine besondere Art von Terminkontrakten an den weltweiten Börsen auf der Grundlage der Preis- bzw. Kursentwicklung der »Basis«-Werte. Dabei wird der An- bzw. Verkauf einer festgelegten Menge an Wertpapieren, Devisen oder festverzinslichen Wertpapieren an einem festgelegten Termin zu einem festen Preis vereinbart. Dieser ist bei **Aktienindexfutures** eine gewogene Meßzahl für die Kursentwicklung der wichtigsten Aktiengesellschaften; bei **Währungsfutures** festgelegte Kurse der wichtigsten internationalen Währungen; bei **Zinsfutures** geht es um festverzinsliche (Staats-)Papiere und (private) Bankeinlagezertifikate (certificates of deposit). Darüber hinaus werden Edelmetall-Termingeschäfte und Kontrakte in landwirtschaftlichen Produkten und anderen Waren getätigt.

Internationale Kreditgewährung (Eurogeldmarkt): Devisenkreditgeschäfte, z. B. DM-Kredite einer US-Bank in Luxemburg an einen Kreditnehmer in Großbritannien. Diese Art von (privater) Kreditgewährung entwickelte sich in den 60er Jahren, als US-Banken zahlreiche Auslandsniederlassungen in London gründeten. Die Bank of England verzichtete auf Kontrolle bzw. Überwachung dieser Geschäfte. In den 70er Jahren entwickelten sich weitere »Euromarkt-Finanzplätze« wie Luxemburg und andere »Off-shore«-Standorte. Der institutionelle Aufbau war in den 80er Jahren weitgehend abgeschlossen. Heute sorgt vor allem die Erfindung ständig neuer »Finanzierungstechniken«, die als »Finanzinnovationen« bezeichnet werden, für immer weitere Expansion.

Internationaler Währungsfonds (IWF): Nach dem Abkommen von Bretton Woods (1944) am 27. 12. 1945 gegründete internationale Organisation für die währungspolitische Koordination der Staaten. Ursprünglich als supranationale Verwaltungsstelle eines internationalen Kreditsystems mit festem Wechselkurssystem für die (Industrie-)Staaten gedacht. Seit dem Zusammenbruch des »Bretton-Woods-Systems« 1971 (Aufgabe des Systems fester Wechselkurse) und dem zweiten Änderungsabkommen von 1978 konzentriert sich der IWF auf das währungspolitische »Krisenmanagement« der Entwicklungsländer.

IWF-Fazilitäten: Kreditmittel, die der IWF seinen Mitgliedern für bestimmte Zwecke und aus bestimmten Anlässen zur Verfügung stellt, z. B.: erweiterte Fondsfazilität zur Überbrückung schwerer Zahlungsbilanzschwierigkeiten, Ölfazilität, Fazilität für Rohstoffausgleichslager, Strukturanpassungsfazilität etc.

IWF-Sonderziehungsrechte (SZR): Kreditmittel, die der IWF seinen Mitgliedsländern entsprechend deren Einzahlungen (»Quoten«) auf Antrag einräumt. Die SRZ wurden in den

60er Jahren zur Sicherung des Welthandels geschaffen. Der Wert eines SZR entspricht einem »Korb« aus fünf Währungen (US-$, DM, FFranc, Pfund Sterling, Yen).
Swaps: Tauschgeschäfte, die den Partnern eine Risiko-»arbitrage« (-minderung) erlauben.
Währungsswaps: Devisentauschgeschäfte. Dem Partner werden sofort Devisen zur Verfügung gestellt (»Kassageschäft«), gleichzeitig wird der Rückkauf zu einem festen Termin und Kurs vereinbart.
Zinsswaps: Partner, die wegen ihrer unterschiedlichen Kreditwürdigkeit unterschiedliche Zinssätze an den Finanzmärkten zu zahlen haben, vereinbaren die Übernahme ihrer jeweiligen Zahlungsverpflichtungen. Unter bestimmten Bedingungen ergeben sich hierbei für beide Partner gewisse Vorteile.
Währungsreserven: Ausländische Zahlungsmittel, die einer Nation (der jeweiligen Zentralbank) zur Verfügung stehen.
Zahlungsbilanz: Statistik aller Transaktionen einer Nation mit dem Ausland.

Umfang der internationalen Kredite übertrifft bei weitem das Kreditvolumen jeder nationalen Ökonomie. Der Umfang des Handels mit Derivaten übersteigt noch das weltweite Geldvolumen. Nationale Geldpolitik wird unmöglich gemacht oder ad absurdum geführt. Von einer funktionierenden Bankenaufsicht kann nicht die Rede sein. Sollte es einmal zu einem großen Börsencrash kommen, was angesichts der geschichtlichen Erfahrung niemand ausschließen kann, so könnte er die gesamte reale Ökonomie weltweit in einen tiefen Rezessionssog hineinreißen. Auch über expandierende Spekulation kann sich niemand freuen: Zu hoch sind die sozialen und ökologischen Kosten eines primär auf kurzfristige Gewinne zielenden transnationalen Anlage- und Verschuldungssystems.

Das Beispiel Mexiko hat Ende 1994 eindrucksvoll gezeigt, wie labil die Integration schwächerer Staaten in das transnationale Währungs- und Kreditsystem ist. Dabei haben viele institutionelle Anleger der Industrieländer (Pensionsfonds, Geldfonds usw.) durch den permanent drohenden Staatsbankrott hochverschuldeter Länder des Südens hohe Verluste zu gewärtigen. In diesen Ländern werden zudem, wenn die öffentlichen Ressourcen zur Schuldentilgung nicht mehr ausreichen, alle sozialen Kosten weiterhin auf die ärmeren Bevölkerungsschichten abgewälzt.

Das internationale Währungs- und Kreditsystem ist also nicht nur instabil, es birgt auch ein enormes Gefahrenpotential: Es kann starke Rezessionstendenzen in der Weltökonomie auslösen; es untergräbt die Entwicklungsmöglichkeiten vieler Staaten; und es stellt supranationale Integrationserfolge, die einst Voraussetzung seiner Bildung waren, in Frage.

Defizite und Trends

Handlungsbedarf im internationalen Währungssystem

Die Notwendigkeit, das internationale Währungssystem stabiler und besser kontrollierbar zu machen, wird allgemein anerkannt. Die Diskussion um seine Reform konzentriert sich vor allem auf folgende Fragen:
▶ Sind »stabile Wechselkurszonen« zumindest zwischen den wichtigsten Ökonomien möglich?
▶ Kann die internationale Liquidität hochverschuldeter Staaten gesichert werden?
▶ Was bedeutet die Europäische Währungsunion für die internationale Stabilität der Wechselkurse?

Optimale Wechselkurszonen

Die Schaffung von Wechselkurszonen bedeutet, daß bei frei schwankenden Wechselkursen die Bandbreite der Wechselkursveränderungen eingeschränkt werden kann. Man rückt also nicht von der Vorstellung ab, schwankende Wechselkurse seien für die Weltökonomie besser als das frühere System fester Wechselkurse, welches bis 1973 Grundlage des sogenannten Bretton-Woods-Systems war [vgl. *Der IWF und die Stabilität der Wechselkurse*]. Seitdem »floaten«, d. h. schwanken die Wechselkurse der wichtigsten Währungen. Deshalb stellt sich das Problem, »Überreaktionen der Devisenmärkte« zu verhindern, die inzwischen ein tägliches Umtauschvolumen von etwa 1.000 Mrd. US-$ erreicht haben.

Der IWF und die Stabilität der Wechselkurse

Das 1944 geschaffene Bretton-Woods-System zur Aufrechterhaltung stabiler Wechselkurse stützte sich auf politische Abkommen und Verhandlungen zwischen den Staaten über das Wechselkursverhältnis ihrer Währungen. Diese Vereinbarungen wurden 1973 von den USA gekündigt und damit aufgehoben. Von nun an bekamen die privaten Geld- und Kreditmärkte die Oberhand. Seitdem kommen die Behörden mit ihren zaghaften Kontrollbemühungen nicht nach. Inzwischen haben die privaten Geldmärkte ein solches Volumen erreicht, daß sie jede Möglichkeit der Staatsintervention in den Schatten stellen. Nur in Krisenzeiten können punktuell Mittel eingesetzt werden, um den Kollaps des transnationalen Bankensystems zu verhindern.

Der IWF kann keinen Einfluß auf die Wechselkurse der Schlüsselwährungen nehmen. Seine Funktion bleibt darauf beschränkt, schwächere Staaten, die ihre Währung an eine Schlüsselwährung gebunden haben, bei der Bereitstellung von Devisen in Krisenzeiten zu unterstützen.

Bekanntlich ist dies mit hohen sozialen Kosten verbunden: Die Bereitstellung dieser Devisen wird nämlich normalerweise von der Abwertung der nationalen Währung abhängig gemacht (»konditioniert«), was starke Preissteigerungen insbesondere für Grundnahrungsmittel verursacht. Außerdem wird zur Senkung der Staatsdefizite in der Regel eine Kürzung der Sozialausgaben verlangt, was zur weiteren Verschlechterung der Lebensverhältnisse der ärmeren Gesellschaftsschichten führt.

Marktintervention

Ein Instrument zur kurzfristigen Eingrenzung übermäßiger Wechselkursschwankungen ist die direkte Marktintervention der Zentralbanken. Kommt eine bestimmte Währung unter Druck, dann können sie auf den internationalen Devisenmärkten ihre eigene Währung im Austausch für die unter Druck geratene Währung einsetzen. Dieser Mechanismus findet seine Grenzen zum einen, wenn trotz der Zentralbankintervention der Abwertungsdruck fortbesteht, zum anderen, wenn durch die Intervention Inflationsgefahren akuter werden, weil sich die Liquidität im intervenierenden Land erhöht.

Tatsächlich zeigt der Umfang der Devisenmarktinterventionen während der Dollarkrise des Jahres 1995, wie beschränkt die Handlungsmöglichkeiten der Zentralbanken sind. Gegenüber der DM verlor der Dollar trotz Zentralbankinterventionen in Höhe von umgerechnet mehreren Milliarden US-$ im ersten Halbjahr 10–12 % an Wert; gegenüber dem Yen verlor er 15–20 % [vgl. Schaubild 2].

In Europa kamen zwischen 1993 und 1995 vor allem die italienische Lira, die spanische Peseta, das britische Pfund und der portugiesische Escudo unter Druck. Gegenüber der DM verloren sie in dieser Zeit 29, 25, 24 bzw. 18 % an Wert. 1992 erreichten die DM-Verkäufe der Deutschen Bundesbank 263 Mrd. DM, 1993 waren es 191 Mrd. DM; und die Käufe betrugen 75 Mrd. DM und 92 Mrd. DM. Im Jahre 1994 kam die DM unter Druck, und die Bundesbank mußte mehr DM ankaufen.

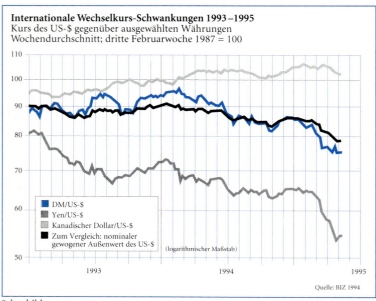

Schaubild 2

Zinsmanipulation

Neben direkten Devisenmarktinterventionen können die Zentralbanken auch Zinsveränderungen beschließen, um auf die Wechselkurse Einfluß zu nehmen. Damit bewirken sie Kapitalbewegungen, deren Auswirkungen auf die Devisenmärkte von den spekulativen Erwartungen der Anleger abhängen. Denn je höher die Zinsen in einem Land steigen, desto attraktiver werden die Kapitalanlagen in dessen Währung, was entsprechende Anreize für Kapitalbewegungen – vor allem kurzfristiger Art – schafft.

Zu diesem Instrument wurde vor allem in den 80er Jahren in den USA gegriffen. In der letzten Periode starker Wechselkursschwankungen zwischen 1993 und 1995 hielten sich die Zentralbanken bei Zinsmanipulationen zurück. Die Binnenkonjunktur der meisten Länder – vor allem die der USA – ließ kaum Spielraum für Zinssteigerungen zur Stützung der Währung. Hätte das Federal Reserve, die amerikanische Zentralbank, die Zinsen angehoben, um den Dollar zu stützen, wäre die schwache Konjunkturerholung in den USA abgewürgt worden.

Es wird deutlich, daß, unabhängig vom Wollen oder Wünschen der Behörden, die staatlichen und zwischenstaatlichen Interventionsmöglichkeiten zur Herstellung »optimaler Wechselkurszonen« minimal sind. Im Vergleich zu den täglichen Umsätzen an den Devisenmärkten können die Zentralbanken keine ausreichend hohen Beträge zur effektiven Gegensteuerung aufbringen. Die politischen Vereinbarungen zugunsten einer konvergenten Wirtschaftsentwicklung der einzelnen Länder haben nie den dafür erforderlichen Umfang und die nötige Verbindlichkeit erreicht. Ohne eine solche Konvergenz wird es aber immer wieder zu starken Wechselkursschwankungen kommen.

Internationale Liquidität

Unter internationaler Liquidität sind die Gold- und Devisenreserven der Staaten und ihre Guthaben an Sonderziehungsrechten beim IWF, ihre Reserven (Einzahlungen) beim IWF und offizielle ECU-Guthaben zu verstehen. Es sind also die den Staaten zur Verfügung stehenden konvertierbaren Währungsguthaben.

Währungsreserven

Insgesamt haben sich die Währungsreserven seit 1981 fast verdreifacht [vgl. Tabelle 1], wobei der Anteil der Entwicklungsländer – hauptsächlich wegen der hohen Devisenreserven Taiwans und einiger asiatischer Länder – etwas zugenommen hat. Der größte Zuwachs ist bei den Devisenreserven zu verzeichnen; die SZR des IWF sind ebenso wie die Goldreserven weitgehend konstant geblieben. Das jährliche Wachstum der Währungsreserven betrug 8,5 %, während der Welthandel in der gleichen Periode jährlich um 4,6 % wuchs.

Die Zunahme der Devisenreserven wird vor allem durch den Aufbau von Dollarguthaben erklärt – ein Spiegelbild der hohen Leistungsbilanzdefizite der USA in den letzten Jahren. Das bedeutet, daß sich die internationale Liquidität gerade bei den Ländern akkumuliert, die sie am wenigsten benötigen, nämlich bei den Überschußländern. Defizitländer gehen dagegen leer aus. Diese neigen dazu, ihr Defizit durch Einfuhrbeschränkungen zu verringern.

IWF-Sonderziehungsrechte

Gegen diese für die Weltkonjunktur schädliche Politik und besonders gegen drohende Zahlungsunfähigkeit von Defizitländern wurden in den 60er Jahren Sonderziehungsrechte (SZR) beim IWF geschaffen, d. h. offizielle Kreditmöglich-

Entwicklung der Weltwährungsreserven 1981–1994 in Mrd. US-$			
	1981	1990	1994[1]
Gesamtreserven	424,6	947,1	1.217
Reservekomponenten			
Gold	40,3	39,7	38,4
Sonderziehungsrechte	19,1	29	23
IWF-Reserveposition	24,8	33,8	46,3
Guthaben in offizieller ECU	50,2	64,1	69,6
Devisen	290,3	780,5	1.049,7
darunter:			
US-$	205,5	429,1	639,4
DM	38,2	153,8	181,3
Japanischer Yen	12,5	72,9	97,9
Pfund Sterling	6,2	25,2	37,1
Ländergruppen			
Industrieländer	251,4	622,7	665,7
Entwicklungsländer	173,2	324,4	561,3
Asiatische Schwellenländer	23,6	139	236,9
Ölexportierende Länder	80,8	62,2	64,9
Alle anderen Entwicklungsländer	68,8	123,2	295,5

[1] Vorläufig

Quelle: Deutsche Bundesbank

Tabelle 1

keiten für Defizitländer. Besondere »Fazilitäten« wurden eingerichtet, d.h. Kreditrahmen, die einzelne Länder unter bestimmten Bedingungen (etwa bei unerwartetem Rückgang der Ausfuhreinnahmen, zu hohen Ölrechnungen usw.) in Anspruch nehmen können. Es wird seit langem kontrovers diskutiert, ob diese Kreditmöglichkeiten erweitert werden müssen.

Gegner einer Erweiterung der SZR argumentieren, Defizitländer würden die nötigen Reformen zur Eindämmung ihrer Handelsbilanzdefizite zu lange hinausschieben, wenn sie über zusätzliche offizielle Kredite verfügten. Außerdem führen sie an, es gebe keinen internationalen Liquiditätsengpaß, vielmehr habe das Wachstum der internationalen Liquidität dem Welthandelswachstum standgehalten, und zu hohe internationale Liquidität schaffe große Inflationsgefahren. Ein »automatischer« Zugriff der Defizitländer auf offizielle Kreditfazilitäten dürfe nicht geduldet werden, da es die Haushaltsdisziplin der jeweiligen Regierungen untergraben könne, wenn sie sich »zu leicht« im Ausland verschulden könnten.

Dies bedeutet aber, daß für Defizitländer der Zugang zu multilateralen Kreditmöglichkeiten sehr beschränkt ist. In Ermangelung internationaler Kreditabkommen werden bilaterale Vereinbarungen getroffen – wie etwa zwischen den USA und Mexiko bei der jüngsten Krise –, oder die Defizitländer verschulden sich auf dem privaten Geld- und Finanzmarkt. Denn dieser bleibt unabhängig von den offiziellen Interventionen »liquide«, schon weil entgegen früheren Vereinbarungen die Zentralbanken gerade dort ihre Reserven anlegen.

Als geringe Zugeständnisse gegenüber den neuen Mitgliedsstaaten des IWF (vor allem den Transformationsländern Mittel- und Osteuropas) hat die Gruppe der sieben wichtigsten Industriestaaten (G7) auf der IWF-Jahrestagung im September 1994 in Madrid vorgeschlagen, diesen einen anteilsmäßig »gerechten« Zugang zu SZR zu gewähren. Gleichzeitig sollen anderen Ländern auch gewisse zusätzliche Fazilitäten eingeräumt werden. Ein Kompromißpaket, das diese Vorschläge umfaßt, konnte aber bisher nicht geschnürt werden.

Neben den rational begründbaren Argumenten gegen die Erweiterung der »automatischen« Kreditfazilitäten defizitärer Länder ist das Interesse der Überschußländer an eigenen Zinsgewinnen und an der Stärkung ihrer bilateralen Verhandlungspositionen das Motiv dafür, daß die offiziellen multilateralen Kreditmöglichkeiten weiterhin beschränkt bleiben. Sie befinden sich auf einem lächerlich niedrigen Stand.

Die Europäische Währungsunion

Ein Versuch, über umfassende Koordinierung der Wirtschaftspolitik zur Währungsstabilität zu gelangen, ist die Schaffung der Europäischen Währungsunion (EWU). Mitte 1995 befand sie sich in ihrer zweiten Stufe. Der Beginn der dritten und letzten Stufe ist für Anfang 1999 vorgesehen. Die derzeit wichtigste institutionelle Neuerung ist die Einrichtung des Europäischen Währungsinstituts (EWI) mit Sitz in Frankfurt am Main (seit 1994). Es hat den Ausschuß der EG-Notenbankpräsidenten ersetzt und ist Vorläufer der Europäischen Zentralbank.

Aufgaben des EWI

Das EWI hat eine doppelte Aufgabe: Es muß durch geldpolitische Koordinierung der EU-Mitgliedstaaten für die Voraussetzung der EWU, nämlich die Konvergenz der Wirtschaftsleistungen in den einzelnen Staaten, sorgen, damit, wie vorgesehen, der Eintritt in die dritte Stufe mit »unwiderruflich festen Wechselkursen« erfolgen kann. Außerdem muß es den regulatorischen, organisatorischen und logistischen Rahmen für das Europäische System der Zentralbanken (EZBS) schaffen.

Der Aufgabenkatalog reicht von der Entwicklung der geldpolitischen Instrumente über die Harmonisierung des Zahlungsverkehrs bis hin zur Überwachung der Vorarbeiten für die Banknoten der künftigen Gemeinschaftswährung. Die technischen Vorarbeiten müssen bis 1996 abgeschlossen sein. Nur so wäre der im Maastricht-Vertrag festgelegte frühestmögliche Termin für die Wirtschafts- und Währungsunion, nämlich der 1.1.1997, einzuhalten. Wenngleich dieser Termin nicht realistisch erscheint, laufen die Vorbereitungen für die Union zumindest auf bürokratischer Ebene auf Hochtouren.

Zu den politisch wichtigsten Themen, die das EWI bearbeitet, gehört die Frage der Geldmengensteuerung in der Währungsunion. Es muß eine »geldpolitische Strategie« formuliert werden, wie innerhalb des EZBS die Geldmenge überwacht und unter den Staaten verteilt wird. Die Deutsche Bundesbank besteht zwar darauf, die bekannten Definitionen und Bemessungsformen der Geldmenge zur Grundlage der Geldmengensteuerung in der Union zu machen. Es gibt aber erhebliche Zweifel, ob die entsprechenden Kennzahlen tatsächlich die Beziehungen zur Preisentwicklung und zur Gesamtnachfrage der jeweiligen Ökonomien zuverlässig anzeigen. Noch wichtiger ist, daß solche pauschalen Kennzahlen die besonderen Erfordernisse der Regionen oder Staaten mißachten, deren Preisentwicklung von der in stabilen Ländern abweicht. Eine an den Grundsätzen der Deutschen Bundesbank orientierte EU-Geldpolitik könnte die regionalen Einkommens- und Beschäftigungsunterschiede erheblich verschärfen – es sei denn, es würden fiskalische oder andere Gegenmaßnahmen ergriffen.

Das EWI ist außerdem damit beschäftigt, die Voraussetzungen für einen schnellen grenzüberschreitenden Zahlungsverkehr herzustellen, damit Zahlungen innerhalb der Union zügiger geleistet werden können und nicht, wie bisher, bis zu zwei Wochen dauern. Schließlich werden Druck und Pressung gemeinsamer Banknoten und Münzen angestrebt. Dabei sind Name, Stückelung und Design noch unklar. Aller Voraussicht nach wird es acht Münzen und sieben Scheine mit Werten zwischen fünf und 500 ECU geben. Was den Namen betrifft, so ist »Franken« derzeit ein aussichtsreicher Kandidat.

Währungsunion der »Kernländer«?

Die Diskussion über solche Kleinigkeiten scheint fast absurd angesichts der Tatsache, daß 1993, kurz vor Eintritt in die zweite Phase der Währungsunion, das Europäische Währungssystem faktisch zusammengebrochen ist; nun sind Wechselkursabweichungen innerhalb des »Systems« von ± 15% zugelassen, und die Währungsinstabilität hat sich seitdem eher verschärft als gemindert. Auch von einer konvergierenden Wirtschaftsentwicklung in den EU-Ländern kann nicht gesprochen werden.

Daher wird diskutiert, ob es nicht sinnvoll wäre, die Währungsunion zunächst nur zwischen einigen Kernländern, die bereits die Konvergenzkriterien erfüllen, zu bilden. Diese Idee wird u. a. von Italien vehement bekämpft, da es mit seiner instabilen Währung sicherlich der dritten Stufe nicht sofort beitreten und damit innerhalb der EU an politischem Gewicht verlieren würde. Spanien, Griechenland, Portugal und andere EU-Mitgliedsländer befinden sich in ähnlicher Lage.

Unabhängig davon, wie viele Teilnehmer die dritte Phase der Währungsunion zunächst hat, zeigt die Entwicklung in Westeuropa: Die einzige Möglichkeit zur Herstellung »unwiderruflich fester Wechselkurse« ist die Aufhebung nationaler Währungen, also die Wirtschafts- und Währungsunion, und als Voraussetzung die politische Union. Nur dort, wo keine Währungen untereinander auszutauschen sind, wird es keine Wechselkursschwankungen und dadurch ausgelöste Instabilitäten und Disparitäten in der Konjunktur- und Beschäftigungspolitik und im realwirtschaftlichen Prozeß geben.

Anpassung an transnationale Wirtschaftsstrukturen

Die EU wird jedoch mit der Währungsunion kaum mehr vollziehen als eine vom globalen Markt, also von außen aufgezwungene institutionelle und politische Anpassung an die »reale« Ökonomie des westeuropäischen Raums, die zunehmend in transnationale Produktionsstrukturen integriert bzw. von diesen geprägt wird. Dort, wo nationale Ökonomien ihre besonderen Merkmale verlieren, weil sie von transnationalen Konzernen als »Systemführern« beherrscht werden [vgl. die Kapitel *Weltinnenpolitik* und *Ökonomien*], verlieren nämlich nationale Währungen ihren Sinn.

Deshalb ist der Widerstand z. B. Großbritanniens gegen die währungspolitische Integration so lange eine Karikatur, wie nicht gleichzeitig Widerstand gegen die weitere und zunehmende Transnationalisierung der Produktionsstrukturen angemeldet wird. Aber gerade die britischen Konservativen sehen das Heilmittel gegen den wirtschaftlichen Niedergang ihres Landes darin, dieses immer mehr und intensiver zur Plattform einer erweiterten Weltmarktproduktion zu entwickeln.

Mit der Währungsintegration in Westeuropa wird das internationale Währungssystem nicht viel stabiler werden: Zwar wird sich die für Spekulation verfügbare Zahl von Währungen vermindern. Zwischen Dollar, Yen und ECU (oder wie immer die europäische Währung dann heißen mag) werden die Auf-

und Abwertungskämpfe weiter toben, solange nicht auf globaler Ebene Reformen zur Währungsstabilisierung durchgesetzt werden.

Der Boom im internationalen Finanzgeschäft

Kredite

In den 70er Jahren stieg das Volumen der privaten internationalen Kredite um 900%, in den 80er Jahren um 400%. In den 90er Jahren ging das Wachstum etwas zurück, weil inzwischen auch transnationale Banken gewisse Solvenzkriterien erfüllen müssen, die ihren Kreditmöglichkeiten Schranken auferlegen. Anders als früher, als sie bei ihren Krediten auf das Verhältnis ihrer Kreditausgabe zum Eigenkapital keine Rücksicht zu nehmen brauchten, dürfen sie heute das 20fache dieses Eigenkapitals nicht überschreiten.

Die privaten Finanzmärkte

Die Kreditgewährung auf den internationalen Finanzmärkten läßt inzwischen das Bruttosozialprodukt der größten Industrieländer hinter sich. 1994 erreichte das Volumen der internationalen Finanzierung rund 6.700 Mrd. US-$, das Bruttoinlandsprodukt der USA betrug dagegen nur ca. 6.500 Mrd. US-$, das Japans ca. 3.300 Mrd. US-$ und das Deutschlands ca. 2.000 Mrd. US-$ [vgl. Tabelle 2]. Die Kreativität, mit der neue Finanzierungsinstrumente erfunden werden, die Anlage- und Verschuldungsmöglichkeiten erweitern, ist ungebrochen. Hier hat sich eine internationale Liquiditätsmaschinerie gebildet, die ihre eigene Logik jenseits der »realen« Ökonomie besitzt. Sie bestimmt das Geschehen auf den internationalen Geld- und Kreditmärkten.

Die Bedeutung der privaten transnationalen Finanzmärkte liegt in ihrem Volumen, das unvergleichlich viel größer ist als die offiziellen Reserven der Staaten. Sowohl Bankkredite als auch internationale Wertpapieremissionen übertreffen im Umfang bei weitem die staatliche internationale Kreditgewährung und -aufnahme. Rund 500 Mrd. US-$ staatlicher internationaler Kreditgewährung stehen 5.830 Mrd. US-$ an privater internationaler (Netto-)Finanzierung gegenüber. Die Bedeutung der transnationalen Märkte zeigt sich auch im Vergleich zu den nationalen Kredit- und Emissionsaktivität. Die gesamten Bankaktiva in Deutschland betrugen Ende 1994 umgerechnet ca. 3.500 Mrd. US-$. Die Forderungen der Banken auf den internationalen Geldmärkten erreichten dagegen brutto 7.103 Mrd. US-$ und netto 4.133 Mrd. US-$. Zwar erreicht das internationale Finanz- und Kreditvolumen anteilsmäßig in keinem Land die Höhe der inländischen Finanz- und Kreditgeschäfte. Der globale Umfang der internationalen Geschäfte übertrifft aber das Geschäft in jedem einzelnen Land. Der transnationale Finanz- und Kreditmarkt dominiert damit auch die nationalen Märkte, die sich seinen Bedingungen anpassen müssen.

Alle internationalen Finanzierungsformen zusammen ergaben Ende 1994 ein Finanzierungsvolumen von 5.830 Mrd. US-$. Die Banken trugen 4.240 Mrd. US-$ hierzu bei; internationale Anleihen von Banken, Staaten und Unternehmen beliefen sich auf 2.047 Mrd. US-$; die kurzfristigen Schuldtitel, die ebenfalls von Banken, Unternehmen und Staaten unter dem Titel »Euro-Notes« auf den transnationalen Finanzmärkten ausgegeben werden, auf 406 Mrd. US-$ [vgl. Tabelle 2]. Diese Zahlen sind um »Doppelzählungen« bereinigt und spiegeln nur die tatsächliche Zunahme (netto) des ausge-

Nettofinanzierung auf den internationalen Märkten 1974–1994
Stand am jeweiligen Jahresende in Mrd. US-$ (Schätzung)

	1974	1980	1991	1992	1993	1994
Auslandsforderungen der berichtenden Banken	363	1.274	6.017	6.198	6.465	7.103
Inlandsforderungen in Fremdwährung	1.179	1.154	1.127	1.269		
abzüglich Wiederanlagen zwischen Banken	143	499	6.731	3.692	3.812	4.133
A = internationale Ausleihungen der Banken netto	220	775	3.465	3.660	3.780	4.240
B = Euro-Note-Plazierungen netto			140	177	256	406
Bruttoabsatz internationaler Anleihen						
abzüglich Tilgungen und Rückkäufe						
C = Nettoabsatz internationaler Anleihen			1.570	1.687	1.850	2.047
D = A+B+C = internationale Finanzierung insgesamt			5.174	5.524	5.886	6.694
abzüglich Doppelzählungen			514	584	706	864
E = internationale Finanzierung (netto) insgesamt			4.660	4.940	5.180	5.830

Quelle: BIZ, div. Jge.

Tabelle 2

liehenen Geldkapitals wider. Sie stellen einen guten Index der transnationalen Akkumulation von Geldkapital dar.

Direktinvestitionen

Mit der zunehmenden Globalisierung der realen Ökonomie, die in weltweit operierenden transnationalen Konzernen, »joint ventures« und strategischen Allianzen sichtbar wird, stiegen die Direktinvestitionen in den letzten zehn Jahren sprunghaft an. Lag der Jahresdurchschnitt 1976–1980 und 1981–1985 noch bei 39,5 und 43,0 Mrd. US-$, so waren es 1986–1990 schon durchschnittlich 162 Mrd. US-$ jährlich. Seit 1991 übertreffen die Direktinvestitionen im Ausland jährlich die Summe von 170 Mrd. US-$ [vgl. Tabelle 3]. Das ist zwar nur ein Bruchteil der Bruttokapitalbildung der OECD-Länder, die 1994 ca. 3.500 Mrd. US-$ erreichte. Da sich jedoch die ausländischen Direktinvestitionen auf »strategische« Zweige und Bereiche konzentrieren, haben sie eine volkswirtschaftliche Bedeutung, die weit über das Verhältnis hinausgeht, das in diesen Globalzahlen ausgedrückt wird [vgl. die Kapitel *Ökonomien* und *Handel*].

Die Direktinvestitionen konzentrieren sich zu etwa 90 % in den Industrieländern [vgl. Tabelle 3], davon mehr als die Hälfte in den USA, Japan und Großbritannien. Der Anteil der Entwicklungsländer liegt kaum über 10 % [vgl. Schaubild 3].

Das transnationale Bankgeschäft

Bei den transnationalen Bankausleihungen fällt zunächst auf, daß sich sowohl Forderungen als auch transnationale Ausleihungen der Banken – wie Direktinvestitionen – in Ländern des »Berichtsgebiets« der BIZ konzentrieren, und das sind in erster Linie die entwickelten Industriestaaten und deren insulare Ableger in der Karibik und anderswo. Zudem bleiben trotz kursierender Mel-

Weltweite Direktinvestitionen 1976–1993
in Mrd. US-$ (Jahresdurchschnitt)

	1976–80	1981–85	1986–90	1991	1992	1993
Abflüsse ingesamt	39,5	43	167	187	179	233
Industrieländer	39	41	159	178	161	198
darunter:						
USA	17	7,6	25	31	41	59
Japan	2,3	5,1	32,1	31	17	18
Großbritannien	7,8	9,2	28,1	16	19	30
übriges Europa	10	15	64	91	80	80
Entwicklungsländer	0,8	1,8	9,1	9,5	18	36
darunter:						
Asien	0,1	1,1	7,8	7,2	15	30
Lateinamerika	0,2	0,2	0,6	1,3	0,8	2,9
Zuflüsse ingesamt	31,8	55	152	152	153	239
Industrieländer	25,3	36	127	108	95	135
darunter:						
USA	9	19	53	26	10	60
Japan	0,1	0,3	0,3	1,4	2,7	0,9
Großbritannien	5,6	4,3	21,7	16	17	11
übriges Europa	8,7	10	39	58	56	52
Entwicklungsländer	6,5	19	26	43	81	105
darunter:						
China		1	3,1	4,4	26	34
übriges Asien	2,1	4,6	12	21	26	33
Lateinamerika	3,7	5,6	6,6	11,3	16	26
Quelle: BIZ 1995						

Tabelle 3

dungen über Umfang und Wachstum der internationalen Bankausleihungen, die den Eindruck vermitteln, praktisch jeder Anleger oder Schuldner hätte Zutritt zu diesem globalen Markt, die transnationalen Kreditmärkte ein exklusiver Austauschort von »ersten Adressen«.

Exklusivmarkt der Großanleger

In ihrem Monatsbericht Mai 1995 erläuterte die Deutsche Bundesbank: »Gerade auf den Kreis der Großanleger ist das Angebot der am Euromarkt [d. h. an den internationalen Geld- und Kreditmärkten] tätigen Institute zugeschnitten. Das zeigt sich unter anderem darin, daß Ende 1994 schätzungsweise ein Drittel der Euroguthaben der Unternehmen auf einen Kreis von nur 20 dem Betrag nach größten Anleger entfiel. Einen bedeutenden Anteil daran hatten Kapitalanlagegesellschaften, die als »Intermediäre« die Ersparnisse von Privatanlegern sowie Anlagemittel von institutionellen Großanlegern bündeln und in entsprechenden Größenordnungen am Eurogeldmarkt investieren.«

Unternehmen, die Zugang zu den transnationalen Kreditmärkten haben, gewinnen damit gegenüber Konkurrenten ohne diesen Zugang Vorteile, da sowohl

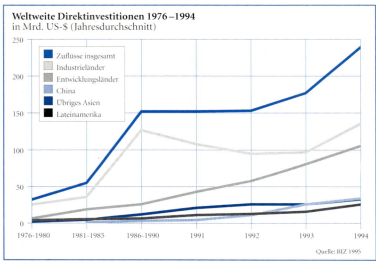

Schaubild 3

die Anlage- als auch die Verschuldungsbedingungen hier prinzipiell günstiger sind.

Druck auf nationale Kreditmärkte

Natürlich ist das internationale Kreditgeschäft auf viele Länder verteilt, und genaue statistische Zahlen stehen hier nicht zur Verfügung. In den Ursprungsländern dürfte rein zahlenmäßig der Anteil der Geldanlagen bzw. der Kreditaufnahme auf diesen Märkten im Vergleich zu den jeweiligen inländischen Anlagen bzw. zur inländischen Kreditgewährung noch relativ gering sein. Da aber die gesamten internationalen Kreditausleihen der Banken das inländische Kreditvolumen der großen Industrienationen übertreffen und vor allem die Großanleger und -schuldner hier bestimmend sind, kann kein einziger der nationalen Kreditmärkte der Fremdbestimmung durch die internationalen Kreditmärkte entrinnen.

Über die oft nur von spekulativen Erwägungen getragene internationale Kredit-, Zins- und Wechselkursentwicklung werden die nationalen Märkte so unter Druck gesetzt, daß, wenn es zur Verschlechterung der allgemeinen Kreditbedingungen oder gar zu Krisen kommt, die Anpassungslast gerade auf die nationalen Märkte, d. h. auf die relativ benachteiligten Anleger und Schuldner, abgewälzt wird. Die Wettbewerbsvorteile der internationalen Großanleger und -schuldner werden dagegen nie beschnitten.

Am deutlichsten läßt sich dies an der Struktur der Geschäfte zwischen Banken und »Nichtbanken«, d. h. Unternehmen des Produktions- und Dienstleistungsbereichs (auch Versicherungen) und Staaten, erkennen [vgl. Tabelle 4]. In absoluten Zahlen entsprachen die gesamten internationalen Forderungen an diese »Nichtbanken« (2.084 Mrd. US-$) ungefähr der gesamten Kreditgewährung in Deutschland an inländische Unternehmen und Privatpersonen (3.000 Mrd. DM).

Hauptmerkmale des internationalen Bankgeschäfts 1990–1994
Verwendung und Herkunft der internationalen Bankkredite in Mrd. US-$

	1990	1991	1992	1993	1994
Verwendung:					
A = Forderungen an Länder außerhalb des Berichtsgebiets	741	749	813	829	879
darunter: an Nichtbanken	395	395	412	417	n. v.
B = Forderungen an Schuldner im Berichtsgebiet	6.437	6.333	6.421	6.629	7.312
1. Forderungen an Nichtbanken	1.688	1.788	1.878	1.982	2.084
2. Bankeigene Verwendung für Inlandskredite	835	813	851	835	1.095
3. Wiederanlage zwischen Banken	3.914	3.730	3.691	3.812	4.133
C = Nicht zurechenbar	120	113	116	133	181
D = A+B+C= Internationale Bankforderungen (brutto) insgesamt	7.299	7.195	7.351	7.592	8.373
E = D–B3 = Internationale Bankkredite (netto)	3.385	3.465	3.660	3.780	4.240
Herkunft:					
A = Verbindlichkeiten gegenüber Ländern außerhalb des Berichtsgebiets	718	705	717	706	794,4
darunter: gegenüber Nichtbanken	328	316	307	291	n. v.
B = Verbindlichkeiten gegenüber Gläubigern im Berichtsgebiet	6.166	5.963	6.048	6.131	7.049
1. Verbindlichkeiten gegenüber Gläubigern im Berichtsgebiet	1.131	1.148	1.241	1.294	1.536
2. Bankeigene Bereitstellung inländischer Mittel	1.198	1.217	1.282	1.331	1.375
3. Wiederanlage zwischen Banken	3.836	3.597	3.525	3.505	4.137
C = Nicht zurechenbar	337	393	419	447	533
D = A+B+C = Internationale Bankverbindlichkeiten (brutto) insgesamt	7.221	7.062	7.185	7.285	8.377

n. v. = nicht verfügbar

Quelle: BIZ, div. Jge.

Tabelle 4

Aber letztere erhalten natürlich nur einen Bruchteil der internationalen Kreditgewährung. Die große Mehrheit der deutschen (und anderen) Kreditnehmer muß sich an die inländischen Banken wenden. Also bleiben für die Mehrheit der deutschen (und anderen) Kreditnehmer die inländischen Kreditbedingungen entscheidend. So kann ein von relativ wenigen Banken, Anlegern und Unternehmen beherrschter Markt den jeweiligen nationalen Kreditnehmern die Bedingungen diktieren, ohne daß diese je von seinen Vorteilen profitieren könnten.

Die Banken erschließen sich durch die internationalen Kreditmärkte außerdem beachtliche Einnahmequellen. Sie entziehen den inländischen Geld- und Kreditmärkten Geldkapital zur Abwicklung von Geschäften auf den transnationalen

Finanzmärkten, die für die Großkunden wesentliche Vorteile bieten. Sie können sich selber auf diesen transnationalen Märkten refinanzieren. Sie schleusen auf diese Weise erhebliche Mittel wieder in die inländischen Geldkreisläufe zurück. Da die Zinssätze auf den inländischen Märkten, vor allem für Endkreditnehmer, im Durchschnitt um mehrere Punkte höher liegen, machen die Banken ein blendendes Geschäft.

Die inländische Refinanzierung von Auslandskrediten der Banken summierte sich Ende 1994 auf 1.375 Mrd. US-$, während die internationale Refinanzierung von Inlandskrediten 1.095 Mrd. US-$ erreichte. Die Differenz – ca. 300 Mrd. US-$ – ist das, was den inländischen Märkten entzogen wird. Im Jahre 1993 lag dieser Betrag bei 500 Mrd. US-$. Das entsprach etwa der Hälfte der gesamten inländischen Kredite an Unternehmen und Selbständige in Deutschland.

Anleihen und Wertpapiere

Eine immer bedeutendere Rolle bei transnationalen Finanzierungen spielt das Anleihegeschäft. Ein nicht unwesentlicher Teil der Staatsverschuldung [vgl. Schaubild 4] der Industrie- und anderer

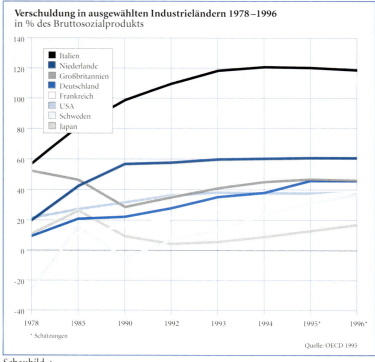

Schaubild 4

Staaten wird durch internationale Anleihen finanziert. Mitte 1994 erreichte die Staatsverschuldung (öffentlicher Sektor) auf den transnationalen Finanzmärkten immerhin 815 Mrd. US-$ – ein Betrag, der z. B. die öffentliche Verschuldung des Bundes in Deutschland bei weitem übertrifft.

Selbstverständlich werden auf diesem Markt auch private Emissionen plaziert. Spitzenreiter der öffentlichen Verschuldung durch internationale Anleiheemissionen sind die USA, im Falle der privaten Emissionen sind es japanische Unternehmen. Immer mehr greifen jedoch auch westeuropäische Staaten zu dieser Finanzierungsform. Da sie selbst davon abhängig werden, können die Staaten auch kein anderes als ein systemkonformes Verhalten gegenüber den transnationalen Finanzmärkten zeigen. Statt sie regulieren oder gar einschränken zu wollen, verhalten sie sich wie alle anderen Anleger bzw. Kreditnehmer. Sie treten als Konkurrenten gegeneinander auf.

Auch hier ist festzustellen: Absolut ist der internationale Anleihemarkt sehr groß und dynamisch, im Vergleich zur Summe der Anleihen auf den inländischen Märkten jedoch relativ bescheiden. Insgesamt wurden 1994 in den OECD-Ländern Anleihen in Höhe von 1.514 Mrd. US-$ emittiert; auf den transnationalen Märkten erreichten sie einen Betrag von 252 Mrd. US-$.

Derivative Finanzinstrumente

Bei dem enormen Volumen an Anleiheemissionen ist es nicht verwunderlich, daß der Handel mit daraus abgeleiteten Derivaten immer mehr in den Vordergrund rückt: er will Zins- und Kursrisiken begrenzen oder Spekulationsgewinne erzielen.

Inzwischen blüht ein derart schwunghafter Handel mit derivativen Instrumenten [vgl. Tabelle 5], daß nicht nur die

Märkte für ausgewählte derivative Instrumente 1988–1994 Nominalbeträge in Mrd. US-$						
	1988	1990	1991	1992	1993	1994
Börsengehandelte Instrumente insgesamt (gehandelte Kontrakte)	1.306	2.290	3.519	4.632	7.760	8.837
Zinsfutures	895	1.454	2.157	2.902	4.960	5.757
Zinsoptionen	279	599	1.073	1.385	2.362	2.622
Währungsfutures	12	16	18	25	30	33
Währungsoptionen	48	56	61	80	81	55
Aktienindexfutures	28	70	77	81	119	128
Aktienindexoptionen	44	96	137	168	286	242
Außerbörsliche Instrumente (neu abgeschlossene Kontrakte)		1.769	3.717	5.517	8.474	8.475
Zinsswaps		1.264	2.823	4.105	6.177	6.177
Währungsswaps		213	302	295	900	890
Sonstige swapbezogene Derivate		292	592	1.117	1.398	1.398
Quelle: BIZ 1994, 1995						

Tabelle 5

»Forwards«, »Futures« und »Optionen«

Finanzderivate sind abgeleitete Rechte aus bestimmten Basisinstrumenten (z. B. Aktien), die mit Risiken behaftet sind. Zu ihnen zählen vor allem Optionen, financial futures und Swaps. Derivative Geschäfte sind Termingeschäfte. Allen derivativen Geschäften bzw. Instrumenten ist gemeinsam, daß sie ein auf die Zukunft gerichtetes Vertragselement haben. Dabei kann es sich um eine Kaufs- bzw. Verkaufsverpflichtung (Forwards und Futures) oder eine entsprechende Kauf- bzw. Verkaufsoption handeln. Sie können auf Sekundärmärkten gehandelt werden.

Ein Anleger, der eine Option erwirbt, zahlt dafür eine Prämie, und sein höchstes Risiko besteht in ihrer Höhe. Bei einer Kaufoption wird festgelegt, daß der Besitzer die Möglichkeit hat, zu einem bestimmten Fälligkeitsdatum ein bestimmtes Finanzinstrument zu erwerben (das sog. Basisinstrument), zum Beispiel eine Aktie. Nehmen wir an: Der Anleger erwirbt die Kaufoption für eine Aktie des Unternehmens X in zwei Monaten zum Preis von 20 DM. Diese Aktie hat heute an der Börse einen Kurs von 15 DM. Nehmen wir weiter an, er zahlt eine Prämie von 1 DM für diesen Optionsvertrag, d. h., der Anleger vertraut darauf, daß die Aktie am Kaufdatum einen Kurs von mindestens 21 DM haben wird. Beim Fälligkeitsdatum der Option wird er dann die Aktien erwerben und den entsprechenden Kursgewinn realisieren, wenn sich seine Erwartungen erfüllt haben. Ist dagegen der Kurs nicht so gestiegen, wie er es erwartet hat, oder sogar gefallen, dann wird er seine Option nicht realisieren und die betreffende Aktie nicht erwerben. Der einzige Verlust, den er dann erleidet, ist die Optionsprämie von 1 DM.

Gewinn und Verlust bei Terminkontrakten – ein Beispiel

An der deutschen Terminbörse kostet derzeit ein Terminkontrakt – die kleinste handelbare Einheit – auf den Deutschen Aktienindex (Dax) mit Lieferdatum September rund 215.000 Mark. Dahinter steht die Erwartung des Marktes, daß der Dax im September bei etwa 2.150 Punkten stehen dürfte. Nun sei ein Händler der Ansicht, die Aktienkurse könnten stark steigen, so daß der Dax-Terminkontrakt bis zum Herbst einen Stand von 2.400 Punkten erreichte. Dies entspräche einem Wert des Terminkontraktes von 240.000 Mark. Ginge die Spekulation auf, würde der Händler also für jeden Kontrakt einen Gewinn von 25.000 Mark verbuchen. Ginge sie schief und der Dax-Index auf 1.400 Punkte zurück, dann wäre der Kontrakt nur noch 140.000 Mark wert und der Händler hätte einen schweren Verlust erlitten.

Im Unterschied zum normalen Aktiengeschäft findet das Termingeschäft in der Zukunft statt und muß daher auch nicht heute bezahlt werden. Der einzige Aufwand besteht in einer Sicherheitsleistung der Bank, die für einen Kontrakt nur ein paar tausend Mark beträgt. Daher kann ein Händler an einer Terminbörse mit wenig Einsatz riesige Positionen aufbauen. Kauft eine Bank 100 Kontrakte, muß sie nur einen sechsstelligen Betrag hinterlegen. Aber sie erwirbt damit Kontrakte im Wert von 21,5 Millionen Mark. Steigt der Dax-Index auf 2.500 Punkte, sind die Kontrakte 25 Millionen wert. Fällt der Dax auf 1.400 Punkte, beträgt der Kontraktwert nur noch 14 Millionen Mark. Im einen Fall hat der Händler 3,5 Millionen Mark verdient, im anderen 7,5 Millionen Mark verloren. Die Dynamik dieses Geschäfts ist atemberaubend.

Quelle: Gerald Braunberger, »Derivative Finanzgeschäfte klingen gefährlich und geheimnisvoll«, Frankfurter Allgemeine Zeitung, 1. 3. 95

staatlichen Aufsichtsbehörden, also die Zentralbanken, die Übersicht verloren haben, sondern offenbar auch die handeltreibenden Banken selbst. Der Untergang der traditionsreichen Londoner Barings Bank ist ein bezeichnendes Beispiel.

Diese Geschäfte sind bisher nicht bilanzwirksam und erscheinen deshalb in keiner Bank- und Unternehmensveröffentlichung. Ein Teil dieser Instrumente wird an den Börsen, ein anderer Teil außerhalb gehandelt. Ende 1993 erreichten die ausstehenden Beträge der börsengehandelten Instrumente fast 8.000 Mrd. US-$, die außerbörslich gehandelten Instrumente 8.500 Mrd. US-$. Das sind ungeheure Summen, deren »Wert« einzig und allein auf einer globalen Spekulationsdynamik beruht, die jederzeit in sich zusammenfallen kann.

Beim Handel mit Derivaten hat sich ein selbständiger spekulativer Kreislauf gebildet, der von den »Basisinstrumenten« losgelöst ist. Es findet eine doppelte Abstraktion statt: Von realen Transaktionen weitgehend losgelöste Finanzierungsgeschäfte geben einem übergestülpten Spekulationskreislauf Nahrung, dessen Umfang den Wert der Basisinstrumente und sogar die weltweite Geldmenge übersteigt.

Finanzkonglomerate

Institutionell werden die nationalen und transnationalen Finanzmärkte immer mehr von Finanzkonglomeraten, den sogenannten Allfinanzunternehmen, durchsetzt und beherrscht. Es handelt sich um Unternehmensgruppen, deren Aktivitäten hauptsächlich darin bestehen, unterschiedliche finanzielle Dienstleistungen, z. B. Bank-, Wertpapier- und Versicherungsgeschäfte, anzubieten. Finanzkonglomerate werden von rechtlich selbständigen Unternehmen gebildet, deren Kapital meistens transnational verflochten ist.

Die Struktur dieser Finanzkonglomerate, deren Zahl derzeit in die Hunderte geht, bei denen aber ein starker Konzentrationsprozeß zu erwarten ist, macht den spekulativen Charakter der transnationalen Finanzmärkte ganz besonders deutlich. Nationale Aufsichtsbehörden haben sich wiederholt »besorgt« über die mangelnde Transparenz dieser Konglomerate geäußert und vor der großen Gefahr gewarnt, daß die beteiligten Banken in finanzielle Schwierigkeiten hineingezogen würden, in die eines der Gruppenunternehmen geraten könnte. Da ein Mitglied des Konglomerats Kapitalanteile eines anderen Mitglieds erwirbt, die Unternehmen also verschachtelt werden, kommt es zur Mehrfachbelegung des haftenden Eigenkapitals. Dies steht in krassem Widerspruch zu den unter großen Schwierigkeiten vereinbarten Eigenkapitalquoten und Solvenzkriterien der Banken.

Die internationale Verschuldung

Eine weitere wichtige Entwicklung der internationalen Finanzmärkte ist die fortschreitende Verschuldung von Entwicklungsländern auch in den 90er Jahren – allen Bemühungen um Eindämmung seit den frühen 80er Jahren zum Trotz. In den letzten Jahren gewinnt besonders in wichtigen Schwellenländern die Verschuldung bei privaten Banken wieder an Bedeutung.

Die Höhe der Neuverschuldung ist seit der Krise der 80er Jahre zwar zurückgegangen. In absoluten Zahlen bleiben aber sowohl der Schuldenstand als auch die daraus resultierenden Zins- und Tilgungszahlungen bei vielen Ländern

Internationale Verschuldung der Entwicklungsländer 1987–1994 in Mrd. US-$								
	1987	1988	1989	1990	1991	1992	1993	1994
Gesamte Verschuldung aller Entwicklungsländer	1.369	1.375	1.427	1.539	1.627	1.669	1.812	1.945
Langfristige Verschuldung	1.128	1.127	1.151	1.216	1.286	1.328	1.424	1.538
Gegenüber öffentlichen Gläubigern	497	519	551	614	663	680	729	780
Gegenüber privaten Gläubigern	631	608	600	612	623	648	695	758
Kurzfristige Verschuldung	198	213	244	278	303	329	349	366
Verwendung von IWF-Fazilitäten	43	35	32	35	38	38	39	41
Quellen: World Bank, World Debt Tables 1994, 1995								

Tabelle 6

extrem hoch [vgl. Tabelle 6]. Die Neuverschuldung resultierte fast ausschließlich aus dem Refinanzierungszwang. Ohne die Möglichkeit, den fälligen Schuldendienst aus neuer Geldaufnahme aufzubringen, wären viele Staaten des Südens schon kollabiert.

Krisenbeispiel Mexiko

Immer wieder kommt es deshalb zu tiefen Krisen. Beispiel Mexiko: Ende 1994 geriet das Land, ausgelöst durch ein hohes Leistungsbilanzdefizit, in eine schwere Finanzkrise. Vielen ausländischen Investoren, darunter US-Pensionsfonds, drohten hohe Verluste; sie hatten massiv in sogenannte Tesobonos – in Dollar gezeichnete Staatstitel – investiert, und ihre Bedienung durch Mexiko war wegen fehlender Dollardevisen gefährdet. Der Druck der mexikanischen Zentralbank auf die Devisenmärkte, um die notwendigen Dollars für den Rückkauf der Tesobonos zu beschaffen, führte zusammen mit einem stark rückläufigen Kapitalzufluß zur drastischen Abwertung des Peso mit katastrophalen Auswirkungen auf den Kapitalverkehr und das inländische Preisniveau. Der gerade in den Nordamerikanischen Freihandelspakt (NAFTA) integrierte Partner lief Gefahr, den Staatsbankrott erklären zu müssen. Mit ihm hätten die ausländischen Investoren Verluste bis zu 50 Mrd. US-$ an Tesobonos erlitten.

Das »Rettungspaket« war in diesem Fall relativ schnell geschnürt, weil die USA hier empfindlich betroffen waren. Mexiko erhielt Kredit- und Kreditsicherungszusagen in Höhe von insgesamt 50 Mrd. US-$: 20 Mrd. kamen von der US-Regierung, 7,8 Mrd. vom IWF direkt und weitere 10 Mrd. von anderen IWF-Mitgliedern, 10 Mrd. von den zur BIZ gehörenden Zentralbanken und 3 Mrd. von privaten Banken. Die spekulativen Investitionen waren gerettet – aber Mexikos Wirtschaft begann einen steilen Abstieg.

Die Dynamik der Verschuldungskrise folgt also dem bewährten Muster: Man läßt das Rad der Kreditexpansion immer schneller rotieren, vorausgesetzt, die Kreditgeschäfte finden gemäß den »Regeln« des transnationalen Geld- und Finanzmarkts statt. Kommt es jedoch zu »Schwierigkeiten«, werden öffentliche Haushaltsmittel eingesetzt, um die privaten Spekulanten vor Verlusten zu retten. Das Argument: sonst drohe dem internationalen Finanzmarkt der Kollaps.

Perspektiven und Optionen

Von der derzeitigen Entwicklung auf den Währungs-, Geld- und Kapitalmärkten gehen unterschiedliche Gefahren aus. Strukturell werden transnational orientierte Unternehmen begünstigt, die Anlage- und Kreditbedingungen der auf lokalen und nationalen Märkten agierenden Unternehmen verschlechtert. Für transnational weniger wettbewerbsfähige Ökonomien schafft das erhebliche Wettbewerbsnachteile. Wenn auch diskutabel ist, ob die Vorteile für stärkere Nationen diese Nachteile kompensieren können, werden hierdurch in jedem Fall ökonomische und soziale Ungleichheiten vertieft.

Die Vorteile für eine relativ kleine Gruppe von Privatunternehmen und Banken werden zum Preis einer enormen Zunahme der globalen Risiken erkauft. Diese Risiken nehmen tendenziell zu. Zwar werden fast täglich neue Wege gefunden, um sie weltweit zu streuen. Aber die spekulativen Kapitalbewegungen, die hierdurch ausgelöst werden, haben solche Dimensionen angenommen, daß es keine institutionellen Mechanismen mehr gibt, um diese Risiken abzubauen oder die Folgen einer Krise einzudämmen.

Aufgaben der internationalen Politik

Um dieser Entwicklung Einhalt zu gebieten, muß die heute unregierbare Welt der internationalen Währungs- und Finanzordnung generell der politischen Kontrolle unterworfen werden. Im einzelnen geht es hauptsächlich um die folgenden Maßnahmen.

Kontrolle der Finanzströme

▶ **durch internationale Steuerung.** Die bisher zaghaften Versuche, Transparenz der Märkte herzustellen, eine einigermaßen funktionierende internationale Bankenaufsicht einzurichten und die Spekulation mit Optionen, Derivaten und anderen Finanzerfindungen einzudämmen, sollten energischer fortgeführt und wesentlich verstärkt werden. Die nationalen Kreditaufsichtssysteme müssen deshalb durch ein internationales Aufsichtsregime und Instrumente zur Kontrolle spekulativer Finanzbewegungen ergänzt werden. Dazu gehört, daß die Möglichkeit einer Spekulationssteuer geprüft und insbesondere der Handel mit hoch risikobehafteten Derivaten eingeschränkt wird.

▶ **durch Öffentlichkeit.** Die Bemühungen um Risikobegrenzung werden wirksamer zu gestalten sein, wenn sie nicht auf Gruppen heimlich tagender »Experten« beschränkt bleiben, die meist direkt mit den Interessen verbunden sind, die sie kontrollieren sollen. Parlamente und andere demokratische Institutionen in aller Welt sollten öffentliche Debatten hierzu führen und fördern.

▶ **durch internationale Regime.** Die Bewältigung der großen Probleme, die von der Entwicklung der internationalen Währungs- und Finanzmärkte ausgehen, hängt auch davon ab, ob internationale Mechanismen geschaffen werden, die die Sonderinteressen der transnationalen Banken und Konzerne sowie der großen rivalisierenden Staaten beschränken. Prinzipiell sind hier die Regierungen aufgerufen, entsprechende Vereinbarungen zu treffen. Es wäre jedoch illusionär, zu glauben, daß die heutigen Machtstrukturen der nationalen Exekutiven sich ohne starken parlamentarischen und außerparlamentarischen Druck in diese Richtung bewegen werden. Der Weltwirtschaftsgipfel in Halifax im Juni 1995 hat – wie alle seine Vorgänger – wiederum gezeigt, daß verbindliche politische Vereinbarungen zwischen den Regierungen nicht in Sicht sind.

Stabilisierung der Währungsordnung
▶ **durch institutionelle Reformen.** Ähnliches gilt für den IWF. Dieser bürokratische Apparat in seiner heutigen Form verdiente es, abgeschafft zu werden. Jenseits von Aktionen des Krisenmanagements hat er kaum praktischen Einfluß auf die maßgeblichen Faktoren der Weltwirtschaft zugunsten von Minderheitsinteressen. Einen stabilisierenden Effekt auf die Wechselkurse – die Aufgabe, für die er einmal geschaffen worden ist – hat er nicht. Auf die internationale Liquidität kann er keinen Einfluß nehmen. Die wirtschaftspolitische Koordinierung zwischen den Staaten kann er nicht herstellen. Dennoch: In einer sich transnational fortentwickelnden Weltwirtschaft wäre es dringend erforderlich, eine Institution zu haben, die für wirtschafts- und speziell währungspolitische Koordination zugunsten einer sozial ausgewogenen und ökologisch verträglichen Entwicklung eintreten könnte. Hierfür müßte der IWF entscheidend verändert werden.

▶ **durch demokratisch legitimierte Instrumente.** Europa braucht die Währungsunion. Ein europäisches Zentralbanksystem muß hergestellt werden. Parallel dazu müssen aber die Institutionen und Mechanismen geschaffen werden, damit von der Währungsunion nicht nur die schon heute privilegierten Unternehmen und Privatpersonen profitieren. Es wird nötig sein, gezielte Kreditprogramme in weit höherem Umfang als bisher aufzulegen, um einheitliche Wettbewerbsbedingungen auf den Finanz- und Kreditmärkten der Union herzustellen. Ein wirkungsvoller Investitionshaushalt der Union, mit demokratisch legitimierten Entscheidungsinstanzen für die Verteilung der entsprechenden Mittel, wird künftig ein unverzichtbares Instrumentarium sein.

▶ **durch verbindliche Wechselkurszielzonen.** Die weltweiten Veränderungen von Währungsparitäten, sofern sie nicht langfristig fundamentale Veränderungen des Preisniveaus widerspiegeln, müssen nicht nur durch monetäre Maßnahmen, sondern besonders durch gezielte Eingriffe zum Ausgleich der nationalen bzw. regionalen und lokalen Wettbewerbsnachteile begrenzt werden. Die Einführung verbindlicher Wechselkurszielzonen muß in Angriff genommen werden. In Verbindung mit monetären Eingriffen sind wirksame Koordinierungs- und Finanzierungsmechanismen zu schaffen, um zu verhindern, daß die Konjunktur-, Geld-, Beschäftigungs- und Wachstumspolitik der Staaten zu sehr auseinanderdriftet.

Handlungsfähigkeit für die Zukunft
▶ **durch eine Weltwährungsbehörde.** Der Internationale Währungsfonds muß zu einer Weltwährungsbehörde ausgebaut werden, die sich demokratisch legitimieren kann. Er muß gleichermaßen Überschuß- und Defizitländer, kleine und große Länder, Entwicklungs- und Industrieländer auf abgestimmtes Verhalten verpflichten können. Um seinen Entscheidungen die nötige Autorität und Legitimität zu geben, müssen alle Länder, die davon betroffen sind, mitwirken können. Im Übergang sollten regionale Währungssysteme, wie etwa die Europäische Währungsunion, ausgebaut werden. Sie können wichtige Pfeiler werden, um später die globale Koordinierung durch eine neue supranationale Organisation zu ermöglichen.

▶ **durch eine internationale Insolvenzordnung.** Kurzfristiges Krisenmanagement zur Bewältigung schnell auftretender Finanzkrisen, wie in Mexiko Ende 1994, muß durch internationale Vereinbarungen ersetzt werden, die schwere Zahlungsbilanzkrisen verhindern und eine entwicklungsorientierte Anpassung des Schuldendienstes einzelner Länder an ihre strukturelle Leistungs- und Transferfähigkeit ermöglichen. Dazu gehört auch eine internationale Insolvenzordnung, die einen fairen Ausgleich zwischen Schuldner und Gläubiger sichert.

▶ **durch weltweit bindende Verpflichtungen.** Die nationalen Zentralbanken müssen in die Lage versetzt werden, durch Absprachen gezielte oder sich selbst nährende Spekulationswellen schnell abzuwehren. Freiwillige und bilaterale Vereinbarungen reichen dazu nicht aus. Nur durch bindende gegenseitige Verpflichtungen und einen ausreichenden Spielraum internationaler Liquidität kann die notwendige politische Handlungsfähigkeit zurückgewonnen werden, um das Finanzkapital zu kontrollieren und dem Geld wieder eine dienende Funktion für Wachstum und Handel, Investition und Beschäftigung zuzuweisen.

▶ **durch alternative Konzepte.** Schließlich ist die ökonomische Wissenschaft gefordert. Gerade auf dem Währungs- und Finanzgebiet sind alternative Konzepte, die an sozial ausgleichender und ökologisch tragfähiger Entwicklung orientiert sind, selten. Eine kritische Auseinandersetzung mit dem für die Mehrheit der Menschen kaum noch verständlichen, daher immer verklärenden Finanz»kauderwelsch« offizieller Institutionen könnte wesentlich dazu beitragen, die Rationalität der Spekulanten und Profiteure zu entmystifizieren und ökonomisch wie gesellschaftlich tragfähige Konzepte der Gestaltung einer neuen Weltwährungs- und Kreditordnung zu formulieren.

Literatur

BIZ (Bank für internationalen Zahlungsausgleich), div. Jge.: Jahresberichte, Basel.
Deutsche Bundesbank, div. Jge.: Geschäftsberichte, Frankfurt/M.
– div. Jge.: Monatsberichte, Frankfurt/M.
Wolf-Dieter Narr/Alexander Schubert 1995: Weltökonomie. Die Misere der Politik, Frankfurt/M.
Joseph J. Norton/Raymond M. Auerback 1993: International Finance in the 1990s. Challenges and Opportunities, Blackwell/Cambridge, Mass.

OECD (Organisation für Economic Cooperation and Development), div. Jge.: Economomic Outlook, Paris.
– div. Jge. 1960–1993: National Accounts, Paris.
World Bank, div. Jge.: Financial Flows and the Developing Countries, Washington, D.C.
– div. Jge.: World Debt Tables. Washington, D.C.

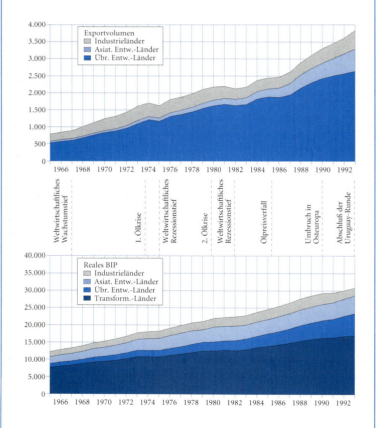

Schaubild 1

Handel

Mit dem schwachen Wirtschaftswachstum der Industrieländer Anfang der 90er Jahre ließ auch die Expansion ihres Handelsvolumens beträchtlich nach. Erst 1993 änderte sich allmählich das Bild. In den kommenden Jahren wird der Industrieländerhandel im Zeichen guter Konjunktur kräftig steigen. Ungleich stärker indes wachsen Wirtschaft und Handel in Südostasien; der Anteil dieser Region am Welthandel nimmt stetig zu. Sie dringt dabei in immer höhere Verarbeitungsstufen vor. In Südamerika und sogar in einer Reihe afrikanischer Länder haben sich Produktion und Handel kräftig belebt. Dieser Trend wird anhalten, begünstigt auch dadurch, daß die Nachfrage nach Rohstoffen und damit deren Preise als Folge von Produktionsankurbelung und Lageraufstockung stark anziehen. In den Transformationsländern Mittel- und Osteuropas sind die Einbrüche der Nach-Wendezeit noch nicht überwunden.

Auch der Abschluß der Uruguay-Runde hat das globale handelspolitische Klima verbessert und den Rückfall in offenen Protektionismus verhindert. Die handelschaffenden Wirkungen der Zollsenkung werden sich auf die »großen Drei« (EU, USA, Japan) konzentrieren, da hier auch die größten Zollsenkungen stattfinden. Die Regionalisierung des Welthandels wird durch die Dynamik in Asien und Südamerika, aber auch im Zeichen neuer oder erweiterter Integrationsräume (Zollunionen, Freihandelszonen) fortschreiten.

Abbau von Einfuhrschutz, Niedriglohnkonkurrenz aus Osteuropa und Entwicklungsländern und wachsende technologische Wettbewerbsfähigkeit Südostasiens zwingen die Industrieländer zu forciertem Strukturwandel. Die handelspolitische Diskussion der nächsten Jahre wird sich auf strengere Umwelt- und Sozialstandards in den Niedrigkostenländern konzentrieren.

Dynamischer Welthandel

Die regionale Konzentration

Im Jahre 1993 wurden weltweit Waren im Wert von 3,7 Billionen US-$ umgesetzt. Hinzu kommen kommerzielle Dienstleistungen von 1 Billion $. Von 1986 bis 1992 nahm der Wert des Welthandels um 71 % zu [vgl. Tabelle 1].

Zu dieser Expansion haben die Regionen der Welt unterschiedlich beigetragen. Betrachtet man nur die Exporte, so lag die Expansionsrate am höchsten in Asien und Nordamerika. Lateinamerika und vor allem Afrika lagen deutlich darunter, in den Transformationsländern Osteuropas sanken die Exporte auf 60 % ihres Ausgangswertes; die relativ geringe Zuwachsrate Westeuropas ist stark durch eine statistische Untererfassung beeinflußt [vgl. Tabelle 2, Fußnote 1]. Von den zehn Ländern mit dem stärksten Exportwachstum 1992 liegen sechs in Ost- oder Südostasien [vgl. Tabelle 2].

Warenexporte nach Weltregionen – gesamt und intraregional								
	Gesamtexport		Intraregionaler Export		Intraregionaler/ Gesamtexport		Gesamtexport	Intraregionaler Export
	in Mrd. US-$		in Mrd. US-$		Anteil in %		Veränderungen in %	
	1986	1993	1986	1993	1986	1993	1993 zu 1986	
Amerika	412,34	769,13	214,71	408,61	52,07	53,13	86,5	90,3
Nordamerika	317,84	609,93	124,19	217,30	39,07	35,63	91,9	75,0
Lateinamerika	94,50	159,20	13,27	33,18	14,04	20,84	68,5	150,0
Westeuropa	947,15	1.601,22	647,95	1.103,53	68,41	68,92	69,1	70,3
Afrika	64,00	91,11	3,78	7,48	5,91	8,21	42,4	97,9
Asien	470,50	955,55	174,20	444,07	37,02	46,47	103,1	154,9
Mittlerer Osten	70,50	123,60	5,45	11,40	7,73	9,22	75,3	109,2
Transformationsländer	168,60	100,46	89,90	20,08	53,32	19,99	−40,4	−77,7
Welt	2.133,00	3.641,00	n. v.	n. v.	n. v.	n. v.	70,7	n. v.
n. v. = nicht verfügbar								
Quellen: GATT 1993, 1995								

Tabelle 1

Exportstärkste und exportdynamischste[1] Länder 1992[2]

Exportstarke Länder			Dynamische Länder		
	Exporte in Mrd. US-$	Anteil in %		Zuwachs in Mrd. US-$	Zuwachs in %
USA	448,2	12,0	Hongkong	23,7	24,7
Deutschland	430,0	11,5	Eigene Exporte	0,5	1,8
Japan	339,9	9,1	Reexporte	20,4	29,6
Frankreich	235,8	6,3	Malaysia	6,3	18,3
Großbritannien	190,0	5,1	China	13,1	18,2
Italien	178,2	4,8	Irland	4,1	16,9
Niederlande	139,9	3,7	Brasilien	4,5	14,2
Kanada	134,1	3,6	Thailand	4,0	14,2
Belgien-Lux.	123,0	3,3	Portugal	2,0	12,4
Hongkong	119,5	3,2	Pakistan	0,8	12,1
Eigene Exporte	30,2	0,8	Chile	1,1	11,8
Reexporte	89,4	2,4	Philippinen	1,0	11,0
China	85,0	2,3	Indien	1,9	10,7
Taiwan	81,5	2,2	Israel	1,2	10,5
Südkorea	76,6	2,1	Dänemark	3,6	10,1
Schweiz	65,7	1,8	Griechenland	0,9	9,9
Spanien	64,3	1,7	Spanien	5,0	8,4
Singapur	63,5	1,7	Singapur	4,9	8,3
16 Länder	2.775,2	74,4	16 Länder	78,0	13,1
Welt	3.731,0	100,0	Welt	221,1	6,3

[1] Gemessen am prozentualen Zuwachs 1992 gegenüber 1991. Das im GATT-Bericht 1994 enthaltene Zahlenmaterial ermöglicht zwar im Prinzip den aktuellen Vergleich 1993 zu 1992; die Länderangaben für 1993 sind jedoch lückenhaft. Es ist zu vermuten, daß der Handel der EU-Länder im Zusammenhang mit der Umstellung der statistischen Erfassung nach Errichtung des Europäischen Binnenmarktes zu niedrig ausgewiesen ist.

[2] Innerhalb der Gruppe der Länder mit mindestens 0,2% Anteil an den Weltexporten

Quelle: GATT 1993

Tabelle 2

Kleines Lexikon wichtiger Fachbegriffe

Antidumpingzoll: Strafzoll auf den Import von Produkten, die der Exporteur zu Preisen unter Herstellungskosten bzw. unter dem auf dem heimischen Markt verlangten Preis anbietet.
Auf-/Abwertung: Wechselkursänderung, ausgedrückt in Währungseinheiten oder Prozentpunkten. *Nominal*: zu laufenden Preisen; *real*: nach Ausschaltung der Unterschiede in den Inflationsraten bzw. im Lohnstückkostenanstieg der beteiligten Länder; *bilateral*: gegenüber einer einzelnen Währung; *effektiv*: gegenüber dem gewogenen Durchschnitt der Handelspartnerländer.
Diversifizierung: Verbreiterung der Produktpalette in Produktion und Export.
Europäischer Binnenmarkt: Weiterentwicklung der Zollunion der EG/EU zu vollständig freiem und von technisch-administrativen Hemmnissen unbehindertem wechselseitigem Austausch von Waren, Diensten, Kapital und Personen/Arbeitskräften (»Vier Freiheiten«) seit 1. 1. 1993.
Freihandelszone: Ländergruppierung mit (weitgehend) zollfreiem Handel untereinander, aber national unterschiedlichem Außenzoll (Ursprungszeugnisse erforderlich).
GATS: General Agreement on Trade in Services, in der Uruguay-Runde des GATT vereinbartes neues Abkommen zur Liberalisierung des internationalen Dienstleistungshandels.
GATT-Prinzipien: 1. *Multilateralität:* Verzicht auf bilaterale Ausgestaltung der Handelsbeziehungen. Sie ergibt sich aus 2. → *Meistbegünstigung*, 3. → *Inländer(gleich)behandlung* und 4. *Reziprozität* (kein Land wird von Zugeständnissen befreit). Punkte 2 bis 4 zusammen bedeuten 5. wechselseitige *Nichtdiskriminierung*. Zulässige Formen der Diskriminierung sind 6. *Präferenzen* (Vorteile für Entwicklungsländer) und 7. → *Freihandelszonen* oder → *Zollunionen*.
Grauzonenprotektionismus: Synonym für unscharfe nicht-tarifäre (nicht auf Zöllen beruhende) Handelshemmnisse.
Importsubstitution: Entwicklungsstrategie, die Einfuhr verarbeiteter Erzeugnisse durch heimische Produktion zu ersetzen.
Inländergleichbehandlung: Prinzip der Nichtdiskriminierung ausländischer Investoren und Dienstleistungsanbieter z. B. im Bereich der Steuern, technischen Standards etc. (→ GATT-Prinzipien).
Internationale Arbeitsteilung: Unterschiedliche Spezialisierung von Welthandelsländern entsprechend ihren → komparativen Kosten.
Intraregionaler Handel: Handel zwischen Mitgliedsländern einer regionalen Gruppierung oder Abgrenzung, z. B. EU oder Südostasien (→ Regionalisierung).
Komparativer (Kosten-)Vorteil: Relativer Vorteil bei der Herstellung eines bestimmten Gutes im Vergleich zur Herstellung anderer Güter in dem betreffenden Land. Nach der Theorie der komparativen Kosten lohnt es sich für ein Land, auf die Produktion des kostenungünstigeren Gutes A zugunsten des kostengünstigeren Gutes B zu verzichten, selbst dann, wenn das Gut A *absolut* billiger als im Ausland hergestellt werden kann. Komparative Vorteile können *natürliche* sein, etwa Rohstoffvorkommen, oder Folge der erworbenen *Faktorausstattung* wie Kapitalstock, Wissen, Qualifikation (→ Internationale Arbeitsteilung).
Regionalisierung: Konzentration des Handels der Länder einer Region auf den gegenseitigen Austausch (→ Intraregionaler Handel). Sie kann in Regionalismus münden (engeren Zusammenschluß der Länder mit Abschließungseffekt gegenüber Drittländern).
Schwellenländer: Entwicklungsländer an der Schwelle zum Industrieland, heute auch vielfach Newly Industrializing Economies (NIEs).
Terms of Trade: Veränderung der Ausfuhrpreise bezogen auf die Veränderung der Einfuhrpreise.

TRIMS: Trade-Related Investment Measures, in der Uruguay-Runde ausgehandeltes Abkommen zur Verhinderung einengender Regierungsauflagen im Importland bei handelsbegleitenden Direktinvestitionen eines Exportlandes.
TRIPS: Trade-Related Aspects of Intellelectual Property Rights, in der Uruguay-Runde ausgehandeltes Abkommen zum Schutz geistiger Eigentumsrechte z. B. auf Patente, Handelsmarken und Urheberrechte.
Uruguay-Runde: 8. Verhandlungsrunde des 1947 abgeschlossenen General Agreement on Tariffs and Trade (GATT). Sie begann im September 1986 in Punta del Este (Uruguay) und endete im April 1994 mit dem Vertrag von Marrakesch. Im Dezember 1993 waren die Verhandlungen in Genf erfolgreich beendet worden.
WTA: Welttextilabkommen, seit 1974 mehrfach (meist um 4 Jahre) verlängertes, einziges sektorspezifisches Ausnahmeregime im GATT. Zur Verhinderung von »Marktzerrüttung« sind bilaterale »Selbstbeschränkungsabkommen« der Importländer (EU = ein Land) mit den wichtigsten Exportländern zulässig. Das WTA oder »Multifaserabkommen« soll im Jahre 2005 definitiv auslaufen.
WTO: World Trade Organization, in der Uruguay-Runde beschlossene, zum 1. 1. 1995 errichtete neue Welthandelsorganisation, die an die Stelle des GATT von 1947 tritt.
Zollunion: Freihandelszone mit gemeinsamem Außenzoll (Ursprungszeugnisse im Einfuhrhandel nicht erforderlich).

Die Ländergewichte verschieben sich

Insgesamt sind aber die Handelsgewichte in der Welt noch so ungleich verteilt, daß die 16 export**dynamischsten** Länder – darunter mit Dänemark nur ein einziges hochentwickeltes Land – trotz ihrer hohen Zuwachsraten nur einen relativ geringen **absoluten** Zuwachs erreichen konnten, während die 16 Länder mit dem höchsten Handels**gewicht** trotz geringer Zuwachsraten hohe absolute Zuwächse erzielten.

In Westeuropa – hier auf ohnehin höchstem Integrationsniveau –, vor allem aber in Asien, hat der Anteil des jeweiligen intraregionalen Handels deutlich zugenommen. In Lateinamerika verstärkte sich der wechselseitige Handel zwar ebenfalls rascher als im Verhältnis zu Drittländern, aber doch noch bei recht geringer Verflechtung. Noch schwächer ist der wechselseitige Austausch in Afrika. Auch der Handel des Mittleren Ostens bleibt fast zur Gänze auf andere Ländergruppen ausgerichtet (Öl gegen Maschinen und Konsumgüter).

Eine Sonderstellung nimmt Osteuropa ein. Nach der Desintegration des Ostblocks ist dort der gegenseitige Handel um nicht weniger als vier Fünftel geschrumpft. Da die gesamte Region so gut wie nicht in die übrige Weltwirtschaft integriert gewesen war, stand der Auflösung der inneren Marktstruktur keine Kompensation über den Handel mit Drittländern gegenüber. Immerhin fand auf niedrigem Niveau eine spürbare Umorientierung statt, so daß die **Gesamt**exporte dieser Ländergruppe im Betrachtungszeitraum »nur« um 45% zurückgingen.

Insgesamt bilden sich immer deutlicher Gravitationszentren heraus. So geraten etwa die asiatischen Entwicklungsländer verstärkt in den Sog des Gravitationszentrums Japan, die EFTA-Länder in den Sog des europäischen Binnenmarktes. In Afrika mangelt es dagegen an solchen Gravitationskräften. Alles in allem führt die zunehmende Herausbildung von Zentren zu weiterer Verdichtung der Handelsströme und begünstigt ihre Regionalisierung.

Strukturwandel

Die Warenstruktur des Exports der einzelnen Ländergruppen hat sich in den 80er und 90er Jahren, an großen Produktgruppen gemessen, deutlich verändert, am stärksten in den Entwicklungsländern. Bei den Industrieländern geht der Trend zu relativ weniger Roh- und Halbwaren und zu mehr Verbrauchs- und vor allem Investitionsgütern. In Entwicklungsländern nahmen die Anteile aller Verarbeitungskategorien zu. Hier schrumpfte nur die Bedeutung der Rohstoffe, und zwar dramatisch. In den OPEC-Staaten ist dies Folge des Verfalls der Erdölpreise und des Vordringens von Anbietern aus Industrieländern. Bei den asiatischen Schwellenländern spiegelt es den Erfolg der Industrialisierung wider. In Osteuropa sank der Anteil der Investitionsgüterexporte drastisch. Auch auf der Importseite nahmen die Anteile der Rohstoffe z. T. kräftig ab, die Anteile verarbeiteter Produkte teils ebenso kräftig zu. Auch hier ragt die Strukturdynamik der asiatischen Entwicklungsländer heraus. In Osteuropa bewegt sich dagegen vergleichsweise wenig.

1992 setzte sich der Welt-Warenhandel zu einem knappen Viertel aus Rohstoffen und Nahrungsgütern, zu einem knappen Fünftel aus Halbwaren, zu einem guten Drittel aus Maschinen und Fahrzeugen und zu einem weiteren knappen Viertel aus verarbeiteten Konsumgütern zusammen [vgl. Tabelle 3].

Welthandel nach großen Produktgruppen und Regionen 1980/1992
Jeweilige Warenstruktur in %

	1980				1992			
	Ind.-Länder	Entw.-Länder	davon asiatische Entw.-Länder	Osteuropa	Ind.-Länder	Entw.-Länder	davon asiatische Entw.-Länder	Osteuropa
Exporte								
Rohwaren[1]	23,97	77,59	45,58	40,10	16,77	36,53	18,11	42,54
Halbwaren[2]	20,84	7,26	14,02	11,41	17,88	14,66	15,77	22,38
Investitionsgüter[3]	34,66	5,23	12,85	29,72	42,81	21,94	30,09	16,82
Verbrauchsgüter[4]	20,53	9,92	27,55	18,76	22,54	26,86	36,03	18,26
Importe								
Rohwaren[1]	43,47	34,66	39,57	35,21	22,85	19,79	18,88	29,15
Halbwaren[2]	15,57	17,66	19,64	17,01	16,11	20,43	21,94	16,51
Investitionsgüter[3]	22,85	31,87	27,94	30,83	36,32	39,74	38,86	33,65
Verbrauchsgüter[4]	18,11	15,81	12,85	16,94	24,73	20,03	20,32	20,69

[1] Nahrungsgüter, Öle und Fette, Industrierohstoffe, mineralische Brennstoffe
[2] Chemische Produkte, Eisen und Stahl, NE-Metalle, Textilfasern
[3] Maschinen und Fahrzeuge
[4] Sonstige Erzeugnisse (einschließlich Resten aus Halbwaren)

Quelle: UN 1994

Tabelle 3

Da die Industrieländer überwiegend verarbeitete Güter, die Entwicklungsländer vor allem Rohstoffe und Halbwaren erzeugen, entsprechen den Gewichten der Produktgruppen überschlägig die Gewichte der Ländergruppen: Auf die Industrieländer entfällt ein Welthandelsanteil von reichlich zwei Dritteln, auf die Entwicklungsländer einschließlich der Transformationsländer ein Anteil von knapp einem Drittel [vgl. Schaubild 2]. Bei den Dienstleistungen sind die Relationen ähnlich.

Zwischen den einzelnen Ländern und Regionen bestehen jedoch erhebliche Strukturunterschiede. Unter den Industrieländern fällt Japan mit seiner extremen Abhängigkeit von Rohstoffimporten und seiner noch stärkeren Abhängigkeit von Maschinen und Fahrzeugen auf der

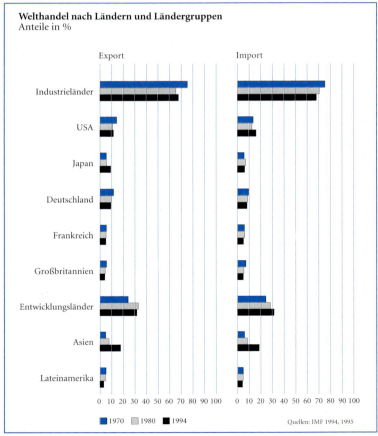

Schaubild 2

Exportseite am meisten aus dem Rahmen. Unter den Entwicklungsländern sind vor allem die afrikanischen und lateinamerikanischen noch auf die weltweite Vermarktung ihrer Rohstoffe und Nahrungsgüter angewiesen, während in der Exportpalette der asiatischen Entwicklungsländer bereits stark verarbeitete Produkte, vor allem Konsumgüter, vertreten sind; die Importstruktur dieser Ländergruppe mit ihrem großen Gewicht von Maschinen und Fahrzeugen läßt den fortgeschrittenen Stand von Lebensstandard und Produktion erkennen.

Zusammenhang von Wachstum und Handel

Wirtschaftswachstum und Außenhandel stehen in einem Zusammenhang. Schon bei gegebener »Einfuhrneigung« (Anteil der Importe an der inländischen Einkommensverwendung) schlagen Schwankungen der Inlandsnachfrage voll auf die Einfuhr durch. Die Einfuhr des einen Landes ist dabei die Ausfuhr der anderen. Schwankungen der Auslandsnachfrage (Exporte) beeinflussen ihrerseits das Wachstum der Inlandsproduktion.

Im Laufe der ersten Nachkriegsjahrzehnte haben die Handelsnationen mehr und mehr ihre Märkte der Auslandskonkurrenz zugänglich gemacht. Dies gilt im multilateralen (GATT-), vor allem aber im regionalen Kontext. Sie haben sich dabei immer stärker miteinander verflochten, ihre Einfuhrneigung hat also zugenommen. Das heißt aber nichts anderes, als daß die Handelsströme im allgemeinen stärker fluktuieren als das Sozialprodukt. Dies zeigt sehr deutlich der Vergleich der langfristigen Entwicklung von Sozialprodukt und Exporten [vgl. Schaubild 1]: Einerseits stiegen die Exporte schneller als die Produktion (Intensivierung der internationalen Arbeitsteilung), andererseits führt schon eine Verlangsamung der Weltsozialproduktsentwicklung, wie Mitte der 70er und Anfang der 80er Jahre, zu starken Rückschlägen im Welthandelsvolumen.

Die Terms of Trade

Der Zusammenhang zwischen Wachstum und internationaler Arbeitsteilung wird durch die relative Preisentwicklung zwischen Exporten und Importen (Terms of Trade) beeinflußt. Steigen die Terms of Trade, d. h. nehmen die Durchschnittspreise der exportierten Güter und Dienste rascher zu (bzw. nehmen sie langsamer ab) als die der importierten, so müssen je importierte Mengeneinheit weniger inländische Ressourcen aufgewendet werden als zuvor; die »Wohlfahrt« der eigenen Volkswirtschaft mehrt sich.

Im Zeitraum 1986–93 war das reale Handelswachstum in Industrie- wie in Entwicklungsländern im Verhältnis zum jeweiligen Bruttoinlandsprodukt stark überproportional [vgl. Tabelle 4]. Die Terms of Trade haben sich allerdings nur im Durchschnitt der Industrieländer, vor allem in Japan, verbessert; in den Entwicklungsländern, insbesondere in Mittelost (Öl!) und Afrika, sind sie gesunken. Mit der Festigung des Aufschwungs in Europa und Japan erholen sich aber die Rohstoffpreise wieder und steigen sogar deutlich rascher als die Preise für Industriegüter.

Ein Blick auf die Entwicklung nach Ländern und Ländergruppen führt zu dem verblüffenden Eindruck, daß Japan im Zeitraum 1986–93 eine schwache, die chronisch handelsdefizitären USA dagegen eine herausragende Exportleistung vollbracht haben, die nur noch von den asiatischen Entwicklungsländern übertroffen wurde. Erst die Terms of Trade geben indes Aufschluß darüber, ob ein

Reales BIP, Außenhandelsvolumen und Terms of Trade nach Weltregionen 1976–1995
Veränderung in % p. a.[1]

	Reales BIP			Realer Warenexport			Realer Warenimport			Terms of Trade		
	76–85	86–93	86–95	76–85	86–93	86–95	76–85	86–93	86–95	76–85	86–93	86–95
Welt	3,4	2,8	2,9	4,0	5,0	5,2	4,0	5,0	5,2	–	–	–
Industrieländer	2,8	2,4	2,5	4,9	4,4	4,4	5,1	5,2	5,2	–0,2	1,8	1,5
USA	2,9	2,3	2,5	2,3	9,1	8,5	8,3	5,9	6,2	0,4	–0,5	–0,6
Japan	4,2	4,0	3,5	8,5	2,1	1,8	2,8	6,9	6,9	–1,9	6,0	5,6
EU	2,3	2,5	2,4	5,0	3,8	3,9	4,3	5,1	4,9	–0,4	1,8	1,4
Entwicklungsländer	4,5	5,0	5,1	0,9	8,5	8,7	3,8	7,4	7,6	2,4	–2,6	–2,2
Afrika	2,4	2,0	2,4	0,5	2,5	2,3	–0,4	0,2	0,2	1,2	–4,5	–3,7
Asien	6,4	7,2	7,3	8,7	11,7	11,5	8,3	11,4	11,1	0,4	–0,0	–0,1
Mittelost und Europa	3,5	3,8	3,7	–6,1	6,8	7,5	3,5	0,7	1,8	5,0	–6,8	–5,9
Lateinamerika	3,3	2,4	2,6	4,2	5,4	5,9	–1,1	8,3	8,1	0,4	–3,4	–2,8
Transformations-Länder	3,6	–3,6	–3,4	–	–	–	–	–	–	–	–	–
Osteuropa	3,1	–3,0	–1,9	–	–	–	–	–	–	–	–	–
GUS-Staaten	3,8	–4,0	–4,2	–	–	–	–	–	–	–	–	–

[1] 1986–1995 = Schätzung des IMF

Quelle: IMF 1994a, eigene Berechnungen

Tabelle 4

geringer Zuwachs des Ausfuhr**volumens**, also der Exportumsätze nach Abzug der Preissteigerungskomponente, Ausdruck einer schwachen oder starken Ausfuhrleistung ist.

Denn wenn ein Unternehmen am Weltmarkt höhere Preise für seine Produkte (oder eine ganze Volkswirtschaft einen höheren Wechselkurs für ihre Währung) durchsetzen kann, ohne daß die Gesamterlöse sinken, so zeigt dies nur, wie enorm wettbewerbsfähig im Hinblick auf **nicht**-preisliche Produkteigenschaften (Neuheit, Qualität, Kundenservice) das Unternehmen oder die Volkswirtschaft ist. Es (sie) muß die Gewinne dann nicht »über die Menge« erwirtschaften, wie es diejenigen Anbieter zu tun gezwungen sind, die gegenüber ihren Konkurrenten nichts als einen Preisvorteil (der im Zweifel die Gewinnspanne schmal hält) vorzuweisen haben [vgl. *Bestimmungsgrößen internationaler Wettbewerbsfähigkeit*].

Währung und Wettbewerb

In der ersten Hälfte der achtziger Jahre wurde der US-Dollar enorm aufgewertet. Da die Inflationsrate in den USA höher war als in Europa, war die **reale** Dollaraufwertung, die erst das wahre Ausmaß des Verlustes an preislicher Wettbe-

> **Bestimmungsgrößen internationaler Wettbewerbsfähigkeit**
>
> Gehandelte Güter stehen im **Qualitäts-** und im **Preiswettbewerb**. Je nach Art des Gutes überwiegt die eine oder die andere Komponente. Preise werden durch Kosten, Gewinnspannen und **Wechselkurse** bestimmt. Eine Aufwertung senkt das Einfuhrpreisniveau in inländischer Währung und hebt das Ausfuhrpreisniveau in der Währung des Partnerlandes. Abwertung bewirkt das Gegenteil. Über die **Gewinnspanne** können diese Effekte gemildert werden. Eine Änderung des tatsächlichen (nominalen) Wechselkurses ist wettbewerbsunschädlich, wenn sie lediglich Unterschiede in den nationalen Inflationsraten ausgleicht. Mehr noch als auf Preise wird auf Kostenindikatoren geschaut. Relevant sind die Kosten je Produktionseinheit (Stückkosten) und hier besonders die **Lohnstückkosten**.
>
> Hat man es mit Gütern zu tun, die stark dem Preiswettbewerb unterliegen (homogene Güter, z. B. Erdöl, Zement), läßt sich die Marktposition im Ausland nur halten, wenn der Preis in ausländischer Währung nicht steigt. Reagiert die Auslandsnachfrage weniger stark auf Preissteigerungen (z. B. bei Spezialmaschinen guter Qualität) oder bietet man gar technologische Monopolgüter an (Hochleistungschips), so hat man in der Preisgestaltung größeren oder vollen Spielraum, ohne Erlös- bzw. Gewinneinbußen befürchten zu müssen.

werbsfähigkeit für US-Anbieter zeigt, sogar noch stärker als die tatsächliche, nominale [vgl. Schaubild 3]. Dennoch verbesserten sich die Terms of Trade für die USA nur wenig, weil einerseits die ausländischen Anbieter auf dem amerikanischen Markt höhere Dollarpreise durchsetzen konnten, andererseits die amerikanischen Exporteure aber ihre eigenen Dollarpreise nach unten anpassen mußten, um Absatzeinbußen auf den Auslandsmärkten zu verhindern.

Das stark auf den US-Markt ausgerichtete Japan mußte in dieser Zeit zwar deutliche Preisnachlässe gewähren und konnte seine hohen Exportumsätze nur mit stark erhöhten Stückzahlen erzielen, und dies, obwohl auch seine eigene Währung effektiv aufgewertet wurde. Im Zuge des anschließenden Dollarkursverfalls konnte Japan dann aber seine Terms of Trade enorm verbessern, so daß es sich trotz nur geringer realer Exportsteigerung kräftig wachsende Einfuhren leisten konnte, ohne damit seine Handelsbilanz zu strapazieren.

Terms of Trade der Entwicklungsländer

Freilich beruht diese Entwicklung großenteils auf dem 1986 und auch danach noch starken Verfall der Rohölpreise, die an den Weltmärkten traditionell auf Dollar lauten. Dies zeigt sich an dem besonders krassen Absinken der Terms of Trade für den Nahen Osten und Afrika in dieser Zeit, nachdem im Gefolge der zwei Ölpreiskrisen von 1973/74 und 1979/80 die Nachfrage nach diesem Energieträger stark zurückgegangen war.

Die asiatischen Entwicklungsländer konnten in den letzten 20 Jahren ihre relativen Preise gegenüber dem Ausland zwar nicht verbessern, aber immerhin halten. Ihre Industrialisierungsstrategie beruhte u. a. darauf, nicht durch zugleich breiten und hohen Einfuhrschutz sowohl importierte Vorleistungen für die Exportproduktion zu verteuern als auch den Zugang zu moderner Technologie zu versperren. Von vornherein hatten sie – bei allem *selektiven* Einfuhrschutz, den junge Industrieländer benötigen – auch den Weltmarkt im Auge.

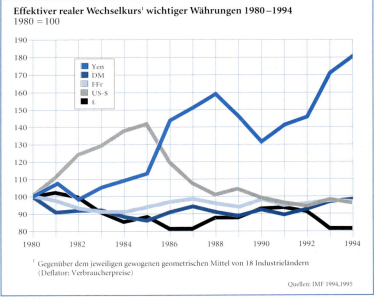

Effektiver realer Wechselkurs[1] wichtiger Währungen 1980–1994
1980 = 100

- Yen
- DM
- FFr
- US-$
- £

[1] Gegenüber dem jeweiligen gewogenen geometrischen Mittel von 18 Industrieländern (Deflator: Verbraucherpreise)

Quellen: IMF 1994, 1995

Schaubild 3

Darin unterschieden sie sich bis Mitte der 80er Jahre grundlegend von einigen lateinamerikanischen Schwellenländern. Deren breit angelegte, die Entwicklung eines leistungsfähigen Exportsektors vernachlässigende »Importsubstitutionsstrategie« hat sich nicht bewährt. Mitte der 80er Jahre zog Lateinamerika die Lehre und öffnete sich – mit Erfolg – stärker für Importe aus Industrieländern. Zugleich sind die lateinamerikanischen Länder jedoch bemüht, durch Freihandelsvereinbarungen das Binnenmarktpotential der Region besser zu erschließen.

Bestimmungsgrößen und Tendenzen

Entwicklungsniveau und Spezialisierung

Länder, deren Exportwirtschaft noch schwach entwickelt ist, tauschen ihre Waren vor allem mit Industrieländern. Ihr Angebot sind meist Rohstoffe, die im konjunkturellen Auf und Ab der Weltwirtschaft extremen Absatz- und Preisschwankungen ausgesetzt sind. Produktverkleinerung, Recycling, Entwicklung von Ersatzstoffen und Anstrengungen zur Senkung des spezifischen Rohstoffverbrauchs bewirken zudem eine tendenzielle, relative Nachfrageschwäche nach ihren Erzeugnissen in den Industrieländern und damit auch die beschriebene Verschlechterung der Terms of Trade für Rohstoffe.

Aus dieser »Rohstoff-Falle« befreit nur die Verbreiterung der Produktpalette in den Verarbeitungsbereich hinein. Andere Entwicklungsländer, die – wie vielfach in Südostasien – kaum über eigene Rohstoffe verfügen, sind von vornherein auf die Verarbeitungsstufe der Produktion angewiesen und damit meist stärker auf Diversifizierung orientiert. Dies war auch in Japan die Ausgangslage für eine eindrucksvolle Industrialisierung.

Industrieländer dagegen treiben Handel vor allem untereinander. Ihr Angebot ist hoch diversifiziert und basiert weniger auf dem Einsatz von Rohstoffen und einfacher Arbeit als auf dem Einsatz von Kapital (in der früheren Phase der Industrialisierung vor allem Sachkapital, heute vor allem Humankapital, also hohe Qualifikation der Arbeitskräfte und hoher Einsatz von Forschung und Entwicklung). Diese Art komparativer Vorteile ist – im Vergleich etwa zu Ressourcen, Klima oder Löhnen – nicht »natürlich«, sondern entsteht im Leistungswettbewerb auf offenen Märkten.

Der extreme Forschungs- und Kapitalaufwand für moderne Industrieprodukte schreckt viele potentielle Konkurrenten von vornherein ab. Nur wer zu den ersten am Markt zählt, hat die Chance, die hohen Kosten wieder hereinzuspielen. Zugleich ist eine Absatzsteigerung bei solch neuen und technologieintensiven Gütern mit einer starken Stückkostensenkung verbunden, weil die »fixen« Entwicklungskosten die »variablen« (z. B. Löhne) bei weitem übersteigen und nun auf eine größere Stückzahl umgelegt werden können.

Damit solche »dynamischen Vorteile« maximal ausgeschöpft werden, neigen diese Märkte zu einem hohen Maß an Spezialisierung bei möglichst globalem Geschäftsradius. Zugleich wird das Kernprodukt variantenreich ausgestaltet, so daß Kunden mit unterschiedlichen Anforderungen bedient werden können.

Wachsender Konkurrenzdruck

Die Marktzutrittsschranken (vor allem: extremer Kapital- und Forschungsaufwand und globaler Aktionsradius) fördern eine auf immer weniger Anbieter beschränkte Marktstruktur mit teilweise hoher Wettbewerbsintensität.

Der Konkurrenzdruck der Weltmärkte zwingt zu starkem Strukturwandel. In den Industrieländern ist vor allem die Produktion arbeitsintensiver Güter »einfuhrempfindlich«. Hier werden immer mehr Entwicklungsländer (und nun auch osteuropäische Länder) konkurrenzfähig. Bei einer Reihe von Produkten sind Industrieländer aber auch untereinander hoch einfuhrempfindlich. Darunter sind einmal solche Güter, die viele Länder als ihre unverzichtbare, weil mit vielen Arbeitsplätzen verbundene Domäne ansehen, bei denen es aber einzelnen Ländern gelungen ist, eine überlegene Produktionstechnologie zu entwickeln (Beispiel in den 80er Jahren: Autos aus Japan). Zum anderen: Produkte sogenannter Schlüsseltechnologien, deren Beherrschung im eigenen Land für notwendig erachtet wird, um eine – und sei es nur vorübergehende – Monopolisierung ganzer hochwertiger Produktionsketten durch ausländische Anbieter zu verhindern (z. B. Halbleiter der jeweils neuesten Generation).

Ausbreitung des Protektionismus

Nach der ersten Ölpreiskrise (1973/74) stiegen Preise und Zinsen, die Arbeitslosigkeit nahm in vielen Industrieländern stark zu. Mit der explosiv steigenden Ölrechnung, aber auch mit dem Vordringen der Schwellenländer verschlechterten sich vielfach die Handelsbilanzen der Industrieländer. Während die Zölle im GATT weiter sanken, wurden mit dem Welttextilabkommen 1974 im Prinzip GATT-widrige mengenmäßige Einfuhrbeschränkungen offiziell zugelassen. Mehr und mehr griff nun ein »Grauzonenprotektionismus« um sich. Seine wirksamsten Formen sind »Selbstbeschränkungsabkommen« und andere Praktiken gegen »unfairen« Handel. Davon betroffen wurden vor allem Stahlprodukte, Pkw und Verbraucherelektronik.

In den 80er Jahren waren viele Länder in Lateinamerika und Afrika gezwungen, Ausfuhrüberschüsse zu erwirtschaften, um den Kapitaldienst auf ihre stark gestiegene Schuldenlast bezahlen zu können [vgl. Kapitel *Finanzen*]. Dies geschah vielfach unter dem Druck des Internationalen Währungsfonds, der seine Stützungskredite an strenge Auflagen knüpfte. Manche Länder gingen aber auch von sich aus zu einer stärker auf den Export gerichteten Politik über. In vielen Entwicklungsländern wurde insbesondere der Wechselkurs der eigenen Währung, der im Interesse einer billigeren Nahrungsmitteleinfuhr künstlich hochgehalten worden war, drastisch gesenkt, um die Preise der eigenen Exportgüter attraktiver zu machen.

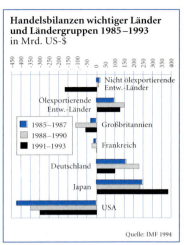

Schaubild 4

Die Handelsströme

Die Handelsströme auch zwischen Industrieländern haben sich im Laufe der 80er Jahre beträchtlich verschoben. Während das Defizit der USA auf weit über 100 Mrd. $ stieg, verzeichnete Japan in der gleichen Zeit einen hohen Anstieg seines Überschusses [vgl. Schaubild 4]. Ursache dafür war u. a. das gewaltige Haushaltsdefizit der Regierung Reagan, das quasi als Konjunkturprogramm wirkte. Die USA führen das Defizit aber auch und vor allem auf »unfaire Praktiken« Japans zurück.

Westeuropa hatte in den 80er Jahren vor allem **interne** Handelsprobleme. Hohen Ausfuhrüberschüssen der Bundesrepublik Deutschland entsprachen Defizite der meisten anderen EU-Länder. Diese und die USA waren es denn auch vor allem, die dem neuen Protektionismus Auftrieb gaben.

In den 90er Jahren haben sich die innereuropäischen Handelskonflikte entspannt. Im Zuge des deutschen Vereinigungsbooms wurde der hohe deutsche Ausfuhrüberschuß, den wir für die Zeit davor registrieren, vollständig aufgezehrt. Mit der nachhaltigen Preisstabilisierung in Frankreich und der Wechselkursanpassung im Europäischen Währungssystem wurden zudem die Nachbarländer Deutschlands preislich wieder konkurrenzfähiger. Gegenüber Osteuropa öffnete die EU ihren Binnenmarkt für Industrieprodukte – kaum aber ihren sensiblen Agrarmarkt. Im Verhältnis zwischen der

EU und den USA wurde 1992 ein Dauerstreit über die Subventionsbegrenzung und Marktöffnung im Agrarhandel beendet – und damit der Weg für einen Abschluß der GATT-Verhandlungen geebnet. Nur im Verhältnis zwischen den USA und Japan schwelt der Konflikt fort.

Wenn man den längerfristigen Trend betrachtet, erreichte die Liberalisierung des Welthandels Mitte der 70er Jahre ein Maximum [vgl. Schaubild 5]. Bis Anfang der 90er Jahre wurde sie dann sukzessive wieder ausgehöhlt. Während die USA in dieser Zeit vor allem auf ihre Handelssalden mit den einzelnen Partnerländern schauten und danach gezielte Sanktionen ergriffen, setzte die EG beim Produkt an und unterzog nicht, wie die USA, ganze Länder einer »Bestrafung«. Japan schließlich konnte dank eines komplizierten Zusammenspiels von Wirtschaft und Politik, einer weitgehenden Konzentration des Einfuhrhandels bei Industriegütern, aber vor allem wegen seiner günstigen Kosten und guten Produktqualität auf Zollschutz fast ganz verzichten, um das Einfuhrvolumen in den gewünschten engen Grenzen zu halten.

Uruguay-Runde und weitere Handelspolitik

Die mächtigeren Akteure des Welthandels haben in den 80er Jahren vorrangig in bilateralen Kategorien gedacht, ein Netz zweiseitiger Beziehungen aufgebaut und den Meistbegünstigungsgedanken des GATT zurückgestellt. Wenn sie dennoch die Uruguay-Runde unterstützten, so deshalb, weil bilaterale Absprachen im Zweifel zu Lasten Dritter gehen (z. B. fürchtete die EG die Umlenkung japanischer Exporte nach Europa als Folge der bilateralen US-amerikanischen Sanktionspolitik).

Dagegen setzten die Entwicklungsländer wegen ihrer schwachen individuellen Verhandlungsposition von vornherein auf weltwirtschaftliche Rahmenvereinbarungen (Multilateralität). Die bescheidenen Ergebnisse ihrer früheren »Globalverhandlungen« im Rahmen der UN und deren Handelsorganisation UNCTAD in den 70er Jahren haben indes zu allgemeiner Ernüchterung geführt. Hatten die Entwicklungsländer noch in den frühen 80er Jahren das GATT als eine Interessenvertretung der reichen Industrieländer bezeichnet, so sind im weiteren Verlauf des Jahrzehnts und noch bis in die jüngste Zeit immer mehr von ihnen dem GATT-Abkommen beigetreten. Sie brachten auch von sich aus zahlreiche Anträge in die Verhandlungen der Uruguay-Runde ein oder beteiligten sich an solchen.

Ergebnisse

Zu den konventionellen Resultaten der Uruguay-Runde zählt die Weiterentwicklung des bisherigen GATT-Regimes. So werden die Zölle im Durchschnitt um mehr als ein Drittel gesenkt. Dabei ist allerdings zu bedenken, daß sie in Industrieländern ohnehin ein niedriges Niveau erreicht hatten und daß auch viele Entwicklungsländer schon unabhängig von den Uruguay-Verhandlungen von ihren hohen Zollsätzen abgerückt waren.

Wichtiger scheint die Verpflichtung der Industrieländer, ihre Agrarmärkte stärker zu öffnen und auch Maßnahmen zum Abbau »nicht-tarifärer Handelshemmnisse« zu ergreifen. So wird der Anteil der gegenwärtig von solchen Hemmnissen betroffenen (Nicht-Öl-)Exporte von Entwicklungsländern im Laufe der nächsten Jahre von 18 auf 4 % (Osteuropa von 20 auf 5 %) sinken (Low/Nash 1994). Dazu soll das Auslaufen des Welttextilabkommens bis zum Jahre 2005 wesentlich beitragen. Eher zum traditio-

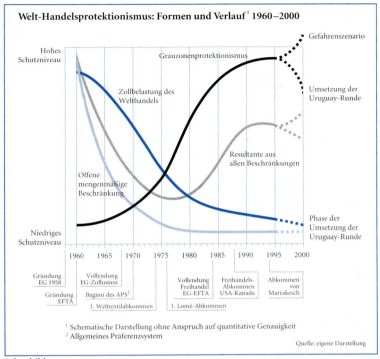

Schaubild 5

nellen Themenkreis zählt auch die transparentere, weniger Willkür ermöglichende Gestaltung der Antidumping- und Antisubventionsverfahren sowie die Weiterentwicklung der bisher wenig wirksamen Streitschlichtung.

Neu sind die Vereinbarungen zur Liberalisierung des Handels mit Dienstleistungen, zur Absicherung geistigen Eigentums und zur Verbesserung der Rechtsstellung von Direktinvestoren [vgl. *World Trade Organization WTO – Struktur und Aufgaben*]. Die Liberalisierung des **Dienstleistungshandels** ist vorerst aber nur sehr unvollkommen gelungen. Wichtige Sparten wurden ausgeklammert. Über Finanzdienste, Basisdienste der Telekommunikation, Luftfahrt und Hochseeschiffahrt müssen die Vertragsparteien immerhin weiterverhandeln. Bei audiovisuellen Diensten kam es zu keiner Übereinkunft.

Das Ziel des GATT ist die zollpolitische »Meistbegünstigung«, das des GATS, in dem man es mit nicht-tarifären Handelshemmnissen zu tun hat, die Inländergleichbehandlung. Ist aber im GATT die Meistbegünstigung der Regelfall, von dem dann Ausnahmen gestattet sind, so werden umgekehrt im GATS nur Zugeständnisse für einzelne Dienstleistungsarten festgehalten; in allen anderen

World Trade Organization (WTO) – Struktur und Aufgaben

Multilaterale Abkommen (für alle WTO-Mitglieder verbindlich):

	GATT[1]	GATS[2]	TRIPS[3]
Gemeinsame Organe	Ministerkonferenz, Allgemeiner Rat, Generaldirektor, Sekretariat, drei funktionale Ausschüsse		
Abkommenspezifische Spitzenorgane	Rat für den Handel mit Gütern	Rat für den Handel mit Dienstleistungen	Rat für den Schutz von Eigentumsrechten
Gemeinsame Ziele	Förderung »nachhaltiger Entwicklung«, Meistbegünstigung, Gleichstellung von In- und Ausland, Reziprozität, Abbau von Hemmnissen, Begünstigung wirtschaftlich schwacher Länder, Umweltschutz		
Abkommenspezifische Bereiche (nicht erschöpfend)	Landwirtschaft Textilien Investitionen (TRIMS[4]) Ursprungsregeln Dumping/Subventionen	Finanzdienste Telekommunikation Transporte	Patent- u. Markenschutz, Urheberrechte (nun auch für Computerprogramme, Datenbanken, integrierte Schaltungen) Meistbegünstigung Inländergleichbehandlung

Plurilaterale Abkommen (nur für ratifizierungswillige WTO-Mitglieder verbindlich):

Vier Spezialabkommen: 1. Handel mit zivilen Luftfahrzeugen, 2. Öffentliches Beschaffungswesen, 3. Internationales Milchabkommen, 4. Internationales Rindfleischabkommen

[1] General Agreement on Tariffs and Trade
[2] General Agreement on Trade in Services
[3] Abkommen über »Trade-Related Aspects of Intellectual Property Rights«
[4] Abkommen über »Trade-Related Investment Measures«: Keine »local content«-Vorschriften mehr, keine Exportgebote oder -beschränkungen für auslandsbasierte Produzenten

Quelle: Zusammenstellung nach Senti 1994

Fällen wird der »Besitzstand an Protektionismus« (Senti 1994a) gewahrt.

Bedeutender sind die Fortschritte bei der Garantie **geistigen Eigentums**. Bei den **TRIMS** ist das Prinzip der Inländergleichbehandlung erstmals allgemein kodifiziert worden.

Protektionismus passé?

Wurde mit dem Abschluß der Uruguay-Runde die Tendenz zu verschärftem Grauzonenprotektionismus gebrochen? Skepsis ist angebracht. Die Gründe, die zu ihm führten, sind eher noch gewichtiger geworden. Kapital wird immer mobiler, mit ihm können Arbeitsplätze abwandern; der weltwirtschaftliche Strukturwandel verschärft sich. Gleichzeitig steht das klassische Schutzinstrument der Zölle immer weniger zur Verfügung.

Den Industrieländern bleiben zwei Auswege. Einmal können sie, jedes für sich, die immer neuen Herausforderungen annehmen. Dies bedeutet beschleunigten Strukturwandel – mit allen Konsequenzen für Wirtschaft, Arbeitsmarkt und Bildungssystem. Zum anderen können sie konkurrierende »Clubs« bilden, deren Mitglieder untereinander die Vorteile der internationalen Arbeitsteilung voll ausschöpfen, ohne daß es als Folge von Unterschieden beim Lohnniveau, bei den Kosten des Sozialsystems oder anderen die Produktion belastenden gesellschaftlichen Kosten zu einseitiger Verlagerung der internen Kapitalströme käme. Im Außenverhältnis halten diese Clubs ihren jeweiligen (oder einen durchschnittlichen) Einfuhrschutz aufrecht oder bauen ihn langsamer ab als im Innenverhältnis. Löhne, Sozialleistungen und andere Träger der Anpassung werden dann vor allem vom regional begrenzten internen Wettbewerb bestimmt, der in kontrollierter Weise durch Maßnahmen im mulitlateralen System und durch Verhandlungen zwischen den Blöcken ergänzt werden kann.

Regionalismus als Mittelweg

Diesen zweiten Weg hat die heutige Europäische Union (EU) am konsequentesten genutzt. Ihre Zollunion wurde mit der Vollendung des »Europäischen Binnenmarktes« Anfang 1993 vertieft. Für 1999 strebt sie sogar eine Währungsunion an. Gleichzeitig mit der Vertiefung ihres Integrationsanliegens hat sich die EU schrittweise von sechs auf 15 Mitgliedstaaten erweitert, die heute über 70 % ihres Handels untereinander abwickeln.

EU als Leitbild
Das Modell der EU war Vorbild für viele nachfolgende Versuche [vgl. *Neuere Initiativen zur regionalen Integration*]. Kaum einer kam jedoch über das Stadium einer sektoral begrenzten Freihandelszone hinaus. Im Unterschied zur EU leiden sie freilich – von der noch jungen NAFTA abgesehen – unter der Dominanz ihres Handels mit Drittländern gegenüber dem internen Handel.

Das Fehlen eines Gravitationszentrums begründet einen Mangel an Zusammenhalt. Für Entwicklungsländer war es deshalb bisher ökonomisch erfolgversprechender, sich in ihrem Handel auf eine dominante Volkswirtschaft auszurichten, als sich auf den regionalen Handel zu konzentrieren.

Allerdings bedeutet die Bindung an ein Gravitationsfeld im Zweifel die Abkehr von anderen Loyalitäten. Dies ist vor allem für die Beziehungen zwischen den Entwicklungsländern relevant. Ihre wechselseitige Solidarität im Rahmen des Nord-Süd-Dialogs mußte darunter leiden. Auf längere Frist, so zeigt das Beispiel vieler südostasiatischer Länder in ihrem Verhältnis zu Japan, könnte aber der wirtschaftlichen Entwicklung auch die Emanzipation gegenüber der dominanten Ökonomie folgen.

Gravitationszentren
In den Clubs der Industrieländer mit ihrer relativ gleichmäßigen Entwicklung stellt sich die Dominanzfrage nicht so scharf. Prominentestes Beispiel ist wiederum die EU. Sie war nach jeder Erweiterungsrunde auf internen Interessenausgleich oder kompensatorische Lösungen in Form von Finanzhilfen des Zentrums an die Peripherie bedacht. Allerdings dürfte sich die Tragfähigkeit dieses Ansatzes mit der Norderweiterung erschöpft haben. Für eine künftige Osterweiterung denkt die EU daher über neue Formen der Zusammenarbeit und Integration nach. Stichworte in der Diskussion sind ein Europa der »mehreren Geschwindigkeiten« und der »konzentrischen Kreise«.

Neuere Initiativen[1] zur regionalen Integration

Zusammenschluß	Beginn	Beteiligte, Ziel
Europäischer Wirtschaftsraum (EWR)	1993	12 EU-Länder, 5 EFTA-Länder[2]: Binnenmarktähnliche Wirtschaftsunion ab 1993
Europa-Abkommen	1991/1993	EU, Polen, Ungarn, Tschechische Republik, Slowakei, Bulgarien, Rumänien: Freihandel mit asymmetrischem Zeitplan, Kooperation (vorgesehen: Slowenien, baltische Länder)
North American Free Trade Area (NAFTA)	1992	USA, Kanada, Mexiko: Freihandel bis spätestens 2009 mit hohem »local content«-Anteil bei US-Importen
APEC	1989–1994	18 asiatische u. pazifische Länder (einschl. USA und China): Freihandel bis 2010 (Industrieländer) bzw. 2020 (übrige)
Enterprise for the Americas Initiative (EAI)	1991	Rahmenabkommen der USA mit bisher 29 lateinamerikanischen Ländern einschl. CARICOM und MERCOSUR über künftige Freihandelszone
MERCOSUR	1991	Argentinien, Brasilien, Paraguay, Uruguay: Gemeinsamer Markt bis 1995
USA–Kanada	1988	Freihandelsabkommen
Economic Cooperation Organization (ECO)	1985	Iran, Pakistan, Türkei: Bilaterale Handelsförderung und Industrieplanung
ANZCERTA	1983	Australia–New Zealand Closer Economic Relations Trade Agreement: Freihandelszone
CEFTA	1993	Polen, Ungarn, Tschechische Republik, Slowakei (= 4 Visegrád-Länder): Freihandel bis Ende 1997
Baltisches Freihandelsabkommen	1993	Estland, Lettland, Litauen: Schrittweiser Übergang zu gegenseitigem Freihandel

[1] Außer den aufgeführten gibt es (bzw. wird verhandelt über) eine Reihe weiterer, meist bi- oder trilateraler Vereinbarungen zwischen benachbarten Ländern wie Chile–Mexiko, El Salvador–Guatemala, Chile–Kolumbien–Venezuela, Kolumbien–Mexiko–Venezuela, Venezuela–Zentralamerika, Mexiko–Zentralamerika. Zu erwähnen sind aber auch das Abkommen USA–Israel von 1989, das Abkommen zwischen der EU und den Golfstaaten und die Verhandlungen der EU über Assoziierungsabkommen mit Israel – als Ersatz für das Abkommen von 1975 – sowie mit den Maghreb-Ländern. In den meisten Fällen ist (auch) der wechselseitige Freihandel Gegenstand der Abkommen oder Verhandlungen. Ältere Zusammenschlüsse sind die Assoziierungsabkommen der EU mit zahlreichen Entwicklungsländern (AKP-Abkommen von Lomé) sowie einigen Mittelmeerländern, die Vereinigung südostasiatischer Nationen (ASEAN), der Zentralamerikanische Gemeinsame Markt (CACM), die Karibische Gemeinschaft (CARICOM), der Lateinamerikanische Integrationsverband (LAFTA/LAIA), die Andengruppe und die Wirtschaftsgemeinschaft Westafrikanischer Staaten (ECOWAS).
[2] Die Schweiz entschied sich Ende 1992 in einem Referendum mit knapper Mehrheit gegen die Mitgliedschaft. Nach dem Beitritt Österreichs, Schwedens und Finnlands zur EU per 1. 1. 1995 gehören mit Norwegen (Volksentscheid gegen die EU-Mitgliedschaft im November 1994) und Island (zuzügl. Liechtenstein) nur noch zwei Nicht-EU-Länder dem EWR an.

Quellen: Torre/Kelly 1992; Presseartikel

Die wirtschaftliche Dynamik des südostasiatischen Raumes und die im Vergleich geringe der EU in den letzten Jahren zeigen zwar, daß »Regionalisierung« des Handels nicht unbedingt an institutionelle Voraussetzungen, also »Regionalismus« (Borrmann/Koopmann 1994 in Anlehnung an Lorenz) gebunden ist. Die Handelsblöcke streben aber nach mehr Verhandlungsmacht im Verhältnis zueinander, und das begünstigt institutionelle Zusammenschlüsse. Sie sind zugleich bestrebt, ihre Position durch Erweiterung und Vertiefung zu stärken. Daher wird trotz des Vertrages von Marrakesch, der 1994 die Uruguay-Runde abschloß, der Regionalismus in der Weltwirtschaft zunehmen.

Für **Lateinamerika** können sich aus der erdrückenden Überlegenheit der USA bei der Regionalisierung Probleme ergeben. Ein konsequenter wirtschaftlicher Zusammenschluß kann dort aber auch Eigenimpulse auslösen. Eine Reihe lateinamerikanischer Länder erwägt schon jetzt den Beitritt zur NAFTA und/oder zur APEC.

Afrika wird seine Zersplitterung kaum aus eigener Kraft und in wechselseitiger Handelsfreiheit überwinden. Hier dürften weniger die noch weitere Marktöffnung der Industrieländer und bevormundenden Umstrukturierungsauflagen des IWF als vielmehr Schuldenentlastung sowie mehr und angemessenere »Hilfe zur Selbsthilfe« positive Wirkung entfalten. Aus historischen Gründen bleibt hier – wie bisher – vor allem die EU in der Pflicht.

In Richtung EU werden sich – wie jetzt schon im Rahmen der »Europa-Abkommen« ganz **Ostmitteleuropa** – vorerst auch **Russische Föderation** und andere Teile der GUS orientieren. Die **zentralasiatische** Region wird sich aber auf längere Sicht aufgrund der Beziehungen zu Vorderasien und zur arabischen Welt zu einem eigenständigen Gravitationsfeld entwickeln.

Zukunftsthemen: Umwelt- und Sozialstandards

Werden die Ergebnisse der Uruguay-Runde umgesetzt, so wird ein hohes Maß an Freihandel auch zwischen den Blöcken erreicht. Da der Anpassungsdruck unter diesen Bedingungen größer wird, ist der Freihandel aber permanent gefährdet: durch Unterlaufen oder durch Neuaushandlung der Bedingungen.

Das Unterlaufen wird mit den transparenter und objektiver geregelten Antidumping- und Antisubventionsverfahren und der gestärkten Streitschlichtungsinstanz in der WTO schwieriger. Das trifft vor allem auch Schwellenländer wie Chile, Korea, Brasilien, Mexiko und Indien (Low/Nash 1994).

Deshalb wird die Neuverhandlung im Vordergrund stehen. Hier zeichnen sich zwei Entwicklungsstränge ab. Einmal wird, soweit – etwa über Dienstleistungen – ohnehin weiterverhandelt wird, verstärkt auf Gleichwertigkeit der **bilateralen** Zugeständnisse (Reziprozität) geachtet werden. Zum anderen werden die Industrieländer versuchen, **multilateral** neue Wettbewerbsbedingungen auszuhandeln, die zwar nicht absolut, aber doch im Vergleich zu Schwellenländern vom Kostendruck entlasten. Stein des Anstoßes sind die niedrigen Umwelt- und Sozialstandards in diesen Ländern. Durch sie können Kosten niedrig gehalten, also Preisvorteile erzielt werden.

Umweltprotektionismus?
Dabei darf freilich nicht übersehen werden: Was den Umweltschutz betrifft, sind die Industrieländer trotz höherer **spezifischer** Standards, allein infolge ihres gigantischen Produktionsvolumens, die **absolut** größeren Verschmutzer. Und: Sozial- und Umweltstandards haben sich auch in den Industrieländern erst

mit zunehmendem Wohlstand entwickelt.

Es wäre zynisch, würden die Industrieländer ihre anspruchsvollen Standards als Voraussetzung für die Öffnung ihrer Märkte einfordern – würden sie es sich also hinter einer »moralischen Mauer« aus hohen Antidumpingzöllen bequem machen und den Entwicklungsländern so die Chancen schmälern, genau jene Wachstumskräfte zu entfalten, die auch die sozial- und bürgerrechtliche Emanzipation begünstigen. Durch Ausnahmen (China) wird eine solche Haltung noch unglaubwürdiger und des versteckten Protektionismus überführt.

Effektive Entwicklungszusammenarbeit, offener politischer Dialog und Unterstützung der Internationalen Arbeitsorganisation (ILO), nicht willkürliche Sanktionspolitik sollten der Weg sein, besserem Sozial- und Umweltschutz in möglichst vielen Ländern qua Einsicht zum Durchbruch zu verhelfen.

Eine handelspolitisch harte Haltung sollte sich auf die Ächtung von massiven Grundrechtsverletzungen (Staatsterror, Kinder- und Zwangsarbeit) beschränken. Ehrlicher ist es, wenn die Industrieländer zugeben, daß sie zur sozialen Flankierung ihres wirtschaftlichen Strukturwandels auf ein Mindestmaß an Einfuhrschutz nicht verzichten können. Praktiziert werden sollte er freilich nur gezielt, befristet und auf nicht-diskriminierende Weise. Vor diesem Hintergrund kann der permanente weitere **Zoll**abbau kaum der richtige Weg sein.

Ökologische Grenzen der Arbeitsteilung

Arbeitsteilung ist die Quelle der Produktivität, deren Steigerung mehr reales Einkommen oder mehr Freizeit ermöglicht. Internationaler Handel ist die Fortsetzung der Arbeitsteilung über nationale Grenzen hinaus. Wer das Ziel materieller Wohlstandsmehrung in Form von Einkommen und Freiräumen bejaht, muß Handel grundsätzlich für sinnvoll halten. Der Nutzenzuwachs aus mehr Handel nimmt allerdings mit der Höhe des bereits erreichten Einkommens ab; auch muß er gegen seine möglichen sozialen und ökologischen Folgekosten abgewogen werden.

Das Nutzenpotential aus Handelsausweitung ist für Entwicklungsländer in jedem Falle höher als für Industrieländer mit ihrem hohen Versorgungsniveau. Diese spüren die Kosten des Strukturwandels daher stärker, vor allem die unvermeidliche Vernichtung von Arbeitsplätzen durch steigende Importe. Ihr steht jedoch die Schaffung neuer Arbeitsplätze auf der Exportseite gegenüber.

Berechnungen zeigen zwar, daß Industrieländer im Handel mit Entwicklungsländern mehr Arbeitsplätze verlieren als gewinnen, weil die durch Importe ersetzte heimische Produktion arbeitsintensiver war, als es die Produktion für den Export ist. Doch der Nettoeffekt insgesamt ist gering. Entscheidend ist, daß die auf der Importseite freigesetzten Arbeitskräfte (bzw. die nachwachsende Generation von Beschäftigten) so fort- bzw. ausgebildet werden, daß ihr Qualifikationsprofil den neuen Anforderungen entspricht.

Im – dominanten – Handel der Industrieländer untereinander ist für kein Land von vornherein mit per saldo negativen Beschäftigungswirkungen zu rechnen, sofern sich alle anstrengen, den Strukturwandel zu meistern.

Gleichwohl muß, gerade wenn man die »Einkommensmaximierung« als vorrangigen Wert annimmt, gefragt werden, ob es nicht bereits ein Zuviel an Handel gibt. Denn der mit Handel zwangsläufig verbundene Gütertransport bedeutet immer mehr Energie- und Umweltverbrauch und damit Vermögens- und Nutzenminderung bei öffentlichen Gütern. Wenn den handeltreibenden Akteuren dafür (über entsprechend hohe Steuern, Straßenbenutzungsgebühren, Sicherheitsvorkehrungen bei Öltankern etc.) angemessene private Kosten entstünden, würde sich ein Teil dieses Handels – je nach Erzeugnis, Entfernung und Transportmittel – nicht mehr lohnen und damit entfallen. Dies gilt für den Binnenhandel wie für den Außenhandel. Die Industrieländer sollten daher zuallererst bei sich selber mit einer koordinierten Verteuerung des Umweltverbrauchs beginnen.

Perspektiven und Optionen

Entwicklungsabhängiger Handlungsbedarf

Damit der Welthandel künftig auch und vor allem als Chance zur gesamtgesellschaftlichen Wohlstandsmehrung und nicht nur als Arbeitsplatzvernichter begriffen, dabei jedoch in sozial und ökologisch verträglichen Grenzen gehalten wird, müssen alle Länder und Ländergruppen ihre »Hausaufgaben« machen.

Den **Entwicklungsländern** ist die folgende Strategie zu empfehlen (sieht man von den spezifischen Problemen der marktwirtschaftlichen Umgestaltung, der Rüstungskonversion und der geographischen Neuorientierung ab, so gelten die Empfehlungen auch für Mittel- und Osteuropa):

▸ Durch Rechtssicherheit für Investoren, gesellschaftliche Stabilität und marktwirtschaftliche Orientierung wird Auslandskapital angeworben. Aus ihm können hohe Investitionsgüterimporte finanziert werden, die u. a. auch dem Aufbau eines eigenen leistungsfähigen Exportsektors dienen können.

Das ins Ausland transferierte Kapital muß den Industrieländern nicht verlorengehen und dort Arbeitsplätze vernichten. Denn es gibt keinen vorgegebenen »Kapitalfonds«; vielmehr werden Investitionen stets »vorfinanziert«. Mit ihrer Hilfe können Einkommen entstehen, aus denen wiederum Ersparnisse gebildet werden, mit denen die Vorfinanzierung nachträglich abgelöst werden kann. So entstandenes zusätzliches Einkommen in Entwicklungsländern wird mindestens zum Teil für Importe ausgegeben und kommt damit auch Industrieländern zugute.

▸ Eine neu entwickelte Exportwirtschaft wird zunächst auf die Märkte der Industrieländer ausgerichtet sein, weil nur dort ein hinreichendes Nachfragepotential vorhanden ist und sich nur dort die benötigten harten Devisen verdienen lassen. Die Wachstums- und Importsteigerungsraten der Industrieländer sind zwar in der Regel niedriger als die der Entwicklungsländer, doch bei dem hohen absoluten Niveau der Industrieländer können geringe Importzuwachsraten bei ihnen hohe Exportzuwächse in Entwicklungsländern bedeuten.

Um aber die Aufnahmefähigkeit der Industrieländer (d. h. ihre Bereitschaft zum Strukturwandel) nicht zu überfordern und sich nicht von deren Wohlverhalten abhängig zu machen, sollten sich Entwicklungsländergruppen auf längere Sicht intensiver bemühen, gemeinsame Märkte zu errichten. Kollektiv sollte die jeweilige Gruppierung, so gestärkt, Verhandlungen vor allem mit dem für sie

günstigst gelegenen Gravitationszentrum über leichteren Marktzugang führen.
▶ Auch im Außenhandel müssen die Preisrelationen ihre Steuerungsfunktion wahrnehmen. Dazu zählt die langfristige Ausrichtung der Wechselkurse an den Kaufkraftparitäten, besonders im Verhältnis zu den Währungen der wichtigsten Handelspartner. Wechselkurse, die z. B. den Import von Nahrungsmitteln künstlich verbilligen, machen die Produktion eigener Agrarerzeugnisse unwirtschaftlich. Umgekehrt heizt eine unterbewertete Währung den inländische Inflation an und verteuert die Investitionsgüterimporte. Aus dieser Lehre haben zahlreiche Entwicklungsländer in den letzten Jahren Konsequenzen gezogen.
▶ Die Entwicklungsländer sollten die Rohstofflastigkeit ihrer Exporte durch Diversifizierung systematisch verringern.

Auch **Industrieländer** müssen handelspolitisch relevante Eigenleistungen erbringen:
▶ In der Uruguay-Runde haben sie sich verpflichtet, sich stärker dem Strukturwandel zu öffnen. Dies gilt vor allem für die Sektoren Landwirtschaft, Textilien und Bekleidung, Eisen und Stahl, aber auch für Konsumgüter aller Art und einfachere Maschinen.
▶ Sie sollten ihre Handelspolitik gegenüber Entwicklungsländern nicht in protektionistischer Absicht mit Umwelt- und Sozialauflagen koppeln, sondern in ihrem eigenen Einflußbereich den Gütertransport im Ausmaß seiner »externen«, der Allgemeinheit zur Last fallenden Kosten mit verursachungsgerechten Abgaben belegen. Damit würde die internationale Arbeitsteilung auf ein umweltverträglicheres Maß zurückgeführt. Dabei müssen Schwellenländer schrittweise als Industrieländer behandelt werden; dazu zählt, daß ihnen die Zollvergünstigungen sukzessive genommen werden.
▶ Sie müssen die konjunkturell günstigen Jahre dazu nutzen, ihre öffentlichen Haushalte zu konsolidieren, nicht zuletzt um die Zinsen auf den Weltkapitalmärkten zu senken; damit verringern sie auch die Schuldenlast der Entwicklungsländer und regen Investitionen in Sachkapital an.
▶ Nicht erwartet werden sollte von den Industrieländern dagegen die dauerhafte Stützung von Rohstoffpreisen auf einem Niveau, das am Markt nicht erzielbar ist. Dies gäbe Signale für auf Dauer falsche Produktionsstrukturen, machte die betroffenen Länder noch abhängiger und führte früher oder später in weitere Anpassungskrisen. Dies schließt nicht aus, daß bei Rohstoffverbrauch mit schädlichen Umweltwirkungen ebenfalls Abgaben (Beispiel: CO_2-/Energiesteuer) erhoben werden, die den externen Kosten entsprechen. Es wäre zu erwägen, aus dem Erlös auch eine Steigerung der Entwicklungszusammenarbeit zu finanzieren.

Multilaterales System in der Bewährung

Die **multilateralen Institutionen**, vor allem das GATT, sind im Begriff, ihre Rollen neu zu definieren. Mit der neuen Welthandelsbehörde (WTO) entsteht zwar eine im Vergleich zum bisherigen GATT größere internationale Bürokratie. Ihre Zuständigkeit ist aber auch umfassender. Objektivere Kriterien und mehr Rechtssicherheit in der Streitschlichtung sollen zudem für mehr Effizienz sorgen.

Im Vergleich zu IWF und Weltbank wird es in der WTO zu besserer Machtbalance kommen, da jedes Land die gleiche Stimme hat und sich die Zusammensetzung stark zugunsten der Entwicklungsländer verschoben hat. Allerdings besteht die Gefahr, daß einflußgewohnte Großakteure wie die USA bei Nichtbeachtung ihrer Wünsche der WTO schlicht den Rücken kehren. Dies würde dem Bilateralismus und den »Clubs« noch mehr Auftrieb geben.

Das GATT war am leistungsfähigsten bei der Senkung von Zöllen. Vielleicht war es ein Fehler, den Zollabbau sehr weit zu treiben, weil dadurch Ersatzformen des Protektionismus im Grauzonenbereich ins Kraut schossen. Vielleicht muß realistischerweise einem »Sockel« an Schutzbedürfnis auch in Industrieländern Rechnung getragen werden. Bedacht werden muß aber, daß die Sicht der Entwicklungs- und der Transformationsländer - und besonders der schnell aufsteigenden Schwellenländer des Südens und Ostens - eine andere ist. Für sie ist die fortschreitende Teilnahme an der internationalen Arbeitsteilung noch auf längere Frist von größerem wirtschaftlichem Nutzen als für die Industrieländer.

Handelspolitische Schutzmaßnahmen dürfen den Preismechanismus nicht außer Kraft setzen. Zölle leisten das am besten. Sollte sich bei der Umsetzung der Ergebnisse der Uruguay-Runde herausstellen, daß der Abbau nicht-tarifärer Handelshemmnisse zwischen den Handelsblöcken oder gegenüber einzelnen Ländern, die sich allein kaum wehren können, nicht gelingt, so wäre zu prüfen, ob ein Grundbestand dieser Hemmnisse nicht wieder in Zölle zurückverwandelt werden sollte.

Literatur

Borrmann, Axel, und Koopmann, Georg 1994: Regionalisierung und Regionalismus im Welthandel, in: Wirtschaftsdienst 1994/VII, S. 365–372.

GATT 1993: International Trade 1991–92, Volume II, Genf.

- 1994: International Trade 1993 Statistics, Genf.
- 1995: International Trade 1994, Trends and Statistics, Genf.

IMF 1994, 1995: International Financial Statistics, Yearbook 1994, 1995, Washington, D. C.

- 1994a, World Economic Outlook, May 1994, Washington, D. C.

Low, Patrick, und Nash, John 1994: Der schwierige Weg: Zu einem freieren Welthandel, in: Finanzierung & Entwicklung, 31. Jg., Nr. 3, S. 58–61.

Senti, Richard 1994: GATT – WTO. Die neue Welthandelsordnung nach der Uruguay-Runde. Institut für Wirtschaftsforschung der ETH Zürich, Zürich.

- 1994a: Die neue Welthandelsordnung für Dienstleistungen. Institut für Wirtschaftsforschung der ETH Zürich, Materialien 94/2, Zürich.

Torre, Augusto de la, and Margaret R. Kelly 1992: Regional Trade Arrangements. IMF, Occasional Papers 93, Washington, D. C.

United Nations 1994: Monthly Bulletin of Statistics, Nr. 5, Mai 1994.

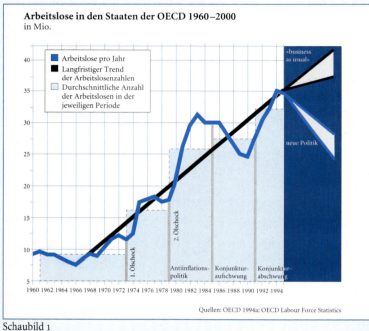

Schaubild 1

Arbeit

In den Industrieländern der OECD sind mehr als 35 Millionen Menschen arbeitslos. Die Sockelarbeitslosigkeit steigt von einem Konjunkturzyklus zum nächsten und ist ohne Neuorientierung der Politik auch durch eine Wirtschaftsbelebung nicht mehr zu beseitigen. Arbeitslosigkeit ist nicht nur global, sondern auch in den reichsten Ländern der Welt zum drängendsten wirtschaftlichen und sozialen Problem geworden.

In den meisten Nicht-OECD-Ländern wächst die Erwerbsbevölkerung schneller als die Beschäftigung. Nur in den prosperierenden Schwellenländern Südostasiens gibt es einen zunehmenden Arbeitskräftemangel. In fast allen Ländern Lateinamerikas, Afrikas und Asiens sind die Arbeitsmarktbedingungen weiterhin alarmierend. In den Transformationsländern Mittel- und Osteuropas kommen wirtschaftliche Verbesserungen nur vereinzelt und langsam voran; sie reichen nicht aus, die Arbeitslosigkeit und mit ihr verbundene Gefahren für die soziale Integration zu beseitigen. Vor allem in Rußland und der Ukraine vollzieht sich erst jetzt der Schub von versteckter zu offener Arbeitslosigkeit.

Arbeit ist keine »Ware« wie jede andere. Der Arbeitsmarkt ist eine gesellschaftliche, kulturell gebundene Institution. Deshalb sind Arbeitsmarktprobleme durch das Wirken von Marktkräften allein nicht zu beseitigen. Notwendig sind wirtschafts- und sozialverträgliche Strategien, die in internationaler Kooperation weltwirtschaftlich günstige Rahmenbedingungen schaffen und auf nationaler Ebene die gezielte Förderung der Arbeit in den Vordergrund stellen.

Der Arbeitsmarkt als gesellschaftliche Institution

Beschäftigungsprobleme weltweit

Über 35 Millionen Menschen waren 1994 in den Industrieländern arbeitslos. Weitere 15 Millionen haben nach Schätzungen der OECD entmutigt die Suche nach Arbeit aufgegeben oder konnten, entgegen dem eigenen Wunsch, nur einen Teilzeitarbeitsplatz finden.

Besonders in der Europäischen Union (EU) – bis 1993 Europäische Gemeinschaft (EG) – hat die Arbeitslosigkeit seit Anfang der 70er Jahre von Konjunkturzyklus zu Konjunkturzyklus zugenommen. In den USA, die nur einen geringen Aufwärtstrend der Arbeitslosigkeit zu verzeichnen haben, sind in den 80er Jahren die Reallöhne vor allem für niedrig qualifizierte Arbeitskräfte gesunken. Nur Japan und – bis Anfang der 90er Jahre – die skandinavischen Länder konnten sich bisher von diesen Entwicklungen isolieren [vgl. Schaubild 2].

In den Entwicklungs- und Transformationsländern, in denen fast 85 % der Welterwerbsbevölkerung leben [vgl. Schaubilder 3 und 9], ist das Beschäftigungsproblem mit wenigen Ausnahmen noch gravierender. Um allein die wachsende Erwerbsbevölkerung der Entwick-

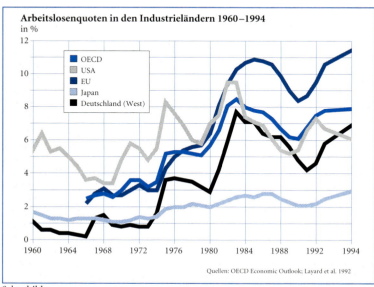

Schaubild 2

lungsländer in den 90er Jahren zu beschäftigen, wären laut UNDP 260 Millionen zusätzliche Arbeitsplätze nötig. In einer ganzen Reihe armer Länder sind die Reallöhne gesunken, die Arbeitsbedingungen unzumutbar und Kinderarbeit nach wie vor weit verbreitet.

Arbeit ist nicht einfach eine Ware

Arbeit ist mehr als nur Erwerbstätigkeit. Sie umfaßt auch alle nicht erwerbsbezogenen produktiven Aktivitäten des Menschen, z. B. im künstlerischen Bereich, in der Haus- und Heimarbeit oder in den Bereichen des sozialen, gesellschaftlichen und politischen Engagements. Diese Beispiele machen aber auch deutlich, daß gerade Erwerbsarbeit einen Doppelcharakter hat. Sie ist Einkommensquelle und zugleich wesentliches Element der Selbstverwirklichung des Menschen. Die hohe Arbeitslosigkeit in den meisten Ländern der Welt, die hier im Vordergrund der Betrachtung steht, zeugt von einer Krise der Erwerbsarbeit, die beide Funktionen bedroht.

Warum gelingt es dem »Arbeitsmarkt« in so vielen Ländern nicht, den Menschen ein angemessenes Einkommen über eine gesicherte und zumutbare Erwerbstätigkeit zu verschaffen? Wie auf jedem anderen Markt bestimmen auch hier Angebot und Nachfrage die Entwicklung. Aber damit endet die Analogie auch schon: Der Preismechanismus, der Angebot und Nachfrage auf Wettbewerbsmärkten zum Ausgleich bringt, funktioniert auf Arbeitsmärkten höchst unzureichend und kann zugleich gesellschaftlich unerwünschte Ergebnisse hervorbringen.

Der Grund ist einfach: Arbeitskraft ist kein Gut, das als Ware beliebig gehandelt werden kann. Sie ist untrennbar mit der Person des Arbeitsanbieters und seiner

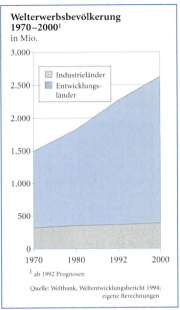

Welterwerbsbevölkerung 1970–2000[1]
in Mio.

[1] ab 1992 Prognosen

Quelle: Weltbank, Weltentwicklungsbericht 1994; eigene Berechnungen

Schaubild 3

Menschenwürde verbunden. Dies hat mindestens zwei Konsequenzen für die Funktionsfähigkeit des Arbeitsmarktes:
▶ Während auf Gütermärkten Angebotsüberschüsse tendenziell durch Preissenkungen beseitigt werden, eignet sich der Lohnmechanismus nur sehr eingeschränkt zur Beseitigung von Arbeitslosigkeit: Weil nicht nur die Quantität der angebotenen Arbeitskraft, sondern auch deren Qualität (Effizienz) vom Lohnsatz abhängig ist, kann es für Unternehmen wirtschaftlich sinnvoll sein, als Leistungsanreiz relativ hohe Löhne zu zahlen, obwohl es ein Überangebot an Arbeitskraft gibt. So finden arbeitsuchende »Outsider« auch dann keine Beschäftigung, wenn sie bereit sind, zum »Marktlohn« der »Insider« zu arbeiten. Der Arbeitsmarkt entspräche selbst dann nicht dem ökonomi-

schen Modell eines funktionsfähigen Marktes, wenn er vollständig liberalisiert würde.
▶ Der Arbeitsmarkt als »gesellschaftliche Institution« [vgl. Solow 1990] ist in verschiedenen Volkswirtschaften unterschiedlichen Gesetzmäßigkeiten und gesellschaftlichen Werten und Normen unterworfen. Beispiele dafür sind Normen wie »gleicher Lohn für gleiche Arbeit« und ein gesellschaftlicher Konsens, extreme Einkommensungleichheiten zu vermeiden, Löhne unterhalb des Existenzminimums abzulehnen und angemessene Löhne für alle Beschäftigten zu fordern.

Politik zur Lösung von Beschäftigungsproblemen kann daher nicht auf eine rein ökonomische Strategie reduziert werden, sondern muß das gesellschaftlich Gewünschte und Akzeptable mit dem ökonomisch Machbaren verbinden. Politik, die mit den sozialen Traditionen eines Landes nicht im Einklang steht und gesellschaftlichen Sprengstoff schafft, ist ebenso zum Scheitern verurteilt wie der Versuch, politische Wunschvorstellungen unter Inkaufnahme gravierender ökonomischer Ineffizienzen durchzusetzen.

Arbeit in den Weltregionen

Zwei wichtige, miteinander in Wechselwirkung stehende Entwicklungen haben die Beschäftigungstrends der jüngeren Vergangenheit wesentlich beeinflußt und werden diese auch künftig – wahrscheinlich zunehmend – mitbestimmen: die Globalisierung des Finanz-, Kapital- und Güterverkehrs und die Liberalisierung der Märkte [vgl. die Kapitel *Handel* und *Finanzen*].

Kleines Lexikon wichtiger Fachbegriffe

Arbeitslose: Personen, die keine Arbeit haben, aber »aktiv« suchen. Ein häufiges Kriterium nationaler Behörden für die »aktive Arbeitsuche« ist, daß die Betroffenen sich bei der Arbeitsbehörde ihres Landes als arbeitsuchend registrieren lassen und der Arbeitsvermittlung zur Verfügung stehen (siehe auch → stille Reserve).
Arbeitslosenquote: Nach den Kriterien der nationalen Behörden erfaßte → Arbeitslose in Prozent der → Erwerbsbevölkerung.
Arbeitsmarktpolitik: Politische Maßnahmen, die direkt am Arbeitsangebot ansetzen, um eine Lücke zwischen Arbeitsangebot und Arbeitsnachfrage zu reduzieren. Das Instrumentarium reicht von Maßnahmen zur Regulierung der Höhe des Arbeitsangebots (z. B. Veränderungen der Lebensarbeitszeit durch Anpassung des Rentenalters und der Schulzeiten) bis hin zur aktiven Arbeitsmarktpolitik (z. B. Qualifizierungsmaßnahmen, Subventionierung von Arbeitsplätzen für Arbeitslose in der Privatwirtschaft oder deren Beschäftigung im öffentlichen Sektor).
Arbeitsproduktivität: Produktion pro Einheit (z. B. Arbeitsstunde) geleisteter Arbeit.
Beschäftigungspolitik: Gesamtwirtschaftliche Nachfragesteuerung durch Manipulation von Staatsausgaben, Steuern, Zinsen und Geldmenge mit dem Ziel, Wirtschaftswachstum und Beschäftigung zu beleben und die Arbeitslosigkeit zu reduzieren (→ Beschäftigungsintensität des Wachstums, → keynesianische Arbeitslosigkeit).

> **Beschäftigungsintensität des Wachstums:** Das Ausmaß, in dem Wirtschaftswachstum Arbeitsplätze schafft.
> **Bevölkerung im erwerbsfähigen Alter:** Bevölkerung im Alter von 15 bis 64 Jahren.
> **Erwerbsbevölkerung:** Wirtschaftlich aktive Bevölkerung, bestehend aus Erwerbstätigen und Arbeitsuchenden (→ Arbeitslose).
> **Friktionelle Arbeitslosigkeit:** (Freiwillige) Arbeitslosigkeitszeiten, die bei einem Wechsel des Arbeitsplatzes oder während der Suche nach einem neuen Arbeitsplatz entstehen.
> **Informeller Sektor:** Sektor der Volkswirtschaft, in dem Menschen Arbeitsleistungen erbringen, die nicht offiziell erfaßt werden.
> **Keynesianische Arbeitslosigkeit:** Arbeitslosigkeit, die durch Schwankungen der gesamtwirtschaftlichen Nachfrage entsteht. Der Begriff geht zurück auf den englischen Ökonomen John Maynard Keynes, der für die Arbeitslosigkeit in der Weltwirtschaftskrise 1929 Nachfragedefizite verantwortlich machte und zu deren Behebung eine → Beschäftigungspolitik empfahl (→ konjunkturelle Arbeitslosigkeit).
> **Konjunkturelle Arbeitslosigkeit:** Arbeitslosigkeit, die durch zyklische Schwankungen der gesamtwirtschaftlichen Nachfrage und damit des Wirtschaftswachstums entsteht (→ keynesianische Arbeitslosigkeit, → Beschäftigungsintensität des Wachstums).
> **Neoklassische Arbeitslosigkeit:** Arbeitslosigkeit, die durch zu hohe Löhne entsteht und so einerseits die Arbeitsnachfrage der Unternehmen reduziert, andererseits das Arbeitsangebot der Bevölkerung im erwerbsfähigen Alter erhöht.
> **Partizipationsrate:** Erwerbsbevölkerung (Erwerbstätige und Arbeitslose) in Prozent der Bevölkerung im erwerbsfähigen Alter.
> **Saisonale Arbeitslosigkeit:** Temporäre Arbeitslosigkeit, die durch Saisonschwankungen (z. B. Jahreszeiten) entsteht.
> **Stille Reserve:** Arbeitsuchende, die nicht als → Arbeitslose registriert sind.
> **Strukturelle Arbeitslosigkeit:** Eine Form von Arbeitslosigkeit, die durch ein qualitatives oder regionales Auseinanderklaffen von Arbeitsangebot und Arbeitsnachfrage entsteht.
> **Überbeschäftigung:** Eine Form verdeckter Arbeitslosigkeit, die zur Zeit häufig in den Transformationsländern in staatlichen Betrieben anzutreffen ist, wenn bei sinkender Produktion eigentlich nicht benötigtes Personal weiterbeschäftigt wird. Die Folge ist niedrigere → Arbeitsproduktivität.

Globalisierung der Märkte

So haben sich die internationalen Finanzmärkte in den 80er Jahren weitgehend globalisiert und begrenzen heute den wirtschafts- und beschäftigungspolitischen Spielraum nationaler Volkswirtschaften. Unter anderem haben die mit der Internationalisierung der Finanzmärkte verbundenen Wechselkursschwankungen stark zum Wachstum von Auslandsinvestitionen beigetragen. Sie nahmen in der zweiten Hälfte der 80er Jahre mit jährlich 22 % wesentlich schneller zu als der Welthandel (5 %), der wiederum stärker expandierte als die Produktion. Nationale Volkswirtschaften verflechten sich zunehmend miteinander. Damit verschärft sich der internationale Standortwettbewerb und stärkt den Trend zur Liberalisierung der Kapital-, Güter- und zunehmend auch der Arbeitsmärkte.

Trend zur Liberalisierung

Gleichzeitig ist die Liberalisierung eine treibende Kraft der Globalisierung. Neben der Deregulierung und Öffnung der Märkte in Industrieländern sind hier marktorientierte Strukturanpassungsprogramme in Entwicklungs- und Transformationsländern zu nennen, die darauf abzielen, Beschäftigung zunehmend vom öffentlichen in den privaten Sektor zu lenken. Gefördert werden diese Tendenzen durch die revolutionierenden Entwicklungen der Informations- und Kommunikationstechnologie und die zunehmende Einführung neuer, sogenannter »flexibler« Produktionsmethoden, die den Charakter der Industriearbeit, die Anforderungen an die Qualifikation der Arbeitnehmer und die internationale Arbeitsteilung verändern [siehe *Was ist »flexible« Produktion?*].

Das hier skizzierte Ineinandergreifen von Kräften ist extrem komplex und in seinen Beschäftigungswirkungen theoretisch wie empirisch schwer abzuschätzen; deshalb erzeugt es, besonders vor dem Hintergrund zunehmender Beschäftigungsprobleme in fast allen Regionen der

---

Was ist »flexible« Produktion?

Flexible Produktion ist die Abkehr von der industriellen Massenproduktion. Sie soll die positiven Merkmale der handwerklichen Herstellung – Flexibilität und Qualität – mit denen der Massenproduktion – Schnelligkeit und geringe Stückkosten – zur Erhöhung der Produktivität miteinander verbinden. Flexible Produktion ist primär eine organisatorische und keine technische Innovation. Sie zielt darauf ab, die Unterausnutzung von Wissen, Kreativität und menschlichem Potential, wie sie im System der Massenproduktion üblich ist, zu reduzieren. Hauptcharakteristika sind:

Simultane Planung: Entwicklung und Herstellung eines Produktes werden eng verzahnt, um geplante Produkte kostengünstig herstellen zu können, nicht an produktionstechnischen Schwierigkeiten zu scheitern und Produktinnovationen schneller auf den Markt zu bringen.

Ständige marginale Verbesserungen: Alle Mitarbeiter werden an der ständigen Verbesserung von Produkten und Produktionsverfahren beteiligt. Jeder ist für die Produktqualität mitverantwortlich. Das gesamte in der Organisation vorhandene Wissen soll so mobilisiert werden.

Gruppenarbeit: Arbeitsgruppen führen Teile der Produktion relativ selbstbestimmt aus. Der einzelne übernimmt dabei nicht immer die gleichen Arbeiten, sondern sieht sich mit ständig wechselnden Aufgaben konfrontiert, die die Anforderungen an seine Kenntnisse und Fertigkeiten erhöhen.

»Just-in-time« und lagerlose Produktion: Mit dem Verzicht auf Lagerhaltung soll vor allem die Reaktion auf Marktänderungen beschleunigt werden.

Integration der Zulieferer und Abnehmer: Auf längerfristigen Bindungen aufbauende Kooperation mit den vor- und nachgelagerten Wertschöpfungsstufen. Zulieferer und Kunden sollen z. B. an der Entwicklung eines Produktes stärker beteiligt werden.

Flexible Produktion ist keineswegs auf die Schaffung »menschenleerer« Fabriken gerichtet. Vielmehr erhöht sie einerseits die Qualifikationsanforderungen an die Mitarbeiter, andererseits erzeugt sie tendenziell regional hochintegrierte Produktionsnetzwerke. Gleichzeitig kommt es verstärkt zur »Auslagerung« von Aktivitäten, wenn ehemals im Betrieb durchgeführte Tätigkeiten über Werkverträge nach außen vergeben werden.

Text basiert auf: Oman 1994

Welt, begründete wie auch unbegründete Ängste.

Vor diesem Hintergrund wird im folgenden die Beschäftigungsentwicklung in den wichtigsten Weltregionen analysiert. Dabei wird der Schwerpunkt in dieser Ausgabe der *Globalen Trends* auf das Problem der Arbeitslosigkeit in den Industrieländern gelegt.

Arbeit in den Industrieländern

In den Industrieländern der OECD waren 1994 über 8,5% der Erwerbsbevölkerung – definiert als Erwerbstätige *und* Arbeitsuchende – arbeitslos. Wie konnte es zu diesem gravierenden Versagen des Beschäftigungssystems kommen?

Die Erwerbsbevölkerung wächst

Auf der Angebotsseite des Arbeitsmarktes ist die Entwicklung der Erwerbsbevölkerung eine entscheidende Größe. Tabelle 1 zeigt die Entwicklung und (ab 1995) Prognosen der OECD für drei ausgewählte Länder. Die Prognose beruht auf Schätzungen der demographischen Entwicklung (Geburten- und Sterberaten, Altersstruktur der Bevölkerung, Einwanderung) und der Entwicklung der Partizipationsrate (des Teils der Bevölkerung im erwerbsfähigen Alter, der einen Arbeitsplatz hat oder sucht). Dabei schreibt die niedrige Variante die Trendentwicklung der Arbeitsmarktpartizipation in den 80er Jahren fort, während die hohe Variante – neben verstärkter Einwanderung – ein kräftiges Wachstum von Wirtschaft und Beschäftigung unterstellt, was sich in steigender Teilnahme der Bevölkerung am Erwerbsleben niederschlagen würde.

»Feminisierung« der Erwerbsbevölkerung

Daß die trendfortschreibende, niedrige Variante für Deutschland – wie für andere EU-Länder – ein etwa gleichbleibendes Arbeitskräfteangebot prognostiziert, geht vor allem auf die relativ konstante Partizipationsrate zurück. Sie ist in Japan und den USA im letzten Jahrzehnt zum Teil erheblich gestiegen, in Deutschland und vielen anderen EU-Ländern jedoch gesunken [vgl. Schaubild 4]. Besonders ausgeprägt ist der sinkende Anteil männlicher Arbeitnehmer und Arbeitsuchender an der Bevölkerung im erwerbsfähigen Alter, was teilweise mit längeren Ausbildungszeiten und arbeitsmarktbedingter Frühverrentung zu erklären ist.

Generell zeichnet sich in allen Ländern ein Trend zur »Feminisierung der Arbeit« ab, er ist aber in den USA stärker ausgeprägt als in den europäischen Ländern. Hohe Arbeitslosigkeit, so ist zu vermuten, trägt dazu bei, daß Frauen in der »stillen Reserve« verharren (Europa), während niedrige Arbeitslosigkeit die freiwillige oder – wenn geringe Fami-

Entwicklung der Erwerbsbevölkerung in ausgewählten Industrieländern 1980–2000
(1990 = 100)

	1980	1990	1995	2000
Deutschland[1]				
niedrig	73	100	100	98
hoch			104	108
Japan				
niedrig	88	100	104	106
hoch			104	108
USA				
niedrig	86	100	105	111
hoch			106	115

[1] 1980 nur Westdeutschland, ab 1990 Gesamtdeutschland

Quelle: OECD 1994b

Tabelle 1

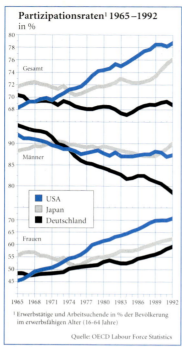

Schaubild 4

Aufbau der Arbeitslosigkeit

Bis zum ersten Ölpreisschock 1973 lag die Arbeitslosigkeit in der EU unter 3%. Danach stieg sie bis 1985 kontinuierlich bis auf einen Spitzenwert von 11%.

In den USA und der EU stieg die Arbeitslosigkeit von 1973 bis 1975 als direkte Folge der Verteuerung der Ölimportkosten. Die Industrieländer reagierten darauf mit expansiver Wirtschaftspolitik, die zwar einen Aufschwung einleitete; in Europa schlug er aber – anders als in den USA – nicht auf den Arbeitsmarkt durch, dagegen brachte er gegen Ende der 70er Jahre zweistellige Inflationsraten mit sich.

Die nachfolgende strikte Antiinflationspolitik erzeugte eine schwere Rezession, die die Arbeitslosenquoten auf ein Rekordhoch brachte. Der um 1985 einsetzende Wirtschaftsaufschwung minderte zwar die Arbeitslosigkeit, aber in Europa gelang es wieder nicht, sie zumindest auf das 1980er Niveau zurückzuführen. In der jüngsten Rezession stiegen dann die europäischen Arbeitslosenzahlen vom bereits erreichten Sockelniveau von 8,7% weiter an. Im Unterschied dazu ist in den USA die Arbeitslosigkeit nach dem Anstieg in der ersten Hälfte der 80er Jahre bald wieder auf das für sie »normale« Niveau von 5–6% gesunken. Japan konnte sich – ähnlich wie die meisten skandinavischen Länder – bis 1993 diesen Entwicklungen nahezu vollständig entziehen.

Insbesondere im Vergleich Europa–USA fällt auf, daß die anfänglich viel geringere Sockelarbeitslosigkeit in den Ländern der EU von Konjunkturzyklus zu Konjunkturzyklus höher geworden ist: Konjunkturelle Arbeitslosigkeit hat sich zu struktureller Arbeitslosigkeit verhärtet.

Wenn es um die tiefer liegenden Ursachen von Arbeitslosigkeit geht, wird oft zwischen saisonaler und friktioneller,

lieneinkommen es erfordern – auch unfreiwillige Teilnahme der Frauen am Erwerbsleben steigert.

Krise des Beschäftigungssystems

In den 80er Jahren hat mit der Zunahme der Erwerbsbevölkerung auch die Beschäftigung zugenommen. Während aber Japan und – etwas weniger erfolgreich und auf höherem Niveau – die USA ihre Arbeitslosenquote relativ konstant halten konnten, zeigte die der EU-Länder steigende Tendenz. Wie hat sich die hohe Arbeitslosigkeit historisch aufgebaut und welche Faktoren sind dafür verantwortlich?

konjunktureller und struktureller Arbeitslosigkeit unterschieden. Saisonale und friktionelle Sucharbeitslosigkeit sind vorübergehende Erscheinungen und kein wirtschaftspolitisch bedeutendes Problem. Die analytische Trennung von konjunktureller und struktureller Arbeitslosigkeit aber kann, wie die obige Erörterung zeigt, dann problematisch werden, wenn sich konjunkturelle Arbeitslosigkeit strukturell verhärtet. Eine andere Unterscheidung ist hilfreicher: die zwischen auslösenden Faktoren und Beharrungsfaktoren der Arbeitslosigkeit.

Auslösende Faktoren

Auslösende Faktoren sollten quantitativ bedeutsam sein und zugleich in einem empirisch nachvollziehbaren Ursache-/Wirkungszusammenhang mit der Entwicklung der Arbeitslosigkeit stehen. Es empfiehlt sich, nachfrage- und angebotsbedingte Faktoren zu unterscheiden, zumal damit zugleich die Demarkationslinie zwischen den großen ökonomischen Denkschulen, dem *Keynesianismus* und der *Neoklassik*, kenntlich wird [vgl. Schaubild 5].

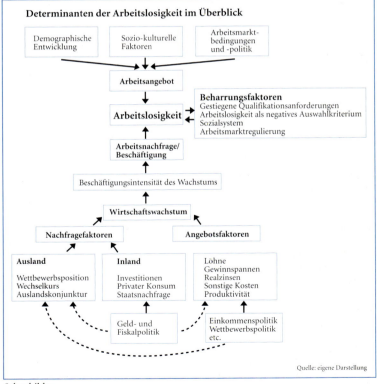

Schaubild 5

Konjunkturelle Schwankungen
des Wirtschaftswachstums korrelieren mit der Beschäftigung und der Höhe der Arbeitslosigkeit. Sie werden durch Schwankungen der gesamtwirtschaftlichen Nachfrage ausgelöst, vor allem der Investitionsgüternachfrage der Unternehmen und der Auslandsnachfrage.

Die Auslandsnachfrage ist nicht zuletzt eine Frage des »richtigen Wechselkurses«. Die Überbewertung einer Währung, wie internationale spekulative Kapitalströme sie hervorrufen können [vgl. die Kapitel *Finanzen* und *Handel*], verteuert die Exporte eines Landes oft erheblich. Anschauliche Beispiele dafür sind die Entwicklungen in den USA in den frühen 80er Jahren, in Deutschland nach der Vereinigung und – solange das Festkurssystem aufrechterhalten wurde – auch in der EU sowie in Japan 1994, als der Yen-Kurs drastisch stieg. In allen Fällen hat die Wechselkursentwicklung die externe Wettbewerbsfähigkeit der Wirtschaft verschlechtert und nicht unerheblich zu Beschäftigungsproblemen beigetragen.

Das Ausmaß, in dem Schwankungen des Wirtschaftswachstums die Beschäftigung beeinflussen – die sogenannte »*Beschäftigungsintensität des Wachstums*« –, ist allerdings im Ländervergleich sehr unterschiedlich. Das liegt einmal am unterschiedlich starken Produktivitätswachstum. In Ländern mit geringeren Zuwächsen der Arbeitsproduktivität nimmt die Beschäftigung bei gleichem Wirtschaftswachstum schneller zu als in Ländern mit höherem Produktivitätswachstum. Dies wird aus dem Vergleich zwischen den USA und der EU deutlich [vgl. Tabelle 2].

Ein zweiter Grund ist die interne Beschäftigungspolitik der Unternehmen. Diese neigen oft dazu, im Konjunkturabschwung besonders qualifizierte Mitarbeiter zu halten. Ein extremes Beispiel solcher »*internen Arbeitsmarktflexibilität*« ist – wenn auch mit nachlassender Tendenz – das japanische System der Lebensstellungen. Die Beschäftigung reagiert(e) dort kaum auf Konjunkturschwankungen. Am anderen Ende rangiert die »Hire-and-fire«-Ökonomie der USA, in der die Beschäftigung relativ stark auf die Konjunktur reagiert. Die europäischen Länder nehmen einen Mittelplatz ein.

BIP und Beschäftigung 1982–1995 Veränderungen in %			
	1982–1990	1991–1994	1995
USA			
BIP	3,3	2,1	3,0
Beschäftigung	2,1	1,0	1,8
EU			
BIP	2,8	1,0	2,8
Beschäftigung	0,9	–1,0	0,6
Japan			
BIP	4,3	1,5	2,7
Beschäftigung	1,3	0,9	0,9
Daten für 1995: Prognosen			
Quellen: OECD 1993, 1994b			

Tabelle 2

Die Diskussion um die »Flexibilisierung der Arbeitsmärkte« im Sinne der Erleichterung von Entlassung und Neueinstellung *(»externe Arbeitsmarktflexibilität«)* ist auch aus diesem Blickwinkel zu sehen: Ein System mit interner Arbeitsmarktflexibilität hat den Vorteil, daß es Arbeitnehmern vergleichsweise hohe Arbeitsplatzsicherheit, den Unternehmen die Erhaltung eines hochqualifizierten und zuverlässigen Mitarbeiterstabes und damit längerfristig Wettbewerbsvorteile garantiert. Erkauft wird dies mit dem

Nachteil, daß im Anschluß an Konjunktureinbrüche, die mit erheblichen Arbeitsplatzverlusten einhergingen, viel höhere Wachstumsraten notwendig sind, um den Arbeitsmarkt wieder zu beleben. Dies ist gerade 1994 in den EU-Ländern sehr deutlich geworden. Im Ländervergleich zeigt sich aber, daß es keinen eindeutigen Zusammenhang zwischen externer Arbeitsmarktflexibilität und der Höhe der Arbeitslosigkeit gibt.

Angebotsfaktoren

Lohnkosten, andere Kosten und Gewinne können ebenfalls wichtige Auslöser von Arbeitslosigkeit sein:

▸ Gehen **Lohnzuwächse** über den Produktivitätsfortschritt hinaus, werden die Unternehmen versuchen, diese Kostensteigerungen auf die Preise zu überwälzen. Nur wenn dies nicht gelingt, werden die **Real**löhne steigen. Verwehrt die Geldpolitik den Preisen aber den dazu notwendigen Inflationsspielraum, indem sie die kaufkräftige Nachfrage begrenzt, so kann es zu Beschäftigungseinbrüchen kommen, wenn die Unternehmen daraufhin Arbeit durch Kapital ersetzen.

In ihrer strengen Version negiert die These von der Hochlohnarbeitslosigkeit die Möglichkeit einer nachfragebedingten Arbeitslosigkeit, indem sie auf die Funktionsfähigkeit der Arbeitsmärkte vertraut. Eine abgeschwächte und stärker akzeptierte Version macht die Diagnose von der jeweiligen Situation abhängig: Während für den Anstieg der Arbeitslosigkeit in den 70er Jahren oft die Löhne verantwortlich gemacht werden, wird für die 80er und frühen 90er Jahre eher Nachfragemangel als Ursache diagnostiziert.

▸ Ebenso wie höhere Kosten können auch höhere **Gewinnaufschläge** inflationstreibend sein. Läßt die Wirtschaftspolitik diese Gewinninflation nicht zu, kann es zu Konjunktur- und Beschäftigungseinbrüchen kommen. Besonders in der EU ist der Anteil der Gewinneinkommen in der vergangenen Dekade gestiegen [vgl. Tabelle 3].

Gewinneinkommensanteil im Privatsektor 1970–1995				
	1970–1979	1980–1991	1992–1994	1995
USA	32,1	33,1	33,4	32,9
EG/EU	31,5	33,3	35,7	37,1
Japan	33,7	31,2	31,6	32,8
Daten für 1995: Prognosen				
Quelle: OECD Economic Outlook No. 54				

Tabelle 3

▸ Auch hohe **Realzinsen** werden für hohe Arbeitslosenzahlen mitverantwortlich gemacht. Neuere Untersuchungen belegen bedeutsame negative Auswirkungen steigender Realzinsen auf die Beschäftigung. Bean/Phelps schätzen, daß ein Realzinsanstieg um einen Prozentpunkt die Beschäftigung langfristig um 0,85 % senkt. Dieser Effekt wird damit begründet, daß die Reaktion auf Zinskosten bei Einstellungen ähnlich ist wie bei Investitionen. Inwieweit die empirischen Ergebnisse diesen Mechanismus tatsächlich korrekt widerspiegeln oder auch Nachfrageeffekte wie sinkende Investitionen erfassen, soll hier dahingestellt bleiben. Sollte sich diese Hypothese in künftigen Studien jedoch bestätigen, wäre das Anlaß für eine gründliche Neubewertung der Kosten einer Hochzinspolitik [vgl. den Abschnitt *Optionen*].

▸ Ein Anstieg **anderer Kosten**, wie etwa die der Ölimporte in 1973 und 1979, kann ebenfalls zu Einbrüchen in Produktion und Beschäftigung führen.

Neben den hier diskutierten auslösenden Faktoren wird oft auf die Rolle des technischen Fortschritts und der Importe aus Niedriglohnländern als auslösende Faktoren hingewiesen. Während letztere allein aus quantitativen Gründen kaum die Dimension der Beschäftigungskrise erklären können, greift die These vom »Jobkiller« Technologie aus theoretischen wie aus empirischen Gründen zu kurz [siehe *Technologie und Importe aus Niedriglohnländern – Zwei neue Jobkiller?*]

Technologie und Importe aus Niedriglohnländern – Zwei neue Jobkiller?

Zwei Erklärungsversuche für Arbeitslosigkeit genießen in der öffentlichen Diskussion große Popularität: Der technologische Fortschritt und Importe aus Niedriglohnländern. In ihren undifferenzierten Versionen sind beide Ansätze wenig plausibel.

Industriegüterimporte der Industrieländer aus asiatischen Niedriglohnländern haben zwar im letzten Jahrzehnt rasch zugenommen, aber von einem recht geringen Ausgangsniveau aus. Der Anteil der Ausgaben für Güter aus Niedriglohnländern an gesamten Ausgaben (Nachfrage) aller OECD-Länder zusammen beträgt gegenwärtig erst etwa 1,5 %. Diese Größenordnung reicht nicht aus, einen signifikanten Teil des Anstiegs der OECD-Arbeitslosigkeit zu erklären, zumal gleichzeitig auch die OECD-Exporte in diese Länder zugenommen haben.

Die »technologische Arbeitslosigkeit« als einfaches Erklärungsmuster hält einem empirischen Test ebensowenig stand: Steigende Arbeitslosigkeit müßte dann mit zunehmender Arbeitsproduktivität einhergehen, und Länder mit den größten Produktivitätszuwächsen müßten die höchsten Arbeitslosenraten haben. Tatsächlich hat sich in allen Industrieländern der technische Fortschritt verlangsamt, und Japan, das Land mit den niedrigsten Arbeitslosenzahlen, weist das stärkste Produktivitätswachstum auf [vgl. Tabelle 4].

Arbeitsproduktivität in der Privatwirtschaft 1960–1992
Durchschnittliche jährliche Veränderungen in %

	1960–1973	1974–1979	1979–1992
USA	2,2	0	0,8
Europäische Industrieländer	5,1	2,6	2,0
Japan	8,3	2,9	2,7

Quelle: OECD Economic Outlook No. 55

Tabelle 4

Das oft vorgetragene Argument, bei einem Produktivitätswachstum von z. B. 2 % reiche das gegenwärtige Wirtschaftswachstum nicht aus, hinreichend Arbeitsplätze zu schaffen, dreht die Kausalitätsrichtung um. Produktivitätswachstum schafft vielmehr die Voraussetzung für ein inflationsfreies Wachstum der Produktion. Werden diese erweiterten Produktionsmöglichkeiten nicht genutzt, so ist das in erster Linie ein Problem unzureichender Nachfrage. Wenn es an Nachfrage fehlen sollte, so ist das zur Zeit kaum auf gesättigte Bedürfnisse zurückzuführen, sondern eher eine Frage der gesamtwirtschaftlichen Politik.

Ökologische Argumente wider ein ungebremstes oder gar beschleunigtes Wachstum wiegen zwar schwer, bewegen sich aber auf der normativen Ebene. Bis dato hat eine umweltpolitisch begründete Wachstumsbegrenzung noch nicht stattgefunden.

Das heißt jedoch nicht, daß beide Faktoren ohne Bedeutung für die Arbeitsbedingungen sind. Entscheidend sind aber weniger die quantitativen als vielmehr die qualitativen Effekte. Sie gehen vor allem zu Lasten gering qualifizierter Arbeitnehmer, deren zeitweilige Erwerbslosigkeit sich oft in Langzeitarbeitslosigkeit verwandelt hat. Dieses Problem wird im folgenden behandelt.

Das Profil der OECD-Arbeitslosigkeit

	Arbeitslosenquoten 1993			Anteil der Langzeitarbeitslosen 1992 in %
	Alle Personen	Jugendliche	Frauen	
USA	7,2	13,8	6,9	11,2
EG	10,6	20,6	12,2	42,2
Japan	2,5	5,1	2,6	15,4

Quelle: OECD 1994a

Tabelle 5

Beharrungsfaktoren

Vergleicht man das Profil der Arbeitslosigkeit in den wichtigsten OECD-Regionen, so fällt in Europa – neben der überproportional hohen Jugend- und Frauenarbeitslosigkeit – der hohe Anteil von Langzeitarbeitslosen auf [vgl. Tabelle 5]. Es verlieren hier nicht nur immer mehr Menschen den Arbeitsplatz, sondern es sind vor allem die Chancen, aus der Arbeitslosigkeit heraus eine neue Arbeit zu finden, drastisch gesunken. Je schwieriger aber die Wiederaufnahme einer Beschäftigung wird, desto schwieriger wird die Rückkehr zu den niedrigeren Arbeitslosenzahlen früherer Zeiten selbst dann, wenn oben erörterte auslösende Faktoren wie Wachstum oder Wechselkurse, Lohnkosten oder Realzinsen nicht mehr wirksam sind.

In der Diskussion werden vor allem die folgenden Beharrungsfaktoren genannt:
▶ **Gestiegene Anforderungen an die Qualifikation** der Arbeitnehmer durch neue Technologien, moderne Produktionsmethoden und den Wandel in der internationalen Arbeitsteilung.

In vielen global agierenden Unternehmen ist der Anteil der Kosten niedrig qualifizierter Arbeit an den gesamten Produktionskosten von ca. 25% in den 70er Jahren auf gegenwärtig 5–10% gefallen.

In so gut wie allen Industrieländern hat sich daher die Lage der gering Qualifizierten verschlechtert. Zwar war bei ihnen die Arbeitslosigkeit auch in den frühen 70er Jahren schon um ein Vielfaches höher als die Arbeitslosigkeit Hochqualifizierter, doch in vielen Ländern (so in Großbritannien, Frankreich, Deutschland, Italien) hat sich dieses Verhältnis in jüngerer Zeit noch verschlechtert – und das auf einem höheren Sockel der Arbeitslosigkeit. Wo dieses Verhältnis relativ konstant blieb, aber immer schon auf hohem Niveau lag (so in den USA, Kanada, Australien), sind die Reallöhne für niedrig bezahlte Jobs in den 80er Jahren kontinuierlich gesunken [vgl. die Schaubilder 6 und 7]. Aber niedrigere Löhne sind keine Garantie für weniger Arbeitslosigkeit bei gering Qualifizierten. Sie sind zum Beispiel in Großbritannien mehr als fünfmal so stark von Arbeitslosigkeit betroffen wie Hochqualifizierte.

▶ **Dequalifizierung und Demotivierung** von Menschen, die lange ohne Beschäftigung sind, aber insbesondere die Tatsache, daß Unternehmen Arbeitslosigkeit oft als negatives Auswahlkriterium bei Neueinstellungen verwenden.

Je dauerhafter auslösende Faktoren wirksam sind, je länger also die individuelle Arbeitslosigkeit anhält, desto schwieriger wird die Wiedereingliederung in den Arbeitsprozeß.

▶ **Das Sozialsystem.** Oft wird die relativ großzügige Absicherung von Arbeitnehmern, insbesondere die Arbeitslosenunterstützung, für Höhe und Anstieg der Arbeitslosigkeit in Europa verantwortlich gemacht. Aber als auslösender Faktor kommt sie kaum in Betracht: in den Jahren steigender Arbeitslosigkeit haben sich die Leistungen selten verbessert und in vielen Fällen sogar verschlechtert.

Ein Argument verweist auf die Differenz zwischen den Nettolöhnen der Arbeitnehmer und den gesamten Lohnkosten für Unternehmen. Wächst diese Differenz – sie beträgt gegenwärtig in der EU 45%, in den USA 40% und in Japan 30% –, so nimmt nicht nur die Nachfrage der Unternehmen nach Arbeitskräften ab, sondern tendenziell auch die Nachfrage nach Arbeitsplätzen. Während sich ersteres negativ auf die Beschäftigung auswirken kann, ist der Effekt auf die Höhe der Arbeitslosigkeit nicht eindeutig.

Ein zweites Argument besagt, daß Arbeitslose es vorzögen, Arbeitslosengeld zu beziehen, statt Erwerbsarbeit zu leisten. Die Systeme der Sozial- und Arbeitslosensicherung unterscheiden sich interna-

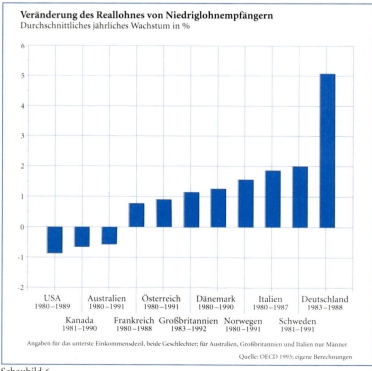

Schaubild 6

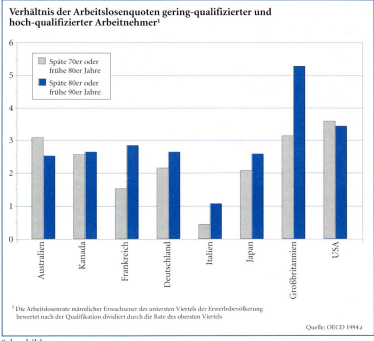

Verhältnis der Arbeitslosenquoten gering-qualifizierter und hoch-qualifizierter Arbeitnehmer[1]

[1] Die Arbeitslosenrate männlicher Erwachsener des untersten Viertels der Erwerbsbevölkerung bewertet nach der Qualifikation dividiert durch die Rate des obersten Viertels

Quelle: OECD 1994a

Schaubild 7

tional erheblich, was die Höhe, die Dauer und die Zweckbestimmung der Leistungen betrifft (sie werden etwa als reine Einkommensleistungen, als Umschulungsbeihilfen oder als Arbeitsplatzsubvention gezahlt). Der Kausalzusammenhang zwischen Art und Höhe der sozialen Leistungen und der Beschäftigung ist deshalb nicht eindeutig [vgl. *Arbeitslosensicherungssysteme im Ländervergleich*]. Prinzipiell wäre es wohl möglich, durch drastische Kürzung und zeitliche Begrenzung von Sozialleistungen Menschen in irgendeine Form von Erwerbstätigkeit zu zwingen und damit die *offene* Arbeitslosigkeit zu reduzieren. Menschlich und sozial akzeptabel wäre das jedoch nicht.

Erfahrungen der skandinavischen Länder in den 80er Jahren weisen im übrigen darauf hin, daß großzügige, aber zeitlich begrenzte finanzielle Leistungen dann gute Erfolge bringen können, wenn sie mit aktiver Arbeitsmarktpolitik – intensiver Arbeitsvermittlung (notfalls auch in den öffentlichen Sektor) sowie Aus- und Fortbildungsmaßnahmen – verbunden werden.

▶ **Arbeitsmarktregulierungen** wie Arbeitszeit- und Kündigungsvorschriften, Mindestlöhne und Mitbestimmung der Arbeitnehmer.

Direkte Zusammenhänge solcher Arbeitsstandards mit Pro-Kopf-Einkommen und Lohnkosten lassen sich nach jüng-

Arbeitslosensicherungssysteme im Ländervergleich

Arbeitslosensicherungssysteme sind in den verschiedenen Ländern sehr unterschiedlich ausgestaltet und daher nur sehr schwer vergleichbar. Die meisten solcher Systeme – aber nicht alle – bestehen aus einer Kombination von Arbeitslosenversicherungsleistungen und Arbeitslosenunterstützung. Erstere sind im Gegensatz zu letzterer in der Regel (auch hier gibt es Ausnahmen) dadurch gekennzeichnet, daß sie (1) nur an Personen gezahlt werden, die zuvor gearbeitet haben, (2) zeitlich begrenzt sind und (3) in ihrer Höhe vom zuvor erzielten Einkommen abhängen, wobei es oft Obergrenzen gibt. Für die Höhe der Arbeitslosenunterstützung ist oft die konkrete Familiensituation der Betroffenen bestimmend. Ein korrekter Vergleich der Unterstützungssysteme muß all solche Komponenten erfassen. Tabelle 6 zeigt eine solche Statistik für einige ausgewählte Länder mit divergierenden Sicherungssystemen. Sie weist die Höhe des Brutto-Unterstützungsanspruchs (vor Steuern) in Prozent des Bruttoeinkommens aus. Auch eine solche Statistik zeichnet nur ein unvollständiges Bild, da die Steuerbelastung der Erwerbs- und Unterstützungseinkommen sowohl im Ländervergleich als auch in Abhängigkeit von der Einkommenshöhe (progressive Einkommensteuer) erheblich variiert.

Arbeitslosensicherungssysteme 1991
Brutto-Unterstützungsanspruch in % des Bruttoeinkommens

Dauer der Arbeitslosigkeit	1. Jahr		2. und 3. Jahr		4. und 5. Jahr	
Familienverhältnisse	Ehepartner nicht berufstätig	Ehepartner berufstätig	Ehepartner nicht berufstätig	Ehepartner berufstätig	Ehepartner nicht berufstätig	Ehepartner berufstätig
Japan	25	25	0	0	0	0
USA	26	21	10	0	10	0
Deutschland	41	37	36	0	36	0
Schweden	80	80	6	6	0	0
Belgien	52	47	52	30	52	30

Quelle: OECD 1994a, Part 2

Tabelle 6

Untersuchungen über die Beziehung zwischen der Höhe der Arbeitslosenunterstützung und dem Ausmaß der Arbeitslosigkeit liefern oft keine eindeutigen Ergebnisse. Im Länder- und Zeitvergleich lassen sich sowohl positive als auch negative Zusammenhänge ausmachen. In den 60er und 70er Jahren hatten Länder mit den höchsten Leistungen (z. B. Belgien, Deutschland, Frankreich) die geringsten Arbeitslosenzahlen, und trotz einer Senkung der Leistungen seit Mitte der 60er Jahre hat sich in einigen Ländern (z. B. Belgien und Großbritannien) die Arbeitslosigkeit drastisch erhöht. Andererseits stiegen in Ländern wie z. B. Frankreich Arbeitslosigkeit und Leistungsniveau der Arbeitslosenunterstützung gemeinsam an, und Länder mit den niedrigsten Zahlungen (USA, Japan) weisen im Ländervergleich gegenwärtig die niedrigsten Arbeitslosenzahlen aus.

sten Untersuchungen der OECD empirisch kaum feststellen. Eine klar belegte Schlußfolgerung, daß solche Arbeitsregulierungen die Angebots- und Nachfragekräfte fundamental verändern und schon diese die Wettbewerbsfähigkeit von Volkswirtschaften direkt und entscheidend beeinflussen, ist nicht möglich.

Es ist empirisch schwer abzuschätzen, wie weit die genannten Faktoren zur strukturellen Verhärtung der Arbeitslosigkeit beigetragen haben und wie hoch diese Sockelarbeitslosigkeit tatsächlich ist. Unzweifelhaft ist, daß sie in Europa von Konjunkturzyklus zu Konjunkturzyklus höher wurde. Die klassischen Politikinstrumente, etwa expansive Nachfragepolitik, greifen dagegen nur begrenzt, da sie inflationsbewußte Notenbanken, die schnell steigende Löhne und Preise befürchten, zum Gegensteuern veranlassen.

Viele westeuropäische Notenbanken beurteilten die Arbeitslosigkeit 1994 als weitgehend strukturell und von Faktoren der Angebotsseite verursacht, während amerikanische Beobachter Europas wie Solow oft auf eine Nachfrageschwäche verwiesen und eine expansivere Wirtschaftspolitik empfahlen – ggf. begleitet von zeitlich begrenzter Einkommenspolitik zur Absicherung gegen Inflationsgefahren.

Aus Erfahrungen lernen

Keiner der diskutierten Faktoren ist allein für die Beschäftigungskrise in den Industrieländern verantwortlich zu machen. Generell kann aber eine Lehre gezogen werden: Arbeitslosigkeit ist schon im Entstehen zu verhindern, und insbesondere Faktoren, die zur strukturellen Verhärtung der Arbeitslosigkeit beitragen, sind abzubauen.

Traditionelle Erklärungsmuster, die die Kosten der Arbeitslosigkeit gegen die der Inflation abwägen, stehen nicht nur theoretisch auf schwankendem Grund, sie unterschätzen auch die langfristigen Kosten einer Arbeitslosigkeit, die nach dem Abklingen auslösender Schocks nicht auf ihr Ausgangsniveau zurückkehrt. Deren Kosten sind erheblich höher als der Gegenwert der verlorengegangenen Produktion und gehen über die rein ökonomische Dimension weit hinaus.

Sie umfassen auch die menschlichen Probleme des sozialen Abstiegs der Betroffenen, die Entmutigung von Jugendlichen und Frauen, sinkende Arbeitszufriedenheit und -produktivität, Widerstände gegen neue Technologien, protektionistische und ausländerfeindliche Tendenzen und vor allem die soziale Desintegration der Gesellschaft, die zunehmend in Qualifizierte und Unqualifizierte, »Erfolgreiche« und »Versager« zerfällt.

Arbeit in Entwicklungs- und Transformationsländern

So bedrückend die hohe Arbeitslosigkeit von den Menschen in den Industrieländern empfunden wird und so sehr sie zu einem zentralen Feld der politischen Auseinandersetzung wird – hier ist sie noch ein leichtes Problem gegenüber dem der Entwicklungsländer.

Der generelle Begriff Entwicklungsländer wird allerdings der zunehmenden Differenzierung der Länder des Südens und Ostens nicht gerecht: Dazu gehören (noch) die neuen Industrieländer Südostasiens; Länder, die schon dabei sind, sich zu industrialisieren (»Newly Industrialising Countries« – NIC); die ehemals kommunistischen Industrieländer Mittel- und Osteuropas im Übergang zur Markt-

Arbeit und Arbeitslosigkeit in Entwicklungsländern

Formen der Arbeitslosigkeit:
Offene Arbeitslosigkeit: Die Normalform der registrierten Arbeitslosigkeit. In den meisten Entwicklungsländern wird sie nur sehr unvollständig und oft nur in den Städten erfaßt.

Unterbeschäftigung: Hiervon sind diejenigen betroffen, die täglich, wöchentlich oder jährlich weniger Stunden beschäftigt werden, als sie eigentlich arbeiten möchten.

Verdeckte Unterbeschäftigung: Sie betrifft Beschäftigte in der Landwirtschaft oder im öffentlichen Sektor auf Vollzeitbasis, deren tatsächliche Arbeitsleistung wesentlich weniger Zeit erfordern würde.

Versteckte Arbeitslosigkeit: Diese betrifft Personen, die mit ihrer bisherigen Qualifikation keine Stelle bekommen und allein aus diesem Grunde andere Aktivitäten aufnehmen, etwa in Fortbildungsmaßnahmen oder im hauswirtschaftlichen Bereich.

Vorzeitige Pensionierung: Vielfach werden öffentlich Bedienstete immer früher pensioniert, um den nachfolgenden Generationen Aufstiegsmöglichkeiten zu bieten.

Gesundheitliche Beinträchtigung: Sie betrifft Personen, die einer vollen Beschäftigung nachgehen würden, dies aber aufgrund von Unterernährung oder fehlender medizinischer Versorgung nicht können.

Unproduktivität: Hiervon sind die betroffen, die zwar die nötige Qualifikation für eine produktive Arbeit mitbringen, aber durch den Mangel an komplementären Produktionsfaktoren, vor allem an Kapital, gehindert werden, mit ihrer Arbeit auch nur den notwendigsten Lebensunterhalt zu verdienen.
(nach Todaro 1989)

Arbeit im informellen Sektor der Volkswirtschaft:
Der informelle Sektor umfaßt wirtschaftliche Tätigkeiten, die nicht offiziell erfaßt werden, z. B. Dienstleistungen (Schuhputzer, Haushaltshilfen), nicht angemeldete Kleingewerbe (Straßenhändler, Hinterhoffabriken) und Heimarbeit, aber auch kriminelle Aktivitäten wie Drogenhandel. Durch seinen informellen Charakter umgeht er staatliche Regulierungen. Gründe dafür können sein, Steuern und/oder Sozialleistungen zu sparen bzw. weiter zu erhalten, aber auch zu komplizierte und unangemessene oder diskriminierende Regulierungen. In der Regel gibt es keine soziale Absicherung.
In vielen Entwicklungsländern ist dieser Sektor sehr bedeutend. Genaue Zahlen liegen aber oft nicht vor. Für Bolivien z. B. wird vermutet, daß 60–65% der wirtschaftlich aktiven Bevölkerung – darunter viele Kinder – im informellen Sektor arbeiten. Die offiziellen Angaben über die Wirtschaftsleistung eines Landes sind daher häufig zu niedrig. Die statistische Fehlinformation ist dann besonders irreführend, wenn sich der Anteil des informellen Sektors stark verändert. So zwang die Krise der offiziellen Wirtschaft in Subsahara-Afrika und vielen Ländern Lateinamerikas in den 80er Jahren viele Menschen zur Sicherung ihres Überlebens in diese Formen der nicht offiziell legitimierten, aber geduldeten »Selbstbeschäftigung«.

Sektorale Struktur der Arbeit und Entwicklungsstand:
Nach der »Dreisektorenhypothese« durchlaufen Länder in Abhängigkeit von ihrem Entwicklungsstand (gemessen am Durchschnittseinkommen) drei Phasen. In der ersten Phase dominiert der Primärgütersektor, vor allem die Landwirtschaft. In der zweiten Phase gewinnt der Industriesektor an Bedeutung. In der dritten Phase übernimmt der Dienstlei-

stungssektor eine führende Rolle. Obwohl Statistiken diese Strukturen tendenziell bestätigen – in armen Ländern arbeiten durchschnittlich über 70 % der Beschäftigten in der Landwirtschaft und nur 10 % in der Industrie, in Industrieländern sind 7 % im Agrarsektor, 35 % in der Industrie, der Rest im Dienstleistungsbereich tätig –, ist die Dreisektorenhypothese vorsichtig zu interpretieren.

Erstens ist die Tatsache, daß in armen Ländern die meisten Menschen im Agrarsektor arbeiten, weniger entscheidend als ihre Ursache, nämlich die im Vergleich zu anderen Sektoren geringe Produktivität in der Landwirtschaft. Zweitens unterschätzen offizielle Statistiken oft den Dienstleistungssektor in Entwicklungsländern, da Dienstleistungen im informellen Sektor nicht erfaßt werden. Was daher, drittens, diesen Sektor in den verschiedenen Entwicklungsphasen unterscheidet, ist weniger seine relative Größe als seine Struktur. Dominieren in armen Ländern traditionelle Dienstleistungen, so werden im Zuge zunehmender Industrialisierung produktionsbezogene Dienste (z. B. Transport) wichtiger. In reichen Ländern wiederum gewinnen Konsumentendienstleistungen (z. B. Tourismus) und Dienstleistungen, die zuvor innerhalb des industriellen Sektors erbracht wurden (z. B. selbständige Unternehmensberater), zunehmende Bedeutung. Letztlich sollte die Dreisektorenhypothese nicht zu dem Fehlschluß verleiten, die Sektorenverschiebung sei ein allgemeines Entwicklungsgesetz. Länder können sich auch relativ unabhängig von ihrem Entwicklungsstand auf die Produktion bestimmter Güterkategorien spezialisieren. So beträgt in Norwegen der Anteil der verarbeitenden Industrie an der gesamten Wertschöpfung nur 15 %, in China und Deutschland über 30 %. Die starke Spezialisierung der deutschen Wirtschaft schlägt sich im relativ niedrigen Anteil des Dienstleistungssektors von ca. 60 % nieder, der in den USA, in Hongkong und Singapur 70 % überschreitet.

wirtschaft (»Transformationsländer«) und die ärmsten Länder des Südens (»Least Developed Countries« – LDC). In den meisten dieser Länder werden Arbeitslosigkeit und Arbeitsbedingungen nicht annähernd korrekt in offiziellen Statistiken erfaßt [siehe *Arbeit und Arbeitslosigkeit in Entwicklungsländern*]. Gleichzeitig stellen sich hier je nach Entwicklungsstand und Region sehr unterschiedliche Probleme.

Die neuen Industrieländer

Die »vier kleinen Tiger«, Hongkong, Korea, Singapur und Taiwan, haben seit den frühen 60er Jahren eine rapide wirtschaftliche Entwicklung durchlaufen, die sich in schnell wachsender Produktivität, weltweit am stärksten gestiegenen Realeinkommen pro Kopf (durchschnittlich über 5 % pro Jahr von 1960–90) und einem extrem schnellen Exportwachstum niederschlug. Zudem hat sich die Einkommensungleichheit in diesen Ländern verringert und entspricht – insbesondere in Taiwan und Korea – jetzt der Einkommenstruktur der Industrieländer.

Mit dieser Entwicklung hat sich die Beschäftigung zunehmend vom landwirtschaftlichen auf den industriellen und – insbesondere in den Stadtstaaten Hongkong und Singapur – den Dienstleistungssektor verlagert. In Korea zum Beispiel waren laut ILO 1965 noch 55 % der Erwerbsbevölkerung in der Landwirtschaft tätig; 1991 betrug deren Anteil nur noch 16 %. Mit diesem Strukturwandel verschwand der »informelle« Sektor fast völlig. Versteckte Formen von Arbeitslosigkeit haben an Bedeutung verloren, und an die Stelle offener Arbeitslosigkeit ist – trotz steigender Partizipation der Frauen am Erwerbsleben – zunehmend ein Arbeitskräftemangel getreten, der verstärkt durch Arbeitsmigration aus umliegenden Ländern ausgeglichen wird [vgl. Kapitel *Migration*].

Die »Schwellenländer« (NICs)

Die Situation in den NICs **Südostasiens** (Malaysia, Thailand und Teilen Indonesiens und Chinas) unterscheidet sich von der der lateinamerikanischen NICs.

Malaysia, das der Schwelle zum neuen Industrieland am nächsten steht, hat ebenfalls einen rapiden Strukturwandel durchgemacht, nähert sich dem Vollbeschäftigungsniveau und beschäftigt bereits Arbeiter aus Bangladesch, Indonesien und den Philippinen. Indonesien und Thailand, wo mehr als die Hälfte der Beschäftigung noch auf den landwirtschaftlichen Sektor entfällt, haben es zwar weiterhin mit typischen Entwicklungsländerproblemen wie versteckter Arbeitslosigkeit im ländlichen Bereich, intensiver Land-Stadt-Migration und einem hohen Anteil des informellen Sektors zu tun, aber die Landwirtschaft – insbesondere in Thailand – diversifiziert und industrialisiert sich zunehmend und absorbiert immer mehr Arbeitskräfte im ländlichen Bereich.

Wie die »kleinen Tiger« gehören die südostasiatischen Länder zu den Gewinnern der internationalen Arbeitsteilung. Die Dynamik der Region und die kontinuierlich verbesserte Qualifikation der Arbeitnehmer wirkt positiv auf den Zufluß von Direktinvestitionen, die heute nicht mehr per se an niedrigen Löhnen interessiert sind, sondern unter Nutzung

Ausgewählte Indikatoren für lateinamerikanische NICs				
	Argentinien	Brasilien	Chile	Mexiko
Wachstumsrate des Pro-Kopf-Einkommens 1969–1979 1979–1989	1,2 −1,9	5,9 0,4	−1,1 0,9	2,7 −1,0
Bevölkerungswachstum 1979–1989	1,6	2,2	1,7	2,2
Partizipationsrate 1990	59,6	63,6	56,7	53,6
Arbeitslosenrate 1990	7,3	3,7	4,4	2,2
Reallöhne in der Industrie 1992 (1985 = 100)	78,0	63,6	123,9	87,8
Anteil der Beschäftigung im informellen Sektor in % der Gesamtbeschäftigung außerhalb der Landwirtschaft 1980 1992	26,4 33,7	24,0 30,3	36,1 30,5	24,2 36,0
Quellen: OECD 1994b; ILO 1994				

Tabelle 7

relativ qualifizierter Arbeitskräfte regionale Produktions- und Vertriebsnetze aufbauen wollen.

Von diesem Trend profitieren auch die industrialisierten Teile Chinas, insbesondere die Küstenregionen. Hier ist die Beschäftigung von 1980 bis 1991 von 30 Millionen auf annähernd 100 Millionen Menschen gestiegen. Das macht ungefähr 40% der Gesamtbeschäftigung in Chinas Industriesektor aus, wie die ILO errechnet. Die Zahl der Beschäftigten, die in staatlichen Produktionsstätten arbeiten, sinkt ständig. Sie liegt jetzt bei ca. 20% der Erwerbsbevölkerung. Ein konsistentes Gesamtbild der Entwicklung in China läßt sich allerdings aus den vorliegenden unzuverlässigen Daten, insbesondere für die rückständigen ländlichen Gebiete, noch nicht zeichnen.

Die großen NICs **Lateinamerikas** – Argentinien, Brasilien, Chile und Mexiko – haben bis Ende der 70er Jahre eine schnelle wirtschaftliche Entwicklung und Industrialisierung durchlaufen. Die 80er Jahre standen dann im Zeichen der Verschuldungskrise [vgl. Kapitel *Finanzen*]. Sie gelten allgemein als »verlorenes Jahrzehnt«, in dem die Wirtschaftsleistung teils stagnierte, teils sank und die Reallöhne oft drastisch fielen [vgl. Tabelle 7]. Chile erscheint in dieser Tabelle als Ausnahme; dort waren die Reallöhne bereits 1985 auf ein sehr niedriges Niveau gesunken.

Zwar erlebt Lateinamerika zur Zeit einen wirtschaftlichen Aufschwung – der in Mexiko allerdings mit der Peso-Krise Ende 1994 schnell wieder endete –, bisher aber reicht er nicht aus, die Beschäftigungssituation durchgreifend zu bessern. Die wirtschaftlich aktive Bevölkerung hat durch die Bevölkerungsentwicklung und zunehmende Frauenpartizipation stark zugenommen. Letzteres war oft Folge ökonomischer Zwänge durch sinkende Realeinkommen der Haushalte.

Die niedrigen Arbeitslosenzahlen der offiziellen Statistik sind irreführend. Deutlich wird das besonders daran, daß die Beschäftigung im informellen Sektor stark zugenommen hat [vgl. Schaubild 8]; sie verdeckt, daß viele Menschen keiner regelmäßigen und fest entlohnten Arbeit mehr nachgehen können. Und neue Arbeitsplätze im formellen Sektor entstehen oft in Bereichen mit geringer Produktivität und Entlohnung, speziell im Dienstleistungsbereich.

Die meisten Arbeitsplätze gingen in industriellen Großbetrieben verloren. Das hat laut ILO paradoxerweise dazu geführt, daß trotz starker Liberalisierungs- und Privatisierungstendenzen die Beschäftigung im öffentlichen Sektor relativ zur

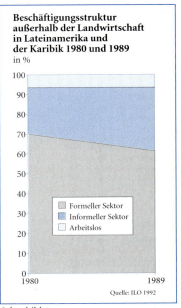

Schaubild 8

Beschäftigung im privaten Sektor zunahm.

Die Transformationsländer

Dem Zusammenbruch der kommunistischen Regime in Mittel- und Osteuropa folgte eine schwere Wirtschaftskrise mit teilweise drastischen Beschäftigungseinbußen. Nicht immer zeigte sich das sofort in offener Arbeitslosigkeit.

Vielmehr herrscht in vielen Betrieben dieser Länder, vor allem in der Russischen Föderation und der Ukraine, die Tendenz, trotz Produktionseinbrüchen die Beschäftigung nur allmählich abzubauen. Tabelle 8 zeigt die kumulierten Produktions- und Beschäftigungsverluste in den ersten drei Jahren der Transformation. Die Differenz zwischen beiden kann als unvollständiger, aber gleichwohl informativer Indikator für eine bestehende »Überbeschäftigung« dienen: Positive Werte dieses Indikators zeigen an, daß die Produktion je Beschäftigten (die Arbeitsproduktivität) gesunken ist. Das läßt tendenziell einen künftig steigenden Trend der Arbeitslosigkeit erwarten.

Länder, in denen die versteckte Arbeitslosigkeit sehr hoch ist, weisen bezeichnenderweise die niedrigsten offiziellen Arbeitslosenzahlen aus. Aber auch diese sind nicht zuverlässig. So ist die für Rußland genannte Zahl von 1,1% völlig unrealistisch. Wendet man die ILO-Definition der Arbeitslosigkeit an, so kommt man bereits auf über 5%. Werden zusätzlich »Teilzeitarbeitslosigkeit« und »unbezahlter Urlaub« berücksichtigt, steigen die Schätzungen auf über 10%.

Der Preis für den Erhalt des Arbeits-

Wirtschaftsentwicklung, Beschäftigung und Arbeitslosigkeit in Transformationsländern 1990–1993

	1990–1992 kumulative Veränderungen in %			Arbeitslosenquote 1993 in %	Reallohnentwicklung 1990–1993 Veränderung in %
	Wachstum BSP	Beschäftigung	»Überbeschäftigung«		
Bulgarien	−25,9	−28,7	−2,8	16,4	−30,8
Polen	−17,5	−12,6	4,9	15,7	−28,0
Rumänien	−33,0	−4,5	28,5	10,1	−35,7
Rußland	−30,4	−4,2	26,2	1,1	−30,4
Slowakische Republik	−19,5	−13,5	6,0	14,4	n. v.
Tschechische Republik	−21,5	−8,8	12,7	3,5	n. v.
Ukraine	−24,6	−5,6	19,0	0,4	−54,2
Ungarn	−19,1	−12,1	7,0	12,1	−12,7
Quelle: ECE 1994; eigene Berechnungen					

Tabelle 8

platzes waren zumeist stark gesunkene Reallöhne. Aber selbst das war für die Betroffenen oft besser, als Arbeitslosengeld zu beziehen, das in allen Transformationsländern seit 1991 drastisch gekürzt worden ist. ECE-Schätzungen besagen, daß in sechs osteuropäischen Ländern nur etwa 30–40% der Arbeitslosen Anspruch auf Arbeitslosengeld haben, das wiederum nur ungefähr ein Drittel des Durchschnittslohns beträgt.

Die Trends der Frauenpartizipation sind zwar uneinheitlich – in der ehemaligen Tschechoslowakei stark fallend, in Ungarn leicht fallend und in Polen und Rumänien steigend –, generell sind aber auch hier laut ILO Frauen von der Arbeitslosigkeit am stärksten betroffen.

Die ärmsten Entwicklungsländer (LDC)

Im Jahre 1992 lebten 64,5% der Welterwerbsbevölkerung in Ländern, die in der Statistik als »Least Developed Countries« (LDC) geführt werden; das Pro-Kopf-Einkommen liegt dort unter 670 US-$ pro Jahr. Während sich in der Periode 1992–2000 das Wachstum der Erwerbsbevölkerung in China und Indien allein aus demographischen Gründen auf 1,1% bzw. 1,7% verlangsamt [vgl. Kapitel *Bevölkerung*], liegt es in anderen Niedrigeinkommensländern weiterhin bei jährlich 2,5% [vgl. Schaubild 9, vgl. auch Schaubild 3]. Der Druck auf die Arbeitsmärkte nimmt weiter zu.

Besonders in **Afrika** südlich der Sahara verschärft die anhaltende Wirtschaftskrise die Lage. Weder die – bisher allerdings ungenügende – Streichung von Auslandsschulden noch die Strukturanpassungsauflagen von IWF und Weltbank und die – tendenziell pro Kopf ebenfalls sinkenden – entwicklungspolitischen Transfers konnten die Produktion substantiell erhöhen, so daß Beschäftigung und Reallöhne im formellen Sektor be-

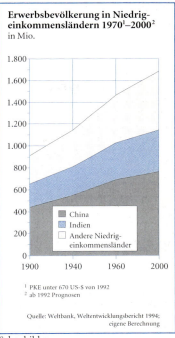

Schaubild 9

ständig zurückgegangen sind. Die Mindestlöhne sind seit 1975 im Durchschnitt um real 50–70% gesunken.

Am sichtbarsten wird diese Entwicklung in den Städten. Da die Land-Stadt-Migration jährlich 6–8% beträgt [vgl. Kapitel *Migration*], die Neuankömmlinge in den Städten aber auf ein stagnierendes Angebot von Arbeitsplätzen treffen, wächst die offene Arbeitslosigkeit, und immer mehr Menschen drängen in den informellen Sektor, der in den afrikanischen Städten um 1960 noch so gut wie unbekannt war. In den frühen 90er Jahren waren etwa 40% der städtischen Erwerbsbevölkerung im informellen Sektor tätig, dessen Absorptionskapazität sich zu erschöpfen droht.

Auch in **Südasien** bleibt in den armen Ländern die Beschäftigung allgemein hinter dem Wachstum der Bevölkerung im erwerbsfähigen Alter zurück. Auch hier weisen die offiziellen Arbeitslosenstatistiken das nicht aus. So gibt Bangladesch eine Arbeitslosenquote von unter 1% an. Das liegt nicht nur an Mängeln der Statistik, sondern vor allem auch daran, daß große Armut die Menschen zwingt, »Arbeit um jeden Preis« zu suchen [vgl. Kapitel *Lebensverhältnisse*].

Die Landwirtschaft, obwohl langsam an Gewicht verlierend, absorbiert hier weiterhin den größten Teil der Erwerbsbevölkerung. Unterbeschäftigung, definiert als Verfügbarkeit für zusätzliche Arbeit, ist weit verbreitet und betrifft z. B. in Indien 22% aller Erwerbstätigen in ländlichen Gebieten. Dieses Überangebot an Arbeitskraft wird sich mit großer Wahrscheinlichkeit weiterhin negativ auf die Löhne auswirken.

Perspektiven und Optionen

In fast allen Teilen der Welt haben sich die Beschäftigungsprobleme verschärft: als steigende Arbeitslosigkeit, als wachsender informeller Sektor und als Verschlechterung der Arbeitsbedingungen und Einkommen. Wie kann und soll die Politik darauf reagieren? Im folgenden sollen dazu einige Eckpunkte genannt werden.

Für die **Industrieländer** geht es besonders darum, die Dynamik des technischen und organisatorischen Fortschritts zu bewältigen und auf die Veränderung der internationalen Arbeitsteilung zu reagieren. Vor allem die europäischen Erfahrungen mit ständig steigender Beharrungs-Arbeitslosigkeit haben gezeigt, daß »Weitermachen wie bisher« nicht ausreicht. Ein Wirtschaftsaufschwung allein kann die Sockelarbeitslosigkeit nicht entscheidend senken.

Auch die Option, im Standortwettbewerb durch intensive Deregulierung der Arbeitsmärkte und Anpassung der Lohn- und Sozialkosten zu gewinnen, ist keine hinreichende Antwort. Die empirische Untermauerung einer solchen Politik steht auf schwachen Füßen. Dieser Standortwettbewerb kann in einen sozialen Abwertungswettlauf münden, wenn alle Länder das gleiche Konzept verfolgen. Es kollidiert im übrigen auch mit den Wertvorstellungen und Bedürfnissen der betroffenen Menschen. Eine Politik der Abschottung gegen technischen und weltwirtschaftlichen Wandel wiederum setzt – so die historische Erfahrung – langfristig die Wettbewerbsfähigkeit der sich abschottenden Länder aufs Spiel.

Es gibt keine einfache »Reparaturanleitung« für die Industrieländer. Vielmehr geht es darum, einen Prozeß einzuleiten, der auf die Herausforderungen des Strukturwandels innovativ reagiert und den wirtschaftlichen, sozialen und ökologischen Bedingungen gerecht wird. Zwischen diesen drei Handlungsfeldern kann es Zielkonflikte geben. Aber ist es nicht gerade die Aufgabe der Politik, solche Widersprüche zu erkennen, zu vermitteln und daraus neue Konzepte zu entwickeln? Elemente dieser Politik könnten sein:

▶ **Intensivere Koordination der Wirtschaftspolitik der Industrieländer,** um gravierende konjunkturelle Beschäftigungseinbrüche zu vermeiden, um die Realzinsen langfristig auf moderatem, für produktive Investitionen wenigstens nicht prohibitivem Niveau zu halten und um zu verhindern, daß einzelne Länder – durch »Wechselkursprotektionismus« oder einseitige Deregulierungsvorstöße – ihre »Wettbewerbsfähigkeit« zu Lasten Dritter zu stärken suchen.

▶ **Temporäre Einkommenspolitik**, also befristete Lohn- und Preispolitik, die eine beschäftigungspolitische Initiative zur Senkung der Sockelarbeitslosigkeit gegen Inflationsgefahren absichert. Die üblichen Einwände, Einkommenspolitik sei langfristig unwirksam, würden dann nicht greifen, und der beschäftigungspolitische Spielraum ließe sich erweitern [Solow 1990].

▶ **Berufliche Qualifizierung durch Aus- und Fortbildung**, um vor allem die Beschäftigungsprobleme der gering Qualifizierten zu reduzieren.

▶ **Aktive Arbeitsmarktpolitik**, vor allem, um das Entstehen von Langzeitarbeitslosigkeit zu verhindern. Dazu gehört auch die Finanzierung angemessener und gesellschaftlich sinnvoller Arbeit sowie berufs- und qualifikationsbezogener Aus- und Fortbildung.

▶ **Beschäftigungsorientierte Steuerpolitik**, die einerseits finanzielle Anreize für die Aufnahme einer Erwerbstätigkeit gibt, etwa Steuerentlastungen und ggf. eine »negative« Einkommensteuer für Bezieher niedriger Erwerbseinkommen, und die andererseits die Nutzung von Umweltressourcen stärker belastet als die der Arbeitskraft. Damit würden Anreize geschaffen, die Übernutzung von Umweltressourcen einzudämmen und zugleich arbeitsintensiver zu produzieren.

▶ **Eine Flexibilisierung der Arbeitszeit**, die betriebswirtschaftlich nützlich ist, gleichzeitig aber sozialverträglich gestaltet werden und möglichst weitgehend im Einklang mit den Bedürfnissen der Menschen stehen muß. Das wiederum könnte die Anpassungsfähigkeit und Anpassungsbereitschaft der Volkswirtschaften fördern.

In den **Entwicklungs- und Transformationsländern** sind die Probleme der Arbeit so vielfältig und von Region zu Region so spezifisch, daß allgemeine Empfehlungen nur sehr eingeschränkt möglich sind.

▶ Die **Entwicklungsländer** müssen eine arbeitsorientierte und makroökonomisch solide Wirtschaftspolitik betreiben. Es ist zwar notwendig, Wachstum zu fördern, das allein kann aber Entwicklung und bessere Lebens- und Arbeitsbedingungen nicht gewährleisten. Es muß mehr getan werden, um die Lebensverhältnisse besonders in ländlichen Gebieten zu verbessern, um Bildung und Ausbildung der Menschen zu heben und die Einkommen gleichmäßiger zu verteilen.

Der Schaffung von Arbeitsplätzen durch arbeitsintensive Produktionsmethoden und der Einhaltung menschenwürdiger Arbeitsbedingungen, wie sie die Arbeitskonvention der Internationalen Arbeitsorganisation (ILO) einfordert, müssen sie höchste Priorität einräumen.

Diese Aufgaben sind von Markt und Staat gemeinsam und im Einklang mit den gesellschaftlichen Traditionen jedes Landes zu lösen. Das blinde Übernehmen ordnungspolitischer Modelle aus Industrieländern kann angesichts der komplexen Entwicklungsprobleme der Zukunft für diese Länder keinen Erfolg garantieren.

▶ Die **Transformationsländer** müssen den eingeleiteten Reformprozeß fortsetzen, aber größeren Wert darauf legen, ihn sozialverträglich zu gestalten. Die Rückkehr zu planwirtschaftlichen Methoden ist ebenso unangemessen wie der völlige Rückzug des Staates.

Aktive Arbeitsmarktpolitik ist dabei

von besonderer Bedeutung. Sie muß die Qualifizierung der arbeitenden und arbeitsuchenden Menschen in den Vordergrund stellen, einer Zweiteilung der Gesellschaft entgegenwirken und damit auch zur Verbesserung der Wettbewerbsfähigkeit der Wirtschaft beitragen.

Die **internationalen Organisationen** müssen die Verbesserung der Arbeits- und Lebensbedingungen der Menschen mehr in den Vordergrund ihrer Politik rücken. Besonders IWF und Weltbank sollten die Förderung der Beschäftigung zum zentralen Element ihrer Strukturanpassungsprogramme machen. Die Internationale Arbeitsorganisation (ILO) sollte gestärkt werden, um weltweit die Einhaltung angemessener Arbeitsbedingungen voranzubringen. Allerdings dürfen Arbeitsbedingungen nicht zum neuen Instrument einer protektionistischen Handelspolitik der Industrieländer werden.

Wegen ihrer überragenden Wirtschaftskraft und ihres bestimmenden Einflusses auf die internationalen Organisationen tragen die Industrieländer Verantwortung für die Gestaltung effizienter und fairer Strukturen der Weltwirtschaft; diese liegen zugleich wegen der zunehmenden globalen Interdependenz in ihrem eigenen Interesse. Die Industrieländer sollten dazu beitragen, die weltwirtschaftlichen Rahmenbedingungen entwicklungsfördernd zu gestalten.

Das heißt in erster Linie, daß sie starken Einbrüchen der Weltkonjunktur und hohen Realzinsen entgegenwirken und daß sie einen Rückfall in harten Protektionismus vermeiden müssen. Den Ländern des Südens und Ostens muß der Zugang zu den Märkten des Nordens erleichtert werden. Für hochverschuldete Länder in Afrika, in Lateinamerika und in Ost- und Mitteleuropa ist eine ihrer wirtschaftlichen Leistungsfähigkeit entsprechende Entschuldung besonders wichtig.

Literatur

Bean, Charles R. 1994: European Unemployment: A Survey, in: Journal of Economic Literature, June 1994, Vol. XXXII, No. 2, S. 573–619.

EC (Commission of the European Union) 1994: Employment in Europe 1994, Brussels.

ECE (European Commission for Europe) 1994: Economic Survey of Europe in 1993–1994, United Nations, New York and Geneva.

EG (Kommission der Europäischen Gemeinschaften) 1993: Wachstum, Wettbewerbsfähigkeit, Beschäftigung. Herausforderungen der Gegenwart und Wege ins 21. Jahrhundert, Luxemburg.

ILO (International Labour Organization) 1994: World Labour Report 1994, Geneva.

IMF (International Monetary Fund) 1994: World Economic Outlook, May 1994, Washington, D. C.

Layard, Richard/Nickel, Stephen/Jackman, Richard 1992: Unemployment. Macroeconomic Performance and the Labour Market. Oxford.

Maddison, Angus 1989: The World Economy in the 20th Century. OECD Development Centre, Paris.

OECD (Organisation for Economic Cooperation and Development) 1993: Employment Outlook, July 1993, Paris.

– 1994a: The OECD Job Study. Facts, Analysis, Strategies, Paris.

– 1994b: Employment Outlook, July 1994. Paris.

– div Jge.: Economic Outlook, Paris.

- div. Jge.: Labour Force Statistics, 1971–1991, Paris.
- Oman, Charles 1994: Globalisation and Regionalisation: The Challenge for Developing Countries. OECD Development Centre, Paris.
- Phelps, Edmund S. 1994: Structural Slumps. The Modern Equilibrium Theory of Unemployment, Interest, and Assets. Cambridge, Mass.
- Solow, Robert M. 1990: The Labor Market as a Social Institution. Cambridge, Mass.
- 1994: Europe's Unnecessary Unemployment. Advice from a Nobel Laureate, in: International Economic Insights, April/March, S. 10–11.
- Todaro, Michael P. 1989: Economic Development in the Third World, Fourth Edition. New York.
- UNDP (UN Development Programme) 1993: Human Development Report 1993. United Nations, New York.

Weltökologie

259 **Atmosphäre und Klima**

Veränderungen des globalen Klimas: Vom Menschen gemacht
Der Treibhauseffekt, Ursachen und Folgen
Das Ozonloch, Ursachen, Gefahren
Internationale Maßnahmen und Vereinbarungen
Klimapolitik zwischen Anpassen und Vermeiden

281 **Boden, Wasser, Biosphäre**

Die Lebensgrundlagen und ihre Vernetzung
Boden: Ursachen, Formen und Folgen der Zerstörung
Wasser: Vorräte, Verbrauch, Verknappung, Verschmutzung
Biosphäre: Die Vielfalt der Lebensformen, ihre Bedeutung und Gefährdung
Strategien zur Bewahrung der natürlichen Lebensgrundlagen: internationale Lösungsansätze

309 **Energie**

Weltentwicklung und Energie
Regionale Trends: Verbrauch, Reserven, Märkte
Risiken der Energieversorgung
Sparpotentiale und Techniken für den Klimaschutz
Zukunftsfähige Energiepolitik: Der Weg ins »post-fossile« Zeitalter

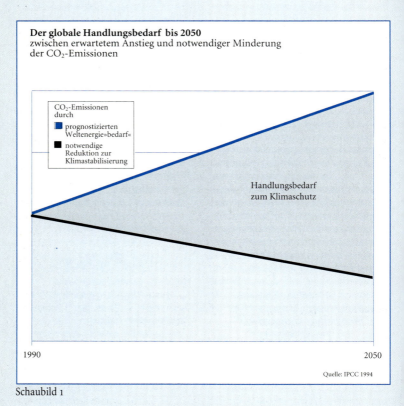

Schaubild 1

Atmosphäre und Klima

Seit Beginn der Industrialisierung und besonders in den letzten Jahrzehnten hat der Mensch die Zusammensetzung der Erdatmosphäre verändert. Klimaänderungen und die Ausdünnung der stratosphärischen Ozonschicht, das »Ozonloch«, sind die Folgen. Schon in den letzten hundert Jahren ist die durchschnittliche Temperatur auf der Erde um 0,6 °C gestiegen: um 0,3 °C allein von 1970 bis heute. Klimamodelle sagen den weiteren Anstieg der globalen Durchschnittstemperatur um etwa 3 °C bis zum Jahr 2100 voraus, falls die heutigen Emissionstrends sich fortsetzen. Wesentliche Ursache ist die drastische Zunahme der Kohlendioxidemissionen, die sich von 1750 bis 1990 zu einer Gesamtmenge von 800 Milliarden Tonnen summierten: Ihr Wachstum verlief besonders in den letzten 40 Jahren exponentiell und beträgt heute etwa 22 Milliarden Tonnen pro Jahr.

Der Ozongehalt der Stratosphäre hat sich in den letzten zwanzig Jahren im Mittel um 5 bis 10 % pro Jahrzehnt verringert. Dieser Trend wird sich noch über Jahrzehnte fortsetzen, weil sich die Fluorchlorkohlenwasserstoffe (FCKW) und Halone nur sehr langsam abbauen. Mit der Ausdünnung der schützenden Ozonschicht nimmt die ultraviolette Strahlung auf der Erde gefährlich zu.

Beide Trends bedrohen die menschliche Gesundheit, die Nahrungsmittelversorgung, das Wasserangebot und die physische Existenz ganzer Staaten. Wenn nicht umgesteuert wird, werden schwere Konflikte und neue Wanderungsbewegungen unvermeidlich sein. In Zukunft nehmen Schutzmaßnahmen einen wachsenden Teil des Sozialprodukts in Anspruch. Die westlichen Industrieländer haben bereits Maßnahmen zum Schutz der Ozonschicht ergriffen. Die Länder Osteuropas und die Entwicklungsländer müssen ihre Anstrengungen verstärken. Um eine Klimakatastrophe zu verhindern, müssen die Industrieländer ihren Verbrauch an fossilen Energieträgern bis 2050 um 80 % reduzieren. Die Entwicklungsländer müssen in einem frühen Stadium ihres wirtschaftlichen Ausbaus bei Infrastruktur, Produktion und Verbrauch die Klima- und Ozonwirkungen von vornherein berücksichtigen.

Veränderungen des globalen Klimas

Der Treibhauseffekt

Für die klimatischen Bedingungen auf unserer Erde ist der natürliche Treibhauseffekt von wesentlicher Bedeutung. Die in der Atmosphäre vorhandenen Spurengase Wasserdampf (H_2O), Kohlendioxid (CO_2), Ozon (O_3), Distickstoffoxid (N_2O) und Methan (CH_4) bewirken, daß die globale Durchschnittstemperatur in Bodennähe etwa 15 °C beträgt und so das Leben in seiner heutigen Form ermöglicht. Diese Spurenstoffe [vgl. Tabelle 1] lassen kurzwellige Sonnenstrahlung nahezu ungehindert zur Erdoberfläche passieren und absorbieren die reflektierte Wärmestrahlung. Das heißt, die Abstrahlung in den Weltraum wird durch eine isolierende Schicht behindert. Damit die zugeführte Energiemenge dennoch abgestrahlt werden kann, muß die Erde eine entsprechend höhere Temperatur haben. Dies ist, vereinfacht ausgedrückt, die physikalische Natur des Treibhauseffekts. Ohne den natürlichen Treibhauseffekt läge die mittlere Temperatur auf der Erde bei −18 °C.

Menschliche Einwirkung hat diesen natürlichen Treibhauseffekt zunehmend und nachhaltig verstärkt [vgl. Tabelle 1]. Klimaforschern zufolge hat sich die mittlere Temperatur auf der Erde in den vergangenen hundert Jahren um 0,3–0,6 °C erhöht. Der Temperaturanstieg ist in den tropischen Zonen höher als in den

Charakteristika der wichtigsten klimawirksamen Spurengase								
	Kohlendioxid	Methan	FCKW 11	FCKW 12	Halon 1301	H-FCKW 22	Troposph. Ozon	Distickstoffoxid
Anteil am Treibhauseffekt[1]	50 %	13 %	FCKW insgesamt 24 %				7 %	5 %
Konzentration[3] vorindustriell (1750–1800) 1992 jährl. Anstieg	ppmv 280 355 1,5 (0,4 %)	ppbv 700 1714 13[1] (0,8 %)	pptv 0 268 2,5 (0,9 %)	pptv 0 503 18–20[2] (4 %)	pptv 0 2 0,15[1] (7,5 %)	pptv 0 105 7–8[2] (7 %)	ppbv 5–15 30–50 0,15 (0,5 %)	ppbv 275 311 0,75[2] (0,25 %)
Verweilzeit (in Jahren)	50–200	12–17	50	130	65	13,3	0,1	120

[1] in den 80er Jahren
[2] 1992
[3] vgl. »Kleines Lexikon wichtiger Fachbegriffe«

Quellen: IPCC 1994; Bundesministerium für Umwelt 1994; Enquete-Kommission 1995

Tabelle 1

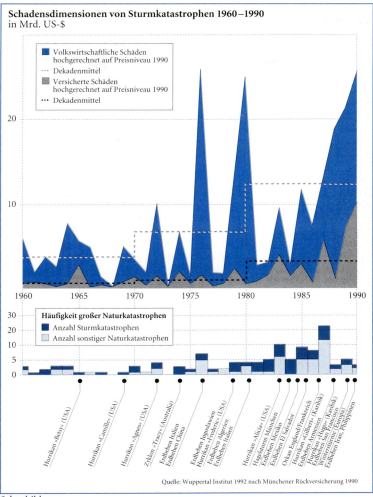

Schaubild 2

gemäßigten und kalten Zonen. Darüber hinaus hat sich die durchschnittliche Windgeschwindigkeit in den mittleren Breiten um 5 bis 10%, die Windenergie um 10 bis 20% erhöht. Vor allem Zahl und Intensität tropischer Wirbelstürme haben zugenommen [vgl. Schaubild 2].

Die Oberflächentemperaturen in weiten Bereichen der tropischen Ozeane haben sich in den vergangenen fünfzig

Jahren um 0,5 °C erhöht. Durch die Ausdehnung des Meerwassers und das Abschmelzen der Festlandgletscher hat die Erwärmung der Erde in den letzten hundert Jahren den Meeresspiegel um 10–20 cm steigen lassen.

Nach den Annahmen, die dem Szenario A (»business as usual«) des Klimaexpertengremiums Intergovernmental Panel on Climate Change (IPCC) zugrunde liegen, werden sich die CO_2-Emissionen bei anhaltenden Emissionstrends bis zum Jahr 2025 verdoppeln und bis zum Ende des nächsten Jahrhunderts gegenüber dem vorindustriellen Wert mehr als vervierfachen. Unter Einbezug anderer Treibhausgase und unter Berücksichtigung gewisser Dämpfungseffekte durch Aufforstung und Aerosole würde sich der Strahlungshaushalt insgesamt um den Faktor 5,4 verstärken. Auf der Grundlage dieser Annahmen prognostizieren gekoppelte Ozean-Atmosphären-Modelle eine Erhöhung der globalen Durchschnittstemperatur bis zum Ende des nächsten Jahrhunderts um etwa 3 °C über dem heutigen Wert [vgl. Schaubild 3].

Der Unsicherheitsbereich von ± 1,5 °C, also zwischen 1,5 und 4,5 °C, resultiert wesentlich aus der unterschiedlichen Einschätzung des Bewölkungseinflusses in verschiedenen Klimamodellen. Von der Größenordnung her entspricht diese Temperaturdifferenz etwa dem Anstieg der Temperaturen seit der letzten Eiszeit vor 18.000 Jahren. Die Veränderungen

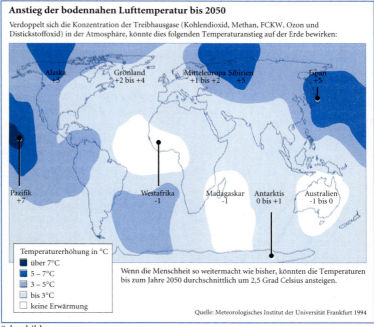

Schaubild 3

Anteile der Verursacherbereiche am Treibhauseffekt in den 80er Jahren			
Sektor	Anteil	Spurengase	Ursachen
Energie einschl. Verkehr	50%	40% CO_2, 10% CH_4 und O_3	Verbrennung der fossilen Energieträger Kohle, Erdöl und Erdgas
Chemische Produkte (FCKW, Halone u. a.)	20%	20% FCKW, Halone etc.	Emissionen der FCKW, Halone etc. aus Schaumstoffen, Kühlgeräten u. a.
Vernichtung der Tropenwälder	15%	10% CO_2, 5% weitere Spurengase wie N_2O, CH_4, CO	Verbrennung und Verrottung tropischer Wälder einschließlich Emissionen aus den Böden
Landwirtschaft	15%	in erster Linie CH_4, N_2O, CO_2	Anaerobe Umsetzungsprozesse (Rinderhaltung, Naßreisanbau) und Düngung
Quelle: Enquete-Kommission 1994a			

Tabelle 2

werden nun aber ungleich schneller auftreten. Daraus erwachsen historisch nie gekannte Anpassungsprobleme der Ökosphäre. Der Mensch kennt in seiner ganzen Entwicklungsgeschichte als homo sapiens bisher nur einen Klimazustand, der um maximal 2°C über heutigen Mittelwerten liegt.

Ursachen und Verursacher

Wichtigster Verursacher des Treibhauseffektes ist mit etwa 50% der Energieverbrauch [vgl. Tabelle 2, vgl. auch Kapitel *Energie*]. Die Verbrennung fossiler Energieträger (Kohle, Erdöl und Erdgas) ist unweigerlich mit CO_2-Emissionen verbunden. Weltweit entfallen auf den Verkehr 27% des Endenergieverbrauchs und rund 20% der CO_2-Emissionen. Knapp 50% des anthropogen emittierten Kohlendioxids sind in der Atmosphäre geblieben; gut 50% wurden von den Ozeanen und der Biosphäre aufgenommen.

Der Anteil der FCKW und Halone am Treibhauseffekt nimmt seit den Beschlüssen zum Ausstieg aus Produktion und Verbrauch ab. Allerdings haben die Treibhausgase FCKW 11 und 12 eine atmosphärische Verweildauer von mehreren Jahrzehnten, und die eingesetzten Ersatzstoffe (u. a. H-FCKW, HFKW, FKW) sind ebenfalls klimawirksam.

Die Landwirtschaft ist weltweit durch Rinderhaltung und Naßreisanbau für rund 60% der Methan(CH_4)-Emissionen und durch Düngung für ebenfalls 60% der Distickoxid(N_2O)-Emissionen verantwortlich. Durch Vernichtung von Wäldern, heute überwiegend tropischen Wäldern, werden die Spurengase CO_2, N_2O, CH_4 und CO emittiert. Der Anteil beider Bereiche am Treibhauseffekt wird auf je etwa 15% geschätzt.

Hauptverursacher der globalen Klimaänderungen ist der Norden. Ein genaues Inventar wird das IPCC Ende 1995 vorlegen. Etwa zwei Drittel aller klimarelevanten Spurengase werden von den Industrieländern emittiert. Im Süden sind hohe Emissionen bei erdölproduzierenden Staaten, einigen Tropenländern und

Kleines Lexikon wichtiger Fachbegriffe

Anthropogen	Durch menschliche Einwirkungen verursacht oder ausgelöst
Atmosphäre	Die gasförmige Lufthülle der Erde, gegliedert in Troposphäre, Stratosphäre und weitere höhere Atmosphäreschichten
Emissionen	Freisetzung gasförmiger Stoffe in die Atmosphäre
FCKW	Fluorchlorkohlenwasserstoffe, industriell hergestellte organische Halonverbindungen
Intergovernmental Negotiating Committee (INC)	Zwischenstaatliches Verhandlungsgremium zur Verhandlung der Klimarahmenkonvention und der ersten Konferenz der Vertragsparteien
Intergovernmental Panel on Climate Change (IPCC)	Zwischenstaatliches Expertengremium über Klimaänderungen unter Schirmherrschaft von Umweltprogramm und Weltklimaorganisation der Vereinten Nationen
Joint Implementation (JI)	Gemeinsame Erfüllung eingegangener Verpflichtungen mehrerer Vertragsparteien nach Art. 4 Abs. 2a der Klimarahmenkonvention
Klimaparameter	Physikalische Größen, die das Klima direkt charakterisieren, z. B. Temperatur, Niederschlag
Klimarelevante Spurengase	→ Treibhausgas
Kohlenstoffäquivalent	Umrechnung von Nicht-CO_2-Emissionen in eine CO_2-Emissionsmenge von vergleichbarer Treibhauswirkung
ppmv	parts per million volumen = Teile pro Million Volumen
ppbv	parts per billion volumen = Teile pro Milliarde Volumen
pptv	parts per trillion volumen = Teile pro Billiarde Volumen
Ozone Depletion Potential (ODP)	Zerstörungspotential chlor- und bromhaltiger Verbindungen in der stratosphärischen Ozonschicht
UV-(B)-Strahlung	Ultraviolettstrahlung; elektromagnetische Energie in einem Frequenzbereich von 280–320 nm
Sedimentation	Ablagerung von Stoffen, die an anderen Stellen abgetragen wurden
Treibhausgas	Gas in der Atmosphäre, das zum Treibhauseffekt beiträgt

Quelle: Enquete-Kommission 1995

einigen bevölkerungsreichen Ländern zu verzeichnen. Nach absoluten Werten verursachen die USA, die GUS, die Europäische Union, China und Japan zusammen etwa 56% der Treibhausgasemissionen [vgl. Tabelle 3].

Folgen für die Umwelt

Der anthropogene Treibhauseffekt und die daraus resultierenden Klimaänderungen werden tiefgreifende Auswirkungen auf Mensch und Biosphäre haben. Das Ausmaß der Folgen wird dabei entscheidend von der *Geschwindigkeit* der Klimaänderungen abhängen. Noch können keine definitiven Aussagen über die feste zeitliche und vor allem regionale Zuordnung von Temperatur- und Niederschlagsänderungen getroffen werden, da die bisherigen Klimamodelle noch zu ungenau sind. Recht genaue Schlußfolgerungen über mögliche Wirkungen können jedoch aus der Klimageschichte und aus hinreichend bekannten Wetteranomalien (Stürmen, Wirbelstürmen) gezogen werden.

Verschiebung der Vegetationszonen

Es ist anzunehmen, daß sich durch den Treibhauseffekt die Klimazonen und damit auch die Vegetationszonen der Erde verschieben werden. In den vergangenen 250.000 Jahren hat es Zeitabschnitte mit unterschiedlicher Klimaveränderlichkeit gegeben. Jüngste Ergebnisse von Eiskernuntersuchungen zeigen für die vorangegangene Warmzeit (d. h. vor 140.000 bis 120.000 Jahren bis heute) einen höchst instabilen Klimacharakter. Diese natürlichen Schwankungen sind allerdings nicht mit den prognostizierten anthropogenen Veränderungen vergleichbar.

Es wird angenommen, daß eine um 1 °C höhere Temperatur zu einer polwärtigen Verschiebung der Vegetationszonen von 200 bis 300 km führen wird. Durch Klimaänderungen besonders bedroht sind große komplexe Ökosysteme wie Wälder. Wegen deren langer Lebensdauer kann heute noch nicht genau eingeschätzt werden, wie viele Baumarten sich letzten Endes an Klimaveränderungen anpassen können.

Die Gefährdung natürlicher Ökosysteme wird dadurch verstärkt, daß sie bereits durch andere Folgen menschlicher Einwirkungen stark belastet sind, wie etwa die Wälder Mittel- und Nordeuropas durch sauren Regen [vgl. Kapitel *Boden, Wasser, Biosphäre*]. Obendrein sind mögliche Wanderungspfade für Ökosysteme durch Siedlungsflächen versperrt. Am stärksten gefährdet erscheinen die labilen Ökosysteme der ariden und semi-ariden Gebiete und in den kalten Klimazonen. Schon eine leichte Verlängerung der

Beiträge zum Treibhauseffekt in ausgewählten Staaten 1991				
Staat	Energiebedingte CO_2-Emissionen		Treibhausgas-Index[1]	
	Absolut (Mill. t)	Pro Kopf (t)	Absolut[2]	Pro Kopf[3]
USA	4.932	19,6	19,1	8,9
GUS	3.581	12,3	13,7	5,7
China	2.543	2,2	9,9	1
Japan	1.091	8,8	5,0	4,8
Deutschland	970	12,1	3,8	5,5
Indien	703	0,81	3,7	0,5
Brasilien	216	1,4	4,3	3,5

[1] Betrachtet wurden die CO_2-Emissionen (energiebedingt und aus der Biomasseverbrennung), Methan und FCKW
[2] In Prozent der globalen Emissionen
[3] In Relation zum Weltdurchschnitt = 1

Quelle: World Resources Institute 1994

Tabelle 3

Trockenperiode würde in Savannen zu folgenschwerer Degradation führen. Eine besondere Bedrohung geht auch von der künftig zu erwartenden Zunahme der Windgeschwindigkeiten aus. Sturmtiefs und tropische Wirbelstürme werden in Gebieten der Tropenländer, insbesondere in Mittelamerika, Schäden anrichten.

Temperatur und Niederschlag

Die Voraussagen möglicher Niederschlagsänderungen stimmen darin überein, daß der hydrologische Kreislauf sich intensivieren wird. Das heißt: Niederschläge und Verdunstung werden global zunehmen. Klimamodelle prognostizieren, daß bei globaler Erwärmung starke Regenfälle in allen Breitengraden an Frequenz und Intensität gewinnen, die Regentage in mittleren Breiten abnehmen und weltweit extreme Wetterereignisse wie Stürme, Dürren und Fluten sich häufen werden [vgl. Schaubild 2]. Das alles wird gravierende Folgen haben.

So werden beispielsweise landwirtschaftliche Erträge noch stärkere regionale Unterschiede aufweisen. Negativ betroffen sind besonders die semi-ariden Gebiete der Erde, die schon auf geringe Veränderungen des Niederschlags reagieren: Auf dem afrikanischen Kontinent sind vor allem Westafrika, das Horn von Afrika und Subsahara-Afrika gefährdet, in Asien das westliche Arabien und Südostasien, auf dem amerikanischen Kontinent Mittelamerika und Mexiko, das östliche Brasilien und Peru.

Profitieren könnten dagegen die hohen Breitengrade der nördlichen Hemisphäre. Solange die Wasserversorgung gesichert ist, kann hier eine Verlängerung der Vegetationsperiode die Produktion steigern; außerdem erleichtert der hier zumeist hohe technische Standard die Anpassung. In Europa könnten den skandinavischen Ländern, dem nördlichen Teil der Russischen Föderation und Polen positive Wirkungen zugute kommen, während den Ländern des Mittelmeerraumes durch die Temperaturerhöhung voraussichtlich größere Wasserprobleme entstehen werden.

Steigender Meeresspiegel

Größte Gefahren für Mensch und Natur birgt der erwartete Anstieg des Meeresspiegels. Wie hoch er steigen wird, läßt sich anhand seiner Entwicklung in den letzten hundert Jahren abschätzen. In dieser Zeitspanne ist der Meeresspiegel bei einer Gesamttemperaturerhöhung von rund 0,5 °C um etwa 1–2 mm jährlich gestiegen. Ursache ist die Wärmeausdehnung des Meerwassers, das Abschmelzen der Gebirgsgletscher und das Abschmelzen kleinerer Inlandsvereisungen. Keinen Einfluß dagegen hat – anders als bisher immer angenommen – das Abschmelzen des Meereises, also der Polkappen. Die Vereisung der antarktischen Landmasse hat im Verlauf des Temperaturanstieges eher zugenommen und zeigt eine negative Rückkopplung.

Auf der Grundlage des IPCC-Szenarios A wird bis zum Jahr 2050 ein Anstieg des Meeresspiegels um 30–50 cm, bis zum Jahr 2100 um 70–100 cm errechnet. Der Anstieg um 50 cm ist eine ernste Bedrohung mit erheblichen ökologischen und sozioökonomischen Wirkungen. Vielen der besonders fruchtbaren Deltagebiete wie denen der Flüsse Mekong, Nil, Orinoko, Amazonas, Ganges, Niger, Mississippi und Po sowie pazifischen Inselstaaten wie Kiribati, Tuvalu oder den Malediven droht Überflutung, wenn die Sedimentationsrate, d. h. die Ablagerung von Sand, Kies o. ä., nicht mit dem steigenden Wasserspiegel Schritt halten kann. Bei Stürmen treten zusätzlich verheerende Überschwemmungen auf.

Neben den genannten Inselstaaten

sind auch große Länder vom Anstieg des Meeresspiegels besonders bedroht: Bangladesch, Ägypten, Thailand, China, Brasilien, Indonesien, Argentinien, Gambia, Nigeria, Senegal und Mosambik. Stiege der Meeresspiegel um einen Meter, würde beispielsweise Bangladesch 20 % seiner landwirtschaftlichen Nutzfläche verlieren. In den USA wären 20.000 km² Land gefährdet. Auch die Küstenregionen Europas, in denen dichtbesiedelte Städte und Industriegebiete liegen, wären schwer betroffen. Das gilt für Regionen in Großbritannien, Schweden, Deutschland, Frankreich, Spanien, Italien und Griechenland. Insgesamt ist damit zu rechnen, daß weltweit rund 350.000 km Küstenlinien, 6.400 km städtische Küstenlinien, 10.700 km touristisch genutzte Sandstrände und 1.800 km² Hafenflächen geschützt werden müßten. Die für Schutzmaßnahmen aufzuwendenden Mittel wären enorm.

Mit den Landverlusten gefährdet der steigende Meeresspiegel auch die Wasserversorgung vieler Länder. An allen Küsten bewirkt er das Eindringen salzhaltigen Wassers in gezeitenabhängige Mündungstrichter der Flüsse. Besonders gefährdet sind Inseln, deren Süßwasserlinsen versalzen (z. B. Südseeatolle). Gefährdet ist auch die Qualität des Süßwassers oberhalb der Brackwassergrenze; es könnte bei erhöhtem Meeresspiegel durch Müll- und Deponiestoffe kontaminiert werden. So haben die Niederlande bereits Vorkehrungen getroffen, alle Mülldeponien zum Grundwasser hin abzudichten.

Folgen für Wirtschaft und Gesellschaft

Schrumpfende Erträge in der Landwirtschaft oder die Aufgabe bewirtschafteter Flächen als Folge von Klimaänderungen können entscheidende Auswirkungen auf die wirtschaftliche Lage eines Landes, auf seine Gesellschaft und insgesamt auf den Weltagrarhandel und die Welternährung haben.

Die Kosten

Ökologische Schäden durch Klimaänderungen, zunehmende extreme Wetterlagen etc. werden künftig nur mit sehr hohen Kosten zu vermeiden, zu verringern oder (z. B. durch Dammbauten) auszugleichen sein. Für einige Entwicklungsländer sind die notwendigen Maßnahmen sicherlich nicht finanzierbar. So verfügt Indonesien über 70.000 km Küstenzonen, die durch Dammbauten geschützt werden müßten. Die pazifischen Inselstaaten müßten nach groben Schätzungen jährlich bis zu 34 % ihres Bruttosozialproduktes für Schutzmaßnahmen aufwenden. Fast unlösbare Finanzierungsprobleme ergäben sich für hochverschuldete Staaten und für Länder, die entsprechende Technologien zu Marktbedingungen importieren müßten, um sich zu schützen.

Da die finanziellen Ressourcen für wirksame Schutzmaßnahmen in vielen Ländern fehlen und diese Länder in der Regel den zusätzlichen Treibhauseffekt nicht mitverursacht haben, belasten Auseinandersetzungen über den internationalen Schadens- und Finanzierungsausgleich die internationale Kooperation und verschärfen politische Konflikte.

Neue soziale Konflikte

In vielen Entwicklungsländern treten weitere Faktoren hinzu, die die Anpassung an Klimaänderungen erschweren. Klimatische Auswirkungen bedrohen Siedlungen, Lebens- und Kulturräume vieler Menschen. In Entwicklungsländern, deren Bewohner häufig noch unmittelbarer vom umgebenden Ökosystem

Daten der internationalen Klimapolitik

Februar 1979	Erste Weltklimakonferenz in Genf diskutiert die drohenden Klimaänderungen
Oktober 1985	Klimakonferenz in Villach sowie
November 1986	Klimaworkshop in Bellagio tragen erheblich zur Wiederaufnahme der Debatte bei
Juni 1988	Toronto-Konferenz fordert erstmalig eine 20%ige Reduktion der CO_2-Emissionen weltweit bis zum Jahr 2005
November 1988	Gründung des Zwischenstaatlichen Klimaexpertengremiums IPCC aufgrund der Entschließung 43/53 der UN-Vollversammlung unter der Schirmherrrschaft des UN-Umweltprogramms UNEP und der UN-Meteorologieorganisation WMO
August 1990	Erster Wissenschaftlicher Bericht des IPCC belegt den hohen Konsens in der Wissenschaft über Klimaveränderungen und den anthropogenen Treibhauseffekt
November 1990	Zweite Weltklimakonferenz in Genf bestätigt den IPCC-Bericht und ruft zu Verhandlungen über eine Klimakonvention auf
Dezember 1990	UN-Vollversammlung setzt das Zwischenstaatliche Verhandlungsgremium INC über eine Klimarahmenkonvention (KRK) ein
Februar 1991	Beginn der Verhandlungen über eine KRK in New York
Mai 1992	Schlußverhandlung der KRK in New York
Juni 1992	IPCC-Supplement-Bericht bestätigt wissenschaftlichen Sachstand
Juni 1992	KRK liegt auf der UN-Konferenz über Umwelt und Entwicklung (UNCED) zur Unterzeichnung aus
September 1992	Unmittelbare Weiterverhandlungen (prompt start) der KRK und Vorbereitung der 1. Vertragsparteienkonferenz in Berlin
März 1994	Inkrafttreten der Klimarahmenkonvention
April 1995	Erste Konferenz der Vertragsparteien der KRK in Berlin

Quelle: Eigene Zusammenstellung

Tabelle 4

abhängig sind, gibt es wohl kaum Anpassungsmöglichkeiten an eine sich verändernde Umwelt. Zwischen 140 und 300 Millionen Menschen, die in naturnahen Gesellschaften als Sammler, Jäger, Fischer und Waldbauern leben, sind direkt bedroht. Aber auch kleinbäuerliche Subsistenzwirtschaften wie z. B. die der Nomaden der semi-ariden Zonen Afrikas, die heute schon regelmäßig von Hungerkatastrophen heimgesucht werden, sind erheblich gefährdet.

Wenn viele Millionen Menschen überschwemmungsgefährdete Gebiete verlassen müssen, wird das schwere wirtschaftliche und soziale Konflikte auslösen. Gerade in Ballungsräumen werden Versorgungsprobleme wachsen und damit die Ausbreitung von Krankheiten, Seuchen, Gewalt und Kriminalität begünstigen. In Riesenstädten wie Hongkong, in denen sich durch zunehmende Landflucht immer mehr Menschen konzentrieren, könnten sich die Probleme explosiv zuspitzen.

In den hochentwickelten Ländern des Nordens, in denen die wirtschaftlichen und technologischen Voraussetzungen für vorsorgende Schutzmaßnahmen ungleich besser, die Mobilitätschancen höher und weniger Menschen unmittelbar von der Umwelt abhängig sind, wird die Anpassung an veränderte Parameter vergleichsweise leichter, wenn auch zweifellos nicht ohne zusätzliche soziale Konflikte zu bewältigen sein.

Die Klimarahmenkonvention von 1992

Auf der Basis wissenschaftlicher Erkenntnisse hatte sich in den späten 80er Jahren der Handlungsdruck auf die internationale Staatengemeinschaft verstärkt. Die Vollversammlung der Vereinten Nationen rief mit Beschluß vom Dezember 1990 den Zwischenstaatlichen Verhandlungsausschuß (Intergovernmental Negotiating Committee, INC) für eine Klimarahmenkonvention ins Leben. Diese Konvention wurde dann 1992 beim »Erdgipfel« (UNCED) in Rio de Janeiro von mehr als 150 Staaten unterzeichnet.

Am 21. März 1994 konnte die Konvention in Kraft treten, nachdem 30 Staaten sie ratifiziert hatten. Unter den ersten 50 Staaten, die ratifizierten, waren viele große Treibhausgasemittenten auf seiten der Industrieländer: die USA, Australien, Kanada, Japan, Deutschland, Großbritannien, Dänemark, die Niederlande, die Schweiz, Neuseeland. Auf seiten der Entwicklungsländer hatten Indien, China und Venezuela frühzeitig ratifiziert, gefolgt von Brasilien und Indonesien. Auch Transformationsstaaten wie Polen, Georgien, Estland, die Tschechische Republik und Rumänien beteiligten sich. Im April 1995 hatten bereits 128 Staaten die Konvention als rechtlich verbindlich anerkannt.

Ziel des Übereinkommens ist laut Artikel 2 die Stabilisierung der Treibhausgaskonzentrationen in der Atmosphäre auf einem Niveau, das eine gefährliche Störung des Klimasystems *verhindert*.

Dieses Niveau soll innerhalb eines Zeitraumes erreicht werden, in dem die Ökosysteme sich auf natürliche Weise den Klimaänderungen anpassen können. Um dieses Ziel zu erreichen, übernehmen alle Vertragsstaaten nach Artikel 4.1 der Konvention *allgemeine*, die Annex-I-Staaten (OECD-Staaten, Länder Mittel- und Osteuropas und neue unabhängige Staaten) nach Artikel 4.2 *spezifische* Verpflichtungen.

Die Industrieländer haben wegen ihrer besonderen Verantwortung als Hauptverursacher des Treibhauseffektes die Zielsetzung akzeptiert, die Emissionen von Kohlendioxid und anderen, nicht durch das Montrealer Protokoll geregelten Treibhausgasen auf das Niveau von 1990 zurückzuführen. Wegen der blockierenden Haltung der USA war es bei den Verhandlungen nicht gelungen, eine konkrete Zeitvorgabe für die Rückführung und spezifische Ziele für einzelne Treibhausgase (z. B. für CO_2) festzuschreiben.

Hierin liegt eindeutig die Schwäche des Konventionsentwurfes; er blieb deutlich hinter den Vorstellungen Deutschlands und der Europäischen Union zurück, die eine Stabilisierung der CO_2-Emissionen bis zum Jahr 2000 auf der Basis von 1990 und anschließende Reduzierung forderten. Dabei ist zu berücksichtigen, daß trotz einer Emissionsstabilisierung der Industrieländer die globalen Emissionen und damit auch die Konzentrationen zunehmen werden, weil die Emissionen der übrigen Länder, insbesondere der Entwicklungsländer wie China, Indien oder Brasilien, aufgrund ihrer Entwicklungsanstrengungen weiter wachsen werden.

Das Ziel der Konvention

Das Ziel der Konvention bedarf der Interpretation. Selbst die Stabilisierung der globalen *Emissionen* reicht wegen der Langlebigkeit der Treibhausgase nicht aus, um die Stabilisierung der *Konzentrationen* in der Erdatmosphäre zu gewährleisten. Vielmehr würde bei Stabilisierung der Emissionen die CO_2-Konzentration von gegenwärtig noch 355 ppmv bis zum Jahr 2100 auf etwa 500 ppmv steigen. Keines der derzeit sechs Emissionsszenarien des IPCC erwartet eine Stabilisierung der Konzentrationen vor dem Jahr 2100; die prognostizierten Werte liegen vielmehr je nach den sehr unterschiedlichen Annahmen in den Szenarien zwischen 75 und 220 % über dem vorindustriellen Wert.

Diese modellgestützten Aussagen bestätigen, daß deutliche Reduzierungen der Emissionen um 50 % weltweit bis zum Jahr 2050 erforderlich sind. Eine solche Forderung hatten das IPCC und die Enquete-Kommission »Vorsorge zum Schutz der Erdatmosphäre« des Deutschen Bundestages schon vor Verabschiedung der Klimakonvention erhoben. Die Anteile an der Reduktion müssen allerdings unterschiedlich verteilt sein. Selbst wenn die Entwicklungsländer ihren unvermeidlichen Emissionszuwachs auf eine Verdoppelung begrenzen könnten, müßten die Industrieländer laut Enquete-Kommission ihre entsprechenden Emissionen um rund 80 % senken.

Die Berlin-Konferenz der Vertragsparteien

Die Konvention legt einen Folgeprozeß fest, der durch jährliches Zusammentreten der Konferenz der Vertragsparteien näher konkretisiert wird. Die erste Konferenz der Vertragsparteien der Klimarahmenkonvention fand vom 28. 3.–7. 4. 1995 in Berlin statt. Sie kam zu folgenden Entscheidungen:

▶ **Überprüfung der Angemessenheit der Konventionsverpflichtungen/ Protokollmandat.** Zentraler Verhandlungspunkt war das Mandat für die Erarbeitung eines Protokolls zur Weiterentwicklung der Verpflichtungen der Annex-I-Staaten nach Artikel 4.2 der Konvention. Im Verhandlungsmandat wird die Einsetzung einer Ad-hoc-Gruppe festgeschrieben, die bis zum Jahr 1997, rechtzeitig zur Verabschiedung durch die

---

Joint Implementation – die gemeinsame Umsetzung übernommener Verpflichtungen

Die Klimakonvention sieht in Art. 4 Abs. 2a die Möglichkeit vor, daß Industrie- und Entwicklungsländer eingegangene Verpflichtungen gemeinsam erfüllen. Dabei wird angenommen, daß gemeinsam ergriffene Maßnahmen des Klimaschutzes kostengünstiger sein können als einzelstaatliche. Dies betrifft weniger die Kooperation zwischen den westlichen Industriestaaten als vielmehr ihre Zusammenarbeit mit Ländern Osteuropas, den neuen unabhängigen Staaten (NUS) und Entwicklungsländern. Dort können Reduktionen von Treibhausgasen beispielsweise im Energiebereich zu wesentlich geringeren Kosten realisiert werden. Wenn also Kraftwerke modernisiert oder rationelle Energienutzung praktiziert wird, kann dies anteilig beiden Vertragsparteien gutgeschrieben werden.
Mit diesem Ansatz wird völkerrechtliches Neuland betreten. Methodisch ist noch unklar, wie JI hinsichtlich der Einsatzbereiche, der Anrechenbarkeit und der Verifikation operationalisiert werden kann. Viele Entwicklungsländer wenden ein, daß die Industrieländer sich damit von ihren Verpflichtungen freikaufen wollen.

3. Vertragstaatenkonferenz, ein Protokoll erarbeiten soll. Die Dringlichkeit wird durch den letzten Paragraphen des Mandates hervorgehoben: Die Arbeit soll unverzüglich aufgenommen und bis zum Frühjahr 1997 abgeschlossen werden. Die erste Sitzung soll bereits im Juli 1995 stattfinden.

Gegen das Mandat kämpften während der Konferenz besonders die USA, Australien und Kanada. Der Mandatsbeschluß stellt zunächst fest, daß die bisherigen Verpflichtungen der Konvention nicht angemessen sind – eine Aussage, die schon auf dem letzten Vorbereitungstreffen heftig umstritten war. Schwer umkämpft war auch die Festlegung quantifizierter Begrenzungs- und Reduktionsziele für Treibhausgasemissionen für die Jahre 2005, 2010 und 2020, und die Festschreibung entsprechender Verhandlungen kann als substantieller Erfolg gewertet werden. In der ebenfalls strittigen Frage der Einführung neuer Verpflichtungen für Entwicklungsländer (Non Annex I Parties) enthält das Mandat eine Formulierung, mit der neue Verpflichtungen für die Entwicklungsländer ausgeschlossen werden.

▶ **Gemeinsame Umsetzung der Konventionsverpflichtungen (Joint Implementation).** Während die Entwicklungsländer auf dem letzten Vorbereitungstreffen Joint Implementation (JI) einmütig ablehnten, drängten in Berlin gerade die Vertreter Lateinamerikas und Indiens auf Einbeziehung der Entwicklungsländer. So konnte die Entscheidung getroffen werden, JI als Pilotphase durchzuführen und die Beteiligung von Entwicklungsländern auf freiwilliger Basis festzuschreiben.

Die Vertragsstaatenkonferenz soll die Pilotphase jährlich überprüfen, eine umfassende Bewertung und Entscheidung über weitere Schritte sollen vor Ende des Jahrzehnts folgen. Größter Streitpunkt blieb zuletzt die Forderung der USA, eine nachträgliche Anrechnung (crediting) der im Ausland erzielten Treibhausgasreduktionen zu ermöglichen. Nach dem Wortlaut des verabschiedeten Dokuments kann sich jedoch keine Vertragspartei während der Pilotphase JI-Aktivitäten anrechnen lassen.

▶ **Technologietransfer.** Der Beschluß zum Technologietransfer beruht auf einer Initiative der Entwicklungsländer. Demnach soll das Klimasekretariat über konkrete Fortschritte der Vertragsparteien beim klimabezogenen Technologietransfer Bericht erstatten. Dazu soll eine Liste umweltfreundlicher Technologien der Vertragsparteien wie der relevanten UN-Organisationen zusammengestellt werden. Die Industrieländer werden aufgefordert, Maßnahmen des Technologietransfers in ihre nationale Berichterstattung aufzunehmen. Die Entwicklungsländer sollen, soweit es ihnen möglich ist, über vorhandene Technologien berichten.

▶ **Sitz des Sekretariates.** Der ständige Sitz des Sekretariates der Klimarahmenkonvention wird ab Mitte 1996 in Bonn eingerichtet. Besondere Unterstützung fand die deutsche Bewerbung in einigen Entwicklungsländern, die sich in ihren Regionalgruppen (insbesondere Karibik) engagiert für Bonn einsetzten.

Der Ozonabbau in der Stratosphäre

Das »Ozonloch«

Die Ozonkonzentration im »zweiten Stock« der Atmosphäre, der Stratosphäre (ab etwa 9 km Höhe), hat in den letzten zwei Jahrzehnten um durchschnittlich je 5–10% abgenommen. Wegen der langen Lebensdauer der Verursacherstoffe wird sich dieser Trend noch jahrzehntelang fortsetzen. Extreme Ozonverluste sind in den Winter- und Frühjahrsmonaten zu beobachten [vgl. Schaubild 4]. Das antarktische »Ozonloch« entsprach 1994 etwa den Vorjahreswerten und bedeutet einen Verlust von etwa 60% gegenüber den 70er Jahren. Ungewöhnlich geringe Ozonmengen wurden seit Beginn der neunziger Jahre auch über weiten Gebieten der nördlichen Hemisphäre festgestellt. Im Winter 1994/95 wurden dort im Vergleich zu langjährigen Mittelwerten 10% niedrigere Ozonkonzentrationen gemessen.

Ursachen und Folgen

Verursacht wird die stratosphärische Ozonausdünnung im wesentlichen durch die Emissionen von Fluorchlorkohlenwasserstoffen (FCKW) und verschiedenen Halonen. Die Folge ist, daß die Erdoberfläche zunehmender UV-B-Strahlung ausgesetzt ist.

Diese Strahlung ist für Mensch und Natur eine wachsende Gefahr. Sie kann Hauterkrankungen und grauen Star auslösen und das Immunsystem schwächen. Sie schädigt das in den obersten Schichten der Ozeane lebende Phytoplankton, das wichtigste Glied der marinen Nahrungskette, das für die Fischerei und die menschliche Ernährung von hoher Bedeutung ist. Das Phytoplankton bindet außerdem einen großen Teil der CO_2-Emissionen und verlangsamt damit den

Veränderung der Ozonschicht

Nordhemisphäre

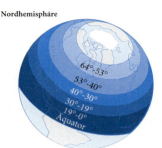

Durchschnittliche Ozonabnahme in %		
Global	Winter	Sommer
-2,3	-6,2	+0,4
-3,0	-4,7	-2,1
-1,7	-2,3	-1,9
-3,1		
-1,6		

Südhemisphäre

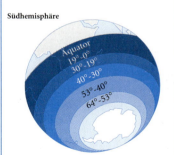

Durchschnittliche Ozonabnahme in %
-2,1
-2,6
-2,7
-4,9
-10,6

Quelle: Enquete-Kommission 1990

Schaubild 4

Daten zur internationalen Ozonpolitik

1974	Erste Warnungen vor einer Ausdünnung der stratosphärischen Ozonschicht durch die amerikanischen Wissenschaftler Rowland und Molina
April 1977	Erste Internationale Ozonkonferenz in Washington D.C. tritt für die Verminderung der FCKW-Emissionen ein. Einrichtung des wissenschaftlichen Koordinationskomitees Ozonschicht (Coordination Committee on the Ozone Layer)
1982–83	Vermehrte wissenschaftliche Kontroversen
März 1985	Wiener Abkommen zum Schutz der Ozonschicht
Herbst 1985	Entdeckung einer drastischen Abnahme des Ozons in der Stratosphäre über der Antarktis, des sog. »Ozonlochs«
Dezember 1986 bis September 1987	Verhandlungen zum Montrealer Protokoll. Festlegung von Reduktionspflichten für Produktion und Verbrauch von FCKW und Halonen
März 1988	Der Wissenschaftlerzusammenschluß »Ozone Trends Panel« bestätigt erstmalig den ursächlichen Zusammenhang zwischen der Ausdünnung der stratosphärischen Ozonschicht und den Emissionen von FCKW und Halonen
Juni 1990	Verschärfung der Beschlüsse und Erweiterung der Stoffliste auf der 2. Vertragsparteienkonferenz in London
November 1992	Weitere Verschärfung der Beschlüsse und Erweiterung der Stoffliste auf der 4. Vertragsparteienkonferenz in Kopenhagen
November 1993	Mittelausweitung des Ozonfonds auf der 5. Vertragsparteienkonferenz in Bangkok
Oktober 1994	6. Konferenz der Vertragsparteien in Nairobi diskutiert neuen wissenschaftlichen Sachstand und Ozonfonds

Quelle: Eigene Zusammenstellung

Vereinbarte Reduktionsziele zum Schutz der Ozonschicht

	FCKW	Halone	Methylchloroform	Tetrachlorkohlenstoff	Methylbromid	H-FCKW	H-FBKW
1994	75%	100%					
1995				85%	Begrenzung auf Niveau 1991		
1996	100%		100%	100%		Beginn der Begrenzung 100% Reduktion bis 2030	100%

Quelle: Enquete-Kommission 1995

Tabelle 5

Treibhauseffekt. Bei Pflanzen kann die intensivere UV-B-Strahlung zu Wachstumsstörungen, Zellschäden und Mutationen führen.

Das Vertragswerk zum Schutz der Ozonschicht

In den 70er Jahren wurde die Wissenschaft auf den Ozonschwund in der Stratosphäre aufmerksam; die intensive Erforschung der Ursachen begann. Erste Warnungen vor den Gefahren des »Ozonlochs« wurden laut, und politische Bemühungen um internationale Vorbeugungs- und Schutzmaßnahmen setzten ein [vgl. *Daten zur internationalen Ozonpolitik*].

1985 konnte mit dem Wiener Abkommen zum Schutz der Ozonschicht der Grundstein für eine schrittweise Reduktion der wichtigsten Verursachersubstanzen gelegt werden. Das 1987 unterzeichnete Montrealer Protokoll zum Wiener Abkommen ist bei den Konferenzen der Vertragsparteien 1990 in London und 1992 in Kopenhagen kontinuierlich verschärft worden [vgl. Tabelle 5]. Bis Dezember 1994 sind 146 Staaten dem Montrealer Protokoll beigetreten.

Die 1992 in Kopenhagen beschlossenen Änderungen sind am 14. 6. 1994 in Kraft getreten, nachdem zwanzig Vertragsparteien sie ratifiziert hatten. Danach dürfen vom 1. 1. 1996 an weltweit keine der im Protokoll genannten FCKW und seit dem 1. 1. 1995 keine der genannten Halonverbindungen mehr produziert oder verbraucht werden. Erstmals wurden Regelungen zu einigen verwendeten Ersatzstoffen erreicht, den teilhalogenierten FCKW, die bis zum Jahre 2004 um 35 % reduziert und deren Verbrauch bis 2030 völlig beendet werden soll. Teilhalogenierte Fluorbromkohlenwasserstoffe (FBKW) werden zum 1. 1. 1996 verboten, und bei Methylbromid werden Produktion und Verbrauch auf dem Stand von 1991 eingefroren. Für die Entwicklungsländer gelten alle Bestimmungen mit einer jeweils zehnjährigen Fristverlängerung.

Der multilaterale Ozonfonds

Eine der wichtigsten Voraussetzungen dafür, daß die Entwicklungsländer das Wiener Abkommen akzeptierten, war die Einrichtung des multilateralen Ozonfonds. Erst nachdem dieser 1990 in London beschlossen worden war, traten wichtige Länder wie China (1991) und Indien (1992) dem Abkommen bei. Der Ozonfonds wurde mit den Kopenhagener Beschlüssen zur ständigen Einrichtung.

Für den Zeitraum 1994 bis 1996 verfügt der Ozonfonds über 510 Millionen US-$. Neuartig ist die Zusammensetzung des Exekutivausschusses, der über die Mittelvergabe entscheidet und bei der Umsetzung eng mit der Weltbank und den UN-Organisationen UNDP, UNEP und UNIDO zusammenarbeitet. In beharrlichen Verhandlungen haben die Entwicklungsländer die paritätische Besetzung des Ausschusses mit Vertretern der Industrie- und Entwicklungsländer durchgesetzt.

Die Weltbank, die etwa zwei Drittel aller Mittel für die Durchführung entsprechender Projekte erhalten hat, zeigt sich schwerfälliger und ineffizienter als erwartet. Bis Juli 1994 hatte sie nach Angaben der Umweltschutzorganisation Greenpeace lediglich mit einem erfolgreichen Projekt in der Türkei den Verbrauch ozonschädlicher Stoffe um 200 Tonnen gesenkt – oder mit anderen Worten ganze 0,01 % des bereits bewilligten Mittelumfangs eingesetzt. Ein weiterer Kritikpunkt ist die einseitige Orientierung auf problematische Ersatzstoffe in Anwendungsgebieten, in denen alternative, FCKW-freie Stoffe verfügbar sind (z. B. für Kühlschränke).

Perspektiven und Optionen

Ozonschicht

Der Schutz der Ozonschicht hat in den letzten Jahren politisch wesentliche Fortschritte gemacht und zeigt auch in der Praxis Ergebnisse [vgl. Schaubild 5]. Daß die Ozonschicht sich dennoch nur allmählich erholt, hängt mit der langen Verweildauer der ozonzerstörenden Substanzen in der Atmosphäre zusammen. In den westlichen Industriestaaten wird 1996, zehn Jahre nach Unterzeichnung des Montrealer Protokolls, keine der wesentlichen FCKW- und Halonverbindungen mehr produziert oder verbraucht werden. Schwierigkeiten gibt es sowohl bei der Reduzierung der Ersatzstoffe als auch bei Exporten und bei Maßnahmen in anderen Staaten.

Die Transformationsländer Mittel- und Osteuropas sehen sich auf absehbare Zeit außerstande, die übernommenen Verpflichtungen einzuhalten, das heißt, Produktion und Verbrauch ozonzerstörender Stoffe abzubauen. In Entwicklungsländern werden die Übergangsfristen soweit wie möglich ausgeschöpft. Der Informationsaustausch, der Aufbau institutioneller Kapazitäten in Entwicklungsländern und der Technologietransfer müssen deutlich verbessert werden. Der geschaffene Finanzmechanismus leistet bisher noch keinen wesentlichen Beitrag zur Umstellung von Produktion und Verbrauch der Ozonzerstörer; einige Industrieländer sind mit den Einzahlungen im Verzug. Der Mechanismus muß so gestaltet werden, daß der Verbrauch von Risikostoffen effektiver eingeschränkt werden kann. Vor allem müssen neue, FCKW-freie Ersatzstoffe und Produkte zum Einsatz kommen.

Klima

Noch sind die Ziele und Maßnahmen des Klimaschutzes in den Ländern der Welt höchst unterschiedlich, eine durchgreifende Klimapolitik gibt es bestenfalls in Ansätzen [vgl. Tabelle 6]. Das Eingeständnis der Vertragsparteien, daß die bisherigen Verpflichtungen der Konvention nicht angemessen sind, führte auf ihrer Berlin-Konferenz im April 1995 dazu, daß sie ein Mandat für die Ausarbeitung eines Protokolls erteilten. Das Protokoll soll bis 1997 vorliegen und bindende Verpflichtungen zur Reduzierung

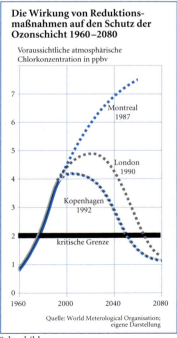

Schaubild 5

der Emissionen für die Zeit nach dem Jahr 2000 enthalten. Gemessen an den klimapolitischen Erfordernissen ist dies zu langsam. Angesichts der schleppenden Vorverhandlungen kann das Mandat dennoch als Erfolg gelten, da es inhaltlich ausreichend präzise ist und klare Zeitrahmen vorgibt.

Da der Treibhauseffekt stärker als andere internationale Umweltprobleme wirtschaftliche Interessen in den Industriegesellschaften berührt, werden mit der weiteren Konkretisierung der Verpflichtungen die Verhandlungen zunehmend konfliktreicher. Bis 1997 wird sich zeigen, ob die Industrieländer wirklich zu glaubwürdigen Vorleistungen bereit sind. Schon 1990 hatte die Enquete-Kommission »Vorsorge zum Schutz der Erdatmosphäre« des Deutschen Bundestages den Industrieländern empfohlen, die energiebedingten CO_2-Emissionen bis zum Jahr 2005 um 30%, bis 2020 um 50% und bis 2050 um 80% zu reduzieren. Faktisch

Klimapolitik in ausgewählten Industrieländern		
Land	Zielsetzung	Maßnahmen
USA	Reduktion aller nicht im MP[1] geregelten Treibhausgase auf das Niveau von 1990 bis zum Jahr 2000	Viele Maßnahmen zu Least-Cost Planning und Standards im Energiebereich auf der Ebene der Bundesstaaten
Japan	Stabilisierung des Pro-Kopf-CO_2-Ausstoßes bis zum Jahr 2000	Freiwillige Vereinbarungen
Deutschland	Reduktion der CO_2-Emissionen um mind. 25% bis zum Jahr 2005 auf Basis von 1987	CO_2-Minderungsprogramm mit mehr als 100 Maßnahmen, u. a. Wärmeschutzverordnung
Vereinigtes Königreich	Reduktion aller nicht im MP[1] geregelten Treibhausgase auf das Niveau von 1990 bis zum Jahr 2000	Maßnahmen zur Gebäudedämmung. Jährlich steigende Mineralölsteuer 1994 beschlossen, höhere MWSt auf fossile Brennstoffe in der Diskussion.
Frankreich	Stabilisierung der Pro-Kopf-CO_2-Emissionen auf < 7,3 t bis zum Jahr 2000	Maßnahmen im Gebäudebereich; Steuer auf fossile Energieträger seit 1993.
Niederlande	Stabilisierung der CO_2-Emissionen 1994–95, Verringerung um 3% bis zum Jahr 2000; Vorgaben für CH_4, N_2O, CO, VOC, NO_x	Nationaler Umweltpolitikplan mit Zielperspektive 2010. Freiwillige Vereinbarungen in vielen Sektoren. Abgabe auf fossile Energieträger.
Australien	Stabilisierung der nicht im MP[1] geregelten Treibhausgasemissionen bis zum Jahr 2000 und Reduktion um 20% bis zum Jahr 2005	Freiwillige Vereinbarungen
[1] MP = Montrealer Protokoll zum Schutz der Ozonschicht		
Quellen: Jäger/Loske 1994; eigene Ermittlungen		

Tabelle 6

muß die Nutzung fossiler Energieträger in der gleichen Größenordnung verringert werden.

Obwohl die Entwicklungsländer zu Recht auf die historischen Verursacher des Treibhauseffektes hinweisen und obwohl das Berliner Mandat ausdrücklich keinerlei neue Verpflichtungen für sie vorsieht, steht außer Frage, daß die Entwicklungsländer ihren Emissionsanstieg begrenzen müssen. Das gilt vor allem für die ökonomisch rasch wachsenden Staaten Asiens. Doch dazu sind die Entwicklungsländer bisher nicht bereit. Auch hier sind Vorleistungen der Industrieländer notwendig: Sie müssen durch die eigene Politik überzeugen *und* durch Technologietransfer, Finanzierung und Unterstützung beim Aufbau von Verwaltungsstrukturen konkrete Hilfestellung geben. Ein Stachel im Fleisch bleibt die Gruppe der AOSIS, der kleineren Inselstaaten, die innerhalb der G-77 den klimapolitischen Prozeß forcieren.

Anpassen oder Vermeiden?

Ökonomische Motive prägen die Politik zum Schutz der Erdatmosphäre. Die Mehrheit der Staaten, darunter die USA, Kanada und Australien, sieht in Investitionen zur Minderung von Treibhausgasemissionen vor allem eine Kostenbelastung. Darin werden sie von der Lobby der energieintensiven Industrien und der erdölexportierenden Staaten unterstützt. Nach ihrer konventionellen Logik ist die begrenzte Anpassung an Klimaveränderungen kostengünstiger als das Vermeiden des Treibhauseffektes. Diese Sicht verweist auf die begrenzten Möglichkeiten für erneuerbare Energieträger und höhere Energie-Effizienz; sie setzt folgerichtig auf den weltweiten Ausbau der Kernenergie und verstärkte Joint Implementation. Sogar weltraumgestützte Kraftwerke und die Manipulation des Kohlenstoffkreislaufs auf der Erde werden z. B. in Japan und den USA in Erwägung gezogen [vgl. Schaubild 6].

Politisch betrachtet führt diese Position zu unverantwortbaren Risiken. Die Balance zwischen Anpassen und Vermeiden, sozusagen die optimale Erwärmung, fällt für die Staaten jeweils höchst unterschiedlich aus. Einige Länder oder Regionen können sich nicht aus eigener Kraft anpassen. Andere hingegen versprechen sich Vorteile aus einer begrenzten Erwärmung, weil die landwirtschaftlichen Erträge gesteigert oder Anpassungstechnologien einschließlich gentechnisch veränderten Saatguts exportiert werden können. Es wird also Gewinner und Verlierer geben. Damit spitzen sich internationale Konflikte zu, militärische Eskalationen können nicht ausgeschlossen werden. Dieses Szenario, so tragisch seine Konsequenzen sein können, ist in Anbetracht der gegenwärtigen Konstellation als wahrscheinlich anzusehen.

Die andere Möglichkeit liegt in einer Ökonomie des Vermeidens und längerfristig in der Erarbeitung neuer Wohlstandsmodelle [vgl. Schaubild 7]. Sie setzt bei einem Wandel in den Industrieländern an. Nach dieser Sichtweise, die beispielsweise in Deutschland und Dänemark stark vertreten ist, überwiegen die Vorteile einer Reduktion von Treibhausgasen deren Nachteile. Klimapolitik rechnet sich aus vier Gründen:
▶ Erstens sind die Potentiale zur Energieeinsparung höher, als Skeptiker vermuten,
▶ zweitens wird Klimapolitik technologische und soziale Innovationseffekte auslösen,
▶ drittens lassen sich positive Sekundäreffekte erzielen, wenn etwa gleichzeitig säurebildende oder andere schädliche Stoffe reduziert werden, und

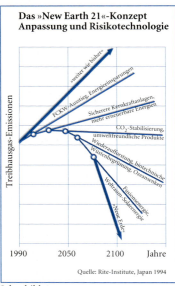

Schaubild 6

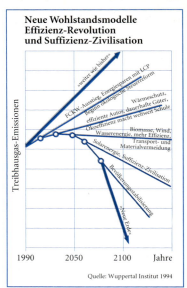

Schaubild 7

▶ viertens sind die durch den Treibhauseffekt hervorgerufenen Schäden unkalkulierbar hoch.

Kurz- und mittelfristige Handlungsoptionen liegen in einer Politik der rationellen Energienutzung [vgl. auch Kapitel *Energie*], der Vermeidung, Verlagerung und Optimierung von Verkehr sowie in der Ökologisierung der Landwirtschaft. Im Zentrum klimapolitischer Maßnahmen sollte eine ökologische Steuerreform stehen, die schrittweise die Preise für nicht erneuerbare Energieträger erhöht und andere Steuern und Abgaben sogar senken kann. Dies wäre auch wirtschaftspolitisch eine attraktive Option.

Das Zeitalter der billigen und folgenlosen Nutzung von Rohstoffen neigt sich dem Ende entgegen. Zukunftfähigkeit würde erreicht, wenn intelligentere Rohstoffnutzung und der Übergang zu erneuerbaren Rohstoffen Hand in Hand gingen mit einem Wertewandel bei den Menschen. Neue Wohlstandsmodelle sind mehr als veränderte Kriterien für technischen Fortschritt. Ohne soziale Innovationen, Eigeninitiative und behutsamere Lebensstile fehlt dem ersten Anstoß einer Effizienzrevolution die Schubkraft.

Literatur

Benedick, Richard 1991: Ozone Diplomacy. New Directions in Safeguarding the Planet, Mass./London.

Bleischwitz/Comes/Kaiser/v. Weizsäcker 1991: Internationale Klimapolitik. Eine Zwischenbilanz und ein Vorschlag über eine Klimarahmenkonvention, Arbeitspapiere der DGAP Nr. 65, Bonn.

Bleischwitz, Raimund/Martina Etzbach 1992: Der Treibhauseffekt im Spannungsfeld der Nord-Süd-Beziehungen, in: Zeitschrift für Evangelische Ethik 1/1992, S. 19–31.

Bundesministerium für Umwelt, Naturschutz und Reaktorsicherheit 1994: Umweltpolitik. Klimaschutz in Deutschland. Erster Bericht der Regierung der Bundesrepublik Deutschland nach dem Rahmenabkommen der Vereinten Nationen über Klimaänderungen, Bonn.

Enquete-Kommission »Schutz der Erdatmosphäre« des Deutschen Bundestages 1992: Klimaänderung gefährdet Entwicklung. Zukunft sichern – jetzt handeln, Bonn.

– 1994a: Schutz der Grünen Erde. Klimaschutz durch umweltgerechte Landwirtschaft und Erhalt der Wälder, Bonn.

– 1994b: Mobilität und Klima. Wege zu einer klimaverträglichen Verkehrspolitik, Bonn.

– 1995: Mehr Zukunft für die Erde. Nachhaltige Energiepolitik für dauerhaften Klimaschutz, Bonn.

Greenpeace/Steve Kretzmann 1994: Money to Burn. The World Bank, Chemical Companies and Ozone Depletion; o. O.

IPCC (Intergovernmental Panel on Climate Change) 1990: The IPCC Scientific Assessment, Genf.

– 1992: Supplementary Report, o. O.

– o. J. (1994): Radiative Forcing of Climatic Change. The 1994 Report of the Scientific Assessment Working Group of IPCC, o. O.

Gehring, Thomas 1994: Dynamic International Regimes. Institutions for International Environmental Governance, Frankfurt a. M. u. a.

Jäger, Jill/Reinhard Loske 1994: Handlungsmöglichkeiten zur Fortschreibung und Weiterentwicklung der Verpflichtungen innerhalb der Klimarahmenkonvention, Wuppertal Institut Papers Nr. 23/1994.

Oberthür, Sebastian/Hermann Ott 1995: Framework Convention on Climate Change: The First Conference of the Parties, zur Veröffentlichung in: Environment Policy and Law, Vol.25, Nr. 4, Juni 1995.

United Nations Framework Convention on Climate Change, Conference of the Parties, Conclusions of Outstanding Issues and Adoption of Decisions, FCCC/CP/1995/L. 14, 7. April 1995.

US Climate Network and Climate Network Europe (Hg.) 1995: Independent NGO Evaluations of National Plans for Climate Change Mitigation – OECD Countries. Third Review, o. O.

v. Weizsäcker, Ernst U. (Hg.) 1994: Umweltstandort Deutschland. Argumente gegen die ökologische Phantasielosigkeit, Basel.

World Resources Institute (WRI) 1994: World Resources 1994–95. Washington D. C.

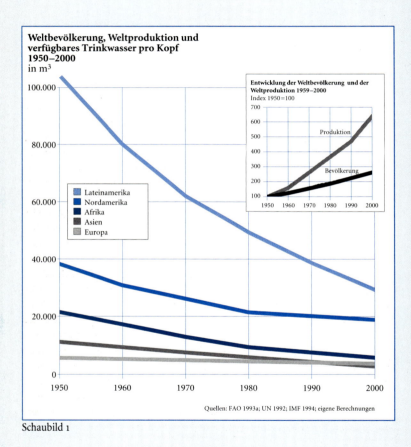

Schaubild 1

Boden, Wasser, Biosphäre

Boden, Wasser und Biosphäre sind Elemente des Naturhaushalts und zentrale Lebensgrundlagen der Menschheit. Weltweit sind sie in ihrer Existenz und Qualität bedroht. Bevölkerungswachstum und zunehmende Wirtschaftstätigkeit verstärken den Druck auf die Natur und schaffen damit ein wachsendes globales Konfliktpotential.

Die Böden der Welt zeigen immer deutlichere Symptome der Schädigung durch den Menschen: Erosion, Desertifikation, chemische und physikalische Schäden. Die Verknappung und Verschmutzung der Süßwasserreserven gefährden zunehmend Naturhaushalt und Trinkwasserversorgung; immer mehr Länder leiden akuten Wassermangel. Menschen verändern und zerstören Lebensräume, übernutzen einzelne Arten, verschmutzen die Umwelt und bedrohen damit die Biosphäre.

Die Übereinkommen der UN-Konferenz Umwelt und Entwicklung (UNCED) 1992 bilden einen international akzeptierten Handlungsrahmen für den Umwelt- und Ressourcenschutz. Die dort niedergelegten Prinzipien müssen in konkrete und einklagbare nationale Gesetze und internationale Verträge umgesetzt werden. In den Industrieländern müssen sich nachhaltige Produktions- und Konsummuster – wie geschlossene Stoffkreisläufe, mehr Rohstoff-Recycling, weniger Flächen- und Ressourcenverbrauch pro Produkteinheit – durchsetzen. Auch in den Entwicklungsländern müssen die Voraussetzungen nachhaltiger Entwicklung geschaffen werden. Dafür müssen die internationalen Finanz- und Wirtschaftsbeziehungen reformiert und die Entwicklungsländer durch einen Finanz- und Technologietransfer unterstützt werden, der die Priorität des Ressourcen- und Umweltschutzes höher ansetzt. Doch im eigenen wie im globalen Interesse müssen die Entwicklungsländer auch selbst Verantwortung für die Bewahrung ihrer natürlichen Lebensgrundlagen übernehmen.

Die Grundlagen allen Lebens

Als Elemente des Naturhaushalts hängen Boden, Wasser und Biosphäre in einem komplexen Wirkungsgeflecht voneinander ab [vgl. Schaubild 2]. Wird eines dieser Elemente geschädigt, so wirkt sich das auch auf die anderen aus. In dieses Beziehungsgefüge greift der Mensch erheblich und in zunehmendem Maße ein. Die Folge ist eine immer schneller fortschreitende Zerstörung der elementaren menschlichen Lebensgrundlagen:

▶ Weltweit sind bereits 15% der Böden durch menschliche Einwirkung deutlich geschädigt.
▶ 1992 waren 26 Länder von akuter Wasserknappheit betroffen, im Jahre 2010 werden es schon 34 Länder sein.
▶ In den nächsten 25 Jahren ist mit dem Aussterben von rund 1,5 Millionen Tier- und Pflanzenarten zu rechnen.

Der Boden

Böden sind komplexe physikalische, chemische und biologische Systeme. Sie entstehen aus der Wechselbeziehung zwischen Ausgangsgestein, Wasser, Luft und belebter Umwelt in Abhängigkeit von Zeit und Klima. Die Entwicklung eines ausgereiften Bodens aus nacktem Gestein dauert in gemäßigtem Klima etwa 10.000 Jahre.

Nutzung der Böden

Von den 130 Millionen km² eisfreier Landfläche der Erde werden derzeit 11% (14,8 Millionen km²) als Ackerland bewirtschaftet [vgl. Tabelle 1]. Die Gesamtfläche der potentiell für Ackerbau geeigneten Böden wird von der FAO mit 32 Millionen km², also kaum mehr als dem Doppelten der heute bearbeiteten Fläche, angegeben. Es werden ständig neue Böden in Kultur genommen. Gleichzeitig geht jedoch Ackerland durch Schädigung verloren, so daß die kultivierte Fläche der Erde seit mehr als drei Jahrzehnten annähernd gleich geblieben ist.

Gegenwärtig werden in den Industrieländern ca. 70% und in den Entwick-

Regionale Verteilung des bewirtschafteten Ackerlandes 1990		
Region	Mio. km²	ha pro Kopf
Welt	**14,78**	**0,28**
Afrika	1,87	0,29
Nordamerika	2,74	0,64
Südamerika	1,42	0,48
Asien	4,54	0,15
Europa	1,40	0,27
GUS	2,31	0,80
Ozeanien	0,51	1,90
Quellen: WBGU 1993; nach Daten aus UNEP 1991		

Tabelle 1

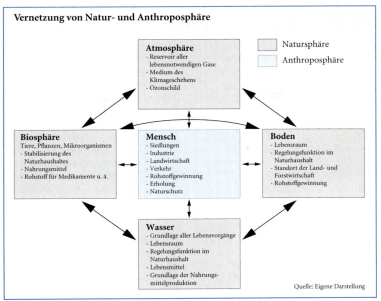

Schaubild 2

lungsländern ca. 35% des potentiell kultivierbaren Landes als Ackerland genutzt. In einigen Weltregionen, so in Nordafrika und Teilen Asiens (z. B. China), sind die Reserven an Ackerland bereits völlig ausgeschöpft [vgl. *Boden und Ernährung*]. Dort, wo es noch Reserven gibt, z. B. in Lateinamerika, ist die landwirtschaftliche Nutzung unter den gegebenen Landbesitzverhältnissen oft nur zu Lasten anderer – meist sensibler – Ökosysteme möglich.

Die Bedeutung des Bodens

Böden sind Lebensraum und Lebensgrundlage für eine Vielzahl von Pflanzen, Tieren und Mikroorganismen. Sie übernehmen durch Transport, Umwandlung und Anreicherung von Stoffen wichtige Regelungsfunktionen im Naturhaushalt. Böden speichern Wasser und regulieren so den Wasserhaushalt. Sie stellen Nährstoffe bereit, bauen Schadstoffe ab und töten Krankheitserreger. Böden sind »Senken« für Luftschadstoffe (d. h. sie binden diese), aber auch selbst Quelle von Treibhausgasen [vgl. Kapitel *Atmosphäre und Klima*].

Durch ihre Fähigkeit, Pflanzen mit Wasser und Nährstoffen zu versorgen, sind Böden als Standort der land- und forstwirtschaftlichen Produktion von zentraler Bedeutung. Darüber hinaus dienen Böden dem Menschen zur Rohstoffgewinnung sowie als Fläche für Siedlungs-, Industrie-, Verkehrs-, Entsorgungs- und Erholungszwecke.

Boden und Ernährung

Der Mindestbedarf an landwirtschaftlicher Nutzfläche pro Kopf variiert regional je nach Produktionsbedingungen, nach dem Ernährungs- und Konsumverhalten und dem Kalorienbedarf. In den Industrieländern des Nordens übersteigt die Nahrungsmittelproduktion derzeit den Bedarf um das 1,5fache. Nahrungsmittel werden an Vieh verfüttert oder vernichtet. In Entwicklungsländern verringern Verluste bei Ernte und Lagerung die verfügbaren Nahrungsmittel. Der Flächenbedarf hängt ferner von der Bodenproduktivität ab. Degradation beeinträchtigt die Bodenfruchtbarkeit und damit das Produktionspotential des Bodens.

Der Studie *Action Plan Sustainable Netherlands* zufolge kann mit einer landwirtschaftlichen Nutzfläche von 0,183 ha pro Kopf bei nachhaltiger Produktionsweise weltweit eine vegetarische Grundernährung sichergestellt werden. Im Jahre 2010 werden bei einer Weltbevölkerung von rund 7 Milliarden Menschen durchschnittlich 0,25 ha Ackerland pro Kopf zur Verfügung stehen. Anbauflächen, die für die Grundversorgung nicht benötigt werden, können für die Versorgung mit Luxusgütern wie Kaffee, Tabak und Kakao genutzt werden. Das vorhandene Weideland reicht aus, die Weltbevölkerung mit einem Minimum an Fleisch und Milchprodukten zu versorgen. In den Industrieländern muß, wird eine weltweit nachhaltige Agrarproduktion angestrebt, der heutige Konsum an Luxusgütern und Fleisch daher eingeschränkt werden.

Ein regionaler Vergleich zeigt die ungleiche Verteilung der verfügbaren Nutzflächen. Die meisten Weltregionen haben für die Grundversorgung der Bevölkerung ausreichende Flächen und verfügen zum Teil noch über große Reserven (GUS). Der asiatische Raum und besonders China sind hingegen unterversorgt. Diese Region hat mit nur 0,16 ha (Asien ohne China) bzw. 0,08 ha (China) verfügbarer Nutzfläche pro Kopf bei einem Bedarf von 0,20 bzw. 0,16 ha im Jahre 2010 ein deutliches Defizit im Grundversorgungspotential mit Nahrungsmitteln aus eigener Produktion.

Quellen: Buitenkamp M., H. Venner, T. Wams (Hg.) 1993: Action Plan Sustainable Netherlands; WBGU 1994

Bodendegradation

Unter Bodendegradation versteht man dauerhafte oder in menschlichen Zeiträumen unumkehrbare Veränderungen der Struktur und Funktion von Böden. Böden sind offene Systeme. Sie tauschen mit ihrer Umwelt Energie, Stoffe und genetische Informationen aus und sind daher auch anfällig für externe Belastungen. Natürliche Veränderungen von Böden gehen meist langsam vor sich, so daß Organismen sich anpassen können. Anthropogene Bodenschäden verlaufen dagegen oft so schnell, daß eine Anpassung nicht stattfinden kann. Damit geht biologische Vielfalt verloren. Geringere Wasserspeicherfähigkeit durch Verdichtung oder Erosion des Bodens führt vermehrt zu Überschwemmungen. Es kann zu unkontrollierter Freisetzung oder Anreicherung von Nähr- und Giftstoffen im Boden kommen. Nimmt durch Schädigung die Fruchtbarkeit ab, so sinkt die Produktivität des Bodens, und die Kosten seiner Bewirtschaftung steigen. Im Extremfall ist er für landwirtschaftliche Nutzung dann nicht mehr tauglich. Bodendegradation verschärft in Entwicklungsländern Hungersnöte, verschlechtert die Lebensverhältnisse und löst Migrationsbewegungen aus.

Degradationsformen

Das Umweltprogramm der Vereinten Nationen (UNEP) und das Internationale Bodenreferenz- und Informationszentrum (ISRIC) erstellten 1990 eine Weltkarte der von Menschen verursachten Bodendegradation. Danach weisen 20 Millionen km², also 15% der Gesamtlandfläche, deutliche von Menschen verursachte Schäden auf [vgl. Tabelle 2].

Unter den Degradationsformen dominiert **Erosion** durch Wasser mit 56%, gefolgt von der Winderosion mit 28%. Der Bodenabtrag durch Wind und Wasser, grundsätzlich ein natürlicher Prozeß, übersteigt inzwischen vielerorts infolge menschlicher Einflußnahme die Neubildungsrate an Boden. Viele Entwicklungsländer, so China, Indien, Äthiopien, Burkina Faso, Burundi, Ruanda, Brasilien, El Salvador und Panama, haben massive Erosionsprobleme. In Nordamerika ist der Anteil degradierter Böden zwar insgesamt gering, aber im Westen der USA sind weite Flächen erosionsgeschädigt.

Chemische und physikalische Degradation spielen im globalen Mittel eine untergeordnete Rolle, können jedoch örtlich zum zentralen Problem werden [vgl. *Bodenschäden durch Militär und Krieg*]. Die physikalische Degradation von Böden ist in Europa mit einem Anteil von 17% am höchsten. Das liegt vor allem an der Siedlungsdichte, die mit Bodenverdichtung, -versiegelung und -überbauung verbunden ist.

Degradationsursachen

Hauptursachen der globalen Bodendegradation sind etwa zu gleichen Teilen – bei deutlichen regionalen Unterschieden – Rodung, Überweidung und Ackerbau [vgl. Tabelle 3].

▶ **Überweidung** hat einen großen Teil des Weidelandes bereits extrem geschädigt. Besonders in den Trockenregionen Afrikas führt zu dichter Viehbesatz dazu, daß die Vegetation vernichtet und der Boden verdichtet wird.

▶ Werden **Wälder gerodet**, so sind die Böden vor allem in tropischen und sub-

Formen der Bodendegradation							
Region	Gesamt-landfläche	davon degradiert		Anteil der einzelnen Degradationsformen an der degradierten Gesamtfläche			
	Mio. km²	Mio. km²	%	Wasser-erosion %	Wind-erosion %	chem. Degradation %	physik. Degradation %
Welt	130,13	19,64	15	56	28	12	4
Europa	9,50	2,19	23	52	19	12	17
Nordamerika	18,85	0,95	5	63	36	<1	1
Mittel- und Südamerika	21,91	3,06	14	55	15	25	4
Afrika	29,66	4,94	17	46	38	12	4
Asien	42,56	7,48	18	58	30	10	2
Ozeanien	8,82	1,03	12	81	16	1	2
Quellen: Oldeman et al. 1991; WBGU 1993							

Tabelle 2

Bodenschäden durch Militär und Krieg

Der weltweite militärische Bodenverbrauch hat sich nach Schätzungen seit dem Zweiten Weltkrieg auf 1,5 Millionen km² verzwanzigfacht. Diese Beanspruchung bedeutet häufig Zerstörung der physikalischen Bodenstruktur, Vergiftung des Bodens und Abfallakkumulation. **Manöver** schädigen Flora und Fauna und führen zu Bodenerosion und -verdichtung; zugleich werden die Böden mit Blei, Sprengstoffen, Treibstoffen und hochgiftigen Chemikalien kontaminiert.

An **Rüstungsstandorten**, insbesondere der ABC-Waffenproduktion, gefährden Giftstoffe aus Produktion, Erprobung und Lagerung Böden und Grundwasser. Für menschliche Zeiträume irreversibel geschädigt sind die Böden in Zielgebieten der Atomwaffentests; bis 1980 wurden über 460 Kernexplosionen ausgelöst.

Kriegerische Auseinandersetzungen selbst sind oft mit ökologisch bedeutsamen Schäden verbunden. Dabei wird die Bodenzerstörung teilweise sogar gezielt als Waffe eingesetzt. In den Indochinakriegen (1960–1975) kam es beispielsweise zum Einsatz chemischer und mechanischer Mittel zur Waldzerstörung und zur weitflächigen Vernichtung der Ernten mit *Agent Orange*.

Auch **indirekte Kriegsfolgen** können Böden dauerhaft zerstören. So bedeuten Flüchtlingsströme in vielen Regionen (wie Sudan, Äthiopien, Somalia, Ruanda) die drastische Übernutzung landwirtschaftlicher Produktionsflächen.

Quelle: WBGU 1994

Ursachen der Bodendegradation

Region	Anteil der Degradationsursachen an der Gesamtdegradation				
	Rodung %	Übernutzung %	Überweidung %	Ackerbau %	Industrie %
Welt	30	7	34	28	1
Europa	38	<1	23	29	9
Nordamerika	4	–	31	66	<1
Mittel- und Südamerika	37	8	25	30	<1
Afrika	14	13	49	24	<1
Asien	40	6	26	27	<1
Ozeanien	12	–	80	8	<1

Quellen: Oldeman et al. 1991; WBGU 1994

Tabelle 3

tropischen Regionen erosionsgefährdet. Besonders in Asien und Südamerika ist die Zerstörung der Wälder, sei es zur Holzgewinnung oder zur Inkulturnahme neuer Ackerflächen, eine Hauptursache der Erosion.

▶ **Intensivierung des Ackerbaus** hat in vielen Industrieländern zur Schädigung des Bodens geführt und schädigt ihn weiter. Schadensursachen sind u. a. Nährstoffentzug, Bodenverdichtung durch den Einsatz immer schwererer Maschinen, ungeeignete Bewässerung [vgl. *Künstliche Bewässerung*] und übermäßiger Pestizid- und Düngereinsatz.

Aber auch in Entwicklungsländern führen Übernutzung oder unangepaßte Anbaumethoden zur Bodendegradation. Es werden neue Anbauflächen in klimatisch labilen Zonen, in steilen Hanglagen oder auf Kosten tropischer Wälder gewonnen, ungeeignete Bewässerungsmethoden angewendet, Brachezeiten verkürzt oder unzureichender Fruchtwechsel praktiziert. Monokulturen für den Export (»Cash-Crops«) erfordern immer mehr Pflanzenschutzmittel, deren übermäßiger Einsatz ökologisch bedenklich und mit Gesundheitsrisiken verbunden ist. Oft setzen Armut, Bevölkerungsdruck, Großgrundbesitz bzw. Landlosigkeit, staatliche Bevorzugung der städtischen Konsumenten vor den ländlichen Produzenten und der Zwang zum Export von Rohstoffen dieses umweltzerstörerische Verhalten in Gang.

▶ Die **Vergiftung** des Bodens durch Eintrag organischer und anorganischer Schadstoffe tritt verstärkt in Industrieländern und in urbanen Ballungsräumen und Industrieansiedlungen der Entwicklungsländer auf [vgl. *Boden und Urbanisierung*]. Schwermetalle, schwer abbaubare organische Verbindungen, saure Niederschäge, aber auch radioaktive Verbindungen belasten die Böden.

Desertifikation

Das UNEP definiert Desertifikation als Landdegradation in trockenen und halbtrockenen Zonen hauptsächlich infolge

---

Boden und Urbanisierung

Intensive Flächennutzung in Siedlungsräumen bedeutet hohe Belastung der Böden. Während in Entwicklungsländern vor allem die ungeregelte Siedlungsentwicklung zu Schäden führt, sind es in Industrie- und Schwellenländern Zersiedlung und ständige Ausweitung der Infrastruktur. Bis Ende des Jahrhunderts werden sich die städtischen Siedlungsflächen in Entwicklungsländern von 8 (1980) auf 17 Millionen ha mehr als verdoppeln – oft auf Kosten erstklassiger Ackerböden. Ein Drittel der Stadtbevölkerung, das sind weltweit 450 Millionen Menschen, lebt in Slums ohne adäquate Ver- und Entsorgungseinrichtungen. São Paulo, Mumbai, Buenos Aires, Jakarta, Kairo, Kalkutta, Manila, Mexiko-Stadt, Schanghai und Teheran – die Städte mit den voraussichtlich höchsten Bevölkerungszahlen im Jahr 2000 [vgl. Kapitel *Bevölkerung*] – sind von den damit verbundenen Belastungen besonders betroffen: Böden werden verdichtet, verlagert, versiegelt und zerstört. Luftschadstoffe, Haushaltsabwässer und zahlreiche offene Abfalldeponien vergiften die Böden.

In Städten wie London, Paris, Tokio, New York, Hongkong, Los Angeles oder dem Ballungsraum Ruhrgebiet stellt sich hingegen das Problem der Zersiedlung und Ausweitung der Infrastruktur. Ursache hierfür ist die deutlich zunehmende Wohnfläche pro Kopf. Gleichzeitig hat der Flächenbedarf für Versorgungs-, Bildungs- und Verkehrseinrichtungen zugenommen. Gewerbegebiete auf der »grünen Wiese« und ihre flächenintensive Verkehrsanbindung haben einen weitaus höheren Flächenverbrauch als an zentralen Standorten, wo hohe Bodenpreise zu flächensparender Planung zwingen. Neben Verdichtungs- und Versiegelungserscheinungen und dem Verlust der biologischen Vielfalt sind hier Schadstoffbelastungen durch erhöhtes Verkehrsaufkommen Hauptformen der Bodenbelastung.

Quellen: UNEP 1992a; WBGU 1994

menschlicher Eingriffe. 47% (6.150 Millionen ha) der Landflächen der Erde sind Trockengebiete. Bei Dürren infolge stark schwankender Niederschläge kann Desertifikation natürlich bedingt sein. Zunehmend verursacht aber der Mensch durch Überweidung, Entwaldung und unangepaßte Landwirtschaft die Degradation von Steppen und Savannen zu wüstenähnlichen Landschaften.

Direkte Folgen sind Verlust der Pflanzendecke, Abwanderung der Fauna, Veränderung des Wasserhaushalts und Bodenverlust durch Erosion. Es gehen landwirtschaftliche Nutzflächen und damit Potentiale der Nahrungsmittelversorgung verloren. Insgesamt sind 70% aller landwirtschaftlich genutzten Trockengebiete unterschiedlich starken Desertifikationsprozessen ausgesetzt.

Zu den 99 hiervon betroffenen Ländern gehören nur 18 industrialisierte bzw. erdölexportierende Staaten, die übrigen 81 sind Entwicklungsländer. Viele unter ihnen gehören zur Gruppe der ärmsten Länder. Zu den besonders betroffenen Regionen gehören neben dem Sahel das südliche Afrika, Westarabien, Teile Südostasiens, Teile Mexikos, Ostbrasilien sowie Gebiete im Südwesten der USA, in Australien und im Mittelmeerraum. Allein im **Sahel** gehen seit der großen Dürre 1972/73 jedes Jahr etwa 1,5 Millionen ha landwirtschaftlicher Nutzfläche verloren. Ursachen hierfür sind neben naturräumlichen auch sozioökonomische Veränderungen. Bevölkerungswachstum, Einschränkung der Mobilität der Nomaden, unklare Landnutzungsrechte, Verdrängung von Subsistenzbauern auf marginale Böden sowie großräumiger Anbau von »Cash-Crops« führen zur Abkehr von traditionellen, ökologisch angepaßten Landnutzungsformen. Inzwischen sind 90% des Weidelandes und 80% des unbewässerten Ackerlandes im Sahel zumindest von schwacher Desertifikation betroffen.

Strategien zum Schutz des Bodens

Grundlegendes Ziel des Bodenschutzes muß eine standortgerechte, nachhaltige und umweltschonende Bodennutzung sein [vgl. dazu WBGU 1994]:
▶ Böden sind als **Wirtschaftsgut** zu behandeln. Durch verminderte Nutzungs- und Leistungsfähigkeit entstehende Kosten müssen volkswirtschaftlich ebenso berücksichtigt werden wie Kosten von Ausgleichs- und Sanierungsmaßnahmen.
▶ Die landwirtschaftliche Produktion muß der **Belastbarkeit** der Böden angepaßt sein. Das Auseinanderklaffen von kurz- und langfristigen Nutzungsinteressen muß aufgehoben werden. Die »Grüne Revolution«, die enorme kurzfristige Ertragssteigerungen mit langfristig sinkender Bodenfruchtbarkeit erkauft hat, zeigt die Folgen nur kurzfristig ausgerichteten Handelns.
▶ In den Entwicklungsländern müssen auf nationaler Ebene Voraussetzungen für **nachhaltige Landwirtschaft** geschaffen werden – z. B. durch Förderung ländlicher Gebiete, Schaffung klarer Grundbesitzrechte, Unterstützung traditioneller Anbaumethoden, integrierte Schädlingsbekämpfung und bessere Agrarpreise.
▶ **Technologietransfer** und **finanzielle Unterstützung** der Industrieländer müssen die Bemühungen der Entwicklungsländer begleiten.
▶ Eine institutionelle Stärkung von **FAO** und **UNEP** im Bereich des Bodenschutzes ist notwendig. Vor allem der Aufbau eines weltweiten Monitoring- und Informationssystems ist eine Aufgabe dieser Institutionen.

Internationale Lösungsansätze

Trotz der essentiellen Bedeutung der Böden und des mittlerweile bekannten Ausmaßes ihrer Schädigung wird dem Problem bis heute – mit Ausnahme der Desertifikationsbekämpfung [vgl. *Wüsten-Konvention*] – weltweit nicht die erforderliche Priorität eingeräumt. Auch bei der Rio-Konferenz 1992 hat die Bodenproblematik eine untergeordnete Rolle gespielt.

Besonders in Entwicklungsländern, wo fortschreitende Bodendegradation viele Menschen in ihrer Existenz bedroht, sind die Probleme aufgrund wirtschaftlicher und sozialer Gegebenheiten kaum ohne internationale Unterstützung zu lösen. Deshalb muß dafür gesorgt werden, daß die nach wie vor aktuellen Prinzipien der Weltbodencharta der FAO von 1981, die sich für nachhaltige Bodennutzung einsetzt, weltweite Anerkennung und Anwendung finden. Eine völkerrechtlich verbindliche Bodenkonvention und deren nationale Umsetzung könnten hierzu einen wichtigen Beitrag leisten.

Internationale Lösungsansätze	
1977	UNEP: Aktionsplan zur Bekämpfung der Desertifikation, Nairobi
1981	FAO: Weltbodencharta
1992	UN-Konferenz Umwelt und Entwicklung in Rio: Kapitel 12 der Agenda 21 UN-Resolution 47/188: Entwicklung einer internationalen Konvention zur Bekämpfung der Desertifikation
1994	Konvention zur Bekämpfung der Desertifikation

Wüsten-Konvention

Die UN-Konferenz zur Desertifikation 1977 und der dort verabschiedete Aktionsplan waren die ersten internationalen Bemühungen, das Problem der Desertifikation zu lösen. Im Rahmen der Rio-Konferenz 1992 wurde beschlossen, eine internationale »Konvention zur Desertifikationsbekämpfung« zu erarbeiten. Die Konvention läßt jedoch eine Reihe von Grundsatzfragen nach wie vor offen:
Die Industrieländer sehen Desertifikation als regionales Problem mit regionalen Ursachen. Sie verneinen einen Zusammenhang zwischen globalen Klimaveränderungen und Desertifikation und lehnen jede Verantwortung ab. Für die Entwicklungsländer hingegen ist Desertifikation ein weltweites Problem mit globalen Ursachen. Entsprechend kontrovers wird die Maßnahmenfinanzierung diskutiert. Die Industrieländer lehnen eine substantielle Aufstockung der finanziellen Unterstützung ab. Mit der Ratifizierung der Konvention wird nicht vor 1996 gerechnet.

Wasser

Die Wasservorräte der Erde

Wasser bedeckt 71% der Erdoberfläche. Es befindet sich zu 97% als Salzwasser in den Weltmeeren. Von den verbleibenden 3% Süßwasser sind weniger als 0,4% in Flüssen, Seen und Sümpfen direkt zugänglich [vgl. Schaubild 3]. Der Wasserkreislauf zwischen Ozeanen, Atmosphäre und Boden sorgt für die ständige Erneuerung der Süßwasservorräte. Dadurch stehen jährlich im globalen Mittel 40.000 km^3 oder 7.420 m^3 pro Kopf an erneuerbaren Wasservorräten zur Verfügung. Große Teile der Niederschläge, die der Wiederauffüllung der Vorräte dienen, fallen über Ozeanen und kaum besiedelten Gebieten oder fließen nach Überschwemmungen ungenutzt in die Meere. Daher stehen der Menschheit jährlich nur etwa 9.000 km^3 Wasser (1.800 m^3 pro Kopf) direkt und zuverlässig zur Verfügung. Derzeit wird weltweit rund ein Drittel dieser Menge (644 m^3 pro Kopf) jährlich verbraucht. Doch die nutzbaren Wasserreserven sind geographisch und saisonal höchst unterschiedlich verteilt, so daß in vielen Regionen der Welt Wasser schon von Natur aus knapp ist.

So beträgt in **Asien** der Wasservorrat pro Kopf weniger als die Hälfte des Weltdurchschnitts. In **Afrika** sind die Niederschläge bei großen saisonalen Schwankungen höchst ungleich verteilt. Ägypten, das wasserärmste Land der Welt, verfügt pro Kopf nur über 50 m^3 jährlich erneuerbarer inländischer Quellen. Im Gegensatz dazu stehen etwa in Gabun jährlich über 130.000 m^3 Wasser zur Verfügung. Die im Vergleich zum Weltdurchschnitt geringen Wasservorräte **Europas** werden bei relativ stabilem Klima mit regelmäßigen Niederschlägen bisher vergleichsweise zuverlässig erneuert [vgl. Tabelle 4].

Innerhalb größerer Staaten können erhebliche regionale Unterschiede auftreten. Trotz der überreichlichen Wasservorräte auf dem amerikanischen Kontinent leiden beispielsweise Kalifornien und der Nordosten Brasiliens Wassermangel.

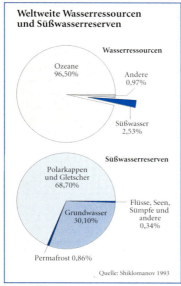

Schaubild 3

Die Bedeutung der Süßwasservorräte

Alle Lebensvorgänge auf der Erde sind an das Vorhandensein von Wasser gebunden. Wasserkreislauf und Energietransport im Wasserdampf haben maßgeblichen Einfluß auf das globale Klimageschehen. Darüber hinaus ist Wasser an der Boden-

Wasservorrat[1] und Wasserverbrauch		
Region	Wasser-vorrat m³ pro Kopf/Jahr	Wasser-verbrauch m³ pro Kopf/Jahr
Welt	7.420	644
Europa	4.530	713
Niederlande	660	994
Norwegen	94.450	491
ehem. Sowjetunion	15.510	1.280
Russ. Föderation	27.130	787
Turkmenistan	290	6.216
Nord- u. Mittel-amerika	17.310	1.861
Kanada	106.000	1.688
Haiti	1.630	70
USA	9.710	1.868
Südamerika	34.080	478
Brasilien	33.680	245
Peru	1.780	301
Afrika	6.140	245
Burkina Faso	2.940	18
Ägypten	50	1.028
Gabun	132.580	57
Libyen	140	692
Asien	3.240	519
China	2.360	462
Indien	2.100	612
Saudi-Arabien	140	497
Ozeanien	73.050	905

[1] je Land jährlich erneuerbar

Quelle: WRI 1994

Tabelle 4

bildung beteiligt und formt Landschaften. Neben seinen wichtigen Funktionen im Naturhaushalt dient Wasser in vielfältiger Weise menschlichen Konsum- und Produktionszwecken. Süßwasser ist das wichtigste Lebensmittel und gleichzeitig Grundlage der Erzeugung sämtlicher Nahrungsmittel.

Menschliche Aktivitäten üben zunehmenden Druck auf die Wasservorräte aus. Weltweit ist die Verknappung und Verschmutzung der Ressource Wasser zu beobachten. Das hat erhebliche Folgen für Mensch und Natur.

Folgen der Verknappung und Verschmutzung

▶ Eingriffe in den Wasserhaushalt haben Folgen für den gesamten **Naturhaushalt**. Sie können dazu beitragen, das lokale und regionale Klima zu verändern, den Boden durch Auswaschung und Versalzung zu schädigen, den Grundwasserspiegel abzusenken und das Artenspektrum von Pflanzen und Tieren zu verschieben. Auch Häufigkeit und Heftigkeit außergewöhnlicher Wetterereignisse wie Überschwemmung und Dürre hängen mit Veränderungen des Wasserhaushalts zusammen. Die Folgen der Eingriffe beeinträchtigen so die menschlichen Lebensumstände und lösen Migration aus [vgl. Kapitel *Migration*].

▶ Mangelhafte Versorgung mit hygienisch einwandfreiem Trinkwasser führt zu **Gesundheitsschäden** bis hin zum Tod. Etwa 1,2 Milliarden Menschen, ein Viertel der Weltbevölkerung, haben keinen Zugang zu solchem Wasser. Die Verwendung verschmutzten Wassers zum Trinken und Waschen ist eine der Hauptursachen für Infektionskrankheiten wie Cholera, Typhus, Diarrhöe und Hepatitis, an denen jährlich Millionen von Menschen sterben und mehr als eine Milliarde erkranken. Die Weltgesundheitsorganisation (WHO) schätzt, daß rund 80 % der Krankheitsfälle in Entwicklungsländern in direktem Zusammenhang mit unzureichender Wasserversorgung stehen. Von Seuchen, hoher Säuglingssterblichkeit und niedriger Lebenserwartung infolge mangelnder Hygiene und unreinen Wassers sind insbesondere Kinder und Slumbewohner in den Megastädten der Entwicklungsländer betroffen. Jährlich sterben etwa 4 Millionen Kinder an den Folgen von Durchfallkrankheiten. In den Industrieländern gefährdet vor allem Grundwasserverschmutzung, z. B. durch Nitrate und Pflanzenschutzmittel, die Gesundheit der Menschen.

▶ Wassermangel und -verschmutzung mindern die Leistungsfähigkeit von **Landwirtschaft und Industrie** und beeinträchtigen somit Nahrungsmittelproduktion und wirtschaftliche Entwicklung. So rechnet die Weltbank, daß die Cholera-Epidemie in Peru nicht nur den Tod von 1.000 Menschen, sondern auch volkswirtschaftliche Verluste in Höhe von 1.000 Millionen US-$ verursacht hat.

▶ Die **kulturelle** Bedeutung des Wassers, in traditionalen Gesellschaften durch wasserbezogene Normen und Rituale lebendig, geht weltweit immer mehr verloren.

Wasser und Konflikte

Einen großen Teil der Weltwasservorräte müssen sich mehrere Staaten teilen. Mindestens 214 Flüsse sind internationale Gewässer mit zwei (155 Flüsse), drei (36 Flüsse) und vier bis zwölf (23 Flüsse) Anliegerstaaten. 60 % der Menschheit wohnen in grenzüberschreitenden Flußeinzugsgebieten.

Es gibt mehr als 2.000 zwischenstaatliche Verträge über die Nutzung gemeinschaftlicher Wassereinzugsgebiete. Oft sind sie jedoch unzureichend. Für viele Gebiete existieren noch keine Vereinbarungen. Verknappung, Verschmutzung, ungleicher Zugang zu und verschärfter Wettbewerb um Wasserressourcen können schwere Konflikte bis hin zum Krieg auslösen. Gebiete mit besonders großem Konfliktpotential aufgrund gemeinsamer Wasserressourcen sind [vgl. Schaubild 4]:

▶ Das **Nilbecken** mit Konflikten zwischen Ägypten und den Oberanliegern Sudan und Äthiopien.

▶ Das **Jordanbecken**: Im palästinensisch/arabisch-israelischen Konflikt sind Wasserressourcen und nationale Sicherheit eng verknüpft und zentraler Gegenstand der Friedensgespräche und -abkommen.

▶ Das **Euphrat-Tigris-Becken**: Türkische Staudammprojekte am Euphrat führen zu Konflikten mit Syrien und dem Irak.

Die von der Europäischen Wirtschaftskommission 1992 verabschiedete Konvention zum Schutz und zur Nutzung von grenzüberschreitenden Wasserläufen und internationalen Seen ist ein Beispiel für die friedliche Lösung potentieller Konflikte.

Quellen: UNEP 1992a; WBGU 1993; WRI 1994

Konfliktregion Nah- und Mittelost

Eigene Darstellung

Schaubild 4

▶ Wassermangel kann lokale Streitigkeiten bis hin zu großräumigen internationalen **Konflikten** auslösen und so den Frieden gefährden [vgl. *Wasser und Konflikte*]. Dies betrifft im besonderen Maße den Nahen und Mittleren Osten.

Wasserverbrauch in den Weltregionen

Der weltweite Wasserverbrauch hat sich zwischen 1940 und 1990 vervierfacht [vgl. Schaubild 5]. Er ist damit überproportional zur Bevölkerung gestiegen, die sich im gleichen Zeitraum verdoppelt hat. Bis zum Jahr 2000 werden jährliche Steigerungsraten von 2–3% erwartet. Während sich der Verbrauch in den meisten europäischen Ländern und den USA seit Anfang der 80er Jahre auf einem vergleichsweise hohen Niveau stabilisiert hat, wird mit hohen Steigerungsraten in Entwicklungsländern, vor allem in den Zonen raschen Bevölkerungswachstums und wachsender Wirtschaftstätigkeit, gerechnet.

Neben der grundsätzlichen Verfügbarkeit von Wasser bestimmen vor allem Bevölkerungszahl, Klima und sozioökonomischer Entwicklungsstand eines Landes den Wasserverbrauch. Im Vergleich zu armen Ländern wird in Ländern mit hohem Einkommen durchschnittlich pro Kopf die dreifache Wassermenge verbraucht [vgl. Tabelle 5].

Auch in den einzelnen Weltregionen weist der Wasserverbrauch erhebliche Unterschiede auf [vgl. Tabelle 4]. So beträgt die Wasserentnahme in Nordamerika das 7,6fache derjenigen Afrikas. Noch deutlicher variiert der Wasserkonsum im Ländervergleich: Ein US-Amerikaner verbraucht mehr als das 100fache eines Einwohners von Burkina Faso.

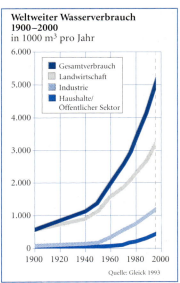

Schaubild 5

Liegt der Pro-Kopf-Verbrauch langfristig über der internen Erneuerungsrate der Wasservorräte, so müssen die Ressourcen eines Landes ergänzt werden. Dies geschieht durch Zuflüsse aus Nachbarländern wie in Ägypten, Turkmenistan und den Niederlanden, durch Meerwasserentsalzung wie in Saudi-Arabien oder durch die Nutzung nicht erneuerbarer Grundwasservorräte wie in Libyen [vgl. Tabelle 4].

Liegt die Wasserverfügbarkeit pro Kopf und Jahr unter 1.000 m³ (2.740 Liter), so herrscht chronische Wasserknappheit. Sie beeinträchtigt erheblich die wirtschaftliche Entwicklung, aber auch Gesundheit und menschliches Wohlbefinden. 1992 waren 26 Länder, zumeist im Nahen Osten, in Nord- und Subsahara-Afrika, von chronischer Wasserknappheit bedroht. 2010 werden es bereits 34 Länder sein.

Wasserverbrauch nach Einkommensgruppen und Sektoren

Einkommens-gruppe	Verbrauch m³ pro Kopf	Jährliche Inanspruchnahme nach Sektoren in %		
		Haushalte	Industrie	Landwirtschaft
Länder mit				
– niedrigem Einkommen	386	4	5	91
– mittlerem Einkommen	453	13	18	69
– hohem Einkommen	1.167	14	47	39
Quelle: Weltbank 1992				

Tabelle 5

Ursachen des Wassermangels

Neben natürlichen Faktoren wie Trockenheit und Dürre sind es vor allem vom Menschen geschaffene Ursachen, die zu zunehmender Wasserverknappung führen [vgl. Tabelle 6]. Hierzu zählen neben dem Bevölkerungswachstum zunehmende Verstädterung, intensive Landwirtschaft und wachsende Industrieproduktion. Sie führen oft zur Übernutzung von Grundwasservorräten. Verstärkend wirkt sich die Vergeudung von Wasser aus. Dafür sind neben überalterten Versorgungssystemen mangelnde Erfassung des Verbrauchs, nicht kostendeckende Wasserpreise, unzureichende Zuweisung von Nutzungsrechten, aber auch exzessiver Verbrauch in Haushalten und im kommerzialisierten »Erlebnisbereich« verantwortlich.

Menschliche Eingriffe in den Naturhaushalt, z. B. das Abholzen von Wäldern, tragen indirekt zur Verringerung der verfügbaren Wassermenge bei.

In diesem Jahrhundert wird sich der Wasserverbrauch der **Landwirtschaft** auf weltweit 3.250 km³ im Jahre 2000 versechsfachen [vgl. Schaubild 5]. Verantwortlich dafür ist vor allem der Bewässerungsanbau [vgl. *Künstliche Bewässerung*]. Die Bevölkerung wird sich im gleichen Zeitraum verdreifachen.

Der **Industriesektor**, weltweit zweitgrößter Wasserverbraucher, hat sich in den Industrieländern zum wichtigsten Wasserkonsumenten entwickelt. In vielen OECD-Ländern, so in Japan, Großbritannien und den USA, ist der Wasserverbrauch der Industrie in den letzten Jahren zurückgegangen. Auch in Deutschland gibt es zunehmend Beispiele der erfolgreichen Entkoppelung von Industrieproduktion und Wasserentnahme. Eine Wasserpolitik mit verschärften Abwasserbestimmungen hat in diesen Ländern den Anreiz zur rationelleren Nutzung der Wasserreserven erhöht. Mit hohen Steigerungsraten aber ist vor allem in den Ballungsräumen von Entwicklungsländern zu rechnen.

Der weltweite Wasserverbrauch der privaten **Haushalte** ist im Mittel vergleichsweise gering, weist aber regional je nach Verfügbarkeit, sozioökonomischer Situation und Komsumverhalten starke Unterschiede auf [vgl. Schaubild 6].

Ursachen der Wasserverschmutzung

Der Eintrag zahlreicher Schadstoffe aus der Luft, die Einleitung von Haushalts- und Industrieabwässern sowie Abflüsse von landwirtschaftlichen Nutzflächen und aus Deponien führen zur Verschmutzung von Oberflächengewässern (wie Seen und Flüssen) und Grundwasser. Mineraldünger, Pestizide, Schwermetalle, syn-

Ursachen und Folgen von Wasserproblemen in ausgewählten Regionen						
Region	zentrale Ursachen	zentrale Wirkungen				
		Gesundheitsrisiken	Migration	internationale Spannungen	Entwicklungshemmnis	Kosten
Europa	Grundwasserverschmutzung durch Landwirtschaft und Industrie	x				x
Mittelost	Übernutzung begrenzter Ressourcen			x	x	x
Sahel	Übernutzung der Reserven		x		x	
Tropen	Überschwemmungen und Erosion durch Waldrodung		x		x	
Ostasien	Wasserverschmutzung durch Fäkalien	x			x	
Quelle: Eigene Darstellung nach WBGU 1993						

Tabelle 6

Künstliche Bewässerung

Die gesamte künstlich bewässerte Anbaufläche hat sich seit 1900 von 48 Mio. ha auf 237 Mio. ha (1990) fast verfünffacht. Schätzungen zufolge wird sie bis 2010 auf 277 Mio. ha anwachsen. Drei Viertel der Flächen befinden sich in Entwicklungsländern; auf China, Indien und Pakistan entfallen 45 % aller bewässerten Flächen. Künstliche Bewässerung wurde zum Eckpfeiler der Ernährung von immer mehr Menschen. Nur 16 % des weltweiten Ackerlandes sind künstlich bewässert, aber sie liefern mehr als ein Drittel der weltweiten Ernte. Das gibt 2,4 Milliarden Menschen Arbeit, Einkommen und Nahrung.

Künstliche Bewässerungsverfahren, die **Wasserverluste** bis zu 60 % verursachen, beanspruchen intensiv das Oberflächen- und Grundwasser und führen zur **Versalzung** von mindestens 1–1,5 Mio. ha landwirtschaftlicher Nutzfläche jährlich. Das betrifft etwa in Mexiko 10 %, in Indien 11 %, in Pakistan 21 %, in China 23 % und in den USA 28 % der bewässerten Flächen. Ein drastisches Beispiel ist der **Aralsee**, einst das viertgrößte Binnenmeer der Welt. Sein Wasserspiegel ist seit 1960 um 13 m gesunken, sein Salzgehalt hat sich verdreifacht. Die Flüsse, die diesen See speisen, wurden zur künstlichen Bewässerung von Baumwoll- und Reisfeldern umgeleitet.

Wassersparende Techniken, wie die leider kapitalintensive Tröpfchenbewässerung, die gezielt die Pflanzenwurzeln versorgt, und die Verwendung von Brauchwasser werden bereits in vielen Ländern erfolgreich eingesetzt.

Quellen: FAO 1993a; WWI 1994

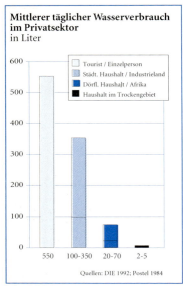

Schaubild 6

Strategien zur nachhaltigen Nutzung des Wassers

Nachhaltige Wassernutzung muß sich an der Verfügbarkeit erneuerbarer Ressourcen orientieren. Ihre zentralen Elemente sind:

▶ **Sparsamer Umgang mit Wasser** durch Erhöhung der Wasserproduktivität. Der Staat muß ökonomische Anreize zum Wassersparen durch kostendeckende Wasserpreise für alle Verwendungsbereiche schaffen. Mit bereits verfügbaren Techniken kann der Wasserverbrauch in der Landwirtschaft um 10–50% (z. B. durch Tröpfchenbewässerung), in der Industrie um 40–90% (z. B. durch Wasserkreisläufe) und in den Städten um 30% (z. B. durch Brauchwassernutzung) ohne nennenswerte Einschränkung der Lebensqualität gesenkt werden.

▶ **Erhöhung der Wasserproduktivität** durch Verringerung der Verluste in Versorgungssystemen, durch Einführung getrennter Versorgung mit Trink- und Brauchwasser und durch Weiterentwicklung von Techniken wie Zisternenbau und solarer Meerwasserentsalzung.

▶ **Vermeidung von Wasserverschmutzung** durch umweltverträgliche Methoden in Industrie und Landwirtschaft, durch Ausbau der Abwasserbehandlung und durch Berücksichtigung des Schutzes von Wasserressourcen schon im Planungsprozeß. Hierfür muß in vielen Ländern allerdings erst einmal eine gesetzliche Grundlage geschaffen und für deren Durchsetzung gesorgt werden.

▶ Die Entwicklung **völkerrechtlich verbindlicher Mechanismen**, die Konflikte um internationale Wasserressourcen regeln. Auf internationaler Ebene wurde bisher versäumt, das Management grenzüberschreitender Wasserreserven angemessen zu berücksichtigen.

thetische organische Verbindungen, Salze, Säuren und krankheitserregende Mikroorganismen vergiften das Wasser. Jedes Jahr werden schätzungsweise 450 km^3 Abwässer ungeklärt in Flüsse eingeleitet.

Während sich die Wasserqualität der Flüsse in den westlichen Industrieländern seit 1970 teilweise verbessert hat, ist die Qualität des Grundwassers durch Schadstoffeintrag aus Landwirtschaft und Verkehr in einigen Regionen höchst gefährdet. In Entwicklungsländern wird die Wasserverschmutzung nur unzureichend erfaßt. Es ist jedoch davon auszugehen, daß auch hier Landwirtschaft und Industrie die Wasserqualität gefährden. Hauptproblem der Entwicklungsländer ist aber nach wie vor die Verschmutzung der Gewässer mit ungeklärten Haushaltsabwässern, besonders im Einzugsbereich der Großstädte.

Die **Industrieländer** sind besonders gefordert, für den sparsameren Umgang mit Wasser und die Beseitigung der Verschmutzung von Grund- und Oberflächenwasser zu sorgen. Die bisherigen Anstrengungen reichen bei weitem nicht aus.

In den **Entwicklungsländern** muß die Bereitstellung sauberen Trinkwassers und angepaßter sanitärer Einrichtungen Priorität haben. Die Einführung sozialverträglicher Wasserpreise, eine bessere Zuweisung von Wassernutzungsrechten und die aktive Beteiligung der Bevölkerung bilden hier die Basis effizienterer Nutzung. Ohne substantielle finanzielle Unterstützung, Wissens- und Technologietransfer aus den Industrieländern sind die Wasserprobleme in diesen Regionen nicht zu lösen. Die Entwicklungsländer müssen jedoch selbst Verantwortung für den Schutz ihrer Wasserressourcen übernehmen und mehr personelle und finanzielle Mittel für diese Aufgaben bereitstellen.

Internationale Lösungsansätze

Im Mittelpunkt der »Dubliner Erklärung« (ICWE) 1992 standen Entwicklung, Management und nachhaltige Nutzung der Wasserressourcen. Die dort formulierten Leitprinzipien einer Wasserstrategie wurden in der Agenda 21 von Rio berücksichtigt. Die Umsetzung dieser wie zahlreicher anderer nationaler und internationaler Strategien kommt bisher nicht voran, weil mangels politischer Einsicht falsche Prioritäten gesetzt und keine ausreichenden finanziellen Mittel besonders für Entwicklungsländer bereitgestellt werden. Eine völkerrechtlich verbindliche Konvention zum Schutz der Wasserressourcen wäre ein wichtiger Schritt, den vielversprechenden Ansätzen endlich Taten folgen zu lassen.

Internationale Lösungsansätze	
1977	Wasser-Konferenz in Mar del Plata: Mar del Plata Action Plan
1980	Beginn der internationalen UN-Trinkwasser- und Sanitär-Dekade
1992	Intern. Konferenz Wasser und Umwelt (ICWE) in Dublin: Dubliner Erklärung UN-Konferenz zu Umwelt und Entwicklung in Rio: Kapitel 18 der Agenda 21
1994	Ministerialkonferenz zu Trinkwasser und Abwasserentsorgung in Noordwijk: Aktionsprogramm zur Umsetzung des Kapitels 18 der Agenda 21

Die Biosphäre

Vielfalt der Lebensformen

Die heutige Vielfalt der Biosphäre ist das Ergebnis vieler Millionen Jahre der Evolution. Biologische Vielfalt umfaßt alle Tier- und Pflanzenarten, ihr genetisches Material und die Ökosysteme, in denen sie leben: **Genetische Vielfalt** beschreibt die Vielfalt der genetischen Informationen von Tier- und Pflanzenarten; **Artenvielfalt** bezieht sich auf die Vielfalt der lebenden Organismen einer Region; unter **ökosystemarer Vielfalt** wird die Vielfalt an Lebensräumen, Lebensgemeinschaften und ökologischen Prozessen gefaßt.

Die genaue Zahl der weltweit existierenden Tier- und Pflanzenarten ist unbekannt [vgl. Tabelle 7]. Schätzungen schwanken zwischen 3 und 30 Millionen Arten, von denen jedoch bisher nur ca. 1,8 Millionen Arten wissenschaftlich beschrieben sind. Am vollständigsten sind bislang Wirbeltiere und Pflanzen erfaßt. Die Bestandsaufnahme anderer Tiergruppen, etwa der Wirbellosen, zeigt noch erhebliche Lücken.

Die Artenvielfalt ist nicht gleichmäßig über die Erde verteilt. Generell nimmt die Artenzahl von den Polen zum Äquator hin zu. Während die gemäßigten Breiten über wenige, aber individuenreiche Arten verfügen, zeichnen sich die tropischen Regionen durch großen Artenreichtum bei geringer Individuenzahl aus. Die artenreichsten Regionen sind Mittel- und Südamerika und Südostasien. Tropische Regenwälder bedecken zwar nur 7 % der Landoberfläche, sie beherbergen aber 40–90 % aller Arten. Im tropischen Regenwald auf Borneo wurden in einem nur 15 ha großen Gebiet 700 verschiedene Baumarten identifiziert. Zum Vergleich: Auf dem gesamten nordamerikanischen Kontinent kommen insgesamt nur 700 Baumarten vor [vgl. *Wälder*].

Unter den sehr artenreichen Regionen sind diejenigen, die sich durch einen hohen Anteil von Arten mit regional sehr

Zahl der Arten weltweit			
Gruppe	bekannte Arten	geschätzte Gesamtzahl	davon bekannt in %
Säugetiere, Reptilien, Amphibien	14.484	15.210	95
Vögel	9.040	9.225	98
Fische	19.056	21.000	90
Pflanzen	322.311	480.000	67
Insekten	751.000	30.000.000	3
sonstige Wirbellose u. Mikroorganismen	276.594	3.000.000	9
Quelle: Weltbank 1992			

Tabelle 7

begrenzter Verbreitung auszeichnen, von besonderem ökologischem Wert und gleichzeitig besonders bedroht. Das betrifft u. a. die Pflanzenwelt im südlichen Afrika. 80% der 23.200 Pflanzenarten, die in Südafrika, Lesotho, Swasiland, Namibia und Botsuana vorkommen, gibt es nur dort.

Auch in marinen Ökosystemen nimmt die Artenvielfalt von den Polen zum Äquator zu; besonders artenreich sind Korallenriffe und die Tiefsee. Neben den Gebieten großer Artenvielfalt darf allerdings der lokale oder regionale Wert von Gebieten relativ geringen Artenreichtums, etwa von Feuchtgebieten, nicht unterschätzt werden.

Die Bedeutung der Biosphäre

Viele Pflanzen- und Tierarten haben zentrale Funktionen im **Naturhaushalt**: Pflanzengesellschaften stabilisieren das Klima, tragen zur Verringerung der Luftverschmutzung bei und schützen Wassereinzugsgebiete. Mikroorganismen regenerieren Böden und machen Nährstoffe verfügbar.

Biologische Ressourcen liefern wirtschaftlich bedeutsame **Produkte** wie Nahrungsmittel [vgl. *Biologische Vielfalt und Landwirtschaft*]. Sie enthalten genetische Informationen, die für die Entwicklung von Landwirtschaft, Medizin und Industrie grundlegend sind und den Menschen helfen können, sich an künftige Veränderungen der Umwelt anzupassen.

Viele **Medikamente** enthalten Wirkstoffe, die aus Pflanzen, Tieren oder Mikroorganismen gewonnen werden. Oft handelt es sich dabei um Stoffe, die seit Jahrhunderten als Heilmittel eingesetzt werden. 80% der Menschen in den Entwicklungsländern sind gänzlich auf diese angewiesen. Weltweit werden jährlich Pharmazeutika mit einem Gesamtwert von etwa 40 Milliarden US-$ aus natürlichen Ausgangsstoffen hergestellt [vgl. auch Kapitel *Neue Technologien*]. Pflanzen und Tiere liefern **Rohstoffe** (Holz, Kautschuk, Öle, Fasern, Felle, Seide, Federn etc.). In ländlichen Gebieten der Entwicklungsländer decken die Menschen ihre materiellen Bedürfnisse zu etwa 90% aus biologischen Ressourcen.

Mit der wachsenden Bedeutung der biologischen Vielfalt für Tourismus und Erholung bekommt auch ihr **ästhetischer Wert** zunehmend eine wirtschaftliche Komponente. Weltweit erzielt der »Ökotourismus« bereits Einkünfte von 12 Milliarden US-$ jährlich mit steigender Tendenz.

Neben dieser Inwertsetzung für den Menschen ist die Vielfalt der lebenden Organismen nicht nur für Tier- und Umweltschützer ein Wert an sich, den es aus **ethischen Gründen** zu erhalten gilt.

Der Verlust an biologischer Vielfalt

▶ Ein Verlust an biologischer Vielfalt kann die stabilisierende und schützende Wirkung der Biosphäre auf Boden, Wasser, Atmosphäre und Klima beeinträchtigen. Verringerte Bodenfruchtbarkeit, Erosion und Überschwemmungen können die Folge sein.
▶ Schwindender Artenreichtum bedeutet hohe sozioökonomische Verluste. Sie sind allerdings schwer als ökonomische Größe darzustellen. Viele biologische Ressourcen sind sogenannte »freie Güter«, die unentgeltlich bereitstehen und genutzt werden.
▶ Der Verlust genetischen Materials gefährdet die Nahrungssicherung [vgl. *Biologische Vielfalt und Landwirtschaft*]. Mit jeder – häufig noch nicht einmal be-

[Fortsetzung des Textes S. 302]

Wälder

Nach einer Bestandsaufnahme der FAO waren 1990 26% der eisfreien Landfläche der Erde mit geschlossenen Wäldern bedeckt. Das entspricht etwa 3,4 Milliarden ha Wald. Etwa die Hälfte dieser Waldflächen liegt in der gemäßigten bzw. in der kalt gemäßigten (borealen) Klimazone im Norden Europas, Asiens und Amerikas, die andere Hälfte liegt in den Tropen. In den Tropen werden, je nach Niederschlagsmenge, Höhenlage und entsprechender Pflanzengesellschaft, tropische Regenwälder, wechselgrüne tropische Wälder, Trockenwälder und Bergwälder unterschieden.

Wälder schützen Böden vor Erosion und dienen dem Grundwasser- und Hochwasserschutz. Sie filtern Luftverunreinigungen und beeinflussen das lokale und regionale Klima. Als wichtige Senke und Speicher für Kohlendioxid nehmen sie auch Einfluß auf das globale Klima [vgl. Kapitel *Atmosphäre und Klima*]. Besonders die tropischen Wälder bergen ein großes Potential an biologischer Vielfalt. Wälder sind die Heimat vieler Naturvölker und dienen der Erholung und dem Tourismus. Gleichzeitig sind Wälder als Rohstofflieferanten zum lokalen, regionalen und globalen Wirtschaftsfaktor geworden. Der wirtschaftliche Wert der derzeitigen Waldnutzung (Brennholz und Holzprodukte) wird auf über 400 Milliarden US-$ jährlich geschätzt [vgl. Tabelle 8].

Durch nicht nachhaltige wirtschaftliche Nutzung werden häufig ihre ökologischen Funktionen beeinträchtigt. So wird geschätzt, daß zwischen 1990 und 2020 bis zu 15% aller Pflanzen- und Tierarten durch Zerstörung von Tropenwäldern verlorengehen können, was einem Verlust von 15–50.000 Arten jährlich entspricht. Zwischen 1980 und 1990 lag der jährliche Verlust an Tropenwäldern mit 15,4 Millionen ha bei 0,8% der gesamten tropischen Waldfläche [vgl. Tabelle 9]. Damit ist die jährliche Verlustrate im Vergleich zum jährlichen Verlust von 11,4 Millionen ha in der vorherigen Dekade deutlich gestiegen. Weitaus größere Areale des Tropenwaldes werden zusätzlich durch Zerstückelung oder De-

Ökonomischer Wert der Wälder
Milliarden US-$ pro Jahr

	Brennholz	industrielle Holzprodukte	Gesamt
Welt	96	322	418
Entwicklungsländer	70	63	133
Industrieländer	26	259	285

Quelle: FAO 1995

Tabelle 8

Entwaldung in den Tropen

Region (tropische Zone)	Landfläche	Waldfläche 1980	Waldfläche 1990	Jährl. Veränderung 1981–1990	
	in Mio. ha	in Mio. ha	in Mio. ha	in Mio. ha	in %
Welt	4.778	1.910	1.756	−15,4	−0,8
Afrika	2.236	568	527	−4,1	−0,7
Lateinamerika	1.650	992	918	−7,4	−0,8
Asien	892	350	311	−3,9	−1,2

Quelle: FAO 1993b

Tabelle 9

gradierung geschädigt. Die Wiederaufforstung in den Tropen erreicht mit jährlich 2,6 Millionen ha weniger als 20% der Vernichtungsrate. Neben der Ausdehnung land- und viehwirtschaftlicher Nutzflächen belasten die Brennholz- und Holzkohlegewinnung und der kommerzielle Holzeinschlag die Tropenwälder stark. In den Entwicklungsländern werden 80% des geschlagenen Holzes als Brennholz genutzt. Rund 2 Milliarden Menschen sind in Entwicklungsländern auf Holz als Energiequelle angewiesen. Gleichzeitig führt hohes Bevölkerungswachstum in Verbindung mit Armut, unsicherer Nahrungsmittelversorgung und ungerechter Landverteilung zu Migration, häufig auch in Waldgebiete, was nicht selten von Regierungen und internationalen Geldgebern aktiv unterstützt wurde und wird, z. B. in Indonesien.

Die derzeitige Stabilisierung der Waldfläche in den Industrieländern verdeckt die Schädigung der Waldbestände und den Verlust von Altbeständen in vielen Gebieten [vgl. Schaubild 7]. Vor allem Luftverschmutzung, Krankheiten und Waldbrände gefährden die Wälder. Es wird geschätzt, daß bis zu 50% der Wälder der gemäßigten Zone bereits geschädigt sind. Besorgniserregend sind großflächige Abholzungen in den **borealen Wäldern** der Russischen Föderation und Kanadas. Die Taiga, ein 5 Millionen km² großer Waldgürtel im russischen Osten, unterliegt zunehmender Nutzung durch ausländische holzverarbeitende Industrie.

Schaubild 7

Schutz der Wälder

In den gemäßigten und borealen Zonen müssen die Waldbestände in ihrer Ausdehnung erhalten und durch Verringerung des Schadstoffeintrags vor weiterer Schädigung geschützt werden. Langfristig ist für die Rückführung in naturnähere Formen und für nachhaltige Nutzungsformen zu sorgen.

In **Entwicklungsländern** sind vor allem Maßnahmen erforderlich, die sowohl zur wirtschaftlichen Entwicklung der Region als auch zum Schutz der Wälder beitragen. Abbau von Subventionen für Holzwirtschaft und Viehzucht, Sicherung der Landrechte der Bauern und Waldbewohner und öffentliche Investitionen in den Bereichen Bodenerhaltung, angepaßte Agrar-Forstwirtschaft, Technologie und Ausbildung können hierzu ebenso beitragen wie die Schaffung lokaler Einkommensquellen aus der nachhaltigen Nutzung der Wälder.

Die **Walderklärung** von Rio stellt immer noch wirtschaftliche Nutzungsinteressen in den Vordergrund. Bedingt durch Differenzen zwischen Industrieländern, die die globale Bedeutung der Tropenwälder betonen, und Entwicklungsländern, die ihre nationale Souveränität gefährdet sehen, ist eine Wälderkonvention auf dem Erdgipfel in Rio nicht zustande gekommen. Eine völkerrechtlich verbindliche **Waldkonvention** bzw. ein Waldprotokoll unter der Biodiversitäts-Konvention zum Schutz und zur ökologisch nachhaltigen Nutzung der Wälder sind deshalb weiterhin anzustreben.

Quellen: FAO 1993b, 1993c, 1995; UNEP 1991; WBGU 1993; WRI 1994

> **Biologische Vielfalt und Landwirtschaft**
>
> Die biologische Vielfalt liefert die Rohstoffe und das genetische Material für die gesamte landwirtschaftliche Produktion und damit für die Ernährung der Weltbevölkerung. Die heutigen Feldfruchtsorten und Haustierrassen verdanken ihre Existenz mehreren Millionen Jahren der Evolution und 12.000 Jahren landwirtschaftlicher Züchtung. Die Menschen nutzen weltweit ca. 7.000 Pflanzenarten als Nahrungsmittel. Weizen, Mais und Reis decken bereits mehr als die Hälfte des Weltnahrungsbedarfs. Alle wichtigen Feldfruchtarten haben ihren Ursprung in den tropischen und subtropischen Gebieten Asiens (z. B. Reis), Afrikas (z. B. Kaffee) und Lateinamerikas (z. B. Kartoffeln). Auch heute noch konzentriert sich in diesen Gebieten die genetische Vielfalt dieser Arten. In den meisten Ländern des Nordens basieren bis zu 90 % der landwirtschaftlichen Produktion auf eingeführten Arten.
>
> Die Resistenz von Kulturpflanzen gegen Schädlinge oder Krankheiten ist von der Einkreuzung wilder Sorten abhängig. In den USA führte 1970 ein Befall genetisch identischer Maisbestände mit Braunfäule zu einem Ernteausfall im Wert von 1 Milliarde US-$. Durch die Einkreuzung einer gegen diese Krankheit resistenten afrikanischen Maissorte konnten weitere Verluste vermieden werden. Nach Schätzungen der FAO sind seit Beginn dieses Jahrhunderts bereits 75 % der genetischen Vielfalt der Feldfrüchte verlorengegangen.
>
> In ländlichen Gebieten der Entwicklungsländer existiert noch ein großes Potential lokal bedeutsamer Feldfrüchte, die in größerem Rahmen angebaut und genutzt werden könnten. So ist Quinua, eine Getreideart der Inkas, die außerhalb Boliviens, Chiles, Ecuadors und Perus weitgehend unbekannt ist, einer der produktivsten Proteinlieferanten.
>
> Quellen: FAO 1993d; UNEP 1991; WRI 1994

kannten – Art, die ausgerottet wird, gehen potentielle pharmazeutische Wirkstoffe und industrielle Rohstoffe unwiederbringlich verloren.

▶ Viele Kulturen stehen durch traditionelle Züchtung von Feldfrüchten und Tierrassen und durch Schaffung neuer Lebensräume in enger Wechselbeziehung zur biologischen Vielfalt. Mit dem Verlust dieser lokalen Varianten gehen jeweils auch Teile dieser Kulturen verloren.

Trends und Ursachen

Artenverlust ist keine neue Erscheinung. In der Vergangenheit sind vermutlich durch klimatische, geologische und andere natürliche Ursachen Arten ausgestorben; in der Gegenwart trägt der Mensch die Hauptverantwortung dafür.

Der heutige Artenverlust liegt weit über der natürlichen Aussterberate. Es wird geschätzt, daß seit 1600 insgesamt 584 Pflanzen- und 485 Tierarten ausgestorben sind. Sowenig die genaue Zahl der lebenden Arten bekannt ist, sowenig gibt es verläßliche Daten über die Zahl der weltweit gefährdeten oder bereits verlorenen Arten. Viele Wissenschaftler gehen jedoch davon aus, daß etwa 25 % aller Arten innerhalb der nächsten 20–30 Jahre ernsthaft vom Aussterben bedroht sind.

Die meisten Arten werden in den nächsten Jahrzehnten vermutlich auf Inseln und im tropischen Regenwald [vgl. *Wälder*] verlorengehen. Daneben werden auch die mediterrane Klimazone, die zahlreiche gefährdete Arten beheimatet, und aquatische Ökosysteme große Verluste hinnehmen müssen.

Unmittelbare Ursachen des Verlusts an biologischer Vielfalt

Eingriffe in Lebensräume

Durch Gewinnung neuer Anbau- und Weideflächen, Ausbau der Infrastruktur, Urbanisierung und Industrialisierung gehen natürliche Lebensräume verloren: Sie werden zerstückelt, verändert oder zerstört. Oft übersteigt der Grad der Umgestaltung eines Lebensraumes die Fähigkeit vieler Arten, sich anzupassen. Das amerikanische Institut *Conservation International* hat 1993 weltweit menschliche Störwirkungen als Indikator für die Naturnähe von Lebensräumen kartiert. Danach sind weniger als 50 % der vegetationsbedeckten Landfläche relativ ungestört. Auf regionaler Ebene weisen Südamerika mit 59 % den höchsten und Europa mit 15 % den geringsten Anteil ungestörter Landfläche auf [vgl. Schaubild 8].

Einführung nicht heimischer Arten

Häufig werden, beabsichtigt oder nicht, exotische Arten eingeschleppt. Die neu eingeführten bedrohen heimische Arten als Räuber, durch Konkurrenz oder indem sie den Lebensraum verändern. So hat auf den Galapagosinseln die Einführung von Ratten einige heimische Nagetierarten völlig verdrängt und den Bestand der Galapagosschildkröte reduziert.

Übernutzung von Arten

Das Maß der Nutzung einzelner Arten übersteigt oft ihre Reproduktionsfähigkeit. Das betrifft vor allem Wirbeltierarten und einige Pflanzen- und Insektengruppen. So bedroht der kommerzielle Fischfang zahlreiche marine Arten, und die Jagd ist Hauptursache für das Aussterben bzw. die Gefährdung vieler Großsäuger, etwa des afrikanischen Elefanten

Umweltverschmutzung

Durch Schadstoffeintrag in Boden, Wasser und Luft werden insbesondere empfindliche Arten gefährdet oder sogar vernichtet.

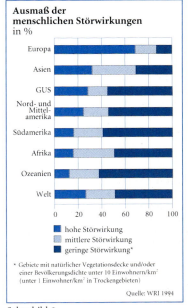

Schaubild 8

Globale Klimaveränderungen werden auf Populationsgröße, Verbreitungsgebiete der Arten und Zusammensetzung der Lebensgemeinschaften Einfluß nehmen. Ein Anstieg des Meeresspiegels bedroht weltweit sämtliche Feuchtgebiete und damit die darin lebenden Arten.

Quellen: W. Reid und K. R. Miller 1989; WRI 1994

Verursacher Mensch

Die biologische Vielfalt ist weniger durch die direkte Nutzung einzelner Arten als durch die Zerstörung ihrer Lebensräume gefährdet.

Die Einführung fremder Tier- und Pflanzenarten und der Verlust von Lebensräumen sind mit 39 % bzw. 36 % weltweit die Hauptursachen der Gefährdung von Arten [vgl. *Unmittelbare Ursachen des Verlusts an biologischer Vielfalt*].

Daneben führen auch Übernutzung von Arten und Umweltverschmutzung zum Artenverlust. Oft wirken diese Faktoren zusammen. Wirksam werden sie durch Triebkräfte, die wirtschaftlicher, sozialer und politischer Art sind: Bevölkerungswachstum, exzessiver Verbrauch natürlicher Ressourcen, Volkswirtschaften, die es versäumen, natürliche Ressourcen in Wert zu setzen, ungeklärte Eigentumsverhältnisse und Gesetze, die nicht-nachhaltige Produktionsweisen begünstigen.

Strategien zur Bewahrung der biologischen Vielfalt

Eine erfolgreiche Strategie zum Schutz der biologischen Vielfalt erfordert integratives Vorgehen, das den Schutz natürlicher Lebensräume (In-situ-Schutz), den Schutz von Arten außerhalb ihrer natürlichen Lebensräume in Botanischen und Zoologischen Gärten und Samenbänken (Ex-situ-Schutz) und die Wiederherstellung degradierter Gebiete verbindet.

▶ Gegenwärtig bestehen weltweit rund 8.600 **Schutzgebiete**, die 6 % der Landoberfläche umfassen. Diese Form der Unterschutzstellung ist oft wenig erfolgreich geblieben, weil viele Schutzgebiete zu klein sind, das Management ineffektiv oder die Finanzierung unzureichend ist, die Gebiete eher politisch als ökologisch ausgewählt oder die Belange der lokalen Bevölkerung nicht berücksichtigt wurden.

Erfolgversprechender scheinen Maßnahmen, die die nachhaltige Entwicklung einer Region fördern und gleichzeitig die biologische Vielfalt schützen. Seit 1976 werden mit diesem Ziel **Biosphärenreservate** eingerichtet. In diesen Reservaten wird eine völlig geschützte Kernzone von Pufferzonen umgeben, in denen Nutzungsformen wie traditionelle Jagd zulässig sind. Nach außen hin schließen sich Übergangszonen an, in denen nachhaltige Entwicklungsaktivitäten, z. B. traditionelle Landwirtschaft, gefördert werden. 1993 gab es weltweit schon 312 dieser Projekte – allerdings mit recht unterschiedlichem Erfolg.

▶ Die Erhaltung von Tier- und Pflanzenarten außerhalb ihrer natürlichen Lebensräume in **Zoologischen** und **Botanischen Gärten** und in **Samenbänken** ist oft die letzte Möglichkeit, einige wenige höchst gefährdete Arten zu bewahren. Es bleibt jedoch zu berücksichtigen, daß die Arten außerhalb ihrer natürlichen Lebensräume von evolutionären Prozessen ausgeschlossen sind, so daß ihnen Anpassungsmöglichkeiten an eine sich verändernde Umwelt fehlen.

▶ Der Druck auf natürliche Lebensräume und Schutzgebiete muß verringert werden. Das kann z. B. durch ökologisch verträgliche **Landwirtschaft** und die gezielte Schaffung alternativer Beschäftigungsmöglichkeiten im ländlichen Raum erzielt werden.

▶ Die Industrieländer müssen zusätzliche **finanzielle Mittel** und **angepaßte Technologien** für den Schutz und die nachhaltige Nutzung der biologischen Vielfalt in Entwicklungsländern bereitstellen, deren tropische Ökosysteme reichhaltig, aber bedroht sind.

▶ Die **Erträge** aus der kommerziellen

Nutzung der Biosphäre müssen gerecht zwischen Nord und Süd verteilt werden [vgl. Artikel 1 der Biodiversitäts-Konvention]. Den Inhabern der physischen Eigentumsrechte an heimischen Arten (in der Regel Entwicklungsländer) und den Inhabern der geistigen Eigentumsrechte an biotechnologischen Veredelungsprozessen (in der Regel Industrieländer) muß ihr angemessener Anteil am Gewinn gewährleistet werden [vgl. Kapitel *Neue Technologien*].

Zu prüfen wäre, ob der Vertrag des Instituto Nacional de Biodiversidad mit einem internationalen Pharmakonzern über die Nutzung biologischer Ressourcen Costa Ricas gegen Gewinnbeteiligung einen solchen Ausgleich schafft. Viele biologische Ressourcen und deren Wirkstoffe werden von der lokalen Bevölkerung schon seit Generationen genutzt und weiterentwickelt, ohne daß sie als geistiges Eigentum geschützt sind. Es muß daher auch für den angemessenen Schutz dieses traditionellen Wissens gesorgt werden.

▶ Die gesamte internationale Staatengemeinschaft zieht Nutzen aus der biologischen Vielfalt und ist von ihrem Verlust auch entsprechend betroffen. Der Schutz biologischer Ressourcen ist daher eine internationale Aufgabe.

Internationale Lösungsansätze

Mit der Biodiversitäts-Konvention ist erstmals eine internationale Übereinkunft zustande gekommen, die ausdrücklich den Schutz der globalen biologischen Vielfalt zum Inhalt hat. Die Industrieländer, darunter vor allem die USA und Frankreich, hatten und haben zahlreiche

Internationale Lösungsansätze	
1971	Ramsar Konvention: Erhaltung der Feuchtgebiete internationaler Bedeutung
1972	Konvention von Paris: Schutz des Kultur- und Naturerbes der Welt
1973	Washingtoner Konvention: Internationaler Handel mit gefährdeten Arten freilebender Tiere und Pflanzen (CITES)
1979	Bonner Konvention: Erhaltung wandernder, freilebender Tierarten
1992	UN-Konferenz zu Umwelt und Entwicklung in Rio: Übereinkommen zum Schutz der biologischen Vielfalt
1994	1. Vertragsstaatenkonferenz zum Schutz der biologischen Vielfalt, Bahamas

Vorbehalte gegenüber der Konvention. Auch nach der ersten Vertragsstaatenkonferenz in Nassau/Bahamas im Dezember 1994 sind u.a. das endgültige Finanzierungsinstrument, der Zugang zu genetischen Ressourcen, die Umsetzung des Technologietransfers, die Aufstellung eines verbindlichen Protokolls zur Sicherheit in der Biotechnik und der Schutz des traditionellen Wissens der lokalen Bevölkerung nach wie vor strittig.

Trotz dieser Kontroversen bildet die Konvention einen brauchbaren Handlungsrahmen. Die noch ausstehende und dringend voranzutreibende Einigung in strittigen Fragen darf die Umsetzung der Konvention in nationales Recht nicht verzögern. 20 Länder haben bereits begonnen, nationale Studien als Basis für die Entwicklung nationaler Aktionspläne zum Schutz der biologischen Vielfalt zu erarbeiten.

Perspektiven und Optionen

Die Bewahrung der natürlichen Lebensgrundlagen

Handlungsmaxime für den Erhalt der natürlichen Lebensgrundlagen Boden, Wasser und Biosphäre ist **nachhaltige Entwicklung**. Sie ist in den Verhandlungen von Rio in den Mittelpunkt aller Vereinbarungen gerückt worden.

Die Umsetzung dieser Maxime scheitert noch an Widerstand der unterschiedlichsten staatlichen und gesellschaftlichen Akteure. Kurzfristige Nutzungsinteressen und Egoismen haben bisher handlungsorientierte Übereinkommen zum Schutz der natürlichen Ressourcen weitgehend behindert, verhindert oder verzögert.

Sollen die natürlichen Lebensgrundlagen geschützt werden, so muß auf allen Ebenen – der individuellen und lokalen, der nationalen und internationalen – gehandelt werden. Auf der **individuellen** Ebene muß das nötige Umweltbewußtsein – als Voraussetzung für Verhaltensänderungen – durch Erziehung und Öffentlichkeitsarbeit hergestellt werden. Auf der **nationalen** Ebene müssen bei allen politischen Entscheidungen sektorübergreifende Konzepte zum Schutz von Umwelt und Ressourcen, die Beteiligung der lokalen Bevölkerung und eine enge Zusammenarbeit mit den Nichtregierungsorganisationen im Umwelt- und Entwicklungsbereich durchgesetzt werden.

Die **Industrieländer** haben angesichts ihres hohen Verbrauchsniveaus und ihres weit überproportionalen Beitrags zur globalen Umweltzerstörung, aber auch ihrer Finanzkraft eine besondere Verantwortung für den Erhalt der natürlichen Ressourcen. Sie müssen unverzüglich mit der nationalen Umsetzung der Vereinbarungen von Rio beginnen; sie müssen eine Vorbildfunktion im sparsamen Umgang mit den natürlichen Ressourcen und im Umwelt- und Naturschutz übernehmen; und sie müssen die finanzielle Unterstützung der Entwicklungsländer im Bereich Umwelt- und Ressourcenschutz substantiell erhöhen und den Technologietransfer vorantreiben.

Die **Entwicklungsländer** müssen in einem früheren Stadium als die Industrieländer damit beginnen, nationale Voraussetzungen für nachhaltige Entwicklung zu schaffen, um wohlstandsbedingte Umweltschäden von vornherein zu begrenzen. Armutsbekämpfung, Grundbedürfnisbefriedigung und der Übergang zu einer sozial-ökonomisch verträglichen Bevölkerungsentwicklung sind – neben Kapital und Technologie – die Voraussetzungen, um armutsbedingte Ursachen der ökologischen Gefährdung zu beseitigen.

Auf der **internationalen Ebene** müssen die Bemühungen um gerechte weltwirtschaftliche Rahmenbedingungen mit der Schaffung sanktionsfähiger Mechanismen zur Umsetzung der internationalen Umweltschutzvereinbarungen verbunden werden. Das erfordert auch den Ausbau entsprechender internationaler Institutionen.

Literatur

DIE (Deutsches Institut für Entwicklungspolitik) 1992: Auswirkungen des Tourismus in Entwicklungsländern – Eine Beurteilung auf der Basis neuerer Analysen des Ferntourismus, Berlin.

Engleman, R./P. LeRoy 1993: Sustaining Water. Population Services International, Washington, D. C.

FAO (UN Food and Agriculture Organization) 1993a: The State of Food and Agriculture, Rom.
- 1993b: The Challenge of Sustainable Forest Management. What future for the world's forests?, Rom.
- 1993c: Agriculture: Towards 2010, Rom.
- 1993d: Harvesting nature's diversity. World Food Day 1993, Rom.
- 1995: State of the World's Forests, Rom.

Gleick, P. H. 1992: Water in Crisis. A Guide to the World's Fresh Water Resources, New York/Oxford.

OECD (Organization for Economic Co-operation and Development) 1991, 1993: Environmental Indicators, Paris.

Oldeman, L. R./R. T. A. Hakkeling/W. G. Sombroek 1991: World Map of the Status of Human-Induced Soil Degradation, Wageningen.

Postel, S. 1984: Water: Rethinking Management in an Age of Scarcity, Worldwatch Paper 62, Washington, D. C.
- 1992: Last Oasis. Facing Water Scarcity, New York/London.

Reid, W./K. R. Miller 1989: Keeping Options Alive. The Scientific Basis for Conserving Biodiversity, World Resources Institute, Washington, D. C.

Shiklomanov, I. A. 1993: World Fresh Water Resources, in: Peter H. Gleick 1992: Water in Crisis. A Guide to the World's Fresh Water Resources, New York/Oxford.

UNEP (United Nations Environmental Programme) 1991: The State of the World Environment, Nairobi.
- 1992a: Saving our Planet. Challenges and Hopes, Nairobi.
- 1992b: Status of Desertification and Implementation of the United Nations Plan of Action to combat Desertification, Nairobi.

WBGU (Wissenschaftlicher Beirat Globale Umweltveränderungen der Bundesregierung) 1993: Welt im Wandel: Grundstruktur globaler Mensch-Umwelt-Beziehungen. Jahresgutachten 1993, Bonn.
- 1994: Welt im Wandel: Die Gefährdung der Böden. Jahresgutachten 1994, Bonn.

Weltbank 1992: Weltentwicklungsbericht 1992. Entwicklung und Umwelt, Washington, D. C.

WRI (World Resources Institute) 1990, 1992, 1994: World Resources 1990–1991; 1992–93; 1994–95, New York/Oxford.

WRI (World Resources Institute)/IUCN (The World Conservation Union)/UNEP (United Nations Environmental Programme) 1992: Global Biodiversity Strategy, Washington, D. C.

WWI (Worldwatch Institute) 1994: Zur Lage der Welt 1994. Daten für das Überleben unseres Planeten, Frankfurt/M.

Weltenergieverbrauch nach Energieträgern und Treibhauseffekt 1990–2030

Weltenergieverbrauch
in Mrd. t SKE

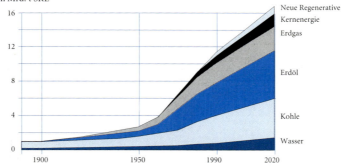

Treibhauseffekt
Veränderung der Gleichgewichtstemperatur auf der Erde
Spurengaskonzentration in ppm[1], Temperaturveränderung in °C

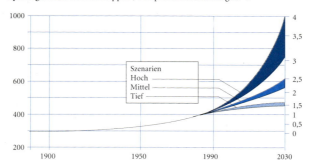

[1] Teile pro Mio. Spurengaskonzentrationen als CO_2-Äquivalent

Quelle: IPCC 1994

Schaubild 1

Energie

In den 70er und 80er Jahren ist es gelungen, das Wachstum von Produktion und Energieverbrauch in den Industrieländern leicht zu entkoppeln. Dennoch wird sich, wie Szenarien zeigen, der weltweite Energieverbrauch langfristig vervielfachen. Er wird, bleiben die Rahmenbedingungen unverändert, von derzeit knapp 400 Exajoule bis zum Jahre 2100 auf 1.500 bis 1.700 Exajoule jährlich hochschnellen. Den höchsten Verbrauch pro Kopf werden sich weiterhin die Industrieländer leisten (und leisten können). Die Entwicklungsländer, deren Bevölkerung sich bis 2100 mindestens verdoppeln wird, melden jedoch erheblichen Nachholbedarf an.

Je schneller der globale Energiebedarf wächst, desto früher werden die nicht erneuerbaren Energieträger erschöpft sein. Öl, Gas und Natur-Uran reichen nur noch für weniger als hundert Jahre. So wird gegen Ende des 21. Jahrhunderts der auf ein Maximum gestiegene Bedarf auf ein Minimum gesicherter Reserven an fossilen Energieträgern treffen. Nur Kohle und erneuerbare Energien sind dann noch verfügbar.

Die Begrenztheit aller herkömmlichen Energievorräte zwingt zur Revision des westlichen Produktions- und Lebensmodells. Ebenso zwingend ist die begrenzte Aufnahmefähigkeit der Erdatmosphäre für die Emissionen, die durch Verbrennung von Kohle, Öl und Gas entstehen, vor allem für Kohlendioxid (CO_2). Diese Emissionen werden sich, wie Forscher errechnen, bis zum Jahre 2040 nochmals verdoppeln; sie müßten aber halbiert werden, um Klimaveränderungen zu verhindern, die schwerste ökologische, wirtschaftliche und politische Folgen nach sich zögen.

Die langfristige Energiesicherung und die Abwendung einer Klimakatastrophe erfordern eine umfassende Strategie des wirtschaftlichen und technischen Umsteuerns, einen Ausgleich zwischen den Weltregionen und wohl auch eine neue Kultur des Maßes; oberste Handlungsmaxime muß Nachhaltigkeit sein, nicht schnelle Produktionsmaximierung.

Energie und globale Entwicklung

In der Geschichte der menschlichen Energienutzung gab es zwei einschneidende Ereignisse: die neolithische Revolution vor etwa zehntausend Jahren und die industrielle Revolution, die im 18. Jahrhundert unserer Zeit in Europa ihren Ausgang genommen hat.

Als neolithische Revolution wird der Übergang der Menschheit vom Jagen und Sammeln zu Ackerbau und Viehzucht bezeichnet. Über die Ursachen der Seßhaftwerdung des Menschen gibt es verschiedene Theorien. Unstrittig ist jedoch, daß ein wichtiges Motiv die Notwendigkeit war, mehr Kalorien pro Boden- und Zeiteinheit zu gewinnen, um eine dichtere Bevölkerung zu ernähren. Energetische Grundlage dieser beinahe zehntausend Jahre währenden Landwirtschaft, die wir heute als »traditionell« bezeichnen, war einzig die eingestrahlte Sonnenenergie. Als Brennstoff dominierte in der vorindustriellen Zeit Holz, das in manchen Regionen – z. B. im Mittelmeerraum – bereits erheblich übernutzt wurde.

Fossile Energieträger

Der Übergang von der Agrar- zur Industriegesellschaft ist untrennbar verbunden mit der beginnenden und sprunghaft zunehmenden Nutzung fossiler Energieträger, zunächst von Kohle (in großem Maßstab ab Mitte des 19. Jahrhunderts), später von Erdöl (ab der Jahrhundertwende, massiv aber erst nach dem Zweiten Weltkrieg) und Erdgas (ab 1940). Damit wurden im Verlauf der industriellen Revolution nicht nur alle gesellschaftlichen Lebensbereiche umgewälzt, auch die Art der Energienutzung änderte sich dramatisch: Zum ersten Mal in der Geschichte der Menschheit wurden Energieträger genutzt, die sich nicht in ungefähr gleichem Umfang erneuern. Seitdem leben die Menschen im Industriesystem also nicht mehr vom permanenten *Energieeinkommen*, sondern zehren vom *Energiekapital*. Gegenwärtig werden pro Jahr mehr fossile Energieträger verbraucht, als in einem Zeitraum von einer Million Jahren gespeichert worden sind.

Zwar sind auch die fossilen Energieträger ein Produkt der photosynthetischen Bindung von Sonnenenergie, in historischen Zeiträumen aber findet keine nennenswerte Fossilierung pflanzlicher Substanzen statt. Deshalb werden Kohle, Öl und Erdgas auch zu Recht als nichterneuerbare oder endliche Energieträger bezeichnet. Das fossile Energiezeitalter ist also im elementaren Sinne ein Übergangsstadium. In sehr langfristiger Perspektive der Menschheitsgeschichte kann sogar von einem »fossilen Intermezzo« gesprochen werden: Bis zur industriellen Revolution ist der Verbrauch fossiler Energieträger praktisch Null, steigt bis zum 21. Jahrhundert steil auf ein voraussichtliches Maximum an, fällt anschließend flacher ab und wird in den nächsten Jahrtausenden wieder gleich Null sein [zur *Erdölnutzung* vgl. Schaubild 2].

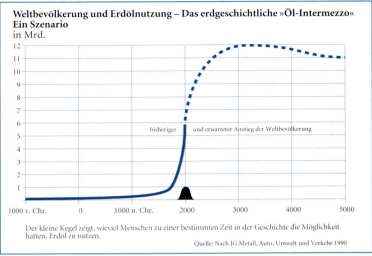

Weltbevölkerung und Erdölnutzung – Das erdgeschichtliche »Öl-Intermezzo«
Ein Szenario
in Mrd.

bisheriger und erwarteter Anstieg der Weltbevölkerung

Der kleine Kegel zeigt, wieviel Menschen zu einer bestimmten Zeit in der Geschichte die Möglichkeit hatten, Erdöl zu nutzen.

Quelle: Nach IG Metall, Auto, Umwelt und Verkehr 1990

Schaubild 2

Klimagefahren

Limitierender Faktor für den Einsatz fossiler Energieträger ist nicht nur deren begrenzte Verfügbarkeit, sondern auch die begrenzte Aufnahmefähigkeit der Erdatmosphäre für energiebedingte Spurengasemissionen, vor allem das Kohlendioxid (CO_2) [vgl. Schaubild 3]. Seit 1860 steigen die aus der Verbrennung von Kohle, Öl und Gas resultierenden CO_2-Emissionen. Würden sämtliche Vorräte an fossilen Energieträgern der Erdrinde entnommen und verbrannt, hätte die dann entstehende hohe CO_2-Konzentration in der Atmosphäre gravierende Klimaschäden zur Folge [vgl. Kapitel *Atmosphäre und Klima*]. Ernstgemeinter Klimaschutz bedeutet praktisch: Ein großer Teil der fossilen Energievorräte muß – obwohl prinzipiell erschließbar – im Boden bleiben. Eine solche Selbstbeschränkung ist der Menschheit insgesamt, vor allem aber dem Marktsystem mit seiner ungebrochenen Wachstumsorientierung, bislang unbekannt.

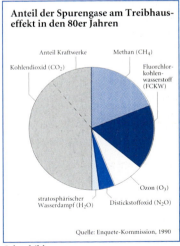

Anteil der Spurengase am Treibhauseffekt in den 80er Jahren

Anteil Kraftwerke
Methan (CH_4)
Kohlendioxid (CO_2)
Fluorchlorkohlenwasserstoff (FCKW)
Ozon (O_3)
stratosphärischer Wasserdampf (H_2O)
Distickstoffoxid (N_2O)

Quelle: Enquete-Kommission, 1990

Schaubild 3

Kleines Lexikon wichtiger Fachbegriffe

Energiedienstleistung ist der Nutzen, der mit Energie zur Verfügung gestellt werden kann, z. B. Beleuchtung, Raumwärme, Kühlung, Mobilität.

Energieeinheiten. Die eigentliche Maßeinheit ist das Joule (J). Es werden aber auch andere Einheiten verwendet: Kalorie (cal), tonne of oil equivalent (toe) = Tonnen Rohöleinheiten (t RÖE), tonne of coal equivalent (tce) = Tonnen Steinkohleeinheiten (t SKE) und Wattstunde (Wh).

Außerdem werden Vorsätze mit den Einheiten benutzt wie

k = Kilo = 10^3 = Tausend
M = Mega = 10^6 = Million
G = Giga = 10^9 = Milliarde
T = Tera = 10^{12} = Billion
P = Peta = 10^{15} = Billiarde
E = Exa = 10^{18} = Trillion

Umrechnung: 1 Mtoe = 42 PJ = 11,666 TWh = 1,435 Mt SKE oder Mtce.

Energieeffizienz. Das Verhältnis zwischen dem durch eine Energiedienstleistung erbrachten Output (z. B. Bruttowertschöpfung) und der dafür aufgewandten Energiemenge.

Energieintensität. Das Verhältnis zwischen der für eine Energiedienstleistung aufgewandten Energiemenge und dem dadurch erbrachten Output (z. B. Bruttowertschöpfung).

Energieträger
traditionelle sind Holz, Dung, Torf u.ä.
kommerzielle sind Kohle, Öl, Gas, Kernenergie, große Wasserkraft
neue/erneuerbare sind Wasser- und Windkraft, Erdwärme, Gezeitenkraft, Solarenergie, Biogas.

Fossilierung geschieht, wenn abgestorbene Pflanzen und Tiere nicht oder nur unvollständig zersetzt (mineralisiert) und dann unterirdisch lagernd über Jahrtausende konserviert werden. So ist in fossilen Stoffen die durch → Photosynthese gebundene Energie enthalten. Sie wird durch Verbrennung freigesetzt.

Inhärente Sicherheit ist die Eigenschaft einer (kern-)technischen Anlage, die Betriebssicherheit durch passive, d. h. durch automatische, ohne aktive technische Maßnahmen auskommende (Regelungs-)Mechanismen gewährleistet. So werden zwar Risiken durch versagende technische Sicherheitssysteme verhindert; das garantiert aber keine absolute Sicherheit vor Unfällen.

Kraft-Wärme-Kopplung (KWK). KWK-Aggregate produzieren Strom und nutzen gleichzeitig die Wärme des Kühlwassers und der Abgase für Nah- und Fernwärmenetze. Dadurch werden wesentlich höhere Wirkungsgrade erreicht.

Least-Cost-Planning ist ein Konzept, das Energieversorger verpflichtet, vor der Ausweitung ihres Angebotes beim Kunden alle Einsparmaßnahmen (Negawatts) zu realisieren, deren Kosten unter denen der Bereitstellung von Energie liegen.

Photosynthese ist eine durch elektromagnetische Strahlung bewirkte chemische Reaktion: Die Energie der Strahlung (z. B. Licht) wird in chemische Energie umgewandelt, indem aus mehreren Molekülen ein energiereicheres Molekül entsteht.

Primärenergie ist Energie vor der ersten Umwandlungsstufe. Primärenergieträger (Energierohstoffe) sind alle natürlich vorkommenden Energieträger, z. B. die fossilen Brennstoffe Steinkohle, Braunkohle, Erdöl, Erdgas, Ölschiefer, Teersande oder die Kernbrennstoffe Uran, Thorium oder → erneuerbare Energiequellen.

Prognosen sind Vorhersagen künftiger Entwicklungen. Sie legen gesicherte Auswirkungen unter sicheren Annahmen auf der Grundlage von Erfahrungen aus der Praxis und Erkenntnissen aus Wissenschaft und Technik dar.
Proliferationsrisiko ist das Risiko, daß Kernspaltungsmaterial zu militärischen und terroristischen Zwecken mißbraucht wird.
Sekundärenergie. Sekundärenergieträger entstehen als Ergebnis eines Umwandlungsprozesses (z. B. in Raffinerien oder Kraftwerken) aus → Primärenergieträgern, z. B. Koks und Briketts, Benzin und Heizöl, Strom und Fernwärme.
Szenarien sind Darstellungen möglicher künftiger Entwicklungen und Zustände. Sie legen Auswirkungen unter mehr oder weniger plausiblen, oft alternativ gewählten Annahmen dar.

»Moderne« Energieträger

Grundsätzlich sind zwei Auswege aus dem fossilen Zeitalter denkbar: der solare und der nukleare. Der solare Weg setzt auf technisch hochentwickelte Formen der direkten und indirekten Sonnenenergienutzung [vgl. *Strom aus der Sonne*], der nukleare Weg auf inhärent sichere Reaktoren und langfristig auf die Kernfusion. Aussagen zur Zukunftsverträglichkeit dieser beiden Pfade finden sich weiter unten.

Als »Brücke in das post-fossile Zeitalter« ist es von größter Bedeutung, die fossilen Energieträger effizienter zu nutzen und so ihren Einsatz zu begrenzen. Dies aus zwei Gründen: Erstens, weil die Verbrennung fossiler Energieträger in den großen Industriestaaten heute um einen Faktor fünf bis zehn zu hoch liegt, um klimaverträglich zu sein; zweitens,

Strom aus der Sonne

Es gibt verschiedene Möglichkeiten, aus der Strahlungsenergie der Sonne Strom zu gewinnen. Zur direkten Umwandlung elektromagnetischer Strahlung in Strom (Photovoltaik) dient die Solarzelle.
Eine Solarzelle ist ein aus Silizium, Germanium oder anderen Stoffen bestehendes Halbleiterbauteil. Wenn Licht die nur einige Zehntel Millimeter dicke Halbleiterschicht trifft, werden freie Elektronen und sogenannte (Elektronen-)Löcher erzeugt. Elektronen und Löcher fließen infolge einer inneren Spannung im Halbleiter zum Plus- bzw. Minuspol. Es entsteht ein Strom.
Da eine Solarzelle maximal 0,5 Volt Spannung und nur geringe Leistung pro Fläche erbringt, werden viele Zellen zu einem großen Modul zusammengeschaltet.
Die heute erhältlichen Solarzellen können bis zu 18 % der Sonnenenergie in Strom umwandeln. Im Labor werden sogar schon Wirkungsgrade bis 35 % erreicht. Probleme bei der Stromerzeugung aus Sonnenenergie sind der noch niedrige Wirkungsgrad, die noch hohen Fertigungskosten und – in nördlichen Breiten – relativ geringe und wechselnde Intensität der Sonneneinstrahlung.
Solarstrom kann derzeit nur schwer an den aktuellen Bedarf angepaßt werden, weil die Strahlungsintensität nicht direkt veränderbar ist, die Solarzelle nur in einem angepaßten Leistungsbereich gut arbeitet und auch das Speichern von Strom noch schwierig und teuer ist.

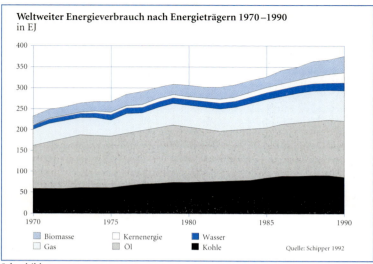

Schaubild 4

weil ein Nachahmen des westlichen industriellen Entwicklungsmodells in den Ländern des Südens voraussichtlich den globalen Klimakollaps zur Folge hätte.

Energieträger-Mix

Nach Angaben der Internationalen Energieagentur (IEA) betrug die Energieerzeugung aus Kohle, Öl, Gas und Kernenergie 1992 etwa 330 Exajoule (EJ). Das entspricht dem Gegenwert von 7,86 Mrd. Tonnen Öl. Hinsichtlich der Nutzung von Biomasse (vor allem Holz und Dung), Wasserkraft und anderen erneuerbaren Energieträgern ist die Energiestatistik weniger zuverlässig [vgl. Schaubild 4]. Der Weltenergierat (WEC) gibt für diese Energiearten einen Wert von zusammen 65 EJ – entsprechend 1,56 Mrd. t Öl – an.

Sowohl in den OECD-Staaten (78%) wie auch in den Transformationsländern (91%) dominiert der Anteil fossiler Energieträger am Primärenergieverbrauch. Der Anteil der Kernenergie (10% gegenüber 3%) und der Wasserkraft (6% gegenüber 3%) liegt aber in den OECD-Staaten deutlich höher als in den Transformationsländern. Traditionelle Energieträger spielen hier wie dort nur eine nachgeordnete Rolle [vgl. Schaubild 5].

Der Energieträger-Mix in den Ländern des Südens weicht deutlich von dem der Industriestaaten ab. Hervorstechend ist der hohe Anteil (22%) der traditionellen Energieträger am Energieverbrauch. Dem »modernen« Energieträger Erdgas kommt mit 9% Anteil nur nachgeordnete Bedeutung zu, während eine hohe Abhängigkeit vom Erdöl (35% Anteil) besteht.

Von 1971 bis 1991 stieg die Energieerzeugung aus kommerziellen Energieträgern (vor allem fossile Energieträger, Kernenergie und Großwasserkraft) um

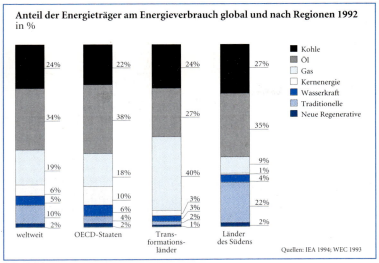

Schaubild 5

weltweit 35%. Besonders hohe Wachstumsraten waren in China (plus 105%), Indien (plus 180%) und Brasilien (plus 240%) zu verzeichnen, eher niedrige in Europa (plus 10%) und den Vereinigten Staaten (plus 29%).

Trends in den Weltregionen

Energieverbrauch

Ein krasses Ungleichgewicht zwischen Nord und Süd besteht beim Pro-Kopf-Verbrauch kommerzieller Energie. So verbraucht ein Chinese im Durchschnitt 23 Gigajoule (GJ) Energie pro Jahr, ein Deutscher 187 GJ und ein US-Amerikaner 320 GJ [vgl. Schaubild 6]. Mit Blick auf die Energieeffizienz stellt sich das Mißverhältnis zwischen Nord und Süd allerdings anders dar. In China wird zur Erzeugung einer Einheit Sozialprodukt viermal soviel kommerzielle Energie aufgewendet wie in den Vereinigten Staaten und zehnmal soviel wie in Japan.

Grundsätzlich gilt: Die westlichen Industriestaaten zeichnen sich durch hohen materiellen Lebensstandard, hohe Energieverbräuche (und damit hohe CO_2-Emissionen) und vergleichsweise hohe Energieeffizienz aus; die östlichen Industriestaaten sind gekennzeichnet von niedrigen Lebensstandards, hohen Energieverbräuchen und geringer Energieeffizienz; die Länder des Südens weisen im Durchschnitt relativ geringe Energieverbräuche bei niedriger Energieeffizienz auf, haben aber (vor allem in Asien und Teilen Lateinamerikas) ein enormes Wachstumspotential bei Produktion und Konsum.

Weltökologie

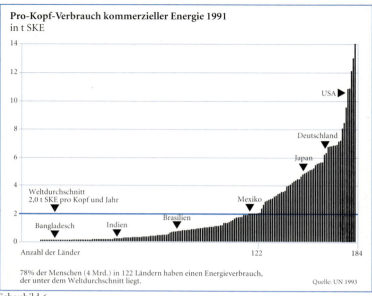

Schaubild 6

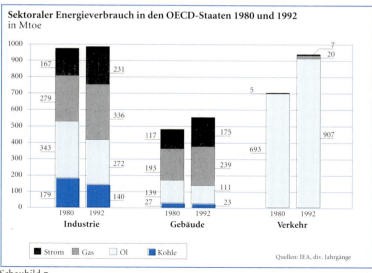

Schaubild 7

Verbrauch nach Sektoren

Gesicherte Daten zur Differenzierung des Energieverbrauchs nach unterschiedlichen Verwendungen (Sektoren) sind nur für die OECD-Staaten verfügbar. Der Energieverbrauch verteilte sich hier 1991 etwa gleichrangig auf Industrie, Haushalte und Verkehr [vgl. Schaubild 7]. In den Sektoren Industrie und Haushalte kommt der »Edelenergie« Strom wachsende Bedeutung zu. In der Bundesrepublik Deutschland (alt) stieg der Stromverbrauch zwischen 1970 und 1990 um etwa 75%, während der gesamte Primärenergieverbrauch sich »nur« um rund 15% erhöhte.

Umfassendere, aber mit Unsicherheiten behaftete Daten präsentiert der Weltenergierat in seiner 1993 vorgelegten Studie »Energie für die Welt von morgen«. In einer vergleichenden Betrachtung wird der sektorale Energieverbrauch von Industrie- und ausgewählten Entwicklungsländern dargestellt. Es zeigen sich deutliche Unterschiede: Der Anteil des Verkehrssektors am Primärenergieverbrauch liegt in den Industriestaaten deutlich höher als in den Ländern des Südens; gleiches gilt – wenn auch weniger eindeutig – für den Stromverbrauch; umgekehrt – und das mag verwundern – liegt der Anteil des Industriesektors am gesamten Energieverbrauch in den betrachteten Entwicklungsländern deutlich über dem der Industrieländer [vgl. Tabelle 1].

Starkes Wachstum kennzeichnete in den drei zurückliegenden Jahrzehnten vor allem die Bereiche Individualverkehr und Elektrizität.

Verkehr

Etwa 80% der privat genutzten Automobile und zwei Drittel der Transportfahrzeuge fahren heute in den OECD-Staaten. In den USA kommen auf einen PKW 1,7 Einwohner. Der entsprechende Wert lag in Deutschland bei zwei Einwohnern, in Spanien bei drei, in Polen bei sechs, in der GUS bei 17, in Indien bei 120 und in China bei 680.

Insgesamt liegt der Anteil des Verkehrssektors am Weltenergieverbrauch bei etwa einem Fünftel, wobei die Energiequelle im wesentlichen Erdöl ist. Dem Personentransport kommt mit einem Anteil von 70% am gesamten verkehrsbedingten Energieverbrauch größere Bedeutung zu als dem Gütertransport mit 30%. Massenverkehrsmittel sind in den OECD-Staaten von sehr unterschiedlicher Bedeutung. Ihr Anteil am Personentransport liegt in den Vereinigten Staaten bei nur 6%, in Deutschland bei etwa 15% und in Japan bei fast 50%. Der Verkehrssektor ist der Energieverbraucher mit der größten Wachstumsdynamik, insbesondere im asiatischen Raum.

Strom

Der Anteil des Elektrizitätsverbrauchs am Gesamtenergieverbrauch der Welt hat sich seit 1960 etwa verdoppelt. Dieser Zu-

---

Kommerzieller Energieverbrauch 1988
in % des Gesamtverbrauchs

	Industrieländer	Entwicklungsländer[1]
private Haushalte und Dienstleistungen	21	21
Verkehr	22	14
Industrie	19	34
Elektrizität	38	31

[1] Brasilien, China, Indonesien, Indien, Malaysia, Pakistan, Philippinen, Thailand

Quelle: WEC 1993

Tabelle 1

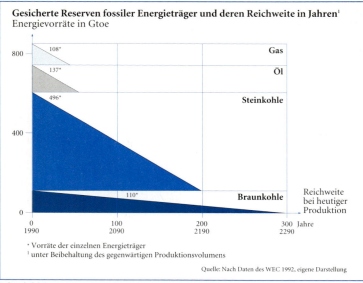

Gesicherte Reserven fossiler Energieträger und deren Reichweite in Jahren[1]
Energievorräte in Gtoe

* Vorräte der einzelnen Energieträger
[1] unter Beibehaltung des gegenwärtigen Produktionsvolumens

Quelle: Nach Daten des WEC 1992, eigene Darstellung

Schaubild 8

wachs fand in allen Weltregionen statt. Die OECD-Staaten hatten 1990 einen Anteil von 58 % an der weltweiten Stromerzeugung, die Entwicklungsländer nur 23 %.

Gemeinhin wird die These vertreten, mit der Modernisierung von Volkswirtschaften gehe notwendig deutlich wachsender Stromverbrauch einher, weshalb vor allem für Entwicklungsländer hohe Wachstumsraten des Elektrizitätsverbrauchs (auf der Basis von Kohle, Öl, Gas, Kernenergie und Großwasserkraft) prognostiziert werden. Diese These muß in Zukunft stärker hinterfragt werden: Erfahrungen mit nachfrageseitigen Optimierungsmaßnahmen (effizientere Maschinen, Elektrogeräte, Beleuchtungssysteme etc.) belegen zunehmend, daß Stromeinsparungen in nennenswertem Umfang ohne Komfortverluste möglich sind.

Energiereserven

Die tatsächlichen weltweiten Vorräte an fossilen Energieträgern können nur geschätzt werden. Definiert man sie als potentiell erschließbare Menge, die mit vertretbarem technischem Aufwand und zu vertretbaren Kosten prinzipiell gefördert werden könnte, wie es der Weltenergierat tut, so läßt sie sich mit 4.400 Gigatonnen Öläquivalent angeben. Bedeutender als diese theoretische Größe sind die sicher nachgewiesenen und erschließbaren Reserven (»proven reserves«) für Kohle, Öl und Gas [vgl. Schaubild 8].

Betrachtet man die sicheren Reserven, die durch Neufunde, Innovationen in der Fördertechnik oder Veränderungen in den Energiepreisrelationen noch »ausgedehnt« werden können, so zeigt sich, daß einzig die Kohle noch für einen langen Zeitraum, nämlich für etwa 200 Jahre,

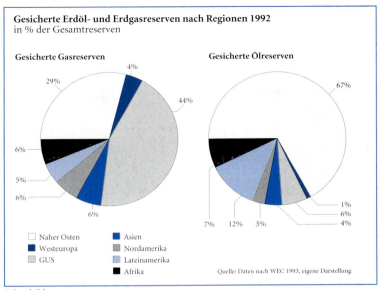

Gesicherte Erdöl- und Erdgasreserven nach Regionen 1992
in % der Gesamtreserven

Schaubild 9

verfügbar sein wird (was in historischer Sicht allerdings eine relativ kurze Zeitspanne ist). Werden die sicheren Reserven durch die aktuelle Fördermenge dividiert, so reichen die Öl- (40 Jahre) und Gasvorräte (56 Jahre) nicht mehr weit.

Die Energiereserven sind ungleich über die Welt verteilt. Die Erdölvorräte sind zu ca. 67% im Nahen Osten konzentriert, die Gasvorräte zu 43% in der GUS und zu 29% ebenfalls im Mittleren Osten [vgl. Schaubild 9]. Die Kohlevorräte hingegen sind gleichmäßiger verteilt; ihre Zentren finden sich in der nördlichen Hemisphäre, aber auch China und Indien verfügen über große Vorkommen.

Die bekannten Uranreserven konzentrieren sich wiederum sehr stark – und zwar auf Australien (28%), Niger (18%), Südafrika (13%) sowie Brasilien und Kanada (je 10%). Die Reichdauer der heute bekannten Reserven läßt sich mit 40 bis 60 Jahren angeben, wenn man die geschätzten Vorräte durch den derzeitigen Uranbedarf der rund 450 weltweit betriebenen Kernkraftwerke dividiert.

Energiemärkte

Die Energieträger Öl und Gas werden heute in großem Umfang gehandelt, vor allem zwischen der OECD-Welt auf der einen und der arabischen Welt und den GUS-Staaten auf der anderen Seite. Es ist zu erwarten, daß dieser Handel noch zunimmt, vor allem durch das starke Interesse von Ländern wie Rußland, Kasachstan, Aserbaidschan oder Turkmenistan an Erdgasexporten. Die Öl- und Gasförderung in den OECD-Staaten selbst, etwa die Ausbeutung von Nordseeöl und -gas, wird hingegen an Bedeutung verlieren.

Deshalb ist damit zu rechnen, daß »westliche« Investitionen zur Erschließung von Energiequellen in den GUS-Staaten zunehmen werden, wenn dort politische Stabilität und Investitionssicherheit gewährleistet sind. Im Ergebnis werden die erforderlichen Kapitalinvestitionen früher oder später zu steigenden Erdöl- und Erdgaspreisen führen. Einen bestimmenden Einfluß auf die Preisentwicklung wird aber auch in Zukunft das Anbieterverhalten der OPEC-Staaten (vor allem von Saudi-Arabien, Kuwait und den Vereinigten Arabischen Emiraten) haben.

Entwicklungsländer, die selbst keine Öl- oder Gasvorräte haben und deren Ökonomien in hohem Maße von Ölimporten abhängen, werden auch in Zukunft wenig Einfluß auf die Weltenergiemärkte haben. Daß sie die Leidtragenden des gegenwärtigen Überkonsums der Industrieländer von Öl und Gas sein könnten, bringt der Weltenergierat zum Ausdruck, wenn er feststellt: »Es besteht die große Wahrscheinlichkeit, daß das Angebot von Öl und Gas zwischen 2030 und 2080 deutlich eingeschränkt werden muß, so daß die verbleibenden Reserven nur noch für privilegierte Verwender und besonders wichtige Einsatzbereiche zur Verfügung stehen werden.«

Wesentlich geringer als die Bedeutung des Weltmarktes für Öl und Gas ist die Bedeutung des Weltmarktes für Kohle. Zwar exportieren einzelne Länder wie Australien, Südafrika oder Kolumbien durchaus erhebliche Mengen ihrer zu niedrigen Kosten geförderten Kohle, doch ist der abbaunahe Einsatz von Kohle in Kraftwerken, Industriefeuerungen und (mit abnehmender Tendenz) für Zwecke der Raumheizung noch immer der Regelfall. Überdies schützen verschiedene Staaten – vor allem Deutschland – ihre heimische Kohleindustrie durch Importrestriktionen und Subventionen. Ob solche Regelungen auf Dauer Bestand haben werden, wird nicht zuletzt politisch entschieden.

Die Frage, ob China und Indien im Zuge ihrer Industrialisierung und Elektrifizierung vor allem auf die heimischen und reichlich vorhandenen Kohlevorräte setzen, wird in hohem Maße darüber mitbestimmen, wie stark die CO_2-Emissionen in Zukunft weltweit zunehmen werden.

Risiken der Energieversorgung

Die heutige Weltenergieversorgung birgt Verteilungskonflikte und ökologische Risiken, von denen einige bereits offenkundig sind, die sich aber größtenteils noch im »Larvenstadium« befinden.

Politische Konflikte

Da ist zunächst das geopolitische Konfliktpotential, das in der Erdölabhängigkeit der Industriestaaten liegt. Da die Ölquellen sich im wesentlichen außerhalb der Grenzen Europas, Nordamerikas und Japans – nämlich im Nahen Osten – befinden, ist es ein elementares Interesse dieser Regionen und Länder, nicht von den Quellen abgeschnitten zu werden.

Die beiden vom OPEC-Kartell 1973/74 und 1979/80 ausgelösten Ölpreiskrisen haben zwar nicht zu kriegerischen Auseinandersetzungen geführt, aber das internationale politische Klima belastet. Im Ergebnis waren sie allerdings eher heilsam. In der industrialisierten Welt begann man, Energie zu sparen und Öl aus verschiedenen Lieferländern zu beziehen. Von besonderer Bedeutung war, daß das OPEC-Kartell »zahnlos« zurückblieb.

Anders reagierte die westliche Welt auf den Einmarsch von Saddam Husseins Truppen in Kuwait 1990. Wenngleich nicht in Abrede gestellt werden soll, daß »Desert Storm«, die militärische Reaktion der Alliierten, auch der Wiederherstellung des internationalen Rechts gedient hat, so ist die Aufrechterhaltung des freien Zugangs zu den Ölquellen des Nahen und Mittleren Ostens doch unzweifelhaft das zentrale Motiv des Einsatzes US-amerikanischer und europäischer Truppen gewesen.

Solche und ähnliche Konflikte können sich – im arabischen Raum oder in den GUS-Staaten – wiederholen; und selbst wenn das nicht geschehen sollte, sind doch die Kosten der Konfliktvermeidung erheblich.

Umweltgefahren

Neben den geopolitischen Konflikten sind es vor allem ökologische Zerstörungen und Risiken, die aus dem derzeitigen Weltenergiesystem resultieren. Dabei ist zu bedenken, daß jede Energieart ein spezifisches ökologisches Belastungs- und Risikoprofil aufweist. Das Erdöl verschmutzt in großem Umfang die Weltmeere. Die Kohle hat bei ihrer Förderung erhebliche Schäden an Landschaft und Grundwasser zur Folge und setzt bei ihrer Verbrennung säurebildende Schadstoffe, photochemische Substanzen und klimarelevante Spurengase frei. Die Kernenergie scheint bezüglich der Schadstoffemissionen und des CO_2-Problems eher verträglich, weist aber ein Risikoprofil auf, das im Schadensfall katastrophale und lang anhaltende Folgen bedeutet.

Die Politik der Risikostreuung

Geopolitische Konfliktpotentiale und ökologische Risiken haben die meisten westlichen Industriestaaten seit Beginn der 70er Jahre zu einer Energiepolitik der »Risikostreuung« (so damals der deutsche Bundeskanzler Helmut Schmidt) veranlaßt. Das hieß, daß man Energieträger aus verschiedenen Weltregionen bezog und verstärkt auf den Ausbau der Kernenergie setzte, deren Anteil an der Stromerzeugung in den meisten OECD-Ländern heute um ein Viertel bis ein Drittel schwankt (USA: 22%; Japan: 24%: Deutschland: 28%; Schweiz: 40%). Extrem hoch ist die Stromerzeugung durch Kernenergie in Schweden (52%), Belgien (59%) und Frankreich (73%).

Während die Risikostreuung durch Diversifizierung der Bezugsländer als relativ erfolgreich bezeichnet werden kann, muß dies beim Kernenergieausbau stark bezweifelt werden. Die gesellschaftliche Akzeptanz für diese Energieform ist in den meisten OECD-Staaten – nicht erst seit der Katastrophe von Tschernobyl – sehr gering. Der Neubau weiterer Kernkraftwerke wird schwerlich akzeptiert werden. Die nukleare Option ist deshalb die zentrale Streitfrage im Bemühen um einen zukunftsfähigen Energiekonsens. In dessen Zentrum sollten aber die rationelle Verwendung fossiler Energieträger und der Aufbau solarer Strukturen stehen.

Denn selbst ein drastischer Ausbau der Kernenergiekapazität wäre kein nennenswerter Beitrag zum Schutz der Erdatmosphäre. Heute liegt der Beitrag der Kernenergie am gesamten Weltenergieverbrauch bei rd. 5%. Auch eine Verdoppelung dieser Kapazität würde also – bei konstantem Energieverbrauch – nur eine CO_2-Minderung von 5% im Weltmaßstab ergeben. Erforderlich ist jedoch nach Ansicht der Klimaforschung mindestens die globale Halbierung der CO_2-Emissionen bis Mitte des nächsten Jahrhunderts [vgl. Kapitel *Atmosphäre und Klima*].

»Erkauft« würde die geringfügige CO_2-Minderung mit deutlich wachsenden Kernenergie-Risiken (Unfallrisiken, Proliferationsrisiken, Risiken terroristischer

Anschläge, ungeklärte Endlagerung etc.) und der Bindung enormer Investitionsmittel, die an anderer Stelle – etwa zum Zwecke der rationellen Energieverwendung – wesentlich sinnvoller eingesetzt werden könnten.

Energieszenarien

Zur Entwicklung des künftigen globalen Energiebedarfs und den daraus resultierenden CO_2-Emissionen gibt es sehr unterschiedliche Szenarien etwa von der Weltbank, dem Weltenergierat (WEC), dem Zwischenstaatlichen Gremium über Klimaveränderungen (IPCC) und Greenpeace. Diese Szenarien entwerfen anhand plausibel gewählter alternativer Annahmen mögliche Zukunftspfade und sind nicht zu verwechseln mit Prognosen. Die Annahmen beziehen sich vor allem auf das Wirtschaftswachstum, die Entwicklung der Weltbevölkerung, Brennstoffpreise und den Technologiemix.

Grundsätzlich sind zwei Typen von Szenarien zu unterscheiden: Business-as-usual-Szenarien und ökologische Szenarien. Erstere gehen von der Fortschreibung gegenwärtiger Trends ohne spezifische Maßnahmen zum Schutz des Klimas aus; bei letzteren sollen zur Minderung von Energieverbrauch und CO_2-Emissionen die wirtschaftliche und gesellschaftliche Entwicklung gezielt beeinflußt und geeignete Technologien eingesetzt werden.

Alle wichtigen Business-as-usual-Szenarien gehen davon aus, daß der Energieverbrauch bis zum Jahr 2100 auf das Vier- bis Fünffache des heutigen Wertes wachsen wird. Die CO_2-Emissionen von heute würden sich dann etwa verdreifachen – mit den entsprechenden Folgen für das Klima der Erde [vgl. Kapitel *Atmosphäre und Klima*].

Die verschiedenen ökologischen Szenarien ergeben unterschiedliche Resultate. Die Weltenergiekonferenz kommt zu dem Schluß, daß auch bei erheblichen Anstrengungen zum Schutz des Klimas die CO_2-Emissionen bis 2050 um 20% steigen werden. Als Hauptgrund hierfür nennt sie das starke Wachstum des Energieverbrauchs in Entwicklungsländern, das die Reduktionserfolge der Industriestaaten überkompensiere. Das im Auftrag von Greenpeace International erstellte Szenario »Fossil-Free Energy Future« hingegen ermittelt für das Jahr 2050 eine Minderung der globalen CO_2-Emissionen um mehr als 50%. Erreicht wird dies dadurch, daß das Verbrauchswachstum in den Entwicklungsländern durch Reduktionen in den Industrieländern deutlich überkompensiert wird. In diesem Szenario gelingt der Übergang in das solare Zeitalter im Jahr 2100: Die CO_2-Emissionen sind dann gleich Null [vgl. Schaubild 10].

Über die Entwicklung des künftigen Weltenergieverbrauchs und der globalen CO_2-Emissionen bestimmen also im wesentlichen zwei Faktoren: die Geschwindigkeit, mit der es den Industriestaaten gelingt, ihre Emissionen zu senken, und das Ausmaß, in dem energie- und emissionsintensive »Umwege« im Entwicklungsprozeß der Länder des Südens vermieden werden können. Das heißt, daß die Entwicklungsländer sich nicht nach dem historischen Vorbild der westlichen Industrieländer entwickeln dürfen, die genau diesen ressourcenverschwendenden »Umweg« gemacht haben.

Technik für den Klimaschutz

Eine Vielzahl von Studien befaßt sich inzwischen systematisch mit den technischen Potentialen zur Energieeinsparung und

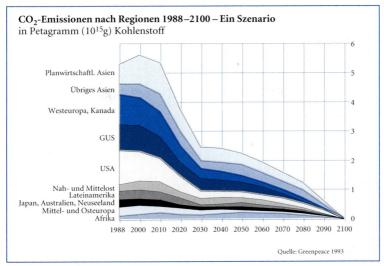

Schaubild 10

zur Minderung von CO_2-Emissionen. Für Deutschland (West) schätzt die Enquete-Kommission »Schutz der Erdatmosphäre« des Deutschen Bundestages die technischen CO_2-Minderungspotentiale auf der Basis heute verfügbarer Technologie auf rund 40% des gegenwärtigen Niveaus. Bis 2050 hält sie Energieeinsparungen von 80% in den meisten Industriestaaten für technisch möglich.

Schon in der Vergangenheit ist beispielsweise in Westdeutschland die Energieproduktivität deutlich verbessert worden: Von 1970 bis 1989 – dem letzten Jahr vor der Vereinigung – wuchs das Bruttoinlandsprodukt um rund 55%, der Primärenergieverbrauch hingegen stieg nur leicht (15%). Die mögliche Entkopplung von Sozialproduktentwicklung und Energieverbrauch gilt es in Zukunft durch technische, planerische und fiskalische Maßnahmen zu forcieren.

Einsparpotentiale

Die größten technischen Potentiale zur Einsparung von Energie finden sich auf der Nachfrageseite. Vor allem sind dies
▶ Vermeidung von Verschwendung, wo immer möglich (»Good housekeeping«);
▶ effektive Steuerung und Kontrolle von Prozessen;
▶ Begrenzung von Abwärmeverlusten durch Isolierung und Doppelverglasung von Gebäuden;
▶ Nutzung von Abwärme aus Industrieanlagen und Kraftwerken;
▶ Senkung des spezifischen Stromverbrauchs von Beleuchtungen und Elektrogeräten;
▶ Verlagerung des Straßenverkehrs auf schienengebundene und nichtmotorisierte Verkehrsformen;
▶ Entwicklung und Einführung neuer und effizienter Prozeßtechnologien.

Auf der Seite des Angebotes, also der Energieerzeugung, bieten vor allem folgende Technologien vielversprechende Einsparpotentiale:
▶ die gekoppelte und dezentrale Erzeugung von Strom und Wärme;
▶ Kraftwerke mit höheren Wirkungsgraden;
▶ effizientere Feuerungstechnik im Industriesektor;
▶ effizientere Heizungstechnik im Gebäudesektor;
▶ verbrauchsarme Antriebssysteme für Fahrzeuge und
▶ verstärkte Nutzung erneuerbarer Energieträger.

»Effizienz-Revolution«

Allein mit technischen Maßnahmen zur Produktivitätssteigerung – gern als »Effizienzrevolution« (Amory Lovins) gepriesen – sind die erforderlichen CO_2-Emissionen in den Industriestaaten jedoch nicht zu erreichen. Anhaltendes physi-

---

Energieszenario für China

Seit geraumer Zeit erreicht die chinesische Wirtschaft zweistellige Zuwachsraten. Vor allem wächst die energieintensive industrielle Produktion und damit auch der Energieverbrauch. Die chinesische Führung setzt nämlich bisher auf »nachholende Entwicklung«, also auf Nachahmung dessen, was die Industrieländer vorgelebt haben. Sollte sich dieses Wirtschaftswachstum Chinas unverändert fortsetzen, ist deshalb vorhersebar, daß die energiebedingten CO_2-Emissionen zur Destabilisierung des Klimas mit noch nicht abschätzbaren Auswirkungen auf die ganze Erde führen werden.
Diskutiert wird zur Zeit, wie die Wirtschaftsentwicklung Chinas gestaltet werden muß, damit dieses Katastrophenszenario nicht Wirkllichkeit wird. Gesucht wird ein Weg, der die negativen Auswirkungen der industriellen Entwicklung im Westen vermeidet und die positiven Trends aufnimmt, um zu ressourcen- und energiesparender Entwicklung zu kommen.
Gegenwärtig verursacht ein Chinese im Durchschnitt einen energiebedingten CO_2-Ausstoß von etwa 2 t pro Jahr. Zum Vergleich: Ein Deutscher produziert ca. 12 t, ein US-Amerikaner sogar 20 t. Trotzdem liegt China wegen seiner großen Bevölkerung (rund 1,2 Milliarden Menschen) mit etwa 10% des weltweiten CO_2-Ausstoßes auf dem dritten Platz hinter den USA (25%) und der GUS. Würde sich die chinesische CO_2-Produktion pro Kopf an den US-Standard angleichen, dann entließe das Land mehr CO_2 in die Atmosphäre als heute die ganze Menschheit, nämlich 24 Milliarden t pro Jahr.
Der Energieverbrauch pro Kopf ist heute in China noch vergleichsweise gering: Er beträgt nur 23 Gigajoule im Jahr, während ein US-Bürger 295 Gigajoule verbraucht. Gleichzeitig aber brauchen Chinesen zur Herstellung einer Einheit Sozialprodukt viermal soviel Energie wie US-Amerikaner und zehnmal soviel wie Japaner. Hier müßten Reformen ansetzen: Die Energieeffizienz muß mindestens auf das heutige Niveau Japans erhöht werden.
Die Abhängigkeit Chinas von der ökologisch besonders belastenden Kohleverbrennung als Energiequelle ist ein Problem. In den 80er Jahren lag der Anteil der Kohle an der Gesamtenergieversorgung Chinas bei 76%; er wird sich künftig kaum verringern. Die chinesische Führung erklärt zwar, daß sie sich der ökologischen Probleme des Wirtschaftswachstums bewußt sei, aber sie nennt als alternative Energieträger neben der Kohle nur die ebenfalls ökologisch bedenklichen Optionen Wasserkraft (Staudamm-Großprojekte) und Kernkraft.
Nach: Loske 1993; UN 1994

sches Wachstum der Volkswirtschaften kompensiert nämlich die Einspargewinne aus technischen Innovationen wieder.

Neben der zweifellos erforderlichen Effizienzrevolution wird in den Industriestaaten daher ein neues Verständnis von Wohlstand und Verantwortung erforderlich sein, eine neue Kultur der Genügsamkeit, in der Maßhalten wieder einen angemessenen Platz hat.

Für die Länder des Südens ist entscheidend, daß ihr Entwicklungsprozeß ohne energieintensive »Umwege« verläuft. Technologische Kooperation zwischen Industrie- und Entwicklungsländern ist – neben der wirtschaftlichen und gesellschaftlichen Entwicklung – dafür zwingend notwendig: Nur wenn in Asien, Lateinamerika und Afrika die besten verfügbaren Energietechnologien – fossile wie solare – eingesetzt werden, ist überhaupt denkbar, daß es nicht zu explosionsartig wachsenden CO_2-Emissionen kommt [vgl. *Energieszenario für China*].

Perspektiven und Optionen

Zukunftsfähige Energiepolitik

Die technischen Potentiale zur Reduzierung von Kohlendioxidemissionen sind vorhanden. Es mangelt aber bisher in nahezu allen Staaten an der Bereitschaft zu entschiedenem Handeln. Die Ursachen hierfür sind vielfältig, wurzeln aber vor allem in dem Glauben, daß ein ökologisch verträglicher Energiepfad mit zu hohen Kosten und Wohlstandsverlusten verbunden sei. Für verschiedene OECD-Staaten ist jedoch gezeigt worden, daß es eine Fülle von Energiesparpotentialen gibt, die profitabel oder mit niedrigen Kosten erschließbar sind.

Erschlossen werden diese Potentiale deshalb nicht, weil zahlreiche rechtliche Hemmnisse bestehen, Marktmechanismen ausgeschaltet sind und eine langfristige ökologische Rahmensetzung bis heute nicht verwirklicht wird. So wurzeln die Energiegesetze der meisten Industriestaaten in einem überkommenen Autarkiedenken – das deutsche Energiewirtschaftsgesetz stammt von 1935 – und sind einzig auf die Bereitstellung von Energie fixiert. Daraus resultiert eine immanente Benachteiligung von Maßnahmen der Energieeinsparung. Hinzu kommt, daß die Energiewirtschaft häufig monopolistisch strukturiert ist, so daß ein echter Wettbewerb zwischen angebotsseitigen Optionen (Lieferung von Strom oder Gas) und nachfrageseitigen Optionen (Stromeinsparung, Raumwärmedämmung) so gut wie ausgeschlossen wird.

Der Weg ins »post-fossile« Zeitalter

Zur Verbesserung der gesamtwirtschaftlichen Energieeffizienz in den Industriestaaten bieten sich folgende Maßnahmen an:

▶ eine Ordnung des Energiemarktes, die die Bildung von Kartellen und die systematische Benachteiligung von Energiesparmaßnahmen beendet. Die Rahmenbedingungen sollten so gesetzt werden, daß anlagesuchendes Kapital in Maßnahmen der Energieeinsparung fließt und ein Prozeß der Dezentralisierung der Energieversorgung eingeleitet wird.

▶ Preispolitische Maßnahmen wie die

Einführung einer aufkommensneutralen Energiesteuer begünstigen die Erschließung von Energiesparpotentialen und verbessern die Wettbewerbsposition der erneuerbaren Energieträger.

▶ Bei der Forschungsförderung sollte der Schwerpunkt auf erneuerbaren Energien und Techniken der rationellen Energieverwendung liegen, während die in der Vergangenheit begünstigte Kernenergie nicht mehr gefördert werden sollte.

Auf nationaler und internationaler Ebene sind institutionelle Veränderungen erforderlich. Während es auf der Seite der Energieanbieter eine etablierte institutionelle Struktur gibt (OPEC für den Ölbereich; Internationale Energieagentur für die Kohle; Internationale Atomenergieagentur für die Kernkraft), fehlt diese bislang für die rationelle Energieverwendung und die erneuerbaren Energieträger. Deswegen wäre die Einrichtung einer *Internationalen Agentur zur Entwicklung und Förderung Erneuerbarer Energien und der Energieeffizienz* sinnvoll.

Im Rahmen der Klimakonvention muß die bi- und multilaterale Kooperation zwischen Industrie- und Entwicklungsländern verstärkt werden. Das betrifft vor allem die Förderung der rationellen Energieverwendung und der erneuerbaren Energieträger. Im 21. Jahrhundert wird entschieden werden, ob der Übergang der Menschheit ins post-fossile Zeitalter, das aus ökologischer Sicht nur ein solares sein kann, sich friedlich vollziehen wird oder nicht. Je früher mit der notwendigen Transformation begonnen wird, desto größer wird die Wahrscheinlichkeit, daß Umweltzerstörung, Ressourcenverknappung, Verteilungskämpfe, Kriege und Katastrophen noch in Grenzen gehalten werden können.

Literatur

BP 1994: Statistical Review of World Energy, London.
Enquete-Kommission »Schutz der Erdatmosphäre« 1990: Schutz der Erde, Deutscher Bundestag, Drucksache 11/8030.
– 1994: Mehr Zukunft für die Erde. Nachhaltige Energiepolitik für dauerhaften Klimaschutz, Deutscher Bundestag, Drucksache 12/8600.
Greenpeace International/Stockholm Environment Institute 1993: Towards a Fossil Free Energy Future. The Next Energy Transition, Boston.
IEA (International Energy Agency) 1994: World Energy Outlook, 1994 Edition, OECD Publication, Paris.
– 1994a: Energy Statistics of OECD-Countries, Paris.
– 1994b: Energy Statistics and Balances of Non-OECD-Countries 1991–1992, Paris.
Loske, Reinhard 1993: Chinas Marsch in die Industrialisierung. Gefahr für das Weltklima? in: Blätter für deutsche und internationale Politik Nr. 12 (1993), S. 1460–1472.
Loske, Reinhard/Sebastian Oberthür 1994: Joint Implementation under the Climate Change Convention, in: International Environmental Affairs, 6. Jg. Nr. 1, S. 45–58.
Schipper, Lee et al. 1992: Energy Efficiency and Past Human Activities: Past Trends, Future Prospects, Cambridge University Press.
Sieferle, Rolf Peter 1982: Der unterirdische Wald. Energiekrise und Industrielle Revolution, München.

UN (United Nations) 1993, 1994: 1991, 1992 Energy Statistics Yearbook, New York.
van Wijk, Ad et al. 1994: Sustainable Energy System: Technologies to reduce the CO_2-Emissions, Universiteit Utrecht.
WEC (World Energy Council) 1993: Energy for Tomorrow's World – the Realities, the Real Options and the Agenda for Achievement, New York.
WRI (World Resources Institute) 1994: World Resources 1994–95. A Guide to the Global Environment, New York u. a.

Weltfrieden

331 **Frieden**

Zivilisierung der Weltgesellschaft
Präventive Friedensarbeit: Entwicklungspolitik, Minderheitenschutz, Machtteilung
Akute Konfliktbearbeitung: Methoden und Strategien der Mediation
Die UN-Friedenssicherung
Internationale Friedenspolitik: Wege zur zivilen Konfliktkultur

361 **Kriege**

Kein Frieden nach zwei Weltkriegen
Die Anatomie des Krieges: Kriegstypen, Kriegsursachen
Die »wahren Kosten« des Krieges: Vier Fallbeispiele
Politische Optionen der Kriegsverhütung: Kooperative Sicherheitsstrukturen

387 **Rüstung**

Weltweiter Rückgang der Militäretats: Die Rüstungsindustrie in der doppelten Krise
Aufrüstungsregionen
Der internationale Waffenhandel und seine Kontrolle
Perspektive: Demobilisierung, Rüstungsabbau, Konversion
Die künftige Friedensdividende

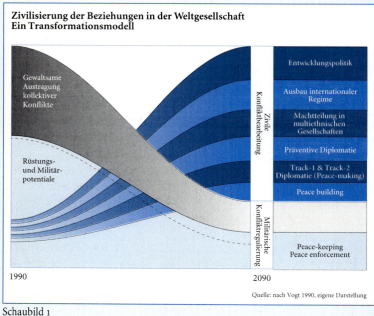

Schaubild 1

Frieden

Im Prozeß der Zivilisierung sozialer Beziehungen in und zwischen Gesellschaften sind vier Elemente entscheidend: die nachhaltige Abwesenheit militärisch organisierter Gewalt, die Wahrung der Menschenrechte, zunehmende soziale Gerechtigkeit und die wachsende Fähigkeit, gesellschaftliche Spannungen konstruktiv zu lösen. Im historischen Zivilisationsprozeß haben die Weltregionen unterschiedliche Akzente gesetzt und verschiedene Stufen erreicht.

In den meisten OECD-Ländern und einigen Ländern Asiens und Südamerikas haben Demokratie, Rechtsstaatlichkeit, Zivilkultur und günstige wirtschaftliche und soziale Bedingungen in den letzten Jahrzehnten dazu beigetragen, daß Konflikte in der Regel friedlich bearbeitet werden konnten. In anderen Teilen der Welt hat dagegen das Fehlen solcher Voraussetzungen die Kluft zwischen wachsendem Konfliktdruck und mangelnder Bearbeitungsmöglichkeit vertieft. Dazu haben auch widrige sozioökonomische Bedingungen in vielen Ländern des Südens und Ostens beigetragen.

Die akute und künftige Konfliktbearbeitung muß sich vor allem gewaltträchtigen Spannungen innerhalb bestehender Staaten widmen. Dafür bedarf es eines neuen, umfassenden Verständnisses von präventiver Friedensarbeit, das den Übergang zu ausgleichender, auf nachhaltige Ressourcenschonung gerichteter Wirtschafts- und Entwicklungspolitik einschließt. Dazu gehört auch, daß Minderheiten besser geschützt, die Verfassungen multiethnischer Staaten zugunsten von Modellen der Gewaltenteilung reformiert und die Kapazitäten der Vereinten Nationen und regionaler Organisationen zum »peace-making« und »peace-keeping« gestärkt werden. Das alles muß schließlich damit einhergehen, daß die Gesellschaftswelt für das »peace-building« in den Krisenzonen der Welt umfassend mobilisiert wird.

Zivilisierung der Weltgesellschaft

Frieden durch Zivilisierung menschlichen Verhaltens und sozialer Beziehungen – dieses Konzept orientiert sich an den historischen Erfahrungen einiger Länder Europas in der Zähmung von Gewalt und der Förderung sozialer Gerechtigkeit. Diesen innergesellschaftlichen Zivilisierungsprozeß verallgemeinerte der Historiker und Sozialphilosoph Norbert Elias zur menschheitsgeschichtlichen Fortschrittsaufgabe.

Das zivilisatorische Hexagon

Der Friedensforscher Dieter Senghaas hat ein Modell entworfen, in dem sich sechs Dimensionen von Zivilisierung zu einem »zivilisatorischen Hexagon« ergänzen [vgl. Schaubild 2]:

Ein erfolgreicher Zivilisierungsprozeß erfordert Fortschritte in allen sechs Dimensionen oder zumindest die Sicherung des einmal erreichten Fortschrittsniveaus. Historisch beginnt er in der Regel mit dem Gewaltmonopol und seiner Kon-

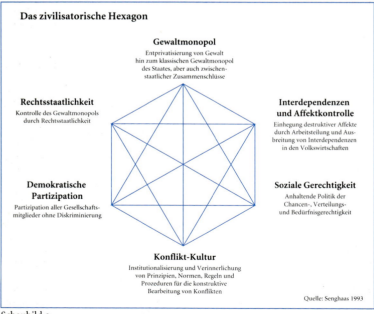

Schaubild 2

trolle und mit zunehmenden ökonomischen Interdependenzen. Es gibt aber auch andere historische Muster, zumal es immer wieder zu Rückschlägen in der einen oder anderen Dimension kommen kann. Deshalb ist es auch wichtig, die positiven Rückkoppelungen zwischen ihnen zu nutzen und zu stärken. Die Zivilisierung ist ein gefährdetes Projekt, das fortlaufend neuer Impulse bedarf.

Der »real existierende Sozialismus« kann als ein Experiment gelten, das nicht zuletzt am Zivilisationsprozeß scheiterte: ihm ist es – neben seiner ökonomischen Leistungsschwäche – nicht gelungen, über das Gewaltmonopol und soziale Verteilungsleistungen hinaus angemessene demokratische Partizipation und zivile Konfliktkultur zu schaffen. In Ostasien hingegen und, mit Abstrichen, in Lateinamerika sind Ansätze einer vollständigeren Realisierung des zivilisatorischen Hexagons zu erkennen. Im überwiegenden Teil der Welt, am stärksten in Afrika, ist es vor allem die Entwicklungskrise, die Zivilisierungsfortschritten entgegensteht.

Fragen und Widersprüche

Das zivilisatorische Hexagon wirft eine Reihe von Fragen auf. So zum (staatlichen) Gewaltmonopol: Die Entprivatisierung von Gewalt kann zwar Bürgerkriege und mafiose Gesellschaftsstrukturen verhindern; aber hatte nicht gerade das Gewaltmonopol auch eine immense Akkumulation von Gewaltmitteln und -mechanismen zur Folge? Und hat nicht die einzelstaatliche Gewaltakkumulation auf zwischenstaatlicher Ebene die Neigung zur Gewaltanwendung erhöht, weil hier die Kontrollmechanismen der Rechtsstaatlichkeit wenig oder gar nicht entwickelt sind?

Oder zur Universalisierbarkeit der europäischen Erfahrungen: Ist dieses Konzept mit der autonomen Entwicklung anderer Kulturkreise vereinbar, vor allem der nichtwestlicher Zivilisationen? Senghaas weist darauf hin, daß die ökonomische und gesellschaftliche Modernisierung auch in nichtwestlichen Kulturen zur Anpassung der Prinzipien, Normen, Regeln und Prozeduren an die Bearbeitung neuer Probleme und Konflikte zwingt. Die europäischen Modelle böten dazu Anschauungsmaterial, wie sozioökonomische Modernisierung, kulturelle Transformation und die wachsenden Ansprüche auf politische Mitbestimmung friedensverträglich in Einklang gebracht werden können – eben durch Fortschritte in allen sechs Dimensionen des Hexagons. Dabei seien Unterschiede zu Europa durchaus vorstellbar. So könnten z. B. sich modernisierende asiatische Kulturen die Affektkontrolle statt primär durch differenzierte Arbeitsteilung auch durch andere Formen der Gemeinschaftsbildung und der Aggressionskontrolle erreichen.

Neue zivilisatorische Teilung der Welt?

Diese Fragen berühren fundamental auch das Verhältnis der verschiedenen (Welt-)Zivilisationen untereinander, wobei »Zivilisation« hier als höchste Ebene kultureller Identifikation unterhalb der Menschheitsebene verstanden wird, eine Ebene, die oft auch mit den großen Religionen gleichgesetzt wird [vgl. Kapitel *Religionen*]. Der amerikanische Politikberater Samuel Huntington hat 1993 die These aufgestellt, daß nach Überwindung des Kalten Krieges die »westliche Phase« der Weltgeschichte ende; sie werde abgelöst von einer Phase, in der die Konflikte zwischen den Zivilisationen im Vordergrund stünden, vor allem die zwischen der westlichen und den nichtwestlichen Zivilisationen. Die Bruchlinien dieses Konfliktes träten an die Stelle der Grenzlinien des Eisernen Vorhangs.

In Europa z. B. sieht Huntington eine neue *fault line* entlang der östlichen Ausbreitungsgrenze des westlichen Christentums um das Jahr 1500 entstehen [vgl. Schaubild 3]. Die Völker westlich und nördlich dieser Linie seien katholisch oder protestantisch und teilten die gemeinsame Erfahrung der europäischen Geschichte von der Aufklärung und schrittweisen politischen Emanzipation bis zur industriellen Revolution. Die Völker östlich und südlich dieser Linie seien orthodoxen oder muslimischen Glaubens, von der westlichen Entwicklung deutlich weniger beeinflußt und zudem wirtschaftlich weniger entwickelt. Die Publikation dieser Karte hat in Osteuropa zu erheblichen Diskussionen geführt, da die Länder und Regionen östlich dieser Linie sich damit ausgegrenzt sehen.

Dieses Modell zur Prognose globaler Konflikte entspricht zwar verbreiteten westlichen Bedrohtheitsvorstellungen, aber seine Erklärungskraft und mehr noch seine politischen Konsequenzen sind problematisch. So ist festzustellen, daß die meisten kriegerischen Konflikte derzeit innerhalb der jeweiligen Zivilisationen ausgetragen werden, und zwar besonders blutig, wenn religiöse Differenzen dabei eine Rolle spielen [vgl. Kapitel *Kriege*]. Höchst fatal ist zudem die These, die Konfrontation der Zivilisationen ergebe sich quasi schicksalhaft aus ihren grundlegenden kulturellen und religiösen Differenzen. Abgesehen davon, daß sie die politischen und sozioökonomischen Konfliktursachen ignoriert, läßt sie offen, wie denn alle Zivilisationen so »zivilisiert« werden können, daß sie den Anforderungen eines »Weltethos« gerecht werden [vgl. Kapitel *Religionen*]. Hier bietet das zivilisatorische Hexagon wesentlich konkretere Ansätze.

Die neue zivilisatorische Ost-West-Grenze in Europa

Quelle: Huntington in Foreign Affairs 72,3

Schaubild 3

Phasen und Begriffe der Friedensarbeit

Im folgenden wird die Friedensförderung vor allem daraufhin betrachtet, welche Institutionen und Mechanismen der Konfliktbearbeitung auf internationaler Ebene zur Verfügung stehen und wie wirksam sie sich bisher gezeigt haben. In Anlehnung an das »timing« der Konfliktbearbeitung werden dabei drei Bereiche unterschieden:

▶ **Präventive Friedensarbeit:** Sie umfaßt alle Maßnahmen im Vorfeld der Eskalation von Konflikten auf die Ebene der Gewaltanwendung und erstreckt sich prinzipiell auf alle sechs Dimensionen der Zivilisierung. Hier soll sie jedoch in Anbetracht der besonderen Anforderungen, die gegenwärtig an die Kriegsverhütungspolitik gestellt sind [vgl. Kapitel *Kriege*], enger gefaßt werden: Es geht um die Möglichkeiten der Entwicklungspolitik zur frühzeitigen Deeskalation von Konfliktverläufen, um den Ausbau internationaler Regime, um makropolitische Modelle zur friedensverträglichen Organisation multiethnischer Staaten und um die präventive Diplomatie.

▶ **Akute Konfliktbearbeitung:** Sie umfaßt das gesamte Spektrum der friedensichernden und friedenwiederherstellenden Bemühungen vor allem dritter Parteien. Sie können regierungsoffiziell stattfinden (»Track-1-Diplomatie«) oder von nichtstaatlichen Akteuren ausgehen (»Track-2-

Kooperative Sicherheit durch problemgerechtes Handeln

Maßnahmen \ Probleme	Spannungen	Streit	Bewaffneter Konflikt	Andere Sicherheitskrise
Frieden schaffen				
Internationale Regime	■	■	■	■
Friedensarbeit vor Ort				
- vor dem Konflikt	■	■		
- nach dem Konflikt			■	
Frieden bewahren				
Präventive Diplomatie	■	■		
Präventive Stationierung	■			
Frieden wiederherstellen				
Frieden schließen			■	
Frieden bewahren				
- traditionell			■	
- erweitert			■	
Frieden erzwingen				
Sanktionen			■	■
Erzwingung				
- Grenzüberschreitender Angriff			■	
- Unterstützung der Friedenswahrung			■	
- Unterstützung humanitärer Ziele			■	

Quelle: Evans 1993

Schaubild 4

Diplomatie«). Militärische Unterstützung kann ein Teil dieser Bemühungen sein (peace-keeping und peace-enforcement), sollte aber keinesfalls mit ihnen gleichgesetzt werden.

▸ **Konfliktfolgenbearbeitung:** Hier geht es um den Wiederaufbau kriegszerstörter Länder, die Versöhnung verfeindeter Gruppen und gespaltener Gesellschaften, mithin um Friedensstiftung, nachdem ein Konflikt destruktiv ausgetragen worden ist. Dieser Ansatz ist nicht zuletzt deshalb wichtig, weil in der Art und Weise, wie ein gewaltsamer Konflikt von den Beteiligten verarbeitet wird, oft genug der Keim für neue Gewalt steckt. Da sich aber die Grundkonzepte dieser Phase nicht von denen der Prävention und der aktuellen Bearbeitung unterscheiden, soll sie hier nicht ausführlicher behandelt werden.

Die Terminologie der Konfliktbearbeitung ist sehr uneinheitlich. Eine Ursache dafür liegt in den unterschiedlichen Übersetzungen von Schlüsselbegriffen wie »Conflict Resolution« und »Conflict Management«, »peace-building« und »peace-making«, die vielfach nicht nur verschiedene Interventionsmethoden meinen, sondern auch konkurrierende Schulen der Konfliktbehandlung repräsentieren. Außerdem läßt der mißverständliche Ausdruck der »Konfliktprävention« die Deutung zu, daß Friedensförderung mit der Verhinderung von Konflikten gleichzusetzen sei. Es geht jedoch nur um die Verhütung *kriegerischer* Auseinandersetzungen; die gewaltfreie Austragung der Konflikte selbst ist ein wesentliches Element konstruktiven sozialen Wandels und dauerhafter Friedensstiftung.

Frieden – der globale Auftrag

Präventive Friedensarbeit

Entwicklungspolitilk

Die schwierige soziale und wirtschaftliche Lage vieler Entwicklungsländer hemmt ihre Fortschritte in nahezu allen Dimensionen des Zivilisationsprozesses [vgl. Kapitel *Lebensverhältnisse*]. Ohne menschenwürdigen Lebensstandard und ausreichende soziale Sicherung fehlt eine entscheidende Basis des zivilisatorischen Prozesses. Gleichzeitig hat die soziale und politische Mobilisierung in allen Teilen der Welt Ansprüche auf Teilhabe geweckt, die von den herrschenden Eliten in etablierten staatlichen Strukturen oft genug nur mit unfriedlichen Mitteln beantwortet werden.

Die entwicklungspolitische Konditionalität

Seit Anfang der 90er Jahre gilt für die internationale entwicklungspolitische Zusammenarbeit zunehmend auch das Kriterium, ob sie Staaten zugute kommt, die sich für die Achtung der Menschenrechte, für Demokratie und Rechtsstaatlichkeit und für eine marktfreundliche Entwicklung tatsächlich einsetzen. Etliche Geberländer und -institutionen wünschen eine »Konditionalität« zwischen ihren Leistungen und der Erfüllung dieser Bedingungen. Das Konzept der Konditionalität ist prinzipiell auch auf das Kriterium friedlicher interner Konfliktbearbeitung anwendbar, zumal massive Menschenrechtsverletzungen in der Regel ohnehin mit gewaltsam ausgetragenen Konflikten zusammenhängen.

Die bisherigen Erfahrungen mit finanziellen Sanktionen wegen Mißachtung menschenrechtlicher Konditionen sind allerdings nicht sonderlich ermutigend, wenn auch der Zusammenhang zwischen Menschenrechten und Entwicklungspolitik damit immerhin wieder zur Diskussion gestellt werden konnte. Zunächst stellt sich hier die grundsätzliche Frage nach der Glaubwürdigkeit einer solchen Politik, die Empfängerländer trifft, für die die weltwirtschaftlichen Rahmenbedingungen ohnehin ungünstig sind, und die extrem selektiv kleine, schwache Länder bestrafen kann, vor großen Staaten wie China aber schon aus wirtschaftlichem Eigeninteresse haltmacht. Außerdem erweist sich die Koppelung mit anderen, z. B. finanz- und wirtschaftspolitischen Auflagen zur Strukturanpassung meist als kontraproduktiv. Schließlich können viele Empfängerländer die Auflagen formal erfüllen, faktisch aber ins Gegenteil verkehren.

Frieden durch Entwicklung

Sinnvoller dürfte deshalb aktive und »positive« Entwicklungspolitik als Prävention gewaltsamer Konflikte sein. Dazu gehören z. B. folgende Maßnahmen der entwicklungspolitischen Zusammenarbeit: Hilfen beim Aufbau demokratischer, rechtsstaatlicher Strukturen und bei der Dezentralisierung der Verwaltung; Hilfen für die Vorbereitung und Durchführung fairer demokratischer Wahlen; Unterstützung für die Entwicklung von Nichtregierungsorganisationen; Förderung der Medienvielfalt; nicht zuletzt auch Unterstützung für die politische Kontrolle des Militärs und für die Reform der meist militärähnlich organisierten Polizei und des Strafvollzugs.

Auf diesem Gebiet vollzieht sich bereits ein allmählicher Bewußtseinswandel, allerdings angesichts der akuten Krisen viel zu langsam. Vor allem fehlt es an dem Mut, auf extreme Krisensymptome mit der Bereitschaft zu durchgreifenden und umfassenden entwicklungspolitischen Interventionen zu reagieren.

Internationale Regime

Die Politikwissenschaft definiert »Regime« als »kooperative Institutionen, die durch informelle und formelle, rechtliche und nichtverrechtlichte Strukturen – Prinzipien, Normen, Regeln und Prozeduren – gekennzeichnet werden und Konflikte zwischen konkurrierenden Nationalstaaten (gelegentlich unter Einbeziehung anderer Akteure) bearbeiten« (Müller 1993). Im Prozeß der Zivilisierung des internationalen Systems spielen Regime eine maßgebliche Rolle. Sie erhöhen die Verläßlichkeit wechselseitiger Erwartungen, und sie bilden »Schulen der Kooperation«. Sie ermöglichen es, das klassische »Sicherheitsdilemma« zwischen Staaten einzuhegen und zur schrittweisen Verregelung und zur Neudefinition von gemeinsamen Interessen jenseits des einzelnen Nationalstaats zu kommen.

Die meisten Regime zielen auf die Regelung des zwischenstaatlichen Verhaltens, es gibt jedoch auch solche, die vorrangig innerstaatliche Standards setzen. Hier ist an erster Stelle der Menschenrechtsschutz zu nennen [vgl. Kapitel *Menschenrechte*]. Er hat maßgeblich dazu beigetragen, das Prinzip der Nichteinmischung in die inneren Angelegenheiten der Staaten zumindest zu relativieren.

Beispiel Minderheitenschutz

Die Bedeutung des Menschenrechtsschutzes als präventive Friedensarbeit läßt sich exemplarisch am Schutz für Minderheiten darstellen. In Anlehnung

an den Sprachgebrauch der Vereinten
Nationen können Minderheiten als
Gruppen definiert werden, die »zahlenmäßig kleiner sind als der Rest der Bevölkerung des Staates, zu dem sie gehören, und die kulturelle, physische oder historische Merkmale, eine Religion oder eine Sprache besitzen, die sie von der übrigen Bevölkerung unterscheiden«.
Historisch geht der Minderheitenschutz auf die Toleranzedikte für den Umgang mit religiösen Minderheiten nach den Religionskriegen des 16. und 17. Jahrhunderts zurück. Bedeutsam für die Nachkriegsentwicklung waren auch die Erfahrungen mit der kollektiven Minderheitenschutzpolitik des Völkerbundes, bei der die politische Mitbestimmung der Volksgruppen einen wichtigen Platz einnahm.

Die Vereinten Nationen machten nach 1945 einen Neuanfang: Sie rückten den Schutz der *Individuen* ins Zentrum. Dies prägt bis heute den Minderheitenschutz auf multilateraler Ebene. Allerdings wurde im Artikel 1 der UN-Charta auch das »Selbstbestimmungsrecht der Völker« verankert, eine Entscheidung mit weitreichenden Konsequenzen: Sie ist heute eines der wichtigsten Argumente für die erneute Ausweitung auf den kollektiven Minderheitenschutz.

Der individuelle Minderheitenschutz besteht vor allem in einem allgemeinen Diskriminierungsverbot, wie es Artikel 27 des UN-Bürgerrechtspaktes von 1966 formuliert: »In Staaten mit ethnischen, religiösen oder sprachlichen Minderheiten darf Angehörigen solcher Minderheiten nicht das Recht vorenthalten werden, gemeinsam mit anderen Angehörigen ihrer Gruppe ihr eigenes kulturelles Leben zu pflegen, ihre Religion zu bekennen und auszuüben und sich ihrer eigenen Sprache zu bedienen.«

Positive und kollektive Rechte

In der Zeit des Ost-West-Konflikts war es nicht möglich, das Diskriminierungsverbot dahingehend auszuweiten, daß positive Ansprüche und auch Rechte mit kollektivem Bezug anerkannt wurden (z. B. durch Förderungsmaßnahmen der Bildungs- und Kulturpolitik oder durch eine »positive Diskriminierung« zugunsten der Beteiligung der Minderheiten am öffentlichen Leben). Erst danach, 1992, veranlaßten die zunehmenden Mehrheiten-Minderheiten-Konflikte die Weltorganisation, eine »Deklaration über die Rechte von Angehörigen nationaler oder ethnischer, religiöser und sprachlicher Minderheiten« zu verabschieden. Darin wird die Wahrung der Identität dieser Minderheiten unter den Schutz der Staaten gestellt. Allerdings ist die Deklaration weder rechtsverbindlich noch enthält sie konkrete Empfehlungen zur Durchsetzung der formulierten Ziele. Hinzu kommt, daß etliche Staaten Vorbehalte äußerten, die globale Ausstrahlungswirkung haben dürften. So hat die deutsche Regierung betont, daß sie unter Minderheiten nur solche versteht, die lange auf dem Territorium eines Staates gelebt haben und dessen Staatsangehörigkeit besitzen: Minderheitenrechte sollten Einwanderer nicht ermutigen, eigenständige Gemeinschaften zu bilden.

Regional ist der Minderheitenschutz sehr unterschiedlich entwickelt. Im Nahen Osten, in Afrika und Asien genießt der Schutz der nationalen Souveränität noch nahezu absoluten Vorrang, wenn auch unterschiedliche Formen von Diskriminierungsverboten bekannt sind. Nur die indische Verfassung erwähnt Gruppenrechte und ermöglicht auch die sogenannte positive Diskriminierung. In einigen lateinamerikanischen Ländern hat sich die Rechtslage für die indigenen Völker seit den 80er Jahren gebessert.

In Europa ist der multilaterale Minderheitenschutz am weitesten gediehen; der Europarat und auch die KSZE haben zur Regimebildung beigetragen. Die bisher weitestreichende Ausdifferenzierung von Minderheitenschutz-Normen gelang im Kopenhagener Dokument des KSZE-Treffens zur »menschlichen Dimension« vom Juni 1990; darin werden die Staaten nicht nur aufgefordert, die Förderung der kulturellen Identität institutionell zu unterstützen, sondern auch angehalten, die Beteiligung von Minderheiten als Kollektiv an öffentlichen Angelegenheiten durch wirksame Maßnahmen zu fördern [vgl. Tabelle 1].

Von ihrer Realisierung sind diese Normen, gerade in Staaten mit heftigen Mehrheiten-Minderheiten-Konflikten, noch weit entfernt. Gleichwohl erzeugen sie einen Legitimationsdruck, den Minderheitenschutz zu verstärken, bevor solche Konflikte eskalieren. Allerdings reicht der normative Minderheitenschutz allein nicht aus. Bei den Beziehungen zwischen Mehrheit und Minderheit geht es jenseits des individuellen Diskriminierungsverbots auch immer um Grundfragen der politischen Verfassung, um die »Identität«, das Selbstverständnis des jeweiligen Staates.

Besserer Minderheitenschutz mit kollektiven Bezügen ist deshalb nur möglich, wenn auch die Beziehungen zwischen den Beteiligten sich bessern. Fortschritte im Minderheitenschutz sind ohne konkrete Arbeit an den tiefer liegenden Spannungen schwer zu erreichen. Das gilt um so mehr für die weiter reichenden Formen des Minderheitenschutzes: für die Gewährung politischer Autonomie und die Schaffung von Modellen der Machtteilung bis hin zur Sezession.

»Power Sharing« in multiethnischen Gesellschaften

Zwei widersprüchliche Prinzipien sind seit Ende der 60er Jahre und verschärft seit dem Ende des Kalten Krieges für die Zunahme ethnopolitischer Konflikte maßgeblich: das »Selbstbestimmungsrecht der Völker« auf der einen, die »Souveränität« und die »Unverletzlichkeit der Grenzen« bestehender Nationalstaaten auf der anderen Seite. Seit die Erde mit der Dekolonisierung nahezu flächendeckend in souveräne Nationalstaaten aufgeteilt wurde, sind alle die ethnonationalen Gruppen privilegiert, die es im Laufe der historischen Entwicklung geschafft haben, als »Staatsvolk« einen Staat nach ihren Vorstellungen (genauer: nach denen ihrer Eliten) zu bilden. Zwar gibt es Staatsvölker, die kein primär ethnisches Selbstverständnis haben, wie die »Staatsbürgernationen« Frankreich und USA. Gerade bei den Nachzüglerstaaten hat sich aber die Tradition der »Volks-« bzw. »Kulturnation« durchgesetzt, wonach jede ethnonationale Gruppe möglichst zum »nationalen Erwachen« in ihrem »eigenen Staat« kommen sollte.

Die Vorstellung, jede ethnische Gruppe solle ihren eigenen Staat etablieren, ist wenig realistisch: den rund 190 heute existierenden Staaten stehen mindestens 170 »nationale Minderheiten ohne eigenen Staat« (Minority Rights Groups) bzw. – nach unterschiedlichen ethnographischen Schätzungen – etliche hundert oder sogar 3.000 bis 5.000 ethnische Gruppen gegenüber. Verschärfend kommt hinzu, daß die Siedlungsgebiete ethnischer Gruppen sich in vielen Regionen überlagern und einen Flickenteppich von Enklaven und Exklaven bilden – exemplarisch im früheren Jugoslawien und noch ausgeprägter im Kaukasus [vgl. Schaubild 5].

Minderheitenrechte und ihr völkerrechtlicher Schutz

Völkerrechtliche Normierung:	UNO					Europarat		KSZE	
	Übereinkommen über die Verhütung und Verfolgung von Völkermord UN-Resolution 260 A (III) vom Dez. 1948	Übereinkommen zur Beseitigung jeder Form von Rassendiskriminierung, UN-Resolution 2106 A (XX), 1965	Internationaler Pakt vom 19. Dez. 1966 über bürgerliche und politische Rechte, insb. Art. 2, Abs. 1, Art. 26 und 27	Internationaler Pakt über wirtschaftliche, soziale und kulturelle Rechte vom 19. Dez. 1966, Art. 2 Abs. 2	Resolution der Generalversammlung über nationale Minderheiten vom Dez. 1992, VN-Resolution A/RES/47/135 vom 3. Febr. 1993	Europäische Konvention zum Schutz der Menschenrechte und Grundfreiheiten (EMRK), 1950, Artikel 14	Europäische Charta der Regional- und Minderheitensprachen, vom 26. April 1991, als Konvention zur Zeichnung aufgelegt am 2. Okt. 1992	Schlußakte von Helsinki vom 1. Aug. 1975, Prinzip VII	Dokument des Treffens der Konferenz über die Menschliche Dimension, Kopenhagen, vom 29. Juni 1990, Teil IV
Individuelle Minderheitenrechte									
Individuelle Menschenrechte und Grundfreiheiten	x	x	x		x	x		x	x
Allgemeines Diskriminierungsverbot	x	x	x	x	x	x		x	x
Wahrung der ethnischen Identität	x	x	x		x				x
Ungehinderte Teilnahme am öffentlichen Leben	x	x	x		x	x			x
Freie Entscheidung über Zugehörigkeit zu Minderheiten	x				x				x
Individuelle Minderheitenrechte mit Kollektivcharakter									
Gebrauch von Minderheitensprachen in der Öffentlichkeit		x	x		x		x		x
Bemühenszusage der Vermittlung von Minderheitensprachen und Schulen					x		x		x
Bekämpfung von Rassenhaß	x	x	x		x				x
Kulturelle Förderung zum Schutz der Gruppenidentität					x				x
Zugang zu Informationen in der Muttersprache									x
Sicherung des Rechts auf Zusammenarbeit mit Angehörigen anderer Staaten					x	x			x
Erhaltung historischer Denkmäler								x	
Medienprogramme in der Muttersprache; Gleichstellung von Minderheiten; Förderung von Verständigung; amtlicher Austausch von Erfahrungen; gemeinsame Nutzung von Minderheitenrechten, Teilnahme am wirtschaftlichen Erfolg					x				x

Quelle: Bricke 1995

Tabelle 1

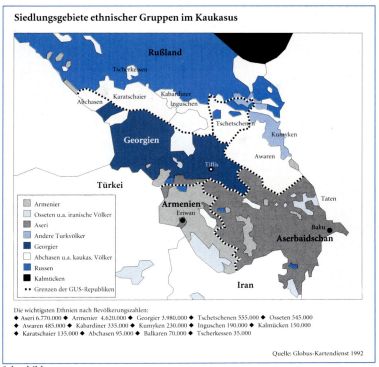

Siedlungsgebiete ethnischer Gruppen im Kaukasus

Die wichtigsten Ethnien nach Bevölkerungszahlen:
- Aseri 6.770.000 ◆ Armenier 4.620.000 ◆ Georgier 3.980.000 ◆ Tschetschenen 555.000 ◆ Osseten 545.000
- Awaren 485.000 ◆ Kabardiner 335.000 ◆ Kumyken 230.000 ◆ Inguschen 190.000 ◆ Kalmücken 150.000
- Karatschaier 135.000 ◆ Abchasen 95.000 ◆ Balkaren 70.000 ◆ Tscherkessen 35.000

Quelle: Globus-Kartendienst 1992

Schaubild 5

Teilung und Sezession

Gleichwohl sollten die Teilung oder Sezession von Staaten als präventive Friedensmaßnahme nicht grundsätzlich ausgeschlossen werden. Ein solcher Prozeß kann, wie die tschechisch-slowakische Teilung 1993 zeigte, durchaus friedlich und einvernehmlich geregelt werden, wenn es eine überwiegend friedliche Vorgeschichte und keine Grenzstreitigkeiten gibt. Auch das Gegenargument, Teilungen und Sezessionen seien in der Regel nur gewaltsam zu verwirklichen, sollte genauer bedacht werden: Die meisten Gewaltmaßnahmen in diesem Zusammenhang geschehen nicht zuerst in der Sezession selbst, sondern eher im Bemühen, die Sezession zu verhindern.

Um Sezessionen möglichst friedensverträglich organisieren zu können und zu erreichen, daß neu entstehende Minderheiten im abgespaltenen Staat hinreichend geschützt werden, wäre ein internationales Sezessionsregime erforderlich, das Prinzipien, Normen, Regeln und Prozeduren für diesen Prozeß möglichst präzise formuliert. Das ist zweifellos außerordentlich schwierig, und vorerst wird es wohl allenfalls Debatten über die Vor- und Nachteile eines solchen Regimes geben. Was aber geschieht, wenn nicht einmal das öffentliche Bewußtsein der Zweckmäßigkeit solcher Regelungen vorhanden ist, haben die gewaltsamen Auseinandersetzungen bei und nach der Auflösung Jugoslawiens und der UdSSR gezeigt [vgl. Kapitel *Kriege*]. In der Mehrheit der Fälle dürften Teilungen und Sezessionen allerdings keine friedensverträgliche Lösung sein, weil sich die Siedlungsgebiete der beteiligten Gruppen zu sehr überlagern.

Teilung der Macht

Eine andere präventive Maßnahme zur konstruktiven Bearbeitung des Konfliktpotentials multiethnischer Gesellschaften ist Machtteilung (power sharing). Sie ist nahezu universell anwendbar, da fast alle heutigen Staaten mindestens eine, meist mehrere ethnische oder nationale Minderheiten beherbergen. Machtteilungsmodelle haben nach historischen Erfahrungen für die präventive Bearbeitung ethnopolitischer Spannungen eine kaum zu unterschätzende positive Wirkung. Ansätze von föderalistischen oder anderen Selbstverwaltungselementen, die dem Konzept der Machtteilung nahekommen, gibt es tatsächlich aber nur in gut der Hälfte der multiethnischen Staaten und noch dazu meistens in eher bescheidener Form.

Das Machtteilungskonzept zeichnet sich – dem niederländischen Politikwissenschaftler Arend Lijphart zufolge – durch zwei primäre (A und B) und zwei sekundäre Merkmale (c und d) aus:
▶ **A**: Die gemeinsame Ausübung exekutiver Macht durch große Koalitionen (wie seit dem Machtwechsel in Südafrika) oder vergleichbare Arrangements der Teilung exekutiver Positionen zwischen Vertretern der beteiligten Gruppen (wie etwa in Belgien).
▶ **B**: Ein Mindestmaß an Gruppenautonomie: Alle Entscheidungen von existentieller Bedeutung für eine Gruppe trifft diese allein; wenn es um gesamtgesellschaftliche Fragen geht, entscheiden die Gruppen gemeinsam. Die bedeutsamste Institutionalisierung der Gruppenautonomie ist das föderalistische System. Es setzt allerdings eine hinreichende geographische Konzentration der einzelnen Gruppen voraus. Nichtterritoriale Formen der Gruppenautonomie werden auch als »consociationalism« bezeichnet.
▶ **c**: Das Prinzip der Proportionalität bei der politischen Repräsentation, der Verteilung von Ämtern, der Vergabe öffentlicher Gelder etc.;
▶ **d**: Die Zubilligung eines Vetorechts für Minderheiten in Fragen von existentieller Bedeutung (in Montville 1990).

Die gegenwärtig vorzufindenden Konzepte der Machtteilung lassen sich nach zwei Merkmalen ordnen: zum einen nach der Spannweite von Gruppenautonomie – sie reicht vom Zentralstaat mit partieller Autonomie für einzelne Gruppen oder Regionen bis hin zu Gemeinschaftsformen, wie sie für viele internationale Organisationen charakteristisch sind; zum anderen nach der Aufteilung zwischen eher territorial und eher nicht-territorial definierten Gruppen [vgl. Tabelle 2].

Diese Übersicht läßt erkennen, daß es einige erfolgreiche Föderationen auf territorialer Basis gibt. Aber nur drei Fälle mit nichtterritorialen Elementen werden genannt; zwei davon haben sich noch dazu als nicht sonderlich erfolgreich erwiesen. Bei ihnen ist der formale Föderalismus nämlich nicht mit systematischer Arbeit an besseren Beziehungen verbunden worden (Zypern und ehemaliges Jugoslawien). Günstiger sieht die Verteilung bei Zentralstaaten mit partiellen Autonomieregelungen für einzelne Gruppen aus.

Föderale Arrangements im Staatensystem 1993/94

Form	Union[1]	Föderation	Konföderation	Staatenbund	Assoziierte Staatlichkeit	Kondominium	Autonomie	Völkerbund/ Intern. Organis.
stark territorial	Antigua u. Barbuda Japan Salomonen Vanuatu	Äthiopien Argentinien Australien Brasilien Deutschland Kanada Komoren Malaysia Mexiko Venezuela Ver. Arab. Emirate USA	Karibische Gemeinschaft Commonwealth of Independent States	Dänemark–Färöer Dänemark– Grönland Indien–Kaschmir Portugal–Azoren Portugal–Madeira Großbritannien– Guernsey Großbritannien– Jersey Großbritannien– Man	Liechtenstein– Schweiz Monaco–Frankreich San Marino–Italien			Arabische Liga ASEAN Baltischer Rat Benelux-Staaten NATO Nordischer Rat SAARC
schwach territorial	Italien Sri Lanka Sudan Tansania Vanuatu Großbritannien	Österreich Belgien Nigeria Pakistan Russische Föderation St. Kitts u. Nevis Spanien Schweiz	Europäische Gemeinschaft Niederlande– Niederländische Antillen USA–Puerto Rico	Niederlande– Aruba USA–Nördl. Marianen	Bhutan–Indien	Andorra– Frankreich u. Spanien		British Commonwealth GUS
schwach nicht-territorial	Myanmar China Kolumbien Äquatorialguinea Georgien Niederlande Papua-Neuguinea Portugal-Azoren u. Madeira Südafrika Ukraine	Indien Jugoslawien	Senegal und Gambia	Finnland–Åland	Neuseeland– Cook-Inseln Neuseeland– Nieu-Inseln Marshallinseln– USA Mikronesien– USA Palau–USA		Frankreich–Korsika Georgien Ukraine	
stark nicht-territorial	Afghanistan Israel Libanon Namibia	Zypern						

[1] einschließlich multiregionaler Autonomieregelungen

Quelle: Federal Systems of the World Handbook 1994

Tabelle 2

Präventive Diplomatie

Unter »präventiver Diplomatie« sind alle grenzüberschreitenden, nichtmilitärischen Maßnahmen zu verstehen, die der frühzeitigen konstruktiven Bearbeitung potentiell gewaltsamer Konflikte und Krisen dienen. Der Begriff »Diplomatie« umfaßt sehr viel mehr als nach herkömmlichem Verständnis, das ihn im wesentlichen auf die Regelung der zwischenstaatlichen Beziehungen beschränkt. So können auch etliche der schon genannten präventiven Maßnahmen dazugerechnet werden, wenn sie von außen initiiert oder unterstützt werden und im Einvernehmen mit den betroffenen Parteien vor Ort stattfinden.

Präventive Diplomatie wird auf offizieller bi- und multilateraler Ebene aktiv, sie kann aber auch von Nichtregierungsorganisationen (NGOs) ausgehen. Die Beteiligung nichtstaatlicher Institutionen hat den Vorteil, daß in dem jeweiligen Spannungsfeld wichtige gesellschaftliche Akteure leichter erreicht werden können. Die Betonung von »Diplomatie« in diesem Zusammenhang bedeutet vor allem, daß die streitenden Parteien vor Ort durch erhöhte externe Aufmerksamkeit und durch intensive Kommunikation und Interaktion zur Deeskalation ihres Konflikts veranlaßt werden sollen. Sie kann allerdings auch machtpolitische Elemente enthalten, etwa die Ankündigung positiver oder negativer Sanktionen.

In der Praxis ist präventive Diplomatie schon sehr alt. Ihr systematischer Ausbau und ihre Institutionalisierung werden jedoch erst seit kurzem gefordert. So hat UN-Generalsekretär Boutros-Ghali in seiner »Agenda für den Frieden« 1992 vorgeschlagen, multilaterale Initiativen der präventiven Diplomatie umfassend zu stärken. Traditionelles Souveränitätsdenken, das der präventiven »Einmischung« in die meist internen Krisen eines Staates erhebliche Barrieren entgegengestellt, erschwert allerdings die Bemühungen der Vereinten Nationen auf diesem Gebiet.

Erfolgreicher war in dieser Hinsicht die KSZE (jetzt OSZE). Sie hat 1992/93 zwei Instrumentarien geschaffen, deren Legitimation zur frühzeitigen Intervention ausdrücklich in den Mandaten festgehalten wird: das Amt des Hochkommissars für Nationale Minderheiten und die Langzeitmissionen in Krisengebiete. So ist es z. B. dem Hochkommissar Max van der Stoel 1993 gelungen, die sich zuspitzende Krise zwischen Estland und der Russischen Föderation wegen des Status der russischen und anderer slawischer Ethnien in Estland zu entspannen. Er benutzte dazu ein breites Spektrum vertraulicher Vermittlungen, Beratungen und Gutachten, aber auch die Autorität offizieller multilateraler Stellungnahmen. In anderen Spannungsgebieten war die Mischung aus Förderung des direkten Dialogs der Konfliktparteien und nachdrücklicher Anmahnung multilateraler Standards ebenfalls hilfreich, so in Lettland, in den slowakisch-ungarischen und den rumänisch-ungarischen Beziehungen, in Mazedonien, Albanien, der Ukraine, Kasachstan und Kirgisistan.

Auf ähnlichen Prinzipien beruht auch die Wirkungsweise der OSZE-Langzeitmissionen; sie umfassen in der Regel bis zu acht Diplomaten, Militärs und Wissenschaftler und übernehmen eine Monitor- und behutsame Vermittlerfunktion in Spannungsgebieten.

Für eine Erfolgsbilanz ist es sicherlich zu früh. Aber schon heute kann gesagt werden, daß dieses Instrumentarium Möglichkeiten der Prävention eröffnet, die im internationalen System neu sind; die Missionsmitglieder leben längere Zeit vor Ort, kennen die streitenden Parteien sehr gut, unterhalten auch Kontakte zu anderen Akteuren im jeweiligen Land; sie arbeiten auf der Basis der Vertraulichkeit und können so das Spektrum möglicher Konfliktregelungen verbreitern [vgl. Tabelle 3].

Daneben gibt es nichtstaatliche Organisationen, die sich ebenfalls der Prävention verschrieben haben; beispielsweise trainieren sie politische Multiplikatoren aus Spannungsgebieten in Methoden der Kommunikation, der demokratischen Willensbildung und Problemlösung und des Vermittelns. Einige dieser NGOs verstehen sich auch explizit als »dritte Parteien«, die versuchen, zumindest informelle Verhandlungen zwischen Vertretern der Konfliktparteien zu arrangieren [vgl. als Beipiel *International Alert und seine Ziele*].

Akute Konfliktbearbeitung

Strategien

Es gibt diverse Möglichkeiten, konstruktive Konfliktbearbeitung zu typologisieren: z. B. nach Reichweite und Tiefe von Interventionen (Konfliktmanagement

[Fortsetzung des Textes S. 348]

International Alert und seine Ziele

International Alert arbeitet daran, internationale Konflikte zu verhindern und zu lösen und den Teufelskreis von Gewalt und Konflikt innerhalb von Ländern, die um die Wiederherstellung von Frieden und sozialer Gerechtigkeit kämpfen, zu durchbrechen.
International Alert
▶ bietet unparteiische Mediationsdienste an,
▶ organisiert Tatsachenermittlungs-Missionen,
▶ bringt Konfliktparteien zum konstruktiven Dialog zusammen,
▶ fördert Frühwarnmodelle und -mechanismen zur Erkennung von Anzeichen potentieller Konflikte,
▶ organisiert und erteilt Ausbildung in praktischen Fertigkeiten der Konfliktbearbeitung,
▶ vernetzt gleichgesinnte Personen, Gruppen und internationale Organisationen mit dem Ziel, gemeinsam Strategien der Prävention zu entwickeln,
▶ unterstützt Aktivitäten von Partnern in einem Gebiet mit aktuell oder potentiell gewaltsamem Konflikt,
▶ fördert Kooperation zwischen Aktivisten, Akademikern, politischen Entscheidungsträgern und Meinungsführern.
Als Beitrag zur Bildungsarbeit
▶ fördert International Alert die Erforschung der Ursachen und Wirkungen von ethnischen und Gruppenkonflikten,
▶ organisiert Seminare und Konferenzen, um Personen und Gruppen Gelegenheit zu verschaffen, sich zu treffen, Gedanken auszutauschen und neue Wege zur Friedensschaffung zu entwerfen,
▶ veröffentlicht Bücher, Broschüren und anderes Quellenmaterial oder hilft bei der Veröffentlichung,
▶ verbreitet Informationen über Konfliktprävention und verwandte Themen so weitgestreut wie möglich.

Quelle: *International Alert*, Annual Report 1993; eigene Übersetzung aus dem Englischen

OSZE-Langzeitmissionen 1992–1995
Stand: Februar 1995

Langzeit-missionen	Beschluß (AHB/AM)	Dauer	Leitung	Teilnehm. gesamt	Deutsche Beteiligung		Mandat				Budget 1995 (DM)
					Anzahl	Ressort	Überwachung Friedenstruppen bzw. Waffenstillstand	Umfassende politische Lösung Statusfragen	Demokratisierung	Ethnische Gruppen/ Menschenrechte	
Ziel: Konfliktprävention											
Estland	13.12.92	15.2.93–30.6.95	FIN (ab Feb. 1995 GB)	6	1	1 externer Wissenschaftler	–	–	–	Integration/Verständigung zwischen gesellschaftlichen Gruppen fördern	525.000
GUS	16.9.94	25.11.94–offen		1	1	1 Bundeswehr-Pensionär				Empfehlungen zu Aufenthalt russischer Militärpensionäre	120.000 (geschätzt)
Lettland	23.9.93	18.11.93–30.6.95	USA	7	–	–	–	–	–	Informationen und Beratung zur Staatsbürgerschaft	1 Mio.
Makedonien/ Skopje	18.9.92	10.9.92–30.6.95	N	8	–	–	–	–	Kontakt zu Parteien, NGOs, Bürgern	Förderung Dialog zwischen ethnischen Gruppen	860.000
Ziel: Krisenbewältigung											
Georgien (Südossetien)	6.11.92	1.12.92–31.3.95	D	17 (8 Offiziere)	3	Auswärtiges Amt (2) Verteidigungsministerium	Überwachung gemeinsamer Friedenstruppen in Südossetien	Förderung von Verhandlungen zum Status Südossetiens	Beratung zu neuer georgischer Verfassung	Förderung Achtung der Menschenrechte in ganz Georgien	2,75 Mio.
Moldau	4.2.93	25.4.93–30.6.95	CDN	8	1	1 externer Wissenschaftler	Kontakt zu trilateraler Friedenstruppe; soll zu Truppenabzug ermutigen	Verhandlungen um Status für Transnistrien erleichtern	Beratung bei demokratischen Reformen	Beratung bei Minderheitenfragen (Gagausen)	810.000
Sarajevo	2.6.94	31.10.94–30.6.95	SK/CZ (ab 5/95 DK)	5 (z.Z. 4 anwesend)	–	–	–	–	–	Unterstützung der drei Ombudsmänner	1,68 Mio. (geschätzt)

Langzeit-missionen	Beschluß (AHB/AM)	Dauer	Leitung	Teilnehm. gesamt	Deutsche Beteiligung Anzahl	Deutsche Beteiligung Ressort	Mandat				Budget 1995 (DM)
							Überwachung Friedenstruppen bzw. Waffenstillstand	Umfassende politische Lösung Statusfragen	Demokratisierung	Ethnische Gruppen/ Menschenrechte	
Tadschikistan	1. 12. 93	18. 2. 94–30. 6. 95	BG	4	1	1 externer Wissenschaftler	(OSZE über alle Entwicklungen informieren)	–	Beratung zu Wahlen und demokratischen Institutionen	Achtung der Menschenrechte und Dialog zwischen allen Parteien fördern	536.000
Ukraine	15. 6. 94	25. 11. 94–30. 6. 95	SK/CZ	6 (z. Z. 5 anwesend)	–	1 externer Wissenschaftler	–	Beobachtung der Situation und Lösungsvorschläge für Probleme bezüglich Krim	Unterstützung von Verfassungs- und Wirtschaftsexperten der OSZE	Dialog zwischen gesellschaftlichen Gruppen fördern	1,43 Mio. (geschätzt)
Gesamt 8 aktive Langzeitmissionen			1 deutscher Leiter	62 Teilnehmer	7 Deutsche	2 Auswärtiges Amt 1 Verteid.-Min. 4 Externe	–	–	–	–	9,71 Mio.
Sonstige Missionen											
suspendierte Langzeitmission in Kosovo, Sandj. u. Vojvodina	14. 8. 92	8. 9. 92–18. 7. 93 (unterbrochen)	(zuletzt: N)	[20]	[1]	[Auswärtiges Amt]	–	–	–	Beobachtung und Beratung bei Menschenrechtsverletzungen; Minderheitenfragen	–
Sanktionsunterstützungsmissionen (AL, BG, HR, UA, H, MK, RO)	16. 9. 92	ab 4. 10. 92–31. 12. 95	je nach Land: **D** in BG (I, DK, GB, CDN, USA, S)	187	19	Finanzministerium (Zollbeamte)	Unterstützung nationaler Zollbehörden bei Überwachung der Sanktionen	gegen Serbien/ Montenegro	in AL, BG, HR, MK, RO, VA, H	–	2,83 Mio.

Quelle: Auswärtiges Amt Bonn 1995

Tabelle 3

versus Konfliktlösung) oder deren Zielsetzung (Beseitigung oder Regelung von Differenzen zwischen den Parteien). Angesichts des zentralen Problems der ethnonationalen Konflikte im heutigen internationalen System kommt es vor allem darauf an, deren Besonderheiten entsprechende Bearbeitungsstrategien zu entwickeln. Sie können in drei Punkten zusammengefaßt werden:

Die Bearbeitung ethnonationaler Konflikte

▶ Ethnonationale Konflikte entwickeln sich in der Regel in einem langen historischen Prozeß, in dem subjektive wie objektive Faktoren eine Rolle spielen. In diesem Prozeß sind analytisch zwei Ebenen zu unterscheiden: die der politisch artikulierten Interessen und Forderungen und die der kollektiven Identitäten und Einstellungen. Ethnonationale Identitäten sind oft stark von negativen Gemeinschaftserfahrungen geprägt: Angehörige dieser Gruppe sind in großer Zahl Opfer von Willkürherrschaft und Vertreibung, einer militärischen Niederlage oder einer anderen Form von Gewalt geworden; das hat oft traumatisierende Wirkung über die unmittelbar betroffene Generation hinaus. Konsequenz dieses Aspektes »ethnischer Schicksalsgemeinschaften« ist, daß erfolgreiche Konfliktbearbeitung sich nicht auf die Verhandlung der Sachebene und der politischen Interessen beschränken kann. Sie muß auch die Beziehungsebene, die subjektiven Elemente des Konflikts thematisieren.

▶ Ethnonationale Konflikte sind sehr häufig asymmetrischer Natur. Das betrifft zum einen das quantitative Mehrheiten-Minderheiten-Verhältnis. Zum anderen geht es häufig auch um strukturelle Asymmetrie: um den Gegensatz zwischen einer Partei, die im Namen des staatlich legitimierten Status quo auftritt, und einer anderen, die unter Hinweis auf gesellschaftliche Ungerechtigkeiten eine Änderung dieses Status quo fordert. Präventive Friedensarbeit kann auf diese Asymmetrien mit Hilfe von Minderheitenschutz- und Machtteilungsmodellen eingehen. In der aktuellen Konfliktbearbeitung stellt sich die Frage, ob sich die dritte, vermittelnde Partei nicht zunächst für die unterlegene Seite (die übrigens nicht unbedingt immer die quantitative Minderheit ist) einsetzen muß.

▶ Ein weiteres Merkmal ethnonationaler Konflikte ist ihre ausgeprägte Neigung zur Eskalation. Bei ihnen ist diese – vielen Konfliktverläufen scheinbar inhärente – Eskalationstendenz wohl deshalb besonders deutlich, weil sich in ihrer zählebigen historischen Entwicklung eine oft lange Liste ungelöster Streitigkeiten ansammelt, die wachsende Frustration schafft und der jeweils anderen Seite angelastet wird; dies führt zu den klassischen Aktions-Reaktions-Schemata von Feindseligkeiten. Hinzu kommt die Neigung, Positionsgewinne dadurch zu erzielen, daß die Zahl kontroverser Themen erweitert, komplexe Sachverhalte simplifiziert, Streitigkeiten personalisiert, die Art und Weise des Konflikts selbst zum Streitgegenstand gemacht wird etc. Schließlich schüren einzelne Gruppen die Eskalation auch bewußt, um höchst partikulare machtpolitische Interessen zu verfolgen.

Drittparteien

Für die Konfliktbearbeitung nun ist wesentlich, daß mit zunehmender Eskalation die Fähigkeit der Konfliktparteien, ihre Streitigkeiten aus eigener Kraft beizulegen, abnimmt. Daher ist gerade die konstruktive Bearbeitung zugespitzter ethnonationaler Konflikte oft auf das Engagement dritter Parteien angewiesen. Nach einer These des österreichischen Konfliktforschers Friedrich Glasl können dritte Parteien allerdings nur dann deeskalieren, wenn sie die dem jeweiligen Eskalationsgrad angemessene strategische Rolle übernehmen. Glasl unterscheidet hier insgesamt neun Eskalationsstufen sozialer Konflikte (in einem absteigenden Modell, um den destruktiven Charakter der Eskalation zu betonen) sowie fünf Drittpartei-Rollenmodelle, die angemessene Interventionsformen für jeweils drei seiner Eskalationsstufen umschreiben [vgl. Schaubild 6].

Abgestuft nach der Fähigkeit der streitenden Parteien, den Konflikt selbst zu bearbeiten, und nach dem Machtcharakter der Intervention der dritten Partei sind das folgende Formen der Intervention:
▸ die Moderation
▸ die Prozeßbegleitung
▸ die Vermittlung (im engeren Sinne)
▸ das Schiedsverfahren und
▸ der Machteingriff.

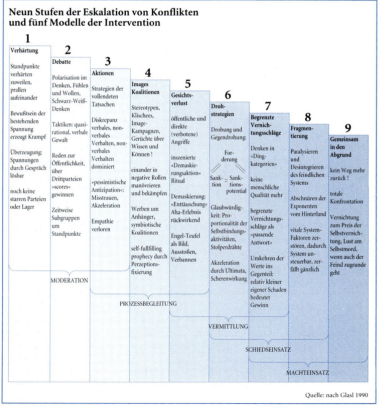

Schaubild 6

Die vom Eskalationsgrad abhängige Konfliktbearbeitungsstrategie muß bei ethnonationalen Konflikten zusätzlich noch die erwähnten Merkmale der Interessen- und Identitätsebene und ihre ausgeprägte Asymmetrie berücksichtigen. Wegen dieser Rahmenbedingungen bedarf die Bearbeitung solcher Konflikte einer Vielfalt von Interventionsformen und -ebenen. Vor allem ist es notwendig, sowohl auf staatlicher bzw. multilateraler Ebene als auch auf der Ebene gesellschaftlicher Akteure tätig zu werden. Außerdem ist die Zeitdimension wichtig, da bei etlichen zugespitzten und lange währenden Konflikten erst durch Vorverhandlungen und parallele Verständigungsbemühungen auf gesellschaftlicher Ebene konstruktive Gespräche auf der Führungsebene möglich werden. Dieser Zusammenhang läßt sich auch immer dann nachweisen, wenn sich aufgrund der Tiefendimension des Konflikts Widerstände und Abwehrreaktionen zeigen.

Mediation

Tabelle 4 faßt die Interventionsmöglichkeiten dritter Parteien zusammen, die unter das Konzept der Mediation, der Vermittlung im weitesten Sinne fallen. Ausgeschlossen sind danach alle Drittpartei-Interventionen, die auf physischer Gewalt beruhen oder auf der Autorität von Gesetzen. Wesentlich für Mediation ist, daß die Entscheidung darüber, ob ein mit Hilfe der dritten Partei zustandegekommenes Ergebnis angenommen wird oder nicht, letztendlich in der Kompetenz der Parteien liegt. Bei Mediation mit Machtmitteln kann diese Abgrenzung allerdings fließend sein.

Die Abstufung zwischen den drei Mediationsstrategien der Facilitation, der non-direktiven Mediation und der direktiven Mediation orientiert sich daran, wie weit mehr die Subjekt- oder mehr die Objektsphäre des Konflikts in den Vordergrund gerückt wird; ferner daran, wie die dritte Partei selbst zum Konflikt und seiner Bearbeitung Stellung bezieht. Da bei ethnonationalen Konflikten die Tiefendimension eine so wesentliche Rolle spielt und es je nach Bearbeitungsstadium unterschiedliche Prioritäten gibt, sind akademische Debatten über Vor- und Nachteile verschiedener Interventionsmodelle meist wenig fruchtbar. Besonders die verbreitete Auffassung, »power mediation« sei die wirksamste Form der Intervention, muß vor diesem Hintergrund relativiert werden (vgl. Bercovitch/Rubin).

Sehr viel sinnvoller ist es, die verschiedenen Mediationskonzepte als komplementär zu betrachten und Konfliktbearbeitung je nach der konkreten Konstellation als einen Prozeß zu sehen, in dem diese Ansätze strategisch miteinander verknüpft werden.

Beispiel Nahost-Konflikt

Ein Beispiel zur Erläuterung dieses – freilich höchst komplizierten – Zusammenhangs ist die Konfliktbearbeitung zwischen Israel und den Palästinensern, die im September 1993 nach Jahrzehnten erbitterter Auseinandersetzungen zu einer ersten offiziellen Verständigung führte. Dieser Konflikt war seit längerer Zeit auf mindestens zwei Ebenen bearbeitet worden: Auf zwischenstaatlicher Ebene, auch als »track-1-Diplomatie« bezeichnet, gab es etliche Initiativen dritter Parteien, wenigstens direkte Kommunikation zwischen beiden Seiten herzustellen. Wegen des hohen Eskalationsgrades und der Verknüpfung dieses Konflikts mit den Ost-West-Spannungen hatte das aber bis Anfang der 90er Jahre wenig Erfolg. Schließlich brachten die USA direkte Verhandlungen in Madrid zustande, die sich aber im Kreise der einander ausschlie-

Funktionen von Drittparteien in der ethnopolitischen Konfliktbearbeitung

Konfliktbearbeitungsstrategien	Phasen der Konfliktbearbeitung			Konflikttransformation
	Vorverhandlungen	Verhandlungen	Umsetzung von Vereinbarungen	
Direktive Mediation	• »Empowerment« (Beitrag zur Reduzierung von Asymmetrie) • Erhöhung der Kosten bei Scheitern der Deeskalation • Druck auf Parteien, um sie zur Flexibilität zu bewegen • Versprechen oder Verweigerung von Ressourcen • Veränderung der Erwartungen der Parteien	• Einführung von substantiellen Anregungen und Vorschlägen • Bewußtsein schaffen bei den Parteien für die Kosten im Falle der Nichteinigung • Übernehmen von Verantwortung für Konzessionen • Input und Filtern von Informationen • Belohnen von Zugeständnissen • Entwicklung eines Rahmens für ein akzeptables Ergebnis	• Legitimierung und Hilfe bei der Umsetzung von getroffenen Vereinbarungen • Überprüfung der Befolgung der Vereinbarungen • Bereitstellen von Ressourcen für die Umsetzung • Peace-keeping	• »Empowerment« • Einrichtung von internationalen Regimen für Rechte von Minderheiten, für power sharing etc. • Förderung der internen Institutionalisierung von Konfliktkulturen
Non-direktive Mediation	• Auswählen und Identifizieren der Parteien • Auswählen und Identifizieren der Streitpunkte • Auswahl der Konferenzorte und Kontrolle des Umgebung • Reduzierung von Spannungen und Betonung der gemeinsamen Interessen	• Strukturierung der Tagesordnung • Vorschläge für die Vorgehensweise • Kontrolle des Timings • Interaktionsregeln • Erreichen, daß Parteien am Tisch bleiben • Vom Konflikt zum Problem führen • Identifizierung von Interessen bzw. Grundbedürfnissen hinter den Positionen	• Evaluierung der Vereinbarungen	• Training von Insidern in Mediation und »peace-building« • Überwachung der Menschenrechte • Entwicklungszusammenarbeit • Förderung von Strukturen einer transnationalen Zivilgesellschaft
Facilitation	• Kontaktaufnahme mit allen Parteien unter strikter Neutralität • Zurverfügungstellung von good offices und Ermöglichung von Interaktion • Darstellung und Kommunizieren der Ansichten aller Parteien • Vertrauensbildung für Drittparteien	• Klärung der Situation: Konflikt »mapping« • Bemühungen, daß die Interessen aller Parteien diskutiert werden • Ermutigung zur Empathie • Ermutigung zu substantieller Kommunikation • Aufbau von Vertrauen und Glaubwürdigkeit bzw. Verläßlichkeit zwischen den Parteien	• Monitoring von Vereinbarungen	• Training von Insidern in Facilitation • Förderung von Maßnahmen zur Versöhnung

Quelle: Ropers 1995

Tabelle 4

Die Geheimverhandlungen zum Friedensabkommen Israel/PLO 1993

Die traditionelle Nähe der PLO zum jetzt zerfallenen kommunistischen Machtbereich und ihre Unterstützung Saddam Husseins im Golfkrieg schienen in der veränderten Weltlage Anfang der 90er Jahre die Notwendigkeit des Umdenkens nahezulegen. Dies und der israelische Machtwechsel, der die in der Palästinenserfrage flexiblere Arbeitspartei unter Rabin und Peres an die Regierung brachte, ließen die Hoffnung auf Fortschritte zur Lösung des Nahostkonflikts steigen.

Dennoch kamen die unter der Ägide der USA in Washington und Madrid geführten offiziellen Friedensgespräche zwischen der israelischen und der palästinensisch-jordanischen Delegation kaum von der Stelle. Hinter den Kulissen aber vollzog sich seit Anfang 1993 eine historische Wende: Emissäre Israels und der PLO erarbeiteten mit norwegischer Unterstützung die Grundlagen der Aussöhnung. Ergebnis war die feierliche Unterzeichnung des Friedensabkommens am 13. September 1993 in Washington.

Organisatoren und Betreuer der »Oslo-Connection« waren einige norwegische Sozialwissenschaftler und Nahostexperten sowie Vertreter des norwegischen Außenministeriums mit Außenminister Holst an der Spitze. Das enge persönliche Beziehungsgeflecht in den politischen und akademischen Eliten Norwegens – in krassem Gegensatz zum unpersönlichen, streng hierarchischen Aufbau der US-Administration – trug zum Gelingen des Vermittlungsprozesses maßgeblich bei. Die norwegischen Gastgeber konzentrierten sich vor allem darauf, mit guten Diensten zur Verfügung zu stehen und bei insgesamt elf Treffen für die Logistik aufzukommen. Sie organisierten geeignete Tagungsorte, mit Vorliebe abseits gelegene Landhäuser oder Privatwohnungen, und sorgten dort für ein Klima des Vertrauens, nicht zuletzt durch ihre anhaltende Bereitschaft zum persönlichen Gespräch mit jedem der Teilnehmer. Sie saßen jedoch nie selbst mit am Verhandlungstisch. Unter höchster Geheimhaltung bemühten sich die Organisatoren um den möglichst reibungslosen Ablauf der Visa- und Einreiseformalitäten. Die telefonische Kommunikation zwischen den israelischen und palästinensischen Verhandlungsführern im Vorfeld jedes Treffens wurde ausschließlich über die Osloer Vermittler abgewickelt, die Decknamen benutzten, um nicht Geheimdienste und potentielle Störer auf den Plan zu rufen.

Gegenstand der Geheimverhandlungen war in erster Linie das Konzept »Gaza First«, das den Abzug der israelischen Streitkräfte aus dem besetzten Gazastreifen vorsah, einem Gebiet, das später als Versuchsfeld für eine palästinensische Selbstverwaltung dienen sollte. Als weiterer Schritt entsprachen die Israelis der palästinensischen Forderung, eine höhere politische und diplomatische Ebene einzuschalten, um den erzielten Ergebnissen mehr Verbindlichkeit zu geben. Strittig blieben lange Zeit vor allem Fragen der Sicherheit der israelischen Siedler und der Machtbefugnisse der palästinensischen Selbstverwaltung.

Der Durchbruch kam im August 1993, als Israel signalisierte, daß es zur Anerkennung der PLO als offizielle Verhandlungsführerin bereit sei. In einem achtstündigen Telefongespräch zwischen Arafats Büro in Tunis und Außenminister Holst, neben dem Israels Außenminister Peres saß, wurden die wichtigsten Streitpunkte Schritt für Schritt ausgeräumt: Die von Norwegen initiierte Geheimdiplomatie hatte schließlich den Weg für die Unterzeichnung des Gaza-Jericho-Abkommens vor der Kulisse des Weißen Hauses in Washington geebnet.

Zusammenfassung: Susanne Rindt

ßenden Grundpositionen drehten. Unabhängig davon hatten sich NGOs seit den 60er Jahren bemüht, mit einflußreichen Vertretern beider Seiten Workshops durchzuführen, um Grundeinstellungen und Beziehungen zueinander zu bearbeiten. Diese Initiativen im Rahmen der sogenannten »track-2-Diplomatie« haben maßgeblich dazu beigetragen, daß ein Netz von Akteuren entstand, die sich auf beiden Seiten für Verständigung einsetzten. Es waren Persönlichkeiten aus diesem Netz, die die »Oslo-Connection« ermöglichten – ein Beispiel der Verknüpfung von track-1- und track-2-Diplomatie [vgl. *Die Geheimverhandlungen zum Friedensabkommen Israel/PLO 1993*].

Vergleicht man die Skizze aus der Konfliktforschung [Tabelle 4] mit dem zur Zeit verfügbaren Instrumentarium der Konfliktbearbeitung im internationalen System, ist die Diskrepanz offensichtlich. In der Regel kommt es zu Vermittlungsbemühungen erst dann, wenn ein Konflikt bereits die militärische Ebene erreicht hat oder kurz davor steht. Das Schwergewicht liegt dabei auf offiziellen oder quasioffiziellen Interventionen, deren Adressaten meistens diejenigen sind, die über militärische Macht verfügen. Damit wird die Konfliktaustragung nicht selten noch stärker auf die militärische Ebene fixiert. Die zivilen, lokalen und gesellschaftlichen Akteure bleiben hingegen im Hintergrund. Sie werden allenfalls noch von NGO-Initiativen erreicht, die jedoch wenig Ressourcen und Handlungsspielräume haben.

Hinzu kommt, daß die track-1-Diplomatie, die im Rahmen der Vereinten Nationen stattfindet, den Zwängen einer multilateralen Organisation unterliegt, die immer auch auf die machtpolitischen Interessen ihrer wichtigsten Mitglieder Rücksicht zu nehmen hat. Die Politik der Vereinten Nationen zu Somalia und zum ehemaligen Jugoslawien ist ein beredtes Beispiel dafür. Schließlich sind die Strategiemodelle des Schiedsverfahrens und des kollektiv legitimierten Machteingriffs [vgl. Schaubild 4] im System der Vereinten Nationen zwar vorgesehen, aber bisher nur in Ausnahmefällen praktiziert worden. Statt dessen hat sich die UN-Friedenssicherung hauptsächlich auf Blauhelm-Missionen (peace-keeping) beschränkt.

Funktionswandel der UN-Friedenssicherung

Nach dem Ende des Ost-West-Konflikts wurden große Hoffnungen auf ein umfassend erneuertes System der internationalen Friedenssicherung in die Vereinten Nationen gesetzt; sie sind inzwischen einer eher nüchternen Einschätzung gewichen. Das in der UN-Charta angelegte System kollektiver Sicherheit wird sich auf absehbare Zeit nicht verwirklichen lassen, ganz abgesehen davon, ob es überhaupt ein sinnvolles Konzept ist (vgl. Czempiel). Gleichwohl richten sich immer mehr hohe Erwartungen an den Ausbau der Vereinten Nationen als friedenspolitische Ordnungsmacht. Im Juni 1992 legte Generalsekretär Boutros-Ghali in seiner »Agenda für den Frieden« einen entsprechenden Reformkatalog vor, der insbesondere eine Ausweitung in den Bereich der Prävention und der Konfliktfolgenbearbeitung vorsieht [vgl. *Die Agenda für den Frieden*].

Die Praxis der UN-Friedenspolitik ist aber weiterhin hauptsächlich von friedenerhaltenden Maßnahmen (peace-keeping) geprägt. Dieser – in der UN-Charta nicht vorgesehene – Einsatz von Blauhelmsoldaten zur Überwachung von Waffenstillständen, zur Bildung von Pufferzonen und zur Stabilisierung von

Die Agenda für den Frieden
Empfehlungen des UN-Generalsekretärs für eine neue Sicherheitspolitik der Vereinten Nationen, 1992

▶ **Vorbeugende Diplomatie:** Sie soll Spannungen abbauen, bevor ein Konflikt ausbricht. Zu ihrem Instrumentarium gehören vertrauenbildende Maßnahmen, Frühwarnung und vorbeugende UN-Einsätze in Krisengebieten, wenn dies von der betreffenden Regierung oder den beteiligten Parteien verlangt wird.
▶ **Frieden schaffen:** Formen der friedlichen Streitbeilegung sollen ausgebaut, die Rolle des Internationalen Gerichtshofes soll gestärkt werden. Falls diese Mittel versagen, ist die Anwendung militärischer Gewalt unter Leitung der UN gerechtfertigt. Der UN-Generalstabsausschuß sollte deshalb über ständige Streitkräfte gemäß Artikel 43 der UN-Charta verfügen, die zumindest kleinere Armeen von einer Aggression abschrecken könnten. Zusätzlich sollten unter dem Kommando des UN-Generalsekretärs Truppen zur Friedensdurchsetzung aufgestellt werden, die schwerer bewaffnet sind als die Blauhelme und im Konfliktfall einen Waffenstillstand aufrechterhalten und absichern können.
▶ **Frieden erhalten:** UN-Blauhelmeinsätze sollen in Krisenregionen Friedensprozesse sichern. Diese Friedenssicherung gewinnt immer mehr Bedeutung, die Anforderungen an Ausbildung und Ausrüstung der teilnehmenden Soldaten, Polizisten und Zivilpersonen wachsen. Alle UN-Mitgliedstaaten sollten hierfür Mittel in ihren Verteidigungshaushalten bereitstellen.
▶ **Frieden konsolidieren:** Nach der Beilegung eines gewaltsamen Konflikts beginnt der oft viel schwierigere Prozeß der Friedenskonsolidierung. Mit UN-Unterstützung müssen Kriegsparteien entwaffnet, Flüchtlinge repatriiert, die Wirtschaft wiederaufgebaut, neue demokratische Strukturen gestärkt und Wahlen überwacht werden.
▶ **Regional zusammenarbeiten:** Nach Kapitel VIII der UN-Charta ist die Wahrung des Weltfriedens Aufgabe nicht nur der Vereinten Nationen, sondern auch regionaler Organisationen wie der OAS, der OAU und der OSZE. Die Möglichkeiten kreativer und flexibler Arbeitsteilung zwischen UN und regionalen Abmachungen sollten verstärkt genutzt werden.

Addendum zur Agenda für den Frieden
Ergänzende Empfehlungen des UN-Generalsekretärs, 1995

Die Vereinten Nationen müssen befähigt werden, die in der Charta für sie vorgesehenen Aufgaben besser als bisher zu erfüllen:
▶ **Vorbeugende Diplomatie und Friedensschaffung:** Der Erfolg einer Initiative der Vereinten Nationen wird oft von Anfang an verhindert, wenn der betreffende Mitgliedstaat oder eine der Parteien nicht bereit ist, sie diese Aufgabe wahrnehmen zu lassen. Eine Lösung auf lange Sicht könnte sein, in der internationalen Gemeinschaft eine Gesinnung zu schaffen, mit der es zum Regelfall wird, daß Mitgliedstaaten die von den Vereinten Nationan angebotenen guten Dienste annehmen.
Möglichst bald sollten Maßnahmen zur Verbesserung der personellen und finanziellen Kapazität für gute Dienste von Sonderbeauftragten und Sonderbotschaftern des Generalsekretärs und für kleine Feldmissionen ergriffen werden.
▶ **Friedenssicherung:** Die Vereinten Nationen müssen sich ernsthaft mit dem Gedanken einer Schnelleingreiftruppe befassen. Sie wäre eine international zusammengesetzte strategische Reserve des Sicherheitsrates, die er im Notfall als Friedenstruppe einsetzen könnte. Dazu müßte ein Reservebestand an Standardausrüstung für Friedenssicherungseinsätze ge-

schaffen werden. Eine wirksame Informationskapazität ist von unschätzbarem Wert für den Erfolg eines Einsatzes; sie ist bei der Planung künftiger Einsätze frühzeitig zu berücksichtigen.

▶ **Friedenskonsolidierung:** Zeitplan und Modalitäten des Abzugs des Friedenssicherungseinsatzes und der Übertragung seiner friedenkonsolidierenden Aufgaben an andere müssen in engem Einvernehmen mit der betreffenden Regierung festgelegt werden. Dabei sind auch etwaige Verifikationsaufgaben zu berücksichtigen, für die die Vereinten Nationen noch verantwortlich sind.

▶ **Abrüstung:** An die seit 1992 erzielten Fortschritte auf dem Gebiet der Massenvernichtungswaffen und Großwaffensysteme müssen sich ähnliche Fortschritte bei konventionellen Waffen anschließen, insbesondere bei leichten Waffen und Kleinwaffen, mit denen die Welt überschwemmt ist. Hier kommt dem Ausbau des Registers der konventionellen Waffen zu einem universellen, nichtdiskriminierenden Mechanismus hohe Bedeutung zu.

Quelle: Boutros-Ghali 1992, 1995; eigene auszugsweise Zusammenfassung

Krisensituationen ist in der Zeit der Lähmung des Sicherheitsrates durch die Vetorechte der Großmächte als eine Art polizeilicher Friedenssicherung entwickelt worden. Im Rahmen der Aufwertung der Vereinten Nationen sind seit Ende der 80er Jahre die Peace-keeping-Operationen deutlich ausgeweitet worden: Nach insgesamt 13 solcher Missionen in den Jahren 1948 bis 1987 wurden von 1988 bis Sommer 1994 24 neue Operationen beschlossen. Mitte 1995 waren 15 UN-Blauhelm- und Beobachtermissionen unterwegs [vgl. Tabelle 5].

Seitdem wurden allerdings Blauhelme auch in Konfliktfällen eingesetzt, in denen es nicht primär um die Gewährleistung und Sicherung von Waffenstillstandsabkommen zwischen bestimmten Parteien ging. Drei Funktionsveränderungen sind vor allem zu registrieren:

▶ Es geht überwiegend um Konflikte innerhalb bestehender Staaten, in denen das Ende der Kampfhandlungen nicht abzusehen ist und manchmal auch die streitenden Parteien nicht klar definiert sind. Die Folge ist, daß die Vereinten Nationen Gefahr laufen, das Konsensprinzip des »peace keeping« zu verlassen und selbst zur Kriegspartei zu werden. Außerdem wird Gewaltanwendung damit möglicherweise zum integralen Teil von UN-Einsätzen.

▶ UN-Blauhelme und -Beobachtermissionen werden zunehmend zur Absicherung von Friedenskonsolidierungs- und Demokratisierungsprozessen herangezogen (Beispiele: Namibia, Nicaragua, Haiti, Angola, Westsahara, El Salvador, Kambodscha, Mosambik, Südafrika).

▶ In der Agenda für den Frieden hat Boutros-Ghali die präventive Stationierung von Blauhelmen gefordert, um in Krisensituationen einen abschreckenden Effekt zu erreichen. Praktiziert wird dieses Modell seit Ende 1992 mit der Stationierung eines UNPROFOR-Kontingents in Makedonien.

Das allgemeine Urteil über die friedenerhaltenden Maßnahmen der Vereinten Nationen fällt insgesamt eher skeptisch aus. Wie das Beispiel Ruanda belegt, fallen die Entscheidungen über den Einsatz von Blauhelmen nach höchst selektiven Kriterien. Der Funktionswandel der Aufgabenstellung hat die Peace-keeping-Operationen vor Herausforderungen gestellt, denen sie weder personell und finanziell noch organisatorisch gewachsen sind.

UN-Blauhelmeinsätze und -Beobachtermissionen weltweit
Stand: Juni 1995

Einsatzgebiet	Mission	Beginn der Mission	Personal	Kosten in Mio. US-$/ Jahr[1]
Palästina	UNTSO (Organisation zur Überwachung des Waffenstillstands)	Juni 1948	220	31
Indien/ Pakistan	UNMOGIP (Militärische Beobachtergruppe)	Januar 1949	40	8
Zypern	UNFICYP (Friedenserhaltende Mission)	März 1964	1.173	47
Syrien/Israel	UNDOF (Truppe zur Beobachtung des Disengagements)	Juni 1974	1.036	36
Libanon	UNIFIL (Interimstruppe)	März 1978	4.963	145
Irak/Kuwait	UNIKOM (Beobachtermission)	April 1991	1.112	73
Angola	UNAVEM III (Dritte Verifikationsmission)	Mai 1991	2.724	n. v.[2]
Westsahara	MINURSO (Mission für das Referendum)	September 1991	396	40
Ehem. Jugoslawien	UNPROFOR (Schutztruppe in Bosnien-Herzegowina) UNCRO (Schutztruppe in Kroatien) UNPREDEP (Mission zur Konfliktprävention in Mazedonien)	Februar 1992 März 1995 März 1995	25.783[3] 14.892 1.161	1.200 n. v. n. v.
Liberia	UNOMIL (Beobachtermission)	September 1993	70	70
Georgien	UNOMIG (Beobachtermission)	August 1993	132	7
Haiti	UNMIH (Interimstruppe)	September 1993	6.907	3
Ruanda	UNAMIR (Hilfsmission)	Oktober 1993	5.998	98

[1] Alle Kostenangaben mit Stand vom März 1994
[2] n. v. = nicht verfügbar
[3] ohne Schnelle Eingreiftruppe

Quelle: Vereinte Nationen 1995

Tabelle 5

Die massive Ausweitung friedenerhaltender militärischer Missionen hat außerdem den Eindruck vermittelt, als sei dieses Mittel das zentrale Instrument, mit dem in unserer Welt Frieden bewahrt oder wiederhergestellt werden kann. Die fatale Folge ist, daß aus der Ernüchterung über *dieses* Instrument die Meinung entsteht, die internationale Gemeinschaft könne bei regional begrenzten Konflikten wenig tun. Sie müsse sich wohl oder übel mit dem »Ausbrennen dieser Konflikte« ohne einhegende Interventionen von außen abfinden. Die begrenzte Wirksamkeit von Peace-keeping-Operationen sollte jedoch eher Anlaß sein, sie im Gesamtkontext einer umfassenden Zivilisierungspolitik neu zu gestalten.

Perspektiven und Optionen

Friedensstiftung bedeutet Zivilisierung, also konkretes Handeln, um die Menschenrechte wirksamer zu schützen, um demokratische Partizipation und Rechtsstaatlichkeit weltweit zu fördern [vgl. Kapitel *Menschenrechte*], um nachhaltige wirtschaftliche Entwicklung im Norden und im Süden zu unterstützen [vgl. Kapitel *Ökonomien*], um die immensen sozialen Spannungen zu verringern [vgl. Kapitel *Lebensverhältnisse*] und um die Verantwortungsgemeinschaft aller Menschen zu stärken [vgl. die Kapitel *Kommunikation* und *Religionen*].

Wege zur zivilen Konfliktkultur

Die Friedensstiftung im engeren Sinne steht vor der Aufgabe, die Eigendynamik und die destruktiven Kräfte des militärischen Sektors einzudämmen [vgl. Kapitel *Rüstung*], die real ausgefochtenen Kriege zu beenden [vgl. Kapitel *Kriege*] und dafür zu sorgen, daß die gewaltträchtigen kollektiven Konflikte möglichst friedlich ausgetragen werden können. Für eine neue, weltweit wirksame und vor allem zivile Konfliktkultur müssen einige wesentliche Voraussetzungen geschaffen werden:

▶ Der Entwicklungspolitik muß eine Schlüsselrolle zuerkannt werden. Sie ist am ehesten in der Lage, Strukturen und Einstellungen so zu verändern, wie meist tief wurzelnde Konflikte es erfordern. Sie sollte vor allem als aktive, »belohnende« entwicklungspolitische Zusammenarbeit auf Prävention ausgerichtet sein. Angesichts extremer Krisensymptome sollten Geberländer auch zu durchgreifenden und umfassenden entwicklungspolitischen Interventionen bereit sein.

So verlangte die Lage in Burundi im Frühjahr 1995 – nach Überzeugung von drei Abgeordneten des Deutschen Bundestages – ein großzügiges Arbeitsbeschaffungsprogramm für jene jugendlichen Tutsis und Hutus, die ohne wirtschaftliche Perspektive sehr viel leichter extremistischen Politikern und ihrer Aufstachelung zur Gewalt zum Opfer fallen. Dieser Vorschlag läßt sich – wie einige weitere Ideen – auf etliche Spannungsherde im Osten und Süden übertragen: Aufbau eines Friedensrundfunks, um den »Haßsendern« entgegenzuwirken; Hilfen zur Integration ehemaliger Soldaten in die zivile Gesellschaft; Unterstützung der zivilen Kräfte beim Aufbau nichtmilitärischer Macht- und Einflußstrukturen. Mit den Worten des Generalsekretärs von *International Alert* kann diese Aufgabe der

Entwicklungspolitik auch als »Konflikttransformation durch strategische Friedensallianzen« bezeichnet werden [vgl. Rupesinghe in: Ropers/Debiel 1995].
▶ Die dauerhafte Befriedung ethnonationaler Spannungsherde wird nur gelingen, wenn in der bestehenden Staatenwelt die Bereitschaft zunimmt, ihren Minderheiten mehr individuelle Rechte zuzugestehen, und wenn sich Mehrheiten wie Minderheiten auf neue Formen der Machtteilung verständigen können.

Hierfür ist es notwendig, die Vielfalt möglicher Autonomieregelungen, föderaler Arrangements, territorialer und nichtterritorialer Machtteilungs-Modelle bekannter zu machen und die meist verengten Sichtweisen der Beteiligten zu erweitern. Zur Lösung dieser Aufgabe können nichtstaatliche Organisationen maßgeblich beitragen. Wichtig ist jedoch auch, im Rahmen multilateraler Institutionen Foren für die Diskussion und Weiterentwicklung solcher Modelle zu schaffen.
▶ Der makropolitische Reformansatz allein reicht nicht aus. Der individuelle und kollektive Minderheitenschutz wird nur verbessert werden können, wenn vorher und parallel auch die *Beziehungen* zwischen den Konfliktparteien entspannt werden. Das erfordert in vielen Fällen die Beteiligung dritter Parteien sowohl auf der Ebene politischer Verhandlungen über den Interessenausgleich als auch auf der tiefer liegenden Ebene der Anerkennung von Identitäten und der Bearbeitung kollektiver Gemeinschaftserfahrungen. Konfliktbearbeitung ist deshalb gleichermaßen eine Aufgabe der Staaten- und der Gesellschaftswelt.
▶ In den Vereinten Nationen und einzelnen Regionalorganisationen, insbesondere der OSZE, gibt es zahlreiche konstruktive Ansätze zum Ausbau von Systemen friedlicher Streitbeilegung und präventiver Diplomatie. Aber die Beharrungstendenzen des überkommenen, auf Souveränitätsdenken fixierten Staatensystems und das militärische Instrumentarium der Konfliktbearbeitung sind so stark, daß die neuen Ansätze noch ein Schattendasein führen. Das drückt sich in mangelnden personellen und finanziellen Ressourcen aus und läßt erkennen, daß viele politische Eliten nicht bereit sind, die neuen Mechanismen mit mehr Leben zu erfüllen. Hier sind deutliche Signale erforderlich.

Die positiven Erfahrungen der OSZE mit neuen Formen präventiver Diplomatie sollten andere regionale Organisationen und die Vereinten Nationen veranlassen, ähnliche Mechanismen und Missionen ins Leben zu rufen. Damit könnten auch die schon auf den Weg gebrachten multilateralen Maßnahmen zur Tatsachenermittlung und zur Frühwarnung in den Zusammenhang der konkreten Umsetzung vor Ort gestellt werden.
▶ Trotz aller kritischen Einwände werden UN-Blauhelm-Missionen auf absehbare Zeit ein notwendiges Instrument der Gewaltverhinderung und -eindämmung bleiben. Allerdings ist es notwendig, die Funktionen des UN-Einsatzes sehr viel präziser als bisher zu bestimmen und damit auch die militärischen, polizeilichen und diversen zivilen Komponenten dieser Einsätze neu zu gewichten. Es ist zu fragen, ob es nicht in vielen Fällen angemessener ist, das zivile Leistungsprofil der Vereinten Nationen und ihrer Unterorganisationen in einer eigenständigen Organisationsform zusammenzufassen und deutlich von Blauhelm-Missionen abzusetzen. Im Zusammenhang damit stellen sich auch Fragen der Selektivität und der Bereitschaft, einmal beschlossene Missionen so auszustatten, daß sie die gesetzten Ziele erreichen können und nicht zu symbolischer Politik mißbraucht werden.

Die Diskussionen über den Ausbau kollektiver und kooperativer Sicherheitsstrukturen dürfen nicht eng unter dem Aspekt militärischer Vorsorge- und Zwangsmaßnahmen geführt werden. Für die Gestaltung eines dauerhaften Friedens kann das militärische Instrumentarium allenfalls eine vorübergehende Hilfs- und Stabilisierungsfunktion übernehmen. Es kommt darauf an, den zivilen Komponenten kollektiver und kooperativer Sicherheitsstrukturen weit größeres Gewicht zu geben.

Literatur

Bercovitch, Jacob/Jeffrey Z. Rubin 1992: Mediation in International Relations. Multiple Approaches to Conflict Management, London.

Birckenbach, Hanne/Uli Jäger/Christian Wellmann 1994: Jahrbuch Frieden 1995. Konflikte – Abrüstung – Friedensarbeit, München.

Bricke, Dieter 1995: Minderheiten im östlichen Mitteleuropa. Deutsche und europäische Optionen, Baden-Baden.

Czempiel, Ernst-Otto 1994: Die Reform der UNO, München.

Debiel, Tobias/Jörg Fischer 1994: Ohnmächtige Blauhelme? Zum Funktionswandel der UNO-Friedensmissionen, in: Sicherheit und Frieden 3/94, S. 104–111.

Elazar, Daniel J. (Hg.) 1994: Federal Systems of the World. A Handbook of Federal, Confederal and Autonomy Arrangements. 2. Aufl., London.

Evans, Gareth 1993: Cooperating for Peace. The Global Agenda for the 1990s and Beyond, St. Leonards.

Glasl, Friedrich 1990: Konfliktmanagement. Ein Handbuch für Führungskräfte und Berater. 2. Aufl., Bern/Stuttgart.

Kühne, Winrich (Hg.) 1993: Blauhelme in einer turbulenten Welt, Baden-Baden.

Matthies, Volker (Hg.) 1993: Frieden durch Einmischung? Der Schrecken des Krieges und die (Ohn)Macht der internationalen Gemeinschaft, Bonn.

Montville, Joseph V. (Hg.) 1990: Conflict and Peacemaking in Multiethnic Societies, Lexington.

Müller, Harald 1993: Die Chance der Kooperation. Regime in den internationalen Beziehungen, Darmstadt.

Ropers, Norbert/Tobias Debiel (Hg.) 1995: Friedliche Konfliktbearbeitung in der Staaten- und Gesellschaftswelt, Bonn (i. E.).

Senghaas, Dieter 1994: Wohin driftet die Welt? Über die Zukunft friedlicher Koexistenz, Frankfurt a. M.

Tomuschat, Christian (Hg.) 1993: Modern Law of Self-Determination, Dordrecht/Boston/London.

Vogt, Wolfgang (Hg.) 1990: Mut zum Frieden, Darmstadt.

Volkan, Vamik D./Joseph Montville/Demetrios A. Julius (Hg.) 1991: The Psychodynamics of International Relationships. Volume II: Unofficial Diplomacy at Work, Lexington.

Zartman, William 1989: Ripe for Resolution. Conflict and Intervention in Africa, New York/Oxford.

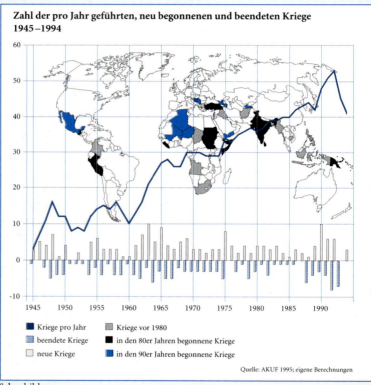

Schaubild 1

Kriege

Seit 1960 hat die Zahl der militärisch ausgetragenen Konflikte ständig zugenommen. Der leichte Rückgang seit 1992 signalisiert noch keine Trendwende. Für 1994 wurden weltweit 41 Kriege registriert. Über die Hälfte der derzeit laufenden Konflikte dauert schon länger als ein Jahrzehnt.

Die Konflikte der 90er Jahre sind mehr und mehr von innerstaatlicher Gewalt und Bürgerkriegen geprägt – in einigen Regionen, besonders in Subsahara-Afrika sowie in Süd- und Südostasien, kann man sogar von chronischen Bürgerkriegsgesellschaften sprechen. Der Legitimitätsverlust repressiver und sozioökonomisch »schwacher« Staaten hat in Afrika und Asien Demokratisierungs-, aber auch Sezessionsbestrebungen verstärkt, die oft unfriedlich verlaufen. Das Auseinanderbrechen der zuvor zwangsweise zusammengehaltenen Vielvölkerstaaten Jugoslawien und Sowjetunion geht mit gewaltträchtigen Auflösungs- und Neuformierungsprozessen einher. Die Suche nach kollektiven Identitäten entlang kultureller Traditionsbezüge und die Politisierung tatsächlicher oder vermeintlicher ethnischer Unterschiede komplizieren und verschärfen in vielen Weltregionen die Konfliktlagen.

Kriege mit ihren verheerenden sozialen und ökonomischen Folgen sind zu einem der entscheidenden Hemmfaktoren gesellschaftlicher und wirtschaftlicher Entwicklung geworden. Zudem erschwert die zunehmende Umweltzerstörung in den Armutsregionen Subsahara-Afrikas und Süd- und Südostasiens den Übergang zum Frieden und wird immer mehr auch zu einem konfliktfördernden Faktor. Menschliches Leid und die horrenden gesellschaftlichen, ökonomischen und ökologischen Kosten von Kriegen machen eine wirklich umfassende »Agenda für den Frieden« nötig. Sie wird im Kapitel *Frieden* entfaltet.

Kein Frieden nach zwei Weltkriegen

Die beiden Weltkriege in der ersten Hälfte des 20. Jahrhunderts haben Europa und Teile Afrikas und Asiens verwüstet. Doch das Ende des Zweiten Weltkriegs bedeutete für die nördliche Hemisphäre eine Zäsur: Seit 1945 wurden hier nur noch in vergleichsweise geringem Maße kriegerische Konflikte ausgefochten, wenngleich im »Kalten Krieg« die enorme Drohung eines nuklearen Krieges zwischen West und Ost, der auch andere Weltregionen schwer getroffen hätte, auf der Menschheit lastete.

Was ist das: Krieg?
Definitionen und methodische Hinweise

Definitionen für Krieg fallen je nach Forschungsunternehmung sehr unterschiedlich aus. Melvin Small und J. David Singer (1982) haben in ihrem »Correlates of War«-Projekt beispielsweise eine Mindestzahl von 1.000 Toten infolge von Kampfeinwirkungen angesetzt, um einen gewaltsamen Konflikt als Krieg zu bezeichnen. Auch William Eckhardt (in: Sivard 1989, 1991, 1993) legt in seinen Kriegszahl- und Kriegsopferstatistiken die Grenze von 1.000 Todesopfern zugrunde; ebenso greift das Heidelberger Forschungsprojekt KOSIMO (Konfliktsimulationsmodell) bei seiner Kriegsdefinition darauf zurück (Pfetsch 1991, Billing 1992).

Ein Forschungsprojekt am Department Peace and Conflict Research der Uppsala University in Schweden, dessen wichtigste Ergebnisse seit 1987 im Jahrbuch des renommierten Stockholmer Friedensforschungsinstituts SIPRI veröffentlicht werden, unterteilt bewaffnete Konflikte nach ihrer Intensität (gemessen an der Zahl der Opfer) und spricht von Krieg, wenn ein Konflikt mehr als 1.000 Tote im Jahr forderte (vgl. Wallensteen/Axell 1994, SIPRI 1994).

Die Arbeitsgemeinschaft Kriegsursachenforschung (AKUF) in Hamburg, die an die Studien des ungarischen Forschers Istvan Kende anknüpft und von Klaus-Jürgen Gantzel geleitet wird, beschränkt sich hingegen auf qualitative Kriterien. Krieg ist hier ein gewaltsamer Massenkonflikt mit drei Merkmalen: a) es sind zwei oder mehr Streitkräfte beteiligt, darunter mindestens auf einer Seite reguläre Regierungsstreitkräfte; b) auf beiden Seiten gibt es ein Mindestmaß an zentralgelenkter Organisation; c) die bewaffneten Operationen ereignen sich mit einer gewissen Kontinuierlichkeit (vgl. Gantzel/Schlichte 1994).

Das »Minorities at Risk«-Projekt an der University of Maryland schließlich hat unter Leitung von Ted Robert Gurr (1993) den Konfliktaustrag in ethnopolitischen Auseinandersetzungen mit einer umfangreichen Skala erfaßt, die vom gewaltlosen verbalen Protest bis hin zum Bürgerkrieg mit internationaler Dimension reicht. Unter gewaltsamen/schwerwiegenden Konflikten (»serious conflicts«) werden dabei sowohl weitreichende Formen gewaltsamen Protestes (verbreiteter politischer Aufruhr, lokale Rebellionen) als auch organisierte Rebellionen (Guerilla-Kampf, Krieg zwischen Ethnien, Krieg zwischen Minderheiten und Staatsgewalt etc.) verstanden.

Unterschiedliche Definitionen haben erhebliche Auswirkungen auf Zahl und Art der erfaßten Konflikte. So verzeichnen für den Zeitraum von 1945 bis 1990 die AKUF-Datenbank 173 Kriege, William Eckhardt 134 und das KOSIMO-Projekt nur 79 Kriege. Eine gewisse Angleichung läßt sich – auch wenn unterschiedliche Terminologien verwendet werden – zwischen der AKUF und dem Projekt der Uppsala University feststellen: Für 1993 stellt die AKUF 45 Kriege fest; die schwedischen Forscher verzeichnen 47 bewaffnete Konflikte, die sie wie folgt aufschlüsseln: 15 kleinere bewaffnete Konflikte, 17 mittlere bewaffnete Konflikte und 15 Kriege.

Das Kapitel Kriege stützt sich weitgehend auf zwei Datensätze. Zum einen werden Zahlen der AKUF Kriege-Datenbank zugrunde gelegt, die sich in Deutschland am kontinuierlichsten mit der quantitativen Erfassung von Kriegen beschäftigt hat. Ihre Kriegsliste verwendet auch das Environment and Conflicts Project (ENCOP) der Schweizerischen Friedensstiftung und der Eidgenössischen Technischen Hochschule (ETH) Zürich, das die Umweltdimension von Kriegen erfaßt hat und dessen Ergebnisse hier zum Teil einbezogen werden (z. B. Bächler et al. 1993, Bächler 1994). Zweitens werden die Daten des »Minorities at Risk«-Projektes herangezogen, das aufgrund seiner umfassenden und theorieorientierten Herangehensweise im Bereich ethnopolitischer Konflikte zur Zeit wohl weltweit führend ist.

Kriege im Norden

Kriege zwischen den westlichen Industriestaaten sind mittlerweile nahezu undenkbar geworden. Allerdings haben sich friedliche Konfliktlösungsmuster, vor allem in innerstaatlichen Konflikten, noch nicht ganz durchgesetzt. Dies zeigt sich Anfang der 90er Jahre in dem nach wie vor explosiven Spannungsverhältnis zwischen Griechenland und der Türkei (insbesondere im Zypernkonflikt) sowie in der brutalen Kriegführung der türkischen Regierung gegen das kurdische Volk (seit 1984). In Nordirland hingegen wurden die Weichen zur Beilegung eines über 25jährigen Bürgerkrieges (seit 1969) gestellt: Im Sommer 1994 erklärten erst die IRA und dann auch die unionistischen Terrorgruppen einen permanenten Gewaltverzicht. Der Weg zur Aufnahme offizieller Friedensgespräche mit der britischen Regierung war damit frei.

In Osteuropa beschränkten sich kriegerische Konflikte bis zum Ende der 80er Jahre auf militärische Interventionen der Sowjetunion in dem von ihr beanspruchten Herrschaftsbereich (Ungarn, Tschechoslowakei). Mit dem Zerfall der Vielvölkerstaaten Sowjetunion und Jugoslawien ist aber schlagartig deutlich geworden, daß Europa keine »Insel des Friedens« ist. In Südosteuropa und in den Übergangszonen zwischen Europa und dem Nahen Osten bzw. Zentralasien brachen zwischen 1989 und 1994 elf neue Kriege aus: in Rumänien und Moldau (Dnjestr-Republik); im früheren Jugoslawien (Kroatien/Serbien, Bosnien-Herzegowina); in der Russischen Föderation (Inguschien, Tschetschenien); in Georgien (Südossetien, Staatsstreich gegen die Regierung Gamsachurdia, Abchasien); in Nagornyj-Karabach (Armenien/Aserbaidschan) und Tadschikistan.

Kriege im Süden

Anders als in Europa und Nordamerika war Krieg in vielen Ländern des Südens schon während der letzten viereinhalb Jahrzehnte eine alltägliche Erfahrung. Legt man die Daten der Arbeitsgemeinschaft Kriegsursachenforschung (AKUF) in Hamburg zugrunde, so fanden 175 der insgesamt 187 Kriege seit 1945 in der Dritten Welt statt [vgl. *Was ist das: Krieg?*].

Alle Regionen waren betroffen. Nur in Ostasien ging nach den eskalationsträchtigen Kriegen der 50er Jahre (u. a. Tibet, China/Taiwan, Korea-Krieg) die Anwendung militärischer Gewalt zurück [vgl. Schaubild 2]. In dieser für den Ost-West-Konflikt hochbrisanten Region haben die Supermächte seit Mitte der 50er Jahre einen »disziplinierenden« Einfluß ausgeübt. Außerdem haben sich hier – was für die Zukunft entscheidend sein dürfte – einige relativ stabile Wachstumsökonomien herausgebildet, die sich durch weitgehende Weltmarktintegration auszeichnen.

In Süd- und Südostasien fanden 47, in Subsahara-Afrika 39 Kriege statt. Gewaltsam ausgetragene Konflikte waren hier eng mit Dekolonisierungs- und Staatswerdungsprozessen verbunden. In Nordafrika wurden neun, im Nahen und Mittleren Osten 34 Kriege geführt. Hier gab es keinen dominierenden Konflikttyp. Sowohl der Umsturz von Regierungen als auch Autonomietendenzen und zwischenstaatliche Machtkonflikte spielten eine Rolle.

Nach dem Zusammenbruch der Sowjetunion hat der Nahe und Mittlere Osten zu Beginn der 90er Jahre die meisten neuen Kriege zu verzeichnen. In Mittelamerika wurden 16, in Südamerika 14 Kriege geführt. Hier richteten sich drei Viertel der Konflikte gegen das politische Regime. Diese Kriege sind aber – ähnlich wie in Süd- und Südostasien – zunehmend davon geprägt, daß die Kriegsparteien und Herrschaftscliquen sich in vielen Ländern eine eigene ökonomische

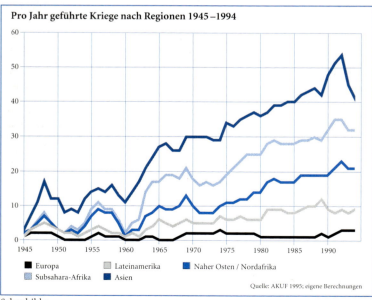

Schaubild 2

Drogen und Krieg

In einigen Weltregionen, besonders in Südamerika und in Zentral- und Südostasien, sind in Kriegszeiten florierende Drogenökonomien zu beobachten. Hier wird sehr deutlich, wie sich Macht- und Kartellstrukturen bilden, wie illegal transnationale Handels- und Beziehungsnetze entstehen und zum prägenden Wirtschaftsfaktor werden. Drogenwirtschaften bilden auf jeder Stufe – wie der französische Soziologe Alain Joxe es formulierte – »einen Ort der Machtsteigerung insbesondere des Militärs«. Schon auf der untersten Stufe von Drogenwirtschaften haben Militärs und Guerillaarmeen, indem sie den Verkauf der Anbauprodukte besteuern, Zugriff auf die Gewinnspannen. In Peru fordert der Leuchtende Pfad beispielsweise eine 10 %ige Steuer auf den Verkaufspreis der Cocablätter ein. Profitabler ist allerdings die nächste Stufe: der Handel mit dem Ausland. Sowohl der Sendero Luminoso als auch die Revolutionäre Bewegung Tùpac Amaru (MRTA) und die Armee versuchen in Peru, die Kontrolle hierüber zu erlangen, und haben sich deshalb bereits bewaffnete Auseinandersetzungen geliefert.

Der enge Zusammenhang von Krieg und Drogenökonomie wird auch in anderen Weltregionen deutlich. Im Süden Afghanistans schöpft der Mullah-Kommandant Rasoul Akhunzada 5 % des Verkaufspreises von Opium ab, um seine über 5.000 Mann starke Armee zu unterhalten. Im Goldenen Dreieck (Birma, Thailand, Laos) erhebt Warlord Khun Sa Schutzgelder auf die Begleitung von Opiumtransporten, die aus dem Norden Birmas nach Thailand gelangen.

Waffen- und Drogenhandel mischen sich im übrigen in vielfältiger Weise. Oft offerieren Waffenhändler ihren Kunden – also Guerillas, Milizen, paramilitärischen Verbänden und Regierungstruppen – zugleich auch Drogen. Die Käufer können dann durch Weiterverkauf der Drogen einen Teil ihrer Ausgaben wieder hereinholen – und bleiben treue Kunden des Lieferanten.

Mitunter werden auch offizielle Waffenkäufe über dieses Waffen-Drogen-Geschäft finanziert: So haben die in Birma herrschenden Militärs Waffenkäufe in China mit Gewinnabschöpfungen aus dem Heroinschmuggel bezahlt. Die Armee in Pakistan – und besonders ihr Geheimdienst, der Inter Services Intelligence (ISI) – profitiert vom Afghanistankrieg und dem entsprechenden Drogenhandel. Die Einkünfte werden auf mehrere hundert Millionen Dollar geschätzt.

Schließlich gibt es auch Kriege um Drogen. In der Region von Casamance im Senegal haben die Militärs Diola-Rebellen gefoltert, damit sie ihnen die Lage der Cannabisfelder verrieten. In Kolumbien unterscheiden sich die (einstmals) kommunistischen Guerilleros in ihrem Verhalten kaum mehr von den »Narkos«, die verschiedenen bewaffneten Gruppen sind untereinander in Kämpfe um Drogen verstrickt. Im Nordosten Birmas ist Ende November 1992 ein gewaltsamer Konflikt zwischen zwei mit der birmesischen Militärjunta verbündeten Clans um die Opiumkontrolle ausgebrochen.

Quelle: Der Welt-Drogen-Bericht 1993

Kriegsliste 1994

Land	Beginn	Kriegstyp
Naher und Mittlerer Osten		
Afghanistan	1978	A–1/A–1
Aserbaidschan (Nag.-Karabach)	1990	B–2
Georgien (Abchasien)	1992	B–2
Irak (Kurdistan)	1976	BA–1
Irak (Schiiten)	1991	A–2
Israel (Palästina)	1968	B–2
Jemen	1994	B–2
Libanon	1975	ABC–1
Russische Föderation (Inguschien)	1992	B–2
Russische Föderation (Tschetschenien)	1994	B–2
Tadschikistan	1992	A–1
Türkei (Kurdistan)	1984	B–2
Afrika		
Algerien	1992	A–2
Angola (Unita)	1961	ABC–1/ A–2
Dschibuti	1991	AB–2
Liberia und Sierra Leone	1989	A–1
Mali	1990	B–2
Niger	1990	B–2
Ruanda	1990	A–1
Somalia	1988	AB–1
Sudan	1983	BA–2
Südafrika	1976	AB–2
Tschad	1966	ABC–1
Asien		
Myanmar (Birma)	1948	AB–2
Indien (Kaschmir)	1990	B–2
Indien (Punjab)	1982	B–2
Indonesien (Ost-Timor)	1975	B–2
Kambodscha	1975	C–2/A–1
Papua-Neuguinea (Bougainville)	1989	B–2
Philippinen (Mindanao)	1970	B–2
Philippinen (NPA)	1970	A–2
Sri Lanka (Tamilen)	1983	B–2/ AB–1/B–1
Lateinamerika		
Guatemala	1980	A–2
Kolumbien (FARC)	1964	A–2
Kolumbien (ELN)	1965	A–2
Mexiko	1994	B–2
Peru (Sendero Luminoso)	1980	A–2
Peru (MRTA)	1987	A–2
Europa		
Bosnien-Herzegowina	1992	B–1
Kroatien/ Serbien	1991	C–2/ B–2
Nordirland	1969	B–2

Erläuterungen: Der Konflikt in der erdölreichen angolanischen Enklave Cabinda, der von der AKUF neuerdings als Krieg eingeordnet wird (Typ B–2, Krieg seit 1992), ist hier nicht berücksichtigt. Die 1994 neu begonnenen Kriege in Mexiko, Jemen und Tschetschenien (Russische Föderation) sind kursiv gesetzt.

Für den Kriegstyp werden folgende Abkürzungen verwendet:
A = Anti-Regime-Krieg
B = Sonstiger innerstaatlicher Krieg (z. B. Kriege um Autonomie- und Sezessionskriege)
C = Zwischenstaatlicher Krieg
AB, AC, ABC etc. bezeichnen entsprechende Mischtypen

Die Kampfbeteiligung einer dritten, ausländischen Macht wird folgendermaßen angezeigt:
–1 = mit unmittelbarer Kampfbeteiligung
–2 = ohne unmittelbare Kampfbeteiligung

Quelle: AKUF 1995

Tabelle 1

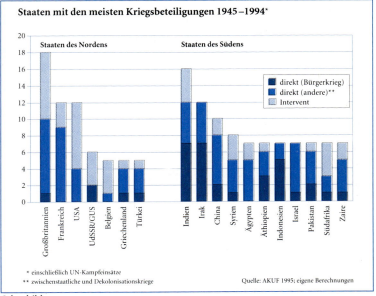

Schaubild 3

Machtbasis aufgebaut haben: Sie haben sich vielfach Kontrollfunktionen im Drogenhandel angeeignet – so vor allem in Kolumbien, Bolivien, Peru, Panama, Haiti [vgl. *Drogen und Krieg*].

1994 fanden 41 Kriege statt [vgl. Tabelle 1]. Sie forderten seit ihrem Beginn mehr als 6,5 Millionen Todesopfer. Die Region Naher und Mittlerer Osten einschließlich der Nachfolgestaaten der ehemaligen Sowjetunion war mit zwölf kriegerischen Auseinandersetzungen am stärksten betroffen. Es folgten Afrika mit elf Kriegen, Asien mit neun, Lateinamerika mit sechs und Europa mit drei Kriegen.

Kriegsbeteiligte

Die regionale Verteilung der Kriege sagt freilich wenig darüber aus, wer an den Kriegen beteiligt war. In der nördlichen Hemisphäre fanden nach 1945 zwar nur zwölf Kriege statt, doch haben die Industriestaaten 89mal auf den Schlachtfeldern der Welt mitgekämpft – dies ist etwa ein Viertel der insgesamt 366 Kriegsbeteiligungen [vgl. Schaubild 3].

Die Anatomie des Krieges

Kriegstypen und Kriegsursachen

Die meisten der Kriege seit 1945 sind keine »klassischen« internationalen Konflikte zwischen Staaten. Nur jeder sechste Krieg wurde ausschließlich zwischen staatlich organisierten Streitkräften ausgetragen. Sieht man von Interventionen der UNO und auswärtiger Mächte ab, so hatten 1994 nur drei Kriege eine wichtige zwischenstaatliche Komponente (Kroatien/Serbien, Tschad, Libanon).

Wachsende Bedeutung von Bürgerkriegen

Kriege sind heute fast ausschließlich Auseinandersetzungen innerhalb einzelner Staaten. Entgegen der Vorstellung, daß gesellschaftliche Modernisierungsprozesse, insbesondere wachsende Urbanisierung und soziale Mobilisierung der Bevölkerung infolge wirtschaftlicher Wachstumsprozesse, global zur Herausbildung hochintegrierter Gemeinschaften führen, ist in vielen Ländern die umgekehrte Entwicklung festzustellen: eine sozioökonomische, politische, ethnische und weltanschauliche Fragmentierung der Gesellschaften.

Ideologische und ethnopolitische Fragmentierung

Die ideologische Polarisierung und Spaltung von Gesellschaften wird in zunehmendem Fundamentalismus deutlich, der besonders im Nahen Osten/Nordafrika [vgl. *Fundamentalismus und Bürgerkrieg in Algerien*], aber beispielsweise auch in Indien und Sri Lanka zu beobachten ist. Die Krisenprozesse haben dazu geführt, daß ethnische Identitätsbildung an Bedeutung gewann und daß Ethnizität politisch instrumentalisiert wurde [vgl. Kapitel *Frieden*]. Dieser konfliktverschärfende Faktor ist von besonderer Relevanz, da sich hierfür in vielen Ländern Ansatzpunkte bieten.

Ein richtungsweisendes Forschungsprojekt zu ethnopolitischen Minderheiten, das »Minorities at Risk«-Projekt an der Universität Maryland, identifizierte für die Zeit nach 1945 weltweit 233 politisierte Minderheiten, die politischen, ökonomischen, sozialen oder kulturellen Diskriminierungen ausgesetzt waren oder sind [vgl. auch Kapitel *Menschenrechte*]. Zu solchen Minderheiten gehörten 1990 insgesamt 915 Millionen Menschen – das sind 17,3 % der Weltbevölkerung. Fast zwei Drittel der 127 größeren Staaten der Welt beheimaten mindestens eine politisierte Minderheit (Gurr 1993). Die Relevanz dieser Konstellation wird auch durch eine andere Zahl deutlich: In etwa 40 % aller Staaten der Welt leben sogar mehr als fünf größere ethnische Gruppen, von denen mindestens eine Benachteiligung und Repression ausgesetzt ist.

Protest und Rebellion

Zahl und Intensität der gewaltfreien und gewalthaltigen Konflikte zwischen Minderheiten und Regierungen haben nach 1950 weltweit kontinuierlich zugenommen. Dabei lassen sich drei Konflikttypen unterscheiden: gewaltlose Proteste, Proteste mit sporadischer Gewaltanwendung und Rebellionen, die von gezielten bewaffneten Attacken bis hin zum offenen Krieg reichen. Bewertet man jeden Konflikttyp nach der Intensität des Konfliktaustrags, so zeigt sich: Gewaltloser Protest hat sich gegenüber der ersten

Fundamentalismus und Bürgerkrieg in Algerien

Der Bürgerkrieg in Algerien demonstriert besonders deutlich, wie gewaltträchtig gesellschaftliche Transformationsprozesse sind, bei denen sich soziale Krisen und der Legitimitätsverlust der Zentralregierung mit der (fundamentalistischen) Abwehr eines westlich dominierten Modernisierungsdrucks verbinden. In solchen Situationen können Demokratisierungs- und Reformprozesse sehr schnell scheitern.

Algerien ist ein so anschauliches wie drastisches Beispiel. Ende der 80er Jahre begann die Regierung Chadli, Wirtschaft und Staat zu reformieren. Diese Liberalisierung und Demokratisierung sollte die seit der Unabhängigkeit bestehende Einparteienherrschaft der Front de Libération Nacionale (FLN) durch ein pluraleres Regime ablösen. Gestärkt wurde durch den politischen Wandel freilich vornehmlich die islamistische Front islamique du Salut (FIS). Ihr Erfolg bei den ersten freien Kommunalwahlen vom Sommer 1990 bewies die breite Verankerung der FIS in der Bevölkerung. Diese Unterstützung unterstrich sie noch einmal durch einen (gewaltsam verlaufenen) Generalstreik im Juni 1991. Die Armee verhängte daraufhin den Belagerungszustand und setzte den Premierminister ab. Bei der ersten Runde der Parlamentswahlen vom Dezember 1991 konnte die FIS jedoch trotz oder gerade wegen der verstärkten Repression einen deutlichen Sieg davontragen. Es stand fest: In dem für März 1992 angesetzten zweiten Wahlgang würde die FIS die Macht übernehmen. Daraufhin stürzte die Armee im Januar 1992 den reformorientierten Präsidenten Chadli und verbot im März die FIS. Die Militärdiktatur wurde nur mühsam durch die Einsetzung wechselnder, ziviler Ministerpräsidenten kaschiert.

In der Folgezeit entbrannte ein brutaler Bürgerkrieg. Es stehen sich zwei Fronten gegenüber: Armee und paramilitärische Sicherheitskräfte, insbesondere die maskiert auftretenden »Ninjas«, auf der einen Seite; das Mouvement islamique armé (MIA), bewaffneter Arm der FIS, und die radikalere Groupe islamique armé (GIA) auf der anderen Seite. Insbesondere die GIA hat regen Zulauf von Jugendlichen aus den verarmten Vorstädten.

In den ersten beiden Jahren des Krieges sollen 1.200 bis 3.000 Menschen gestorben sein. 1994 wurden jedoch weitaus höhere Zahlen genannt: 300 bis 500 Menschen pro Woche sollen den Auseinandersetzungen zum Opfer gefallen sein. Unter ihnen sind Mitglieder der Armee und der paramilitärischen Sicherheitskräfte ebenso wie Tausende Islamisten. Unzählige Opfer befinden sich jedoch zwischen den Fronten: Viele kritische Bürger, insbesondere Journalisten, Intellektuelle und Künstler, wurden Ziel von Einschüchterung und terroristischen Attacken. Ein Großteil des Krieges spielt sich ohne jede Berichterstattung ab: Durch die gezielte Tötung in- wie ausländischer Journalisten sind weite Gebiete des Landes in perfider Weise von der Weltöffentlichkeit abgekoppelt.

Quellen: Gantzel/Schlichte 1994; Leveau 1994

Hälfte der fünfziger Jahre verdoppelt. Gewaltsamer Protest und Rebellionen seitens ethnopolitischer Gruppen erreichten innerhalb von vier Jahrzehnten sogar ihr Vierfaches [vgl. Schaubild 4].

Das »Minorities at Risk«-Projekt gibt an, daß seit Ende der 60er Jahre gewaltsame Konflikte (systematische Gewaltanwendung unter- und oberhalb der Kriegsschwelle) zwischen Minderheiten und Regierungen zugenommen haben [vgl. Schaubild 5, vgl. auch *Was ist das: Krieg?*]. Die Zahl der daran beteiligten ethnopolitischen Gruppen stieg von 36 in den 50er und 60er Jahren auf 55 in den 70er Jahren. Durch den Zusammenbruch

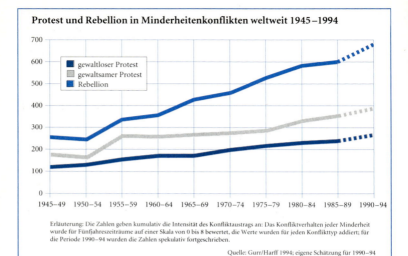

Schaubild 4

Jugoslawiens und der Sowjetunion hat sich dieser Trend dann zu Beginn der 90er Jahre nochmals merklich verstärkt: 1993–94 wurden insgesamt 70 ethnopolitische Gruppen registriert, die sich in schwerwiegenden Konflikten befanden – zweieinhalbmal so viele wie Ende der 40er Jahre.

Trends in den Weltregionen

Die Weltregionen unterscheiden sich deutlich in Art und Ausmaß der Austragung von Konflikten. Nach 1945 war gewaltloser Protest die ganz überwiegende Form in den westlichen Demokratien, in Lateinamerika sowie – bis zum Ende des Ost-West-Konflikts – in Osteuropa und der Sowjetunion. Innerhalb der westlichen Demokratien griffen nur die Afroamerikaner in den USA und die Schwarzen in Großbritannien sowie die Konfliktparteien in Nordirland zu gewaltsamen Formen des Protestes. Länger andauernde Terrorkampagnen waren auf das Baskenland, Korsika und Puerto Rico beschränkt. In Lateinamerika führten folgende ethnopolitische Gruppen Guerillakriege bzw. kurzfristige Terrorkampagnen: die Maya in Guatemala, die Miskito in Nicaragua, die bolivianischen und peruanischen Hochlandbewohner sowie die Indios im mexikanischen Chiapas.

Die Guerilla- und Bürgerkriege fanden ganz überwiegend in Asien, dem Nahen Osten und Afrika statt. In Asien geht es in erster Linie um Rebellion, und die Lage ist seit Ende der 60er Jahre deutlich eskaliert. Durch das zunehmende und weitgehend friedliche Engagement indigener Völker, so auf den Philippinen und Borneo, hat jedoch auch gewaltloser Protest seit Ende der 70er Jahre an Bedeutung gewonnen. Im Nahen Osten gibt es ein weniger eindeutiges Verlaufsmuster von Protest und Rebellion. Seit Mitte der 70er Jahre nehmen jedoch – vor allem infolge des verstärkten Kampfes von Palästinensern, Kurden und schiitischen Moslems – die bewaffneten Auseinandersetzungen deutlich zu. In Subsahara-Afrika zeigt sich ein besorgniserregender Trend: der Wechsel von friedlichem Protest zu bewaffnetem Konfliktaustrag. Eine zentrale Ursache dürfte die mangelnde Fähigkeit der postkolonialen Herrschaftssysteme sein, angemessen auf Streßfaktoren (ökonomische und ökologische Krise) und auf innere Partizipationsforderungen zu reagieren.

Machtverschiebungen und Kriegsgefahr

Der Ausbruch von Kriegen steht in besonders engem Zusammenhang mit Prozessen politischer Machtverschiebung: Die Hälfte der fünfzig mit Waffengewalt ausgetragenen ethnopolitischen Konflikte 1993–94 ereignete sich nach einem Machtwechsel – und verlief besonders gewaltträchtig. Neun der bewaffneten Auseinandersetzungen ereigneten sich innerhalb von fünf Jahren, nachdem sich ein neuer Staat gebildet hatte. Elf Kriege begannen innerhalb von drei Jahren nach einer Machtübernahme revolutionärer Gruppen.

Unter den jüngeren Konflikten, die nach Machtverschiebungen ausbrachen, fallen zunächst einmal die Kriege in den Nachfolgerepubliken der Sowjetunion und Jugoslawiens ins Gewicht. Abrupte Machtwechsel hatten aber auch in etablierten Staaten kriegerische Folgen, so in Afghanistan, Burundi und Somalia. Schließlich sind auch Staaten, die sich im Übergang zwischen Autokratie und Demokratie befinden, besonders gewaltgefährdet: Südafrika, wo die Auseinandersetzungen zwischen ANC- und Inkatha-Anhängern seit 1989 eskalierten, ist das wohl wichtigste Beispiel. Aber auch in anderen Ländern hing der Einsatz bewaffneter Gewalt eng mit politischen Transformationsprozessen zusammen, so in Dschibuti (seit 1991, Rebellion der Afar gegen die von Issa beherrschte Regierung), in Kenia (1992 Attacken von Regierungsanhängern gegen Völker des Rift Valley) und in Mexiko (Chiapas 1994).

Umweltkriege – ein Szenario der Zukunft?

Umweltzerstörung als Dimension und Ursache von Kriegen wurde lange vernachlässigt. In jüngster Zeit ist aber eine intensive Debatte darüber in Gang gekommen. Mitunter wird gar erwartet, »Öko-Kriege« könnten zu einem gewich-

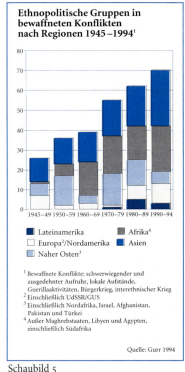

Ethnopolitische Gruppen in bewaffneten Konflikten nach Regionen 1945–1994[1]

- Lateinamerika
- Europa[2]/Nordamerika
- Naher Osten[3]
- Afrika[4]
- Asien

[1] Bewaffnete Konflikte: schwerwiegender und ausgedehnter Aufruhr, lokale Aufstände, Guerillaaktivitäten, Bürgerkrieg, interethnischer Krieg
[2] Einschließlich UdSSR/GUS
[3] Einschließlich Nordafrika, Israel, Afghanistan, Pakistan und Türkei
[4] Außer Maghrebstaaten, Libyen und Ägypten, einschließlich Südafrika

Quelle: Gurr 1994

Schaubild 5

tigen Konflikttypus der Jahrtausendwende werden.

Sicherlich ist »Umweltkrieg« eher ein modisches Schlagwort, das der Vielschichtigkeit von Kriegsursachen und Konfliktdynamiken nicht gerecht wird. Wohl aber hat ein nennenswerter Teil der gegenwärtig laufenden Kriege eine relevante ökologische Dimension: Regionale oder globale Degradation und Knappheit natürlicher Ressourcen (Boden, Wasser, Vegetation) verschärfen soziale, ethnopolitische und zwischenstaatliche Spannungen, forcieren den ökonomischen Niedergang und tragen schließlich auch zum bewaffneten Konfliktaustrag bei.

Beispiel Wasserkonflikte

Die zwischenstaatliche Dimension wird bei Verschmutzung und Umleitung von Gewässern besonders deutlich. Seit langem gibt es Auseinandersetzungen der Anrainer von Nil (Ägypten, Sudan, Äthiopien) und Euphrat (Türkei, Irak, Syrien). In Südasien ist die Nutzung von Ganges (Indien/Bangladesch) und Indus (Indien/Pakistan) Gegenstand zwischenstaatlicher Spannungen.

Neuere Konflikte haben sich in Zentralasien ergeben, wo durch ökologisch verheerende Bewässerungssysteme, die den Baumwollanbau fördern sollten, der Aralsee ausgetrocknet ist und Böden versalzt sind. Die ungarisch-slowakischen Beziehungen, die durch die strittige Stellung der ungarischen Minderheit in der Slowakei ohnehin gespannt sind, gerieten über die Frage des Donaukraftwerks Gabčikovo in eine eskalationsträchtige Krise.

Beispiel Desertifikation

Anders als die »klassischen« Wasserkonflikte haben die sozialen, politischen und ökonomischen Wirkungen von Desertifikation erst in den letzten Jahren breitere Aufmerksamkeit gefunden. Desertifikation bezeichnet die fortdauernde Verschlechterung der Bodenqualität in trockenen (ariden) und halbtrockenen (semi-ariden) Klimazonen. Sie wird durch natürliche Faktoren (z. B. Dürre) verursacht, zunehmend aber auch durch Einflüsse des Menschen, etwa agrarische Übernutzung oder Abholzung von Wäldern [vgl. Kapitel *Boden, Wasser, Biosphäre*].

Durch Desertifikation verlieren Ackerbauern und Viehzüchter ihre Produktionsmittel. Das kann dazu führen, daß in einer Region ohnehin bestehende Konflikte zwischen Nomaden und Siedlern sich verschärfen – wie z. B. in Westsudan, Mali, Niger und Mauretanien. Darüber hinaus löst Umweltdegradation Migrations- und Fluchtbewegungen in andere Regionen (oft über Staatsgrenzen hinweg) aus, was zu Ressourcen- und Verteilungskonflikten mit der dort ansässigen Bevölkerung führt – wie z. B. am Horn von Afrika: in Kenia, Somalia, Äthiopien, Eritrea und Sudan [vgl. Kapitel *Migration*].

Armut, Krieg und Umweltzerstörung

Das Environment and Conflicts Project (ENCOP) der Schweizerischen Friedensstiftung und der Eidgenössischen Technischen Hochschule (ETH) Zürich hat auf Grundlage der AKUF-Daten herausgearbeitet, daß 22 der insgesamt 51 Kriege 1992/93, mithin 43,1 %, eine Umweltdimension haben bzw. teilweise durch Umweltveränderungen induziert sind. Ein Blick auf die besonders betroffenen Regionen macht deutlich, daß insbesondere in Subsahara-Afrika und Süd- und Südostasien Kriege und potentielle Kriege eine Umweltkomponente haben [vgl. Schaubild 6].

Zehn der 16 Kriege, die 1992/93 in Afrika geführt wurden, sowie sieben der 14 Kriege in Süd- und Südostasien sind durch ökologische Veränderungen mit-

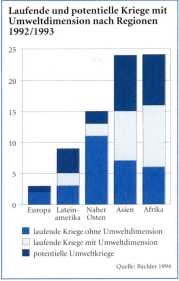

Laufende und potentielle Kriege mit Umweltdimension nach Regionen 1992/1993

- laufende Kriege ohne Umweltdimension
- laufende Kriege mit Umweltdimension
- potentielle Umweltkriege

Quelle: Bächler 1994

Schaubild 6

verursacht. Auch das latente Konfliktpotential ist beachtlich: Jeweils acht Umweltkonflikte könnten in den beiden Weltregionen zum Krieg eskalieren, so beispielsweise in Kenia, Mauretanien, Indien und Indonesien. Die Landwirtschaft in diesen Klimazonen ist in besonderem Maße von Desertifikationsprozessen betroffen, starke Veränderungen durch menschliche Eingriffe treten hinzu. Außerdem handelt es sich um arme Länder, die sich in chronischen sozioökonomischen Krisen befinden. Über zwei Drittel der in absoluter Armut lebenden Weltbevölkerung befinden sich in den beiden Regionen. Die komplexe Mischung sozialer und ethnischer Konfliktursachen mit wirtschaftlichem Niedergang, gewaltträchtiger politischer Transformation und ökologischer Degradation dürfte dafür verantwortlich sein, daß Kriege hier besonders lange dauern (»protracted conflicts«).

Regionale Vormachtkriege bleiben möglich

Zwischenstaatliche Kriege haben im Vergleich zu Bürgerkriegen nach 1945 quantitativ eine zweitrangige Rolle gespielt. Offensichtlich besteht wachsende Zurückhaltung, zwischenstaatliche Konflikte mit Waffengewalt auszutragen. Dennoch gab es in jedem Jahrzehnt zwischen Staaten große und verlustreiche Kriege, die von erheblicher Bedeutung für die internationalen Beziehungen waren, so beispielsweise den Korea-Krieg (1950–53) und den Vietnam-Krieg (1957–75). Sie spielten in der amerikanischen Politik des Roll-back bzw. des Containment (Eindämmung) eine zentrale Rolle und hatten erhebliche Auswirkungen auf ganz Ost- und Südostasien.

Der Bangladesch-Krieg (1971) war nach den beiden Kaschmir-Kriegen (1947–49 und 1965) das dritte Kräftemessen im spannungsgeladenen Verhältnis zwischen Indien und Pakistan. In den 80er Jahren lieferten sich die regionalen Vormächte des Nahen und Mittleren Ostens, Iran und Irak, einen erbitterten achtjährigen Krieg (1980–88). Die Sowjetunion erlebte im Afghanistan-Krieg (1979–88) die Grenzen imperialer Politik. Schließlich läßt sich der Zweite Golfkrieg (1990–91) als Auseinandersetzung zwischen der nach Vormacht strebenden Regionalmacht Irak und der einzig verbliebenen Supermacht USA interpretieren.

Der Wegfall der »disziplinierenden« Wirkung des Ost-West-Gegensatzes könnte dazu führen, daß alte und neue Großmächte vermehrt regionale Vormachtansprüche anmelden. Aufrüstungsprozesse, die zur Zeit vor allem in China, Indien, dem Iran, Saudi-Arabien und der Türkei zu beobachten sind, hängen sicherlich mit solchen Ambitionen zusammen [vgl. Kapitel *Rüstung*]. Infolge der unverminderten Weiterverbreitung (Proliferation) fortgeschrittener konventioneller wie atomarer, biologischer und chemischer Waffen könnten die Eskalation bestehender Konflikte und der Ausbruch latenter Gewaltpotentiale unkalkulierbare Verwüstungen anrichten.

Die wichtigsten »trouble spots« zwischenstaatlicher Konflikte sind derzeit:
▶ die qualitative Aufrüstung Chinas, das seinen politischen Einfluß in Ost- und Südostasien ausbaut und vor allem mit Vietnam in einem Territorialstreit um die Spratley-Inseln im Südchinesischen Meer liegt;
▶ der Konflikt zwischen Nord- und Südkorea, der infolge des nordkoreanischen Atomprogramms auch nach Beendigung des Ost-West-Konfliktes eine über Ostasien hinausgehende Dimension hat;
▶ der sowohl macht- als auch ethnopolitisch motivierte Konflikt zwischen Indien und Pakistan, der vornehmlich die Regionen Punjab und Kaschmir betrifft und wegen einer möglichen nuklearen Option von besonderer Brisanz ist;
▶ die anhaltenden Bestrebungen Frankreichs, seinen hegemonialen Anspruch im frankophonen Afrika zu wahren, der 1994 mit der Intervention in Ruanda wieder deutlich unterstrichen wurde;
▶ die multipolare Machtordnung im Mittleren Osten, bei der die regionale Vormachtkonkurrenz zwischen Ägypten, Israel, Syrien, Iran und Irak nach wie vor den Weg für eine regionale Friedensordnung versperrt;
▶ die regionale Vormachtstellung Rußlands, die sich in den kriegerischen Konflikten im Kaukasus (Georgien, Nord- und Südossetien, Inguschien, Tschetschenien) besonders dokumentiert und mit den Interessensphären angrenzender Regionalmächte, vor allem der Türkei, des Iran und Chinas, kollidiert;

▶ die hegemoniale Stellung der USA in Lateinamerika, die sich in jüngster Zeit durch die Interventionen in Panama (1989) und Haiti (1994), die Unterstützung der Contra-Rebellen in Nicaragua (bis 1990), die Stationierung von Anti-Drogen-Truppen in Kolumbien, Panama und Bolivien sowie die anhaltende wirtschaftliche Strangulierung Kubas manifestiert hat.

Dieser Aufriß macht deutlich: die Struktur der veränderten Weltordnung ist noch nicht klar ausgebildet. Der Ausbau multilateraler Institutionen wie der UN und der OSZE, ansatzweise auch der Regionalorganisationen des Südens wie der Organisation Amerikanischer Staaten (OAS), der Organisation für Afrikanische Einheit (OAU) und der Vereinigung südostasiatischer Nationen (ASEAN), wird überlagert und möglicherweise konterkariert durch eine Tendenz zur Aufteilung der Welt in multipolare Hegemonialzonen.

Krieg und Demozid

Krieg und staalicher Massenmord zählen zu den schrecklichen Geißeln der Menschheit. Sie gehen oft Hand in Hand mit Hunger und Seuchen. Ihre Folgen sind gewaltige soziale und ökonomische Kosten – einmal abgesehen von den persönlichen Leiden und Traumata der Opfer, über die Statistiken kaum etwas aussagen.

Todesopfer in Kriegen

Die hochtechnisierte Kriegsmaschinerie des 20. Jahrhunderts hat die Zahl der Kriegsopfer drastisch erhöht. William Eckhardt (in: Sivard 1991) nimmt an, daß mehr als 104 Millionen Menschen im 20. Jahrhundert durch Krieg ums Leben gekommen sind – das sind mehr als drei Viertel der in der Neuzeit (seit 1500) verzeichneten Kriegstoten. Seit 1700 gab es 21 Kriege, die jeweils mehr als eine Million Todesopfer forderten; 16 davon fanden allein im 20. Jahrhundert statt [vgl. Tabelle 2].

Seit 1945 starben schätzungsweise 30 Millionen Menschen im Krieg oder durch unmittelbare Kriegsfolgen wie Flucht und Hunger. Etwa die Hälfte der Kriegstoten waren auf den »killing fields« Asiens zu beklagen. Vor allem die Hindu-Moslem-Pogrome in Indien und Pakistan sowie der Erste Kaschmirkrieg (1947–49), der Korea-Krieg (1950–53), der Vietnam-Krieg (1955–75), der Bangladesch-Krieg (1971) und die Kriege in Kambodscha (seit 1975) und Afghanistan (seit 1978) forderten einen hohen Blutzoll. Im Nahen und Mittleren Osten war der Irakisch-iranische Krieg (Erster Golfkrieg, 1980–88) besonders verlustreich: Eine Million Menschen starben in einem Stellungskrieg, dessen Kampfführung mitunter an den Ersten Weltkrieg erinnerte. Im Jahr 1994 gab es die verheerendsten Kriege in Afrika, so vor allem im Sudan

Die verheerendsten Kriege 1700–1990		
Krieg	Zeitraum	Todesopfer
Zweiter Weltkrieg	1939–1945	55.–60.000.000
Erster Weltkrieg	1914–1918	13.000.000
Französische Revolutions- und Napoleonische Kriege	1792–1815	4.410.000
Korea-Krieg	1950–1953	3.000.000
Kambodscha: Pol-Pot-Gewaltherrschaft	1975–1979	1.5–3.000.000
Vietnam-Krieg	1955–1975, inkl. Kambodscha	2.514.000
Chinesischer Revolutionskrieg	1945–1949*	2.000.000
China, Taiping-Rebellion	1850–1864	2.000.000
Nigeria, Biafra-Sezession	1967–1970	2.000.000
Äthiopien: Eritrea, Tigray etc.	seit 1961	2.000.000
Spanischer Bürgerkrieg	1936–1939	2.000.000
Japanisch-Chinesischer Krieg	1937–1941	1.800.000
Bangladesch, Unabhängigkeitskrieg	1971	1.500.000
Spanischer Erbfolgekrieg	1701–1714	1.251.000
China, Mao-Truppen vs. Guomindang	1927–1935	1.250.000
Sudan	1955–1972, seit 1984	1.200.000
Türkei, Völkermord an Armeniern	1915–1918	1.200.000
Siebenjähriger Krieg	1756–1763	1.100.000
Afghanistan-Krieg	seit 1978	1.015.000
Irakisch-iranischer Krieg	1980–1988	1.000.000
Paraguay vs. Brasilien, Argentinien, Uruguay	(1864–1870)	1.000.000

* Einschließlich der Hinrichtung von etwa 1 Mio. Großgrundbesitzern bis 1951

Quellen: Sivard 1989, 1991; PIOOM Newsletter, Autumn 1990; Datenbank der Arbeitsgemeinschaft Kriegsursachenforschung (AKUF) der Universität Hamburg; zit. aus: Entwicklungspolitische Korrespondenz (EPK), Nr. 2/1991

Tabelle 2

(seit 1983) und in Ruanda (Genozid 1994).

Fast zwei Drittel der in den Kriegen seit 1945 getöteten Menschen waren Zivilpersonen. Ihr Anteil liegt damit höher als in den Kriegen der Neuzeit, die vor 1945 stattfanden (53%). In den 80er Jahren ist der Anteil der zivilen Opfer auf 74% gestiegen, 1990 lag er bei fast 90%. In erschreckendem Maße sind Kinder Opfer von Kriegen. Sie sind neben alten und gebrechlichen Menschen die ersten, die Flucht, Hunger, Verletzung und Krankheit nicht überleben. Kinder können aber auch Opfer und Täter zugleich sein: Über 200.000 Kinder unter 15 Jahren nahmen 1990 als Soldaten an bewaffneten Auseinandersetzungen teil, sie werden mitunter sogar – wie die Kriege in Mosambik und Liberia gezeigt haben – systematisch zum Töten erzogen.

Genozid und staatlicher Massenmord

Tödlicher noch als die unmittelbaren Kampfhandlungen in Kriegen sind Demozide – Massenmorde, die entweder primär nationalistisch-rassistisch motiviert sind (Genozid) oder vornehmlich aus politischen Gründen begangen werden (Politozid). Rudolph J. Rummel (1995) hat in einer ausführlichen Studie die Opfer von Demoziden erfaßt. Da ein Großteil der Demozide im Verlaufe von Kriegen stattfindet, hat er im Unterschied zu den meisten anderen Statistiken streng zwischen Opfern militärischer Auseinandersetzungen und denen nationalistisch-rassistisch oder politisch motivierten Massenmords unterschieden.

Die Ergebnisse sind erschreckend: Insgesamt kamen zwischen 1900 und 1987 etwa 170 Millionen Menschen durch staatlichen Massenmord oder durch Massaker zwischen verfeindeten Volksgruppen ums Leben; die unmittelbaren Opfer durch kriegsbedingte Kampfhandlungen beziffert Rummel deutlich niedriger als vergleichbare Statistiken, nämlich auf 38,5 Millionen Tote.

Seit 1945 haben Staaten, in denen es starke Autonomie- oder Sezessionsbewegungen gab, zehnmal in separatistischen Regionen Massenmorde verübt. Die dramatischsten Beispiele: In Ostbengalen tötete die pakistanische Armee 1971 eine bis drei Millionen Menschen. Die indonesischen Interventionstruppen in Ost-Timor sind für den Tod von über 200.000 Menschen seit 1975 verantwortlich; das entspricht etwa einem Drittel der Bevölkerung von 1975. Mindestens eine halbe Million Menschen, vermutlich erheblich mehr, haben in den zwei sudanesischen Bürgerkriegen (1956–72, 1983 bis heute) den Tod gefunden.

»Macht tötet, absolute Macht tötet absolut.« Das ist das Resultat der Studie von Rudolph J. Rummel. Es waren die totalitären Regime, die den ganz überwiegenden Teil der Demozide begangen haben: Die stalinistische Sowjetunion, Nazi-Deutschland, die Guerilla Maos und die Volksrepublik China, Kambodscha unter den Roten Khmer, Vietnam und Jugoslawien sind allein für 128 Millionen Tote, d. h. für 84% der Opfer staatlichen Massenmords, verantwortlich [vgl. Tabelle 3]. Zwar haben auch Demokratien Massenmorde begangen, so etwa die USA bei der brutalen Kolonisierung der Philippinen oder Großbritannien mit der Errichtung von Konzentrationslagern in Südafrika während des Burenkrieges. Solche Verbrechen durch Demokratien waren aber deutlich seltener und hatten geringere Ausmaße.

Die brutalsten Fälle von Genozid und politischem Massenmord im 20. Jahrhundert

Fälle	Zeitraum	Opfer
Konzentrations-/Arbeitslager in der Sowjetunion	1917–1987	39.464.000
Holocaust der Nazis am europäischen Judentum	1942–1945	5.291.000
Ländliche Hungersnot in der Ukraine, die durch die stalinistische Herrschaft bewußt herbeigeführt wurde	1932–1933	5.000.000
Chinesische Landreform unter Mao Tse-tung, Tote v. a. unter Reichen und Landeigentümern	1949–1953	4.500.000
Stalinistische Zwangskollektivierung, der einfache Bauern und Kulaken (»Dorfkapitalisten«) zum Opfer fielen	1928–1935	3.133.000
»Kambodschanische Hölle« unter Pol Pot	1975–1979	2.000.000
Chinesische Kulturrevolution	1964–1975	1.613.000
Vertreibung von Deutschen nach dem Zweiten Weltkrieg	1945–1948	1.583.000
Genozid Pakistans in Bangladesch	1971	1.500.000
Türkischer Genozid an Armeniern	1915–1918	1.404.000
Stalinistischer Terror gegenüber andersdenkenden Kommunisten	1936–1938	1.000.000
Genozid von Hutu-Milizen an den Tutsi in Ruanda	1994	850.000
Genozid der kroatischen Ustascha an Serben, Juden und Zigeunern	1941–1945	655.000
Massaker der indonesischen Armee an Kommunisten und Sympathisanten	1965–1966	509.000
Massaker unter Idi Amin in Uganda	1971–1979	300.000
Verfolgung/Boat People in Vietnam	1975–1987	250.000
Spanischer Bürgerkrieg	1936–1939	200.000
Vergewaltigungen und Morde der japanischen Armee im chinesischen Nanjing	1937–1938	200.000
»La Violencia« – Massaker im kolumbianischen Bürgerkrieg	1948–1958	180.000
Massaker des Tutsi-Regimes in Burundi an den führenden und gebildeten Hutu	1971–1972	150.000
Massaker der indonesischen Armee in Ost-Timor	1975–1987	150.000
Koloniale Massaker Deutschlands in Südwest-Afrika an den Herero, Hottentotten und anderen	1900–1918	132.000

Quelle: Rummel 1994
Bei den Opferzahlen wählt Rummel die wahrscheinlichste Schätzung in einem breiten Spektrum zwischen hohen und niedrigen Angaben. Die Tabelle ist ergänzt um den Genozid in Ruanda 1994; Medienberichte geben an, daß dem Massenmord 500.000 bis 1.200.000 Menschen zum Opfer fielen.

Tabelle 3

Humanitäre Katastrophen

Krieg entwurzelt Menschen, und das zunehmend. Die Zahl der im Ausland befindlichen Flüchtlinge hat sich in den vergangenen zehn Jahren mehr als verdoppelt: Im Oktober 1994 waren es 23 Millionen Menschen. Hinzu kommen 26 Millionen, die Vertriebene im eigenen Lande sind. Insgesamt sind also zur Zeit rund 50 Millionen Menschen ohne Zuhause – zum großen Teil durch Krieg [vgl. Kapitel *Migration*].

Etwa 40 Millionen Menschen, vor allem Flüchtlinge und Vertriebene, sind 1995 auf internationale Hilfe angewiesen, um zu überleben. Eine Weltkarte des Elends, zusammengestellt von US-Geheimdiensten, geht davon aus, daß allein in Subsahara-Afrika mehr als 20 Millionen Menschen vom Hungertod bedroht sind. Besonders betroffen sind Eritrea/Äthiopien/Somalia (6 Mio.), der Sudan (4,3 Mio.), Ruanda/Burundi/Tansania/Zaire (4 Mio.), Angola (3,7 Mio.), Liberia (2 Mio.), Sierra Leone (1,5 Mio.) und Mosambik (1,3 Mio.). Aber auch Menschen in Bosnien (2,5 Mio.), Afghanistan/Iran/Pakistan (4 Mio.), im Irak (1,6 Mio.) und in den drei GUS-Republiken Georgien, Aserbaidschan und Tadschikistan (jeweils 1 Mio.) können nur überleben, wenn sie internationale Hilfslieferungen erhalten.

Die »wahren Kosten« des Krieges

Kriege verursachen nicht nur menschliche Opfer – sie zerstören auch die materielle Infrastruktur, verwüsten die Natur, zerrütten Sozialstrukturen und kosten enorme Summen, die anderswo dringend gebraucht würden. Entwicklungserfolge werden zunichte gemacht. Ein niedriger ökonomischer und sozialer Entwicklungsstand kann zwar Krieg fördern. Eindeutiger noch ist aber der umgekehrte Zusammenhang: Krieg verschärft Armut und Hunger, schreibt sie oft regelrecht fest. In manchen Regionen des Südens und zunehmend auch in den Nachfolgestaaten der Sowjetunion und Jugoslawiens stellt Krieg derzeit die wohl hartnäckigste und verheerendste Entwicklungsblockade dar.

Erst in jüngerer Zeit wurden zu diesen Fragen systematische Untersuchungen begonnen. Von besonderem Interesse sind die Ergebnisse eines zweijährigen Forschungsprojekts, das die Londoner Nichtregierungsorganisation »Saferworld« in Gang gesetzt hat. Hier wurde versucht, die »wahren Kosten« von Kriegen in Fallstudien an kriegszerrütteten Staaten zu ermitteln [vgl. *Die wahren Kosten des Krieges – Fallbeispiele Ost-Timor, Irak, Mosambik, Jugoslawien*]. Dabei stellte sich heraus, daß kein einziger der untersuchten Kriege einer Kosten-Nutzen-Rechnung standhielt – weder auf der Seite der militärischen »Verlierer« noch auf der der »Sieger«.

Selbst für die westlichen Großmächte, die den Konfliktausgang in Regionen des Südens oft mit politischen oder sogar militärischen Mitteln zu beeinflussen suchen, fallen in aller Regel die Negativwirkungen (nämlich die Kosten der Intervention selbst, aber auch der Verlust von Investitions- und Absatzmärkten, Einbußen an politischer Reputation, entstehende oder wachsende Ressentiments) stärker ins Gewicht als eventuelle politische und ökonomische Gewinne.

Auch wenn Kriegsfolgen je nach Region, Konflikttyp und Kriegsintensität sowie dem Entwicklungsniveau der betroffenen Länder variieren, gibt es doch allgemeine Merkmale, die auf nahezu alle Konflikte zutreffen. Für die Bevölkerung betroffener Gebiete sind die sozialen Auswirkungen besonders fatal:

▶ Einrichtungen der sozialen Infrastruktur, insbesondere Schulen, sind Hauptangriffsziele in vielen Bürgerkriegen – mit negativen Folgen für die oft ohnehin geringe Grundbildung und berufliche Qualifikation.

▶ Die Gesundheitsversorgung und der Zugang zu sauberem Wasser brechen zusammen: Die Sterblichkeit, insbesondere die der Kinder, steigt deutlich an.

▶ In Kriegen finden die wohl massivsten und grausamsten Menschenrechtsverletzungen statt [vgl. Kapitel *Menschenrechte*]: Folter und Mißhandlungen bleiben fast immer ungesühnt; massenhafte,

[Fortsetzung des Textes S. 383]

Die wahren Kosten des Krieges – Fallbeispiel Ost-Timor/Indonesien (Krieg seit 1975)

Folgen in der Bürgerkriegsregion
▶ Die indonesische Okkupation kostete über 200.000 Menschenleben; das ist etwa ein Drittel der Bevölkerung von 1975 (650.000).
▶ Die Kindersterblichkeit liegt bei 160 per 1.000 Lebendgeburten und zählt damit zu den höchsten der Welt. Zum Vergleich: Sie liegt in Indonesien bei 66 per 1.000.
▶ Bei der Invasion wurden nahezu alle Lehrer getötet und 400 Schulen zerstört.
▶ Die landwirtschaftliche Produktion fiel ein Jahr nach der Invasion auf knapp ein Drittel des Vorkriegsniveaus.
▶ Seit der Invasion sind Auslandsinvestitionen in Ost-Timor völlig ausgeblieben.

Folgen für das gesamte Land
▶ Die Opfer der indonesischen Armee infolge der Okkupation werden auf 20.000 Menschen geschätzt.
▶ Die sozialen Entwicklungsausgaben für Ost-Timor stiegen von 3,6 Mio. US-$ 1976/77 auf 83 Mio. US-$ 1982/83; Hauptzweck des Zuwachses war, die Unterstützung der dortigen Bevölkerung zu gewinnen.
▶ Das Catholic Institute for International Relations (CIIR) schätzt die Kosten des Konflikts auf 1 Mio. US-$ pro Tag.

Schäden für die Nachbarstaaten
Die australische Regierung verlor wegen ihrer Unterstützung für die indonesische Regierung an politisch-diplomatischer Reputation.

Folgen für den Westen
Die stillschweigende Duldung des Unrechts sowie fortgesetzte Militärhilfe und Rüstungsexporte an Indonesien haben die Glaubwürdigkeit westlicher Menschenrechtspolitik erheblich beeinträchtigt. Die auf politischen und ökonomischen Interessen der westlichen Staaten beruhende Untätigkeit der Vereinten Nationen hat die Autorität der UN untergraben.

Wenn Krieg vermieden worden wäre – Alternative Entwicklungsszenarien
Fidschi ist von den sozioökonomischen Strukturdaten her mit Ost-Timor vergleichbar und zeigt, was auch in Ost-Timor möglich gewesen wäre. Fidschi konnte in den 70er und 80er Jahren die Ökonomie diversifizieren und ein Exportpotential entwickeln. Es versechsfachte die Exporte innerhalb von anderthalb Jahrzehnten: von 41,5 Mio. US-$ 1970 auf 261 Mio. US-$ 1987. Das Tourismusgewerbe erwirtschaftete 1989 Einnahmen von 123,6 Mio. US-$. Das Pro-Kopf-Einkommen stieg von 1976 bis 1986 zwar nur um moderate 0,6 %, doch erreichte es 1989 mit 1.650 US-$ ein international beachtliches Niveau.

Quellen: Cranna 1994; UNDP 1994; AKUF 1995; diverse Presseberichte; eigene Berechnungen

Die wahren Kosten des Krieges – Fallbeispiel Zweiter Golfkrieg 1990/1991

Folgen für den Irak
Bevölkerung
▶ Zwischen 60.000 und 120.000 Menschen wurden im Krieg getötet. Schätzungen zufolge sind noch einmal 100.000 Menschen, vor allem Kinder, durch mangelhafte medizinische Versorgung in den Nachkriegsjahren umgekommen.
▶ Vermutlich 50.000 Menschen erlitten durch in Brand gesetzte Ölförderanlagen Rauchvergiftungen, die ihre Lebenserwartung verringern.
▶ Die Kindersterblichkeit verdoppelte sich zwischen 1990 und 1992.
▶ 40 % der Schulen wurden zerstört.
▶ Zwischen 1,6 und 1,8 Mio. nicht explodierte Sprengkörper liegen noch im Irak.
Binnenökonomie
▶ Die über den Irak verhängten Sanktionen hatten erhebliche Auswirkungen: So stiegen die Lebensmittelpreise zwischen August 1990 und Januar 1991 um 1.000 % . Zuvor hatte die Inflationsrate bei 45 % gelegen.
▶ Das BIP sank von 66 Mrd. US-$ im Jahre 1989 auf unfaßbare 245 Mio. US-$ im Jahre 1991.
▶ Die Kosten des Wiederaufbaus werden auf 100–200 Mrd. US-$ geschätzt, das entspricht dem zwei- bis dreifachen BIP vor Kriegsausbruch.

Schäden für Kuwait
▶ In Kuwait kamen schätzungsweise 1.000 Menschen im Verlauf der irakischen Invasion ums Leben.
▶ Die Wiederaufbaukosten werden auf 50–100 Mrd. US-$ veranschlagt. Das entspricht dem zwei- bis vierfachen BIP vor Kriegsbeginn.
▶ Durch die mutwillige Zerstörung von etwa 600 Ölquellen erlitt Kuwait Einbußen von täglich 120 Mio. US-$.

Folgen für den Westen
▶ Auf seiten der westlichen Alliierten forderte der Krieg etwa 200 Todesopfer.
▶ Die Kriegskosten der USA werden auf 60 Mrd. US-$ geschätzt. Das ist das 30fache der Summe, die 1991 für UN-Peacekeeping-Missionen insgesamt aufgewendet wurde.

Wenn Krieg vermieden worden wäre – Alternative Entwicklungsszenarien
Irak läßt sich am besten mit dem Iran vergleichen. Beide Länder hatten 1989 acht Jahre Krieg hinter sich. Das iranische BIP stieg zwischen 1989 und 1992 um durchschnittlich 5,8 %. Die Exporte kletterten von 13 Mrd. US-$ in 1989 auf 18–19 Mrd. in 1990, 1991 und 1992. Eine vergleichbare Entwicklung wäre im Irak ohne einen weiteren Krieg zweifellos möglich gewesen.

Abkürzung: BIP = Bruttoinlandsprodukt
Quellen: Cranna 1994; UNDP 1994; AKUF 1995; diverse Presseberichte; eigene Berechnungen

Die wahren Kosten des Krieges – Fallbeispiel Mosambik (Krieg seit 1975)

Folgen für das hauptsächlich vom Krieg betroffene Land
Bevölkerung
▶ Bis 1986 wurden 100.000 Mosambikaner getötet; 95% der Opfer waren Zivilisten.
▶ Zwischen 10.000 und 15.000 Menschen kamen durch Landminen ums Leben.
▶ 1993 war fast die Hälfte der Gesundheitszentren und des Grundschulnetzes durch Kriegshandlungen zerstört.
▶ In Mosambik gibt es 5 Mio. Binnenflüchtlinge; 1,7 Mio. Mosambikaner sind ins Ausland geflohen.
▶ 1,3 Mio. Menschen waren Anfang 1995 in Mosambik auf internationale Hilfslieferungen angewiesen, um zu überleben.

Binnenökonomie
▶ Von 1980 bis 1988 traten ökonomische Verluste von 15 Mrd. US-$ ein, im Jahre 1988 allein von drei Milliarden US-$ – doppelt soviel wie das reale BIP.
▶ Das Volkseinkommen ging zwischen 1973 und 1986 um die Hälfte zurück. Dies wog um so schwerer, als die Bevölkerung im gleichen Zeitraum um 40% gewachsen war. Das PKE betrug 1993 ganze 100 US-$. Fast zwei Drittel der Bevölkerung leben in absoluter Armut.
▶ Die Wirtschaft ist völlig abhängig von fremder Hilfe: 1992 übertraf die bilaterale Entwicklungshilfe den Wert des BIP.
▶ Die Wiederherstellung des Straßennetzes würde 600 Mio. US-$ kosten; das entspricht etwa der Hälfte des BIP von 1991.

Außenwirtschaft
1992 deckten die Exporte nur noch 16% der Importkosten; Hilfe von außen fing 70% der Importkosten auf.

Schäden für die Nachbarstaaten
Südafrikanische Entwicklungsgemeinschaft (SADC)
▶ Anstelle der mosambikanischen Häfen mußten Häfen Südafrikas zur Verschiffung von Waren benutzt werden; dies verursachte den Ländern der SADC allein 1989 Kosten von 300 Mio. US-$.
▶ Die hohen Flüchtlingszahlen haben zu Umweltproblemen geführt. So wurden allein in Malawi 12 Mio. Bäume als Brennholz gefällt; Tausende von Elefanten und Nashörnern wurden Opfer von Wilderei.
▶ Für 1988 wurde geschätzt, daß Malawi durch den Krieg 40% des BIP verloren hat, Simbabwe 25%, Sambia 20% und Tansania 10%.

Südafrika
▶ Südafrika war wegen seiner Politik der Apartheid nach innen und der Destabilisierung nach außen international isoliert. Wirtschaftssanktionen und der Verlust regionaler Märkte trafen die Wirtschaft empfindlich. 1985 war Südafrika nicht in der Lage, externe Kredite in Höhe von 22 Mrd. US-$ zurückzuzahlen.
▶ 1990–91 betrugen die Militärausgaben 41% der Aufwendungen für Bildung und Gesundheit.

Folgen für den Westen
▶ Wegen der katastrophalen humanitären Lage in Mosambik brachte der Westen von 1981 bis 1991 Entwicklungshilfe in Höhe von 5,9 Mrd. US-$ auf.
▶ Die UN-Mission in Mosambik (UNOMOZ) kostete zwischen März 1993 und April 1994 allein 560 Mio. US-$.

Wenn Krieg vermieden worden wäre – Alternative Entwicklungsszenarien
Ohne den Krieg wäre Mosambik vermutlich in der Lage, sich selbst zu versorgen. Vergleichbar den anderen Staaten des südlichen Afrika könnte es eine profitable Tourismusbranche aufbauen: Noch 1972 kamen 290.000 Besucher, 1981 waren es nur noch 1.000. Mosambik könnte in drei Jahren schätzungsweise 80 Mio. US-$ durch Tourismus einnehmen, das entspräche 50% des Handelsgüterexports. Durch den Verkauf von Kohle, Gas und Strom aus Wasserkraftwerken könnte Mosambik zum Nettoenergieexporteur werden. Nach dem Friedensschluß von Rom im Oktober 1992 wurden innerhalb eines Jahres Auslandsinvestitionen in Höhe von 500 Mio. US-$ getätigt: Dies entspricht den gesamten ausländischen Investitionen der vorangehenden acht Jahre und unterstreicht das bislang brachliegende Entwicklungspotential.

Abkürzungen: PKE = Pro-Kopf-Einkommen; BIP = Bruttoinlandsprodukt
Quellen: Cranna 1994; UNDP 1994; AKUF 1995; diverse Presseberichte; eigene Berechnungen

---

Die wahren Kosten des Krieges – Fallbeispiel Jugoslawien (Krieg seit 1991)

Folgen in den Nachfolgestaaten des früheren Jugoslawien

Bosnien-Herzegowina, *Bevölkerung*
▶ Schätzungsweise 200.000 Menschen wurden bis 1994 getötet. Eine ganze Generation wird über lange Zeit mit physischen und psychischen Spätfolgen zu kämpfen haben.
▶ Die Kindersterblichkeit, vor Kriegsausbruch 28,2 pro 1.000 Lebendgeburten, hat sich seitdem verdoppelt.
▶ Systematische Vergewaltigungen wurden vor allem von serbischer Seite begangen. Die Zahl der Opfer wird auf 20.000 bis 50.000 Frauen geschätzt.
▶ 2,5 Mio. Menschen wurden in Bosnien Anfang 1995 durch Nahrungsmittelhilfe von außen am Leben erhalten.
Binnenökonomie
Wirtschaft und Infrastruktur sind weithin zerstört. Verläßliche Daten gibt es kaum. Allein die Wiederherstellung des Eisenbahnnetzes soll 150 Mio. US-$ kosten.

Serbien, *Bevölkerung*
Die Zahl der aus Bosnien-Herzegowina und Kroatien stammenden Flüchtlinge in Serbien wird auf 500.000 geschätzt.
Binnenökonomie
▶ Das BIP von Serbien und Montenegro sank schon vor dem Krieg: 1990 um 8,4%, 1991 um 11%. Dann ging es dramatisch zurück: 1992 um 27% und 1993 um 35%.
▶ Die Industrie leistete 1992 nur noch ein Drittel der Vorkriegsproduktion; die Realeinkommen der Beschäftigten schrumpften auf die Hälfte des Vorjahreswertes; im März 1993 überschritt die Arbeitslosigkeit 65%.
▶ Die UN-Wirtschaftssanktionen haben der Ökonomie einen Schaden von 20 Mrd. US-$ zugefügt.
▶ Die Hyperinflation erreichte 1993/1994 den unglaublichen Wert von mehreren tausend Prozent pro Monat.

Kroatien, *Bevölkerung*
▶ 1994 wurden mindestens 8.000 Tote, 24.000 Verwundete und 14.000 Vermißte auf kroatischer Seite geschätzt.

> Im Juni 1993 gab es in Kroatien 254.000 interne Flüchtlinge und 240.000 Flüchtlinge aus Bosnien-Herzegowina. Für ihre Versorgung wurden mehr als 10 % des Staatshaushaltes aufgewendet.
>
> *Binnenökonomie*
> > In den ersten neun Kriegsmonaten sanken die Industrieproduktion um 23,7 %, die Investitionen um 33 %.
> > Die Kriegsschäden beliefen sich 1992 auf mehr als 13 Mrd. US-$.
> > Durch den Rückgang des Tourismus büßte Kroatien direkte Einnahmen von etwa 1 Mrd. US-$ und indirekte Einnahmen von etwa 5 Mrd. US-$ ein. Zum Vergleich: 1990 betrug der Devisenbedarf für Importe 5,2 Mrd. US-$.
> > Die Reallöhne fielen zwischen 1989 und 1992 um 66 %.
> > Allein die Zerstörung Dubrovniks richtete Schäden in Höhe von 2 Mrd. US-$ an.
> > Die Militärausgaben verschlangen 1992 ein Fünftel des Staatshaushalts.
>
> **Folgen für den Westen**
> > Die Gesamtkosten für UNPROFOR beliefen sich 1992 auf 250 Mio. US-$, 1993 auf 1 Mrd. US-$.
> > Über 500.000 Menschen flohen bis Mai 1994 aus dem früheren Jugoslawien in die EU.
> > Die Unfähigkeit der EU wie der UN zu einer kohärenten Politik im früheren Jugoslawien hat erheblichen politischen und diplomatischen Schaden angerichtet.
>
> **Wenn Krieg vermieden worden wäre – Alternative Entwicklungsszenarien**
> Die Nachfolgerepubliken Jugoslawiens sind Transformationsländer, die mit Staaten wie Polen, Ungarn, Rumänien und Bulgarien vergleichbar sind. Beim Übergang zu marktwirtschaftlichen Strukturen sind in der Anfangsphase rückläufige Wachstumsraten durchaus zu erwarten, sie können aber bei erfolgreicher Reform überkompensiert werden. Slowenien und vermutlich auch Kroatien gelingt der damit verbundene Anschluß an die westlichen Ökonomien. In Serbien und Montenegro hingegen hat die weitgehende Militarisierung von Wirtschaft und Politik einen Reformstau verursacht und eine vergleichbare Entwicklung verhindert. Die ökonomische Isolierung Rest-Jugoslawiens führt zu einer völlig desolaten Wirtschaftslage. Bosnien-Herzegowina ist durch die massiven Kriegszerstörungen vollends zurückgeworfen.
>
> Quellen: Cranna 1994; UNDP 1994; AKUF 1995; diverse Presseberichte; eigene Berechnungen

systematische Vergewaltigungen verletzen und zerstören Leib und Seele von Frauen; Dörfer und Städte werden bewußt ausgehungert und zerstört; Terror und Schrecken werden zur Münze der Macht.

Auch die Kosten für die Wirtschaft in den Kriegsgebieten und oft für die ganze Volkswirtschaft und die Region sind enorm:
> Tod, Krankheit und Vertreibung bedeuten nicht nur unmittelbares Leid; sie behindern auch die wichtigste Basis einer prosperierenden Wirtschaft: die Ausbildung qualifizierter Arbeitskräfte.
> Verkehrswege (Straßen, Brücken, Eisenbahnlinien, Hafenanlagen) und Energieversorgung bieten vorrangige Angriffsziele; Binnen- und Außenhandel wie auch Alltagsleben und Produktion werden lahmgelegt.
> Die landwirtschaftliche Produktion fällt dramatisch ab: Die Ernte wird vernichtet oder kann infolge von Vertreibungen

nicht eingefahren werden; neue Aussaaten bleiben aus; Landminen lassen den Ackerbau zum lebensgefährlichen Risiko werden.
▶ Bürgerkriegsländer bauen oft eine spezifisch geprägte Kriegsökonomie auf, die sich durch hohe Militärausgaben, Korruption, das Entstehen mafioser Strukturen, illegale Handelsnetze (Drogen, Diamanten, Elfenbein, Hölzer, Waffen) auszeichnet. Das wiederum treibt Inflation und Staatsverschuldung in die Höhe. Die häufig anzutreffende Mischung aus Staatsdirigismus und Schwarzmarktökonomie verhindert den Übergang zu effizienten Wirtschaftsstrukturen.
▶ Der Import von Rüstungsgütern belastet öffentliche Haushalte und Zahlungsbilanzen, steigert die Auslandsverschuldung, die wiederum zur langfristigen Entwicklungsblockade wird.
▶ Ausländische Investitionen bleiben aus; vor allem die Tourismusbranche – ein wichtiger Devisenbringer – liegt brach. Die instabile politische Lage schreckt Investoren ab, nicht nur in der unmittelbar vom Krieg betroffenen Region, sondern auch in anderen Teilen des Landes.

Perspektiven und Optionen

Wenn in den Armutsregionen des Südens nicht ein international gestützter politischer und sozioökonomischer Wandel einsetzt, ist zu erwarten, daß der seit Ende der 60er Jahre bestehende Trend zunehmender ethnopolitischer Konflikte sich auch in der zweiten Hälfte der neunziger Jahre fortsetzt.

Konfliktprävention ist die humanste, kostengünstigste und effektivste Form der Konfliktbearbeitung. Der Organisation des Übergangs vom Krieg zum Frieden muß jedoch ebenso große Aufmerksamkeit zuteil werden. Strukturelle Armut und die fortschreitende Zerstörung und Belastung der Umwelt komplizieren besonders in den Ländern Subsahara-Afrikas, Süd und Südostasiens den Aufbau oder die Rückkehr zu einer zivilen, entwicklungsorientierten Gesellschaft.

Die internationale Gemeinschaft ist hier gefordert, die »Bürgerkriegsländer« mit wirtschaftlicher und politischer Unterstützung auf ihrem Weg zum Frieden zu begleiten. Durch Schuldenerlaß, Öffnung der Märkte und gezielte finanzielle Unterstützung kann sie zur friedlichen Entwicklung beitragen. Allerdings muß eine tragfähige sozioökonomische und politische Entwicklung letztlich von den gesellschaftlichen Kräften in den Ländern selbst angelegt werden.

Die erhöhte Aufmerksamkeit für Bürgerkriege sollte nicht dazu führen, daß die Gefahr zwischenstaatlicher Kriege aus dem Blickfeld gerät. Nach wie vor prägt Machtkonkurrenz der Nationalstaaten die Struktur des internationalen Systems, die Gefahr »klassischer« Kriege um geostrategische Positionsgewinne und um die Verfügungsgewalt über Ressourcen ist keineswegs gebannt. Soll es nicht zur Neuaufteilung der Welt in hegemoniale Einflußzonen kommen, müssen Kooperationsanreize im Rahmen internationaler Regime ausgeweitet, Mechanismen friedlicher Konfliktbearbeitung institutionalisiert und letztendlich kooperative Sicherheitsstrukturen etabliert werden [vgl. Kapitel *Frieden*].

Literatur

AKUF (Arbeitsgemeinschaft Kriegsursachenforschung) 1995: Daten des Kriegsregisters zu den Kriegen der Welt 1945–1994 (Stand: Mai 1995), Hamburg.

Bächler, Günther 1994: Desertification and Conflict. The Marginalization of Poverty and Environmental Conflicts. Environment and Conflicts Project (ENCOP), Occasional Paper No. 10, March 1994, Zürich, Bern.

Bächler, Günther/Volker Böge/Stefan Klötzli/Stephan Libiszewski 1993: Umweltzerstörung: Krieg oder Kooperation? Ökologische Konflikte im internationalen System und Möglichkeiten der friedlichen Bearbeitung, Münster.

Billing, Peter 1992: Eskalation und Deeskalation internationaler Konflikte. Ein Konfliktmodell auf der Grundlage der empirischen Auswertung von 288 internationalen Konflikten seit 1945, Frankfurt a. M.

Clarke, Robin 1991: Water: The International Crisis, London.

Cranna, Michael (Hg.) 1994: The True Cost of Conflict, Project Director: Paul Eavis. London.

Debiel, Tobias 1994: Kriegerische Konflikte, friedliche Streitbeilegung und die Vereinten Nationen, in: Aus Politik und Zeitgeschichte, Beilage zur Wochenzeitung »Das Parlament«, B 2/94, 3–17.

– 1995: Von der Kriegs- zur Friedenswirtschaft. Zu Kosten des Krieges und sozialökonomischen Bedingungen der Friedenskonsolidierung, in: Volker Matthies (Hg.), Vom Krieg zum Frieden, Bremen.

Der Welt-Drogen-Bericht (1993). Ein Jahresbericht von Observatoire géopolitique des drogues (OGD), München.

Gantzel, Klaus Jürgen/Klaus Schlichte 1994: Das Kriegsgeschehen 1993. Daten und Tendenzen der Kriege und bewaffneten Konflikte im Jahr 1993, Stiftung Entwicklung und Frieden, Bonn.

Gurr, Ted Robert 1993: Minorities at Risk. A Global View of Ethnopolitical Conflicts, Washington, D. C.

– 1994: Peoples Against States: Ethnopolitical Conflict and the Changing World System, unveröffentlichtes Manuskript.

Gurr, Ted Robert/Barbara Harff 1994: Ethnic Conflict in World Politics, Boulder et al.

Jäger, Uli/Volker Matthies 1992: Krieg in der Zweidrittel-Welt. Opfer, Folgen und die europäische Verantwortung, Tübingen.

Leveau, Rémy 1994: Brandherd Algerien, in: Europa-Archiv, 49 (1994) 24, S. 643–650.

Müller, Friedemann 1993: Internationale Konflikte durch Umweltgefährdung, in: Europa-Archiv, 48 (1993) 16, S. 471–480.

Pfetsch, Frank R. 1991: Internationale und nationale Konflikte nach dem Zweiten Weltkrieg, in: Politische Vierteljahresschrift, 32 (1991) 2, S. 258–285.

Rummel, Rudolph J. 1994: Power, Genocide and Mass Murder, in: Journal of Peace Research, Vol. 31 (1994) No. 1, pp. 1–10.

– 1995: Statistics of Democide. Estimates, Sources, and Calculation on 20th Century Genocide and Mass Murder, New Brunswick, NJ.

Singer, J. David/Melvin Small 1982: Resort to Arms, Beverly Hills.

SIPRI (Stockholm International Peace Research Institute) 1994: SIPRI Yearbook 1994. World Armaments and Disarmament, Oxford et al.

Sivard, Ruth Leger 1989, 1991, 1993: World Military and Social Expenditures 1989, 1991, 1993, Washington, D. C.

Wallensteen, Peter/Karin Axell 1994: Conflict Resolution and the End of the Cold War, 1989–93, in: Journal of Peace Research, Vol. 31 (1994) No. 3, pp. 333–349.

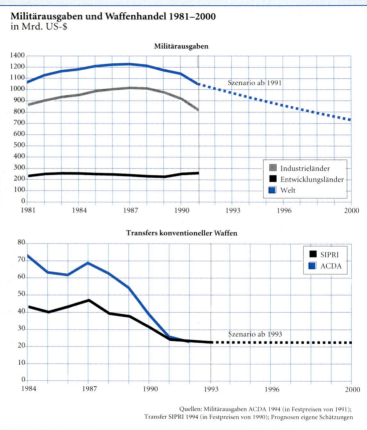

Schaubild 1

Rüstung

Mit dem Ende des Kalten Krieges – und verstärkt durch Haushaltsengpässe zahlreicher Länder – sind die weltweiten Militärausgaben seit 1988 kontinuierlich gesunken; nur für einige Länder in Asien und im Mittleren Osten gilt dieser Trend nicht. Entgegen dem allgemeinen Trend werden aber nach wie vor große Summen für die Modernisierung von Waffensystemen, vor allem für militärische Forschung und Entwicklung, ausgegeben. In diesem Trend setzt sich die während des Kalten Krieges betonte Politik fort.

Auch der internationale Waffenhandel geht zurück. Der Handel mit Großwaffensystemen hat sich von 1987 bis 1992 halbiert; er scheint sich auf dem Niveau von 1993 zu stabilisieren, allerdings mit beträchtlichen Verschiebungen zwischen den großen Waffenexporteuren. Trotzdem werden weiterhin in großem Umfang Waffen in die Kriegs- und Konfliktregionen der Welt geliefert. Der Handel mit Kleinwaffen – für den keine detaillierten Statistiken vorliegen – scheint zu florieren, und auch die Proliferation von Technologie zur Herstellung von Massenvernichtungswaffen bleibt besorgniserregend.

Die Rüstungsindustrie ist durch abnehmende nationale Waffenbeschaffung und rückläufige Exporte in einer doppelten Krise. Sie leidet an erheblichen Überkapazitäten, die durch Schließung von Betrieben oder Betriebsteilen, durch Entlassung von Personal, durch Konzentration auf nationaler und internationaler Ebene sowie (gelegentlich auch) durch Konversion abgebaut werden. Konversion ist eine konstruktive Form der Bewältigung der Krise, um negative soziale und wirtschaftliche Folgen abzuschwächen oder zu vermeiden.

Weniger Rüstung weltweit

Politische Rahmenbedingungen heute

Das Ende des Kalten Krieges und seine Folgen prägen weiterhin die weltweite Rüstung. Neue Chancen, aber auch neue Risiken werden erkennbar. Die Gefahr eines nuklearen Weltkrieges scheint gebannt; Schaubild 2 zeigt, daß bis zum Jahr 2003, in dem die START-Vereinbarungen erfüllt sein sollen, das Arsenal an Nuklearwaffen deutlich abgebaut sein soll.

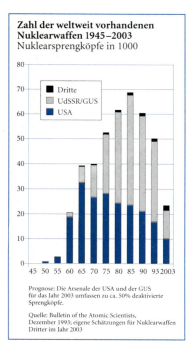

Schaubild 2

Rüstungskontrolle

Bisherige Bedrohungsszenarien für zwischenstaatliche Kriege sind – von Ausnahmen abgesehen – hinfällig geworden. Die Militärapparate und Waffenarsenale für große Kriege scheinen überflüssig zu werden. Weitreichende Abkommen zur Kontrolle von Rüstung und Proliferation konnten sowohl für Massenvernichtungswaffen als auch für konventionelle Rüstung geschlossen werden. Demokratisierungsprozesse in Osteuropa und Teilen Lateinamerikas, Afrikas und Asiens machten eine Entmilitarisierung und Zivilisierung von Politik, Wirtschaft und Gesellschaft möglich. Es erhoben sich Hoffnungen auf eine »Friedensdividende«, die Umwidmung bisher militärisch verwendeter Finanzmittel für friedliche Zwecke.

Besonders im Norden konnte mit dem KSE-Vertrag und den Vereinbarungen zwischen den USA und den nuklearen Nachfolgestaaten der Sowjetunion (vor allem START) die Rüstung im Bereich der Nuklearwaffen verringert werden. Der KSE-Vertrag von 1990 trat 1992 in Kraft; er legt für die NATO-Länder und die Nachfolgestaaten der ehemaligen Warschauer-Pakt-Staaten Reduktionsziele für Streitkräfte und konventionelle Großwaffen in Europa fest.

Auch in Teilen des Südens wurden gewaltsam (z. B. Äthiopien, Irak) oder durch Verhandlungen (z. B. Mittelamerika, südliches Afrika, Israel) neue Sicherheitsregime geschaffen, die es erlauben, Militär und Rüstung zu vermindern.

Internationale Organisationen wie die Weltbank und Länder des Nordens binden zudem Kredite, Schuldenerleichterungen und Entwicklungstransfers an die Forderung, »exzessive« Rüstung abzubauen. Die vermutete Friedensdividende blieb allerdings bisher aus. Denn die Beseitigung von Kriegsschäden und militärischen Altlasten, Verifikationsmaßnahmen im Rahmen der Rüstungskontrolle sowie Demobilisierungs- und Konversionsprogramme verursachen beträchtliche neue Kosten.

Umrüstung

Mit dem Ende des Kalten Krieges war aber auch ein Verlust an Ordnung und die »Chaotisierung« der Politik verbunden. Zum Teil entziehen sich die angehäuften Rüstungspotentiale des zusammengebrochenen Ostblocks einer wirksamen Kontrolle. Um so bedrohlicher scheint dem Norden, der seine Rüstung verringert, die Rüstung einiger Regionalmächte (etwa des Irak) im Süden. Regionalkonflikte und Bürgerkriege im Osten und Süden werden zunehmend als militärische Bedrohung des Weltfriedens wahrgenommen.

Vor diesem Hintergrund findet derzeit ein Umrüstungsprozeß statt. Die Militärdoktrinen des Nordens werden umgeschrieben. Anstelle der massiven Abschreckungsarsenale des Kalten Krieges verlangen sie nun hochmobile und flexibel einsetzbare Interventionskräfte. Diese werden aus innen- und außenpolitischen Gründen bevorzugt multinational zusammengesetzt. Beispiele sind die Blauhelmeinheiten der Vereinten Nationen, die »schnellen Eingreiftruppen« der NATO und der GUS oder die europäischen multinationalen Einheiten (»Eurokorps«). Hochtechnologie-Waffensysteme – wie Raketenabwehr, Satellitenaufklärung, Präzisionswaffen, Gefechtsleitsysteme – werden mit Hinweis auf die neuen Regionalmächte des Südens entwickelt. Die zunehmende Anwendung zivil entwickelter Technologie in der Rüstung und die wachsende transnationale Verflechtung der Rüstungsproduktion erschweren den Nationalstaaten allerdings die Rüstungskontrolle.

Auch der Süden rüstet um. Begehrt ist zum einen die High-Tech-Rüstung, die sich im Golfkrieg als waffentechnisch überlegen erwiesen hat. Sie ist freilich für viele Länder unerschwinglich. Umgerüstet wird auch, um die Erfüllung der neuen militärischen Aufgaben multinationaler Einsätze und der Verifikation von Rüstungskontrollabkommen technisch möglich zu machen. Schließlich reagiert die Rüstungspolitik des Südens auf die zahlreichen Bürgerkriege, die eine andere militärische Ausrüstung erfordern als die zwischenstaatlichen Abschreckungssysteme.

Rüstung wird nun aus politischen und aus finanziellen Gründen teilweise »virtualisiert«. Das bedeutet: an die Stelle realer Waffenbestände (wie Nuklearwaffen) tritt das Potential, diese Waffen binnen kurzem zu produzieren; Haushaltsmittel für Forschung und Entwicklung werden erhöht, für die tatsächliche Beschaffung aber gekürzt, Stützpunkte werden geschlossen, aber vorgeschobene logistische Basen errichtet, und Streitkräfte werden ab-, mobilisierbare Reserven ausgebaut. Virtualisierung mag kostengünstig sein, bedeutet aber letztlich nicht den Verzicht auf militärische Gewalt.

Militäretats und Rüstungsnachfrage

Seit 1988 sinken die weltweiten Militärausgaben kontinuierlich um durchschnittlich rund 4 % pro Jahr. Die geschätzten Ausgaben 1994 liegen bei über 900 Milliarden US-$, nachdem sie 1987 mit über 1.200 Milliarden US-$ einen Höhepunkt erreicht hatten. Das Ende des Kalten Krieges und vor allem Engpässe in den öffentlichen Haushalten haben diese Entwicklung bewirkt. Die Einsparungen (als potentielle »Friedensdividende«) summierten sich von 1987 bis 1991 auf 330 Milliarden US-$; bis einschließlich 1994 dürften sie auf 1.100 Milliarden US-$ angewachsen sein.

Schriebe man den Abwärtstrend der Militärausgaben fort, so würden sie auf rund 700 Milliarden US-$ im Jahr 2000 sinken. Aber die künftige Entwicklung der Militärausgaben hängt von vielen, zum Teil unwägbaren Faktoren ab, so daß eine Prognose äußerst problematisch ist: Die Entwicklung der öffentlichen Haushalte und die allgemeine Wirtschaftsentwicklung in den Hauptrüstungsländern, die Einschätzung militärischer Bedrohungen und sicherheitspolitische Bewertungen, die Zahl und Art der Kriege und gewaltsam ausgetragenen Konflikte, regionale Politiken sowie Lobbyismus von Industrie, Militär und anderen Gruppen sind einige der zentralen Faktoren, die den Trend der Militärausgaben beeinflussen.

Die regionalen Trends

Die Militärausgaben entwickelten sich in einzelnen Regionen sehr unterschiedlich. In den Industrieländern sanken sie zwischen 1987 und 1991 deutlich um rund 20 %. Dieser Trend setzte sich in den Folgejahren fort. Die den Ost-West-Konflikt bestimmenden Länder der traditionellen Militärallianzen NATO und Warschauer Pakt (WVO) bestritten in der Vergangenheit drei Viertel der weltweiten Militärausgaben. Entsprechend bedeutsam sind sie für das Gesamtbild [vgl. Tabelle 1].

Daten über Militärausgaben

Verschiedene Forschungsinstitute und Regierungsorganisationen publizieren Statistiken über weltweite Militärausgaben: das Stockholmer Internationale Friedensforschungsinstitut **SIPRI**, dessen Daten aber seit 1993 nicht mehr alle Länder erfassen und auch keine Gesamtsumme der weltweiten Militärausgaben enthalten; die US-Rüstungskontroll- und Abrüstungsbehörde **ACDA**, deren Daten hier in den Schaubildern verwendet wurden; das Forschungsinstitut von Ruth L. **Sivard** in Washington; der Internationale Währungsfonds (**IMF**) und das Internationale Institut für Strategische Studien (**IISS**) in London.

Die Quellen stimmen in der Einschätzung der globalen Langzeittrends überein; die absolute Ausgabenhöhe und länderspezifische Angaben schwanken jedoch beträchtlich. Dies gilt insbesondere für **China**, wo ein großer Teil der für das Militär verwendeten Ressourcen nicht im Budget erfaßt wird. Die Transparenz der Militärausgaben der **Russischen Föderation** ist heute zwar sehr viel besser als die der früheren Sowjetunion, dennoch sind die Forschungsinstitute immer noch weitgehend auf Schätzungen angewiesen. Wenig zuverlässige Wirtschaftsstatistiken, schwankende Wechselkurse, die hohe Inflationsrate machen die Bewertung in Dollar problematisch. Auch für andere **GUS**-Länder und für zahlreiche **Entwicklungsländer** liegen nur unvollständige oder keine Angaben vor.

Regionale Entwicklung der Militärausgaben in Mrd. US-$[1]

	1981	1982	1983	1984	1985	1986	1987	1988	1989	1990	1991
Afrika	17,8	17,4	18,3	19,1	17,2	17,3	16,5	17,0	17,1	16,5	16,0
Ostasien	101,6	104,9	105,4	105,0	108,4	110,0	112,0	112,0	115,3	120,4	119,7
Südasien	7,1	7,9	8,8	9,3	9,8	10,5	11,4	11,5	11,0	12,0	11,0
Naher Osten	66,9	78,2	86,7	84,3	77,8	72,3	64,0	58,2	54,2	76,6	88,3
Ozeanien	6,2	6,5	7,0	7,3	7,7	7,6	8,0	7,4	7,3	7,6	8,1
Lateinamerika	15,7	19,8	17,5	18,5	17,5	18,9	19,6	18,7	18,0	17,8	15,8
WVO	382,7	394,4	399,2	402,0	408,1	412,9	420,8	423,5	388,1	337,2	276,6
Nordamerika	261,9	285,3	303,8	316,9	342,9	352,9	351,2	344,3	341,8	330,5	291,8
Europa (NATO)	174,5	179,1	184,1	185,1	187,0	186,8	191,7	187,5	189,2	190,8	188,1
andere europ. Länder	19,1	19,3	19,3	19,5	19,8	20,4	20,2	19,8	18,6	20,2	22,6
Welt	1.053,4	1.112,9	1.150,2	1.167,2	1.196,2	1.209,7	1.214,6	1.200,0	1.160,5	1.129,6	1.038,1

[1] in Festpreisen von 1991

Quelle: ACDA 1994

Tabelle 1

Die NATO

In den USA setzt die Clinton-Administration die Budgetkürzungen der vorherigen Regierung fort. Nach ihrer Planung soll der Militärhaushalt vom Höhepunkt von über 300 Milliarden US-$ in den Jahren 1989 und 1990 auf rund 250 Milliarden US-$ bis 1997 sinken. Allerdings hat der Wahlsieg der Republikaner Ende 1994 diese Kürzungsvorschläge in Frage gestellt.

Der Anteil der Militärausgaben fiel von 6,6 % des Bruttoinlandsprodukts 1986 auf deutlich unter 5 % im Jahre 1993. Inflationsbereinigt entspricht dies Kürzungen von über einem Drittel im letzten Jahrzehnt.

In anderen NATO-Ländern sind ähnliche Trends zu verzeichnen, wenn auch zum Teil mit zwei bis drei Jahren Verzögerung.

Osteuropa

Sinkende Militärausgaben in der Russischen Föderation in den vergangenen Jahren waren primär Folge des Versuchs der Regierung, die Staatsausgaben zu begrenzen, um die Inflation in den Griff zu bekommen. Die Ausgaben für die Streitkräfte wurden aber auch – neben diesen und sicherheits- oder verteidigungspolitischen Kriterien – von sozialen und wirtschaftlichen Erwägungen und dem Bestreben, Druck von den Streitkräften und der Rüstungsindustrie zu nehmen, bestimmt. Eine detaillierte Beschreibung der Entwicklung der Militärausgaben ist angesichts der allgemeinen wirtschaftlichen Turbulenzen und insbesondere der hohen Inflationsraten wenig zuverlässig. Offiziellen Angaben zufolge waren 1993 rund 20 % der staatlichen Ausgaben für den Rüstungshaushalt vorgesehen, allerdings wurde dieser in den letzten Jahren mehrfach während des laufenden Jahres geändert. Fest steht, daß der Anteil der Personalausgaben innerhalb des Budgets zu Lasten der Rüstungsbeschaffung und der Forschung und Entwicklung deutlich stieg.

In den anderen Ländern des früheren
östlichen Militärbündnisses sind die nationalen
Ausgaben für das Militär schon
seit Mitte der 80er Jahre gesunken. Veränderungen
der Militärdoktrin, wirtschaftspolitische
Reformen und eine
immer schlechtere wirtschaftliche Lage
machten Kürzungen möglich und notwendig.
In den meisten Ländern sanken
die Ausgaben bis 1992, um danach nominal
wieder leicht anzusteigen. Ebenso wie
in der Russischen Föderation wurden
kaum mehr Mittel für die Beschaffung
neuer Waffen zur Verfügung gestellt.

Der Süden

Der vorübergehende Abwärtstrend der
Militärausgaben in Entwicklungsländern
hat sich inzwischen wieder umgekehrt
(ACDA). Während hier der Rückgang
früher einsetzte als in den Industrieländern,
nämlich bereits 1985, steigen die
Ausgaben seit Anfang der 90er Jahre wieder
deutlich an. Der Anteil der Entwicklungsländer
an den Weltmilitärausgaben
stieg in nur zwei Jahren von 18 % im Jahr
1989 auf 23 % in 1991. Innerhalb der Ländergruppe
war die Entwicklung aber
nicht einheitlich. Während in Afrika und
Lateinamerika die Budgets leicht gekürzt
wurden, stagnierten sie in Südasien; im
Nahen Osten hingegen stiegen sie – nach
Kürzungen Mitte der 80er Jahre – im
Zeichen des Golfkrieges deutlich an. In
Ostasien ist ein kontinuierlicher und
starker Trend zur Erhöhung der Militärausgaben
zu verzeichnen [vgl. Tabelle 2].
Hier hat das Ende des Kalten Krieges
nicht zu Abrüstung geführt. Die Militärausgaben
stiegen parallel zum Wirtschaftswachtum
in der Region. Eine Ausnahme
bildet neuerdings Japan. Seit dem
Regierungswechsel im Jahr 1993 stagniert
der Militärhaushalt.

Die volkswirtschaftliche Belastung

Die Ausgaben für Militär und Rüstung
belasten die Volkswirtschaften unterschiedlich.
Das wird deutlich, wenn man
den Anteil dieser Ausgaben am Bruttosozialprodukt
verschiedener Länder vergleicht
[vgl. Tabelle 3]. Arme Länder mit
niedrigem Pro-Kopf-Einkommen wie
Afghanistan oder Ruanda geben relativ
viel für das Militär aus; aber auch Gegenbeispiele
lassen sich finden, so Nepal,
Ghana und Gambia. Umgekehrt finden
sich auch unter Ländern mit hohem Pro-Kopf-Einkommen
solche mit relativ hohen
(vor allem im Mittleren Osten) wie
solche mit relativ niedrigen Militärausgaben
(Japan, Luxemburg, Island).

Militärische Forschung und Entwicklung

Militärische Forschung und Entwicklung
war eine der Kräfte, die in Zeiten der
Ost-West-Konfrontation die Rüstungsdynamik
antrieben. Sie spielt aber noch
heute eine zentrale Rolle. Beachtliches
wissenschaftliches Know-how und Ingenieurpotential
ist in diesem Bereich gebunden.
Eine Studie der Vereinten Nationen
schätzt, daß von den weltweit tätigen
fünf bis sieben Millionen Forscherinnen
und Forschern Ende der 80er Jahre etwa
1,5 Millionen für das Militär arbeiteten.

Etwa 12 % der weltweiten Militärausgaben
– mithin weit über 100 Milliarden
US-$ – wurden 1990 für militärische Forschung
und Entwicklung aufgewendet;
80 % dieser Summe entfielen damals
allein auf die Vereinigten Staaten und die
Sowjetunion. Wegen der wirtschaftlich
katastrophalen und politisch unsicheren
Lage in der Russischen Föderation und
den anderen Nachfolgestaaten der Sowjetunion
waren die Folgen des Um-

Militärausgaben[1] in Ostasien
in Mio. US-$[2]

Land	1985	1986	1987	1988	1989	1990	1991	1992[3]	1993[3]
China[4]	5.965	5.867	5.634	4.846	4.816	5.472	5.783	6.229	6.387
% des BSP	2,2	2,1	1,9	1,5	1,6	1,6	1,6	1,5	1,6
Indonesien	2.341	1.938	1.723	1.694	1.751	1.959	1.724	1.913	1.949
% des BSP	2,7	2,1	1,7	1,6	1,5	1,6	1,5	1,2	1,5
Japan	14.189	15.122	15.830	16.522	17.020	17.506	17.975	18.333	18.412
% des BSP	1,0	1,0	1,0	1,0	1,0	1,0	1,0	1,0	1,0
Nordkorea[5]	4.575	4.674	4.884	4.517	5.000	5.012	5.075	5.376	5.406
% des BSP	21,0	21,0	21,3	19,1	22,3	21,5	22,9	25,5	26,9
Südkorea	4.548	4.888	4.995	5.398	5.733	5.835	6.234	6.762	6.896
% des BSP	4,9	4,7	4,3	4,1	4,1	3,9	3,6	3,8	3,6
Malaysia	1.007	1.040	857	1.640	1.418	1.559	1.670	1.685	1.650
% des BSP	3,2	3,6	2,7	4,6	3,7	3,7	3,7	3,4	3,2
Myanmar	208	181	113	129	256	264	263	237	210
% des BSP	3,0	2,9	1,9	2,5	3,9	3,9	3,8	3,2	3,5
Philippinen	409	617	644	794	867	860	808	828	840
% des BSP	1,3	1,9	1,8	2,1	2,2	2,6	2,1	2,2	2,2
Singapur	1.093	1.013	1.029	1.132	1.252	1.454	1.532	1.672	1.838
% des BSP	6,1	5,5	5,0	4,8	4,9	5,2	5,3	5,5	5,8
Taiwan	4.048	3.995	4.362	4.686	4.987	5.253	5.443	5.453	5.212
% des BSP	6,5	5,6	5,5	5,5	5,5	5,5	5,3	5,0	4,6
Thailand	1.626	1.525	1.509	1.508	1.551	1.647	1.813	1.925	2.060
% des BSP	4,4	3,9	3,5	3,0	2,8	2,7	2,6	2,9	3,0

[1] Die Definition von Militärausgaben variiert wegen unterschiedlicher Berechnung und Verfügbarkeit von Daten in den einzelnen Ländern. Vorsicht ist daher bei Ländervergleichen oder Summenberechnungen für die Region angebracht. Angaben für Brunei, Kambodscha, Laos und Vietnam fehlen wegen schlechter Datenlage.
[2] zu Preisen und Wechselkursen von 1985
[3] Einige Angaben für 1992 und 1993 beruhen auf Schätzungen.
[4] Offizielle Zahlen für den Verteidigungshaushalt; Schätzungen beziffern die militärbezogenen Ausgaben Chinas auf das Doppelte bis Dreifache dieser Zahlen.
[5] Die Zahlen beruhen auf Schätzungen, wonach die militärbezogenen Ausgaben Nordkoreas etwa das 2,5fache des offiziell bekanntgegebenen Verteidigungshaushalts und 20-25% des BSP ausmachen. Da es dazu kaum genaue Daten gibt, können diese Angaben nur grobe Schätzungen sein.

Quelle: SIPRI 1994

Tabelle 2

Relative Belastung durch Militärausgaben 1991

Militärausgaben/ BSP (%)	BSP pro Kopf in US-$ von 1991					
	unter 200	200–499	500–999	1.000–2.999	3.000–9.999	ab 10.000
ab 10%	Äthiopien* Afghanistan* Mosambik Kambodscha*		Irak* Jemen Kap Verde*	Nordkorea* Syrien Jordanien	Saudi-Arabien Oman Sowjetunion	Kuwait Katar* Ver. Arab. Emirate
5–9,9%	Ruanda	Pakistan Tschad Liberia*	Angola* Myanmar Simbabwe Albanien*	Sudan Iran* Türkei	Libyen Bahrain Zypern Jugoslawien* Griechenland Taiwan	Israel Singapur
2–4,9%	Tansania* Uganda Burundi Sierra Leone	Vietnam Nicaragua Laos Burkina Faso Äquat.-Guinea* Togo Kenia Indien Guinea-Bissau* Sambia* Haiti	Sri Lanka Lesotho Maure-tanien* Ägypten Papua-Neuguinea Bolivien Philippinen	Mongolei Botsuana Marokko Kuba* Südafrika Malaysia Venezuela Libanon Tunesien Chile China Kongo* El Salvador Thailand Kolumbien Fidschi Uruguay Ecuador	Polen* Rumänien*	USA Großbritannien Frankreich Norwegen Schweden Australien Niederlande Deutschland Belgien Italien Dänemark Kanada Finnland
1–1,9%	Somalia* Bangladesch Nepal	Benin* Mali* Zaire* Zentralafr. Rep. Guinea Niger Madagaskar Malawi Guyana	Senegal Honduras Kamerun Indonesien Côte d'Ivoire	Algerien Paraguay Swaziland Brasilien Peru	Argentinien	Schweiz Spanien Neuseeland Irland Österreich
unter 1%		Nigeria Ghana Gambia* S. Tomé u. Pr.*	Guatemala Dominikan. Rep.	Jamaika Mauritius Costa Rica Panama	Malta Trin. u. Tob. Barbados* Mexiko	Japan Luxemburg Island

Die Länder sind innerhalb der Kästchen nach absteigender Militärbelastung geordnet.
* = Die Einordnung beruht auf einem groben Näherungswert einer oder beider Variablen, sofern Daten oder verläßliche Schätzungen für 1991 nicht vorlagen.

Quelle: ACDA 1994

Tabelle 3

schwungs einschneidend: Den ehemals privilegierten militärischen Forschungseinrichtungen und Waffenlabors wurde nämlich einfach der Geldhahn zugedreht. Ihre Wissenschaftler und Ingenieure suchen bislang ohne überzeugende Perspektiven nach zivilen Beschäftigungsalternativen.

Auch die USA haben staatliche Mittel für die großen Waffenlabors und Entwicklungsabteilungen der Rüstungsindustrie stark gedrosselt, und in vielen anderen Industrieländern sind die Ausgaben dafür in den letzten fünf Jahren ebenfalls gesunken; dennoch absorbieren die Bereiche Rüstung und Militär noch immer erhebliche Teile der staatlichen Aufwendungen für Forschung und Entwicklung [vgl. Tabelle 4].

Tabelle 4 zeigt, daß in einigen Ländern der Anteil der Ausgaben für militärische Forschung und Entwicklung von 1988 bis 1993 deutlich gestiegen ist. Zwei Ziele werden damit vorrangig verfolgt: Erstens werden für die Umorientierung auf flexible Reaktionskräfte andere Waffensysteme gebraucht; und zweitens sollen technologische Spitzenpositionen in der Rüstung gehalten oder aufgebaut werden.

Rüstungsnachfrage und Produktion

Rüstungskontrolle und Abrüstung trafen die waffenproduzierende Industrie mit kurzer Verzögerung, weil sie am Ende des Kalten Krieges zunächst noch über ein Auftragspolster verfügte. Anfang der 90er Jahre erreichten die Umsätze der Rüstungsindustrie ihren Höhepunkt; seither werden kontinuierlich Kapazitäten abgebaut. Zwar erlebte die Rüstungsindustrie (besonders in den USA) schon früher Einbrüche – vor allem nach dem Korea- und dem Vietnamkrieg. Doch damals machte ein neuer Boom nach wenigen

Ausgaben für militärische Forschung und Entwicklung in OECD-Ländern

	Inländ. Brutto-Gesamtausgaben für F&E in Millionen PPP US-$ zu laufenden Preisen		Anteil militärischer an der gesamten staatlichen F&E in %	
	1988	1990/93 (letztes verfügb. Jahr)	1988	1993
Österreich	1.464	2.330	0,0	0,0
Irland	255	457	0,0	0,0a
Belgien	2.287	2.751	0,7	0,2
Portugal	343	502	0,0	0,4
Dänemark	1.142	1.535	0,4	0,6a
Finnland	1.272	1.535	1,6	1,3
Neuseeland	374c	399	1,8c	1,3a
Griechenland	245	369	1,9	1,5a
Niederlande	4.482	4.750	2,9	3,5
Norwegen	1.190c	1.315	7,6	5,0
Japan	52.125	71.767	4,8	5,9a
Italien	9.814	14.503	10,4	6,5
Kanada	6.301	8.386	8,3	7,0
Australien	3.170	3.671	11,3	9,5a
Deutschland	28.049	36.061	12,4	10,5a
Spanien	2.777	4.350	12,6	14,6a
Schweiz	3.828c	n. v.	20,7	18,5b
EU	86.549	107.060	23,0	20,7a
Schweden	4.073c	4.180	24,0	24,3a
Frankreich	19.380	25.155	37,3	37,4b
Großbritannien	17.775	18.735	42,7	45,1
USA	136.358	169.952	67,8	59,2

Länder geordnet nach Rangfolge in Spalte 4
a = 1992, b = 1991, c = 1989
n. v. = nicht verfügbar

Quelle: OECD: Main Science and Technology Indicators 1993, Paris 1994

Tabelle 4

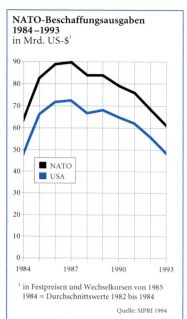

NATO-Beschaffungsausgaben 1984–1993 in Mrd. US-$[1]

[1] in Festpreisen und Wechselkursen von 1985
1984 = Durchschnittswerte 1982 bis 1984

Quelle: SIPRI 1994

Schaubild 3

sche Rückgang des Weltwaffenhandels ist ein wichtiger Anhaltspunkt. Allein in der NATO wurde 1993 real ein Drittel weniger für die Beschaffung von Gerät aufgewendet als 1987 [vgl. Schaubild 3].

In anderen Ländern war der Rückgang noch deutlicher. Das russische Verteidigungsministerium legte 1992 erste Angaben zur Rüstungsbeschaffung vor: Danach wurden in diesem Jahr für Panzer und Artillerie Kürzungen in Höhe von 97 % vorgenommen; aber auch die Beschaffung von Flugzeugen (80 %), Luft-Luft- und Boden-Luft-Raketen (80 %) sowie Interkontinentalraketen (55 %) ging beträchtlich zurück. Die militärische Produktion sank in den Rüstungsfirmen seit 1990 stärker als die zivile; auch die Zahl der Beschäftigten im Rüstungssektor nahm deutlich ab [vgl. Tabelle 5]. Nicht viel anders verlief die Entwicklung in anderen mittel- und osteuropäischen Ländern. Die Beschaffungsausgaben sanken dort stärker als im übrigen Europa; die Produktionskapazitäten wurden drastisch eingeschränkt.

Lediglich in einigen Ländern des asiatisch-pazifischen Raums, vor allem in Australien, China, Südkorea, Thailand und Taiwan, wird die Rüstungsindustrie ausgebaut oder modernisiert. Dieser Trend war auch in Japan bis 1991 zu beobachten. Über China sind keine exakten Statistiken veröffentlicht. Wenn es auch Hinweise gibt, daß die Rüstungsproduktion hier quantitativ eingeschränkt wurde, sind im letzten Jahrzehnt doch beträchtliche Anstrengungen zur Modernisierung, vor allem durch Technologieimporte, unternommen worden.

Produktion und Beschäftigung sinken weiter

Im Vergleich zu den Zentren der Rüstungsproduktion [vgl. Tabelle 6] spielen Entwicklungsländer – trotz erheblicher Anstrengungen – hier eine untergeord-

Jahren Auftragsrückgänge mehr als wett. In Zukunft ist eine Wiederholung dieses zyklischen Musters ständig höherer Militärhaushalte unwahrscheinlich.

Aufträge gehen zurück

Seit Ende der 80er Jahre hat sich die Situation grundsätzlich geändert. Zwar werden weiterhin Waffen in Massen produziert, doch insgesamt wird von den Streitkräften weniger beschafft. Rüstungsaufträge sind generell rückläufig. Unausgelastete Kapazitäten zwingen nicht wenige Unternehmen zum Ausstieg aus der Rüstungsproduktion.

Exakte Statistiken über den globalen Rückgang der Rüstungsaufträge liegen nicht vor. Dennoch lassen sich aus verschiedenen Indikatoren gewisse Schlüsse ziehen. Vor allem der drasti-

nete Rolle. In der jährlich von SIPRI veröffentlichten Liste der 100 größten Rüstungsunternehmen tauchen nur drei aus Israel, zwei aus Indien und eins aus Südafrika auf. In Südafrika und in Israel ist die Rüstungsproduktion seit einigen Jahren nicht zuletzt deshalb rückläufig, weil die Waffenexporte zurückgingen; Indien setzt weiterhin auf die eigene staatliche Rüstungsindustrie. Die Liste der 25 größten Rüstungsfirmen spiegelt deutlich die Veränderungen im Laufe der Zeit wider. Umsatzeinbußen, Arbeitsplatzverluste, erhebliche Umstrukturierungen und Firmenzusammenschlüsse waren an der Tagesordnung [vgl. Tabelle 6].

Weltweit beschäftigte die Rüstungsindustrie 1990 ungefähr 16,5 Millionen Arbeitskräfte. Bis Mitte der 90er Jahre wurden fast fünf Millionen Arbeitsplätze abgebaut [vgl. Schaubild 4]. Fast jeder dritte ging damit in den letzten fünf Jahren verloren. Allerdings ergeben sich soziale und wirtschaftliche Probleme in nur wenigen Ländern. 90 % aller Arbeitsplätze in der Rüstungsindustrie konzentrieren sich in nur zehn Ländern. Mehr als 60 % aller weltweiten Arbeitsplatzverluste in der Rüstungsindustrie entfallen auf die Russische Föderation. Allerdings bedeutet hier der Verlust des Arbeitsplatzes für die Beschäftigten der Rüstungsindustrie oft nur kurzfristige Arbeitslosigkeit, da sie meist gut qualifiziert sind und so relativ leicht eine neue Beschäftigung finden. In wirtschaftlich schwierigen Situationen verschiebt sich das Problem dann auf weniger Qualifizierte in anderen Bereichen.

Aufrüstungsregionen der Welt

Der allgemeine Trend deutet zwar darauf hin, daß das Rüstungsniveau weltweit sinkt oder stagniert, es gibt aber Regionen, in denen – gegen den Trend – aufgerüstet wird [vgl. auch Schaubild 5].

Nahost
An erster Stelle steht der Nahe Osten. Alarmiert durch den zweiten Golfkrieg,

Produktion und Beschäftigung im Rüstungssektor der Russischen Föderation 1990–1994

1990 = 100

	1990	1991	1992	1993	1994 (1. Halbj.)
Industrieproduktion insgesamt	100	90	76	64	47
Produktion d. Rüstungssektors insges.	100	86	71	59	37
militärische Produktion	100	74	46	32	20
zivile Produktion	100	96	89	79	51
Produktionsmitarbeiter insgesamt	100	96	87	77	65
militärische Produktion	100	86	54	42	n. v.
zivile Produktion	100	104	112	104	n. v.

n. v. = nicht verfügbar

Quelle: Ifo-Institut, Ifo-Schnelldienst Nr. 32, November 1994; eigene Berechnungen

Tabelle 5

Die größten Rüstungsfirmen

Firmenname	Land	Rang		Rüstungsumsatz in Mrd. US-$	
		1988	1992	1988	1992
McDonnell Douglas	USA	1	1	9.380	9.290
Lockheed	USA	2	3	8.400	6.700
General Dynamics	USA	3	17	8.000	3.200
General Motors	USA	4	4	7.500	5.550
General Electric	USA	5	5	6.250	4.980
Raytheon	USA	6	9	5.500	4.670
British Aerospace	GB	7	2	5.480	7.070
Northrop	USA	8	7	5.340	4.960
Rockwell International	USA	9	14	5.000	3.750
United Technologies	USA	10	11	4.500	4.300
Thomson	F	11	6	4.470	4.980
Boeing	USA	12	8	4.400	4.700
Martin Marietta	USA	13	10	4.300	4.400
Daimler-Benz	D	14	12	3.420	4.120
DCN	F	15	19	3.030	2.980
Gruman	USA	16	20	3.000	2.980
GEC	GB	17	13	2.970	3.750
Litton Industries	USA	18	15	2.920	3.380
TRW	USA	19	23	2.900	2.600
Mitsubishi Heavy Ind.	Japan	20	22	2.840	2.680
Westinghouse Electric	USA	21	26	2.600	2.100
Unisys	USA	22	32	2.500	1.700
Aérospatiale	F	23	16	2.300	3.290
LTV	USA	24	–	2.150	–
Texas Instruments	USA	25	28	2.150	2.000

Quelle: SIPRI-Datenbank

Tabelle 6

vergrößern die Staaten dieser Region ihre Streitkräfte und beschaffen sich hochentwickelte konventionelle Rüstung. Eine innenpolitische Bremse durch parlamentarisch-demokratische Kontrollen ist kaum vorhanden.

Das Aufrüstungspotential im Nahen Osten ist dennoch auch in den reichen Ölstaaten nicht unbegrenzt. Selbst Saudi-Arabien und die Emirate am Golf erreichen inzwischen die Grenze ihrer finanziellen Leistungsfähigkeit; geringere Erdöleinnahmen und Kriegs- und Kriegsfolgekosten engen ihren Spielraum ein. Zudem regulieren die großen Mächte den Rüstungsfluß in den Nahen Osten durch informelle Absprachen, in den Irak und nach Libyen auch durch UN-Embargos. Auch sind die regionalen Streitkräfte je nach Organisation, Infrastruktur und Ausbildung nur begrenzt fähig, hochmoderne Rüstung zu absorbieren.

Asiatisch-pazifischer Raum

Gefahren birgt auch die Aufrüstung im asiatisch-pazifischen Raum. Starkes Wirtschaftswachstum vergrößert die Kaufkraft und erleichtert den Aufbau einer eigenen Rüstungsproduktion. Brennpunkte sind China und insbesondere Nordkorea, das mit etwa einem Soldaten auf 20 Einwohner (ACDA-Wert für 1991) das am höchsten militarisierte Land der Welt ist.

Der auf Abrüstung gerichtete Trend in China kehrte sich Ende der 80er Jahre um. Seitdem werden die chinesischen Streitkräfte quantitativ und qualitativ verstärkt. Die Nachbarländer befürchten expansionistische Bestrebungen der chinesischen Militärpolitik, vor allem mit Blick auf die vermuteten großen Rohstoffvorkommen im Südchinesischen Meer. Erhebliche Unsicherheit über die weitere innenpolitische Entwicklung Chinas verstärkt die Besorgnis über die chinesische Rüstung.

Trotz der Aufrüstungstendenzen liegt das Rüstungsniveau der Region gegenwärtig immer noch deutlich unter dem der NATO oder des Nahen Ostens. So betrug 1991 nach Angaben von ACDA der Anteil der Militärausgaben am Bruttosozialprodukt im asiatisch-pazifischen Raum 2,1 %, im Nahen Osten aber 4,7 % und in der NATO 3,8 %. Die Region ist aber allein schon wegen ihrer absoluten Größe relevant: 1991 wurden in Asien nach ACDA ca. 120 Milliarden US-$ für das Militär ausgegeben, im Nahen Osten etwa 90 Milliarden, in der NATO um die 480 Milliarden. Es stellt sich die Frage, ob zunehmende wirtschaftliche Verflechtung, die auf Weltmarktorientierung basierende Wachstumslogik der regionalen Ökonomien und langsam entstehende Strukturen regionaler Sicherheit und Zu-

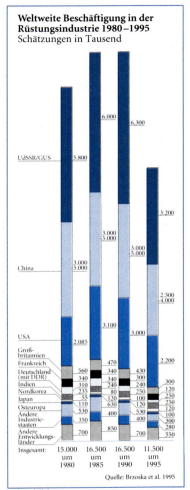

Schaubild 4

sammenarbeit (z. B. APEC, ASEAN Regional Forum) die Aufrüstung in der Region begrenzen werden.

Auf dem indischen Subkontinent findet vor dem Hintergrund des Kaschmir-Konfliktes und infolge innenpolitischer Machtrivalitäten offenbar ein Wett-

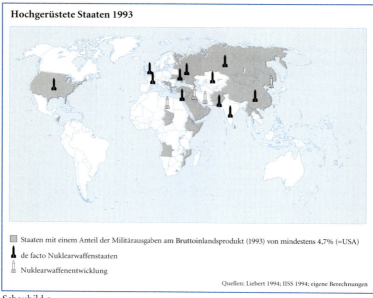

Hochgerüstete Staaten 1993

☐ Staaten mit einem Anteil der Militärausgaben am Bruttoinlandsprodukt (1993) von mindestens 4,7% (=USA)
▲ de facto Nuklearwaffenstaaten
△ Nuklearwaffenentwicklung

Quellen: Liebert 1994; IISS 1994; eigene Berechnungen

Schaubild 5

rüsten zwischen Indien und Pakistan statt. Inwieweit wirtschaftliche Verflechtungen, begrenzte finanzielle Mittel und Rüstungskontrollbemühungen des Nordens die Rüstungsdynamik eindämmen können, ist noch unklar.

Osteuropa

In den Ländern des ehemaligen Ostblocks ist das hohe Rüstungsniveau der 80er Jahre zwar drastisch verringert worden, doch deutet sich bereits eine zaghafte Remilitarisierung an. Fast alle neu entstandenen Staaten bauen eigene Streitkräfte auf. Die Rüstungsnachfrage wird vor allem durch Bürgerkriege und gewaltsam ausgetragene innere Machtkämpfe angefacht. Die begrenzten ökonomischen Möglichkeiten setzen aber einer massiven Aufrüstung vorerst enge Grenzen.

Massenvernichtungswaffen

Die Regionen, in denen konventionell aufgerüstet wird, sind in der Regel auch hinsichtlich der Proliferation von Massenvernichtungswaffen als problematisch anzusehen. Israel wird bereits als De-facto-Nuklearwaffenstaat behandelt. Irak und Iran werden verdächtigt, Nuklearwaffenforschung zu betreiben; gelegentlich wird in diesem Zusammenhang auch Algerien erwähnt. Libyen und Syrien werden ähnliche Ambitionen nachgesagt, doch mangelt es ihnen an der notwendigen Technologie. China hat den informellen Atomteststopp durchbrochen und damit die Bemühungen um Eindämmung der Nuklearwaffen erheblich gefährdet. Nordkorea willigte erst nach langwierigen Verhandlungen und Drohungen seitens der USA ein, seine Nuklearanlagen internationaler Aufsicht zu öffnen. Indien und Pakistan werden verdächtigt, bereits über Nuklearwaffen und Raketen zu verfügen. Und die Kontrolle über das nukleare »Erbe« der Sowjetunion in Kasachstan, Weißrußland und der Ukraine scheint noch nicht endgültig gesichert.

Im ganzen besitzen gegenwärtig etwa 30 Länder eine nuklearindustrielle Struktur oder das Potential, sie aufzubauen.

Die Gefahr eines nuklearen Weltkriegs scheint gebannt. Zur Verhinderung möglicher regionaler Nuklearkriege stehen jedoch wirksame Kontrollen (noch) nicht zur Verfügung. War der Anteil der Nuklearwaffen »Dritter« in der Zeit der Konfrontation zwischen den USA und der Sowjetunion noch sehr gering [vgl. Schaubild 2], so werden diese in Zukunft ins Gewicht fallen.

Rüstungstransfers und ihre Kontrolle

Globaler Abbau des Waffenhandels

Zwei Ereignisse des Jahres 1991 waren für die Entwicklung des Waffenhandels von nachhaltiger Bedeutung: der Golfkrieg und die Auflösung der Sowjetunion.

Im Golfkrieg konfrontierte der Irak die Mitglieder der Militärkoalition mit den Waffen, die Ost, West und Süd im Jahrzehnt zuvor geliefert hatten. Die Instrumente, die dem Irak die Invasion Kuwaits ermöglichten, stammten fast ausschließlich aus den Ländern, die Anfang 1991 den Irak bekämpften.

Kontrollprobleme

Der Zusammenbruch der Sowjetunion, die während der 80er Jahre der größte Waffenlieferant der Welt war, hat die Frage aufgeworfen, wie dort der Waffenhandel in Zukunft kontrolliert wird. In der alten Sowjetunion gab die Regierung außenpolitischen Kriterien im Rüstungsexport eindeutig Vorrang. Unabhängig von der Zahlungsfähigkeit der Importeure lieferte die Sowjetunion vor allem an befreundete Länder. Heute erwarten die Rüstungsproduzenten Deviseneinnahmen. Die Kooperation in der Waffenherstellung und der Transfer von Waffen und Waffenkomponenten zwischen den ehemaligen Mitgliedern des östlichen Militärbündnisses ist zusammengebrochen. Probleme hatten sich aber schon vor der Auflösung der Sowjetunion abgezeichnet: Was geschieht mit den überschüssigen Waffen? Wie kann die Wirtschaft bei sinkenden Rüstungsexporten stabilisiert werden? Wie kann das Abwandern von Waffenspezialisten verhindert werden?

Die internationalen Ereignisse des Jahres 1991 verstärkten die Debatte über den Waffenhandel erheblich. Nie zuvor haben Regierungen so ernsthaft über seine Kontrolle diskutiert. Das UN-Waffenregister wurde eingerichtet, die ständigen Mitglieder des UN-Sicherheitsrates verhandelten – wenn auch bislang erfolglos – über Richtlinien zur Einschränkung des Waffenexports; die Europäische Union arbeitete einheitliche Richtlinien zur Kontrolle des Transfers von »Dual-use«-Technologie aus. In den 90er Jahren verhängte der UN-Sicherheitsrat mehr Waffenembargos als je zuvor.

Ihren Höhepunkt erreichten die weltweiten Rüstungstransfers nach beträchtlichen Steigerungsraten in den 70er und 80er Jahren im Jahre 1987 mit knapp 46

(SIPRI) bzw. knapp 69 Milliarden US-$ (ACDA). Danach gingen sie deutlich zurück. Nach SIPRI halbierte sich der Waffenhandel zwischen 1987 und 1992 und scheint sich 1993 auf diesem Niveau stabilisiert zu haben. Nach ACDA war der Rückgang noch deutlicher [vgl. Schaubild 1].

Finanzprobleme

Schon vor 1991 zeichnete sich ein Rückgang im Waffenhandel ab. Einige Kriegsregionen wurden nicht mehr so intensiv mit Waffen versorgt (Afghanistan, Angola, Mosambik), Kriege wurden beendet (Kambodscha, Iran–Irak), die Sowjetunion fiel als großzügiger Militärhilfegeber aus, vor allem aber reduzierten einige der großen Waffenimportländer wegen finanzieller Schwierigkeiten ihre Rüstungskäufe. Weniger der Wille zu Abrüstung oder zur Kontrolle des Waffenhandels als vielmehr die knappen Mittel in den Importländern waren der wesentliche Grund für den drastischen Rückgang des Waffenhandels.

Angesichts der finanziellen Engpässe in vielen Ländern ist nicht mit einer raschen Wiederbelebung des Waffenhandels zu rechnen. Allerdings könnten zwei Faktoren den Trend der letzten Jahre umkehren. Einmal befindet sich die Rüstungsindustrie in der Krise. Firmenleitungen sind bemüht, oft mit Unterstützung ihrer Regierungen, die Unterauslastung ihrer Kapazitäten durch Rüstungsexporte zu kompensieren. Zum zweiten sind mit der Beendigung der Ost-West-Konfrontation und einiger Kriege große Waffenbestände kommerziell verfügbar geworden. Der KSE-Vertrag in Europa hat innerhalb der NATO eine Kaskade von Waffentransfers ausgelöst. Die Russische Föderation und andere Nachfolgestaaten der Sowjetunion ver-

---

Daten über Rüstungstransfers

Zwei Institutionen, das Stockholmer Friedensforschungsinstitut SIPRI und die amerikanische Rüstungskontroll- und Abrüstungsbehörde ACDA, berichten regelmäßig über den weltweiten Transfer konventioneller Waffen.
SIPRI erfaßt bestimmte Kategorien konventioneller Großwaffensysteme: Flugzeuge und Hubschrauber, Panzer, gepanzerte Fahrzeuge und Artilleriegeschütze, Kriegsschiffe, Raketen sowie Radar- und Leitsysteme. Die SIPRI-Statistiken beruhen auf einer eigenen Bewertungsmethode, die an den Produktionskosten der Waffen orientiert ist und nicht die tatsächlich gezahlten Preise für den jeweiligen Rüstungstransfer registriert. Die SIPRI-Daten sind ein Trendindikator, nicht jedoch eine Finanzstatistik des Waffenhandels. SIPRI-Waffenhandelsstatistiken werden in Festpreisen (derzeit für das Jahr 1990) angegeben.
Die **ACDA** erfaßt alle konventionellen Waffen, Teile von Waffen, Munition, logistische Geräte und andere Güter für militärische Zwecke (außer Nahrungsmitteln, medizinischen Geräten und Treibstoff). In der Regel liegen die ACDA-Daten daher deutlich über den von SIPRI publizierten Werten.
Seit 1992 berichten UN-Mitgliedsländer (allerdings unvollständig) über Export und Import konventioneller Waffen in folgenden Kategorien: Kampfpanzer, Schützenpanzer, große Artilleriesysteme, Kampfflugzeuge, Angriffshubschrauber, Schiffe, Raketen und Raketenwerfer. Das **UN-Waffenregister** enthält Stückzahlen der transferierten Systeme (oft ohne genaue Kennzeichnung der Waffen).
Nationale Außenhandelsstatistiken lassen selten Schlüsse auf Rüstungstransfers zu.

fügen über Zehntausende von Waffensystemen, die wenigstens zum Teil für den Export bereitstehen. Deutschland exportiert einen Teil der bei der deutschen Vereinigung geerbten Waffenbestände der NVA.

Regionale Differenzierung

Der weltweite Rückgang der Rüstungstransfers stellt sich regional sehr unterschiedlich dar, wobei die Zahlen von SIPRI und ACDA im wesentlichen dieselbe Grundtendenz zeigen. Nach Angaben von SIPRI bewegten sich die Großwaffenexporte aus Nordamerika in den letzten zehn Jahren mehr oder weniger konstant in der Größenordnung von 10 bis 12 Milliarden US-$. Die Rüstungsexporte der EU entsprachen 1984 noch ungefähr denen der USA, verringerten sich aber bis 1993 auf 4,5 Milliarden US-$ und damit auf nur noch 40% des ursprünglichen Wertes. Drastische Einbrüche gab es bei den Rüstungsexporten aus dem sonstigen Europa, bei denen es sich vor allem um die ehemals sowjetischen Rüstungsexporte handelt. Sie verringerten sich von 1984 bis 1993 um zwei Drittel, von knapp 16 Milliarden auf 5,5 Milliarden US-$. Die anderen Regionen sind als Großwaffenexporteure nicht bedeutend. Entgegen Prognosen der 70er Jahre konnten sich Großwaffenexporteure des Südens auf dem Weltrüstungsmarkt fast nicht behaupten [vgl. Schaubild 6].

Auf der Importseite reduzierten sich nach SIPRI im Zeitraum 1984 bis 1993 die Rüstungstransfers in die EU (von knapp 4 Milliarden auf 2,5 Milliarden US-$) und das sonstige Europa. Die Regionen Asien–Pazifik (1984: 8 Milliarden, 1989: 15 Milliarden, 1993: 8 Milliarden US-$) und Naher Osten (von 14 Milliarden US-$ 1984 auf 5,5 Milliarden 1993) verzeichneten mäßige Rückgänge. Die Großwaffentransfers nach Afrika (von über 4 Milliarden auf deutlich weniger als 0,5 Milliarden US-$) und Lateinamerika (von 4,5 Milliarden auf knapp 0,5 Milliarden US-$) verringerten sich drastisch. Nordamerika, die führende Exportregion, importierte dagegen vergleichsweise wenige Großwaffen (durchschnittlich 1 Milliarde US-$ pro Jahr).

Exporteure

Die Angaben für die wichtigsten Export- und Importländer von Großwaffen [vgl. Schaubild 7] beziehen sich auf den Zeitraum 1984 bis 1993, so daß durch die Datierung großer Einzelaufträge hervorgerufene Schwankungen ausgeglichen werden und der generelle Trend erkennbar wird. Wichtigster Exporteur von Großwaffen sind die USA mit einem »Marktanteil« im Zeitraum 1989 bis 1993 von 41%. Die Sowjetunion lag noch Mitte der 80er Jahre etwa gleichauf mit den USA, erlebte danach aber einen drastischen Einbruch der Exportquoten. 1989 bis 1993 hielt die Sowjetunion bzw. die Russische Föderation nur noch einen Marktanteil von 26%. Neueste Berichte weisen jedoch auf eine leichte Belebung des russischen Rüstungsexports hin, der zur Bedienung der Altschulden und für die Beschäftigungspolitik von einiger Bedeutung ist. An Position drei liegt Deutschland (6,4%), wo u. a. die Exporte von NVA-Altwaffen zu Buche schlagen. Die vier wichtigsten Exporteure der EU (Deutschland, Frankreich, Großbritannien und Italien) kommen zusammen auf einen Marktanteil von 18%. Zusammen mit China (Marktanteil 4,2%) bestritten alle genannten Länder von 1989 bis 1993 insgesamt etwa 90% des Großwaffenexports. Japan, eines der wichtigsten zivilen Exportländer, tritt auf dem Weltrüstungsmarkt so gut wie nicht in Erscheinung.

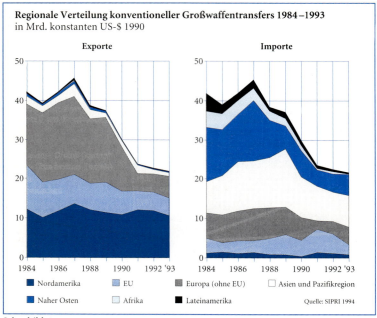

Schaubild 6

Importeure

Anders als bei den Exporteuren zeigt die Liste der wichtigsten Rüstungsimporteure eine wesentlich größere geographische Streuung und ausgeprägte jährliche Schwankungen. Hier fallen besonders die sprunghaft steigenden Rüstungsimporte der Türkei auf; sie ist 1993 zum wichtigsten Großwaffenimporteur geworden, übrigens auch zum Hauptempfänger deutscher Großwaffenlieferungen.

SIPRI weist darauf hin, daß der Umsatz der kleineren Rüstungsproduktionsländer – zu denen auch Rüstungsproduzenten des Südens zählen – stagniert bzw. zurückgeht und daß diese Länder auch künftig aus technologischen und ökonomischen Gründen zur »Selbstversorgung« mit Rüstung nicht in der Lage sein werden.

Die SIPRI-Zahlen dokumentieren nicht die tatsächlich gezahlten Preise, sondern den in Geld ausgedrückten militärischen Wert der transferierten Großwaffen [vgl. *Daten über Rüstungstransfers*]. Trotz dieser Einschränkung belegen die Lieferströme, daß Rüstungstransfers sich heute nicht mehr in erster Linie an außenpolitischen Kriterien orientieren, sondern weitgehend als kommerzielle Transaktionen abgewickelt werden. Kunden sind vor allem zahlungskräftige Länder und Regionen. Die Lieferanten stehen in harten Verdrängungswettbewerb um schrumpfende Absatzmärkte; zum Preiskrieg kommt dabei der Wettbewerb mit günstigen, staatlich vermittelten Finanzierungsmodalitäten (Kompensationsgeschäfte, Tauschhandel, günstige Kredite

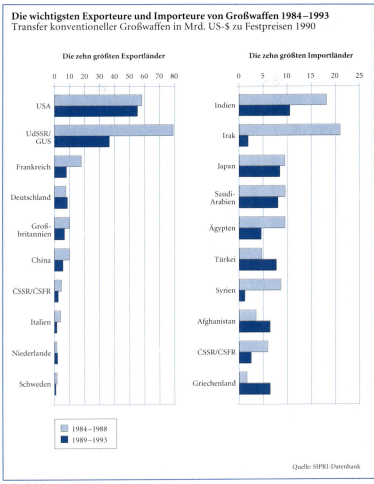

Schaubild 7

etc.) hinzu. Das paradoxe Ergebnis ist, daß manchmal exportierte Großwaffen letztlich mit Steuergeldern des Lieferlandes bezahlt werden. Das erklärt auch, warum Exporteure kleinerer Länder oder des Südens weitgehend aus dem Markt gedrängt wurden.

Kleinwaffen und Minen

Systematische Angaben über die Herkunft oder den Transfer von Kleinwaffen und Munition sind kaum verfügbar. Kleinwaffen und Munition werden – anders als Großwaffen – auch lokal produziert. Zudem spielt der private und zum Teil illegale Waffenhandel hier eine wichtige Rolle. Nicht selten wechseln Kleinwaffen und Munition bei Kampfhandlungen den Besitzer.

Nach dem Kalten Krieg haben sich die Bemühungen verstärkt, die Produktion oder zumindest den Export von Landminen zu ächten. Das Genfer Abkommen zur humanitären Kriegführung (1949/1977 Zusatzprotokoll) sowie die UN-Konvention gegen exzessiv oder wahllos wirkende Waffen von 1980 (1983 in Kraft) verbieten bereits besonders grausame konventionelle Waffen. Die Konventions-Überprüfungskonferenz konnte sich 1994 noch nicht auf ein Verbot der Landminen einigen.

Landminen werden derzeit von etwa 100 Herstellern in 48 Ländern produziert. Nach Schätzungen der US-Regierung liegen derzeit 65 bis 110 Millionen Landminen in den Böden von 62 Ländern vergraben. Die UN gibt ihre Zahl mit 100 bis 200 Millionen an. Das US-Außenministerium hält das Landminenproblem in Afghanistan, Angola, Mosambik, im Irak, in Kuwait, im Iran, in Kambodscha, Bosnien, Kroatien, Serbien, dem Sudan, Äthiopien, Eritrea und Somalia für »extrem schwerwiegend«. »Schwerwiegend« ist es außerdem in Myanmar (Burma), Thailand und Vietnam, im Tschad, in El Salvador und Nicaragua, auf den Falklandinseln (Malwinas) und in der Westsahara. Selbst wenn keine neuen Minen mehr verlegt würden, nähme die Räumung der vorhandenen laut UN etwa 50 Jahre in Anspruch. Diese Minen bringen noch lange nach Kriegsende vor allem der Zivilbevölkerung Tod und Verstümmelung. Die Beseitigung einer Landmine, die für 10–75 US-$ zu kaufen ist, verursacht Kosten zwischen 300 und 1.000 US-$.

Rüstungsembargos der Vereinten Nationen

Nationale oder multinationale Rüstungsembargos haben – ebenso wie Wirtschaftssanktionen – schon vor dem Ende des Kalten Krieges eines gewisse Rolle gespielt. Erst die neu gefundene Einigkeit im UN-Sicherheitsrat jedoch machte das Instrument des völkerrechtlich verbindlichen Rüstungsembargos ab 1990 zu einem wichtigen Baustein der Sicherheitspolitik [vgl. Tabelle 7].

In den 45 Jahren von 1945 bis 1989 gab es nur vier Rüstungsembargos des UN-Sicherheitsrats. Seitdem verhängte er in acht Fällen verbindliche Rüstungsembargos, u. a. gegen bislang führende Rüstungsimporteure wie Irak oder Libyen. Das seit 17 Jahren bestehende Rüstungsembargo gegen Südafrika wurde nach

Rüstungsembargos des UN-Sicherheitsrates	
1948	Israel und arabische Länder (nicht bindend)
1961–1974	Portugal (afrikan. Kolonialkrieg, nicht bindend)
1965–1979	Rhodesien
1977–1994	Südafrika
1990–	Irak
1991–	Konfliktparteien im ehemaligen Jugoslawien
1992–	Somalia
1992–	Libyen
1992–	Liberia
1992–1994	Haiti (zeitweise suspendiert)
1993–	Gebiete Angolas, die nicht unter Kontrolle der Zentralregierung stehen (UNITA-Gebiete)
1994–	Ruanda
1994–	Jemen (nicht bindend)
1995–	Afghanistan (nicht bindend)
Quelle: SIPRI 1994; eigene Zusammenstellung	

Tabelle 7

den freien Wahlen 1994 aufgehoben. SIPRI zufolge scheinen diese neuen UN-Rüstungsembargos, zumindest was die Großwaffen angeht, effektiv eingehalten worden zu sein.

Rüstungsembargos können offenbar die Anwendung direkter militärischer Gewalt bannen oder verzögern. Andererseits bedeuten sie selbst eine Form des Zwangs zur Durchsetzung politischer Ziele. Da es im UN-Sicherheitsrat bisher keine allgemein verbindlichen Regeln für das Verhängen von Embargos gibt, erscheinen sie nicht selten als willkürlich oder einseitig. Die Durchsetzung der Embargos erfordert einen wirksamen Kontrollapparat. Grundsätzlich sind die UN-Mitgliedstaaten selbst für die praktische Durchsetzung verantwortlich. Daraus folgt die Verpflichtung, nationale Exportkontrollen einzurichten. Der Westen hilft seit kurzem anderen Ländern, diese Kontrollen aufzubauen. In einigen Fällen wurden auch an den Grenzen vom Embargo betroffener Gebiete multinationale Kontrollen eingerichtet (z. B. Seeblockaden oder Kontrolle der Binnengrenzen Jugoslawiens). Geheimdienstliche Ermittlungen oder militärische Verifikationsmissionen sind eine dritte Möglichkeit, die Einhaltung der Embargos sicherzustellen.

Das UN-Waffenregister

1991 beschloß die UN-Vollversammlung mit großer Mehrheit, ein Register für konventionelle Waffen einzurichten. Die Resolution war eine Reaktion auf den Angriff Iraks auf Kuwait. Das UN-Waffenregister ist ein bescheidener erster Schritt, aber von historischer Bedeutung. Von 1925 bis 1938 gab es ein Waffenregister des Völkerbundes, das vor allem darauf gerichtet war, private Waffenhändler zu kontrollieren. Das UN-Register hingegen registriert mit Genehmigung von Regierungen importierte oder exportierte Großwaffensysteme. Erstmals in der Geschichte der UN waren sämtliche Mitgliedstaaten aufgefordert, ihre Exporte und Importe von Waffen für das Jahr 1992 der UN zu melden.

Seither wurden zwei UN-Jahresberichte vorgelegt. Zunächst geht es nicht darum, den Waffenhandel einzuschränken, sondern Transparenz zu schaffen: Wer liefert an wen, wer kauft wo? Tatsächlich haben bis September 1994 insgesamt 90 Regierungen ihren Bericht für 1992 und 82 für 1993 eingereicht. Die meisten gaben an, in den sieben festgelegten Kategorien – Panzer, gepanzerte Fahrzeuge, großkalibrige Artillerie, Kampfflugzeuge, Kampfhubschrauber, Kriegsschiffe, Raketen und Raketenwerfer – weder exportiert noch importiert zu haben.

Wichtiger aber als die Zahl der offiziellen Meldungen ist die Frage, ob die großen Rüstungsgeschäfte der letzten Jahre erfaßt sind. Von den Großwaffenexporteuren hat nur Nordkorea keine Meldung abgegeben. Wie vollständig und wie ehrlich die Regierungen berichteten, ist damit noch nicht geklärt. Doch ein Vergleich mit dem seit über 25 Jahren bestehenden SIPRI-Waffenregister zeigt eine beachtliche Übereinstimmung.

Lücken der Berichterstattung

Weniger erfreulich als bei den Exporten ist die Berichterstattung über Waffenimporte. Zwar kann die Öffentlichkeit anhand der Exportstatistik rekonstruieren, welches Land von woher welche Waffen importiert hat, doch der Philosophie des UN-Waffenregisters, nämlich auf freiwilliger Basis Transparenz und dadurch Vertrauen zu schaffen, ist damit nicht Genüge getan.

Von den rund 50 Ländern, die als Importeure von Waffen in den UN-Kategorien bekannt sind, hat nur die Hälfte berichtet. Aus der Gruppe der größten Waffenimporteure fehlen unter anderem Saudi-Arabien, die Vereinigten Arabischen Emirate, Ägypten (im Jahr 1993), Syrien, Kuwait, der Iran, Bangladesch und Thailand. Die Lücken der Berichterstattung aus dem Nahen Osten und dem asiatisch-pazifischen Raum werden in der UN mit Sorge zur Kenntnis genommen. Denn diese beiden Regionen gehören zu den Gebieten der Welt, in denen im Gegensatz zu anderen noch kräftig gerüstet wird.

Aber auch andere Regionen ließen in ihrer Berichterstattung zu wünschen übrig [vgl. Tabelle 8]. Nicht nur fehlen Berichte, es ist in den vorgelegten Berichten auch mangelnde Präzision deutlich geworden. Oft unterscheiden sich die Angaben von Exporteur und Importeur erheblich [vgl. Tabelle 9].

Alles in allem ist die Berichterstattung positiver ausgefallen, als Skeptiker befürchtet hatten. Sie ermöglicht einen ungefähren Überblick über die transferierten Waffen bestimmter Kategorien. Allerdings ist die ursprünglich beschlossene Erweiterung des UN-Waffenregisters 1994 nicht gelungen. Danach wären nicht nur die Exporte und Importe zu melden, sondern auch die inländische Produktion für die Beschaffung der eigenen Streitkräfte und der Waffenbestand in den Streitkräften selbst.

Bislang ist es den Regierungen überlassen, ob und in welcher Form sie diese Meldungen machen. Eine UN-Kommission konnte zu dieser Erweiterungsstufe 1994 keine Einigkeit erzielen. Damit bleibt vorerst offen, ob es jemals einen amtlichen Bericht über die weltweit produzierten, gehandelten und in den Streitkräften vorhandenen Waffen (bestimmter Kategorien) geben wird. So bleibt das UN-Waffenregister zunächst im wesentlichen ein Waffentransferregister.

Internationale Kontrollregime

Die Proliferation hochentwickelter Waffen soll durch ein Netz internationaler Regime verhindert werden. Die Non-Proliferation ist inzwischen zum weitgehend anerkannten Ziel geworden, Kontrollen aber sind primär von westlichen Ländern initiiert worden und dienten auch dazu, die bestehende waffentechnische Überlegenheit des Westens bzw. der Großmächte abzusichern.

So setzten die USA kurz nach Beginn des Kalten Krieges das CoCom-Embargo durch, um ihre überlegene Rüstungstechnik (wie Elektronik, Computer, Präzisionswerkzeugmaschinen) nicht in die Hände des Ostens gelangen zu lassen. Als bis Mitte der 60er Jahre nacheinander die Sowjetunion, Großbritannien, Frankreich und China das Atomwaffenmonopol der USA gebrochen hatten, sollte der Atom-

Regionale Verteilung der Waffentransferberichte an die UN

Regionen	Zahl der Berichte/ der Länder	
	1992	1993
Afrika	10 von 51	9 von 52
Asien	22 von 47	19 von 47
Osteuropa	14 von 19	11 von 20
Lateinamerika und Karibik	15 von 33	11 von 33
Westeuropa und Nordamerika	24 von 24	24 von 27
Andere	3 von 5	2 von 5
Quellen: UN 1993a, 1994		

Tabelle 8

Transfers von Waffen in den sieben Kategorien des UN-Waffenregisters (Stückzahl)

	Exporte		Importe	
	1992	1993	1992	1993
Kampfpanzer	1.719	2.921	1.091	1.422
Schützenpanzer	1.529	2.060	516	956
große Artilleriesysteme	1.538	386	869	1.312
Kampfflugzeuge	253	351	170	267
Angriffshubschrauber	18	117	17	88
Schiffe	19	31	23	29
Raketen und Raketenwerfer	67.833	4.506	8.749	1.165

Anmerkung: Daten per 1. August für das vorherige Kalenderjahr; weitere Berichte gingen nach dem Stichtag ein.

Quellen: UN 1993a, 1994

Tabelle 9

waffensperrvertrag eine weitere Ausbreitung verhindern helfen. Der Streit zwischen westlichen Ländern über die Lieferung von Nukleartechnologie an die damaligen nuklearen Schwellenmächte Brasilien, Argentinien und Südafrika und der indische Atomtest führten zur Gründung des Nuclear Suppliers Club. Herstellung und Einsatz irakischer Chemiewaffen gegen Kurden motivierte die Gründung der Australiengruppe und die erfolgreichen indischen Raketenversuche schließlich die Errichtung des MTCR [vgl. *Internationale Gremien zur Proliferationskontrolle*].

Das »nukleare Erbe«

Inzwischen steht die Kontrolle des nuklearen »Erbes« der ehemaligen Sowjetunion ganz oben auf der Tagesordnung. 1991 stellte der US-Kongreß 400 Millionen US-$ Hilfe zur Zerstörung der ehemals sowjetischen Nuklearwaffen bereit; weitere Mittel wurden in den Folgejahren genehmigt. Im Mai 1992 unterzeichneten die USA, die Russische Föderation, Kasachstan, Weißrußland und die Ukraine das Lissabon-Protokoll, in dem Kasachstan, Weißrußland und die Ukraine versprachen, dem NVV als Nicht-Nuklearwaffenstaaten beizutreten und die bei ihnen gelagerten Nuklearwaffen an die Russische Föderation zu übergeben, um sie zerstören zu lassen. Angesichts verschiedener Fälle von Nuklearschmuggel bemühen sich die USA um eine UN-Konvention, die die Produktion von waffenfähigem Plutonium und hochangereichertem Uran verbieten soll. Mehrere westliche Länder unterstützen überdies Projekte, um die Abwanderung ehemals sowjetischer Nuklearwissenschaftler zu verhindern. Angesichts der Vielzahl von Spezialisten löst diese verhältnismäßig kleine Hilfe längst nicht alle Probleme.

Bei der Proliferationskontrolle stoßen zwei unterschiedliche Politikmodelle aufeinander: das vom Westen favorisierte Club-Modell mit begrenzter Mitgliedschaft und unterschiedlichen Rechten, auf das sich beispielsweise CoCom, der Nuclear Suppliers Club oder das MTCR gründen, und das vom Süden geforderte Modell weltweiter Konventionen mit gleichen Rechten und Pflichten für alle. Der Konflikt zwischen diesen beiden Modellen trat exemplarisch beim 1995 zur Verlängerung anstehenden NVV zutage.

Erst 1992 schlossen sich die Nuklearmächte Frankreich und China, die bis dahin die Dominanz der nuklearen Supermächte USA und Sowjetunion kritisiert hatten, dem NVV an. Der Beitritt der nicht anerkannten Nuklearwaffenstaaten Israel, Indien, Pakistan und Ukraine steht noch aus. Nordkorea konnten die USA nur mit Mühe vom angedrohten Austritt abhalten. Diese Länder nehmen für sich das Recht in Anspruch, eine nukleare Abschreckung aufzubauen –

> **Internationale Gremien zur Proliferationskontrolle**
>
> **1. Rüstungsrelevante Technologien**
> Im CoCom koordinierten westliche Länder seit 1949 die nationalen Exportkontrollen, um Transfers militärisch relevanter Güter und Technologien an den Ostblock und China zu verhindern. CoCom wurde Ende März 1994 aufgelöst. Eine Nachfolgeorganisation ist im Aufbau, die auf breiterer Basis die Lieferung von rüstungsrelevanten Gütern an die neuen Waffenstaaten, v. a. Irak, Iran, Libyen und Nordkorea, verhindern soll. Die G-7 praktizieren dies bereits seit 1992. Nach Errichtung des EU-Binnenmarktes sollen EU-Kontrollen für »Dual use«-Güter die nationalen Kontrollen ersetzen.
>
> **2. Nuklearwaffen**
> Der Atomwaffensperrvertrag (NVV bzw. NPT) trat 1970 in Kraft. Er beschränkt Besitz und Herstellung von Nuklearwaffen auf die USA, die Russische Föderation, Großbritannien, Frankreich und China. Diese verpflichten sich zur späteren vollständigen nuklearen Abrüstung. Die Nicht-Nuklearwaffenstaaten dürfen die Kerntechnologie zu friedlichen Zwecken nutzen. Dies kontrolliert die Internationale Atomenergie-Agentur (IAEA), die sich auf die Überwachung »waffentauglichen« nuklearen Brennstoffs konzentriert. 1995 wurde über die Verlängerung des NVV entschieden. Die wichtigsten Lieferländer kontrollieren außerdem seit 1975/77 den Export von Kerntechnik im »Nuclear Suppliers Club« (NSC) anhand von Länder- und Warenlisten.
>
> **3. Biologische und Chemische Waffen**
> Biologische Waffen sind seit 1975 durch eine UN-Konvention verboten. Der Einsatz bestimmter Chemiewaffen wurde bereits im Genfer Protokoll von 1925 geächtet. Die C-Waffen-Konvention der UNO soll 1995 in Kraft treten. Sie enthält ein generelles Herstellungsverbot für Chemiewaffen, fordert die Beseitigung der Chemiewaffenbestände innerhalb von 10 Jahren und errichtet in Den Haag die OPCW (Organization for the Prohibition of Chemical Weapons). In der Australiengruppe koordinieren die wichtigsten Industrieländer seit 1984 ihre Exportkontrollen für BC-Waffen-relevante Güter.
>
> **4. Raketen**
> Der ABM-Vertrag, 1972 zwischen den USA und der Sowjetunion geschlossen, läßt nur ein System zur Abwehr von Interkontinentalraketen pro Vertragspartei zu. Das Regime zur Kontrolle der Raketentechnologie (MTCR, seit 1985/1987 aktiv) koordiniert nationale Exportkontrollen für Ausrüstung und Technologie, die zur Herstellung von Raketen zum Transport von Massenvernichtungswaffen (Reichweite über 300 km) dienen könnte. Die wichtigsten Herstellerländer sind Mitglieder oder haben erklärt, sich an die Regeln des MTCR zu halten.
>
> Quelle: eigene Zusammenstellung aus SIPRI, IISS, ACDA, MITI

ein Recht, das sich der Norden seit der Zeit des Kalten Kriegs allein vorbehalten will. Die Länder des Südens schließlich pochen auf die im NVV versprochene nukleare Abrüstung. Als Einstieg in den Ausstieg aus der Nuklearrüstung und damit als Bedingung für die Verlängerung des NVV fordern sie einen Vertrag über einen umfassenden Atomteststopp.

Perspektiven und Optionen: Konversion und Demobilisierung

Gemessen an der tatsächlichen Nachfrage nach Waffen bleibt die Rüstungsindustrie trotz Kapazitätsabbaus global betrachtet überdimensioniert, zumal einige Regierungen sie sogar ausbauen und modernisieren. Denn der Prozeß des Abrüstens wird sich allen Prognosen zufolge noch fortsetzen.

Regionalwirtschaftliche Umstellung

Das Konversionsproblem beschränkt sich auf Länder, die Rüstungsproduktionskapazitäten in großem Stil aufgebaut haben. Die frühere Sowjetunion, China, die USA und die westeuropäischen Länder Großbritannien, Frankreich und Deutschland beschäftigten Anfang der 90er Jahre rund 80 % aller Rüstungsfachkräfte. Die Zahl der Beschäftigten in der Rüstungsindustrie ist (außer in der Russischen Föderation) kein herausragendes Problem. Strukturanpassungen gleichen Umfangs hat es auch in anderen Industriebranchen (wie Stahl und Bergbau) gegeben. Das hauptsächliche Konversions- und Beschäftigungsproblem liegt in der regionalen Konzentration von Rüstungs- und Militäraktivitäten. Oft ist die Rüstungsindustrie Hauptauftraggeber einer Region, hängen ganze Städte von Waffenentwicklung und Rüstungsproduktion ab.

In der Russischen Föderation und der Ukraine, die die meisten Rüstungsbetriebe der ehemaligen Sowjetunion »erbten«, ist die Waffenproduktion drastisch zurückgegangen, aber mangels alternativer Möglichkeiten sind die Fabriken bis 1993 nicht systematisch auf zivile Fertigung umgestellt worden. Umfassende Programme sind bereits im Ansatz gescheitert, nicht zuletzt an den allgemeinen Schwierigkeiten der Transformation in ein anderes Wirtschaftssystem. Seit 1992 allerdings, seit sich in der Rüstungsindustrie die Erkenntnis durchsetzt, daß es keine Rückkehr zu früheren Produktionsquantitäten geben wird, findet ein allmählicher Such- und Anpassungsprozeß statt.

Rüstungsindustrie in der Krise

Rückläufige Militärhaushalte und schrumpfender Waffenhandel treffen die Rüstungsindustrie merklich. Rüstungsfirmen im Westen reagieren auf die Krise unterschiedlich. Ein Teil versucht, im Rüstungsgeschäft zu bleiben. Firmen fusionieren und suchen sich auf Nischen mit Wachstumspotential (wie Elektronik und Informatik) zu spezialisieren. Besonders die größeren schließen sich immer öfter zu internationalen Konsortien zusammen. Der Schrumpfungsprozeß geht deshalb vor allem zu Lasten kleiner und mittlerer Firmen. Auch im Export sehen Rüstungsfirmen weiterhin Chancen. Die Internationalisierung der Rüstungsunternehmen schafft zusätzliche Probleme in der Kontrolle des Rüstungsexportes.

Andere Firmen reagieren mit der Schließung von Betrieben, dem Verkauf der Rüstungsabteilungen und dem teilweisen oder völligen Rückzug aus dem Rüstungsgeschäft. Wieder andere diversifizieren, um die Abhängigkeit von Rüstung zu verringern, oder entlassen Beschäftigte. Selten ist jedoch eine unmittelbare

Konversion, die Umstellung von Betrieben oder Betriebsteilen auf nichtmilitärische Fertigung, gelungen. Meist wird Konversion erst begonnen, wenn die Betriebe schon in der Krise sind. In der Regel ist es dann zu spät, konkurrenzfähige Alternativen zur Waffenproduktion zu entwickeln.

Für die Bewältigung des Anpassungsprozesses vor allem in Ländern, die unter erheblichen wirtschaftlichen Turbulenzen leiden (Mitteleuropa, Russische Föderation, Ukraine), sind wirksame Konversionsprogramme erforderlich. Er kann besonders in Volkswirtschaften ohne funktionierenden Markt nicht allein dem Kräftespiel des Marktes überlassen bleiben.

Militärische Altlasten

Ein Teil der militärischen Infrastruktur – Kasernen, Übungsplätze, Flugplätze und Kommunikationsmittel – wird von den Streitkräften nicht mehr benötigt. Nur wenige Länder sind hiervon in großem Umfang betroffen. Mit dem weltweiten Rückzug der US-Streitkräfte (mit Schwerpunkten in Asien, in Panama, in Westeuropa, aber auch in den USA selbst), und anderer Streitkräfte vor allem aus Deutschland wurden und werden weiterhin beträchtliche Flächen frei. Allein in Deutschland werden über 270.000 Hektar vom Militär geräumt [vgl. Tabelle 10].
Auf dem Höhepunkt des Kalten Krieges wurde in den beiden Teilen Deutschlands eine Fläche halb so groß wie Sachsen militärisch genutzt; allein in Brandenburg entfielen 8 % der Landesfläche auf Militärstandorte.

Für attraktive Flächen in der Nähe von Großstädten sind zivile Nutzungen in der Regel leicht zu finden. In strukturschwachen Regionen bieten sich wirtschaftlich realistische Nutzungsmöglichkeiten seltener an. Der Verlust vieler Arbeitsplätze hat häufig regional konzentrierte wirtschaftliche Folgen. Einkommen und damit die Kaufkraft in der Region sinken, während die Arbeitslosigkeit steigt, sofern keine Kompensationsarbeitsplätze angeboten werden. Multiplikatoreffekte können dies noch verstärken. Die Vielzahl der Flächen, konzentriert in einzelnen Regionen (in Deutschland beispielsweise

Militärisch genutzte Flächen in Deutschland 1993
in ha

Land	militärische Liegenschaften	davon freiwerdend
Brandenburg	183.700	102.599,1
Niedersachsen	96.910	1.186,8
Sachsen-Anhalt	95.270	64.499,0
Bayern	90.600	4.359,6
Mecklenburg-Vorpommern	77.350	42.573,0
Thüringen	60.680	21.529,0
Sachsen	58.040	19.120,0
Nordrhein-Westfalen	48.520	4.313,1
Rheinland-Pfalz	37.410	5.630,8
Baden-Württemberg	27.710	4.022,0
Hessen	19.410	375,9
Schleswig-Holstein	17.130	1.735,5
Berlin	1.580	182,6
Saarland	1.470	66,2
Hamburg	906	586,7
Bremen	610	152,5
insgesamt	**817.296**	**272.931,8**

Quelle: Bundesforschungsanstalt für Landeskunde und Raumordnung (Hg.): Konversion, Flächennutzung und Raumordnung, in: Materialien zur Raumordnung Nr. 59, Bonn 1993

Tabelle 10

vor allem in den neuen Bundesländern), führt zu harter Konkurrenz um potentielle Investoren.

Der Erfolg von Konversionsmaßnahmen hängt von einer Reihe von Faktoren ab. Der Zustand der regionalen Wirtschaft, das Ausmaß ihrer Abhängigkeit von militärischen Aktivitäten und die Flexibilität der Beteiligten spielen eine große Rolle.

Demobilisierung und Abbau der Arsenale

Ein Teil der fast 27 Millionen Soldaten in den Streitkräften der Welt und der fünf Millionen in paramilitärischen Verbänden wird demobilisiert [vgl. Schaubilder 8 und 9]. Zugleich werden Millionen von Zivilbeschäftigten ihren Arbeitsplatz verlieren. Rund vier Millionen Soldaten wur-

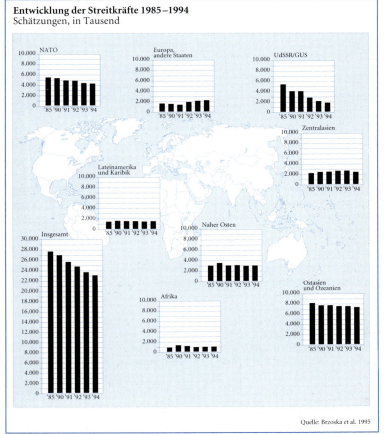

Entwicklung der Streitkräfte 1985–1994
Schätzungen, in Tausend

Quelle: Brzoska et al. 1995

Schaubild 8

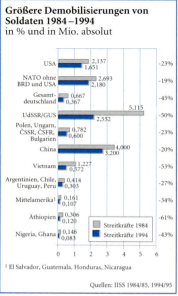

Schaubild 9

den von 1990 bis 1994 bereits entlassen. Für die nächsten Jahre sind weitere Demobilisierungen bereits offiziell angekündigt.

Reintegrationsprogramme

Die Reintegration freigesetzter Arbeitskräfte hängt von der allgemeinen Wirtschaftslage ab. In vielen Entwicklungsländern, aber auch in der Russischen Föderation und Osteuropa, ist die Reintegration sehr viel schwieriger als in Westeuropa und den USA, da ein geeignetes soziales Netz fehlt. Erschwerend kommt hinzu, daß Soldaten in vielen Entwicklungsländern für nicht-militärische Aufgaben keine Ausbildung und keine Berufskenntnisse haben. Sie haben vor allem in Ländern, in denen Kriege geführt worden sind, oft nichts gelernt als ihr Soldatenhandwerk. Trainings- und Umschulungsprogramme möglichst vor der Demobilisierung sowie Arbeitseinsätze bei der Beseitigung von Kriegsschäden und beim Aufbau öffentlicher Infrastruktur sind erforderlich, um den sozialen Sprengstoff der Demobilisierung zu entschärfen.

Wohin mit den Waffen?

Die Zahl der Waffen wird in einigen Kategorien (konventionell, nuklear und chemisch) drastisch reduziert oder gar vollständig abgebaut. Bei den Nuklearwaffen ist der Abrüstungs-, Verschrottungs- und Entsorgungsprozeß vorrangig ein Problem der USA und der Russischen Föderation. Mit der Abrüstung fallen in der GUS und den USA mehr als 200 Tonnen Plutonium und weit über 1.000 Tonnen hochangereichertes Uran an, die entsorgt bzw. sicher gelagert werden müssen. Im Chemiewaffenbereich sind in den USA über 30.000 und in der Russischen Föderation über 40.000 Tonnen chemische Substanzen zu vernichten. Im Bereich der konventionellen Waffen müssen allein nach dem KSE-Vertrag fast 40.000 Systeme abgebaut werden. Dieser Prozeß erfordert sorgfältige und zum Teil technisch komplizierte Entsorgung oder Verwendung außerhalb des Militärs [vgl. Tabelle 11].

Wie problematisch es sein kann, wenn kurzsichtige Politik zum Maßstab für die Beseitigung überflüssig gewordener Waffensysteme wird, zeigt der Umgang mit der Hinterlassenschaft der Nationalen Volksarmee (NVA) in Deutschland. Etwa 80 % dieser Waffen und Geräte benötigt die Bundeswehr nicht: unter anderem 100.000 Fahrzeuge, über 2.000 Kampfpanzer, über 6.500 Schützenpanzer, rund 2.500 Artilleriegeschütze, 87 Angriffshubschrauber, fast 400 Kampfflugzeuge, 300.000 Tonnen Munition und 1,2 Millionen Handfeuerwaffen. Ein Teil dieses Materials wurde verschrottet, ein Teil

Reduktionen nach dem KSE-Vertrag

	Panzer	gepanzerte Fahrzeuge	Artillerie	Flugzeuge	Hubschrauber	gesamt
NATO						
Bestand	24.217	34.481	20.766	5.719	1.594	
KSE-Niveau	20.000	30.000	20.000	6.800	2.000	
Reduktion	4.217	4.481	766	0	0	9.464
frühere WVO						
Bestand	31.988	41.582	25.065	8.462	1.719	
KSE-Niveau	20.000	30.000	20.000	6.800	2.000	
Reduktion	11.988	11.582	5.065	1.662	0	30.297
Gesamtreduktion	16.205	16.063	5.831	1.662	0	39.761

Quelle: Bundesministerium der Verteidigung 1992

Tabelle 11

exportiert, auch in Konfliktregionen wie die Türkei und Indonesien. Solche Transfers sind sicherlich die kostengünstigste Möglichkeit, sich überschüssiger Waffensysteme zu entledigen. Man spart nicht nur die Kosten der Verschrottung, sondern erzielt sogar Deviseneinnahmen. Nach friedenspolitischen Kriterien ist dieser Weg aber um so problematischer.

Statt des Exports bieten sich verschiedene alternative Möglichkeiten an. Die Lagerung der Waffen ist die einfachste, aber keine erstrebenswerte Variante; die ausgemusterten Waffen könnten wieder aktiviert werden. Manche Rüstungskontrollverträge (so START und KSE) verbieten ausdrücklich das Lagern oder Einmotten. Waffensysteme weder einzusetzen noch zu warten oder zu reparieren, sie also veralten und verschleißen zu lassen, ist keine gezielte Politik, wohl aber die praktische Konsequenz finanzieller Schwierigkeiten in manchen Ländern.

Waffen aktiv zu verschrotten oder sie zumindest für den militärischen Einsatz untauglich zu machen, ist mit Kosten und ebenfalls mit ökologischen Risiken verbunden. Nicht nur bei nuklearen Waffen, sondern teils auch bei konventionellen Systemen ist der technische Verwertungsprozeß aufwendig und kompliziert. Oft sind die Kosten der Verschrottung höher als der erzielbare Schrottwert. Zivile Nutzung (mit oder ohne Umbau) ist nur begrenzt möglich. Dafür eignen sich besonders Radarsysteme, Hubschrauber, Satelliten und Lastwagen. Die begrenzten Einsatzmöglichkeiten für anderes Gerät ergeben sich aus den technischen Leistungsparametern der Waffensysteme, die den Einsatz für nichtmilitärische Zwecke ausschließen oder zu kostspielig machen.

Die künftige Friedensdividende
Rüstungskontrolle und Abrüstung haben sowohl positive als auch negative wirtschaftliche und soziale Folgen. Kurzfristig dominieren die Probleme: Arbeitsplätze gehen verloren, die Industrie leidet unter Auftragsrückgängen, die Verschrottung von Waffen kostet Geld, Schadstoffe belasten die ehemals militärischen Areale und die Demobilisierung von Soldaten

verursacht gesellschaftliche und in manchen Ländern auch politische Schwierigkeiten.

Langfristig jedoch ergibt sich eine Friedensdividende: Belastungen durch militärische Aktivitäten entfallen. Die spezialisierten Fähigkeiten und die Kreativität des mit hohem Aufwand ausgebildeten Personals lassen sich ebenso umwidmen wie die finanziellen und materiellen Ressourcen. So eröffnen sich völlig neue wirtschaftliche Optionen. Der Abrüstungsprozeß wird damit zu einer bedeutenden Investition in die Zukunft.

Literatur

ACDA (US Arms Control and Disarmament Agency): World Military Expenditures and Arms Transfers. Washington, D. C. (diverse Jahrgänge).

Bertsch, Gary K./Cupitt, Richard T. 1993: Nonproliferation in the 1990s. Enhancing International Cooperation on Export Controls, in: Washington Quarterly, 16 (1993) 4, 53–70.

Brzoska, Michael/Kingma, Kees/Wulf, Herbert 1995: Demilitarization and Conversion. BICC Paper 1, Bonn.

Bundesministerium der Verteidigung 1992: Verifikation, Bonn, September 1992.

Chellaney, Brahma 1994: An Indian Critique of U. S. Export Controls, in: Orbis, summer 1994, 439–456.

Clements, Kevin P. 1994: Limiting the Production and Spread of Landmines, in: Pacific Research 7 (1994) 1, 3–6.

Cunningham, Keith 1994: U. S. Base Closure. Washington, D. C.: BENS, Febr. 1994.

Davis, Lynn E. 1994: Export Control and Non-Proliferation Regimes in the Post-Cold War World, in: U. S. Department of State Dispatch, 5 (1994) 11, March 14, 1994, 149–152.

– 1994a: Reforming Export Controls, in: U. S. Department of State Dispatch, 5 (1994) 15, April 11, 1994, 204–206.

Hartley, K. et al. 1993: Economic Aspects of Disarmament. Disarmament as an Investment Process. New York: UNIDIR, United Nations (Document A/47/150).

Human Rights Watch 1993: Landmines. A Deadly Legacy, New York etc.

IISS (International Institute for Strategic Studies): The Military Balance, London (diverse Ausgaben).

Küchenmeister, Thomas 1993: Landminen. Versteckte Mörder in der »Dritten Welt«, in: Wissenschaft und Frieden (1993) 3, 71–76.

Laurance, Edward J./Wulf, Herbert (Hg.) 1994: Surplus Weapons Systems as a Conversion Issue, in: BICC Report No. 1, Bonn.

Laurance, Edward J./Wezeman, Siemon T./ Wulf, Herbert 1993: Arms Watch. SIPRI Report on the First Year of the UN Register of Conventional Arms, Oxford: Oxford University Press.

Liebert, Wolfgang 1994: Wie weiter mit dem »Nichtverbreitungsvertrag« – Weg in die kernwaffenfreie Welt oder Eindämmung der Weiterverbreitung mit Fortschreibung der nuklearen Abschreckung?, in: Wissenschaft und Frieden 12 (1994) 1, 57–64.

Molander, Roger C./Wilson, Peter A. 1994: On Dealing with the Prospect of Nuclear Chaos, in: Washington Quarterly, 17 (1994) 3, 19–39.

Neuman, Stephanie G. 1993: Controlling the Arms Trade: Idealistic Dream or Realpolitik?, in: Washington Quarterly, 16 (1993) 3, 53–95

Nuclear Notebook, in: Bulletin of the Atomic Scientists (diverse Ausgaben).

SIPRI (Stockholm International Peace Research Institute) 1994: SIPRI Yearbook. World Armaments and Disarmament, Oxford etc.

Thee, Marek 1990: Science and Technology: Between Civilian and Military Research and Development, in: UNIDIR Research Paper No. 7, November.

Tsûshô Sangyô Shô (MITI, Ministry of International Trade and Industry) 1994: Anzen hoshô yushutsu no kongo no arikata. (The Future of Security Export Controls.), Tôkyô.

UN (United Nations) 1993: New Dimensions of Arms Regulation and Disarmament in the Post-Cold War Era. Report of the Secretary-General, New York: United Nations (Document A/C.1/47/7).

– General Assembly 1993a, 1994: UN Register of Conventional Arms (Documents A/48/344 [1993]; A/49/352 [1994]).

UNDP (United Nations Development Programme): Human Development Report, Oxford: Oxford University Press (diverse Jahrgänge).

World Bank o. J.: Demobilization and Reintegration of Military Personnel in Africa. The Evidence from Seven Country Case Studies, Washington, D. C. (Report No. IDP–130)

Worldwatch Institute 1994: State of the World 1994. New York, London: Norton & Co.

Wulf, Herbert (Hg.) 1993: Arms Industry Limited, Oxford: Oxford University Press.

Weltkultur

421 **Religionen**

Renaissance der Weltreligionen: Die Hauptströmungen
Regionale Trends
Religionen im Konflikt: Neue Spaltung der Welt?
Religiöse Minderheiten und staatliche Toleranz
Perspektive: Der interreligiöse Dialog

445 **Kommunikation**

Dimensionen der interkulturellen Kommunikation: Telekommunikation und Multimedia, Fernsehen, Printmedien
Wandel der globalen Märkte: Der Trend zu Privatisierung, Kommerzialisierung, Deregulierung und Konzentration
Geistiges Eigentum und Wissensindustrien
Die Ökonomisierung von Öffentlichkeit
Das Recht auf freien Zugang zu
Information und Kommunikation

469 **Neue Technologien**

Zukunftstechnologien verändern die Welt: neue Werkstoffe, Mikroelektronik, Biotechnologie
Technologien für die Umwelt
Forschung und Entwicklung
Der Technologietransfer in Entwicklungsländer
Geistiges Eigentum: Patente für indigenes Wissen im Süden?
Die Verantwortung der Industrieländer: Risikoforschung und Technikfolgenabschätzung

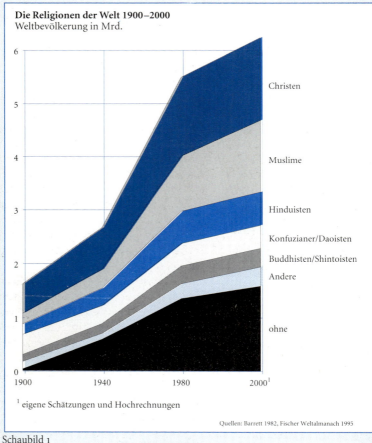

Schaubild 1

Religionen

Weltweit vollzieht sich seit den 70er Jahren eine Renaissance der Religion. Religionen gewinnen neue Bedeutung als moralische Orientierungshilfe in säkularen und fortschrittsorientierten Gesellschaften, als religiöse Protestbewegungen und als Vermittler kultureller Identität, aber auch als Motivation in kriegerischen Konflikten oder als stilisiertes Feindbild in der sicherheitspolitischen Debatte.

Die Verbreitung der Religionen ändert sich heute vor allem durch unterschiedliches Bevölkerungswachstum in den Weltregionen. Auch politischer Wandel – wie in Osteuropa – hat hier Veränderungen zur Folge. Am stärksten wächst die Anhängerschaft des Islam; in vielen Ländern gewinnt er – zum Teil politisch instrumentalisiert – als ideologischer Gegenentwurf zum westlichen Entwicklungsmodell an Gewicht. Die Anhängerschaft des Christentums vergrößert sich nur in südlichen Regionen, in den meisten Industrieländern geht sie zurück; die katholische Kirche ist nach der Zahl der ihr Angehörenden heute eine Dritte-Welt-Kirche. Auch der Buddhismus verliert Anhänger, vor allem in asiatischen Industrieländern, während er in westlichen Gesellschaften hier und da neue Anhänger findet. Der Hinduismus bleibt – besonders in Indien – politisch einflußreich.

Die politische Funktion von Religion wird national und international stärker. So wird der alte Antagonismus von Orient (Islam) und Okzident (Christentum) im Westen manchmal als Gegenüber von moderner, dynamischer Zivilisation und traditionalistisch-statischen Gesellschaften verstanden und die überwundene politische Ost-West-Spaltung durch das Bild einer zivilisatorisch-kulturellen Spaltung der Welt ersetzt.

Die Suche nach einer universalen Ethik unter Wahrung der kulturellen Verschiedenheiten ist eine der großen Menschheitsaufgaben. Konkurrierende Kräfte bemühen sich um einen interkulturell-religiösen Dialog mit dem Ziel, ein »Ethos der Weltreligionen« zu schaffen. Ob dies gelingen wird, hängt nicht zuletzt davon ab, ob die geistigen Führer auf Machtstreben und Absolutheitsansprüche verzichten.

Die Religionen der Welt

Glaubensgemeinschaften und Religiosität

Drei Viertel der etwa 5,5 Milliarden Menschen, die derzeit auf der Welt leben, gehören einer Religionsgemeinschaft an; die Zahl derer, die keiner Religionsgemeinschaft angehören, hat allerdings in den letzten Jahren stetig zugenommen [vgl. Schaubild 1 und 2]. Die nominelle Zugehörigkeit eines Menschen zu einer Religionsgemeinschaft sagt allerdings nichts über die Intensität seines Glaubens aus; und wer zu keiner Religionsgemeinschaft gehört, ist nicht in jedem Fall ein Atheist.

Probleme der Religionsstatistik

Quantitative Angaben über Religionen sind mit Vorbehalt zu lesen. Zum einen handelt es sich in der Regel um Angaben der Religionsgemeinschaften selbst, die als Maximalschätzungen anzusehen sind.

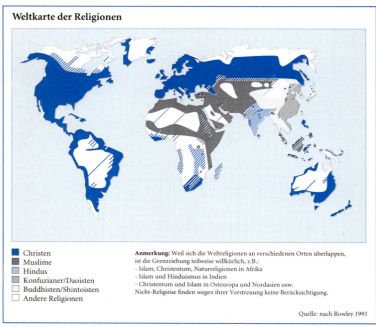

Weltkarte der Religionen

- Christen
- Muslime
- Hindus
- Konfuzianer/Daoisten
- Buddhisten/Shintoisten
- Andere Religionen

Anmerkung: Weil sich die Weltreligionen an verschiedenen Orten überlappen, ist die Grenzziehung teilweise willkürlich, z.B.:
- Islam, Christentum, Naturreligionen in Afrika
- Islam und Hinduismus in Indien
- Christentum und Islam in Osteuropa und Nordasien usw.

Nicht-Religiöse finden wegen ihrer Verstreuung keine Berücksichtigung.

Quelle: nach Rowley 1991

Schaubild 2

Zum anderen wird Zugehörigkeit zu einer Religion unterschiedlich begründet – durch Geburt, durch traditionelle Initiation (z. B. Säuglingstaufe) oder durch Entschluß, so daß quantitative Angaben nicht ohne weiteres vergleichbar sind. Darüber hinaus wird die Religionsstatistik durch weitere Faktoren verzerrt:
▶ Die Zugehörigkeit einer Person zu mehreren Religionen. So ist es in Ostasien nicht unüblich, Buddhist und zugleich Shintoist oder Konfuzianer zu sein; daher zählt Japan mehr Religionsangehörige als Einwohner. Ebenso werden viele Angehörige »neuer religiöser Bewegungen« in Europa und Nordamerika mehrfach gezählt, weil sie die Kirchenmitgliedschaft formal nicht aufgegeben haben.
▶ Viele Glaubensgemeinschaften verstehen Religion als Brücke, die man beschreitet, nicht aber als Institution, der man angehört. So kennt der Hinduismus keine Religionsmitgliedschaft im europäischen Sinne. Umgekehrt verstehen sich vor allem in Europa und Nordamerika Menschen als religiös, ohne Mitglied einer Religionsgemeinschaft zu sein.
▶ Nicht abgeschlossene religiöse Neuorientierungsprozesse, z. B. in den Transformationsländern Osteuropas, verstärken die Unzuverlässigkeit von Zahlenangaben.

Wenn die Größe einer Religionsgemeinschaft schon statistisch ungenügend zu erfassen ist, so ist es nahezu ausgeschlossen, den Einfluß religiöser Glaubensgrundsätze im Alltag exakt zu messen, da dazu nicht nur der direkte Einfluß beachtet werden müßte, sondern darüber hinaus der indirekte Niederschlag, den Glaubensgrundsätze in kulturellen, politischen und gesellschaftlichen Werten und Einrichtungen finden. Außerdem wird Religion immer wieder instrumentalisiert, um politische Gegnerschaft zu begründen und zu sanktionieren.

Die Hauptströmungen

Allen Religionen gemeinsam ist zum einen die Suche nach der begründenden und begrenzenden Macht, die Suche nach dem rechten Weltbild und Weltverständnis, und zum anderen das Fragen nach dem Sinn menschlicher Existenz in dieser so gesehenen Welt. So verstanden suchen und proklamieren Religionen eine letzte Wahrheit. Sie lassen sich ihrem Wesen nach in drei große Strömungen gliedern:

Die konfrontativen Religionen

Das Gegenüber von Gott und Mensch konstituiert diese Religionen, die auch monotheistische Universal- oder Erlösungsreligionen genannt werden.

Juden
Die älteste dieser Religionen ist das Judentum mit heute etwa 17,4 Millionen Anhängern, von denen etwas mehr als vier Millionen in Israel leben. Alle anderen leben in der Galut (»Zerstreuung«), vor allem in den USA und der GUS. Der eine Gott (Jahwe) hat die Welt geschaffen, er lenkt Leben und Geschichte. Er hat einen Bund mit seinem Volk geschlossen und diesem das Land zugesagt. Am Ende der Zeiten wird er den Gesalbten (Messias) zur Vollendung senden. Heilige Schrift ist die »Tora nebiim we ketuvim« (Wegweisung, Propheten und Schriften; von den Christen als Altes Testament übernommen).

Christen
Das als jüdische Sekte entstandene Christentum ist heute mit etwa 1,7 Milliarden Mitgliedern die zahlenmäßig stärkste Religion. Die drei größten Gruppen sind Katholiken (59 %), Protestanten (22 %) und Orthodoxe (17,6 %); daneben gibt es

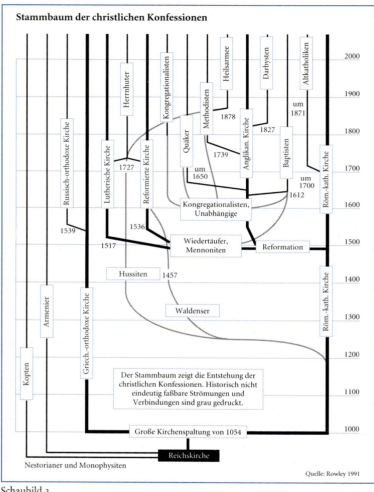

Schaubild 3

eine Vielzahl kleinerer Gemeinschaften [vgl. Schaubild 3]. Bedeutsam für die heutigen christlichen Kirchen ist der Rückgang der Zahl ihrer Angehörigen in den nördlichen Industrieländern und die demographisch bedingte Zunahme der Anhängerschaft in den südlichen Weltregionen. Gemessen an der Zahl der Gläubigen ist die katholische Kirche mittlerweile eine Dritte-Welt-Kirche. Starken Zulauf hat die orthodoxe Kirche, bedingt durch die wiedererstarkte – und wieder erlaubte – Religiosität in den ehemals kommunistischen Staaten Osteuropas.

Für Christen hat der dreieinige Gott die Welt geschaffen, hat sie als Sohn in der Gestalt Jesu erlöst und leitet die Seinen (die Kirche) als Heiliger Geist. Die Erneuerung von Himmel und Erde steht noch aus. Heilige Schrift ist die Bibel aus Altem und Neuem Testament in konfessionell unterschiedlicher Auslegung.

Muslime

Der Islam, mit etwa 1 Milliarde Anhängern die zweitstärkste Religion, geht auf den Propheten Mohammed (ca. 570–632 n. Chr.) zurück. Die größten Gruppen sind Sunniten (70%) und Schiiten (13,5%), daneben gibt es auch hier eine Vielzahl oft nur regionaler Gruppen [vgl. Schaubild 4]. Die islamische Religionsgemeinschaft wächst momentan am stärksten. Ursache ist das hohe Bevölkerungswachstum im Verbreitungsgebiet des Islam. Der heutige Islam befindet sich im Umbruch; einerseits gibt es eine radikal-fundamentalistische Bewegung, andererseits islam-interne Modernisierungsbemühungen.

Für Muslime ist Allah der Schöpfer, er spricht durch Propheten zu den Menschen. Der letzte dieser Propheten ist Mohammed, dem Allah den Koran, die Heilige Schrift des Islam, diktiert hat. Der Koran wird als verbindliche Weisung zu einem Gott wohlgefälligen Leben verstanden. Zusammen mit der überlieferten Lebensweise des Propheten (»sunna«) ist er islamisches Gesetz (»scharia«), das von vielen Rechtsschulen unterschiedlich interpretiert wird.

Die Religionen der Inneneinkehr

In mystischer Weise suchen die Religionen der Inneneinkehr nach der Entsprechung des Menschen zur Welt. Einen ausschließlich personalen Gottesbegriff kennen sie nicht, sondern verstehen Existieren selbst als göttlich. Zu den Religionen der Inneneinkehr gehören, neben vielen Naturreligionen, der Buddhismus und der Hinduismus.

Hindus

Beim Hinduismus handelt es sich nicht um eine dogmatisch stabilisierte Religion, sondern um geglaubte und gelebte Ordnung. Er ist ein komplexes, aus europäischer Sicht widersprüchliches und doch zusammengehöriges Gefüge von Schriften, Riten und Lebensformen. Hinduismus ist der Sammelname für unterschiedliche Religionen – sowohl personale theistische als auch solche gegenstandsloser Alleinheitslehre. Gemeinsam sind ihnen Reinkarnationsvorstellungen und ein zyklisches Weltbild, nach dem Menschen und Welten entstehen und vergehen.

Das Hauptverbreitungsgebiet der etwa 720 Millionen Gläubigen ist das Ursprungsland Indien. Hauptrichtungen sind der monotheistische Vischnuismus (70%) und der polytheistische Schivaismus (25%). Aus der Vielzahl heiliger Bücher ragen die Bhagavadghita und die Upanishaden hervor. Die religiösen Inhalte werden von zahllosen Gurus (Lehrern) vermittelt und waren ursprünglich nur dem geborenen Hindu zugänglich. Erst in neuerer Zeit missionieren einige der Religionsströme. Ebenfalls neu ist der von Teilen vertretene Absolutheitsanspruch, der mit dem aufkommenden Separatismus und Nationalismus in Indien einhergeht.

Buddhisten

Der Buddhismus wurzelt im Hinduismus und wurde von Siddharta Gautama (»Buddha«, d. h. der Erwachte, ca. 560–480 v. Chr.) begründet. Der Buddha sucht einen Ausweg aus der Verwicklung

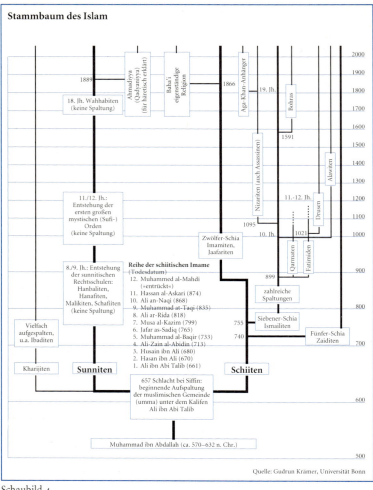

Schaubild 4

in den Geburtenkreislauf, der als leidvoll erfahren wird; er findet ihn in der Überzeugung, daß das Leiden mit dem Ausscheiden aus dem Geburtenkreislauf und dem Eingehen ins »Nirwana« endet. Die wesentlichen Lehren des Buddha sind im Tripitaka (»Dreikorb«) überliefert.

Die etwa 315 Millionen Buddhisten teilen sich in Mahayana (52%), Hinayana – bzw. Shravakayana oder Theravada – (35%), Vajrayana – bzw. Lamaisten in Tibet – (6%) und kleinere regionale Ausprägungen wie den Zen-Buddhismus in Japan. Der Buddhismus verliert in den asiatischen Industrieländern an Attraktivität, gewinnt jedoch zunehmend Anhänger in westlichen Gesellschaften, in denen in beschränktem Maße missioniert wird.

Die Religionen der Harmonie

Ihre Inhalte dienen eher dem Erlangen weltlicher Weisheit und dem Verständnis natürlicher Ordnung, so daß Religionen der Harmonie auch als Philosophien gelten können. Exemplarisch sind der Konfuzianismus und der Daoismus (Taoismus).

Konfuzianer
Die ethisch-politische Lehre des Kong Qiu oder Kongfuzi (lat. Confucius, 551–479 v. Chr.) hatte prägenden Einfluß auf ganz Ostasien, vor allem auf die Geschichte und Gesellschaft Chinas. In dieser Lehre sind Mensch, Natur und Kosmos ein Ganzes und bestimmen gemeinsam die Gesetzmäßigkeiten, wobei nicht nach Natur- und Moralgesetzen unterschieden wird. Damit ist in diesem Weltbild auch kein Platz für einen außenstehenden Schöpfergott; es gibt eine harmonische hierarchische Ordnung, in der der Mensch besondere Verantwortung trägt. Da er die Anlagen zum Guten trägt und selbst beeinflussen kann, bietet ihm der Konfuzianismus die Möglichkeit diesseitigen Heils; die Vorstellung jenseitiger Erlösung ist diesem Weltbild fremd. Nach dem Tode bleibt der Mensch durch Ahnenkult in Kontakt mit seinen Nachfahren. Kardinaltugenden sind Ein- und Unterordnung (»li«), Mitmenschlichkeit (»ren«) und Pflichterfüllung (»yi«).

Quantitative Angaben über die Verbreitung dieser Lehre lassen sich nicht machen, da der Konfuzianismus keinerlei Gemeindestrukturen kennt.

Daoisten
»Es gab ein Wesen, chaotisch und zugleich vollendet, ehe denn Himmel und Erde entstanden. Still war es und gestaltlos, selbständig besteht es und wandelt sich nicht, es kreiste rings umher und war doch von nichts gefährdet. Man kann es als die Mutter aller Welt bezeichnen. Seinen Namen kenne ich nicht, geschrieben heißt es Dao« (nach Tworuschka 1992). Dieses Zitat entstammt der Schrift »Daodejing« (Das Buch vom Weg und seiner Wirkkraft), das dem spirituellen Initiator des Daoismus Laozi (Lao-tse; »Der alte Meister«, 6. Jh. v. Chr.) zugeschrieben wird. Dessen Historizität ist jedoch nicht einwandfrei bewiesen.

Als organisierte Form ist der Daoismus im 2. Jahrhundert n. Chr. im China der Han-Kultur entstanden. Er ist jedoch bis heute keine Religion mit Gemeindestruktur. Alleiniger Praktikant der Liturgie ist der daoistische Priester (»daoshi«), der sich durch schamanistische und exorzistische Techniken auszeichnet. Die daoistische Philosophie, die eine Harmonisierung der menschlichen Lebensverhältnisse durch Verwirklichung einer unverfälschten, natürlichen Spontaneität propagiert, gewann erheblichen Einfluß auf Literatur und Kultur Chinas. Die individuelle Zugänglichkeit der Religion für alle sozialen Schichten machte den Daoismus zu einem bedeutenden, bis heute wirksamen Faktor der chinesischen Gesellschaft, in der 90 % der 31 Millionen Daoisten leben.

Trends in den Weltregionen

Politische Religion in Lateinamerika

Seit der Landung des Kolumbus 1492 ist Lateinamerika mit der katholischen Kirche eng verbunden. Die heimischen Religionen sind nahezu vollständig verdrängt, die protestantischen Kirchen sind – trotz verstärkter Missionierung besonders der Pfingstkirchen aus den USA – in der Minderheit (wenn auch wachsend). Rund 90 % der Bevölkerung Lateinamerikas sind heute katholisch getauft; damit leben hier nahezu 45 % aller Katholiken.

Die Befreiungstheologie

Innerkatholisch konkurrieren Basisgemeinden und Befreiungstheologie mit Institutionen und Lehre der Vatikanischen Kirche.

Die Befreiungstheologie beruft sich direkt auf die Bibel und entdeckt in ihr die Forderung Gottes nach sozialer Gerechtigkeit, nach Gleichheit und Freiheit. Sie ergreift politisch Partei und stellt sich auf die Seite der Armen und Unterdrückten gegen Unrechtsregime, gegen internationale Ungleichheiten und gegen die schweigende, dogmatische und machtorientierte römische Kurie.

Protestanten

Auf der einen Seite finden sich in den protestantischen Kirchen, die sich im Consejo Latinoamericano de Iglesias (CLAI; Lateinamerikanischer Rat der Kirchen) zusammengeschlossen haben, ähnliche Tendenzen wie in der Befreiungstheologie. Es geht ihnen um Veränderung in Gesellschaft und Erziehung. Die 88 im CLAI zusammengeschlossenen protestantischen Kirchen sind allerdings sehr klein an Mitgliederzahl.

Auf der anderen Seite gibt es hauptsächlich von den USA ausgehende fundamentalistische Gruppierungen, die gegen die säkulare Welt und besonders gegen ein soziale Veränderungen anstrebendes Christentum kämpfen. Zum Teil üben ihre Repräsentanten direkten politischen Einfluß aus oder sind sogar die Machthaber – wie Rios Montt 1982 und Serrano Elias 1991 in Guatemala.

Multireligiosität in Afrika

In Afrika gibt es einige tausend Religionsgemeinschaften unterschiedlicher Art. Die wichtigsten sind islamischer, christlicher oder traditionell afrikanischer Prägung. Der Islam in Afrika ist überwiegend im Norden und um die Sahara zu finden [vgl. Abschnitt *Die Islamische Welt*].

Christliche Kirchen

Mit Ausnahme der alten orthodoxen Kirchen in Ägypten und Äthiopien, die seit über 1.500 Jahren existieren, verdanken die christlichen Kirchen ihre Verbreitung in Afrika der mit der kolonialen Fremdherrschaft einhergehenden Mission; die mehr als tausend »Afrikanischen unabhängigen Kirchen« sind allerdings erst durch Unabhängigkeitsbestrebungen und den Kampf gegen die Kolonialherrschaft entstanden.

Kirchen des Volkes

Die »Afrikanischen unabhängigen Kirchen« sind in der Regel kleine, auf Stammes- oder Sippenebene beschränkte regionale Bewegungen, die afrikanische Identität und christlichen Glauben miteinander zu verbinden suchen (»Schwarze

Theologie«). Das jeweilige religiöse, kulturelle und gesellschaftliche Umfeld (»Kontextuelle Theologie«) ist dabei wichtiger als das importierte theologische Erbe des europäischen Christentums; in diesem Afrikanisierungsprozeß des Christentums übertragen sich zum Teil Impulse der gesellschaftlich-politischen Befreiung auf eine kulturell-religiöse Ebene. Afrikanische Anthropologie und Kosmologie aus dem eigenen religiösen Erbe sind Teil des Glaubens; die Bibel wird afrikanisch interpretiert, Jesus wird nicht als Weißer dargestellt.

Mit ihrer Volksnähe und vertrauten Symbolik gelang es den Unabhängigen Kirchen, ihre Anhängerschaft erheblich auszuweiten; verläßliche Zahlen gibt es nicht, aber diese Kirchen wachsen sehr schnell. Eine der stärksten ist mit rund 2 Millionen Anhängern die »Legio Maria« in Westkenia, Tansania und Uganda. Sie glaubt an einen in Afrika wiedergeborenen Jesus (»Baba Messiahs«) und hat einen eigenen Papst als Kirchenoberen.

Stammesreligionen

Die ursprünglichen Religionen Afrikas wurden während der Kolonialzeit zwar stark reduziert (von 58% im Jahre 1900 auf 12% 1985), einige aber blieben erhalten und einflußreich. So umfaßt die Stammesreligion der Yoruba in Nigeria etwa 18%, die der Akan in Côte d'Ivoire etwa 65% der Bevölkerung. Außerhalb der Stammesgemeinschaft haben diese Religionen keine Gültigkeit, innerhalb der Gemeinschaft jedoch sind sie unbedingt verbindlich, denn konkurrierende Religionen würden die sozialen Strukturen des Stammes sprengen. Allen Stammesreligionen gemeinsam ist eine starke Bindung an die Natur und der Glaube an eine Götter- und Geisterwelt, die auf das tägliche Leben Einfluß nehmen kann.

»Ethnisch-religiöse« Konflikte

Kriege und Konflikte in Afrika werden oft mit dem Etikett »ethnisch-religiös« belegt bzw. als Stammeskriege bezeichnet. Tatsächlich handelt es sich zum Großteil um Konflikte sozioökonomischer Natur zwischen benachteiligten und privilegierten Volksgruppen – die sich durchaus ethnisch bzw. religiös definieren können – oder um Konflikte nachholender Nationenbildung, deren Ursachen häufig in den kolonialen Grenzziehungen zu suchen sind [vgl. Tabelle 2, vgl. auch die Kapitel *Kriege* und *Frieden*].

Kommunalismus in Indien

Indien umfaßt heute eine Bevölkerung von etwa 883 Millionen Menschen, die überwiegend zum Hinduismus (80%) gehören. Daneben gibt es Anhänger des Islam (11%), des Christentums (2,4%), des Sikhismus (1,1%) und anderer Religionen. Der Versuch, nach der staatlichen Unabhängigkeit 1947 mit Hilfe der hinduistisch-nationalistischen Kharatiya Janata Partei zu nationaler Einheit zu gelangen, ignorierte kulturelle Eigenheiten und schuf als Reaktion den Kommunalismus, d. h. die Abgrenzung der eigenen Regionalgruppe, die sich häufig religiös definiert und manchmal mit separatistischen Absichten einhergeht.

In den letzten Jahren ist es zunehmend zur Konfrontation nationalistischer Hindus (»Hindutva«-Bewegung) mit den Kommunalisten gekommen. Zwar hat die indische Regierung am 10. Dezember 1992 neben anderen religiösen Extremistenorganisationen die militante Hindu-Organisation »Vishwa Hindu Parishad« (VHP, Weltorganisation der Hindus) verboten, aber die Auseinandersetzungen gehen weiter. Islamische Fundamentalisten tragen zur Verschärfung bei. Im

Bundesstaat Kaschmir haben die blutigen Kämpfe zwischen staatlichen Sicherheitskräften und muslimischen Separatisten, die entweder ein selbständiges Kaschmir oder den Anschluß an Pakistan anstreben, zugenommen. Eine weitere, ebenfalls militant-separatistische Bewegung ist die der Sikhs im Punjab, die einen eigenen Staat »Khalistan« fordern.

Religiöse Renaissance in den GUS-Staaten

Vielfache Signale eines religiösen Aufbruchs nach dem Scheitern des kommunistischen Systems sind zu registrieren: Die Kirchen wurden wieder aufgebaut, die Gottesdienste sind gut besucht, Prozessionen und Stellungnahmen geistlicher Führer sind selbstverständlich geworden. Die Menschen erwarten von der Religion Geborgenheit inmitten der unsicheren, sich verändernden Gegenwart und sowohl eine Stabilisierung der gesellschaftlichen Zustände als auch der persönlichen Identität. Insgesamt herrscht in den Staaten der GUS eine »komplizierte kulturelle, religiöse und ethnische Gemengelage« (Johann 1993), die auf dem Hintergrund der wirtschaftlichen Probleme konfliktreiche, zum Teil religiös motivierte Auseinandersetzungen befürchten läßt.

Die russisch-orthodoxe Kirche
Die orthodoxe Kirche ist offenbar dabei, wieder als Hüterin und Trägerin nationaler Kultur und Moral aufzutreten. Patriarch Alexij II. hält es für richtig, daß seine Kirche moralische Leitlinien für den künftigen Weg der Russischen Föderation aufstellt. Ob allerdings Hélène Carrère d'Encausse richtig geurteilt hat, bleibt abzuwarten: »Das Wichtigste ist das Band zwischen der orthodoxen Kirche... und der russischen Gesellschaft... Weil sie die einzige Institution, die einzige Denkungsart und das einzige Wertesystem ist, das den Untergang des Sowjetkommunismus überlebt hat, ist sie auch die mächtigste unter den Kräften, die geeignet scheinen, der zivilen Gesellschaft Halt zu geben« (d'Encausse 1992).

Neue, verläßliche Zahlen sind kaum zu haben. Die russisch-orthodoxe Kirche selbst gibt 1991 ihre Mitgliederzahl in der GUS mit 50 Millionen an. Umfragen zur Religiosität in christlich dominierten Regionen der GUS (Rußland, Ukraine, Nordkasachstan) nach 1988 haben gezeigt, daß die Zahl gläubiger Christen rapide zunahm (von 10 im Jahre 1988 auf 29% in 1990/91). Der Anteil der erklärten Atheisten hingegen sank von 43 (1988) auf 11% (1991). Fest steht, daß außer dem Wiedererstarken der orthodoxen Kirche auch christliche Kirchen und Sekten vor allem aus den USA missionarisch auftreten und erheblichen Zulauf verbuchen.

Der Islam in Zentralasien
Der Islam konnte die Verfolgung unter dem Sowjetkommunismus relativ unbeschadet überstehen und nach dem Zerfall der Sowjetunion die religiöse Infrastruktur neu aufbauen. Mit Unterstützung der Türkei und der Islamischen Republik Iran, die in dieser Region um Einfluß konkurrieren, entstanden über 5.000 Moscheen; zahlreiche Zeitungen und islamische Parteien wurden gegründet. Diese haben vielfach ethnonationalistische Züge und benutzen die Religion als Vehikel der eigenen kulturell-politischen Identität. Dadurch kam es schnell zu politischen Auseinandersetzungen, die zum Teil in blutigen Kämpfen ausgefochten wurden – so in Tadschikistan, Usbekistan und Aserbaidschan.

Die islamische Welt

Schon in früher Zeit hat sich die islamische Welt als Einheit von Religion und Recht in Staatswesen konstituiert; kirchenähnliche Organisationsformen wurden deshalb nicht entwickelt. Zunehmende säkulare Einflüsse haben diese traditionelle Einheit allmählich zerstört, die rechtliche und gesellschaftliche Bedeutung des Islam zurückgedrängt und sein Bildungs- und Rechtsprechungsmonopol aufgehoben.

Seit dem Ende der Kolonialherrschaft sind islamisch geprägte Staaten entstanden, die diese Entwicklung umkehren wollen. Einige haben die Scharia (islamisches Recht) in der Verfassung verankert – z. B. der Iran und Saudi-Arabien – oder in Kraft gesetzt – z. B. 1991 Mauretanien und 1994 die Libysch-Arabische Dschajahirija [vgl. Schaubild 5].

Fundamentalismus

Der Begriff Fundamentalismus wird auf unterschiedliche religiöse, politische und gesellschaftliche Erscheinungen angewendet. Er ist das Signal einer tiefgreifenden Vertrauenskrise, die viele Menschen erfaßt hat, und zugleich der menschlichen Sehnsucht nach Sicherheit. Der Begriff geht auf die Zeitschrift »The Fundaments« zurück, die von 1910 bis 1915 in den USA erschien, um die Glaubenspostulate konservativ-protestantischer Bewegungen zu bündeln. Gegen Modernismus und den damit verbundenen Moralverfall pochten sie auf die buchstäbliche Unfehlbarkeit der Bibel und behaupteten die Nichtigkeit aller menschlichen Erkenntnisse, vor allem der modernen Wissenschaften, sofern diese nicht die Bibel bestätigen.

In den 60er Jahren taucht der Begriff in einem völlig anderen Zusammenhang auf: Die Vertreter des Kritischen Rationalismus nach Popper bezeichnen als Fundamentalisten die Verfechter der These, daß es für jeden Erkenntnisbereich nur eine »wahre« Theorie geben könne, die unwiderleglich zu beweisen sei.

Seine populärste Verwendung fand der Begriff für die islamische Bewegung Khomeinis nach der iranischen Revolution. Er steht hier für den integristischen Anspruch auf Einheit von Politik und Religion sowie für die Überzeugung von der alleinigen Wahrheit des Islam in seiner »ursprünglichen« Form. Er ist auch hier eine Gegenbewegung zu Säkularismus, Modernismus und Relativismus und damit eine Ablehnung des westlich-christlichen Weltbildes.

Für Muslime hat der Begriff Fundamentalismus eine andere Bedeutung: Er bezeichnet eine Fachrichtung in der Islamwissenschaft, die die Methodik der Urteilsfindung in der Jurisprudenz zum Gegenstand hat.

Fundamentalismus wird heutzutage zumeist synonym für antimoderne oder nur oppositionelle Erscheinungen verwendet. Im religiös-politischen Kontext steht Fundamentalismus meist unreflektiert für Begriffe wie Integrismus, Orthodoxie, Traditionalismus, Kommunalismus u. a.

Wegen dieser vielfältigen Bedeutungsinhalte und weil der Begriff »Fundamentalismus« vor allem im islamischen Kontext ein modischer Kampfbegriff ist, bleibt er »unglücklich und (kann) zu Mißverständnissen führen«, aber da er »heute im allgemeinen Gebrauch« ist und »als solcher akzeptiert werden muß« (Lewis 1991), soll hier folgende Definition gelten: Fundamentalismus ist »das dialoglose, unhistorische Festhalten an (politischen, religiösen) Grundsätzen, von denen gleichzeitig die Legitimation zu deren gesellschaftlicher Durchsetzung mit Machtmitteln hergeleitet wird« (Barr 1981).

Fundamentalisten und Re-Islamisierung

Einige radikale Gruppen versuchen mittels Gewalt und Terror die sogenannte Re-Islamisierung durchzusetzen; nach ihrer Zahl sind sie nur eine Randerscheinung, wegen ihrer extremen Ausprägung allerdings spektakulär, z. B. in Algerien [vgl. Kapitel *Kriege*]. In westlichen Gesellschaften werden diese Gruppen oft fälschlich mit dem Islam insgesamt gleichgesetzt. Dabei wird übersehen, daß die Re-Islamisierung kein einheitlicher Prozeß ist.

Es ist deshalb sinnvoll, diese Bewegungen nach ihren Motiven zu unterscheiden. Zum einen gibt es islamistische Gruppen, die eher als reformerisch anzusehen sind: Sie stellen sich eine ideale Zukunft nach dem Muster einer idealisierten oder neu interpretierten Vergangenheit vor. Diese Gruppen wenden sich gegen den Verfall der Religion, wie er sich etwa in der Kleidung, im allgemeinen moralischen Verhalten und in der Anpassung an westliche Lebensstile ausdrückt.

Andere treten als politisch-gesellschaftliche Widerstandsbewegungen gegen internationale Herrschaftsverhältnisse und/oder eine nationale Eliteherrschaft auf und nutzen den Islam als einigendes Band. Dieser islamische Fundamentalismus [vgl. *Fundamentalismus*] baut dabei auf gesellschaftliche Spannungen zwischen den wenigen, oft als westlich oder korrupt diffamierten Herrschenden und den vielen religiös Treuen, die von den Herrschenden ausgebeutet werden. Er gewinnt um so mehr Kraft und Bedeutung, je perspektivloser die Lage der Menschen wird.

Islamische Moderne

Die Re-Islamisierungsbewegung kann auch als Gegenreformation einer originär islamischen Aufklärung verstanden werden – als Abwehrversuch gegen Bemühungen, die Werte des Islam mit den Anforderungen der Moderne zu verbinden. Islamische Literaten, Philosophen und progressive Islaminterpreten vergleichen diesen Prozeß mit der europäischen Aufklärung, die die Überwindung der feudalen und theologisch-dogmatischen Gesellschaft ermöglichte. Sadik Al-Azm sieht den islamischen Modernismus als Entwicklung, die »gleichermaßen Elemente einer theologischen und rechtlichen Reformation, einer literarischen und intellektuellen Renaissance, einer rationalistisch-wissenschaftlichen Aufklärung und eines politisch-ideologischen Aggiornamento« vereint.

Ähnlich sollten auch die verschiedenen Ansätze islamischer Menschenrechtserklärungen [vgl. *Islamische Menschenrechtserklärungen*] gesehen werden: Sie sind als Versuch zu werten, den Islam mit Demokratie und universalen Menschenrechten in Einklang zu bringen, auch wenn sie wesentliche Prinzipien –

Islamische Menschenrechtserklärungen

Paris 1981: Der Europäische Islamrat beschließt die **Allgemeine Islamische Menschenrechtserklärung**

Teheran 1990: Juristen aus 25 muslimischen Ländern formulieren die **Islamische Deklaration der Menschenrechte**

Kairo 1990: Die Islamische Konferenz verabschiedet die **Kairoer Erklärung der Menschenrechte im Islam**

z. B. körperliche Unversehrtheit – einschränken und deshalb für westliche Menschenrechtler kaum akzeptabel sind.

Westliche Industriegesellschaften

Der Rationalismus der europäischen Aufklärung zerstörte die bis dahin herrschende theologisch geprägte Ordnung und forderte vom Menschen die kritische Auseinandersetzung mit konkurrierenden Weltbildern. Es entstand eine Art »irdischer Religion der Moderne« (Beck 1986), der Fortschrittsglaube. Er ersetzte das Vertrauen in Gott (Heteronomie) durch das Vertrauen der Menschen in ihre eigenen Fähigkeiten (Autonomie) und in die Möglichkeiten von Wissenschaft und Technik.

Etliche Folgen dieses Fortschritts haben jedoch heute zu einer tiefgreifenden Krise der Moderne geführt: Umweltzerstörung, soziale Ungerechtigkeit und Marginalisierung, zunehmende und schwer durchschaubare Komplexität der gesellschaftlichen Entwicklungen, nicht zuletzt ein starker Trend zur Individualisierung und zum Zerfall traditioneller Lebenswelten. In dieser Situation suchen viele Menschen jenseits des rein ökonomisch und materiell verankerten Fortschrittsglaubens nach Orientierung und nach Bindungen in neuen Sinn- und Gemeinschaftsbezügen.

Neue Religionen

Als Träger der Religiosität sind neben die traditionellen Kirchen neue Strömungen getreten [vgl. Tabelle 1]. Überwiegend findet sich bei ihnen eine mystisch-spiritistische Ausprägung, die jedoch in unterschiedlicher institutioneller Form erscheint. Das Spektrum reicht von straff organisierten, mitunter abgeschlossenen Gruppierungen bis hin zu gesellschaftlichen Strömungen ohne erkennbaren organisatorischen Rahmen. Die Größe dieser Bewegungen läßt sich schwer schätzen, zumal einige von ihnen im geheimen tätig sind; eine grobe Schätzung rechnet mit weltweit 138 Millionen Anhängern in organisierten Gruppen.

Heilsversprechen und Intoleranz

Zwei gegensätzliche Handlungsmöglichkeiten zeichnen neue religiöse Bewegungen aus: entweder Abkapselung und damit Beschränkung des Heils auf die eigene Gemeinschaft oder aber der Versuch, die Gesellschaft im Sinne der eigenen Gemeinschaft zu verändern: missionarisch, durch politische Einflußnahme oder – im Extremfall – gewaltsam.

Einige dieser Bewegungen – etwa die Scientology Church – stellen eine individuelle Bedrohung für ihre Anhänger dar, die geistig, seelisch und mitunter auch existentiell in starke Abhängigkeit gezwungen werden. Zur gesellschaftlichen Bedrohung können neue religiöse Bewegungen werden, wenn sie in Machtpositionen gelangen und ihre Intoleranz gegenüber Andersdenkenden ausüben können. In besonderem Maße gefährlich werden Bewegungen, die apokalyptische Vorhersagen machen und diese durch Ausübung terroristischer Akte bekräftigen wollen. Das letzte Beispiel dieser Art waren die Anschläge der Aum Shinrikyo-Sekte 1995 in Japan.

Aber nicht nur neue Bewegungen zeichnen sich durch Intoleranz aus, auch die katholische Kirche ist gegenüber Kritikern – selbst aus den eigenen Reihen – wenig nachsichtig. Der Luzerner Theologieprofessor Dietrich Wiederkehr spricht von »religiösem Terror« und meint, daß

Religiöse Strömungen des 19. und 20. Jahrhunderts
Auswahl in chronologischer Ordnung nach dem Jahr der Gründung/des Auftretens

Name	Gründer/Jahr/Merkmale	Mitgliederzahl
Spiritistische Gruppen	(Kommunikation mit Geistern via Medium)	n. v.
Mormonen	Joseph Smith, 1830 (Kirche Jesu Christi der Heiligen der letzten Tage)	8,4 Millionen
Adventisten	William Miller, seit 1831	4,5 Millionen
Apostelgemeinden Katholische apostolische Gemeinden Neuapostolische Kirche Freie Apostelgemeinden	(Wesentliches Merkmal ist das Vorhandensein von Aposteln) England, 1832; charismatisch Heinrich Geyer, 1. Stammapostel, nach 1855 Abspaltungen von Neuapostolischer Kirche	wenige Tausend 8,75 Millionen 35.000
Neo-vedantische Bewegungen	Ramakrishna (1834–1886), Aurobindo Ghose (1872–1930) u. a. (hinduistisch, Neudefinierung des »Wissens«)	
Esoterische Gemeinschaften	19. Jh., wachsend seit ca. 1965, diverse Gruppen, auf Geheimlehren gründend, die nur Eingeweihten zugänglich gemacht werden dürfen	n. v.
Christian Science (Christliche Wissenschaft)	»Lehrer« Mary Baker Eddy, 1866 The First Church of Christian Science, 1892 zentralistisch organisiert, manipuliert den Willen	n. v., mind. 5.000
Heilsarmee (The Salvation Army)	William Booth, 1870	4,6 Millionen
Pfingstkirchen	19. Jh. (1870/1906)	300 Millionen
Theosophische Gesellschaft	H. P. Blavatsky, 1875 (neuindische Theosophie)	wenige Tausend
Zeugen Jehovas	Charles Taze Russel, 1881	4,5 Millionen
Parapsychologische Gruppen	Society for Psychical Research, 1882 außersinnliche Wahrnehmung	n. v.
Okkultismus	verschiedenartige Gruppierungen	n. v.
Hermetischer Orden der Goldenen Dämmerung	magischer Orden in der Nachfolge der Rosenkreuzer, 1888 okkultistische Gruppierung	n. v.
Bahai	Baha'allah, Iran, 19. Jh.	5,3 Millionen
Anthroposophische Gesellschaft	Rudolf Steiner, 1913	n. v.

Christengemeinschaft (Anthroposophen)	Friedrich Rittelmeyer, 1922 (Rudolf Steiner)	120.000
Charismatische Bewegung	USA, seit 1950	n. v., innerkirchlich
New Age	USA, seit 1960 (Esoterik, Astrologie)	n. v.
Satanismus	Sammelbegriff für Gruppen, die Satansanbetung (Satansmesse), Schwarze Magie u.ä. Praktiken üben; vielfach nicht offen agierend, Ausnahmen: Kirche Satans in San Francisco (Anton La Vey)	n. v.
Hare Krischna	A. C. Bhaktivedanda Swani Prabhupad, (eigentl. Name: Abhay Charan De), 1966 Neohinduistische Gruppierung, eigentlicher Name ISKCON = International Society for Krishna CONsciousness	10.000/25.000
Bhagwan Shri Rajnis	Guru Rainis Candra Mohan, 1969	75.000/300.000
Geistliche Gemeindeerneuerung	Bewegung innerhalb der christlichen Kirchen seit etwa 1975	
n. v. = nicht verfügbar		
Quelle: Eigene Zusammenstellung		

Tabelle 1

der Papst diesen »nicht brutal« ausübe, sondern seine Kritiker ganz »fromm und chiffriert« durch schöne Reden »umarme und dabei erwürge« (nach Frankfurter Rundschau, Pfingsten 1995). Auch antimodernistische und fundamentalistische Tendenzen des Vatikans sind zu beobachten. So, als er 1994 – sexuelle Zügellosigkeit befürchtend – bei der Weltbevölkerungskonferenz in Kairo eine in seinem Sinne veränderte Vorlage durchsetzte – mit Unterstützung ihm nahestehender und islamisch-fundamentalistischer Staaten.

Andererseits hat Papst Johannes Paul II. in dem Apostolischen Schreiben »Tertio Millenio Adveniente« vom 14. November 1994 zu einem »panchristlichen Treffen« zur Stärkung des interreligiösen Dialogs im Jahr 2000 eingeladen; in der Enzyklika »Ut unum sint« vom 25. 5. 95 propagiert er die Öffnung der Kirche und den ökumenischen Dialog.

Religionen im Konflikt

Seit jeher werden im Namen der Religion Kriege geführt. Bis heute enthalten viele gewaltsam ausgefochtene Konflikte auch religiöse Elemente [vgl. Tabelle 2], die sich freilich auf unterschiedliche Weise mit ethnonationalen, zwischenstaatlichen, ideologischen, sozioökonomischen und anderen Spannungen verknüpfen. Auffällig an allen Auseinandersetzungen mit religiöser Komponente ist die Tendenz, zum existentiellen Konflikt zu eskalieren. Da der Sinn des Lebens bedroht scheint, werden religiös motivierte Kriege oft verbissener, unnachgiebiger und brutaler ausgefochten als andere.

Aktuell andauernde Kriege mit religiösem Hintergrund[1]

Beteiligte(r) Staat(en)	Beginn	Religionszugehörigkeit der Konfliktparteien[2]
Myanmar (Birma)*	1948	Buddhisten vs. Christen vs. Stammesreligionen vs. Zentralregierung
Philippinen (Mindanao)	1970	Muslime vs. Christen
Bangladesch	1973	– Buddhisten vs. Christen – Buddhisten vs. Muslime
Libanon	1975	– mit Syrien verbündete Schiiten (Hizbollah) vs. proiranische Schiiten (Amal) – Juden vs. Muslime – Christen vs. drusische Muslime
Äthiopien – Oromo-Stamm*	1976	Muslime vs. Zentralregierung
Indien (Bundesstaat Punjab)	1982	Sikhs vs. Zentralregierung
Sudan	1983	Muslime vs. Stammesreligionen
Aserbaidschan	1988/1990	Muslime vs. christl. Armenier
Irak	1991	Sunniten vs. Schiiten
Jugoslawien – Kroatien	1991	serbisch-orthodoxe Christen vs. römisch-katholische Christen
Jugoslawien – Bosnien	1991	Christen vs. Muslime
Afghanistan*	1992[3]	rivalisierende Muslime
Tadschikistan*	1992	Muslime vs. Christen

Religiöse Konflikte an der Grenze zum Bürgerkrieg[4]

Ägypten	1977	– Muslime vs. Zentralregierung – Muslime vs. koptische Christen
Tunesien	1978	Muslime vs. Zentralregierung
Algerien	1988	Muslime vs. Zentralregierung
Indien (Bundesstaat Utar-Pradesh)	1992	Hindus vs. Muslime

Religiös motivierte Konflikte an der Grenze zur friedlichen Lösung

Israel – Palästina	1968	Juden vs. Muslime
	1991	Beginn von Friedensgesprächen
	1994	Israelisch-palästinensisches Abkommen am 4. Mai; Störungen durch Fundamentalisten beider Seiten
Nordirland	1969	Katholiken vs. Protestanten
	1993	Erklärung vom 15. Dezember leitet Friedensprozeß ein

* Diese Konfliktfälle sind nur bedingt als religiös motiviert einzustufen, da sich zumeist nur eine der Konfliktparteien über die Religionszugehörigkeit definiert.

[1] Der religiöse Aspekt ist in der Regel weder Hauptgrund noch alleiniger Grund für den Konflikt [vgl. Kapitel *Kriege*].

[2] Die jeweilige Zentralregierung ist nur dann als Konfliktpartei aufgeführt, wenn sie als Zentralmacht agiert; andernfalls erscheint sie, wenn sie beteiligt ist, unter der jeweiligen Konfliktpartei.

[3] Der Konflikt besteht zwar bereits seit 1978, wurde hier aber erst ab 1992 aufgeführt, da die Auseinandersetzung zwischen den verfeindeten Mudschaheddin-Gruppen erst mit dem Ende der Zentralregierung offen zutage trat.

[4] Zur Definition der Kriege vgl. Kapitel *Kriege*

Quelle: Eigene Zusammenstellung

Tabelle 2

In allen Religionen und – sofern vorhanden – in ihren heiligen Schriften lassen sich Belege für friedensfördernde wie friedensstörende oder -bedrohende Absichten finden. In der Geschichte fast aller Religionen finden sich Beispiele »heiliger Kriege« und friedlicher Koexistenz. Es ist also sinnlos, Kataloge aufstellen zu wollen, welche Religionen kriegerischer oder friedlicher sind als andere; trotzdem gibt es immer wieder solche Versuche.

Die neue Spaltung der Welt?

Einer dieser Versuche hat in der akademischen Diskussion eine heftige Kontroverse ausgelöst. In einem 1993 veröffentlichten Aufsatz machte Samuel P. Huntington, Direktor des renommierten John M. Olin Institute for Strategic Studies an der Harvard University, Religionen zur Grundlage eines neuen Paradigmas der internationalen Beziehungen. In seiner Sicht werden nach dem Ende des Kalten Krieges und der Überwindung der ideologischen Ost-West-Spaltung eher zivilisatorisch-kulturell, das heißt religiös begründete Konflikte die Welt spalten; die heutigen Bruchlinien *(fault lines)* zwischen den Zivilisationen werden demzufolge die Frontlinien *(battle lines)* künftiger Konflikte sein.

Huntington zieht diese Bruchlinien folgendermaßen:
▶ Eine folgt der jahrhundertealten Grenze des westlichen Christentums zum orthodoxen Christentum und zum Islam in Europa. Diese Grenze ist besonders brisant, weil sie bestehende Staaten teilt. In Rumänien hat sie Irritationen ausgelöst, weil sie den transsylvanischen Landesteil Ungarn zuordnet; auf den Konflikt im ehemaligen Jugoslawien wirkt sie zusätzlich polarisierend.
▶ An der Bruchlinie um eine westlich-christliche Exklave im pazifischen Raum zieht ein christlich-konfuzianischer Konflikt zwischen den USA und Japan herauf.
▶ In Amerika trennt eine Bruchlinie das westliche Christentum (USA) von der lateinamerikanischen Variante.
▶ Eine weitere bildet die Grenze der slawisch-orthodoxen Zivilisation zum Islam und zum Buddhismus.
▶ Der Hinduismus (Indien) kapselt sich östlich vom Islam und nördlich vom Konfuzianismus/Buddhismus ab.
▶ Die islamische Zivilisation grenzt nördlich an unterschiedliche Christenheiten, östlich an Konfuzianismus/Buddhismus und Hinduismus, in Zentralafrika an Stammesreligionen und Christentum; im pazifischen Raum bildet der Islam eine Exklave zwischen Christentum (Australien) und Buddhismus.

Vor allem in den letztgenannten Grenzen sieht Huntington die gefährlichsten Bruchlinien. Er kleidet dies in den griffigen Slogan: »Der Islam hat blutige Grenzen.«

Feindbild Islam

Huntington hat den alten Antagonismus von Orient und Okzident wiederentdeckt. Der Rückgriff auf Ursprünge (Quellen) und auf Geschehenes und Vergangenes soll offenbar die komplexe Wirklichkeit der Konfrontationen in der Welt auf einen gemeinsamen Nenner bringen und mit einer schlichten Formel erklären. Unbestreitbar können Ursprünge und Geschichte für gegenwärtige Konflikte mitbestimmend sein. Wird aber mit diesem Rückgriff nur »Vergangenes beschworen, um Gegenwart verständlich zu machen und um Zukunft neu zu erschließen« (Senghaas 1994)? Wird nicht die eingängige These von der Ablösung des Eisernen Vorhangs durch die altvertraute Religionsgrenze eher zum Impulsgeber für politische Konflikte?

Huntingtons Konzept scheint darauf ausgelegt, westliches Denken strategisch zu festigen und zugleich die politische und militärische Position des Westens zu stabilisieren. Dafür spricht auch, daß seine Veröffentlichung mit einem Projekt in Zusammenhang steht, das sicherheitspolitische Fragen der USA und deren strategische Konsequenzen bearbeitet (»The Changing Security Environment and American National Interests«).

Mit der Auflösung des Ost-West-Gegensatzes ist das bestimmende Feindbild entfallen; die internationalen Sicherheitsstrukturen vor allem im Westen gerieten in Legitimationsschwierigkeiten. Hier bot sich das Feindbild Islam an. Der Islam wird als »Gegen-Westen«, »Gegen-Moderne« und »Gegen-Zivilisation« definiert, eine neue bipolare Ordnung wird fixiert. Militärstrategen und »Nahostexperten« tragen dazu bei [vgl. *Die neue Bedrohung?*].

Seit der Machtübernahme des Ayatollah Ruhollah Khomeini im Iran im Jahre 1979 ist die Angst des Westens vor dem Panislamismus gewachsen. Deutlich wurde dies beispielsweise 1989 angesichts der Erfolge der Islamischen Heilsfront (FIS) bei den ersten demokratischen Wahlen in Algerien [vgl. Kapitel *Kriege*]. Im Westen war ein zweiter Iran unerwünscht. Folgerichtig waren die Proteste gering, als der demokratische Prozeß in Algerien 1991 durch einen Militärputsch beendet wurde.

Doch ein einiger Islam ist angesichts der Zerrissenheit und Vielschichtigkeit der islamischen Staaten [vgl. *Dualitäten im Islam*] Fiktion, selbst die kleinere Variante des Panarabismus ist unwahrscheinlich. Huntington erweitert das Be-

---

Die neue Bedrohung?

Der ehemalige NATO-Oberbefehlshaber John Galvin: »In dem jetzt zu Ende gehenden Jahrtausend war die längste Konfrontation, die wir erlebt haben, die Konfrontation zwischen dem Westen und dem Islam. Sie zog sich mehr als tausend Jahre hin – über die Kreuzzüge des Mittelalters bis hinein in die Neuzeit.«
(Quelle: ZEIT-Punkte 1993)

Die Unabhängige Kommission für die künftigen Aufgaben der Bundeswehr: »Ethnische und kulturelle Gegensätze sowie alte Minderheiten- und Nationalitätenkonflikte, die das Gesicht des Kontinents über Jahrhunderte geprägt haben und bislang durch den Ost-West-Konflikt unterdrückt wurden, sind erneut aufgebrochen. (...) Was früher einmal ferne Krisen waren, wird zu präsenten Gefährdungen, etwa im **Krisenbogen der nordafrikanischen, nah-mittelöstlichen Staatenwelt** [im Original hervorgehoben]. (...) Totalitäre Regime, religiöser Fanatismus, hohes Bevölkerungswachstum, weitere Verarmung sowie mögliche millionenfache Wanderungsbewegungen in die Staaten Europas und (...) die Verbreitung von Massenvernichtungswaffen können (...) die Sicherheit Europas beeinträchtigen.«

Nicht nur Militärstrategen, sondern auch »Nahostexperten« beschwören Ängste und Vorurteile herauf. Einige Buchtitel: »Allahs Schwert«, »Das Schwert des Islam«, »Den Gottlosen die Hölle«, »Die Hölle der Kasbah«, »Die islamische Herausforderung«, »Allahs neues Weltreich«, »Weltkrise Arabien: Allah, Blut und Öl«, »Der Golf. Vom Garten Eden zur Weltkrisenregion«, »Die Reichen aus dem Morgenland«, »Öl, Schicksal der Menschheit« etc. Diese Bücher verkaufen sich millionenfach, obgleich ihre Seriosität sehr zweifelhaft ist.

> **Dualitäten im Islam**
>
> ▶ **Arabisch vs. nichtarabisch**: Gemeinhin wird der Islam geographisch mit dem Nahen Osten verbunden. Dem arabischen Islam steht jedoch eine Mehrheit nichtarabischer Muslime in Pakistan, Indien, Bangladesch und Indonesien gegenüber.
> ▶ **Sunnitisch vs. schiitisch**: Beide Strömungen zu unterscheiden ist deshalb wichtig, weil nur der schiitische Islam einen hierarchischen Klerus kennt, der bei einer politischen Machtübernahme die notwendige Führungselite stellen kann.
> ▶ **Nationalistisch vs. panislamisch bzw. panarabisch**: Einige Gruppierungen haben die dem Islam eigentlich fremde westliche Idee der Nation übernommen, während andere an der ursprünglichen Idee der islamischen Weltgemeinschaft (»umma«) festhalten.
> ▶ **Monarchistisch vs. laizistisch**: Da der Koran keine Staatsform verbindlich vorschreibt, ist eine große Spannweite in den islamischen Ländern zu beobachten.
> ▶ **Theokratisch vs. säkular**: Die beiden Extremformen im Verhältnis Religion und Staat, verwirklicht in der Islamischen Republik Iran und in der Türkei (zumindest in der Verfassung), machen deutlich, wie schwer es ist, ein einheitliches Bild des Islam als politisches Phänomen zu erhalten.
> ▶ **Toleranz vs. Absolutheit**: Wenn auch in den meisten islamischen Staaten der Absolutheitsanspruch des Islam durchgesetzt werden soll, so ist nicht nur dem Koran und der Überlebensgeschichte christlicher Kirchen unter dem Islam zu entnehmen, daß solcher Absolutheit eine deutliche Tendenz zur Toleranz widerspricht.

drohungsszenario noch durch eine konfuzianisch-islamische Koalition, den Zusammenschluß vor allem der gegenwärtigen und potentiellen Atomstaaten dieser Regionen; auch diese Vision ist wohl nicht mehr als Science-fiction.

Exemplarisch ist die Reaktion des Westens auf den »Fall Rushdie«, der als Beweis dafür gilt, daß der Islam insgesamt antimodern, dogmatisch und grausam ist. Muslimische Wissenschaftler beklagen einen anderen Aspekt der Haltung des Westens, nämlich die Vernachlässigung dessen, was als Aufklärung innerhalb des Islam verstanden werden könnte. Munir und Al-Azm sehen Salman Rushdie als Teil einer innerislamischen Reformbewegung, nicht als Vertreter westlichen Gedankengutes. Rushdies Wirkung im Islam sei Verunsicherung, so wertet Zafer Senocak, weil er die Frage nach den mythologischen Grundlagen neu stelle und eine Diskussion um den Rang der Fiktion im Rahmen der notwendig gewordenen Neuordnung muslimischen Lebens fordere.

Mitunter wird die These vertreten, Zielrichtung der westlichen Feindbildprojektion sei nicht der Islam, sondern vielmehr »Fremdheit« und »Armut« generell. Der wahrgenommene »Feind« sei die »Dritte Welt«, der Nord-Süd-Konflikt sei an die Stelle des Ost-West-Konflikts getreten, und der Islam stünde pars pro toto. Sehr vieles spricht gegen diese Sicht, aber ein Aspekt des Nord-Süd-Gegensatzes könnte durchaus zur Verschärfung des Feindbildes Islam beigetragen haben: die übertriebene Angst vor der Nord-Süd-Wanderung des Millionenheers der Armen, die Fremdenfeindlichkeit, Rassismus und Rechtsextremismus weckt und als Legitimation westlicher Abschottungspolitik dient. Tatsächlich aber ist sie kaum begründet: Der weitaus größte Teil der Wanderungsbewegungen bleibt als Süd-Süd-Migration in den armen Weltregionen [vgl. Kapitel *Migration*].

Perspektiven und Optionen

Religiöse Minderheiten und staatliche Toleranz

In allen Gesellschaften und allen Regionen der Welt leben Menschen unterschiedlichster Religionen nebeneinander. Immer dann, wenn eine Religion zahlenmäßig in der Minderheit ist, sind ihre Anhänger auf die Duldung und die Toleranz der Mehrheit angewiesen. Aufgabe der jeweiligen Staaten ist es, Sicherheit und Religionsfreiheit dieser Minderheiten zu gewährleisten, wozu sie sich mit der Unterzeichnung der Menschenrechtserklärung der Vereinten Nationen international verpflichtet haben, sowie aktive Integrationspolitik zu betreiben [vgl. Schaubild 5].

Aufgabe der Kirchen ist es, ihren Geboten der Nächstenliebe entsprechend Verständnis und Toleranz zwischen den Religionen zu fördern. Der vereinzelt stattfindende Dialog einiger weniger Kirchenführer kann diesen Prozeß nur be-

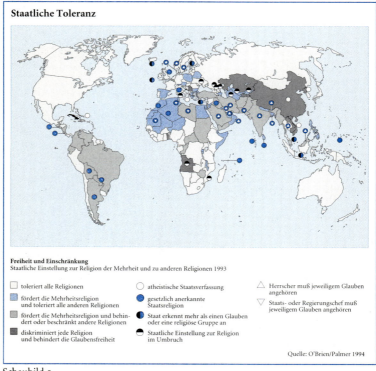

Staatliche Toleranz

Freiheit und Einschränkung
Staatliche Einstellung zur Religion der Mehrheit und zu anderen Religionen 1993

- ☐ toleriert alle Religionen
- fördert die Mehrheitsreligion und toleriert alle anderen Religionen
- fördert die Mehrheitsreligion und behindert oder beschränkt andere Religionen
- diskriminiert jede Religion und behindert die Glaubensfreiheit
- ○ atheistische Staatsverfassung
- ● gesetzlich anerkannte Staatsreligion
- ◐ Staat erkennt mehr als einen Glauben oder eine religiöse Gruppe an
- ● Staatliche Einstellung zur Religion im Umbruch
- △ Herrscher muß jeweiligem Glauben angehören
- ▽ Staats- oder Regierungschef muß jeweiligem Glauben angehören

Quelle: O'Brien/Palmer 1994

Schaubild 5

Interreligiöse Dialoge

Die Weltkonferenz der Religionen
Ein Beispiel des interreligiösen Dialogs ist die *Weltkonferenz der Religionen für den Frieden*, die 1970 das erste Mal in Kyoto/Japan zusammentrat und seitdem regelmäßig zu Folgekonferenzen tagt. Ihre Grundsatzerklärung aus dem Jahr 1970 betont:
»... Als wir zusammen waren, um uns mit dem überragenden Thema des Friedens zu befassen, entdeckten wir, daß die Dinge, die uns einen, wichtiger sind als die Dinge, die uns trennen.
Wir fanden, daß wir gemeinsam besitzen:
- eine Überzeugung von der fundamentalen Einheit der menschlichen Familie, von der Gleichheit und Würde aller Menschen;
- ein Gefühl für die Unantastbarkeit des Einzelnen und seines Gewissens; (...)
- den Glauben, daß Liebe, Mitleid, Selbstlosigkeit und die Kraft des Geistes und der inneren Wahrhaftigkeit letztlich größeren Wert haben als Haß, Feindschaft und Eigeninteresse;
- ein Gefühl der Verpflichtung, an der Seite der Armen und Bedrückten zu stehen gegen die Reichen und die Bedrücker;
- eine tiefe Hoffnung, daß letztlich der gute Wille siegen wird.

Wegen dieser Überzeugungen ... glauben wir, daß den Männern und Frauen aller Religionen ein besonderer Auftrag gegeben wurde, mit all ihren Kräften des Geistes und des Herzens sich um den Frieden ... zu bemühen ...
Wir sind überzeugt, daß die Religionen trotz ihrer historisch gewachsenen Verschiedenheiten nun versuchen müssen, alle Menschen in diesem Bemühen um wahren Frieden zu vereinen ...«
(Dokumentiert in Lücker 1971)

Das Parlament der Weltreligionen
1893 wurden im Begleitprogramm der Weltausstellung in Chicago von einem privaten Komitee Vertreter von 45 Religionen zu einem Parlament eingeladen, das eine Begegnung der Religionen ermöglichen sollte. Zur Hundertjahrfeier dieses Ereignisses lud ein Rat engagierter Menschen erneut zu einem »Parlament der Weltreligionen« vom 28. August bis 4. September 1993 nach Chicago ein. Dort wurde eine »Erklärung zum Weltethos« verabschiedet, die vier Prinzipien und »vier unverrückbare Weisungen« proklamiert:
1. Keine neue Weltordnung ohne ein neues Weltethos
2. Grundforderung: Jeder Mensch muß menschlich behandelt werden
3. Ein Wandel des Bewußtseins ist notwendig und möglich
4. Vier unverrückbare Weisungen sollen befolgt werden:
   - Verpflichtung auf eine Kultur der Gewaltlosigkeit und der Ehrfurcht vor dem Leben
   - Verpflichtung auf eine Kultur der Solidarität und eine gerechte Wirtschaftsordnung
   - Verpflichtung auf eine Kultur der Toleranz und ein Leben in Wahrhaftigkeit
   - Verpflichtung auf eine Kultur der Gleichberechtigung und die Partnerschaft von Mann und Frau.

Unterzeichnet haben diese Erklärung Angehörige von
Bahai/Brahma Kumaris/Buddhismus/Christentum/Naturreligionen/Hinduismus/Jainimus/ Judentum/Islam/Neu-Heidentum/Sikhismus/Daoismus/Theosophie/ Zoroastrismus und interreligiösen Organisationen

(Dokumentiert in Küng/Kuschel 1993)

gleiten, notwendig ist die Einbeziehung breiter gesellschaftlicher Kreise. Hier sind vor allem die verschiedenen Bildungseinrichtungen gefordert, seien es Koranschulen, christliche Bildungswerke, buddhistische oder jüdische Lehranstalten. Gemeinsam mit weltlichen Einrichtungen sollten sie interkulturelles Verständnis fördern.

»Vom anderen her denken« sollte auf nationaler wie auf internationaler Ebene ein »paradigmatischer Beitrag zur Völkerverständigung« sein (Ropers 1990). Verschiedene Bemühungen, den interreligiösen Dialog voranzubringen, sind Schritte in diese Richtung, aber sie sind noch zu wenig und zu elitär.

Interreligiöser Dialog

Die »Erklärung zum Weltethos«, die ein »Parlament der Weltreligionen« 1993 beschlossen hat [vgl. *Interreligiöse Dialoge*], ist der Versuch, auf der Grundlage der Menschenwürde und der ihr zugeordneten Grundwerte einen Konsens für gemeinsames Handeln herzustellen, um die »Agonie der Welt« zu bekämpfen. Diese Agonie äußert sich demnach weltweit in Krieg, Haß und Gewalt, Armut, Hunger, sozialer Unordnung, Mißachtung der Gerechtigkeit und im Mißbrauch der Ökosysteme.

Grundlage war das 1989 von der UNESCO initiierte und vom Tübinger Institut für ökumenische Forschung erarbeitete »Projekt Weltethos« (Küng 1992). Weltethos meint »keine neue Weltideologie, auch keine einheitliche Weltreligion..., (sondern) einen Grundkonsens bezüglich bestehender verbindender Werte, unverrückbarer Maßstäbe und persönlicher Grundhaltungen«. Auf dieser Grundlage werden die einzelnen Glaubensgemeinschaften aufgefordert, »ihr ganz spezifisches Ethos zu formulieren« (Küng/Kuschel 1993), so daß das erkennbare Weltethos vertieft, spezifiziert und konkretisiert werden kann.

In der seitdem geführten Diskussion wurde eher Skepsis gegenüber der Gültigkeit eines solchen Minimalkonsenses geäußert, zumal die meisten Religionen diese »Erklärung zum Weltethos« durch ihre Organe und offiziellen Vertreter einfach negieren. Außerdem werden Bedenken geäußert, daß die »ethische Pluralität in der heutigen Welt und ihre produktive Bedeutung nicht ernst genug« genommen wird (Huber 1993) und daß der kleinste gemeinsame Nenner einen Minimalbestand der Übereinstimmung darstellt, der keine Bedeutung gegenüber dem jeweiligen Gesamtbestand von Religion habe.

Um so wichtiger ist es – nicht nur im UNO-Jahr der Toleranz 1995 –, Thesen und Theorien zu widersprechen, die Intoleranz zwischen Kulturen und Religionen fördern und verhärten. Die Fundamentalismus-Debatte führt nur zur Verdrängung der ursächlichen Motive für religiösen Extremismus und für die Radikalisierung der Auseinandersetzung mit dem »anderen«. Die Flucht in den Kulturalismus verhindert die objektive Wahrnehmung und den positiven Dialog. Es geht darum, Bedrohungsängste abzubauen, Feindbilder zu überwinden und den dialogbestimmten Weg der Verständigung – bei allen bleibenden Unterschiedlichkeiten und Gegensätzen – fortzusetzen. Es geht darum, Religion nicht nur nach innen gerichtet als polarisierende Abgrenzung gegen die »anderen« zu begreifen, sondern vor allem als Chance, den allen gemeinsamen Kern universaler Werte in ihrer kulturell unterschiedlichen Prägung zu erschließen.

Literatur

Al-Azm, Sadik 1993: Unbehagen in der Moderne. Aufklärung im Islam, Frankfurt/M.

Bannach, Klaus/Kurt Rommel (Hg.) 1991: Religiöse Strömungen unserer Zeit, Stuttgart.

Barr, James 1981: Fundamentalismus, München.

Beck, Ulrich 1986: Risikogesellschaft. Auf dem Weg in eine andere Moderne, Frankfurt/M.

d'Encausse, Hélène Carrère 1992: Victorieuse Russie, Paris.

Eliade, Mircea/Ioan P. Couliano 1991: Handbuch der Religionen, Zürich.

Fischer Weltalmanach '95 (1994): Zahlen – Daten – Fakten, Frankfurt/M.

Huber, Wolfgang 1993: Die tägliche Gewalt. Gegen den Ausverkauf der Menschenwürde, Freiburg.

Huntington, Samuel P. 1993: The Clash of Civilizations? In: Foreign Affairs. Summer 1993, S. 22–49 (dt.: Im Kampf der Kulturen, in: DIE ZEIT, 13. 8. 93)

Khoury, Adel Th. (Hg.) 1993: Das Ethos der Weltreligionen, Freiburg/Basel/Wien.

Küng, Hans 1992: Projekt Weltethos, München.

Küng, Hans/Karl-Josef Kuschel (Hg.) 1993: Erklärung zum Weltethos. Die Deklaration des Parlamentes der Weltreligionen, München/Zürich.

Lewis, Bernhard 1991: Die Sprache des Islam, Berlin.

Lücker, Maria Alberta (Hg.) 1971: Religionen – Frieden – Menschenrechte. Dokumentation der ersten Weltkonferenz der Religionen für den Frieden, Wuppertal.

Marty, Martin/Scott Appleby (Hg.) 1991–1993: The Fundamentalism Project (3 Bde), Chicago.

Matthies, Volker (Hg.) 1992: Kreuzzug oder Dialog? Die Zukunft der Nord-Süd-Beziehungen, Bonn.

Munir, Ahmed 1992: Herausforderung des Islam oder der Beginn einer Aufklärung? Salman Rushdies Satanische Verse, in: Zeitschrift für Kulturaustausch, Heft 4, S. 525–529.

O'Brien, Joanne/Martin Palmer 1994: Weltatlas der Religionen, Bonn.

Perthes, Volker 1991: Die Fiktion der Einheit: Koalitionen und Konflikte im arabischen Raum, in: Krell et al., Krieg und Frieden am Golf, Frankfurt/M., S. 20–29.

Rehm, Johannes (Hg.) 1994: Verantwortlich leben in der Weltgemeinschaft. Zur Auseinandersetzung um das »Projekt Weltethos«, Gütersloh.

Ropers, Norbert 1990: Vom anderen her denken. Empathie als paradigmatischer Beitrag zur Völkerverständigung, in: Steinweg, Die vergessene Dimension internationaler Konflikte: Subjektivität, Frankfurt/M., S. 114–150.

Rowley, H. H. (Hg.) 1991: Atlas zur Bibel, Wuppertal.

Schulze, Reinhard 1991: Menschenrechte in der islamischen Diskussion, Institut für Internationale Politik, Berlin.

– 1993: Panislamismus und Panarabismus? Die Suche nach der großen Einheit, in: Rotter, Die Welten des Islam, Frankfurt/M., S. 167–172.

Senghaas, Dieter 1994: Wohin driftet die Welt?, Frankfurt/M.

– 1995: Schluß mit der Fundamentalismus-Debatte! Plädoyer für eine Reorientierung des interkulturellen Dialogs, in: Blätter für deutsche und internationale Politik 2/95.

Senocak, Zafer 1995: Zwischen Orient und Okzident, in: DIE ZEIT, 26. 5. 95.

Tworuschka, Monika und Udo (Hg.) 1992: Religionen der Welt, München.

Unabhängige Kommission für die künftigen Aufgaben der Bundeswehr 1991: Die künftigen Aufgaben der Bundeswehr, (»Jacobsen-Bericht«), Bonn.

ZEIT-Punkte 1993: Der Islam – Feind des Westens?, Hamburg.

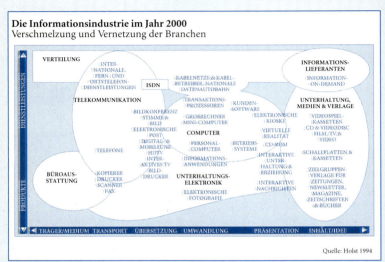

Schaubild 1

Kommunikation

In immer schnellerem Tempo setzt sich in den 90er Jahren die Veränderung der Informationsmedien und die Globalisierung der Kommunikationsprozesse fort. Die technologische Verschmelzung der einst getrennten Branchen Medien, Telekommunikation und elektronische Datenverarbeitung wird sehr bald alle Informations- und Kommunikationsströme weltweit vernetzen. Laufend entstehen neue Produkte und Dienstleistungen (CD-ROM, interaktives Fernsehen, Multimedia, Cyber Space), neue Übertragungstechnologien (Digitalkompression) und neuartige Unternehmen – so werden Betreiber traditioneller Telefonnetze jetzt auch im Fernsehbereich (Pay-TV) aktiv.

Weltweit zieht sich der Staat aus der Medienpolitik zurück. Neoliberale Ordnungspolitik fördert zunehmende Privatisierung, Kommerzialisierung, Deregulierung und Konzentration der schnell wachsenden Medien-, Informations- und Wissensindustrien. Neue, international vereinbarte Rechtsnormen zum Schutz geistigen Eigentums schützen mehr die Verwerter als die Schöpfer von Wissen und Ideen. Diese Ökonomisierung des Wissens stärkt die Vormachtstellung der Industrieländer und verschärft die strukturellen Nachteile der Dritten Welt weiter. Zudem hemmt sie die Entfaltung von Kreativität, Innovation und kultureller Vielfalt und führt zur Wissensverarmung der immer schlechter informierten Mehrheit der Menschen.

In der internationalen Staatengemeinschaft muß das Bewußtsein der normativen Bedeutung von Öffentlichkeit nachdrücklich wiederbelebt werden. Das Recht auf freien Zugang zu Information und Kommunikation, wie besonders nichtstaatliche Gruppen es weltweit einfordern, hat universale Gültigkeit; ihre ökonomische Dominanz verpflichtet die Industriestaaten zur politischen Unterstützung der Bemühungen, dieses Recht vor allem auch in der Dritten Welt zu verwirklichen.

Kommunikation der Weltkulturen

Die Kulturen der Welt artikulieren sich in der Kommunikation. Zugleich wirken Medien, Strukturen und technologische Basis der Kommunikation auf die Kulturen zurück. Dieses Wechselverhältnis zwischen Kultur und Kommunikation prägt auch die globalen Strukturen beider Bereiche. Einerseits wird die weltweite Kommunikation wesentlich von der Kultur der dominanten Volkswirtschaften bestimmt, andererseits werden alle Kulturen der Welt von der technischen Revolutionierung der Informations- und Kommunikationsinstrumente stark beeinflußt.

Kommunikationsmedien

Die transnationalen Kommunikationsbeziehungen vermehren und verdichten sich in den 90er Jahren in nie gekanntem Tempo. Dabei spielen das generelle Medium der Sprache, Fernsehen und Werbung als verbreitetste Formen der Massenkommunikation und die Telekommunikation als technologische und ökonomische Antriebskraft eine Schlüsselrolle. Beim Medium Sprache dominiert weltweit immer deutlicher das Englische – nicht nur in Wissenschaft, Wirtschaft und internationaler Politik; es dringt über Tourismus, Werbung, Pop- und Rockmusik und andere Wege immer stärker auch in die private Lebenswelt der Menschen aller Weltregionen vor.

Einebnung zur »Weltkultur«?

Was die Massenmedien Fernsehen, Rundfunk und Presse verbreiten, gleicht sich rund um den Globus immer weiter an. Weltweit gleiche Werbekampagnen fördern weltweit gleiche Geschmacksmuster und Konsumgewohnheiten, die von weltweit operierenden Konzernen wie McDonald's oder Coca-Cola bedient werden.

Diese kulturelle Homogenisierung beschreibt allerdings nur die ökonomisch-materielle Dimension des Kulturbegriffs. Sie entspricht der Herausbildung einer »transnationalen Subkultur« nach westlichen Standards, während parallel dazu das Bewußtsein nationaler und regionaler Kulturen und Identitäten lebendig bleibt oder wiederentdeckt wird. Das Verhältnis zwischen diesen beiden kulturellen Trends ist national wie international höchst prekär [vgl. Kapitel *Religionen*].

Dimensionen der interkulturellen Kommunikation

Fernsehen

Die internationale Fernsehwelt ist Mitte der 90er Jahre von fünf zentralen Trends gekennzeichnet:
▶ Die Multimediakonzentration nimmt drastisch zu; es gibt erste Pilotprojekte und Visionen im Bereich von interaktivem Fernsehen.
▶ Die Tendenzen zur Selbstkommerzialisierung in den öffentlichen Fernsehanstalten werden bei fast vollständiger Aufgabe des Prinzips von Öffentlichkeit immer stärker; die Privatisierung der gesamten audiovisuellen Industrie schreitet fort.
▶ Die Zahl der Fernsehsender steigt und damit die der Programmlücken; die Folge ist ein enormer Preisanstieg für Filmrechte.
▶ Nach dem verlustreichen Rückzug der Europäischen Union aus dem europäischen Standard für Hochzeilen-Fernsehen (HDTV) wird wahrscheinlich der amerikanische Standard für digitales Fernsehen weltweit übernommen.
▶ Die Grenzen zwischen Fernseh- und realer Welt werden sich zunehmend verwischen – wie z. B. in den USA, wo in Absprache zwischen der US-Regierung und Ted Turners CNN die Landung der US-Truppen sowohl 1992 in Somalia als auch 1994 in Haiti bewußt in die Hauptsendezeit gelegt wurde.

Die Wachstumsmärkte Asiens

Die größte Dynamik hat sich Anfang der 90er Jahre auf den massenattraktiven Märkten Asiens entwickelt. Internationale Medienkonzerne investierten hier besonders intensiv. Ihre kommerziellen Fernseh-Satellitensender läuten den Kollaps früher staatlicher TV-Anstalten ein.

Diese Dynamik hat längst auch China erreicht. Nahezu fünf Millionen Haushalte haben dort inzwischen Zugang zum Hongkonger Satellitenfernsehen des Rupert Murdoch [vgl. Tabelle 1]. Die Reaktion der Pekinger Regierung war eine Strategie der »repressiven Öffnung«: Während der Empfang fremder TV-Signale verboten blieb, war der Kauf von Parabolantennen bis 1994 zulässig.

Dynamik in Transformationsländern

Neben Südostasien sind es die ehemaligen RGW-Länder, deren TV-Märkte eine außerordentliche Dynamik entwickeln, wenn auch auf weit niedrigerem Niveau. In den meisten dieser Länder gibt es noch keine neuen Rundfunkgesetze, und ausländische Investoren halten sich deshalb noch zurück, dennoch lassen sich folgende Tendenzen feststellen:
▶ Die staatlichen Fernsehanstalten senden überwiegend amerikanisches und westeuropäisches Filmmaterial.
▶ Im Hörfunk haben westliche Auslandssender (BBC, Voice of America, Deutsche Welle, Radio Free Europe) erheblich an Einfluß gewonnen; ihr Programm-Material wird intensiv genutzt.
▶ Der enorme Zuwachs an Werbung in diesen Ländern geht rund zur Hälfte in den Sektor Werbefernsehen. Da die Preise des Werbefernsehens für die einheimische Werbeindustrie viel zu hoch sind,

Kleines Lexikon wichtiger Fachausdrücke

Breitbandkommunikation: Kommunikation, für die eine große Bandbreite (im MHz-Bereich) oder hohe Bitrate benötigt wird. Typische Breitbandkommunikationen sind Bildfernsprechen, Kabelfernsehen und Videokonferenzen

CD-ROM (Compact Disc Read Only Memory): gebräuchlichste Form einer optischen Festwertplatte für den CD-Spieler im Unterhaltungsbereich oder als Speicher von Datenbanken

Cyber-Space: virtueller Raum, in dem sich → virtuelle Realität abspielt. Dem Teilnehmer wird mit einer Stereobrille ein mit elektronischen Mitteln erzeugter Raum vorgestellt, in dem er sich scheinbar bewegen kann (derzeitige Anwendung z. B. in der Pilotenausbildung)

DAB (Digital Audio Broadcasting): Sendetechnik für digitalen Hörfunk, optimiert den Hörfunkempfang; industriepolitische Initiative der europäischen Herstellerindustrie mit Interesse an einem Massenmarkt für hochentwickelte Chips und moderne Endgeräte

digitale Kompression: Anpassung des digitalen Datenstroms an die Kapazität eines Übertragungsmediums mit technisch-mathematischen Verfahren zur Reduzierung des Datenstroms

digitale Signalübertragung: elektronische Übertragung von Text- und Bildinformationen in maschinenlesbarer Form zur Verarbeitung in Computern

E-mail (electronic mail): elektronische Post, Telekommunikationsdienst, bei dem ein zentraler Rechner in sogenannten elektronischen Briefkästen (mail-boxes) Nachrichten auf Abruf bereithält

GATS (General Agreement on Trade in Services): Abkommen über den Handel mit Dienstleistungen im Rahmen der Uruguay-Runde des GATT

HDTV (High Definition Television): hochaufgelöstes oder Hochzeilen-Fernsehen

Interaktivität: direkte Rückkopplung zwischen Sender und Empfänger

ISDN (Integrated Services Digital Network): Diensteintegriertes digitales Netz, d. h. ein Fernmeldenetz, das unter einer Rufnummer auf einer Anschlußleitung die gleichzeitige Übertragung von Sprache, Daten, Text und Bildern ermöglicht

Modem (Kunstwort aus Modulator und Demodulator): Signalumsetzer, der z. B. die Verbindung über eine (analoge) Fernsprechleitung mit einem (digitalen) Datenendgerät herstellen kann

Multimedia: Integration mehrerer Medien oder telekommunikativer Dienste unter einer gemeinsamen Nutzeroberfläche

Paketsoftware (packaged software): fertige Softwarelösung für Standardanwendungen auf kleinen Rechnern

Pay-TV: Abonnementsfernsehen; man unterscheidet Pay-per-Channel (verschlüsseltes Gesamtprogramm mit Empfang über ein Decodiergerät bei z. B. monatlichem Gebühreneinzug, Pay-per-View (Bezahlung pro Sendung), Video-on-Demand (zeitlich individueller Abruf von Programmen über einen speziellen Rückkanal)

TRIPs (Trade Related Intellectual Property Rights): Abkommen über den Handel mit geistigem Eigentum im Rahmen der Uruguay-Runde des GATT

Unix-Workstation: Betriebssystem eines leistungsfähigen Arbeitsplatzrechners von AT&T

virtuelle Realität: »scheinbare« Realität, Darstellung künstlicher dreidimensionaler Räume und Umfelder mit den Mitteln der Computer- und Fernsehtechnik

kommen dort überwiegend transnationale Werbekonzerne des Westens mit Werbung für Konsumgüter aus den USA und Westeuropa zum Zuge.
▶ In Ländern mit hoher Verkabelungsdichte und starker Verbreitung von Parabolantennen für Satelliten-TV haben westeuropäische Satellitensender wie MTV oder Eurosport oft größere Reichweiten als in westeuropäischen Ländern.
▶ Fast alle kommerziellen Fernsehsender gehören zu unterschiedlichen Anteilen ausländischen Medienkonzernen. US-Medienkapital rangiert hier vor Medienkapital aus Deutschland und Frankreich.
▶ Die ungleiche Entwicklung der audiovisuellen Industrie in West- und Osteuropa wird von der Europäischen Union bewußt zementiert: In einem Grünbuch von 1994 formuliert sie, die Stärkung der Film- und Fernsehindustrie in den früheren RGW-Ländern habe vor allem im Interesse der westeuropäischen TV-Programmindustrie zu geschehen.

Wie stark ausländisches Medienkapital in den ost- und mitteleuropäischen Fernsehsektor vorstoßen kann, wird sich in naher Zukunft erweisen. Daß sich Ted Turners CNN Ende 1994 aus dem kommerziellen russischen Sender TV 6 zurückzog, der CNN eine Kapitalerhöhung auf 50 % verweigerte, läßt darauf schließen, daß hier inzwischen eine gewisse Sensibilisierung für die Gefahren kultureller Außensteuerung eingetreten ist [vgl. Tabelle 2].

Transatlantische Konkurrenz

Vor dem Hintergrund steigender Exporte von Fernsehprogrammen aus den USA nach Europa (1984: 350 Mio. US-$, 1989: 3 Mrd. US-$ [vgl. auch Tabelle 3]) wird der Streit um die Liberalisierung des Fernsehens verständlich, den die USA und die EU in der Uruguay-Runde des GATT ausfochten.

Reichweite des panasiatischen Satelliten-Fernsehbetreibers Star TV 1993				
Land	Fernsehhaushalte mit Star TV		Haushalte mit Kabelfernsehen	
	in Mio.	in % aller TV-Haushalte	in Mio.	in % aller TV-Haushalte
China	4.800.000	3	n. v.	n. v.
Hongkong	304.809	19	n. v.	n. v.
Indien	3.300.500	17	4.116.000	21,2
Indonesien	36.211	n. v.	n. v.	n. v.
Israel	410.000	41	414.150	40,9
Kuwait	12.780	5	n. v.	n. v.
Pakistan	61.239	3	n. v.	n. v.
Philippinen	137.141	4	n. v.	n. v.
Südkorea	18.945	n. v.	n. v.	n. v.
Taiwan	1.980.140	41	2.125.028	43,9
Thailand	32.393	n. v.	n. v.	n. v.
Vereinigte Arabische Emirate	72.809	18	n. v.	n. v.
n. v. = nicht verfügbar				
Quelle: Media Asia 3/1993				

Tabelle 1

Höchstgrenzen ausländischer Kapitalbeteiligung an Rundfunkgesellschaften in ausgewählten Ländern Mittel- und Osteuropas 1993 in %	
Albanien	0
Bulgarien	25
Lettland	49
Litauen	0
Polen	33
Rumänien	0
Russische Föderation	n. v.
Slowakei	0
Slowenien	0
Tschechische Republik	0
n. v. = nicht verfügbar	
Quelle: Karol Jakubowicz, Warschau	

Tabelle 2

Vor allem französischem und irischem Druck ist es zu verdanken, daß die audiovisuelle Industrie aus dem GATT-Abkommen von 1993 ausgenommen wurde. Ökonomisch relevante Kriterien wie Meistbegünstigung, freier Marktzugang und Inländerbehandlung gelten also nicht für Fernsehen und Film. Allerdings fällt die audiovisuelle Industrie unter die im GATT-Abkommen enthaltene Regelung des freien Dienstleistungsverkehrs (GATS) und des Copyrights (TRIPs). Für künftige transatlantische Konflikte im Film- und Fernsehsektor bedeutet das GATT-Abkommen von 1993 nichts als ein Stillhalteabkommen – mit tendenziellen Punktgewinnen für die USA.

Marktanteile einheimischer und amerikanischer TV-Filme in Europa 1989–1992 in %								
Land	US-Filme				Einheimische Filme			
	1989	1990	1991	1992	1989	1990	1991	1992
Belgien	69,5	73,4	79,6	72,9	2,6	3,8	3,1	4,2
Dänemark	63,7	77,0	83,3	77,7	15,0	14,7	10,8	15,3
Finnland	70,0	80,0	80,0	63,0	5,8	7,6	6,7	10,0
Frankreich	55,5	55,9	58,0	58,3	34,3	37,5	30,6	34,9
Deutschland	65,7	83,3	80,2	82,8	16,7	9,7	13,6	9,5
Griechenland	86,0	87,0	88,0	92,0	9,0	8,0	7,0	2,0
Großbritannien	84,0	89,0	84,0	n. v.	10,0	7,0	13,8	n. v.
Irland	75,0	87,0	91,5	n. v.	2,0	5,0	2,0	n. v.
Italien	73,0	74,7	n. v.	54,4	17,2	18,9	n. v.	n. v.
Luxemburg	87,0	80,0	85,0	n. v.	2,0	2,0	2,0	n. v.
Niederlande	75,6	85,8	92,5	78,8	4,6	3,0	2,3	13,0
Norwegen	72,0	70,0	65,0	68,0	10,9	9,7	5,1	6,9
Portugal	81,0	85,0	85,0	n. v.	1,0	1,0	1,0	n. v.
Schweden	69,3	82,3	70,5	65,5	20,4	8,9	25,5	27,9
Schweiz	71,0	76,0	77,0	67,3	3,0	3,0	2,0	3,8
Spanien	73,0	72,0	69,0	77,1	7,3	10,4	10,0	9,3
n. v. = nicht verfügbar								
Quelle: Media Perspektiven 11–12/93								

Tabelle 3

Kulturprotektionismus in Nord und Süd

Sowohl beim transatlantischen Fernsehstreit im GATT als auch beim Vordringen von Star TV in viele asiatische Länder [vgl. *Das Imperium des Rupert Murdoch*] ist kultureller Protektionismus die Gegenposition zur grenzüberschreitenden Liberalisierung des Fernsehens.

Während er in Europa vor allem in Programmschutzquoten und staatlicher Fernseh- und Filmförderung zum Ausdruck kommt, äußert er sich in Singapur, Malaysia, Saudi-Arabien, in China seit April 1994 und im Iran seit September 1994 in Verboten, ausländische TV-Satelliten zu empfangen oder Parabolantennen zu kaufen.

Aber Kulturprotektionismus wird im Zeitalter der Mobilität und Flexibilität von Fax, Video, Mobilfunk und direktstrahlenden Satelliten nicht funktionieren – weder im Westen noch in Asien: Schon heute gibt es in China mehrere Millionen Parabolantennen für den Fernsehempfang; schon heute wäre es trotz Ausklammerung der audiovisuellen Industrie aus dem GATT-Abkommen völlig legal, wenn US-Fernsehprogramme über Fernmeldesatelliten – und eben nicht über Rundfunksatelliten – ohne jede Einschränkung nach Europa gelangten, denn die Telekommunikation wurde im GATS-Teil des GATT-Abkommens von 1993 liberalisiert. Kultureller Protektionismus wird, je länger, desto schneller, ökonomisch-technologisch ausgehebelt.

Das Imperium des Rupert Murdoch

Der Medienkonzern News Corporation Worldwide von Rupert Murdoch mit einem Jahresumsatz von 12 Milliarden Dollar (1993) gilt als der weltweit drittgrößte nach dem Time Warner- und dem Bertelsmann-Konzern.

1952 als Pressekonzern in Sydney gegründet, hatte er Kernmärkte zunächst in Australien, Großbritannien und den USA. Heute kontrolliert er 60% des australischen und rund 30% des britischen Zeitungsmarktes, darunter »The Times«, »Sun« und »Today«. Mit den Gewinnen aus dem Zeitungsgeschäft gelang Murdoch recht bald der Einstieg in die noch lukrativere Welt des Fernsehens.

Sein Fox-Fernsehen in den USA ist nach den drei traditionellen nationalen Networks (ABC, CBS und NBC) inzwischen zur viertgrößten Fernsehkette geworden. In Australien ist seine News Corporation Worldwide an zwei kommerziellen TV-Sendern beteiligt. In Europa sind Programme seines britischen TV-Senders BSkyB in 38 Ländern zu empfangen. In Lateinamerika hat Murdoch einen Kooperationsvertrag mit dem mexikanischen TV-Monopolisten Emilio Azcarraga und dessen Konzern Televisa abgeschlossen. Afrika ist zwar noch ein fast weißer Fleck auf der TV-Weltkarte Murdochs, doch kauft Südafrika bereits seine Nachrichtensendung »Sky News«.

Wo immer nationale Mediengesetze den Ausbau seines Konzerns eingrenzten, umging er diese völlig legal. So wechselte er die amerikanische Staatsbürgerschaft gegen seine australische ein, um US-Gesetzen über Medieneigner gerecht zu werden. Seine in London ansässigen TV-Programme von BSkyB kommen offiziell aus dem Ausland, um britisches Recht nicht zu verletzen, das den Zugriff marktbeherrschender Zeitungsverleger auf Fernsehsender eingrenzt.

Auf seinem Weg zu einem weltweiten Fernsehnetz hat Murdoch Anfang der 90er Jahre seine Konzernstrategie geändert. Aus dem Verkauf von Zeitungsverlagen finanziert die News Corporation Worldwide nun den Kauf von Mehrheitsbeteiligungen an Fernsehketten. So übernahm Murdoch Ende 1993 zum Preis von umgerechnet 840 Mio. DM 64% der Anteile des kommerziellen Fernsehsenders Star TV in Hongkong. Die übrigen Anteile am panasiatischen Star TV gehören dem Hongkonger Bau- und Immobilien-Tycoon Li Ka-Sching.

Star TV strahlt über den Satelliten Asia Sat 1 fünf Programme für 2,8 Milliarden Menschen in 38 Staaten aus. Star TV, das über eine Firma des Li-Konzerns auch Parabolantennen in ganz Asien verkauft, ist von Kairo bis Wladiwostok, von Mekka bis Peking, von Manila bis Ulan-Bator zu empfangen.

Auf Druck der chinesischen Regierung nahm Murdoch Anfang 1994 die Nachrichten des BBC World Service aus dem Star TV-Programm. Seine veränderte Konzernstrategie ist inzwischen so erfolgreich, daß er mit dem Fernsehgeschäft seine Zeitungsverlage subventionieren kann. Sie ermöglichte ihm 1994 Preissenkungen bei der Londoner Times in einem verlustreichen Marktkrieg gegen andere britische Tageszeitungen. Murdochs Fernsehprogramme erreichten 1994 nahezu zwei Drittel der Menschheit [vgl. Schaubild 2].

Murdochs Fernseh-Weltreich

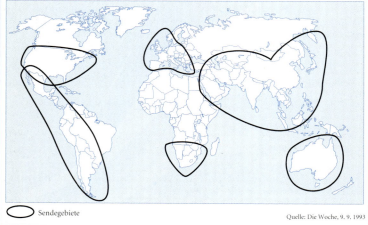

◯ Sendegebiete

Quelle: Die Woche, 9. 9. 1993

Schaubild 2

Telekommunikation, Technologien, Multimedia

Auch auf den globalen Märkten für Telekommunikation, Informationstechnologien und Multimediaprodukte setzen sich die Trends der 90er Jahre ungebremst fort:

▶ Internationalisierung, Privatisierung und Kommerzialisierung,

▶ De- und Re-Regulierung der Akteure Staat, Rundfunk, Fernmeldeindustrie und EDV-Industrie,

▶ zunehmende Verschmelzung von Produkten und Dienstleistungen des Rund-

funks, der Telekommunikation und der Datenverarbeitung,
▶ dynamisches Wachstum und
▶ erste Multimedia-Allianzen.

Wachstumsmarkt Telekommunikation

Der gegenwärtige Telekommunikationsumsatz liegt weltweit bei 535 Mrd. US-$ pro Jahr; davon entfallen 415 Mrd. auf die Telekommunikationsdienste und 120 Mrd. auf die Herstellerindustrie. Die jährliche Wachstumsrate liegt derzeit bei 16 %. Bei den Marktanteilen steht die Europäische Union mit rund 36 % an erster Stelle, gefolgt von Nordamerika mit etwa 31 %, Asien mit 12 %, dem Nahen Osten mit 3 % und Afrika, Australien und Lateinamerika mit jeweils rund 2 % [vgl. Schaubild 3].

Die Telekom-Gesellschaften in den USA, Japan und Deutschland wendeten in den Jahren 1990–1992, in absoluten Zahlen gesehen, die höchsten Beträge für die Modernisierung ihrer telekommunikativen Infrastruktur auf (USA: 75,9 Mrd. US-$ = 0,4 % BIP; Japan: 54,3 Mrd. US-$ = 0,5 % BIP; Deutschland: 44,5 Mrd. US-$ = 0,8 % BIP). Gemessen am Bruttoinlandsprodukt jedoch stehen kleine Länder wie die Republik Korea oder Spanien mit ihren Investitionen an der Spitze (Südkorea: 9,3 Mrd. US-$ = 1,1 % BIP; Spanien: 16,7 Mrd. US-$ = 1,1 % BIP).

Um diesen für die kommenden zwei Jahrzehnte dynamischsten Sektor kämpfen Telefon- und Kabelgesellschaften, die Computerindustrie (Hard- und Software), Unterhaltungskonzerne, Verlage und zunehmend auch Branchen außerhalb der Kommunikationsindustrie. Neueren Schätzungen zufolge werden diese zusammengefaßten Märkte von jetzt 535 Mrd. (1994) im Jahre 2004 auf drei Bill. US-$ gewachsen sein.

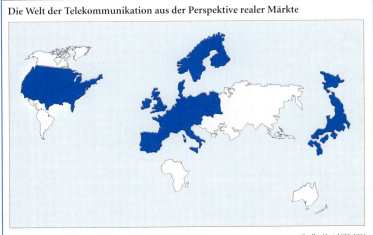

Die Welt der Telekommunikation aus der Perspektive realer Märkte

Quelle: Alcatel SEL 1994

Schaubild 3

Die Dynamik der technologischen Entwicklung

Eine Basistechnologie der Telekommunikation stellt die Halbleiterindustrie mit ihren Chips. In den USA ging die Mikroelektronikproduktion zwischen 1980 und 1990 – zum Vorteil Japans – drastisch zurück: Lag ihr Weltmarktanteil 1980 noch bei 48% und der Japans bei 5%, so hatte sich dieses Verhältnis bis 1990 fast umgekehrt – die japanischen Chipgiganten (NEC, Toshiba, Hitachi etc.) beherrschten den Weltmarkt mit rund 40%, die US-Hersteller (Intel, Motorola, Texas Instruments, IBM etc.) waren dagegen auf einen Marktanteil von rund 16% zurückgefallen.

Wachsende Bedeutung der Software

Solche globalen Statistiken verleihen Japan freilich ein unangemessenes Gewicht. Auf den Zukunftsmärkten der Telekommunikations- und Informationstechnologien wird es nämlich immer weniger um technische (Hardware-) Produkte gehen als vielmehr um kundennahe, maßgeschneiderte Software, besonders um informationstechnologische Dienstleistungen wie Teleberatung, Teleaußendienst, Teledrucken, Teledesign, Telekooperation. Bei diesen sogenannten Mehrwertdiensten der Telekommunikation wird zusätzliche »Intelligenz«, also Software, in Form von Speicher- oder Verarbeitungsleistungen in die Netzinfrastruktur integriert.

Seit langem zeigt sich, daß der Wert von Software steigt, der von Hardware sinkt. So auf dem Telekommunikationsmarkt, der zu 80% aus Diensten und nur zu 20% aus purer Technik besteht. Auch bei der Fertigung neuer Telekommunikationssysteme verlagert sich die Wertschöpfung in den Systemen von der Fertigung in die Entwicklung; der Anteil der Software hat sich von 1982 bis heute vervierfacht.

Unter diesem Aspekt gehören die Wachstumsmärkte der Telekommunikation eher den USA als Japan. Denn der weltweiten japanischen Dominanz in der Hardware (Speicherchips, Leiterplattentechnik, Datensichtgeräte, optische Speicher) steht die US-Dominanz in der Informationstechnologie gegenüber (Software, neuronale Netze, Betriebssysteme, Prozeßarchitektur, Computeranimation, Datenbanksysteme, Endgeräte für den Mobilfunk).

Der Weltmarkt der Informations- und Kommunikationstechnologien hatte 1993 ein Volumen von insgesamt etwa 680 Mrd. US-$ (davon entfielen rund 300 Mrd. auf den enger definierten Markt der Informationstechnologien). Auf eben diesem Markt konnten die USA zum ersten Mal seit zwanzig Jahren kräftig zulegen: Ihr Weltmarktanteil wuchs 1993 um 7%, je nach Wechselkursberechnung sogar um rund 16%. Experten sagen die Verzehnfachung des Weltmarktes der Informations- und Kommunikationstechnologien allein für die nächsten fünf Jahre voraus.

Mobilfunk

Auf einer Zeitachse, die mit digitaler Vermittlungstechnik beginnt und im Breitbandnetz der Zukunft endet, wird der digitalen Mobilkommunikation ein bedeutender Platz eingeräumt. Die Dichte der Mobilfunkgeräte gilt schon heute als wichtiger Indikator für das erreichte technische Modernisierungsniveau einer telekommunikativen Infrastruktur. Hier ragen vor allem die südostasiatischen Märkte hervor [vgl. Tabelle 4]. Hongkong und Singapur, die internationalen Finanzdrehscheiben, weisen mit 34 bzw. 37 pro tausend Einwohner eine besonders hohe Mobilfunkdichte auf; China hinge-

Mobilfunkdichte in Asien und Ozeanien 1992

Land	Zahl der Teilnehmer	Zahl pro 1.000 Einwohner
Australien	450.000	26,15
Bangladesch	400	–
Brunei	4.071	15,07
China	128.763	0,12
Hongkong	200.000	34,14
Indonesien	18.197	0,10
Japan	1.378.100	11,16
Südkorea	200.000	46,70
Macau	9.200	18,24
Malaysia	207.000	11,59
Neuseeland	86.000	25,29
Pakistan	4.000	0,04
Philippinen	37.000	0,60
Singapur	100.000	37,17
Sri Lanka	2.500	0,10
Thailand	215.502	3,77

Quelle: Holst 1994

Tabelle 4

gen liegt mit 0,12 noch weit hinter westlichen Industrieländern zurück, z. B. Großbritannien mit 35, Deutschland mit 22 und Frankreich mit 10 pro tausend Einwohner.

Modernisierung in Osteuropa

Neben Asien mit seinem Anteil von 12 % am Weltmarkt der Telekommunikation sind es die Transformationsländer des ehemaligen RGW, die bei der Modernisierung des Fernmeldewesens die größte Dynamik entwickeln, wenn auch auf dem niedrigen Niveau von nur knapp 4 % Weltmarktanteil. Die Modernisierungen, die dort von der amerikanischen, europäischen und japanischen Fernmeldeindustrie in Angriff genommen worden sind [vgl. Tabelle 5], halten sich finanziell

Beteiligung ausländischer Unternehmen an Telekommunikationsnetzen und -diensten in Transformationsländern 1992

Land	Industriepartner
Albanien	Italtel
Bulgarien	GPT Plessey
Estland	Schwedische Telecom, Finnische Telecom
Kasachstan	Deutsche Telekom
Kirgisistan	US West, Bell Canada
Lettland	Schwedische Telecom, Finnische Telecom
Litauen	Telecom Denmark, US West, Millicom
Moldau	Telecom Denmark
Polen	Deutsche Telekom, France Telecom, Niederländische Telecom, Schwedische Telecom, Telecom Denmark, Cable & Wireless, Italtel, Ameritech
Rumänien	Telefonica
Russische Föderation	Deutsche Telekom, France Telecom, Telecom Denmark, Nokia, Cable & Wireless, GPT Plessey, RTT Belgien, AT&T, US West, Bell Atlantic, US Sprint, GTE, Millicom, Bell Canada, KDD
Tschechische Republik	US West, Bell Atlantic, Nynex, Hutchinson, NTT
Ungarn	US West
Ukraine	Deutsche Telekom, Niederländische Telecom, Telecom Denmark, AT&T

Quelle: Wiss. Inst. f. Kommunikationsdienste (WIK)

Tabelle 5

in geringen Größenordnungen, fördern die telekommunikative Außenanbindung und nicht die Binnenmärkte, verstärken das Gefälle zwischen den wenigen Zentren (Baltikum, St. Petersburg, Moskau,

Polen, Prag) und der peripheren Fläche und folgen einer Politik des »Rosinenpickens« auf der Suche nach lukrativen Möglichkeiten des »cash-and-carry«.

Schlußlicht Dritte Welt

Gemessen an der Marktdynamik in den Metropolen herrscht in Afrika, Lateinamerika und weiten Teilen Asiens Stagnation. Die bisherigen Erfahrungen bei der Modernisierung von Entwicklungsländern mit Telefonnetzen haben gezeigt:
▶ Von telekommunikativer Entwicklung profitieren der Handels- und der Dienstleistungssektor am meisten, weniger die Industrie, am wenigsten die Landwirtschaft;
▶ Förderung und Ausgleich ungleich entwickelter Infrastrukturen gelingen damit nicht;
▶ daß fünf bis zehn neue Arbeitsplätze pro Tausend Telefonanschlüsse geschaffen werden, steht in keinem vernünftigen Verhältnis zum Kapitaleinsatz;
▶ telekommunikative Modernisierungsprojekte sind oft für die Außenverschuldung von Entwicklungsländern erheblich mitverantwortlich;
▶ 80% der Telefonnachfrage kommen, wie aus einkommensspezifischen Statistiken hervorgeht, aus den oberen Gesellschaftsschichten, der oft beschworene *trickle down*-Effekt, das Durchsickern nach unten zu den ärmeren Schichten, bleibt aus.

Es ist derzeit schwer erkennbar, wie die sozialen und ökonomischen Mechanismen, die die positiven Modernisierungseffekte neuer Telefonnetze in Ländern der Dritten Welt begrenzen, beim Nord-Süd-Transfer von modernerer Technologie außer Kraft gesetzt werden könnten.

Strukturelle Nachteile

Die enorme Vielfalt neuer Produkte und Dienstleistungen auf dem Markt der Informations- und Kommunikationstechnologien läßt keine generelle Aussage darüber zu, welche davon in armen Ländern sinnvoll einzusetzen wären. Geht es etwa um die Kriterien kostengünstig, nutzerfreundlich, wartungsarm und schnell zugänglich, dann kann für viele Teilnehmer in der Dritten Welt der Einsatz von CD-ROM, Mobilfunk und Fax und der Zugang zum weltweiten Rechnerverbund Internet [vgl. *Internet – die digitale Vernetzung der Welt*] von Wert sein.

Wichtiger als die Wahl zwischen verschiedenen Technologien und Dienstleistungen sind allerdings die jeweiligen politischen Rahmenbedingungen in den Ländern; sie entscheiden darüber, ob eine solche Wahl letztlich nicht nur individuell, sondern gesamtgesellschaftlich sinnvoll ist. Solange die Entwicklungsländer im globalen Technologietransfer nur Produkt- und nicht Prozeßwissen erhalten und solange die Länder des Nordens auf eigenständige Produktinnovation im Süden (Chipproduktion in Südkorea, PC-Produktion in Brasilien) mit massiven Handelshemmnissen reagieren, wird sich an den strukturellen Nachteilen der Dritten Welt nichts ändern.

Der Trend zu Monopolen

Ob Datenautobahn [vgl. *Information Superhighway*], Breitband-ISDN oder Multimedia: Verschiedene technologische Szenarien in Ländern des Nordens verweisen auf die künftige Verschmelzung einst getrennter Technologien, Dienstleistungen und Akteure. Dem entspricht, daß in jüngster Zeit intensiv zu beobachten ist, wie sich bedeutende Multimedia-Allianzen bilden.

Internet – die digitale Vernetzung der Industriewelt

Der Rechnerverbund Internet, schon 1967 gegründet, ist aus der Notwendigkeit entstanden, die unterschiedlichen Computersysteme von Universitäten miteinander zu verbinden. Es handelt sich also nicht um ein einziges Datennetz, sondern um einen lockeren Verbund von Rechnern und unterschiedlichen Einzelnetzen. Gegenwärtig sind mehrere Millionen Rechner in über 30.000 Datennetzen an Internet angeschlossen. Der Netzbetrieb wird aus öffentlichen Mitteln finanziert. Neben den Anschluß- und Telefongebühren entstehen dem Nutzer von Internet in der Regel keine weiteren Kosten, da der überwiegende Teil der Rechner im Internet kostenlos zugänglich ist.

Einfache Nutzer von Internet brauchen nichts weiter als einen Telefonanschluß, einen PC und ein Modem. Professionelle Teilnehmer arbeiten mit einer UNIX-Workstation. Gegenwärtig hat Internet zwischen 30 und 40 Millionen Nutzer weltweit, rund 150.000 Nutzer kommen jeden Monat neu hinzu. Allein in Deutschland hatte Internet in den Jahren 1993 und 1994 mit zusätzlichen 100.000 neu angeschlossenen Rechnern eine jährliche Zuwachsrate von 45 %.

Internet, ursprünglich ein rein wissenschaftliches Verbundsystem, wird immer mehr für außerwissenschaftliche Dienste in Anspruch genommen. Folgende Dienste bietet es an:
- File transfer protocol = Zugang vom eigenen zu anderen Computern
- Telnet = Fernbedienung eines anderen durch den eigenen Computer
- Datenbankabfragen
- E-mail = reine Kommunikationsdienste für alle auf Textverarbeitung geschriebenen Texte beliebiger Länge für jeden beliebigen Teilnehmer weltweit bei einer Laufzeit zwischen Sekunden und wenigen Minuten.

Die zunehmende Privatisierung von Internet steht bevor. Ende 1994 stellte die National Science Foundation der USA ihre Subvention des NSF-Net in Höhe von 12 Millionen US-$ ein. Das NSF-Net war Kern des in mehr als 75 Ländern der Erde zugänglichen Internet; es soll nun von kommerziellen US-Telekom-Unternehmen wie Ameritech, MCI, Metropolitan Fiber Systems, Pacific Bell und Sprint übernommen werden.

Internet gilt als technisches Rückgrat des Information Superhighway innerhalb der USA und der Global Information Infrastructure (GII)-Initiative außerhalb der USA, wie sie vor einer Konferenz der Internationalen Fernmeldeunion (ITU) im März 1994 in Buenos Aires von der US-Regierung präsentiert wurde.

Im Laufe dieses Übernahmekarussells wurden allein 1992 und 1993 in den USA mehr als 70 Milliarden US-$ aufgebracht. Bei der nicht realisierten Vereinigung der Telefongesellschaft Bell Atlantic mit dem Kabelfernsehbetreiber Tele-Communications Inc. (TCI) ging es um einen Kaufpreis von 33 Milliarden US-$. Sie wäre die weltweit teuerste Firmenübernahme der Geschichte gewesen und hätte den Zugriff auf rund 40 % aller amerikanischen Haushalte bedeutet.

Vergleichbare Tendenzen zur Bildung gigantischer Monopole zeigen sich auch in Europa. Seit 1992 war das Zusammengehen der beiden deutschen Medienkonzerne Bertelsmann und Kirch mit der Deutschen Telekom geplant; es hätte den weltweit zweitgrößten Medienkonzern und den europaweit größten Inhaber von Spielfilmrechten mit dem weltweit drittgrößten Netzbetreiber vereinigt. Diese Fusion wurde im November 1994 von der EU-Kommission untersagt.

Information Superhighway

Das griffige politische Schlagwort Information Superhighway oder Datenautobahn bezeichnet ein Datennetz, das die Übertragung von Bild, Ton und Schrift ermöglicht. Glasfaserkabel sorgen für den schnellen Transport großer Mengen digitaler Daten. US-Präsident Bill Clinton und sein Vizepräsident Al Gore hoben Anfang 1994 den Bau einer Datenautobahn – neben der Haushaltskonsolidierung und der Reform des Gesundheitswesens – in den Rang der dritten großen Aufgabe ihrer Amtszeit. Die US-Regierung rechnet dabei mit Kosten von umgerechnet rund 650 Milliarden DM, die von der Privatindustrie aufzubringen sind. Die Regierung selbst will nur die rechtlichen Rahmenbedingungen schaffen. Für eine europaweite Datenautobahn und den dazugehörigen Ausbau der technologischen Infrastrukturen sieht die EU-Kommission in den nächsten zehn Jahren einen Investitionsbedarf von 470 Milliarden DM. Die deutsche Telekom hat in Relation zur Fläche mehr in Infrastruktur und Netzausbau einer Datenautobahn investiert als die regionalen Telefongesellschaften in den USA. Während es dort bisher erst isolierte Pilotprojekte gibt, verfügt Deutschland mit einem flächendeckenden Glasfasernetz von 1,4 Millionen km Länge über das weltweit größte Netz dieser Art.

Die Datenautobahn der Zukunft ermöglicht u. a. folgende Anwendungen:
- Übertragung von zwölf Fernsehprogrammen auf einem Kanal
- interaktives Fernsehen
- Abruf von Bild-, Ton- und Textmaterial aus Datenbanken
- Telecommuting = Teleheimarbeit
- Teleshopping = elektronisches Einkaufen
- Telebanking = elektronische Geldgeschäfte
- Bildtelefonieren
- elektronische Zeitungen.

Multimedianetze

Der flächendeckenden Realisierung der Multimediapläne steht zur Zeit noch einiges entgegen. Es fehlt an den Endgeräten: Abgesehen von einem Multimediaprojekt von Time Warner Entertainment und US-West im amerikanischen Orlando, das nur eine Handvoll Haushalte umfaßt, gab es bis Jahresende 1994 kein marktreifes Endgerät, das die technischen Funktionen von Telefon, Fernsehen und PC in sich vereinigt.

Außerdem bleibt abzuwarten, ob die beteiligten Industrieunternehmen in der Lage sein werden, die milliardenschweren Investitionen in Multimedianetze, die erforderlich werden, zu realisieren. Zur Zeit entspricht die Zahl der geschlossenen Multimedia-Allianzen etwa der Zahl der geplatzten Fusionen in diesem Bereich. Völlig unklar ist schließlich noch, ob das Kundeninteresse an Multimedia und die Kaufkraft der Privathaushalte am Ende groß genug sein werden, um die Refinanzierung der Investitionen zu gewährleisten.

Gegenwart und Zukunft der Printmedien

Die internationale Presse

Im internationalen Pressewesen zeichnen sich Mitte der 90er Jahre folgende Haupttrends ab:
- Die Internationalisierung nimmt zu,
- es bilden sich immer mehr presseübergreifende Medienkonzerne,

- die Pressekonzentration greift weiter um sich (in Chile z. B. gibt es mit dem El Mercurio und der Corporation Periodistica nur noch zwei Pressekonzerne; gleiches gilt für Portugal, das von den beiden Pressekonzernen Lusomondo und Balsemão beherrscht wird),
- das Werbeaufkommen von Zeitungen geht drastisch zurück, die Werbung wandert in andere Medien ab,
- die Zahl der Titel schrumpft (in den USA starben 1991/92 15 und bis 1993 weitere 14 Tageszeitungen).

Dramatisch ist vor allem auch der weltweite Trend der Stagnation, oft des Rückgangs der Auflagen und der Zahl der Leser von Tageszeitungen. Der Leserschwund zeigt sich besonders deutlich in den Transformationsländern. Estland beispielsweise hatte 1989 Tageszeitungen mit einer Gesamtauflage von 762.000 Exemplaren; 1993 waren es nur noch 277.000. Die russischen Tageszeitungen erschienen 1989 mit einer Gesamtauflage von rund 25 Millionen Exemplaren; vier Jahre später waren es nur noch rund 8 Millionen.

In der Dritten Welt hat das Zeitungssterben besonders in Subsahara-Afrika um sich gegriffen. Auch die OECD-Länder registrieren Stagnation und Rückgang der Tagespresse. Von einst 26 Pariser Tageszeitungen (1945) sind heute nur noch wenige übriggeblieben; Le Monde, Figaro, Libération und France Soir kämpfen zur Zeit bei sinkenden Auflagen um ihre Existenz, Le Quotidien mußte 1994 sein Erscheinen einstellen.

In den USA sieht der Markt etwas anders aus. Zwar konnten auch hier nur die Spitzenreiter der Tageszeitungen wie USA Today, Wall Street Journal, New York Times und die Washington Post 1993 ihre Auflagen geringfügig steigern, aber ihr Anzeigenaufkommen nahm deutlich zu.

Daß 1993 in Norwegen 608 von 1.000 Einwohnern eine Tageszeitung lasen, in Peru aber nur 12 von 1.000 [vgl. Tabelle 7], ist die eine Seite der Medaille.

Tageszeitungsdichte in ausgewählten Ländern 1989–1993
Zahl der Leser pro 1.000 Einwohner

Land	1989	1992	1993
Norwegen	612	605	608
Japan	580	576	576
Schweden	532	514	490
Schweiz	418	402	404
Österreich	364	404	328
Großbritannien	397	359	351
Dänemark	355	340	325
Deutschland	337	326	324
Niederlande	312	310	311
Tschechische Rep.	n. v.	395	307
Russische Föderation	553	237	n. v.
USA	252	236	233
Ungarn	n. v.	n. v.	204
Kanada	223	205	202
Australien	n. v.	188	189
Belgien	182	173	173
Estland	484	191	171
Slowakei	250	176	164
Frankreich	159	154	n. v.
Polen	n. v.	125	151
Litauen	n. v.	116	121
Italien	117	113	113
Spanien	77	88	100
Argentinien	n. v.	76	78
Türkei	54	47	66
Brasilien	33	36	39
Portugal	n. v.	38	n. v.
Uruguay	n. v.	34	n. v.
Südafrika	33	31	n. v.
Indien	21	21	19
Peru	28	n. v.	12

n. v. = nicht verfügbar

Quelle: International Federation of Newspaper Publishers 1994

Tabelle 7

Die andere ist die immer mehr frustrierende Kluft zwischen den Bedürfnissen, die die Medien wecken, und den materiellen Mitteln, diese Bedürfnisse zu befriedigen.

Nachrichtenagenturen

Aus ökonomischer Sicht hat sich in den letzten Jahren an der Vorherrschaft der fünf größten Wortnachrichtenagenturen der Welt (AP, UPI, AFP, Reuters, ITAR-TASS) strukturell nichts geändert. Technologisch sieht das allerdings anders aus. Das gilt besonders auch für die Bildnachrichtenagenturen. In der Dritten Welt trugen zwar gerade die Austauschsysteme für TV-Nachrichten – Asiavision und Caribvision – in ihren Regionen zur Stärkung der Süd-Süd-Kooperation bei, gleichzeitig aber drangen Fernsehnachrichtensender wie Ted Turners CNN, der BBC World Service, die französische Agence International TV (AITV) und Rupert Murdochs Star TV in massiver Form auf die Märkte der Dritten Welt vor.

Was technologisch neuartige Rahmenbedingungen für die alten Wortnachrichtenagenturen bedeuten, läßt sich am deutlichsten am Beispiel Reuters ablesen [vgl. *Die Reuters Holding*].

Bei dem Gesamtumsatz von 4,7 Mrd. DM, den der Reuters-Konzern 1993 erzielte, machte die Belieferung von Printmedien die zu vernachlässigende Größe von nur etwa 6 % aus. Ausgedehnte Investitionen in internationale und satellitengestützte Datennetze erlaubten es den Nachrichtenagenturen, sich zielgerichtet und höchst differenziert viele und zahlungskräftige Spezialmärkte aufzubauen.

Ziel ist das Multimedia-Geschäft

Schon 1985 konnte Reuters die Kontrolle bei Visnews übernehmen. Visnews ist die größte TV-Bildagentur und beliefert mehr als 450 Fernsehstationen in mehr als 80 Ländern mit Bildmaterial. Reuters ist derzeit dabei, Visnews von einer schlichten Bildagentur zum Programmlieferanten umzubauen. Dabei sollen sämtliche Fernseh- und Printmedienaktivitäten in Blickrichtung auf das Geschäft mit Multimediaprodukten zusammengeführt werden. Außerdem sollen weltweit alle 120 Reuters-Büros und die Arbeitsplätze der 1.000 Reuters-Journalisten fernsehfähig aufgerüstet werden.

Visnews beliefert schon heute auch seine schärfsten Konkurrenten wie CNN mit Rohmaterial. Mit der Umstrukturierung von Visnews hat Reuters gute Chancen, zum weltweiten Monopolisten für TV-Nachrichtenbilder zu werden.

Seit Mitte der 70er Jahre beklagen die Entwicklungsländer die Dominanz der fünf großen internationalen Nachrichtenagenturen (des Nordens) in der globalen Medienlandschaft; sie haben damit Debatten über eine neue internationale Informationsordnung ausgelöst. Aber an der Vorherrschaft der »Großen Fünf« hat das nichts geändert. Mehr noch: diese konnten sie nun auch noch auf ihre zahlreichen Spezialdienste ausweiten.

Geistiges Eigentum

Urheberrechte und Wissensindustrien

Wissensindustrien profitieren von der ökonomischen Verwertung urheberrechtlich schützbaren Wissens. Im Urheberrecht stehen dem »Kernbereich« für Autoren, Komponisten, Künstler etc. die »Nachbarrechte« für Aufführung, Produktion und Reproduktion, Verbreitung etc. gegenüber.

> **Die Reuters Holding**
>
> Im Jahre 1850 von Baron Julius Reuters gegründet, widmete sich die Reuterssche Nachrichtenagentur ursprünglich dem Sammeln und Verteilen von Nachrichten aus Politik und Finanzwesen. Nachdem sie dann ein Jahrhundert lang als eine der großen Weltnachrichtenagenturen überwiegend im Pressegeschäft tätig war, kehrte sie Anfang der 70er Jahre mit dem Aufbau eines EDV-gestützten Finanzdatenservice zu ihren Ursprüngen zurück.
>
> Zur Zeit macht die Reuters Holding mehr als 90 % ihres Umsatzes mit elektronischen Finanzinformationssystemen und anderen Finanzprodukten. Der Umsatz betrug 1987 rund 2,7 Mrd. DM; 1993 erreichte er 4,7 Mrd. DM, der Gewinn vor Steuern lag im selben Jahr bei 1,1 Mrd. DM. Mit solch enormen Gewinnen rüstet sich die Reuters Holding zur Zeit für den Einstieg in das Multimedia-Geschäft. 1993 und 1994 erwarb Reuters folgende Firmen und Beteiligungen:
> - 18 % am englischen Fernsehsender ITN und zwei englische Rundfunkstationen
> - Beteiligung an Capital Press, einem der größten Verlagshäuser in Bulgarien
> - Kooperation mit dem japanischen Pressekonzern Mainichi Newspapers
> - Gründung des panamerikanischen TV-Satellitenkanals Telemundo in Miami zusammen mit zwei Banken (Rothschild und Reliance Group Holding) und der spanischen Fernsehgesellschaft Antenna 3
> - Gründung eines Fernsehprogramms für Finanzmärkte (RFTV) in Europa
> - Kauf der US-Werbeagentur AdValue Media
> - Kauf des früheren Konkurrenten Quotron, eines Börsensystems der US-Bank Citicorp
> - Kauf des englischen Computerinformationssystems für Ärzte VAMP Health
> - Kauf des US-On-line-Dienstes für private Finanzmärkte Reality Technologies.
>
> Die Reuters Holding hat gegenwärtig weltweit rund 11.000 Mitarbeiter in 120 Büros. Tausend von ihnen arbeiten als Journalisten für allgemeine Printmedien oder Finanzinformationsdienste.

Diese Unterschiede trennen zugleich das kontinentaleuropäische vom anglo-amerikanischen Rechtssystem. Im ersteren legt das Urheberrecht seinen Schwerpunkt auf den individuellen geistigen Schöpfer; im letzteren hat sich das Urheberrecht stets auf Verwertungsrechte konzentriert, war also immer weniger moralisch als ökonomisch motiviert.

Beide Rechtssysteme begünstigen die Exklusivität von Wissensbeständen, sei es beim Schöpfer oder beim Verwerter. Eigentumszentrierte Systeme laufen daher Gefahr, die Verbreitung von Wissen zu behindern und die Bedeutung von Wissen als Allgemeingut zu verharmlosen [vgl. auch *Die Bellagio-Deklaration*].

Die Ökonomisierung des Wissens

In den 60er und 70er Jahren kannten Resolutionen der UN-Vollversammlung noch den Rechtsbegriff des Allgemeingutes (»gemeinsames Erbe der Menschheit«), etwa für den Meeresboden oder den Weltraum. Eben solche Rechtsaspekte gibt es heute fast gar nicht mehr, wenn es um die zunehmende Verrechtlichung der weltweiten Wissensindustrien geht: bei den internationalen Verhandlungen im Rahmen der Weltorganisation für Geistiges Eigentum (WIPO), des GATT oder der neuen World Trade Organization (WTO). Folgende Trends sind kennzeichnend für die fortschreitende Ökonomisierung des Urheberrechts:

▶ Es wird auf das Design von Mikrochips ausgedehnt,
▶ es erstreckt sich auch auf biotechnologische Verfahren und Produkte,
▶ Verwertungsrechte werden gegenüber Autorenrechten gestärkt, was Schwächung der Schwachen und Stärkung der Starken bedeutet,
▶ der gesamte Weltmarkt wird einbezogen (China trat am 15. 10. 1994 der Berner Urheberrechtskonvention bei und hat seit 1. 1. 1995 ein neues Patentrecht).

Die ökonomische Bedeutung der Wissensindustrien

Alle vorhandenen Statistiken zur ökonomischen Bedeutung von Urheberrechten und der davon betroffenen Wissensindustrien sind zweifelhafter Art. Weder erheben WIPO und WTO solche Daten, noch tauchen sie im System der Standard Industrial Classification (SIC) der USA auf. So beruhen fast alle Statistiken auf eigenen Erhebungen der betroffenen Wissensindustrien und sind mit entsprechender Vorsicht zu gebrauchen.

Nach Angaben der International Publishers Association (IPA) erwirtschafteten die Wissensindustrien der westlichen Industrieländer Ende der 80er Jahre rund 3 % der Nationaleinkommen. Den größten Anteil daran hatte das Druck- und Verlagswesen; zweite in der Rangfolge sind Computerdienstleistungen, ihnen folgen der Rundfunk, die Werbung und die Architektur. In der längerfristigen Perspektive zeigt sich, daß die ökonomische Bedeutung der Wissensindustrien erheblich zugenommen hat. Ihr Anteil am Bruttosozialprodukt der USA stieg zwischen 1954 und 1977 um 40 %. In Deutschland waren Ende der 80er Jahre rund 54 Mrd. DM an Einkommen und rund 800.000 Arbeitsplätze von den Wissensindustrien abhängig.

Die Bellagio-Deklaration

Am 11. März 1993 trafen sich im norditalienischen Bellagio am Comer See namhafte Juristen, Literaturkritiker, Computerwissenschaftler, Verleger, Umweltschützer und Forscher auf dem Gebiet des kulturellen Erbes. In einer Deklaration forderten sie, daß »die internationale Rechtsordnung des geistigen Eigentums neu bedacht« werden müsse. Von zentraler Bedeutung ist der sechste Punkt dieser Deklaration:
»Grundsätzlich sind wir dafür, daß der Gemeingutschutz *[public domain,* nicht dem Urheberrecht unterliegendes Allgemeingut] mehr beachtet und gewahrt wird. Wir fordern die internationale Gemeinschaft auf, den *public domain* durch umfassende Zwangslizenzierung zur Sicherung des *fair use* [der gerechten Nutzung] und in erster Linie durch die engere Ursprungsbindung der Eigentumsrechte zu erweitern. Da sich urheberrechtliche Systeme undifferenziert sowohl auf das Gemeingut als auch auf nicht urheberschaftliche Produzenten erstrecken, sollten von dieser Erweiterung des Gemeingutschutzes nur die Urheber ausgenommen werden, die vom gegenwärtigen System nicht anerkannt oder geschützt werden. Im besonderen treten wir für ›Nachbar-‹ oder ›Nebenrechtssysteme‹ auf folgenden Gebieten ein:
▶ Zum Schutz volkstümlicher Werke und der Folklore
▶ zum Schutz von Werken des kulturellen Erbes
▶ zum Schutz des biologischen und ökologischen Wissens in traditionalen Gesellschaften.«
(Eigene Übersetzung aus dem Englischen)

Die weltweit größten Wissensindustrien gibt es in den USA. 1991 erwirtschafteten sie dort 5,6 % des Bruttoinlandsprodukts. Allein ihr Kernbereich beschäftigt mehr Arbeitskräfte als jede andere einzelne Industriebranche. Sie machen mit mehr als 5,5 Millionen Beschäftigten rund 5 % des dortigen Arbeitsmarktes aus – bei einem jährlichen Wachstum von 4,5 %. 1992 erwirtschaftete der Kernbereich der amerikanischen Wissensindustrie rund 40 Mrd. US-$ auf Auslandsmärkten [vgl. Tabelle 8].

Der Weltmarkt für Software

In den USA kommt der Softwareindustrie inzwischen größere Bedeutung zu als den anderen Wissensindustrien. Sie beschäftigte 1993 rund 440.000 Menschen. Der Teilmarkt der Paketsoftware expandierte am stärksten: von 1992 auf 1993 um 12,6 % auf ein Marktvolumen von 32 Mrd. US-$. Der Weltmarkt der Paketsoftware wird zu rund 80 % von Microsoft monopolisiert, so daß die Federal Trade Commission 1993 ein Anti-Trust-Verfahren gegen diesen Konzern einleitete. Auf diesem Weltmarkt, der 1993 ein Volumen von etwa 71 Mrd. US-$ hatte, ist der Anteil der USA höher als der Westeuropas und Japans zusammengenommen [vgl. Tabelle 9]. Auf dem globalen Softwaremarkt, der laut US-Standardisierung neben der Paketsoftware noch Vorformen der Paketsoftware, Programmierungs-Service und integriertes Computerdesign umfaßt, tauchen die allermeisten Länder nur unter der immer gleichen Kategorie »andere« oder »ROW« (»Rest of the World«) auf.

Hier, bei der nationalen Softwareindustrie kleinerer High-Tech-Ökonomien, zeigt sich die bemerkenswerte Tendenz zum Wissensexport in Form der Arbeitsmigration von Softwarespezialisten. So wuchs zwar beispielsweise der Export indischer Software von 135 Mio. US-$ in den Jahren 1991/92 auf 350 Mio. US-$ im Zeitraum 1994/95. Aber das ist weniger das Ergebnis einer erfolgreich auf dem Weltmarkt konkurrierenden indischen Softwareindustrie; vielmehr verbirgt sich dahinter das sogenannte body-shopping:

Der Weltmarkt für Paketsoftware 1991–1993
in Mio. US-$

	1991	1992	1993
Welt	57.022	64.313	71.864
USA	25.330	28.460	32.040
Westeuropa	21.091	23.850	25.699
Japan	5.270	5.967	6.938
Kanada	1.078	1.188	1.374
Lateinamerika	1.054	1.242	1.471
Australien	941	980	1.094
Asien	584	780	974
Andere	1.674	1.846	2.094

Quelle: U.S. Department of Commerce 1994

Tabelle 9

Außenhandelseinnahmen ausgewählter Wissensindustrien der USA 1990–1992
in Mrd. US-$

Industrie	1990[1]	1991[1]	1992[2]
Schallplatten, Tonbänder usw.	5,4	6,1	6,5
Spielfilme, TV, Video	7,5	7,0	7,1
Computersoftware	17,9	19,7	22,3
Zeitungen, Bücher, Zeitschriften	3,2	3,4	3,6
Gesamteinnahmen	34,0	36,2	39,5

[1] Schätzung
[2] Vorläufige Schätzung

Quelle: International Intellectual Property Alliance 1993

Tabelle 8

Indische Softwareingenieure arbeiten als Preisbrecher auf den Märkten der westlichen Industrieländer. Dies gilt nicht nur für Indien. So sind die Wissenschaftler aus Ungarn, die im Ausland arbeiten, zum überwiegenden Teil Softwarespezialisten.

Moderne »Piraterie«

Die amerikanische Dominanz auf dem Weltmarkt der Wissensindustrien wird gerade dort sehr deutlich, wo wachsende Verluste durch »Piraterie« im Außenhandel eingeklagt werden. Zum Beispiel Verluste durch Raubkopien geschützter Musikproduktionen. Von den 209 CD-Fabriken, die es derzeit weltweit gibt, stehen 29 allein in China. Die Internationale Vereinigung der Phonoindustrie (IFPI) wirft China vor, pro Jahr über 70 Millionen Raubkopien herzustellen und zu vertreiben und damit der Musikindustrie der USA einen jährlichen Verlust von einer halben Milliarde US-$ zuzufügen. Noch höher sind die Verluste im Bereich der Software; sie werden von der amerikanischen Softwareindustrie für das Jahr 1993 auf etwa 5 Mrd. US-$ in Europa, 2 Mrd. US-$ in Japan und 600 Mio. US-$ in China geschätzt [vgl. Tabelle 10].

Entsprechend hart sind die Handelsrestriktionen, die die USA nach dem 301-Verfahren des US-Handelsgesetzes von 1974/1988 gegen solche der »Piraterie« überführten Länder verhängen. Das 301-Verfahren wurde und wird nicht nur gegen Länder der Dritten Welt angewendet. Die International Intellectual Property Alliance (IIPA) schlug in ihrem Jahresbericht 1993 z. B. vor, auch Deutschland nach dem 301-Verfahren zu überprüfen, da der entsprechenden US-Industrie durch »Piraterie« in Deutschland erhebliche Einnahmen entgingen: 70 Mio. US-$ auf dem Musikmarkt, 53 Mio. US-$ auf dem Markt der Spielfilme und 1,3 Mrd. US-$ auf dem Softwaremarkt.

Die im Dezember 1993 verabschiedete GATT-Vereinbarung über den Handel mit geistigem Eigentum (TRIPs) hat die Ökonomisierung des weltweiten Wissens weiter zementiert und die Dominanz der

Software-»Piraterie« in ausgewählten Ländern und Regionen 1993

Land	Anteil der »Piraterie« auf dem Binnenmarkt in %	Verluste für die USA in Mio. US-$
Argentinien	74	111,53
Brasilien	83	330,62
China	94	595,88
Deutschland	57	1.584,10
Indien	76	164,90
Italien	50	324,19
Japan	80	1.980,99
Kanada	59	234,07
Südkorea	78	646,02
Niederlande	78	215,86
Polen	94	215,70
Russische Föderation	98	75,46
Saudi-Arabien	90	82,32
Spanien	88	332,50
USA	35	2.253,28
Region	Anteil der »Piraterie« auf dem Weltmarkt in %	Verluste für die USA in Mio. US-$
Asien	31	3.963,52
Afrika, Naher Osten, Indien	5	666,44
Europa	38	4.900,88
Lateinamerika	7	821,99
USA, Kanada	19	2.487,36

Quelle: Business Software Alliance 1994

Tabelle 10

Industrieländer und ihrer multinationalen Konzerne vor allem zu Lasten der Dritten Welt gestärkt und festgeschrieben. Die vielfältigen neuen Rechtsvorschriften für Patente und Lizenzen, die in erster Linie die Verwerter von Wissen schützen, werden nicht zu einem Mehr an Kreativität und Innovation, sondern zu einem Weniger an kultureller Vielfalt und zur fortschreitenden Wissensverarmung der immer schlechter informierten Weltöffentlichkeit führen.

Perspektiven und Optionen

Das Recht auf Information

Für eine internationale Organisation wie die UNESCO ist es beschämend, wenn sie sich in ihren Pressedeklarationen (Windhoek 1991, Alma Ata 1992, Santiago de Chile 1994) zwar gegen Pressezensur ausspricht, aber kein Wort über die Gefahren der anhaltenden Ökonomisierung von Öffentlichkeit zu sagen weiß. Differenzierter äußert sich da z. B. der Vatikan. So warnt die Pastoralinstruktion »Aetatis Novae« von 1992 nicht nur vor »staatlicher Medienkontrolle«, sondern auch vor einer Medienlandschaft, die vom »Profitgeist getrieben« ist. Neben der Kritik an medialer Gewalt und Pornographie aus wertkonservativer Sicht steht die Kritik an der Ökonomisierung jeglicher Information, die insbesondere von nichtstaatlichen Organisationen (NGOs) geübt wird.

Vor allem NGOs haben die internationale Informationspolitik thematisiert, was sich in Deutschland im »Bericht zur Lage des Fernsehens« an den Bundespräsidenten (1994) in der expliziten Warnung vor dem Rückfall in Formen einer »höfischen Öffentlichkeit« niederschlug. Nachdem schon 1989 die Manila-Deklaration der World Association for Christian Communication (WACC) festgestellt hatte, daß Kommunikation im Dienste der Gesellschaft zu stehen habe, forderte 1993 die Bratislava-Erklärung der International Association for Mass Communication Research (IAMCR) das Recht auf Kommunikation für jedermann. Beim Mediengipfel der KSZE sprach sich dieselbe Organisation gleichermaßen gegen staatliche wie privatwirtschaftliche Kontrolle der Medien aus. Im April 1994 forderten alle weltweit wichtigen NGOs aus dem Bibliotheks-, Archiv- und Dokumentationsbereich in ihrer Tokio-Resolution den offenen und ungehinderten Informationszugang für jedermann.

Trends in Nord und Süd

Die zentralen Trends der aktuellen globalen Entwicklung laufen diesen Forderungen diametral entgegen. In den westlichen Industriegesellschaften verliert der Begriff der Öffentlichkeit immer mehr seine normative soziale Relevanz. In vielen Entwicklungsländern und in den Transformationsländern Ost- und Mitteleuropas sind die Perspektiven noch schlechter. So kann sich in Lateinamerika, wo der Rundfunk nie eine nennenswert andere soziale Organisationsform als die privatwirtschaftliche gekannt hat, in einer Zeit der weltweiten, intensiven Privatisierungstendenzen ein öffentlicher Rundfunk erst recht nicht etablieren. In den Transformationsländern, wo es bis vor kurzem nur staatlich gelenkten und zensierten Rundfunk gab, verdrängen die Privatisierungskräfte jetzt jedes öffentliche Organisationsmodell.

In den Nord-Süd-Beziehungen stehen die Zeichen auf Sturm. Während die Industrieländer ihre Fördermittel für den Aufbau eigenständiger Mediensysteme in der Dritten Welt kürzen und gleichzeitig ihre in diese Länder gerichteten Hörfunk- und Fernsehprogramme technisch und finanziell aufrüsten, brechen in vielen Ländern der Dritten Welt die »alten« Medieninfrastrukturen zusammen (Verlags- und Pressewesen, Bibliotheks- und Dokumentationswesen). Parallel dazu erlebt die Dritte Welt gegenwärtig eine höchst unzusammenhängende, ungleiche und ungerechte Marktdurchdringung mit »neuen« Medien.

So bleiben Milliarden armer Menschen in Entwicklungsländern vom Zugang zu medialer Kommunikation völlig ausgeschlossen. Nur Teile ihrer jeweiligen Staatseliten kommen in den Genuß aller verfügbaren Formen technisch unterstützter Kommunikation. Diese sich immer weiter öffnende Kluft zwischen informationsreichen und informationsarmen Bevölkerungsteilen birgt ein zusätzliches nationales und internationales Konfliktpotential von hoher Brisanz.

Diskussionsdefizite

Wo heute neue, technologisch vermittelte Kommunikationsformen und -dienste diskutiert werden, zeigen sich sehr schnell zwei Defizite:

▶ Alle zur Zeit verfügbaren empirischen Daten deuten darauf hin, daß der internationale Wettbewerb nicht auf dem Gebiet neuer technischer Infrastrukturen, sondern auf dem Gebiet von Inhalten (Software, Film- und Fernsehrechte, Verlagswesen) gewonnen wird. Notwendig wäre also die massive Förderung des kreativen Potentials in der gesamten Informationsindustrie; die jeweils nationalen Anstrengungen und Mittel hierfür sind jedoch derzeit vernachlässigenswert.

▶ Der Hinweis darauf, daß Digitalisierung und Interaktivität technischer Kommunikation den Handlungsspielraum des einzelnen erweitern, mag seine Berechtigung haben. Dabei wird jedoch meistens übersehen: Der Gewinn an individuellem Handlungsspielraum in künftigen Datennetzen wie Internet – vergleichbar dem Mobilitätsgewinn durch Einführung des Privat-PKW – wird mit dem Verlust an gemeinschaftsstiftenden Kommunikationsmedien – vergleichbar dem Rückgang des öffentlichen Verkehrs per Bus, Straßen- oder Eisenbahn – zu bezahlen sein. Noch wird kaum diskutiert, wieweit dies gewollt ist.

Forderungen an die Politik

Die beschriebenen dominierenden Trends verlangen nach alternativer Medien-, Informations- und Wissenspolitik. Folgende Forderungen sind unerläßlich:

▶ Mit offenen Such- und Lernprozessen müssen möglichst viele Menschen befähigt werden, zwischen Medien- und Technologiesystemen der Zukunft begründet auszuwählen;

▶ in Verbindung mit dem Recht auf Kommunikation und auf Zugang zu Information, das besonders alle staatlichen Informationsprozesse transparent macht, müssen Datenschutzrechte und Datensicherheit verwirklicht und ausgebaut werden;

▶ ein Recht auf Schweigen, Stille und kommunikative Privatheit ist gerade in den Gesellschaften zu schaffen, in denen die geschäftige Ubiquität permanenter Informationsüberflutung jegliche Individuation verhindert;

▶ Ziel muß die Partizipation aller an Information, Kommunikation und Wissen der Welt sein, besonders die Einbeziehung der Mehrheit der Menschen in der Dritten Welt, denen jeglicher Medienzugang noch versagt ist.

Literatur

Becker, Jörg (Hg.) 1994: Fern-Sprechen. Internationale Fernmeldegeschichte, -soziologie und -politik, Berlin.

Boden, Klaus-Peter/Andreas Geenen/Joachim Kampermann/Martin Scheller 1994: Internet: Werkzeuge und Dienste, Berlin.

Hans Bredow-Institut (Hg.) 1994: Internationales Handbuch für Hörfunk und Fernsehen 1994/95, Baden-Baden.

European Commission (Hg.) 1994: Strategy Options to Strengthen the European Programme Industry in the Context of the Audiovisual Policy of the European Union, Brussels.

Galtung, Johan/Richard C. Vincent 1992: Global Glasnost. Toward a New World Information and Communication Order?, Cresskill, N. J.

Hallenberger, Gerd/Michael Krzeminski (Hg.) 1994: Osteuropa. Medienlandschaft im Umbruch, Berlin.

Hamelink, Cees 1994: The Politics of World Communication, London.

Hammann, Jutta 1994: Nachrichten für das Globale Dorf. Entwicklung, Organisation und Arbeitsweise von CNN, Berlin.

Hermann, Heinrich 1992: Der Fernsehnachrichtenaustausch in der englischsprachigen Karibik, Frankfurt/M.

Holst, Gull-May (Hg.) 1994: The Teldoc Yearbook 1994, Stockholm.

International Federation of Newspaper Publishers 1994: World Press Trends, Paris.

International Intellectual Property Alliance 1993: Copyright Industries in the U. S. Economy: 1993 Perspective, Washington.

International Press Institute 1993: World Press Freedom Review, Wien.

Martin-Barbero, Jesús 1993: Communication, Culture and Hegemony. From the Media to Mediations, London.

Medien-Jahrbuch '93 1993: Ulm.

OECD (Hg.) 1994: Economic and Trade Issues in the Computerised Database Market, Paris.

Ruggeri, Giovanni/Mario Guarino 1994: Berlusconi. Showmaster der Macht, Berlin.

Schmidt, Marina 1993: ASIAVISION. Fernsehnachrichtenaustausch in Asien, Frankfurt/M.

Seineva-Organisation 1994: Marketskaia-Katalog, Paris.

Sepstrup, Preben/Anura Goonasekera 1994: TV Transnationalization: Europe and Asia, Paris.

UNESCO (Hg.) 1993: World Science Report, Paris.

U. S. Department of Commerce (Hg.) 1994: U. S. Industrial Outlook 1994, Washington.

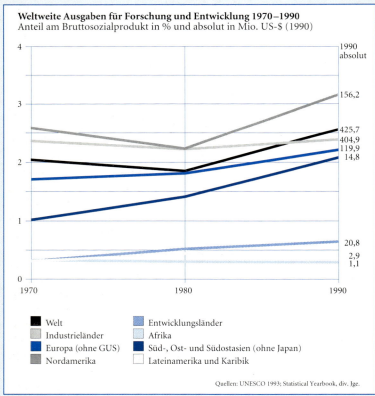

Schaubild 1

Neue Technologien

An der Schwelle des 21. Jahrhunderts bestimmt immer schnellere technologische Innovation das Tempo der Weltentwicklung. Schlüsseltechnologien wie die für Mikroelektronik, neue Werkstoffe, Biotechnik und Kommunikation greifen ineinander und wirken aufeinander ein; sie sind dabei, das Leben aller Menschen grundlegend zu verändern. Diese Zukunftstechnologien versprechen Auswege aus globalen Gefahren wie Klimaänderungen und Lösungen für überlebenswichtige Aufgaben wie die Sicherung der Welternährung. Ihre Anwendung birgt aber auch neue Risiken für Umwelt und Arbeit, Gesellschaft und Kultur.

Neue Technologien verändern den internationalen Wettbewerb, ihre Förderung wurde deshalb zu einer zentralen politischen Aufgabe. Doch im zunehmend liberalisierten Weltmarkt wuchs der Druck auf die Unternehmen der Industrieländer, den Innovationsprozeß durch eigene Forschung und Entwicklung zu forcieren. Dieser Prozeß wird von transnationalen Konzernen getragen, die weltweite strategische Allianzen bilden und damit die ökonomische Bedeutung der natürlichen komparativen Standortvorteile relativieren.

Die Vernetzung der Weltwirtschaft und neue globale Herausforderungen verlangen die technologische Zusammenarbeit aller Länder der Erde. Vor allem verlangen sie, daß die technologische Kluft zwischen Industrie- und Entwicklungsländern durch Technologietransfer geschlossen wird. Daß Forschung und Entwicklung zunehmend privatisiert und auf multinationale Konzerne konzentriert werden, darf die weltweite Anwendung umwelt- und entwicklungspolitisch wichtiger Technologien nicht behindern; hier sind international vereinbarte Regime zur Regelung und Kontrolle der verantwortlichen Nutzung neuer Technologien notwendig. Die Innovationspotentiale traditionaler Gesellschaften im Süden, die als bedeutende Quelle neuer Technologien genutzt werden, sind durch internationales Recht zu schützen; das Recht der Entwicklungsländer auf einen adäquaten Anteil am Nutzen der Verwertung ihres Wissens muß endlich anerkannt werden.

Zukunftstechnologien verändern die Welt

Innovationen sind Impulse für Entwicklung: So wie die Erfindung der Dampfmaschine den Sprung in die industrielle Revolution bedeutete, die vor 200 Jahren in Westeuropa begann und ihre Dynamik noch immer nicht verloren hat, ermöglichten Erkenntnisse der Agrarforschung die »Grüne Revolution« der 60er und 70er Jahre, die enorme Steigerungen der Nahrungsmittelproduktion in Ländern Afrikas, Asiens und Lateinamerikas brachte. Die Raumfahrt hat durch Satellitenübertragung das Bild des Globus verändert; sie hat der Menschheit mit dem Blick auf die Zerstörung der Tropenwälder oder die sich weitenden Ozonlöcher in der Stratosphäre die Verletzlichkeit ihres Lebensraumes sichtbar vor Augen geführt.

Technologien als Problemlösung

Immer schneller setzen sich technologische Neuerungen in Industrieländern durch. Gleichzeitig aber wächst der globale Problemdruck. Klimaänderungen, die Zerstörung der Ozonschicht, die schwindende biologische Vielfalt sind globale Bedrohungen. Hohes Bevölkerungswachstum, zunehmende Armut und Unterernährung in südlichen Weltregionen, aber auch Lebens- und Produktionsweisen der Industrieländer verschärfen den Problemdruck immer mehr. Er fordert neben der Handlungsfähigkeit der Politik auch die Problemlösungs- und Innovationsfähigkeit von Wissenschaft und Technik heraus.

Vernetzung der Branchen

Hohe Erwartungen richten sich auf die »Zukunftstechnologien«: auf neue Werkstoffe, Kommunikationsmedien und -dienste, Mikroelektronik und Biotechnik. Diese vier Bereiche vernetzen sich immer enger. So haben z. B. Fortschritte der Satellitentechnik und die Entwicklung neuer Hochleistungsprozessoren einen Sprung nach vorn in der Datenübertragung bewirkt. Diese wiederum beschleunigt den wissenschaftlichen Austausch über neue Erkenntnisse.

Zwei andere Beispiele verdeutlichen diese Wechselwirkungen zwischen den Technologiezweigen: So hat die pharmazeutische Forschung in den letzten Jahren erheblich von verbesserten Testverfahren für natürliche Wirkstoffe profi-

---

Was ist Technologie?

Im engeren – ökonomischen – Sinne ist Technologie die Summe von Wissen und Strukturen, Mitteln und Methoden zur Erzeugung von Gütern und Dienstleistungen.
Umfassender kann Technologie als die Gesamtheit rationaler Methoden gelten, die auf allen Feldern menschlichen Handelns Einzug gehalten haben und auf diese einwirken. In einem offenen System der Problemlösung mittels Technologien sind es (nach Nef 1989) fünf Hauptelemente, die sich gegenseitig beeinflussen:

▶ ein Problemzusammenhang, der durch Technologie angesprochen und gelöst werden soll;
▶ eine Kultur, die einem solchen technologischen System Bedeutung gibt – Zweckbestimmung, Gefühle, Wahrnehmungen und Bewertungen;
▶ Gruppen und Individuen mit Ressourcen (Instrumenten), die über Kommunikationsmittel und -netze miteinander verbunden sind und gemeinsam die Probleme, die das Gesamtsystem beeinträchtigen, bearbeiten wollen;
▶ ein Bündel von Prozessen (Verfahren, Praktiken und Techniken), in denen Gruppen und Individuen Probleme zu lösen suchen;
▶ Auswirkungen dieser Handlungen auf das System (Technikfolgen).

An diesem komplexen Beziehungsgeflecht wird deutlich, daß technologische Entwicklung nicht nur von den sozialen, kulturellen, ökonomischen und ökologischen Faktoren in einer Gesellschaft abhängt, sondern daß Technologien auch auf dieses Umfeld zurückwirken. Die in diesem Jahrhundert zunehmende Verengung der Diskussion auf wissenschaftliche und wirtschaftliche Aspekte hat dazu geführt, daß viele der Technikfolgen ausgeblendet werden. Die Akzeptanzförderung dominiert häufig über Fragen der Risikoforschung, potentielle Anwendungsformen in den Wirtschaftssektoren erhalten größeres Gewicht als Fragen der Kompetenzförderung oder der Bedarfsorientierung.

Im Verlauf wissenschaftlich-technologischer Entwicklung schließt sich an eine Phase nicht zielgerichteter wissenschaftlicher Forschung die industrielle Forschung und Entwicklung an. Erst nach einer längeren Phase systematischer Arbeit folgt die wirtschaftliche Vermarktung [vgl. Schaubild 2]. Heute laufen diese Phasen häufig sehr schnell nacheinander ab – besonders die Entwicklungen im Bereich der Mikroelektronik und der Kommunikationstechnologien.

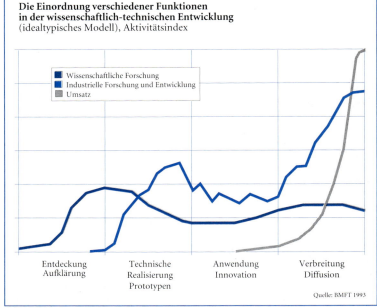

**Die Einordnung verschiedener Funktionen
in der wissenschaftlich-technischen Entwicklung**
(idealtypisches Modell), Aktivitätsindex

■ Wissenschaftliche Forschung
■ Industrielle Forschung und Entwicklung
■ Umsatz

Entdeckung   Technische   Anwendung   Verbreitung
Aufklärung   Realisierung   Innovation Diffusion
             Prototypen

Quelle: BMFT 1993

Schaubild 2

tiert. »Screeningmethoden«, angewandt auf Mikroorganismen oder Pflanzen zwecks Bestimmung ihrer biologischen Wirksamkeit, forderten vor wenigen Jahren noch das Hundertfache an Zeit und Kosten. Erst durch mikroelektronische Neuerungen hat z. B. die Erkundung tropischer Pflanzen und Insekten für neue Medikamente einen signifikanten Aufschwung genommen. Auch in der Genomforschung wird zur Entschlüsselung komplexer Strukturen zunehmend auf die Informatik zurückgegriffen.

Die jüngste Forschung in der Biologie beeinflußt auch die Entwicklung neuer Werkstoffe: sei es, indem in der Natur vorkommende Strukturen synthetisch nachgebaut werden (sogenannte biomimetische Werkstoffe) oder daß organisches Material in dem relativ jungen Zweig der Bioelektrik als Werkstoff eingesetzt wird (z. B. als Biosensoren).

Neue Werkstoffe

Neue Werkstoffe sind Grundlage vieler Weiterentwicklungen in anderen Technologiebereichen. Fortschritte in der Mikroelektronik, der Biotechnologie oder der Kommunikationsforschung hängen stark von ihnen ab, Technologien der Hochleistungswerkstoffe für ausgewählte Branchen haben erhebliche Bedeutung erlangt [vgl. Schaubild 3].

Neue Werkstoffe sind nicht nur Verbes-

Bedeutung von Hochleistungswerkstofftechnologien für ausgewählte Branchen

Branchen / Werkstoffe u. Technologien	Maschinenbau	Straßenfahrzeugbau	Elektrotechnik		Chemische Erzeugnisse	Kunststoffe und Gummiwaren	Elektronik	Luft- und Raumfahrt
			Allg. Elektrotechnik	Energietechnik				
Strukturkeramik	▪	▪		▪	▫			▪
Funktionskeramik			▪		▪		▪	
Strukturmetalle	▪	▪	▪	▪	▫			▪
Funktionsmetalle			▪				▪	
Strukturpolymere		▪	▪	▫	▪	▪	▪	▪
Funktionspolymere	▫	▫	▪		▪	▪	▪	▫
Verbundwerkstoffe	▫		▫	▫	▫	▫	▫	▪
Werkstoff Herstell.-tech.					▪	▫	▫	
Werkstoffverarbeitung	▪	▫	▫	▫		▪	▫	▪
Werkstoffverwendung	▪	▪	▪	▪	▫		▪	▪

■ große Bedeutung   ▫ mittlere Bedeutung   □ geringe Bedeutung

Quelle: TAB 1994b

Schaubild 3

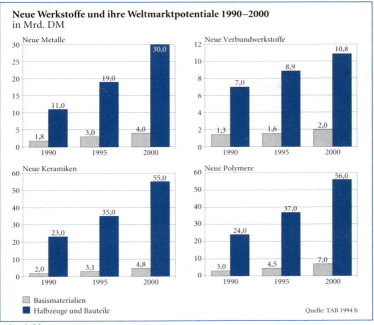

Schaubild 4

serungen konventioneller Materialien wie Metalle, Keramiken und Gläser, sondern auch völlig neue wie Polymere, Fließkristalle, »intelligente« und nanostrukturierte Werkstoffe. Ein wichtiges übergreifendes Merkmal ist in der modernen Materialwissenschaft das Maßschneidern von Werkstoffen, also die Anpassung der Eigenschaften des Materials an ein genau bestimmtes Anforderungsprofil.

Das weltweite Marktvolumen für Basismaterialien ist zwischen 1990 und 1995 von 8 Mrd. DM auf schätzungsweise 12 Mrd. DM gewachsen; bis zur Jahrtausendwende wird es 18 Mrd. DM erreichen. Sein Anteil am Gesamtexport von Spitzentechnologien der OECD-Staaten (1990: mehr als 1.262 Mrd. DM) ist zwar relativ bescheiden. Wird aber das künftige Marktvolumen der Halbzeug- und Bauteile von Hochleistungswerkstoffen einbezogen, das von 65 Mrd. DM 1990 über etwa 100 Mrd. DM 1995 auf 150 Mrd. DM im Jahre 2000 wachsen wird, dann zeigt sich der hohe Wertanteil neuer Werkstoffe an Schlüsseltechnologien [vgl. Schaubild 4]. Rechnet man auch konventionelle Werkstoffe mit wesentlich verbesserten Eigenschaftsprofilen dazu, so ist nach Schätzungen der EU-Kommission (1993) sogar ein Volumen von mehr als 350 Mrd. DM zu erwarten. Wegen der unterschiedlichen Anwendungsbereiche und der Möglichkeit, konventionelle Werkstoffe durch neue Materialien zu ersetzen, können die Marktpotentiale höchst unterschiedlich ausfallen.

Informationstechnologien

Das Informationszeitalter ist keine Zukunftsvision mehr. Dank bahnbrechender Neuerungen in der elektronischen Verarbeitung, Speicherung und Verbreitung von Informationen sind weltumspannende Datennetze bereits Realität. Im Zusammenspiel mit Innovationen in der Mikroelektronik und bei neuen Werkstoffen haben vor allem Daten- und Textverarbeitungsprogramme, Management-Informationssysteme, computergestützte Konstruktions- und Fertigungssysteme und Innovationen in der Fernerkundung Wirtschaft, Verwaltung und Wissenschaft in den letzten 20 Jahren völlig umgestaltet; sie werden sie weiter verändern.

Aber der sekundenschnelle Transfer von Informationen über Kontinente hinweg revolutioniert nicht allein die weltweite Kommunikation von Wissenschaft und Wirtschaft; der Transformationsprozeß zur Informationsgesellschaft beeinflußt grundlegend fast alle sozialen und ökonomischen Strukturen in den Wirtschaftsräumen der Erde. So hat sich Internet [vgl. Kapitel *Kommunikation*] binnen kürzester Zeit vom universitären Netzverbund für den rein wissenschaftlichen Datenaustausch zur weltweiten allgemeinen Informationsbörse entwickelt, der über 30 Millionen Organisationen und Einzelnutzer in mehr als 70 Ländern angeschlossen sind. Das Netz wird in den kommenden Jahren weiter wachsen, weil es einen bedienerfreundlichen Zugang über das Internet-System World Wide Net bietet.

Die technischen Möglichkeiten für schnelleren und breiteren Informationsaustausch haben sich vervielfältigt. Daran knüpfen sich auch Erwartungen auf neue und andere Arbeitsplätze, auf verbesserte Lebensqualität und auf wiederbelebte kulturelle Kreativität. Viele Arbeiten werden aufgrund der geänderten Kommunikationsmöglichkeiten in den nächsten Jahren von zu Hause aus (»inhouse«) geleistet werden. Welche Veränderungen der Arbeitsverhältnisse (Arbeitsschutz, Mitbestimmung im Unternehmen etc.) daraus entstehen werden, wird bisher kaum diskutiert.

Internationalen Regelungsbedarf gibt es auch für andere Systeme. So fordert die technische Möglichkeit, Text- und Tondokumente, Bilder und Computerprogramme mühelos zu duplizieren und in Netze einzuspeisen, das Urheberrecht in ungeahnter Weise heraus.

Im Februar 1995 umriß die von der EU-Kommission ausgerichtete Ministerkonferenz der G-7 zur Informationsgesellschaft den Handlungsbedarf wie folgt:

▸ **Öffnung der Märkte**: Die Produktion von Ausrüstung und Dienstleistungen und die Bereitstellung von Infrastruktur soll liberalisiert werden.

▸ **Universalität der Dienste**: Grundlegende Informationsdienste sollen für alle Bürger verfügbar sein; das individuelle Recht auf Information ist mit gerechten Wettbewerbsstrukturen ins Gleichgewicht zu bringen.

▸ **Erweiterung der Netze**: Sie sollen weiter standardisiert und verknüpft werden. Gemeinsame Grundsätze des Zugangs zu Netzen und deren Nutzung sollen erarbeitet, die Kompatibilität unterschiedlicher Netze soll gefördert werden.

▸ **Lizenzbedingungen und Frequenzbelegungen**: Da die verfügbaren Frequenzen vor allem über Satelliten in erdnaher Umlaufbahn bereits zum knappen Gut geworden sind, soll durch Regulierung der gerechte Marktzugang für alle Nationen gesichert werden.

Neue Informationstechnologien mit ihrem grenzüberschreitenden Charakter sind problematisch für Wettbewerb, Marktzugang und Datenschutz. Auch im technischen und ökonomischen Bereich machen sie eine Fülle neuer legislativer Maßnahmen erforderlich. Das zeigt, welch umfangreicher politischer Handlungsbedarf beim Aufbau einer globalen Informationsgesellschaft entsteht.

Mikroelektronik

Die Entwicklung der Informationstechnologien ist unmittelbar mit den Fortschritten der Mikroelektronik verbunden. Aber auch in der Medizin, im Kraftfahrzeugbau, bei der Lebensmittelherstellung – aus dem heutigen Alltag ist die Mikroelektronik kaum noch wegzudenken. Der Verbrauch wird sich bis 2000 schätzungsweise verdoppeln [vgl. Tabelle 1].

Die ständige Weiterentwicklung computergestützter Systeme und ihre immer breitere Anwendung in fast allen Lebensbereichen der Industriegesellschaften wecken ihrerseits immer höhere Ansprüche an ihre Leistungsfähigkeit. Ein Hauptgebiet der Hardwareentwicklung bleibt die Prozessorforschung, und dabei die fortschreitende Miniaturisierung der Bauteile. Allerdings gewinnt die Software gegenüber der Hardware immer größere Bedeutung; besonders wichtig ist die Entwicklung maßgeschneiderter Module und Anwenderprogramme. Darüber hinaus richten sich die Erwartungen und das Forscherinteresse zunehmend auf die Herstellung künstlicher Intelligenz (KI).

Neuronale Netze sind ein Beispiel für KI aus dem Schnittbereich von Mikroelektronik und Biowissenschaft. Hier geht es um die elektronische Imitation von Nervenzellen (Neuronen). Sie können, an den biologischen Vorbildern orientiert, eigenständig Vernetzungen bilden. Das Auslösen der Vernetzung macht das System lernfähig und fördert die parallele Verarbeitung von Daten. Solche neuronalen Netze finden bereits in Sicherheitssystemen von Flughäfen, in Börsenprogrammen oder Spracherkennungssystemen Anwendung.

Ein anderer KI-Zweig baut auf programmierten Hochleistungscomputern auf. Seit Mitte der 80er Jahre werden besonders im ökologischen Bereich immer häufiger sogenannte Experten-Systeme angewendet, von denen es bereits 1990 rund 80 gab. Ihre Hauptstärke ist die Fähigkeit, mittels hochkomplexer Programme anspruchsvolle Problemlösungsstrategien zu erarbeiten.

Auf dem Feld der künstlichen Intelligenz sind revolutionierende Entwicklungen zu erwarten. Darin liegt allerdings auch eine Gefahr: Die Möglichkeiten des Menschen, solche Systeme zu steuern, unter Kontrolle zu halten und ihre Ergebnisse nachzuvollziehen, könnten immer geringer werden.

Produktion und Verbrauch von Mikroelektronik nach Regionen 1994–2000
in %

	Produktionsanteil	Verbrauch	
		1994	2000
Nordamerika	41	32,9	32,0
Japan	41	28,8	27,0
Europa	9	19,4	23,0
Übrige Welt	9	18,8	23,0
Umsatz insg. in Mrd. US-$		100	200

Quelle: VDE/VDI-Gesellschaft für Mikroelektronik 1995

Tabelle 1

Biotechnologie

Von grundlegender Bedeutung sind neue Entwicklungen in der Biotechnologie, vor allem in der Gentechnik, die dabei ist, die Geheimnisse des Lebens zu entschlüsseln, Lebensformen als Material und Informationsquelle zu nutzen und neue Lebensformen zu schaffen. An keinen anderen Technologiebereich werden so viele Erwartungen geknüpft wie an die Biotechnologie [vgl. auch Tabelle 2]. Das liegt auch an den vielfältigen Anwendungsmöglichkeiten, die sie eröffnet:
▶ **Sicherung der Welternährung** z. B. durch bessere Zuchtmethoden in der Tier- und Pflanzenproduktion, durch den Einsatz von Biodüngern und Biopestiziden oder von genetisch modifizierten Nutzpflanzen mit erhöhter Resistenz gegen Salz, Trockenheit oder Schädlinge.
▶ **Nahrungsmittelproduktion**: Längere Haltbarkeit und höherer Nährwert; Ersatz agrarischer Rohstoffe durch biotechnisch erzeugte Produkte.
▶ **Medizin und Pharmazie**: Vor allem Impfstoffe und gentechnische Diagnose- und Therapieverfahren. Das Hauptinteresse in der Pharmazie gilt der Krebsforschung.
▶ **Nachwachsende Rohstoffe**: Vor allem ihre Erschließung als Energiequelle; auch Behandlung und Abbau von Schadstoffen und Gewinnung mineralischer Rohstoffe.

Viele Hoffnungen auf schnelle Erfolge in der Biotechnologie haben sich in den letzten Jahren nicht erfüllt. Einzelne Medikamente brachten zwar Rekordeinnahmen (allein sechs US-Produkte erzielten 1993 weltweit Verkaufserlöse von etwa 500 Mio. US-$), insgesamt aber zeigten sich biotechnologische Produktentwicklungen der Pharmazie doch langwieriger und kostspieliger als erhofft. Es hat sich erwiesen, daß die Komplexität des Lebens nur unter erheblichen Schwierigkeiten im Labor nachzuvollziehen ist. Die Erwartung schneller Fortschritte bei der Züchtung salz- und trockentoleranter Pflanzen beispielsweise wurde bisher enttäuscht.

Im Vergleich mit der »Grünen Revolution« wird ein wichtiger Unterschied der »biotechnologischen Revolution« deutlich: Die moderne Forschung konzentriert sich weit überwiegend im privaten Sektor [vgl. *Vergleich zweier »Revolutionen«*]. Die 18 internationalen Agrarforschungszentren, Anfang der 70er Jahre von privaten Stiftungen, der Weltbank und staatlichen Organisationen gegründet und seit

Wachstumsmarkt Biotechnologie 1986–2000
in Mrd. US-$

Biotechnologie	1986–90	91–95	96–2000
Biopharmazeutik	5,95	9,16	14,09
Landwirtschaft	1,75	2,69	4,14
Chemische Industrie	0,8	1,23	1,89

Quelle: UN 1990

Wachstumsmarkt Biotechnologie 1992–2000
Schätzungen in Mrd. ECU

Biotechnologie	1992	2000
Pharmazeutische Industrie	1,2	23,9
Landwirtschaft, Lebensmittel	2,4	40,0
Chemische Industrie	0,1	14,6
Umweltschutz	0,4	2,0
Militär	1,0	5,8
Gesamt	5,1	86,3

Quelle: Spangenberg 1992

Tabelle 2

Vergleich zweier »Revolutionen«

Kennzeichen	Grüne Revolution	Biorevolution
betroffene Pflanzen	Weizen, Reis, Mais	potentiell alle Pflanzen, besonders Gemüse, agrarische Exportprodukte (Palmöl, Kakao), Früchte, spezielle Produkte (Gewürze, Parfüme)
andere betroffene Produkte	keine	Pestizide, tierische Produkte, pharmazeutische Produkte, verarbeitete Nahrungsmittel-Produkte, Energie
betroffene Regionen	bestimmte Regionen einiger Entwicklungsländer	alle Länder, alle Regionen einschließlich brachliegenden Landes (wegen Dürre, Übersalzung, Vergiftung des Bodens)
Entwicklung und Anwendung der Technologie	größtenteils öffentlicher/halböffentlicher Sektor	größtenteils privater Sektor, vor allem transnationale Konzerne
Eigentümer-Rechte	Patente und Eigentümerrechte nicht von Bedeutung	Herstellungsvorgang und Produkte sind patentiert und geschützt
Kapitalaufwand für Forschung	relativ gering	relativ hoch in einigen Sektoren der Forschung, in anderen relativ gering
Zugang zu Ergebnissen und Information	dank des Internationalen landwirtschaftlichen Forschungszentrums relativ leicht	schwierig, Geheimhaltung aufgrund von Privatisierung und Eigentümerrechten
für Forschung erforderliches technisches Know-how	Kenntnisse über herkömmliche Methoden der Aufzucht von Pflanzen und damit zusammenhängendes landwirtschaftliches Wissen	Fachkenntnisse in Molekular- und Zellbiologie und Kenntnisse über herkömmliche Methoden der Aufzucht von Pflanzen
Anfälligkeit der Pflanzen	Aufzucht von relativ einheitlichen Hochertragssorten, daher genetische Anfälligkeit	Produktion und Vermehrung der Pflanzen durch künstliche Zellgewebekulturen führt zur Schaffung genetischer Exemplare und damit zu noch größerer Anfälligkeit
durch künstliche Produktion bedrohte Pflanzen	keine	potentiell alle

Quelle: Spangenberg 1992

1994 unter Aufsicht der FAO, gewährten stets freien Zugang zu ihren Sammlungen und Erkenntnissen. Das hat sich in den letzten Jahren geändert; der Zugang zur modernen Forschung wurde national verengt und stärker »privatisiert«.

Zum einen: Die Konvention über biologische Vielfalt, 1992 beim »Erdgipfel« in Rio de Janeiro unterzeichnet und inzwischen von mehr als 110 Staaten ratifiziert, schuf die Grundlage zur »Nationalisierung« genetischer Ressourcen. Sie gab das Prinzip des »gemeinsamen Erbes der Menschheit« zugunsten der souveränen Rechte der Vertragsstaaten an ihren biologischen Reichtümern auf. Alle Unterzeichnerstaaten werden in Zukunft Regelungen des Zugangs zu ihren genetischen Ressourcen formulieren. Dabei geht es ebenso um die nachhaltige Nutzung dieser Ressourcen wie um die Aufteilung ökonomischer Gewinne zwischen dem Anbieterland und dem Nutzer. Vor allem die Genbanken der internationalen Agrarforschungszentren, die rund 40 % des Saatgutes aller Nutzpflanzen der Welt eingelagert haben, müssen nun ihre Politik des freien Zugangs grundsätzlich überdenken.

Zum anderen: Die Patentierung von Lebensformen, in der letzten GATT-Runde erleichtert, führt zusammen mit der fortschreitenden Privatisierung von Forschung und Entwicklung (F&E) dazu, daß biotechnologische Innovationen immer weniger frei verfügbar sind. Darüber hinaus greifen auch andere Schutzrechte für geistiges Eigentum hier immer stärker ein [vgl. Kapitel *Kommunikation*].

Technologien für die Umwelt

Das Konzept der nachhaltigen Entwicklung, das die Nationen der Welt 1992 in Rio de Janeiro als künftiges Leitbild für globale Entwicklung beschlossen haben, ist ohne die verstärkte Entwicklung und Weitergabe umweltfreundlicher Technologien nicht umzusetzen.

Noch sind die Erwartungen positiv. Eine OECD-Studie von 1992 schätzt für den Weltmarkt der Umweltschutzgüter und -dienstleistungen einen jährlichen Zuwachs von 5,5 % [vgl. Tabelle 3]. Das Marktvolumen soll danach von derzeit rund 200 Mrd. US-$ bis zum Jahre 2000 auf 300 Mrd. US-$ steigen – vor allem wegen des hohen Nachholbedarfs in Süd- und Osteuropa sowie in Südostasien und China. Andere Schätzungen erwarten sogar eine Marktexpansion auf über 500 Mrd. US-$ bis 2000 (RWI/DIW). Dabei werden zunehmend integrierte Umwelttechniken nachgefragt werden – also nicht nachsorgender Umweltschutz, sondern Verfahren, die an der Quelle möglicher Umweltbelastungen ansetzen, etwa beim Energie- und Materialeinsatz. Für die Zukunft rechnen viele Experten mit den größten Innovationspotentialen und den höchsten Wachstumsraten im Bereich der prozeß- und produktintegrierten Umwelttechnologien.

Weltweit verschärfen Staaten ihre nationale Umweltgesetzgebung; damit steigt auch in den nachfragestarken Wachstumszentren Südostasiens und Lateinamerikas der Bedarf an Umweltschutztechnik. Im weltweiten Außenhandel mit Umweltschutzprodukten ist Deutschland

Wachstum des Weltmarkts der Umweltschutzindustrie 1990-2000 (Prognose)

	1990 in Mrd. US-$	2000 in Mrd. US-$	Wachstumsrate in %
Ausrüstungen	152	220	5,0
Abwasserbehandlung	60	83	4,0
Abfallentsorgung	40	63	6,4
Luftreinhaltung	30	42	4,4
Andere	22	32	5,1
Dienstleistungen	48	80	7,4
Insgesamt	200	300	5,5
Quelle: TAB 1994a			

Tabelle 3

mit einem Anteil von 21% der führende Exporteur vor den USA (16%) und Japan (13%).

Positive Erwartungen

Von Innovationen in diesem Bereich wird erwartet, daß sie erheblich zur Entlastung der Umwelt beitragen können. Folgende sind hier besonders zu erwähnen:

▶ Neue Werkstoffe ermöglichen den immer sparsameren Umgang mit nicht erneuerbaren Rohstoffen; die Rohstoff- und Materialintensität industrieller Produktionsprozesse kann kontinuierlich vermindert werden.

▶ Neuerungen in Informationstechnologie und Mikroelektronik unterstützen die weltweite Verbreitung von Umweltdaten und umweltfreundlichen Technologien. Hohe Rechnerleistung ermöglicht die hochkomplexe Simulation verschiedener Szenarien (z. B. für Klimamodelle oder für Prognosen von Umweltschäden durch neue Produkte). Neue geographische Informations- und Beobachtungssysteme – häufig in Kombination mit Fernerkundung – ermöglichen Forschungsstätten und Verwaltungen den Aufbau umfassender Umweltdatenbanken, Kataster- und Kartenunterlagen als Grundlage ökologisch orientierter Planung.

▶ Auch für Verbesserungen der nachsorgenden Abwasser- und Abfallbeseitigung und der Biogasproduktion sind biotechnologische Verfahren wichtig. Günstig wird sich auswirken, daß mit Biopestiziden und Biodünger der Einsatz umweltbelastender Chemikalien vermindert werden kann.

Neue Risiken und Lasten

Den positiven Erwartungen und Chancen stehen aber auch neue Risiken und Belastungen gegenüber. Das »papierlose Büro« der Computer und der elektronischen Post hat sich zum Beispiel als Traum erwiesen: Seit Einführung der Personalcomputer Mitte der 70er Jahre hat sich im Gegenteil der Papierverbrauch weltweit verdoppelt; er liegt heute nach vorsichtigen Schätzungen bei etwa 115 Milliarden Blatt und steigt jährlich um rund 5%.

Elektronikschrott

Nicht nur sind manche Produktionsverfahren bei der Herstellung von Computern stark umweltbelastend, auch die Entsorgung von Elektronikschrott ist ein wachsendes Problem, vor allem wegen zahlreicher potentiell umweltgefährdender Stoffe z. B. in Leiterplatten oder Kunststoffgehäusen. Noch sind nur wenige Bestandteile wiederverwendbar, und die Verbrennung kann Schwermetalle und Dioxine freisetzen. Da die eine Computergeneration in immer kürzeren Abständen von der nächsten abgelöst wird (allein 1992 wurden weltweit 18 Millionen Geräte erstmals verwendet), ist das Gefährdungspotential dieser Art von Sondermüll enorm. Es gibt inzwischen Ansätze, seine Entstehung zu vermeiden: Man bemüht sich, die Materialvielfalt einzuschränken und den Materialverbrauch insgesamt durch Miniaturisierung – den Trend zu immer kleineren Geräten – zu verringern.

Die Ambivalenz der Gentechnik

Öffentliche Kritik löst vor allem der Einsatz von Gentechnik in Landwirtschaft und Pharmazeutik aus. Das Wissen über Ökosysteme ist noch sehr lückenhaft; viele Wissenschaftler haben erhebliche Bedenken gegen die bewußte oder unfreiwillige Freisetzung genetisch modifizierter Organismen – Kulturpflanzen oder Mikroorganismen. Dabei geht es nicht nur um potentielle Gefahren für die menschliche Gesundheit etwa durch genetisch manipulierte Nahrungsmittel, sondern auch um mögliche Folgen für die Natur: Arten könnten verdrängt werden, Schädlinge könnten unberechenbare neue Resistenzeigenschaften gegenüber den neuen Sorten entwickeln, und die Kreuzung genetisch veränderter Organismen mit wilden oder halbwilden Artverwandten könnte das natürliche Artenspektrum verändern. Das Verhalten lebender Organismen in der Natur ist kaum kontrollierbar; die besondere Gefahr solcher Freisetzungen liegt in der Möglichkeit, daß sie irreversible Schäden in Ökosystemen anrichten.

Verträglichkeit neuer Werkstoffe

Die Hauptprobleme beim Einsatz neuer Werkstoffe sind das lückenhafte Wissen über deren Umweltverträglichkeit und die häufig sehr hohen Kosten für Recycling und Entsorgung, vor allem bei Verbundstoffen und Polymeren. Zentrale Forderung ist hier, daß im frühestmöglichen Stadium des Innovationsprozesses auch das Kriterium der ökologischen Verträglichkeit des Materials beachtet wird.

Forschungsbedarf

Die ökologische Ambivalenz von Zukunftstechnologien verweist auf den immensen Forschungsbedarf, der hier besteht. Das Abwägen der Vor- und Nachteile einzelner Technologien ist noch lückenhaft und wird häufig auch wegen politischer Präferenzen für bestimmte Lösungen unterlassen oder manipuliert – wie bei der Frage des Einsatzes von Atomenergie anstelle fossiler Brennstoffe. Mit der wachsenden Gefahr einer globalen Klimakatastrophe [vgl. Kapitel *Atmosphäre und Klima*] spürt die Atomindustrie Rückenwind: Bei den Verhandlungen zur Verlängerung des Atomwaffensperrvertrages 1995 wurden die klimaentlastenden Aspekte der friedlichen Nutzung der Kernenergie betont, die Risiken und Kosten der Wiederaufbereitung und Entsorgung radioaktiver Abfälle aber ausgeklammert.

Neue Technologien in Wirtschaft und Gesellschaft

Zukunftstechnologien wecken große Hoffnungen auf neue Arbeitsplätze. Vor allem der Dienstleistungssektor soll vom Einsatz neuer Technologien erheblich profitieren. Die Entwicklungen im Bereich der Kommunikation und der Medien in den Industrieländern [vgl. Kapitel *Kommunikation*] lassen größere Beschäftigungseffekte erwarten. Es werden allerdings auch Arbeitsplätze verschwinden – hauptsächlich durch weitere Automatisierung in traditionellen Industriezweigen wie dem Maschinenbau und der Automobilindustrie. Auch in den öffentlichen Verwaltungen hat der Personalabbau seinen Höhepunkt noch längst nicht erreicht.

Prognosen der Verluste und Gewinne von Arbeitsplätzen und der weltweiten Veränderungen durch den Einsatz neuer Technologien sind sehr schwierig; als relativ gesichert kann jedoch gelten, daß Verschiebungen in der Beschäftigungsstruktur zu erwarten sind, wie das Beispiel USA zeigt [vgl. Tabelle 4].

In der Computerindustrie zeigt sich beispielsweise, daß auch die Arbeitsverhältnisse innerhalb der Unternehmen sich stark verändern. Die Gliederung der Belegschaft in einige wenige, hochbe-

Entwicklung der Beschäftigungsstruktur in den USA 1960–2000 in %					
				Mittleres Wirtschaftswachstum	Mittlerer Technologieeinsatz
Beschäftigung	1960	1980	1995[1]	Szenario 2000[2]	
Büroangestellte	15	19	19	20	11
Fachkräfte u. technische Berufe	11	16	17	17	20
Dienstleistungen	12	13	16	17	15
Handwerk	13	13	12	12	15
Leitende Funktionen	11	11	10	10	7
Industriearbeiter	18	14	12	9	16
Verkäufer	6	6	7	9	7
Ungelernte Arbeiter	6	5	5	3	6
Landwirte	8	3	2	3	3
Insgesamt	100	100	100	100	100

[1] Nach Projektionen des US-Bureau of Labour Statistics 1987
[2] Nach W. Leontief/F. Duchin, Future Impacts of Automation on Workers 1963–2000, New York 1986

Quelle: UN 1992

Tabelle 4

zahlte Führungs- und Kontrollkräfte und die breite Basis von Fließbandarbeitern ist bei Computerherstellern ausgeprägter als in anderen Industriezweigen. Verbesserte Kommunikation – etwa der Transport von Produkten via Programm, von Daten via elektronische Medien – hat in der Computer- und EDV-Branche ein weitgespanntes Netz von Subunternehmern entstehen lassen. Arbeitsintensive Prozesse werden in Billiglohnländer verlagert. In den Industrieländern zwingt der Wettbewerb um Arbeitsplätze Menschen, solche Arbeiten zu Niedriglöhnen in Heimarbeit zu übernehmen.

Bedrohung der kulturellen Vielfalt

Technologie ist Bestandteil und gleichzeitig Produkt der Kultur, eine ihrer mannigfachen Facetten. Im »globalen Dorf« der neuen Kommunikationsmöglichkeiten droht sie nun zunehmend die kulturelle Vielfalt einzuebnen.

Mit der Verbreitung neuer Technologien werden auch immer gesellschaftliche Werte in Frage gestellt, können sich neue Wertordnungen herausbilden. Dies wird häufig nicht bedacht: Die vielfältigen Formen der menschlichen Kreativität, der Wahrnehmung und des Erfindergeistes, Grundlage auch jeder technologischen Innovation, werden verarmen, wenn die fortschreitende Harmonisierung der materiellen Normen und Standards zur globalen Homogenisierung der Kulturen führt [vgl. Kapitel *Kommunikation*].
Einige Beispiele sollen das verdeutlichen:
▶ Mit dem Siegeszug des amerikanischen »Internet« nehmen die Einflüsse auf Kultur und Lebensstile anderer Weltregionen weiter zu. Wissenschaftliche Information, Diskussion und Literatur im Internet z. B.

stammen größtenteils aus den USA; es wirkt – gewollt oder ungewollt – meinungsführend. Hinzu kommt, daß die Sprache im Internet fast ausschließlich auf amerikanisches Englisch beschränkt ist.

▶ Eine weitere Gefahr birgt die zunehmende Monopolisierung der Medien durch wenige Großkonzerne in Industrieländern. Auf dem Weltmarkt der Informationen spielen Afrika, Lateinamerika und Asien eine immer geringere Rolle. Die Folge ist, daß sich das »Weltbild« der Mediennutzer immer weiter von den Realitäten entfernt.

▶ Ein brisantes Zeichen der zunehmenden Uniformität ist das allmähliche Verschwinden traditioneller Saatgutsorten und alter Nutztierrassen, weil die Landwirtschaft weltweit standardisiert wird. Der unwiederbringliche Verlust durch Generosion ist fatal, denn um züchterische Fortschritte zu erzielen, muß die moderne Wissenschaft in erheblichem Umfang auf alte Kultursorten und -rassen zurückgreifen.

Wettbewerb der Industrieländer

Innovationen der Zukunftstechnologien verändern Produktionsprozesse und Marktstrukturen. Damit steigt in liberalisierten Güter- und Kapitalmärkten der Strukturanpassungsdruck auf Unternehmen und Arbeitskräfte, auf Branchen und ganze Volkswirtschaften. In dem noch offenen Veränderungsprozeß stehen sich Gewinner und Verlierer gegenüber.

Die transnationalen Konzerne

Im Wettbewerb um Zukunftsmärkte liegen die großen transnationalen Konzerne zumeist vorn. Nur sie können die immer aufwendigere eigene Forschung finanzieren.

Die »Multis« verfügen über ein weites Kommunikations- und Niederlassungsnetz. Mit weltweiten Absatzstrategien bedienen sie einen so großen Markt, daß sich über die »economy of scale« hohe Forschungs- und Entwicklungskosten »rechnen«. Neue Produkte und Produktionsverfahren überwinden innerhalb eines Konzerns problemlos nationale Grenzen. Auch Anforderungen an unterschiedliche und wechselnde Produktstandards und Normen können weltweit operierende Unternehmen am ehesten erfüllen.

Steigende Aufwendungen für Forschung und Technologie

Am Anfang innovativer Entwicklungen stehen oft kleine und mittlere Unternehmen – nicht selten unter Leitung von Wissenschaftlern großer Forschungsinstitute, die sich selbständig gemacht haben. Einem wahren Boom solcher Gründungen im Biotechnikbereich in den 80er Jahren folgte Anfang der 90er Jahre schnell ein Schrumpfungsprozeß: Kleine Unternehmen gaben auf oder fusionierten. Viele innovative Marktführer wurden von Großkonzernen aufgekauft oder mußten fusionieren, weil die Aufwendungen für die Produktentwicklung – etwa in der Pharmaindustrie – für ein mittelständisches Unternehmen zu hoch sind. Ein Zeitraum von zehn Jahren für die Entwicklung eines marktreifen Medikamentes ist keine Seltenheit. Die Entwicklungskosten für ein Produkt betragen in der US-Pharmaindustrie leicht mehr als 200 Mill. US-$. Nur starke, international operierende Konzerne können das Risiko so langer Amortisationszeiten bei so hohem Einsatz tragen [vgl. Schaubild 5].

Aber nicht nur die Konzentration von F&E in Großkonzernen schreitet voran. Diese sind auch dabei, ihre Produktpaletten zu diversifizieren. Investitionen in Zukunftstechnologien können in Konzernen breiter, d. h. parallel für verschiedene Produkte und Verfahren genutzt werden.

Kooperationsnetze und »strategische Allianzen«

Die Großkonzerne kaufen nicht nur kleinere innovative Unternehmen auf. Sie streben auch zu verstärkter Zusammenarbeit untereinander: In »strategischen Allianzen« können sie beherrschende Marktpositionen auf der Absatz- wie auf der Beschaffungsseite aufbauen. Das erweitert den Spielraum für autonome Preispolitik, verbreitet die Kapital-, Forschungs- und Absatzbasis und begrenzt das »Zuspätkommen« mit neuen Produkten. Dies alles wiederum verringert das Risiko und steigert die Absatz- und Rentabilitätschancen [vgl. Schaubild 6].

Ein Beispiel ist der Machtkampf auf dem Mikrochipmarkt: Erst jüngst konnten die Hardwarefirmen Apple, IBM und Motorola mit einem in dreijähriger Zusammenarbeit entwickelten Mikroprozessor die übermächtige Position des Chipherstellers Intel ernsthaft in Frage stellen.

Auch sehr große Unternehmen scheuen sich im übrigen nicht, neben weltweiten Allianzen auch die Kopera-

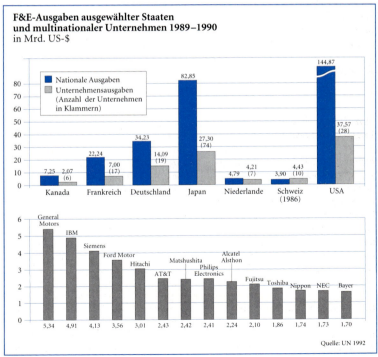

Schaubild 5

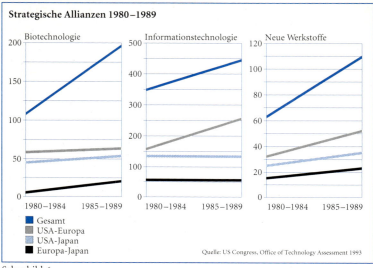

Schaubild 6

tion mit kleineren innovativen Unternehmen zu suchen. So haben sich seit 1990 einige europäische Pharmakonzerne wie Roche Holding, Sandoz, Rhône-Poulenc Rorer und Ciba Geigy – oft mit Milliardenbeträgen – in renommierte mittelständische US-Unternehmen der Gentechnikbranche (z. B. Genentech und Chiron) eingekauft.

Technologiepolitik der Staaten

Die zunehmende Verflechtung in und zwischen den Wirtschaftsräumen wie auch das Ineinandergreifen der einzelnen Technologiebranchen stellt die staatliche Technologieförderung vor eine neue Situation. Auch die Staaten müssen in Zukunft in internationalen Netzen zusammenarbeiten. Privatisierung und Monopolisierung von Innovationen in international agierenden Konzernen lassen nationale Alleingänge bei F&E immer weniger sinnvoll erscheinen.

Staatliche Technologieförderung soll nach wie vor den nationalen Standort stärken. Die internationale Konkurrenzfähigkeit des Standorts ist aber nicht mehr mit der Wettbewerbsposition traditioneller nationaler Unternehmen identisch. Entscheidend wird vielmehr, ob der nationale Standort für das internationale Finanzkapital und die transnationalen Konzerne – gleich mit welchen Kapitalmehrheiten – attraktiv ist. Die Technologiepolitik der öffentlichen Hand muß sich daher auf das Fördern von Rahmenbedingungen für F&E konzentrieren. Dazu gehört vor allem die Schaffung von Anreizen für technologieintensive Unternehmen der Privatwirtschaft.

Marktführer bei Zukunftstechnologien werden in jedem Sektor (der allerdings auch vernetzt ist) wenige transnationale Konzerne sein. Ihre Aufwendungen für

F&E übersteigen schon heute die entsprechenden Ausgaben von Einzelstaaten oft um ein Vielfaches.

Staatliche Technologiepolitik wird sich immer stärker auf joint ventures mit Unternehmen und Universitäten (Drittmittelforschung) konzentrieren. Nur so wird sie den Anschluß an die neuesten Entwicklungen nicht verlieren. Diese Form der Zusammenarbeit hat allerdings den Nachteil, daß die Forschungsergebnisse oft Eigentum des jeweiligen Unternehmens bleiben, also für breiten Transfer im nationalen oder etwa im entwicklungspolitischen Interesse nicht frei verfügbar sind.

Ein aufschlußreiches Beispiel dieser Entwicklung ist der Süßstoff Thaumatin, der in Westafrika natürlich vorkommt und für den das japanische Unternehmen Lucky Biotech zusammen mit der Universität von Kalifornien ein weltweites Patent angemeldet hat. Nicht nur, daß die Produktion des biotechnologischen Süßstoffes (»tausendmal süßer als Rohrzucker«) in Industrieländern für die Zuckerproduzenten in der Dritten Welt erhebliche Absatzeinbußen bedeuten wird. Da das Patent auch in westafrikanischen Staaten angemeldet ist, ist es zudem möglich, in diesen Ländern bestimmte wissenschaftliche Forschungen und Nutzungen der heimischen Pflanze, die den Süßstoff liefert, zu untersagen.

In den USA wird die Dominanz des privaten über den öffentlichen Forschungssektor immer stärker. 1981 wurden 6% aller Patente des öffentlichen Bereichs als Ergebnis gemeinsamer Forschung unter ausschließlicher Lizenz des Privatsektors gehalten; 1991 war dieser Anteil bereits auf 40% gestiegen. Es wird geschätzt, daß im Jahre 2000 die Hälfte der patentierten Forschungsergebnisse aus US-Universitäten und staatlichen Einrichtungen von Privatunternehmen kontrolliert wird [vgl. Schaubild 7].

Staatliche Technologiepolitik muß in Zukunft auch mehr leisten, um der mittelständischen Industrie, die sich High-Tech-Forschung nicht leisten kann, neue Entwicklungen verfügbar zu machen. Der Staat hat ein vitales Interesse an der Erhaltung der kleinen und mittleren Betriebe; sie stellen die meisten Arbeitsplätze und sind als Hauptträger der technologischen Anwendungen für eine gesunde Wirtschaftsstruktur unverzichtbar. Die Zahlen der letzten Jahre zeigen jedoch, daß Zusammenarbeit zwischen staatlichen Forschungsstellen und mittelständischen Betrieben selten erfolgreich war. Die Auswertung einer Untersuchung in Deutschland (Materialforschungsprogramm 1985-95) kommt zu dem Schluß, daß es nicht gelungen ist, kleine und mittlere Unternehmen als Hauptzielgruppe in das Programm einzubinden (ADL 1993). Vielmehr haben Großunternehmen und ihre Tochterfirmen 87,9%

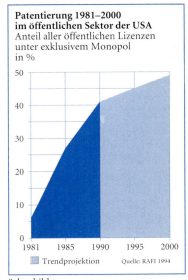

Schaubild 7

der Fördermittel von 554 Mio. Mark in Anspruch genommen. Auch in Japan fehlt den kleinen und mittleren Unternehmen, die rund 75 % der heimischen Industriearbeiter beschäftigen, der Zugang zur Hochtechnologie; das ist einer der Gründe dafür, daß die Konkurse solcher Unternehmen seit 1988 um 43 % auf jetzt 15.000 pro Jahr zugenommen haben.

Konkurrenzkampf der Wirtschaftsblöcke

Angesichts der raschen Veränderungen des Weltmarkts verfolgen die führenden Wirtschaftsmächte USA, Japan und EU unterschiedliche Strategien, um ihre Wettbewerbsfähigkeit zu sichern und zu stärken. Eine besondere Rolle spielt dabei, wie weit und wie direkt der Staat in Prozesse und Entscheidungen eingreift.

Japan
Im Unterschied zu den anderen großen Industriestaaten nimmt der Staat in Japan dominierenden Einfluß auf die Technologieentwicklung. Einzelne Ministerien – im Zentrum die Ministerien für Industrie und Handel (MITI) und für Erziehung, Wissenschaft und Kultur (MESC) sowie die Behörde für Wissenschaft und Technologie – übernehmen in Absprache und engem Kontakt mit der Industrie eine bestimmende Rolle bei der Wahl der strategischen Schwerpunkte im Bereich der Hochtechnologie. Unternehmenskooperationen für anwendungsorientierte und vorwettbewerbliche Aktivitäten werden durch finanzielle Anreize gefördert. Der Anteil, den Unternehmen für solche Forschungskooperationen selbst übernehmen, liegt mit über 70 % relativ hoch – in Deutschland lag er 1990 bei ca. 60 % [vgl. Schaubild 8].

Die schon früh eingeleitete hohe Diversifizierung der japanischen Großkonzerne bewährt sich heute ebenso als Grundlage aggressiver Marktstrategien wie als Ausgangsbasis breit angelegter synergetischer Forschungs- und Entwicklungsstrategien.

USA
In fast allen Bereichen der Hochtechnologie ist die Spitzenposition der USA anerkannt und dokumentiert. Ein Indikator ist z. B. die Zahl bestehender Patente, die 1990 bei mehr als 1,15 Millionen lag (im selben Jahr: Japan rund 590.000, Deutschland – West und Ost – rund 350.000). Das liegt vor allem am Engagement der amerikanischen Großkonzerne. Deutschland und Japan werden beim Stand von F&E etwa gleichauf gesehen.

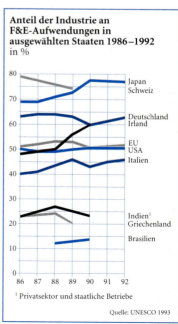

Schaubild 8

Unterschiede der F&E-Politik: Das Beispiel der NAFTA-Staaten 1992			
	USA	Kanada	Mexiko
F&E-Ausgaben insges. (in Mrd. US-$)	157	7,5	1,1
Anteil am BIP	2,8%	1,4%	0,4%
F&E finanziert von:			
Industrie	51%	42%	7%
Universitäten	6%	13%	9%
Staat	43%	45%	84%
F&E betrieben von:			
Industrie	70%	55%	43%[1]
Universitäten und gemeinnützigen Organisationen	19%	25%	31%[2]
Staat	11%	20%	26%
[1] Staatliche Institute und Privatunternehmen			
[2] höhere Bildungseinrichtungen			
Quelle: UNESCO 1993			

Tabelle 5

Entscheidende Faktoren, die das Forschungsrisiko der Privatunternehmen mindern, sind die enge, von intensivem staatlichem Mitteleinsatz begleitete Vernetzung staatlicher F&E-Einrichtungen (wie der Universität von Massachusetts oder des National Cancer Institute) mit der privatwirtschaftlichen F&E und der große amerikanische Binnenmarkt als Garant potentiell hoher Absatzchancen [vgl. Tabelle 5]. Auch beim Export werden die Aktivitäten der Unternehmen durch entschiedene staatliche Maßnahmen gestützt.

Europäische Union

In der Europäischen Union wurden, besonders seit Abschluß des Maastricht-Vertrages 1993, die Anstrengungen verstärkt, in der Hochtechnologieforschung zu engerer nationaler Zusammenarbeit zu kommen und öffentliche Maßnahmen zunehmend mit dem Privatsektor zu koordinieren. Nicht zuletzt mit Blick auf den wachsenden Rückstand der EU gegenüber den USA und Japan wurde die finanzielle Ausstattung des jüngsten Rahmenprogramms nahezu verdoppelt. Aber die engere Verzahnung der Unternehmen ist noch nicht sehr weit gelungen. Viele europäische Konzerne ziehen die Kooperation mit japanischen und amerikanischen Unternehmen vor, statt ihre Forschungsarbeit mit der europäischer Partner zu verknüpfen oder sich gar mit ihnen zu konkreten Projekten zusammenzuschließen.

Das 4. Rahmenprogramm für Forschung und technologische Entwicklung, 1994 vom EU-Ministerrat und vom Europäischen Parlament beschlossen, soll die systematische, multidisziplinäre und sektorübergreifende Verständigung von Unternehmen, öffentlichen Einrichtungen und Anwendern stärker als bisher fördern [vgl. Tabelle 6]. Mit einem Gesamtvolumen von mehr als 18 Mrd. DM im ersten Aktionsbereich werden hauptsächlich Informations- und Kommunikationstechnologien, industrielle Technologien,

Aktionsbereiche der EU-Forschungsförderung 1994–1998
(Viertes Rahmenprogramm der Europäischen Union 1994)

	Förderung in Mio. DM	Anteil in %
Erster Aktionsbereich		
Informations- und Kommunikationstechnologien	6.810	28
Industrielle Technologien	3.990	16
Umwelt	2.160	9
Biowissenschaften und -technologien	3.144	13
Nichtnukleare Energien	2.004	8
Verkehr	480	2
Sozioökomische Schwerpunktforschung	276	1
Zwischensumme	**18.864**	**77**
Zweiter Aktionsbereich		
Zusammenarbeit mit Drittländern und internationalen Organisationen	1.080	4
Dritter Aktionsbereich		
Verbreitung und Verwertung der Ergebnisse	660	3
Vierter Aktionsbereich		
Förderung der Ausbildung und Mobilität der Forscher	1.488	6
EURATOM-Rahmenprogramm	2.508	10
Summe	**24.600**	**100**

Quelle: EU-Kommission, eigene Zusammenstellung

Tabelle 6

Umwelt- und Klimaforschung und Biowissenschaften gefördert. Das Programm zielt auch dezidiert auf den Abbau administrativer Regulierungen, die den freien Lauf der Forschung und die Überführung von F&E-Ergebnissen in neue Produkte und Verfahren behindern. Schwerpunkte bleiben der Wissenschaftleraustausch und die Vernetzung von Forschungszentren in der EU, um der Doppelarbeit in den einzelnen Mitgliedstaaten entgegenzuwirken.

Die unterschiedlichen Methoden und Schwerpunkte staatlicher Förderung in den Industrieländern scheinen bereits zu bedeutenden Verschiebungen geführt zu haben [vgl. Tabelle 7]. So verliert Europa im Bereich der pharmazeutischen Innovation kontinuierlich Marktanteile an die USA. Seit 1991 gehen die Entwicklungsausgaben europäischer Firmen für neue Medikamente stetig zurück. Das hängt, so heißt es, auch damit zusammen, daß Unternehmen in den USA ihre Kapazität in der Gentechnologie schneller und konsequenter ausbauen können.

Die Folge ist, daß US-Unternehmen bei Medikamenten von weltweiter Bedeutung einen Marktanteil von 43% halten (EU-Firmen 31%); von den weltweit entwickelten biotechnologischen Produkten befinden sich 58% im klinischen Stadium

Anteil von Hochtechnologieprodukten am Gesamtexport ausgewählter OECD-Länder
in %

	1980	1992
USA	17,2	26,6
Kanada	5,1	8,9
Japan	12,3	24,9
Deutschland	9,6	12,9
Großbritannien	14,8	21,9
Frankreich	9,1	14,9
Schweiz	20,1	25,0
Australien	2,2	3,6

Quelle: OECD 1994, eigene Berechnungen

Tabelle 7

(europäische Unternehmen halten 26%). Der europäische Anteil an der Produktion von Mikroelektronik liegt mit 9% sehr niedrig gegenüber Japan und den USA mit jeweils etwa 41%. Eine Führungsposition hat Europa – vor allem Deutschland – nur in der Umwelttechnologie. Im Bereich der Werkstofftechnologien konnte sich innerhalb Europas nur Deutschland gegenüber Japan und den USA behaupten.

Technologien für den »Rest der Welt«

Transformationsländer
Nach dem Zerfall des früheren Ostblocks sind die daraus hervorgegangenen Staaten nun voll im Prozeß der Transformation begriffen. Sie öffnen sich westlicher Technologie, sie haben aber auch die Chance, in absehbarer Zeit selbst mit zumindest mittleren OECD-Staaten zu konkurrieren. Das wird vor allem von drei Bedingungen abhängen:

▶ daß die Konversion des militärisch-industriellen Komplexes, der früher den überwiegenden Teil der F&E absorbierte, zu ziviler Produktion gelingt;
▶ daß die technologische Kompetenz nicht durch Abwanderung hochqualifizierter Wissenschaftler in westliche Industrieländer zunehmend ausgehöhlt wird und
▶ daß auch diese Länder einen Teil der Forschungskapazität transnationaler Konzerne an sich binden können.

Die Zeichen für schnelles »Aufholen« im zivilen Sektor der Technologie stehen nicht sehr gut. Vielmehr besteht erhebliche Gefahr, daß veraltete und umweltbelastende Produktionsverfahren beibehalten werden, weil wenig Kapital verfügbar ist und die eigenen Experten verlorengehen, und daß darüber hinaus einige Länder versuchen, alte Industrieanlagen an Entwicklungsländer abzustoßen. Die Ambitionen der Russischen Föderation, Kernkraftwerke in asiatische Staaten zu exportieren, sind ein Beispiel dafür, daß aus der wirtschaftlichen Schwäche dieser Länder das erhebliche Risiko des negativen Technologietransfers erwachsen kann.

Entwicklungsländer
In Afrika, Asien und Südamerika hat inzwischen ein breiter Differenzierungsprozeß auch im Forschungs- und Technologiebereich eingesetzt. Länder der südlichen Weltregionen stehen bereits in erheblichem Wettbewerb untereinander, aber auch mit den Ländern Ost- und Mitteleuropas. Manche Schwellenländer treten auf einigen Gebieten in technologische Konkurrenz zu den westlichen Industriestaaten.

In den meisten Entwicklungsländern sind die Aufwendungen für F&E noch relativ gering, und ihre Anteile am Weltmarkt der neuen Technologien liegen bei wenigen Prozenten. Aber die Position einiger Schwellenländer und sehr großer Entwicklungsländer in Lateinamerika und besonders in Asien wird sich bessern. Sie haben vor allem zunehmend attraktive komparative Vorteile für die Ansiedlung transnationaler Konzerne zu bieten – nämlich eine Kombination von niedrigen Sozial- und Umweltkosten und weitgehend deregulierten Marktverhältnissen.

Die meisten Entwicklungsländer sind ganz auf private Forschungsaktivität angewiesen, weil sie sich eine staatliche Technologieförderung gar nicht leisten können. Die kleinen Potentiale, die es früher dafür gab, wurden vielen hochverschuldeten Ländern durch Strukturanpassungsmaßnahmen mit gravierenden Schnitten in die Staatshaushalte sogar gekürzt. Chancen der Technologieentwicklung bieten sich deshalb nur, wenn in diesen Ländern private Forschung aktiviert werden kann und mehrere Länder sich zusammenschließen. Ansätze dazu sind in Lateinamerika (MERCOSUR) und Asien (ASEAN) vorhanden. Vor allem sollte die regionale natürliche Ressourcenbasis für die Entwicklung der Biotechnologie genutzt werden.

Daß Länder des Südens eigene nationale Industrien im Bereich der Schlüsseltechnologien aufbauen, die sich auf dem Weltmarkt behaupten können, ist allerdings vorerst nicht realistisch. Bedeutung kann der Aufbau von Zulieferbetrieben und Dienstleistungen im strategischen Verbund mit transnationalen Konzernen erlangen. Für deren Ansiedlung ist entscheidend, ob ein Land über Elemente technologischer Kompetenz verfügt, ob eine ausreichende Infrastruktur vorhanden ist, ob Rechtssicherheit und politische Stabilität gegeben sind und ob steuerliche Vergünstigungen locken [vgl. Schaubild 9]. Länder wie Mexiko, Brasilien, Kenia, Südafrika und mehrere südostasiatische Staaten sind auf dem Wege, den etablierten Industrieländern in dieser Hinsicht Paroli zu bieten. Einen – wenn auch durch steigende Kapitalintensität schwächer werdenden – Anreiz bieten in diesen Ländern immer noch die relativ niedrigen Lohnkosten. Besonders in Indien erwächst den Industrieländern eine Flut von Konkurrenten z. B. im Sektor der Softwareproduktion.

Die armen und die kleinen Entwicklungsländer vor allem in Afrika und Teilen Asiens werden von der Entwicklung der neuen Technologien ganz abgehängt bleiben. Anschluß durch Joint-ventures mit transnationalen Konzernen werden Staaten finden, die schon ein gewisses Niveau an Intelligenz, wirtschaftlicher Dynamik und Infrastruktur haben – etwa Taiwan, Südkorea oder Malaysia –, und bevölkerungsreiche Länder, die Kapazitäten strategisch konzentrieren können – wie Indien, China oder Brasilien.

Technologietransfer

Globale Klimaänderungen, Ernährungskrisen, Epidemien und Fluchtbewegungen treffen mit ihren Auswirkungen in erster Linie die Menschen der armen Weltregionen. Sie sind es auch, die am wenigsten vom technologischen Fortschritt profitieren.

80 % der Menschheit sind auf traditionelle Heilmethoden angewiesen. Die kleinbäuerliche Landwirtschaft in weiten Teilen Lateinamerikas, Asiens und Afrikas bleibt von den modernen technologischen Errungenschaften weitgehend unberührt. Es wird geschätzt, daß zwei Drittel der Bauern in Entwicklungsländern ihre Existenz noch auf der Basis

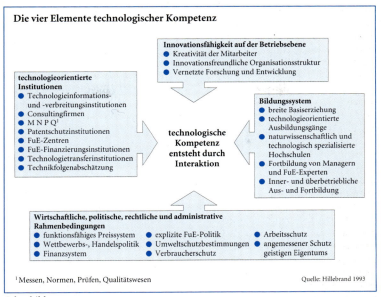

Schaubild 9

eigener traditioneller Züchtungen sichern.

Der Einfluß neuer Technologien auf die Gesellschaften im Süden ist also noch gering. Diese Gesellschaften verfügen jedoch über ein nicht zu unterschätzendes, vom modernen Sektor kaum wahrgenommenes Potential an traditionellem Wissen und natürlichen biologischen Ressourcen, die eine unverzichtbare Grundlage für technologische Innovation bilden.

High-Tech für Entwicklungsländer?

Es ist eine der zentralen Zukunftsfragen, ob und wie Innovationen aus den High-Tech-Labors der Industrieländer ihren Weg in die Wirtschaft und in die Gesellschaften des Südens finden. Mit ihr entscheidet sich, ob globale Probleme der Armut, der Umweltzerstörung und des Bevölkerungswachstums gelöst werden können. Eine wichtige Voraussetzung dafür ist, daß das traditionelle und das moderne wissenschaftliche Wissen miteinander verknüpft werden.

Der Süden wird nicht müde, besseren und breiteren Zugang zu neuesten Technologien zu fordern. Im Norden dominiert die Meinung, daß Spitzentechnologien – wenn sie überhaupt öffentlich verfügbar gemacht werden könnten – wirtschaftlich und sozial schwer integrierbar, jedenfalls aber kaum an die sozialen, wirtschaftlichen und kulturellen Rahmenbedingungen der jeweiligen Nachfrageländer anzupassen seien. Dieses pauschale Gegeneinander von Argumenten greift zu kurz. Die Realität ist differenzierter.

In kleineren Bereichen hat Hochtechnologie über transnationale Konzerne in vielen Ländern des Südens längst Einzug gehalten. Seit Anfang der 90er Jahre nehmen die Direktinvestitionen ausländischer Unternehmen in Entwicklungsländern kontinuierlich zu, besonders in den asiatischen und südamerikanischen Schwellenländern. Zwar sind die Beschäftigungseffekte in Entwicklungsländern, die von transnationalen Konzernen ausgehen, sehr gering (im Durchschnitt um 2%; 1992 waren 12 Millionen Menschen im Süden bei transnationalen Konzernen beschäftigt), und auch der Anteil ausländischer Direktinvestitionen am gesamten nationalen Investitionsvolumen liegt im Durchschnitt bei nur 3–4%. Dennoch darf die Rolle dieser Konzerne bei der Verbreitung moderner Technologien und besonders ihre Ausstrahlungseffekte auf heimische Unternehmen nicht unterschätzt werden.

China, das wichtigste Anlageland für Direktinvestitionen, profitiert am meisten von dieser Form des Technologietransfers, gefolgt von einigen südostasiatischen und südamerikanischen Ländern. Schon seit den 70er – und verstärkt seit den 80er – Jahren treten auch transnationale Konzerne aus der Dritten Welt auf den Plan. Sie konzentrieren sich zwar hauptsächlich in südostasiatischen Ländern, ihr Marktanteil aber nimmt stetig zu. Häufig haben sie ihre technologische Kompetenz in der arbeitsteiligen Kooperation mit Konzernen aus Industrieländern erworben. Im Zusammenspiel mit staatlichen Forschungseinrichtungen können sich, wie das Beispiel der Republik Korea zeigt, beide Seiten positiv beeinflussen.

Zunehmend wichtig wird auch, daß einige wirtschaftlich stärkere Staaten des Südens wie China, Indien und Mexiko bereits über gewisse eigene Forschungs- und Technologiekapazitäten verfügen (z. B. in der Softwareproduktion oder der Halbleitertechnik). In Einzelfällen werden schon heute staatliche oder private Forschungseinrichtungen dieser Länder zu Anziehungspunkten für ausländische Kooperationsinteressen.

Der überwiegenden Mehrheit der Menschen im Süden, die noch agrar-

---

Neue Formen des Technologietransfers – Das Beispiel InBio

Das parastaatliche Instituto Nacional de Biodiversidad in Costa Rica, kurz InBio, beschäftigt sich vornehmlich mit der Inventarisierung der heimischen biologischen Vielfalt. Es ist aber auch wissenschaftlich-technologische Kooperationen mit ausländischen Unternehmen eingegangen. Am prominentesten ist die Zusammenarbeit mit dem größten Pharmakonzern der USA, Merck, Sharp & Dohme. In dessen Auftrag sammelt das Institut Proben von Pflanzen, Insekten und Mikroorganismen aus den Nationalparks, um sie auf ihre pharmakologische Wirksamkeit zu untersuchen. Neben der Beteiligung an möglichen Lizenzgebühren und einer bescheidenen Vorauszahlung kommen den costaricanischen Wissenschaftlern des InBio neueste Laborausstattungen und unternehmenseigene Ausbildungsprogramme in den USA zugute.
Eine weitere Kooperation besteht mit dem kalifornischen Computerunternehmen Intergraph für den Aufbau eines Inventarisierungsprogramms. Zwar sollte diese Zusammenarbeit nicht vorschnell zum Modellfall für alle Entwicklungsländer deklariert werden, da die wirtschaftlichen und politischen Verhältnisse in Costa Rica um einiges günstiger sind als in den Nachbarstaaten, doch ist sie ein gut funktionierendes Beispiel des Technologietransfers im Privatsektor.

gesellschaftlich lebt, kann Spitzentechnologie auf absehbare Zeit kaum Nutzen bringen. Das Interesse der Wirtschaft, die hohe Beträge in F&E investiert, ist nicht auf die Bedürfnisse der breiten Bevölkerung in Entwicklungsländern gerichtet. Es zielt auf die Nachfrage der kaufkräftigen Schichten im Norden und eines wachsenden Mittelstandes in einigen Ländern des Südens.

Die dominante biotechnologische Forschung zielt auf die Agroindustrie: Es geht beispielsweise um herbizidresistente Pflanzen. An ihrer Entwicklung arbeiten mittlerweile 19 der größten multinationalen Agrokonzerne. Man erhofft sich von solchen genetisch modifizierten Pflanzen nicht nur Kostenersparnis, sondern auch erheblichen Gewinnzuwachs, da das Saatgut in Kombination mit Totalherbiziden abgesetzt werden kann.

Auch die bisher eher stockend voranschreitende Entwicklung streßtoleranter Sorten zielt vorwiegend auf den Anbau in Monokulturen, also auf den Agrarexport. Ertragssteigerungen für kleinbäuerliche Betriebe durch die Biotechnologie liegen in weiter Ferne. Schlimmer noch: Die Verdrängung traditioneller Anbausysteme – wie schon mit der Grünen Revolution geschehen – droht weiter fortzuschreiten.

Im Pharmabereich liegen die Schwerpunkte der Forschung eindeutig auf AIDS und Krebs. Die tropenmedizinischen Forschungen hingegen gehen zurück, weil den vielen Menschen, die hier weitere Fortschritte brauchten, die Kaufkraft fehlt. Erst in letzter Zeit wächst wieder das Interesse der US-Pharmakonzerne an einigen asiatischen und lateinamerikanischen Märkten.

Auch für die Mikroelektronik und neue Werkstoffe gilt, daß sich das private Forschungsinteresse hauptsächlich auf den Bedarf in den OECD-Ländern und einigen Schwellenländern richtet. Interessant sind einige Entwicklungsländer als Lieferanten seltener Metalle wie Tantalum und Niobium oder seltener Erden, der Basismaterialien neuer Werkstoffe für die Industrieländer; das zementiert jedoch nur die Position der Entwicklungsländer als Rohstofflieferanten.

Der Schutz geistigen Eigentums

Unternehmen der Industrieländer machen ihre Direktinvestitionen in Entwicklungsländern zunehmend davon abhängig, daß ein ausreichendes Patentschutzsystem vorhanden ist. Fehlt es, dann ist die heimische Industrie in Gefahr, von den Märkten des Nordens abgeschnitten zu werden. Die scharfen Auseinandersetzungen 1995 zwischen den USA und China über nicht lizenzierte Produktimitationen der Chinesen sind ein Hinweis darauf, daß diese Frage zunehmende Konflikte birgt.

Die Uruguay-Runde des GATT hat Bestrebungen zur Vereinheitlichung der Rechte an geistigem Eigentum befördert. Auch wenn die Diskussion um Patentschutz nicht allein in den Nord-Süd-Beziehungen eine Rolle spielt, sondern infolge der zunehmenden ökonomischen Differenzierung auch im Süd-Süd-Dialog an Gewicht gewinnt, zeigen die Resultate der Uruguay-Runde doch, daß in erster Linie die Interessen der Industrieländer bzw. der dort angesiedelten Unternehmen gestärkt worden sind.

Die mögliche Patentierung von Lebensformen stößt in vielen Ländern des Südens auf Widerstand. Nicht nur wegen der Befürchtung, in Zukunft noch mehr Lizenzgebühren für ausländische Patente zahlen zu müssen. Auf Ablehnung stößt auch die mögliche Verletzung traditioneller Werte durch Eingriffe in natürliche

Systeme, bei denen lebende Organismen zu bloßen Wirtschaftsgütern degradiert werden. Der Vertrag von Marrakesch stellt die Patentierung von Tieren und Pflanzen zwar frei, doch einige Industriestaaten üben Druck auf wirtschaftlich potente Länder wie Indien und Brasilien aus, ihr Patentrecht zu ändern, und China hat seit Anfang 1995 bereits ein neues Patentrecht [vgl. Kapitel *Kommunikation*].

Produktpiraterie

US-Konzerne beklagen, daß ihnen im Handel mit Entwicklungsländern allein bei landwirtschaftlichen Hilfsmitteln und Saatgut im Jahre 1990 etwa 200 Millionen, bei Pharmaprodukten sogar 2,5 Milliarden US-$ verlorengingen, weil keine Lizenzgebühren bezahlt worden seien. Insgesamt bezifferten die USA während der GATT-Verhandlungen ihren Verlust durch Patent- und Copyright-»Piraterie« auf mehr als 40 Mrd. US-$. Ähnliche Größenordnungen können auch die Europäische Union und Japan ansetzen.

Das ökonomische Interesse der Industrieländer und ihrer High-Tech-Konzerne, solche »Produktpiraterie« zu unterbinden, hat die jüngsten Entwicklungen im internationalen Patentrecht geprägt. Hier nun zeigt sich, daß Patentschutz auch Innovationen verhindern kann: indem die Offenlegung wissen-

---

Die ökonomische Nutzung der biologischen Vielfalt des Südens

Traditionelles Wissen im Süden wird zugunsten der modernen Agro- und Pharmaindustrie des Nordens profitabel genutzt. Einige Beispiele:

▶ **Aus Westafrika in die USA**
Die einzige Maissorte, die gegen den Südlichen Maisblattbrand genetisch resistent ist – eine Krankheit, die 1970 in den USA Schäden von über 1 Mrd. US-$ verursachte –, wurde auf Bauernfeldern in Westafrika gefunden.

▶ **Aus Indien in die Privatwirtschaft**
Der US-Konzern WR Grace und die P. J. Margo Co. aus Karnataka, Indien, stellen in einer neuen gemeinsamen Produktionsanlage in Indien aus Wirkstoffen des Neembaumes Biopestizide her. Substanzen des Neembaums werden seit Jahrhunderten als Heilmittel und Insektizide genutzt. Die beiden Firmen erwarten bis zum Jahre 2000 ein Weltmarktvolumen von etwa 50 Mio. US-$ für ihre Produkte.

▶ **Von Madagaskar in den Norden**
Zwei Medikamente (gegen Leukämie), die aus Wirkstoffen der madegassischen Strauchpflanze Catharanthus roseus (Rosy Periwinkle) entwickelt wurden, bringen einigen Pharmakonzernen Umsätze von mehr als 100 Mio. US-$ pro Jahr. Die Firma Allelix (ein kanadisches Biotech-Unternehmen) arbeitet zusammen mit Mitsui Pharmaceuticals am Nachbau der natürlichen Wirkstoffe; der Bezug der Pflanze aus Madagaskar könnte bald überflüssig werden.

▶ **Aus Peru in die Privatwirtschaft**
Hauser Chemical Research Inc. versorgt das Unternehmen Cambridge Bioscience Inc. mit natürlichen Extrakten eines peruanischen Baumes, der in seiner Heimat als Heilpflanze genutzt wird. Das Unternehmen verwendet das Material zur Herstellung von Stimulon und testet es neuerdings als potentiellen AIDS-Impfstoff.

(Nach RAFI 1994)

schaftlicher Projekte verzögert, die Verwertung von Forschungsergebnissen verhindert und auch die weitere Forschung behindert werden. Manches wissenschaftliche Projekt auf Spezialgebieten wird eingestellt, um Lizenzkosten zu vermeiden. So hat die Anerkennung der Patente auf sämtliche Arten genetisch manipulierter Baumwolle und Sojabohnen – beantragt von der US-Firma Agracetus – die europäische Forschung auf diesem Feld praktisch zum Erliegen gebracht; hier liegen Entwicklungen für die nächsten 17 Jahre exklusiv bei dem amerikanischen Unternehmen.

Patente für indigenes Wissen?

»Piraterie« gibt es allerdings auch in umgekehrter Richtung. Es ist wenig bekannt, daß eine Vielfalt »informeller« Innovationen die F&E in den modernen Industrien gefördert hat, ohne daß dafür je eine Vergütung gezahlt worden wäre. Auf dem Wissen indigener Völker und traditionaler Gesellschaften über natürliche Wirkstoffe in ihrer heimischen Biosphäre gründet die Entwicklung zahlloser moderner Medikamente, Kulturpflanzensorten, Süß- und Aromastoffe oder industrieller Öle. Diese Grundstoffe, von der Wissenschaft formell »entdeckt«, haben später in der industriellen Nutzung nicht selten Milliardengewinne eingebracht. Die Patentierung isolierter Wirkstoffe bringt einzelnen Unternehmen oft hohe Erträge – die lokale Bevölkerung, der die Erkenntnis ursprünglich zu verdanken ist, geht leer aus.

Für sie kann in Einzelfällen nach der »Entdeckung« des Wirkstoffes das Sammeln von Rohmaterial – wie im Falle des Süßstoffes Thaumatin – eine neue Einkommensquelle eröffnen. Aber diese Quelle ist kaum sehr ergiebig: Mit der biotechnologischen Bearbeitung und Synthetisierung des Wirkstoffes droht ihr baldiges Versiegen.

Es ist dringend notwendig, das Wissen indigener Völker und traditionaler Gesellschaften anzuerkennen und Wege zu einer gerechten Aufteilung der Erträge zu finden. Einer groben Schätzung zufolge gehen von einem jährlichen weltweiten Verkaufsvolumen pharmazeutischer Produkte in Höhe von 130 Mrd. US-$ (1990) Erlöse im Werte von rund 30 Mrd. US-$ auf das Konto traditioneller Heilmittel aus Entwicklungsländern. Die Einnahmen dieser Länder aber – aus dem Export medizinischer Rohmaterialien – summieren sich auf nur 550 Mio. US-$, also weniger als 2%.

Perspektiven und Optionen

Die Antwort der internationalen Gemeinschaft auf die wachsende Gefährdung der globalen Umwelt und andere zentrale Zukunftsprobleme vor allem in der Dritten Welt wird über das künftige Schicksal der Erde und ihrer Menschen entscheiden. Neuen Technologien und dem Technologietransfer kommt dabei eine Schlüsselrolle zu.

Umwelttechnologien werden nur dann im nötigen Umfang gefördert werden, wenn das Defizit an weltweit verbindlichen Umweltstandards behoben wird. Impulse dafür müssen die künftigen Verhandlungen unter dem Dach der neuen Welthandelsorganisation WTO zum Themenkomplex Handel und Umwelt geben. Dann wird die Nachfrage nach Umwelttechnologie weltweit, auch im Süden, wachsen und die Auslagerung stark umweltbelastender Industrien aus dem Norden in arme Länder zu unterbinden sein.

Viele Staaten des Südens lehnen allerdings Forderungen – vor allem der OECD-Länder – nach weltweit verbindlichen Umwelt- und Sozialstandards als Protektionismus ab. Das Konfliktpotential dieses Gegensatzes wird mit der zunehmenden Privatisierung von F&E, die sich negativ auf die öffentliche Bereitstellung neuer Technologien – insbesondere der Biotechnologie – und auf die Zugänglichkeit von Informationen auswirkt, noch wachsen. Der staatliche Sektor in Entwicklungsländern wird zu engerer Partnerschaft mit der Industrie im Rahmen des Technologietransfers finden müssen. Einige Beispiele im Süden belegen, daß solche Kooperationen durchaus Vorteile für beide Seiten bringen können.

Aufgaben der Politik

Die Aufgaben der Politik werden damit keineswegs geringer – im Gegenteil. Staatliche Technologiepolitik muß zunehmend als Prüfstelle – und gegebenenfalls Korrektiv – innovativer Entwicklungen der am Profit, nicht an gesamtgesellschaftlichen Bedürfnissen oder gar globalen Notwendigkeiten orientierten Unternehmen wirken. Besonders die **Risikoforschung** und die **Technikfolgenabschätzung** zeigt in allen Teilen der Welt erhebliche Defizite. Hier vor allem besteht dringender politischer Handlungsbedarf. Zwei der wichtigsten Beispiele:

▶ Der sichere Umgang mit der **Gentechnologie** ist von großer Bedeutung, nicht allein wegen potentieller ökologischer Risiken ihres Einsatzes, sondern auch wegen möglicher sozioökonomischer Folgen und wegen der fundamentalen ethisch-moralischen Fragen, die sie aufwirft.

▶ Die Anwendung immer neuer, revolutionierender **Informations- und Kommunikationstechnologien** bewirkt tiefgreifende Veränderungen in allen Gesellschaften und Kulturen der Welt und in den Beziehungen zwischen ihnen [vgl. Kapitel *Kommunikation*]. Sie verlangen eine neue globale Medienordnung.

Es ist Aufgabe vor allem der Industriestaaten, der Risikoforschung und der Technikfolgenabschätzung oberste Priorität zu geben; sie könnten dann in ihrer Entwicklungspolitik bei der Förderung der technologischen Kompetenz im Süden eine wichtige Katalysatorfunktion übernehmen.

Für die **Entwicklungsländer** werden effektive Formen der Kompetenzförderung, die sich an den Bedürfnissen der Zielgruppen orientieren und gleichzeitig eigene Beiträge aus deren kulturellem Kontext respektieren, im Rahmen des Technologietransfers immer wichtiger. Die Zusammenführung des Wissensschatzes indigener Völker und traditionaler Gesellschaften mit dem modernen Wissenschaftssystem des Nordens im Geiste konstruktiver Lösungsstrategien ist vielleicht eine der größten Herausforderungen am Ende dieses Jahrtausends. Dabei geht es um den gleichberechtigten Dialog über die Interessen beider Seiten und die geeigneten Vermittlungsinstitutionen ebenso wie um die Einrichtung regionaler Technologiezentren – vorzugsweise in Kooperation mit der Wirtschaft und nichtstaatlichen Organisationen – und um die Struktur globaler Informationsaustauschsysteme.

In den **Industrieländern** wird mehr denn je die breitere Diversifizierung von F&E über den technologischen Fortschritt entscheiden. Das fortschreitende

Verschmelzen der einzelnen Hochtechnologiebereiche verlangt nach neuen strategischen Überlegungen in der staatlichen Technologiepolitik. Insbesondere macht die Konkurrenz der großen Wirtschaftsblöcke auf identischen Technologiegebieten mittel- und langfristig keinen Sinn.

Aufgabe der Politik in allen Ländern wird es darüber hinaus sein, zu verhindern, daß die Macht der Großkonzerne kleine und mittelständische Unternehmen vom technologischen Fortschritt ganz ausschließt.

Literatur

ADL (Arthur D. Little) 1993: Studie zur Evaluierung des Programms Materialforschung, Bericht an den Bundesminister für Forschung und Technologie, Wiesbaden.

Bundesministerium für Forschung und Technologie 1993: Deutscher Delphi-Bericht zur Entwicklung von Wissenschaft und Technik, Bonn.

G7 Information Society Conference 1995: Theme Paper 25./26. 2. 1995.

Heaton, G. R. 1995: United Nations Industrial Development Organization: Enhancing the Process of Technological Change, Vienna.

Hillebrand, W./D. Messner/J. Meyer-Stamer 1993: Stärkung technologischer Kompetenz in Entwicklungsländern, DIE, Berlin.

Katzenbach, Erhard/Marisa Pfister 1995: Nationale Konzeptionen der Technologiepolitik in einer globalisierten Weltwirtschaft. Der Fall Deutschlands und der Europäischen Union, HWWA-Report Nr. 154.

Legler, Harald/Hariolf Grupp/Birgit Gehrke/Ulrich Schasse 1992: Innovationspotential und Hochtechnologie, Heidelberg.

Nef, Jorge et al. 1989: Ethics and Technology. Ethical Choices in the Age of Pervasive Technology. University of Guelph.

OECD: Annual Review, div. Jge., Industrial Policy in OECD Countries, Paris.

– 1992: Main Science and Technology Indicators, Paris.

OECD/DAC 1994: Effective Technology Transfer, Co-operation and Capacity Building for Sustainable Development, Paris.

RAFI (Rural Advancement Foundation International) 1994: Conserving Indigenous Knowledge: Integrating Two Systems of Innovation, New York.

Spangenberg, Joachim 1992: Das grüne Gold der Gene, Wuppertal.

TAB 1994a (Büro für Technikfolgenabschätzung beim Deutschen Bundestag; Coenen, R./Ch. Katz/S. Klein-Vielhauer/R. Meyer/Ch. Wennrich): »Umwelttechnik und wirtschaftliche Entwicklung«. Arbeitsbericht Nr. 30, Bonn.

– 1994b (Socher, M./Th. Rieken/D. Baumer): »Neue Werkstoffe«. Arbeitsbericht Nr. 26 (Endbericht, Langfassung), Bonn.

Tolentino, Paz Estrella E. 1993: Technological Innovation and Third World Multinationals, London.

UNESCO 1993: World Science Report, Paris.

– Statistical Yearbook, div. Jahrgänge.

UN (United Nations) 1990: Global Outlook 2000, New York.

– 1992, 1994: World Investment Report 1992, 1994, New York.

Young, John E. 1994: Globales Netzwerk – Wie Computer helfen können, die Umwelt zu retten. Worldwatch Paper No. 9., Schwalbach.

Anhang

501 **Die Länder der Erde**

512 **Quellen- und Literaturverzeichnis**

514 **Abkürzungsverzeichnis**

520 **Autorinnen und Autoren**

522 **Register**
Sachregister
Verzeichnis der Länder und Regionen
Verzeichnis wichtiger internationaler Abkommen

Länder der Erde

Erläuterungen

Die Daten der »Länder der Erde« wurden dem Weltentwicklungsbericht 1995 der Weltbank entnommen, da Angaben besser vergleichbar sind, wenn sie auf einer einheitlichen Datengrundlage basieren. Trotzdem sollten die aufgeführten Daten lediglich als Orientierungswerte angesehen werden. Viele Faktoren beeinflussen nämlich die Zuverlässigkeit der Daten. Vielfach beruhen sie auf Schätzungen oder Extrapolationen der Weltbank oder anderer Institutionen, die die Weltbank als Quelle ihrer Daten heranzieht. Auch sind die statistischen Erhebungsmöglichkeiten in vielen Entwicklungsländern immer noch unzulänglich; die angewandten statistischen Methoden, der erfaßte Bereich und nicht zuletzt die Definitionen sind von Land zu Land oft unterschiedlich. Insbesondere in den 15 Ländern der ehemaligen Sowjetunion müssen Probleme bei der statistischen Datenerhebung erst noch gelöst werden. Mehr als normalerweise gilt für deren Daten, daß sie bestenfalls einen Trend widerspiegeln.

Einige Werte beziehen sich aufgrund der Verfügbarkeit zudem nicht auf das angegebene Jahr, sondern stellen die Situation in einem der Vorjahre dar. Weiterhin muß beachtet werden, daß eine Reihe von Indikatoren lediglich den Durchschnitt der Lebenssituation innerhalb eines Landes widerspiegeln können. Hier kann es aufgrund regionaler Unterschiede, Stadt-Land-Differenzen, Zugehörigkeit zu bestimmten Bevölkerungsgruppen oder durch geschlechtsspezifische Gründe zu erheblichen Abweichungen vom dargestellten Mittelwert kommen.

Länder der Erde
(192 Länder, die Anfang 1995 als souveräne Staaten anerkannt waren)

	Fläche (in 1.000 km²)	Bevölkerung (in Mio.)	BIP (in Mio. US-$)	BSP pro Kopf (in US-$)	Bevölkerungswachstum (durchschnittl. jährl. Wachstum in %)	Hypothetische Bevölkerung (in Mio.)	Stadtbevölkerung (in % der Gesamtbevölkerung)	Lebenserwartung (zum Zeitpunkt der Geburt in Jahren)
	1993	1993	1993	1993	1980–1993	2025	1993	1993
Europa								
Albanien	29,0	3,4	692	340	1,8	5	37	72
Andorra[2]	0,4	0,1	n. v.	16.620	4,7	n. v.	63	78
Belgien	31,0	10,0	210.576	21.650	0,2	10	97	77
Bosnien-Herzegowina[2]	51,1	4,4	n. v.	n. v.	0,9	n. v.	36	71
Bulgarien	111,0	8,9	10.369	1.140	0,0	8	70	71
Dänemark	43,0	5,2	117.587	26.730	0,1	5	85	75
Deutschland	357,0	80,7	1.910.760	23.560	0,2	76	86	76
Estland	45,0	1,6	5.092	3.080	0,4	1	73	69
Finnland	338,0	5,1	74.124	19.300	0,4	5	62	76
Frankreich	552,0	57,5	1.251.689	22.490	0,5	61	73	77
Georgien	70,0	5,4	2.994	580	0,6	6	58	73
Griechenland	132,0	10,4	63.240	7.390	0,6	10	64	78
Großbritannien	245,0	57,9	819.038	18.060	0,2	61	89	76
Irland	70,0	3,5	42.962	13.000	0,3	4	57	75
Island[2]	103,0	0,3	n. v.	23.620	1,0	n. v.	90	78
Italien	301,0	57,1	991.386	19.840	0,1	52	67	78
Jugoslawien[2]	102,2	10,6	n. v.	n. v.	0,7	n. v.	52	72
Kroatien[2]	56,5	4,8	n. v.	2.505	0,1	n. v.	n. v.	70
Lettland	65,0	2,6	4.601	2.010	0,2	2	72	69
Liechtenstein[2]	0,2	0,0	n. v.	33.000	1,6	n. v.	46	70
Litauen	65,0	3,7	4.335	1.320	0,6	4	71	70
Luxemburg[2]	2,6	0,4	n. v.	35.850	0,4	n. v.	86	76
Mazedonien, ehem. jugosl. Republik	26,0	2,1	1.704	820	1,1	3	59	72
Malta[2]	0,3	0,4	n. v.	7.970	0,4	n. v.	88	76
Moldau[2]	34,0	4,4	4.292	1.060	0,7	5	50	68
Monaco[2]	0,002	0,029	n. v.	n. v.	0,6	n. v.	100	n. v.
Niederlande	37,0	15,3	309.227	20.950	0,6	16	89	78
Norwegen	324,0	4,3	103.419	25.970	0,4	5	73	77
Österreich	84,0	7,9	182.067	23.510	0,3	8	55	76
Polen	313,0	38,3	85.853	2.260	0,6	42	64	71
Portugal	92,0	9,8	85.665	9.130	0,1	10	35	75
Rumänien	238,0	22,8	25.969	1.140	0,2	22	55	70
Russische Föderation	17.075,0	148,7	329.432	2340	0,5	146	75	65
San Marino[2]	0,06	0,02	n. v.	8356	0,3	n. v.	90	74
Schweden	450,0	8,7	166.745	24740	0,3	10	83	78
Schweiz	41,0	7,1	232.161	35760	0,7	8	60	78
Slowakei	49,0	5,3	11.076	1950	0,5	6	58	71
Slowenien	20,0	1,9	10.337	6490	0,4	2	62	73
Spanien	505,0	39,5	478.582	13590	0,4	38	76	78
Tschechische Republik	79,0	10,3	31.613	2710	0,0	11	65	71
Türkei	779,0	59,6	156.413	2970	2,3	91	66	67
Ukraine	604,0	51,6	109.078	2210	0,2	49	69	69
Ungarn	93,0	10,2	38.099	3350	−0,4	9	64	69
Vatikanstadt[2]	0,0004	0,0007	n. v.	n. v.	n. v.	n. v.	100	n. v.
Weißrußland	208,0	10,2	27.545	2870	0,4	10	69	70
Zypern[2]	9,2	0,8	n. v.	10380	0,7	n. v.	69	77

[1] Angaben bis auf Fläche, Bevölkerung und BSP pro Kopf nach dem World Development Report 1992. Die Werte stellen dementsprechend die Situation zu einem drei Jahre früheren als dem angegebenen Zeitpunkt dar.

nwohner pro Arzt	Analphabetenquote der Erwachsenen (über 15 Jahre, in %)	Kinder in Grundschulen (% der Altersgruppe)	Verteidigungsausgaben (in % der Gesamtausgaben der Zentralregierung)	Auslandsschulden (gesamt, in Mio. US-$)	Gesamter Schuldendienst (Zins und Tilgung, in % der Exporterlöse)	Einnahmen aus öffentlicher Entwicklungshilfe (in Mio. US-$)	Einnahmen aus öffentlicher Entwicklungshilfe (in % des BSP)	
1993	1990	1992	1993	1993	1993	1993	1993	
								Europa
n. v.	n. v.	101	n. v.	755	0,2	194	n. v.	Albanien
502	0	n. v.	n. v.	n. v.	n. v.	n. v.	n. v.	Andorra[2]
310	<5	99	n. v.	–	–	–	–	Belgien
n. v.	14	n. v.	n. v.	n. v.	n. v.	n. v.	n. v.	Bosnien-Herzegowina[2]
320	n. v.	90	6,3	12.250	5,6	n. v.	n. v.	Bulgarien
390	<5	95	5,0	–	–	–	–	Dänemark
370	<5	107	6,4	–	–	–	–	Deutschland
260	n. v.	85	2,7	155	1,6	n. v.	n. v.	Estland
410	<5	100	4,4	–	–	–	–	Finnland
350	<5	106	6,0	–	–	–	–	Frankreich
180	1	n. v.	n. v.	568	2,7	n. v.	n. v.	Georgien
580	7	n. v.	8,9	n. v.	n. v.	44	0,1	Griechenland
n. v.	<5	104	9,9	–	–	–	–	Großbritannien
630	<5	103	3,2	–	–	–	–	Irland
355	0	n. v.	n. v.	–	–	–	–	Island[2]
210	<5	95	n. v.	–	–	–	–	Italien
533	9	n. v.	n. v.	n. v.	n. v.	n. v.	n. v.	Jugoslawien[2]
356	2	n. v.	n. v.	n. v.	n. v.	n. v.	n. v.	Kroatien[2]
280	n. v.	n. v.	n. v.	231	n. v.	n. v.	n. v.	Lettland
1.007	0	n. v.	n. v.	–	–	–	–	Liechtenstein[2]
230	n. v.	92	3,5	291	0,2	n. v.	n. v.	Litauen
492	0	n. v.	n. v.	–	–	–	–	Luxemburg[2]
430	n. v.	n. v.	n. v.	866	n. v.	n. v.	n. v.	Mazedonien, ehem. jugosl. Republik
890	4	n. v.	n. v.	n. v.	n. v.	n. v.	n. v.	Malta[2]
250	4	94	n. v.	289	0,5	n. v.	n. v.	Moldau
490	0	n. v.	n. v.	–	–	–	–	Monaco[2]
410	<5	98	4,2	–	–	–	–	Niederlande
n. v.	<5	99	n. v.	–	–	–	–	Norwegen
230	<5	103	2,3	–	–	–	–	Österreich
450	n. v.	98	n. v.	45.306	9,2	n. v.	n. v.	Polen
490	15	120	n. v.	36.942	19,3	n. v.	n. v.	Portugal
540	n. v.	88	8,1	4.456	6,2	n. v.	n. v.	Rumänien
220	2	98	n. v.	83.089	4,6	n. v.	n. v.	Russische Föderation
375	2	n. v.	n. v.	n. v.	n. v.	n. v.	n. v.	San Marino[2]
370	<5	101	5,3	–	–	–	–	Schweden
630	<5	105	n. v.	–	–	–	–	Schweiz
290	n. v.	100	n. v.	3.330	8,1	n. v.	n. v.	Slowakei
n. v.	n. v.	n. v.	n. v.	1.923	n. v.	n. v.	n. v.	Slowenien
280	5	107	4,2	–	–	–	–	Spanien
270	n. v.	95	6,3	8.660	7,0	n. v.	n. v.	Tschechische Republik
980	19	112	8,9	67.862	28,3	461	0,	Türkei
220	2	n. v.	n. v.	3.584	1,3	n. v.	n. v.	Ukraine
340	n. v.	89	n. v.	24.771	38,8	n. v.	n. v.	Ungarn
n. v.	n. v.	n. v.	n. v.	–	–	–	–	Vatikanstadt[2]
230	2	87	6,2	961	0,7	n. v.	n. v.	Weißrußland
476	5	n. v.	n. v.	n. v.	n. v.	n. v.	n. v.	Zypern[2]

[2] Daten nach Harenberg Länderlexikon '95/96
n. v. = nicht verfügbar

Anhang

	Fläche (in 1.000 km²)	Bevölkerung (in Mio.)	BIP (in Mio. US-$)	BSP pro Kopf (in US-$)	Bevölkerungswachstum (durchschnittl. jährl. Wachstum in %)	Hypothetische Bevölkerung (in Mio.)	Stadtbevölkerung (in % der Gesamtbevölkerung)	Lebenserwartung (zum Zeitpunkt der Geburt in Jahren)
	1993	1993	1993	1980–1993	2025	1993	1993	
Afrika								
Ägypten	1.001,0	56,4	35.784	660	2,0	n. v.	44	64
Algerien	2.382,0	26,7	39.836	1.780	2,7	45	54	67
Angola[1]	1.246,7	10,3	7.700	n. v.	2,6	27	28	47
Äquatorialguinea[2]	28,0	0,4	n. v.	6.540	5,1	n. v.	37	48
Äthiopien	1.097,0	51,9	5.750	100	2,7	127	13	48
Benin	113,0	5,1	2.125	430	3,0	12	30	48
Botsuana	582,0	1,4	3.813	2.790	3,4	3	26	65
Burkina Faso	274,0	9,8	2.698	300	2,6	22	23	47
Burundi	28,0	6,0	855	180	2,9	13	7	50
Côte d'Ivoire	322,0	13,3	8.087	630	3,7	37	42	51
Dschibuti[2]	23,2	0,6	n. v.	780	4,2	n. v.	81	47
Eritrea[2]	117,4	3,7	n. v.	115	3,1	n. v.	15	48
Gabun	268,0	1,0	5.420	4.960	1,7	3	48	54
Gambia	11,0	1,0	303	350	3,7	2	24	45
Ghana	239,0	16,4	6.084	430	3,3	38	35	56
Guinea	246,0	6,3	3.172	500	2,7	15	28	45
Guinea-Bissau	36,0	1,0	241	240	2,0	2	21	44
Kamerun	475,0	12,5	11.082	820	2,8	29	43	57
Kap Verde[2]	4,0	0,4	n. v.	840	2,4	n. v.	32	65
Kenia	580,0	25,3	4.691	270	3,3	46	26	58
Komoren[2]	1,8	0,5	n. v.	510	3,6	n. v.	28	56
Kongo	342,0	2,4	2.385	950	2,9	6	57	51
Lesotho	30,0	1,9	609	650	2,9	4	22	61
Liberia[1]	97,7	2,8	n. v.	<695	3,1	6	46	56
Libyen[1]	1.759,5	5,0	n. v.	n. v.	4,1	14	70	64
Madagaskar	587,0	13,9	3.126	220	3,3	34	26	57
Malawi	118,0	10,5	1.810	200	n. v.	n. v.	13	45
Mali	1.240,0	10,1	2.662	270	3,0	25	26	46
Marokko	447,0	25,9	26.635	1.040	2,2	41	47	64
Mauretanien	1.026,0	2,2	859	500	2,6	4	51	52
Mauritius	2,0	1,1	2.780	3.030	0,9	1	41	70
Mosambik	802,0	15,1	1.367	90	1,7	35	31	46
Namibia	824,0	1,5	2.109	1.820	2,7	3	35	59
Niger	1.267,0	8,6	2.220	270	3,3	22	16	47
Nigeria	924,0	105,3	31.344	300	2,9	238	38	51
Ruanda	26,0	7,6	1.359	210	2,9	16	6	n. v.
Sambia	753,0	8,9	3.685	380	3,4	19	42	48
São Tomé und Príncipe[2]	1,0	0,1	n. v.	330	2,3	n. v.	41	66
Senegal	197,0	7,9	5.770	750	2,7	17	41	50
Seychellen[2]	0,5	0,1	n. v.	5.750	0,9	n. v.	59	70
Sierra Leone	72,0	4,5	660	150	2,5	n. v.	35	39
Simbabwe	391,0	10,7	4.986	520	3,2	20	31	53
Somalia[1]	637,7	9,0	n. v.	<695	3,1	21	36	47
Sudan[1]	2.506,0	25,1	n. v.	<695	2,7	55	22	53
Südafrika	1.221,0	39,7	105.636	2.980	2,4	71	50	63
Swasiland[2]	17,4	0,8	n. v.	1.080	3,4	n. v.	32	55
Tansania	945,0	28,0	2.086	90	3,2	63	23	52
Togo	57,0	3,9	1.249	340	3,0	9	30	55
Tschad	1.284,0	6,0	1.133	210	2,3	13	21	48
Tunesien	164,0	8,7	12.784	1.720	2,3	13	56	68

[1] Angaben bis auf Fläche, Bevölkerung und BSP pro Kopf nach dem World Development Report 1992. Die Werte stellen dementsprechend die Situation zu einem drei Jahre früheren als dem angegebenen Zeitpunkt dar

Einwohner pro Arzt	Analphabetenquote der Erwachsenen (über 15 Jahre, in %)	Kinder in Grundschulen (% der Altersgruppe)	Verteidigungsausgaben (in % der Gesamtausgaben der Zentralregierung)	Auslandsschulden (gesamt, in Mio. US-$)	Gesamter Schuldendienst (Zins und Tilgung, in % der Exporterlöse)	Einnahmen aus öffentlicher Entwicklungshilfe (in Mio. US-$)	Einnahmen aus öffentlicher Entwicklungshilfe (in % des BSP)	
1993	1990	1992	1993	1993	1993	1993	1993	
								Afrika
1340	52	101	8,2	40.626	14,9	2.304	5,9	Ägypten
2330	43	99	n. v.	25.757	76,9	359	0,7	Algerien
n. v.	58	94	n. v.	7.710	n. v.	21,2	n. v.	Angola[1]
3.622	38	n. v.	n. v.	n. v.	n. v.	n. v.	n. v.	Äquatorialguinea[2]
32.650	n. v.	22	n. v.	4.729	9,0	1.087	n. v.	Äthiopien
n. v.	77	66	n. v.	1.487	4,9	267	12,5	Benin
n. v.	26	116	11,9	674	n. v.	127	3,3	Botsuana
57.320	82	31	n. v.	1.144	7,0	457	16,2	Burkina Faso
17.240	50	69	n. v.	1.063	36,0	244	25,8	Burundi
n. v.	46	69	n. v.	19.146	29,2	766	8,2	Côte d'Ivoire
5.258	66	n. v.	n. v.	n. v.	n. v.	n. v.	n. v.	Dschibuti[2]
36.000	80	n. v.	n. v.	n. v.	n. v.	n. v.	n. v.	Eritrea[2]
n. v.	39	n. v.	n. v.	3.818	6,0	102	1,9	Gabun
n. v.	73	69	n. v.	386	13,5	92	25,5	Gambia
22.970	40	74	4,9	4.590	22,8	633	10,4	Ghana
n. v.	76	42	n. v.	2.864	9,5	414	13,0	Guinea
n. v.	64	n. v.	n. v.	692	22,6	97	40,3	Guinea-Bissau
12.000	46	101	9,4	6.601	20,3	547	4,9	Kamerun
4.929	53	n. v.	n. v.	n. v.	n. v.	n. v.	n. v.	Kap Verde[2]
n. v.	31	95	6,2	6.994	28,0	894	16,1	Kenia
11.100	50	n. v.	n. v.	n. v.	n. v.	n. v.	n. v.	Komoren[2]
n. v.	43	n. v.	n. v.	5.071	10,8	129	5,2	Kongo
n. v.	n. v.	106	6,5	512	5,1	128	16,8	Lesotho
n. v.	61	n. v.	9,8	1.870	n. v.	115	n. v.	Liberia[1]
n. v.	36	n. v.	n. v.	n. v.	n. v.	20	n. v.	Libyen[1]
n. v.	20	92	7,5	4.594	14,3	370	11,0	Madagaskar
50.360	n. v.	66	n. v.	1.821	22,3	503	25,5	Malawi
21.180	68	25	n. v.	2.650	4,5	360	13,5	Mali
4.840	51	69	n. v.	21.430	31,7	751	2,8	Marokko
n. v.	66	55	n. v.	2.203	27,4	331	34,9	Mauretanien
n. v.	n. v.	106	1,5	999	6,4	27	0,8	Mauritius
n. v.	67	60	n. v.	5.264	20,6	1.162	79,2	Mosambik
4.320	n. v.	124	6,6	n. v.	n. v.	154	6,2	Namibia
35.140	72	29	n. v.	1.704	31,0	347	15,6	Niger
n. v.	49	76	n. v.	32.531	n. v.	284	0,9	Nigeria
72.990	50	71	n. v.	910	5,0	361	24,1	Ruanda
11.430	72	97	n. v.	6.788	32,8	870	23,6	Sambia
2.819	33	n. v.	n. v.	n. v.	n. v.	n. v.	n. v.	São Tomé und Príncipe[2]
17.650	62	58	n. v.	3.768	8,4	508	8,8	Senegal
992	40	n. v.	n. v.	n. v.	n. v.	n. v.	n. v.	Seychellen[2]
n. v.	79	48	n. v.	1.388	11,9	1.204	164,4	Sierra Leone
7180	33	119	n. v.	4.168	31,1	460	8,1	Simbabwe
n. v.	76	n. v.	n. v.	2.350	11,7	428	45,9	Somalia[1]
n. v.	73	n. v.	n. v.	15.383	5,8	792	9,3	Sudan[1]
n. v.	n. v.	n. v.	n. v.	n. v.	n. v.	n. v.	n. v.	Südafrika
7971	33	n. v.	n. v.	n. v.	n. v.	n. v.	n. v.	Swasiland[2]
24.880	n. v.	68	n. v.	4.522	20,6	949	40,0	Tansania
n. v.	57	111	n. v.	1.292	8,5	101	8,1	Togo
29.410	70	65	n. v.	757	7,2	229	19,1	Tschad
1.540	35	117	5,4	8.701	20,6	250	1,7	Tunesien

[2] Daten nach Harenberg Länderlexikon '95/96
n. v. = nicht verfügbar

Anhang

	Fläche (in 1.000 km²)	Bevölkerung (in Mio.)	BIP (in Mio. US-$)	BSP pro Kopf (in US-$)	Bevölkerungswachstum (durchschnittl. jährl. Wachstum in %)	Hypothetische Bevölkerung (in Mio.)	Stadtbevölkerung (in % der Gesamtbevölkerung)	Lebenserwartung (zum Zeitpunkt der Geburt in Jahren)
		1993	1993	1993	1980–1993	2025	1993	1993
Afrika								
Uganda	236,0	18,0	3.037	180	2,4	n. v.	12	45
Zaire[1]	2.344,9	41,2	n. v.	<695	3,2	89	40	52
Zentralafrikanische Republik	623,0	3,2	1.172	400	2,4	6	39	50
Amerika								
Antigua und Barbuda[2]	0,4	0,1	n. v.	6.390	0,5	n. v.	31	72
Argentinien	2.767,0	33,8	255.595	7.220	1,4	46	87	72
Bahamas[2]	13,9	266,0	n. v.	11.500	1,9	n. v.	64	73
Barbados[2]	0,4	0,3	n. v.	6.240	0,3	n. v.	38	76
Belize[2]	23,0	0,2	n. v.	2.380	2,5	n. v.	47	74
Bolivien	1.099,0	7,1	5.382	760	2,1	13	59	60
Brasilien	8.512,0	156,5	444.205	2.930	2,0	230	71	67
Chile	757,0	13,8	43.684	3.170	1,7	20	84	74
Costa Rica	51,0	3,3	7.577	2.150	n. v.	n. v.	49	76
Dominica[2]	0,7	0,1	n. v.	2.570	−0,3	n. v.	25	76
Dominikanische Republik	49,0	7,5	9.510	1.230	2,2	11	63	70
Ecuador	284,0	11,0	14.421	1.200	2,5	18	57	69
El Salvador	21,0	5,5	7.625	1.320	1,5	10	45	67
Grenada[2]	0,3	0,1	n. v.	2.410	0,2	n. v.	65	72
Guatemala	109,0	10,0	11.309	1.100	2,9	22	41	65
Guyana[2]	215,0	0,7	n. v.	350	0,3	n. v.	31	65
Haiti[1]	27,7	6,9	n. v.	<695	1,9	11	28	57
Honduras	112,0	5,3	2.867	600	3,1	11	43	68
Jamaika	11,0	2,4	3.825	1.440	0,9	3	53	74
Kanada	9.976,0	28,8	477.468	19.970	1,2	38	77	78
Kolumbien	1.139,0	35,7	54.076	1.400	2,3	n. v.	72	70
Kuba[1]	110,9	10,9	n. v.	n. v.	1,2	n. v.	75	76
Mexico	1.958,0	90,0	343.472	3.610	2,3	137	74	71
Nicaragua	130,0	4,1	1.800	340	3,0	9	62	67
Panama	76,0	2,5	6.565	2.600	2,0	4	53	73
Paraguay	407,0	4,7	6.825	1.510	3,1	9	51	70
Peru	1.285,0	22,9	41.061	1.490	2,1	37	71	66
St. Kitts und Nevis[2]	0,3	0,0	n. v.	4.120	−1,2	n. v.	49	68
St. Lucia[2]	0,6	0,1	n. v.	2.900	1,9	n. v.	46	70
St. Vincent und die Grenadinen[2]	0,4	0,1	n. v.	2.040	0,9	n. v.	25	70
Suriname[2]	163,8	0,4	n. v.	1.210	2,6	n. v.	65	70
Trinidad und Tobago	5,0	1,3	4.487	3.830	1,3	2	71	72
Uruguay	177,0	3,1	13.144	3.830	0,6	4	90	73
Venezuela	912,0	20,9	59.995	2.840	2,5	35	92	72
Vereinigte Staaten (USA)	9.809,0	257,8	6.259.899	24.740	1,0	331	76	76

[1] Angaben bis auf Fläche, Bevölkerung und BSP pro Kopf nach dem World Development Report 1992. Die Werte stellen dementsprechend die Situation zu einem drei Jahre früheren als dem angegebenen Zeitpunkt dar.

Einwohner pro Arzt	Analphabeten- quote der Erwachsenen (über 15 Jahre, in %)	Kinder in Grund- schulen (% der Alters- gruppe)	Verteidigungs- ausgaben (in % der Gesamtaus- gaben der Zentral- regierung)	Auslands- schulden (gesamt, in Mio. US-$)	Gesamter Schulden- dienst (Zins und Tilgung, in % der Export- erlöse)	Einnahmen aus öffent- licher Ent- wicklungs- hilfe (in Mio. US-$)	Einnahmen aus öffent- licher Ent- wicklungs- hilfe (in % des BSP)	
1993	1990	1992	1993	1993	1993	1993	1993	
								Afrika
n. v.	52	71	n. v.	3.056	143,6	616	19,0	Uganda
n. v.	28	78	6,7	10.115	15,4	823	10,9	Zaire[1]
n. v.	62	n. v.	n. v.	904	4,8	174	14,1	Zentralafrikanische Republik
								Amerika
1.333	10	n. v.	n. v.	n. v.	n. v.	n. v.	n. v.	Antigua und Barbuda[2]
n. v.	5	107	n. v.	74.473	46,0	283	0,1	Argentinien
714	5	n. v.	n. v.	n. v.	n. v.	n. v.	n. v.	Bahamas[2]
1.042	2	n. v.	n. v.	n. v.	n. v.	n. v.	n. v.	Barbados[2]
2.021	7	n. v.	n. v.	n. v.	n. v.	n. v.	n. v.	Belize[2]
n. v.	23	85	8,2	4.213	59,4	570	10,6	Bolivien
n. v.	19	106	2,6	132.749	24,4	238	0,0	Brasilien
2.150	7	96	9,1	20.637	23,4	184	0,4	Chile
n. v.	7	105	n. v.	3.872	18,1	99	1,3	Costa Rica
1.947	6	n. v.	n. v.	n. v.	n. v.	n. v.	n. v.	Dominica[2]
n. v.	17	n. v.	n. v.	4.633	12,1	2	0,0	Dominikanische Republik
960	14	n. v.	n. v.	14.110	25,7	240	1,7	Ecuador
n. v.	27	78	16,0	2.012	14,9	405	5,3	El Salvador
1.617	15	n. v.	n. v.	n. v.	n. v.	n. v.	n. v.	Grenada[2]
n. v.	45	79	n. v.	2.954	13,2	212	1,9	Guatemala
2.552	4	n. v.	n. v.	n. v.	n. v.	n. v.	n. v.	Guyana[2]
n. v.	47	84	n. v.	874	9,5	183	6,6	Haiti[1]
2.330	27	105	n. v.	3.865	31,5	324	9,7	Honduras
n. v.	2	106	n. v.	4.279	20,1	109	2,8	Jamaika
450	<5	107	6,8	–	–	–	–	Kanada
n. v.	13	117	n. v.	17.173	29,4	109	0,2	Kolumbien
n. v.	6	103	n. v.	n. v.	n. v.	n. v.	n. v.	Kuba[1]
n. v.	13	113	n. v.	118.028	31,5	402	0,1	Mexiko
1.490	n. v.	102	6,8	10.445	29,1	323	17,9	Nicaragua
n. v.	12	106	4,2	6.802	3,1	79	1,2	Panama
1.260	10	110	10,7	1.599	14,9	137	2,0	Paraguay
940	15	119	n. v.	20.328	58,7	560	1,4	Peru
1.498	2	n. v.	n. v.	n. v.	n. v.	n. v.	n. v.	St. Kitts und Nevis[2]
2.521	20	n. v.	n. v.	n. v.	n. v.	n. v.	n. v.	St. Lucia[2]
2.690	15	n. v.	n. v.	n. v.	n. v.	n. v.	n. v.	St. Vincent und die Grenadinen[2]
1.348	5	n. v.	n. v.	n. v.	n. v.	n. v.	n. v.	Suriname[2]
n. v.	n. v.	95	n. v.	2.137		3	0,1	Trinidad und Tobago
n. v.	4	108	8,0	7.259	27,7	121	0,9	Uruguay
640	8	99	n. v.	37.465	22,8	50	0,1	Venezuela
420	<5	104	19,3	–	–	–	–	Vereinigte Staaten (USA)

[2] Daten nach Harenberg Länderlexikon '95/96
n. v. = nicht verfügbar

Anhang

	Fläche (in 1.000 km²)	Bevölkerung (in Mio.)	BIP (in Mio. US-$)	BSP pro Kopf (in US-$)	Bevölkerungswachstum (durchschnittl. jährl. Wachstum in %)	Hypothetische Bevölkerung (in Mio.)	Stadtbevölkerung (in % der Gesamtbevölkerung)	Lebenserwartung (zum Zeitpunkt der Geburt in Jahren)
	1993	1993	1993	1993	1980–1993	2025	1993	1993
Asien								
Afghanistan[1]	652,1	17,7	n. v.	<695	n. v.	n. v.	n. v.	44
Armenien	30,0	3,7	2.190	660	1,5	5	68	73
Aserbaidschan	87,0	7,4	4.992	730	1,4	10	55	71
Bahrain[2]	0,7	0,5	n. v.	7870	3,9	n. v.	83	72
Bangladesch	144,0	115,2	23.977	220	2,1	n. v.	17	56
Bhutan[2]	47,0	1,6	n. v.	180	2,1	n. v.	13	49
Brunei[2]	5,8	0,3	n. v.	16.730	3,8	n. v.	90	74
China	9.561,0	1.178,4	425.611	490	1,4	1.471	29	69
Indien	3.288,0	898,2	225.431	300	2,0	1.392	26	61
Indonesien	1.905,0	187,2	144.707	740	1,7	n. v.	33	63
Irak[1]	438,3	19,5	n. v.	n. v.	3,6	48	71	66
Iran	1.648,0	64,2	107.335	n. v.	n. v.	n. v.	58	68
Israel	21,0	5,2	69.739	13.920	2,3	8	90	77
Japan	378,0	124,5	4.214.204	31.490	0,5	122	77	80
Jemen	528,0	13,2	11.958	n. v.	3,6	n. v.	32	51
Jordanien	89,0	4,1	4.441	1.190	4,9	9	70	70
Kambodscha[1]	181,0	9,7	n. v.	<695	2,6	14	12	52
Kasachstan	2.717,0	17,0	24.728	1.560	1,0	22	59	70
Katar[2]	11,4	0,5	n. v.	15.140	7,5	n. v.	90	72
Kirgisistan	199,0	4,6	3.915	850	1,8	7	39	69
Korea (Nord)[2]	122,7	22,6	n. v.	991	1,7	n. v.	60	69
Korea (Süd)	99,0	44,1	330.831	7.660	1,1	54	78	71
Kuwait	18,0	1,8	22.402	19.360	1,9	3	97	75
Laos	237,0	4,6	1.334	280	2,8	10	20	52
Libanon[1]	10,4	3,9	n. v.	n. v.	n. v.	n. v.	n. v.	69
Malaysia	330,0	19,0	64.450	3.140	2,5	32	52	71
Malediven[2]	0,3	0,2	n. v.	820	3,3	n. v.	26	65
Mongolei	1.567,0	2,3	539	390	2,6	4	60	64
Myanmar	677,0	44,6	n. v.	n. v.	2,1	76	26	58
Nepal	141,0	20,8	3.551	190	2,6	41	13	54
Oman	212,0	2,0	11.686	4.850	4,5	6	12	70
Pakistan	796,0	122,8	46.360	430	2,8	n. v.	34	62
Philippinen	300,0	64,8	54.068	850	2,3	105	52	67
Saudi-Arabien	2.150,0	17,4	121.530	n. v.	4,4	43	79	70
Singapur	1,0	2,8	55.153	19.850	1,1	3	100	75
Sri Lanka	66,0	17,9	9.377	600	1,5	25	22	72
Syrien[1]	185,2	13,7	n. v.	n. v.	3,6	35	50	68
Tadschikistan	143,0	5,8	2.520	470	2,9	12	32	70
Taiwan[2]	36,0	20,9	n. v.	10.566	1,1	n. v.	75	75
Thailand	513,0	58,1	124.862	2.110	1,7	74	19	69
Turkmenistan	488,0	3,9	5.156	n. v.	2,4	7	45	65
Usbekistan	447,0	21,9	20.425	970	2,4	38	41	69
Vereinigte Arabische Emirate	84,0	1,8	34.935	21.430	4,4	3	83	74
Vietnam	332,0	71,3	12.834	170	2,2	118	20	66

[1] Angaben bis auf Fläche, Bevölkerung und BSP pro Kopf nach dem World Development Report 1992. Die Werte stellen dementsprechend die Situation zu einem drei Jahre früheren als dem angegebenen Zeitpunkt dar.

nwohner ro Arzt 1993	Analphabeten- quote der Erwachsenen (über 15 Jahre, in %) 1990	Kinder in Grund- schulen (% der Alters- gruppe) 1992	Verteidigungs- ausgaben (in % der Gesamtaus- gaben der Zentral- regierung) 1993	Auslands- schulden (gesamt, in Mio. US-$) 1993	Gesamter Schulden- dienst (Zins und Tilgung, in % der Export- erlöse) 1993	Einnahmen aus öffent- licher Ent- wicklungs- hilfe (in Mio. US-$) 1993	Einnahmen aus öffent- licher Ent- wicklungs- hilfe (in % des BSP) 1993	
								Asien
n. v.	71	24	n. v.	n. v.	n. v.	143	n. v.	Afghanistan[1]
260	1	n. v.	n. v.	n. v.	0,9	n. v.	n. v.	Armenien
260	3	97	n. v.	36	n. v.	n. v.	n. v.	Aserbaidschan
953	30	n. v.	n. v.	n. v.	n. v.	n. v.	n. v.	Bahrain[2]
5.220	65	77	n. v.	13.879	13,5	1.386	5,8	Bangladesch
8.969	62	n. v.	n. v.	n. v.	n. v.	n. v.	n. v.	Bhutan[2]
1.473	15	n. v.	n. v.	n. v.	n. v.	n. v.	n. v.	Brunei[2]
1.060	27	121	16,4	83.800	11,1	3.273	0,8	China
2.460	52	102	14,5	91.781	28,0	1.503	0,6	Indien
7.030	23	115	6,2	89.539	31,8	2.026	1,4	Indonesien
n. v.	40	96	n. v.	n. v.	n. v.	52	n. v.	Irak[1]
n. v.	46	109	n. v.	20.550	6,7	141	n. v.	Iran
n. v.	n. v.	94	20,3	n. v.	n. v.	1.266	1,8	Israel
610	<5	102	n. v.	–	–	–	–	Japan
n. v.	62	76	30,7	5.923	7,5	309	n. v.	Jemen
770	20	105	22,1	6.972	14,4	245	4,4	Jordanien
n. v.	65	n. v.	n. v.	n. v.	n. v.	47	n. v.	Kambodscha[1]
250	3	n. v.	n. v.	1.640	n. v.	n. v.	n. v.	Kasachstan
660	24	n. v.	n. v.	n. v.	n. v.	n. v.	n. v.	Katar[2]
310	3	n. v.	n. v.	308	n. v.	n. v.	n. v.	Kirgisistan
370	1	103	n. v.	n. v.	n. v.	n. v.	n. v.	Korea (Nord)[2]
950	<5	105	20,1	47.203	9,2	965	0,3	Korea (Süd)
n. v.	27	61	20,2	n. v.	n. v.	3	0,0	Kuwait
4.450	n. v.	98	n. v.	1.986	9,6	199	14,9	Laos
n. v.	20	n. v.	n. v.	1.932	n. v.	134	n. v.	Libanon[1]
2.410	22	93	11,8	23.335	7,9	100	0,2	Malaysia
5.377	10	n. v.	n. v.	n. v.	n. v.	n. v.	n. v.	Malediven[2]
360	n. v.	89	10,7	391	4,4	113	10,3	Mongolei
12.900	19	105	32,7	5.478	n. v.	102	n. v.	Myanmar
16.110	74	102	5,9	2.009	9,0	364	9,7	Nepal
n. v.	n. v.	100	34,7	2.661	10,4	1.071	9,2	Oman
2.940	65	46	26,9	26.050	24,7	1.065	2,1	Pakistan
8.120	10	109	10,6	35.269	24,9	1.490	2,8	Philippinen
710	38	78	n. v.	n. v.	n. v.	35	n. v.	Saudi-Arabien
820	<5	107	24,5	n. v.	n. v.	24	0,0	Singapur
n. v.	12	107	11,4	6.783	10,1	551	5,3	Sri Lanka
n. v.	36	108	40,7	16.446	26,9	650	4,4	Syrien[1]
430	2	78	n. v.	42	n. v.	n. v.	n. v.	Tadschikistan
868	7	n. v.	n. v.	n. v.	n. v.	n. v.	n. v.	Taiwan[2]
4.420	7	97	17,2	45.819	18,7	614	0,5	Thailand
280	2	94	n. v.	n. v.	n. v.	n. v.	n. v.	Turkmenistan
280	3	n. v.	n. v.	739	n. v.	n. v.	n. v.	Usbekistan
1.100	n. v.	118	37,8	n. v.	n. v.	n. v.	0,0	Vereinigte Arabische Emirate
2.300	12	108	n. v.	24.224	13,6	319	2,5	Vietnam

[2] Daten nach Harenberg Länderlexikon '95/96
n. v. = nicht verfügbar

	Fläche (in 1.000 km²)	Bevölkerung (in Mio.)	BIP (in Mio. US-$)	BSP pro Kopf (in US-$)	Bevölkerungswachstum (durchschnittl. jährl. Wachstum in %)	Hypothetische Bevölkerung (in Mio.)	Stadtbevölkerung (in % der Gesamtbevölkerung)	Lebenserwartung (zum Zeitpunkt der Geburt in Jahren)
	1993	1993	1993	1980–1993	2025	1993	1993
Australien/Ozeanien								
Australien	7.713,0	17,6	289.390	17.500	1,5	25	85	78
Fidschi[2]	18,3	0,8	n. v.	2.000	0,3	n. v.	39	72
Kiribati[2]	0,8	0,1	n. v.	710	1,9	n. v.	35	54
Marshallinseln[2]	0,2	0,1	n. v.	2.500	1,7	n. v.	65	61
Mikronesien[2]	0,7	0,1	n. v.	2.000	2,5	n. v.	19	66
Nauru[2]	0,0	0,0	n. v.	n. v.	1,6	n. v.	48	53
Neuseeland	271,0	3,5	43.699	12.600	0,9	4	86	76
Palau[2]	0,5	0,0	n. v.	n. v.	3,5	n. v.	n. v.	71
Papua-Neuguinea	463,0	4,1	5091	1.130	2,2	8	16	56
Salomonen[2]	28,3	0,3	n. v.	750	3,5	n. v.	16	71
Samoa[2]	2,8	0,2	n. v.	980	0,7	n. v.	23	66
Tonga[2]	0,8	0,1	n. v.	1.610	0,5	n. v.	31	63
Tuvalu[2]	0,0	0,1	n. v.	2.000	2,8	n. v.	43	61
Vanuatu[2]	12,2	0,2	n. v.	1.230	2,4	n. v.	18	66

[1] Angaben bis auf Fläche, Bevölkerung und BSP pro Kopf nach dem World Development Report 1992. Die Werte stellen dementsprechend die Situation zu einem drei Jahre früheren als dem angegebenen Zeitpunkt dar

Quellen: Weltbank 1995; Nuscheler 1991

Zu den Indikatoren

BIP (Bruttoinlandsprodukt): Summe aller (von In- und Ausländern) innerhalb der Landesgrenzen einer Volkswirtschaft produzierten Güter und erbrachten Dienstleistungen.

BSP (Bruttosozialprodukt): Ausdruck der wirtschaftlichen Leistung einer Volkswirtschaft, errechnet aus der Summe der Wertschöpfung aller Wirtschaftsbereiche und der staatlichen Dienstleistungen.

BSP pro Kopf: ergibt sich aus der Division des BSP durch die Bevölkerungszahl eines Landes.

Bevölkerungswachstum: Prozentsatz der Gesamtbevölkerung, um den die Bevölkerung im **jährlichen Schnitt** zwischen 1980 und 1993 gewachsen ist.

Hypothetische Bevölkerung: Hochrechnung aufgrund der bekannten Wachstumsraten für das Jahr 2025.

Lebenserwartung: Lebenserwartung eines heute Neugeborenen, wenn seine Lebensumstände so blieben, wie sie zur Zeit sind.

Analphabetenquote der Erwachsenen: Anteil der Erwachsenen über 15 Jahren, die einen kurzen Text über ihr alltägliches Leben weder lesen noch schreiben können.

Kinder in Grundschulen: Die Angaben sind Schätzungen der Zahl von Kindern aller Altersstufen in Grundschulen. Diese Zahl gibt das Verhältnis der Schülerzahl zur Bevölkerung im grundschulfähigen Alter wieder. Dieses Alter liegt in vielen Ländern zwischen 6 und 11 Jahren. Durch den Grundschulbesuch von jüngeren oder älteren Kindern kann es deshalb zu Werten über 100 % kommen.

Verteidigungsausgaben: Die Angaben

wohner ro Arzt	Analphabeten- quote der Erwachsenen (über 15 Jahre, in %)	Kinder in Grund- schulen (% der Alters- gruppe)	Verteidigungs- ausgaben (in % der Gesamtaus- gaben der Zentral- regierung)	Auslands- schulden (gesamt, in Mio. US-$)	Gesamter Schulden- dienst (Zins und Tilgung, in % der Export- erlöse)	Einnahmen aus öffent- licher Ent- wicklungs- hilfe (in Mio. US-$)	Einnahmen aus öffent- licher Ent- wicklungs- hilfe (in % des BSP)	
1993	1990	1992	1993	1993	1993	1993	1993	
n. v.	<5	107	7,9	–	–	–	–	Australien
2.438	13	n. v.	n. v.	n. v.	n. v.	n. v.	n. v.	Fidschi[2]
4.483	10	n. v.	n. v.	n. v.	n. v.	n. v.	n. v.	Kiribati[2]
2.217	9	n. v.	n. v.	n. v.	n. v.	n. v.	n. v.	Marshallinseln[2]
3.084	23	n. v.	n. v.	n. v.	n. v.	n. v.	n. v.	Mikronesien[2]
700	1	n. v.	n. v.	n. v.	n. v.	n. v.	n. v.	Nauru[2]
n. v.	<5	104	3,8	–	–	–	–	Neuseeland
n. v.	n. v.	n. v.	n. v.	n. v.	n. v.	n. v.	n. v.	Palau[2]
2.750	48	73	4,2	3.168	30,2	303	6,0	Papua-Neuguinea
9.852	46	n. v.	n. v.	n. v.	n. v.	n. v.	n. v.	Salomonen[2]
3.584	30	n. v.	n. v.	n. v.	n. v.	n. v.	n. v.	Samoa[2]
2.130	7	n. v.	n. v.	n. v.	n. v.	n. v.	n. v.	Tonga[2]
2.261	5	n. v.	n. v.	n. v.	n. v.	n. v.	n. v.	Tuvalu[2]
7.345	47	n. v.	n. v.	n. v.	n. v.	n. v.	n. v.	Vanuatu[2]

[2] Daten nach Harenberg Länderlexikon '95/96
n. v. = nicht verfügbar

umfassen alle Staatsausgaben für die Verteidigung, also nicht nur die des Verteidigungsministeriums. Darunter fallen auch Mittel für die Unterhaltung des Militärs. Auch militärische Hilfsprogramme werden mitgerechnet.

Auslandsschulden: Summe der öffentlichen, der öffentlich garantierten und der privaten (nichtgarantierten) langfristigen Schulden, der Nutzung von IWF-Krediten und von kurzfristigen Krediten.

Gesamter Schuldendienst: Schuldendienstquotient, der den gesamten Schuldendienst (also Zins und Tilgung) auf die Exporterlöse des Berechnungsjahres bezieht. Er zeigt an, wieviel der erlösten Devisen für die Bedienung der Schulden (ohne Rückgriff auf die Devisenreserven oder auf neue Kredite) gebraucht werden, also für Importe nicht zur Verfügung stehen. Die kritische Grenze wird zwischen 15 und 20 % (gelegentlich noch höher) angesetzt.

Einnahmen aus öffentlicher Entwicklungshilfe werden hier zum einen absolut (in Mio. US-$), zum anderen in Prozent des Bruttosozialprodukts dargestellt. Die Angaben umfassen alle Mittel der öffentlichen Entwicklungshilfe der einzelnen Staaten und der multilateralen Geber. Zuschüsse und Kredite, die unter »weicheren« Bedingungen vergeben werden (niedriger Zinssatz, längere Laufzeit), fallen ebenso darunter wie die für die technische Zusammenarbeit (TZ) aufgewendeten Mittel.

Quellen und Literaturverzeichnis

Die wichtigsten Titel der für die Trendaussagen, Zahlen und Schaubilder in den einzelnen Kapiteln verwendeten und zitierten Literatur sind jeweils am Kapitelende genannt. Im folgenden Verzeichnis werden die zusätzlich benutzten Quellen – Jahresberichte und regelmäßig erscheinende Publikationen – aufgeführt. Wenn nicht anders angemerkt, erscheinen die Publikationen jährlich.

amnesty international: Jahresbericht, Frankfurt/M.
Arms Control and Disarmament Agency (ACDA): World Military Expenditures and Arms Transfers, Washington D. C.
Bank für internationalen Zahlungsausgleich (BIZ): Jahresbericht, Basel.
Berliner Institut für Vergleichende Sozialforschung (BIVS): Weltflüchtlingsbericht (Loseblattsammlung; fortlaufend), Berlin.
Deutsche Bank: Geschäftsberichte; Monatsberichte, Frankfurt/M.
Deutsche Hauptstelle Suchtgefahren (DHS): Jahrbuch Sucht, Geesthacht.
Deutsches Übersee-Institut, Hamburg: Jahrbuch Dritte Welt. Daten, Übersichten, Analysen, München.
Der Fischer Weltalmanach: Zahlen – Daten – Fakten, Frankfurt/M.
Economic Commission for Europe (ECE): Economic Survey of Europe, New York/Genf.
FAO: The State of Food and Agriculture, Rom.
Freedom House: Freedom in the World. Political Rights & Civil Liberties, New York.
GATT: International Trade (**halbjährlich**); Gatt focus: newsletter (**zehnmal jährlich**), Genf.
Hans-Bredow-Institut (Hg.) (alle 2 Jahre): Internationales Handbuch für Hörfunk und Fernsehen (bis 1990/91: Handbuch für Rundfunk und Fernsehen), Hamburg.
Hessische Stiftung für Friedens- und Konfliktforschung (HSFK): Friedensgutachten, Frankfurt/M.
Human Rights Watch: Human Rights Watch World Report, New York.
IEA: World Energy Outlook, OECD-Publications; Energy Statistics of OECD-Countries; Energy Statistics and Balances of Non-OECD-Countries, Paris
ILO: World Labour Report, Genf.
IMF: International Financial Statistics; World Economic Outlook (**2mal jährlich**); Annual Reports, Washington D. C.
Institut für Afrika-Kunde, Hamburg: Afrika-Jahrbuch. Politik, Wirtschaft und Gesellschaft in Afrika südlich der Sahara, Hg. Rolf Hofmeier, Opladen.
International Federation of Newspaper Publishers, jährlich: World Press Trends, Paris.
International Institute for Strategic Studies (IISS), jährlich: The Military Balance, London.
International Narcotics Control Board (INCB): Report of the International Narcotics Control Board, New York.

Jahrbuch Ökologie, Hg. G. Altner u. a., München.

Medien-Jahrbuch, Hamburg.

OECD: Industrial Policy in OECD-Countries; Trends in International Migration; Financing and External Debt of Developing Countries; Environmental Indicators **(erscheint unregelmäßig)**; Employment Outlook; Economic Outlook **(2mal jährlich)**, Paris.

Population Reference Bureau: World Population Data Sheet, Washington D. C.

Sivard, Ruth Leger: World Military and Social Expenditures, Washington D. C.

Statistisches Bundesamt: Statistisches Jahrbuch für das Ausland, Wiesbaden.

Stockholm International Peace Institute SIPRI: SIPRI Yearbook. World Armaments and Disarmaments, Oxford et al.

U. S. Department of Commerce: U. S. Industrial Outlook, Washington D. C.

U. S. Department of State: Country Reports on Human Rights Practises, Washington D. C.

United Nations (UN): Monthly Bulletin of Statistics; Energy Statistics Yearbook; World Investment Report, New York.

UNCTAD: Trade and Development Report; Handbook of International Trade and Development Statistics, New York.

UNDP: Human Development Report, New York, Oxford.

UNEP: The State of the World Environment; Annual Report of the Executive Director, Nairobi.

UNESCO: World Science Report; World Education Report **(alle 2 Jahre)**; Statistical Yearbook, Paris.

UNFPA: World Population Report/Weltbevölkerungsbericht; World population trends and policies **(alle 2 Jahre)**, Washington D. C., Bonn.

UNHCR: Refugees **(mehrmals jährlich)**; International Migration **(vierteljährlich)**; Die Lage der Flüchtlinge in der Welt **(alle 2 Jahre)**, Genf, Bonn.

UNICEF: The Progress of Nations; Zur Situation der Kinder in der Welt, New York/Köln, Frankfurt/M.

UNIDO: Industry and Development. Global Report, Wien.

USCR: World Refugee Survey, Washington D. C.

WHO: World Health Statistics Annual, Genf.

Wissenschaftlicher Beirat Globale Umweltveränderungen der Bundesregierung (WGBU): Jahresgutachten, Bonn.

World Bank: Annual Report/Jahresbericht; Financial Flows and the Developing Countries **(vierteljährlich)**; World Population Projections. Short and Longterms Estimates; World Debt Tables; World Development Report/Weltentwicklungsbericht, Washington D. C., Bonn.

World Resources Institute (WRI): World Resources, New York, Oxford.

Worldwatch Institute, jährlich: Worldwatch Institute Report. State of the World/Zur Lage der Welt, Hg. Lester Brown, New York/London, Frankfurt/M.

Abkürzungsverzeichnis

ABM	Anti-Ballistic-Missile (Ballistische Abwehrrakete)	**CACM**	Central American Common Market (Zentralamerikanischer Gemeinsamer Markt)
ACDA	Arms Control and Disarmament Agency (US-Rüstungskontroll- und Abrüstungsbehörde)	**CARICOM**	Caribbean Community (Karibische Gemeinschaft)
AIPO	ASEAN Inter-Parliamentary Organization (Interparlamentarische Organisation der ASEAN)	**CAT**	Committee against Torture (UN-Ausschuß gegen Folter)
AKP	Afrikanische, karibische und pazifische Vertragsstaaten der EU (Lomé-Abkommen)	**CD-ROM**	Compact Disk Read-Only Memory (nicht wiederbeschreibbarer optischer Datenspeicher in Form einer CD)
AKUF	Arbeitsgemeinschaft Kriegsursachenforschung, Hamburg	**CEDAW**	Committee on the Elimination of Discrimination against Women (UN-Ausschuß für die Beseitigung der Diskriminierung der Frau)
ANCERTA	Australia-New Zealand Closer Economic Relations Trade Agreement (Freihandelsabkommen zwischen Australien und Neuseeland)	**CEFTA**	Central European Free Trade Association (Mitteleuropäisches Freihandelsabkommen, »Visegrád-Gruppe«)
AOSIS	Association of Small Island States (Gruppe der kleinen Inselstaaten)	**CERD**	Committee on the Elimination of Racial Discrimination (UN-Rassendiskriminierungsausschuß)
APEC	Asian Pacific Economic Cooperation (Asiatisch-Pazifische Wirtschaftliche Zusammenarbeit)	**CESCR**	Council for Economic, Social and Cultural Rights (UN-Ausschuß für wirtschaftliche, soziale und kulturelle Rechte)
ASEAN	Association of South East Asian Nations (Verband Südostasiatischer Staaten)	**CITES**	Convention on International Trade in Endangered Species of Wild Fauna and Flora (Artenschutzübereinkommen)
BMZ	Bundesministerium für wirtschaftliche Zusammenarbeit und Entwicklung		
BSP	Bruttosozialprodukt		
BIP	Bruttoinlandsprodukt		
BIZ	Bank für internationalen Zahlungsausgleich, Basel		

CLAI	Consejo Latinoamericano de Iglesias (Lateinamerikanischer Rat der Kirchen)	**EU**	Europäische Union
CoCom	Coordination Committee for East-West Trade Policy (Koordinierungsausschuß für Strategische Ausfuhrkontrollen)	**EWI**	Europäisches Währungsinstitut, Frankfurt
		EWR	Europäischer Wirtschaftsraum
		EWU	Europäische Währungsunion
		EZBS	Europäisches Zentralbanksystem
CRC	Council for the Rights of Children (UN-Ausschuß für die Rechte des Kindes)	**FARC**	Fuerzas Armadas Revolucionarias de Colombia (kolumbianischer, mit der Kommunistischen Partei liierter Guerilla-Verband)
DAB	Digital Audio Broadcasting (digitale Sendetechnik)		
Dax	Deutscher Aktienindex	**FAO**	Food and Agricultural Organization of the United Nations (Ernährungs- und Landwirtschaftsorganisation)
DGAP	Deutsche Gesellschaft für Auswärtige Politik, Bonn		
DHS	Deutsche Hauptstelle gegen die Suchtgefahren		
DIE	Deutsches Institut für Entwicklungspolitik, Berlin	**FIS**	Front Islamique du Salut (Islamische Heilsfront, Algerien)
DIW	Deutsches Institut für Wirtschaftsforschung, Berlin	**FPR**	Front Patriotique de Ruanda (Patriotische Front von Ruanda)
EC	European Community (Europäische Gemeinschaft)		
ECE	Economic Commission for Europe (UN-Wirtschaftskommission für Europa)	**FuE**	Forschung und Entwicklung
		G7	»Gruppe der Sieben« (führenden westlichen Industriestaaten, »Weltwirtschaftsgipfel«)
ECO	Economic Co-operation Organization ([Islamische] Wirtschaftsgemeinschaft)		
ECOSOC	Economic and Social Council (UN-Wirtschafts- und Sozialrat)	**GATS**	General Agreement on Trade in Services (Allgemeines Abkommen über den Handel mit Dienstleistungen)
ECOWAS	Economic Community of West African States (Wirtschaftsgemeinschaft Westafrikanischer Staaten)		
		GATT	General Agreement on Tariffs and Trade (Allgemeines Zoll- und Handelsabkommen)
ECU	European Currency Unit (Europäische Währungseinheit)		
		GFK	Genfer Flüchtlingskonvention
EG	Europäische Gemeinschaft(en)	**GIA**	Groupe Islamique Armé (Bewaffnete islamische Gruppe, Algerien)
ELN	Ejército de Liberación Nacional (kolumbischer Guerilla-Verband pro-kubanischer Orientierung)		
		GUS	Gemeinschaft Unabhängiger Staaten (der ehemaligen Sowjetunion)

HDI	Human Development Index (Index für menschliche Entwicklung)		staatliches Forum zu Klimaänderungen)
HDTV	High Definition Television (Hochzeilenfernsehen)	**IRA**	Irish Republican Army (Irisch-Republikanische Armee)
IAEA	Internationale Atomenergie-Agentur, Wien	**ISDN**	Integrated Services Digital Network (diensteintegriertes digitales Netz)
ICWE	International Conference Water and Environment (Internationale Konferenz Wasser und Entwicklung, Dublin)	**ITU**	International Telecommunication Union (Internationale Fernmeldeunion, Genf)
IEA	International Energy Agency (Internationale Energie-Agentur, Paris)	**IWF**	(siehe IMF)
		KRK	Klimarahmenkonferenz
		KSE	(Vertrag über) Konventionelle Streitkräfte in Europa
IIASA	Internationales Institut für angewandte Systemanalyse, Laxenburg (Österreich)	**KSZE**	Konferenz über Sicherheit und Zusammenarbeit in Europa
IISS	International Institute for Strategic Studies (Internationales Institut für Strategische Studien, London)	**LAFTA**	Latin American Free Trade Association (Lateinamerikanische Freihandelszone)
ILO	International Labour Organization (Internationale Arbeitsorganisation, Genf)	**LAIA**	Latin American Integration Association (Lateinamerikanische Integrationsvereinigung)
IMF	International Monetary Fund (Internationaler Währungsfonds, IWF, Washington D. C.)	**LLDC**	Least Developed Countries (am wenigsten entwickelte Länder)
INC	Intergovernmental Negotiating Committee (Zwischenstaatliches Verhandlungsgremium zur Verhandlung der Klimarahmenkonvention und der ersten Konferenz der Vertragsparteien)	**MERCOSUR**	Mercado Commun de los Paises del Cono Sur (Gemeinsamer Markt der Länder Argentinien, Brasilien, Paraguay und Uruguay)
		MESC	Japanisches Technologie- und Wissenschaftsministerium
INCB	International Narcotics Control Board (Internationale Drogenkontrollbehörde)	**MIA**	Mouvement Islamique Armé (bewaffneter Arm der FIS)
IOM	International Organization for Migration (Internationale Organisation für Wanderung, Genf)	**MIGA**	Multilateral Investment Guarantee Agency (Multilaterale Investitionsgarantie-Agentur, Washington)
IPCC	Intergovernmental Panel on Climate Change (Zwischen-	**MINURSO**	United Nations Mission for the Referendum in Western

	Sahara (UN-Mission für das Referendum in Westsahara)		Wirtschaftliche Zusammenarbeit und Entwicklung, Paris)
MITI	Ministry of International Trade and Industry (japanisches Handels- und Industrieministerium)	OPCW	Organization for the Prohibition of Chemical Weapons (Organisation für das Verbot Chemischer Waffen)
MRTA	Revolutionäre Bewegung Tùpac Amaru, Peru	OSZE	Organisation für Sicherheit und Zusammenarbeit in Europa
MTCR	Missile Technology Control Regime (Regime zur Kontrolle der Raketentechnologie-Exporte)	PKE	Pro-Kopf-Einkommen
		PIOOM	Projecten Interdisciplinair Onderzoek naar Orzaken von Mensenrechtenschendingen (Interdisziplinäre Forschungsgruppe zur Untersuchung der Ursachen von Menschenrechtsverletzungen, Leiden)
MWSt	Mehrwertsteuer		
NAFTA	North American Free Trade Association (Nordamerikanische Freihandelszone)		
NATO	North Atlantic Treaty Organization (Nordatlantische Allianz)		
NGO	Non Governmental Organisation (Nicht-Regierungsorganisation)	PLO	Palestine Liberation Organization (Palästinensische Befreiungsorganisation)
NIC/NIE	Newly Industrialized Country/Economy (Schwellenland)	PPP	Purchasing Power Parity (Kaufkraft-Paritäten)
NPT	Non-Proliferation-Treaty (NVV)	RGW	Rat für Gegenseitige Wirtschaftshilfe (COMECON)
NSC	Nuclear Suppliers Club (Club der Atommaterial liefernden Staaten)	SIPRI	Stockholm International Peace Research Institute (Stockholmer Friedensforschungsinstitut)
NVA	Nationale Verteidigungsarmee (Armee der ehemaligen DDR)	SPLA	Sudanese People's Liberation Army (Sudanesische Volksbefreiungsarmee)
NVV	Nicht-Verbreitungsvertrag	START	Strategic Arms Reduction Talks (Verhandlungen über die Reduzierung strategischer Waffensysteme)
OAS	Organization of American States (Organisation Amerikanischer Staaten)		
OAU	Organization for African Unity (Organisation der Afrikanischen Einheit)	SZR	Sonderziehungsrechte
		TNC	Transnational Corporation (transnationale Gesellschaft, »Multi«)
ODA	Official Development Assistance (öffentliche Entwicklungshilfe)		
		TRIMS	Trade-Related Investment Measures (handelsbezogene Investitionen)
OECD	Organization für Economic Co-operation and Development (Organisation für		
		TRIPS	Trade-Related Aspects of Intellectual Property Rights

	(handelsbezogene Aspekte von Schutzrechten für geistiges Eigentum)	**UNFICYP**	United Nations Peace-Keeping Force in Cyprus (UN-Friedenstruppe in Zypern)
UdSSR	Union der Sozialistischen Sowjetrepubliken	**UNFPA**	United Nations Fund for Population Activities (UN-Bevölkerungsfonds)
UN	United Nations (Vereinte Nationen)		
UNAMIR	United Nations Assistance Mission in Rwanda (UN-Hilfsmission in Ruanda)	**UNHCR**	United Nations High Commissioner for Refugees (Hoher Flüchtlingskommissar der UN, Genf)
UNAVEM	United Nations Angola Verification Mission (Angola-Verifizierungsmission der UN)	**UNIFIL**	United Nations Interim Force in Lebanon (UN-Interimstruppe im Libanon)
UNCED	United Nations Conference on Environment and Development (UN-Konferenz über Umwelt und Entwicklung; Rio de Janeiro 1992)	**UNIKOM**	United Nations Iraq-Kuweit Observation Mission (UN-Beobachtermission in Irak/Kuwait)
		UNITA	Uniâo Nacional de Independência Total de Angola (Nationale Union für die vollständige Unabhängigkeit Angolas)
UNCRO	United Nations Confidence Restauration Operation in Croatia (UN-Schutztruppe in Kroatien)		
UNCTAD	United Nations Conference on Trade and Development (UN-Welthandels- und Entwicklungskonferenz)	**UNICEF**	United Nations International Children's Emergency Fund (Weltkinderhilfswerk, New York)
		UNMIH	United Nations Mission in Haiti (UN-Interimstruppe in Haiti)
UNDOF	United Nations Disengagement Observer Force (UN-Truppe zur Beobachtung der Truppenentflechtung auf den Golan-Höhen)	**UNMOGIP**	United Nations Military Observer Group in India and Pakistan (UN-Militärbeobachter in Indien und Pakistan)
UNDP	United Nations Development Programme (UN-Entwicklungsprogramm, New York)	**UNO**	United Nations Organization (Organisation der Vereinten Nationen)
UNESCO	United Nations Educational, Scientific and Cultural Organization (UN-Organisation für Erziehung, Wissenschaft und Kultur, Paris)	**UNOMIG**	United Nations Observer Mission in Georgia (UN-Beobachter-Mission in Georgien)
		UNOMIL	United Nations Observer Mission in Liberia (UN-Beobachter-Mission in Liberia)
UNEP	United Nations Environment Programme (UN-Umweltprogramm, Nairobi)		

UNOMOZ	United Nations Observer Group in Mozambique (UN-Mission in Mosambik)	**VHP**	Vishwa Hindu Parishad (Weltorganisation der Hindus)
UNPREDEP	United Nations Preventive Deployment Force (UN-Mission zur Konfliktprävention in der früheren jugoslawischen Republik Mazedonien)	**VN**	Vereinte Nationen
		VO	Verordnung
		WEC	World Energy Council (Weltenergierat)
		WGBU	Wissenschaftlicher Beirat Globale Umweltveränderungen der Bundesregierung
UNPROFOR	United Nations Protection Force (UN-Schutztruppe im ehemaligen Jugoslawien)		
		WHO	World Health Organization (Weltgesundheitsorganisation)
UNTSO	United Nations Truce Supervision Organization (UN-Organisation zur Überwachung des Waffenstillstands in Palästina)		
		WIPO	World Intellectual Property Organization (Weltorganisation für Geistiges Eigentum)
UNWRA	UN-Relief and Works Agency for Palestinian Refugees (UN-Hilfswerk für Palästinaflüchtlinge im Nahen Osten)	**WMO**	World Meteorologic Organization (Weltorganisation für Meteorologie)
		WRI	World Resources Institute (Welt-Ressourcen-Institut, New York)
US	United States (Vereinigte Staaten)	**WTA**	Welttextilabkommen
USA	United States of America (Vereinigte Staaten von Amerika)	**WTO**	World Trade Organization (Welthandelsorganisation, Genf)
USCR	United States Committee for Refugees (US-Flüchtlingskomitee)	**WVO**	Warschauer Vertragsorganisation (Warschauer Pakt)
		WWI	World-Watch-Institute

Autorinnen und Autoren

Prof. Dr. Jörg Becker *(Kommunikation)*, geb. 1946, Studium der Germanistik, Politikwissenschaft und Soziologie in Marburg, Bern und Tübingen, Promotion und Habilitation im Fach Politikwissenschaft in Marburg, Geschäftsführer der KomTech GmbH in Frankfurt/Main

Martina Bleischwitz *(Atmosphäre und Klima)*, geb. 1961, Studium der Wirtschafts- und Sozialwissenschaften in Bonn, wissenschaftliche Mitarbeiterin im Bundesministerium für Umwelt, Naturschutz und Reaktorsicherheit

Raimund Bleischwitz *(Atmosphäre und Klima)*, geb. 1960, Studium der Wirtschafts- und Sozialwissenschaften in Bonn, Forschungskoordinator am Wuppertal Institut für Klima, Umwelt, Energie

Barbara Bortfeldt *(Lektorat und Redaktion)*, geb. 1932, wissenschaftliche Mitarbeiterin im Deutschen Bundestag, freie Journalistin und Übersetzerin

Tobias Debiel *(Kriege)*, geb. 1963, Studium der Politikwissenschaft in Bonn, wissenschaftlicher Mitarbeiter am Institut für Entwicklung und Frieden (INEF), Universität-Gesamthochschule Duisburg

Andreas Gettkant *(Technologie)*, geb. 1961, Studium der Geographie in Bonn, Redakteur bei der Stiftung Entwicklung und Frieden, Bonn

Rainer Falk *(Ökonomie)*, geb. 1952, Dipl.-Soziologe, verantwortlicher Redakteur des Informationsbriefes Weltwirtschaft & Entwicklung, Vorstandsmitglied von »Weltwirtschaft, Ökologie & Entwicklung (WEED) e. V.«

Dr. Fritz Franzmeier *(Handel)*, geb. 1934, Dr. rer. pol., Leiter der Abteilung Weltwirtschaftliche Strukturen am Deutschen Institut für Wirtschaftsforschung DIW, Berlin

Brigitte Hamm *(Menschenrechte)*, geb. 1946, Studium der Ethnologie in Tübingen und der Politikwissenschaft in Duisburg, Kustodin im Fachbereich Philosophie – Religionswissenschaften – Gesellschaftswissenschaften der Universität-Gesamthochschule Duisburg

Prof. Dr. Ingomar Hauchler *(Weltordnung und thematische Gesamtkoordination)*, geb. 1938, Studium der Volkswirtschaft in Tübingen und Hamburg, Professor für Wirtschaftswissenschaften in Bremen, Mitglied des Deutschen Bundestages, stellv. Vorstandsvorsitzender der Stiftung Entwicklung und Frieden

Dr. Hartwig Hummel *(Rüstung)*, geb. 1957, Studium der Geographie und Politikwissenschaft an den Universitäten Tübingen und Tokio, Promotion in Politikwissenschaft, wissenschaftlicher Mitarbeiter am Seminar für Politikwissenschaft und Soziologie der TU Braunschweig

Bernd Jürjens *(Religion)*, geb. 1965, Studium der Sozialwissenschaften an der Universität Duisburg, studentische Hilfskraft am Institut für Entwicklung und Frieden (INEF), Universität-Gesamthochschule Duisburg

Prof. Dr. Klaus Leisinger *(Bevölkerung)*, geb. 1947, Studium der Wirtschafts-

und Sozialwissenschaften in Basel, Habilitation über »Entwicklungssoziologie«, Leiter des Stabes »Internationale Beziehungen« bei der CIBA GEIGY AG, Basel

Reinhard Loske *(Energie)*, geb. 1959, Studium der Volkswirtschaft und der Politikwissenschaft in Paderborn, Nottingham, Bonn, Projektleiter am Wuppertal Institut für Klima, Umwelt, Energie

Prof. Dr. Franz Nuscheler *(Migration)*, geb. 1938, Studium der Politikwissenschaft, Geschichte und des Öffentlichen Rechts in Heidelberg, seit 1974 Professor für Vergleichende und Internationale Politik an der Universität-Gesamthochschule Duisburg, Direktor des Instituts für Entwicklung und Frieden (INEF), Universität-Gesamthochschule Duisburg

Dr. Norbert Ropers *(Frieden)*, geb. 1944, Studium der Sozialwissenschaften, Volkswirtschaftslehre und Geschichte in Hamburg und Frankfurt, Leiter des Berghof-Forschungszentrums für konstruktive Konfliktbearbeitung, Berlin

Dr. Harald Sander *(Arbeit)*, geb. 1955, Studium der Volks- und Betriebswirtschaftslehre in Duisburg, Essen und Bochum, Associated Professor of Economics an der Maastricht School of Management

Prof. Dr. Alexander Schubert *(Finanzen)*, geb. 1945, VWL-Studium, Promotion und Habilitation in Politikwissenschaft an der FU Berlin, freier Gutachter in Lateinamerika

Dr. Thomas Siebold *(Lebensverhältnisse)*, geb. 1953, Studium der Politikwissenschaft in Hamburg, wissenschaftlicher Mitarbeiter am Institut für Entwicklung und Frieden (INEF), Universität-Gesamthochschule Duisburg

Petra Stephan *(Boden, Wasser, Biosphäre)*, geb. 1960, Studium der Sozialwissenschaften, Biologie und Ökologie in Essen, wissenschaftliche Mitarbeiterin am Institut für Entwicklung und Frieden (INEF), Universität-Gesamthochschule Duisburg

Inga Thiede *(Redaktion)*, geb. 1967, Studium der Politikwissenschaft, Geschichte und des Völkerrechts in Köln und Bonn, wissenschaftliche Mitarbeiterin im Deutschen Bundestag

Prof. Dr. Adam Weyer *(Religion)*, geb. 1928, Studium der evang. Theologie in Wuppertal, Kiel und Münster, Professor für evang. Theologie, Schwerpunkt systematische Theologie, an der Universität-Gesamthochschule Duisburg

Dr. Herbert Wulf *(Rüstung)*, geb. 1939, Studium der Betriebswirtschaft in Köln, der Soziologie in Hamburg und der internationalen Politik in Berlin, Promotion in Berlin, Direktor des Internationalen Konversionszentrums, Bonn (Bonn International Center for Conversion, BICC)

Sachregister

Fettgedruckte Seitenzahlen verweisen auf wichtige Textstellen, z. B. Definitionen.

Abfallentsorgung 479 f.
Abrüstung 390 ff., 414 ff.
Abschreckung 389
Abwasserbestimmungen s. *Wasserpolitik*
»Agenda für den Frieden« von 1992 344, 353 ff., 361
– Addendum 354 f.
Agent Orange 286
Agrarsektor s. *Landwirtschaft*
AIDS 55 f., 59 f., 493
Allfinanzunternehmen 199
Alphabetisierung 39, 51, 53, 65 f.
Alterungsprozeß 108 ff.
– Ausgleich durch Migration 146
Analphabetismus 65
Anleihen, internationale 196 f.
Antagonismus von Orient und Okzident 421, 437
Anti-Folter-Konvention 86, 91
Arbeit **231**, 231 f.
Arbeitslosigkeit 125, 155, 169 f., 224, 229 ff., 237 ff., 241 ff., 246 f., 252 ff., 397
– Arbeitslose **232**
– Arbeitslosenquote **232**, 236
– Arbeitslosensicherungssysteme 68 f., 244
– Entkoppelung von Konjunktur und Beschäftigung 155
– Frauenarbeitslosigkeit 241, 245, 251
– friktionelle - **233**, 236 f.
– Jugendarbeitslosigkeit 241, 245
– keynesianische - **233**
– konjunkturelle - **233**, 236 f.
– Langzeitarbeitslosigkeit 241
– neoklassische - **233**, 239
– saisonale - **233**, 236 f.
– Sockel-Arbeitslosigkeit 229, 236, 241, 245, 252 f.
– strukturelle - **233**, 236 f., 245

– »Teilzeitarbeitslosigkeit« 250
– versteckte und offene - 229, 243, 246, 248, 250 f.
Arbeitsmarkt 231
– als »gesellschaftliche Institution« 232
– Flexibilität 238 f.
– Politik **232**, 243, 253
– Veränderung durch neue Technologien 474, 480
– Versagen 231 f., 236 f., 243 f.
Arbeitsteilung, internationale 18, 166, 168 ff., **208**, 221, 226, 248, 252
– ökologische Grenzen 224 f.
– »Rutschbahneffekt« 170
– »Verdrängungseffekte« 169 f., 240
Armut 44 ff., 46 ff., 49, 62, 104, 113, 252, 287, 373
– als Migrationsgrund 142, 144 ff.
– Bekämpfung 46, 71, 145 f., 306
– Erscheinungsformen 46 ff.
– extreme - 47 f.
– Hauptarmutsregion 46
– »neue -« 48
Armutsgrenze 44 ff., 48
Arten 303
– Reichtum 298 f., 304
– Verlust 302 f.
Asyl 86, 146
– Recht 121, 143
– Zuwanderung von Asylsuchenden nach Westeuropa 130
Asymmetrien, soziale 19
Atheismus 422
Atmosphäre **264**, 269 f., 311
Atomtests 16
– Atomteststopp 400, 410
Aufklärung 34
Ausländerfeindlichkeit 86, 245
Auswanderung s. *Migration*

Bankenaufsicht *s. Finanzaufsicht*
Befreiungstheologie 428
Beschäftigung 155, 229, 248 f., 251 f., 396 f.
- Politik **232**, 253
- Überbeschäftigung **233**, 250
- Unterbeschäftigung **246**, 252
Bevölkerung im erwerbsfähigen Alter **233**, 252
Bevölkerungskonferenz in Kairo 14, 117, 435
Bevölkerungswachstum als Gefahr für Entwicklung 114 f., 287
Bewässerung 286 f., 295, 372
Bildung 25, 65, 67, 253, 383
- Ausgaben 67
- berufliche Aus- und Weiterbildung 253
Biologische Vielfalt 298 f., 302, 377 f., 494
- Eigentumsrechte 304 f., 495
- Schutz 304 f.
- Verlust 284, 303
Biosphäre 264, 281 ff., 298 ff., 304
Biotechnologie 469 ff., 476 ff., 488, 490, 493, 496
Blauhelme 144, 353, 355, 389
Boden 281 ff., 288
- Desertifikation *s. Desertifikation*
- Nutzung 282 f.
- Schäden, chemische und physikalische 281, 282 ff., 286 f.
- Schutz 288 ff.
- und Ernährung 284
- und Urbanisierung 287
- Zerstörung *s. Degradation des Bodens*
Börsencrash 184
»Brain Drain« 129
»Bretton-Woods-System« 185
Broker-Häuser, internationale 165
Buddhismus 421, 425 f., 437
- Lamaismus 426
- Zen-Buddhismus 426
Bürgerkrieg 333, 361, 368 f., 373, 384, 389
- als Fluchtursache 132, 142
- »Chronische Bürgerkriegsgesellschaften« 361

»Cash-crops« 287 f.
Christentum 421, 423 f., 428 ff., 437
- »Afrikanische Unabhängige Kirchen« 428
- »Dritte-Welt-Kirche« 421, 428
- Katholische Kirche 421, 423, 428
- Kirchen des Volkes 428 f.
- Orthodoxe Kirche 424, 430
- Protestantismus 423 f., 428
»Clubs« der Industrieländer 221, 227
CO_2-Steuer *s. Energiesteuer*
Computerindustrie 453, 456, 480 f., 492
- Halbleiterindustrie 454, 456
- Hardware 454
- Software 454, 463 f.
»Cyberspace« 445, **448**

Daoismus 427
Daten
- elektronische Datenverarbeitung 445, 474
- Netze 474
- Schutz 475
»Datenautobahn« *s. »Information Superhighway«*
Datenübertragung
- Breitbandkommunikation **448**, 456
- CD-ROM 445, **448**
- e-mail **448**, 456
- ISDN **448**, 456
- Modem **448**
Defizitländer 187 f.
Degradation des Bodens 289
- chemische und physikalische Degradation 285
- Ursachen 285, 287
Demobilisierung 357, 389, 411 ff., 414 ff.
Demokratie 331, 336
- formale - 86
Demokratisierung
- als Prozeß 87, 145, 361, 371, 388
- globaler Politik 28
Demotivierung 241, 245
Demozid 374 ff.
Denken, westliches 27 ff.

Deregulierung 17, 151, 163, 233, 445, 488, 490
Derivate s. *Finanzinstrumente, derivative*
Desertifikation 281, 287f., 372
- Bekämpfung 289
Devisenreserven 187
Dienstleistungen 211, 247, 450, 454, 456
- GATS **448**
- Liberalisierung des Handels 219
- weltweites Volumen 206
Diplomatie, präventive **344**, 344f., 358
Diskriminierungsverbot 338
Diversifizierung **208**, 216
Dreiklassengesellschaft, globale 24
»Dreisektorenhypothese« 246f.
Drogen 57f., 246
- und Krieg 365ff.
Dürre 266, 288, 291, 294
»Dynamische Vorteile« 216

Einkommen 40
- Konzentration 172
- Politik 253
- Ungleichheit 40f., 53, 171f., 232, 253
Einwanderung s. *Migration*
Eliten, politische 23, 26, 339
Embargos s. *Rüstungsembargos*
Emissionen **264**, 269f., 309, 311
- Kohlendioxid-Emissionen 259, 269f., 309, 311, 320f., 322, 325
- Treibhausgas-Emissionen s. *Treibhausgas*
Empfängnisverhütung 104ff., 117
Energie
- Dienstleistung **312**
- Effizienz **312**, 315, 324ff.
- Einheiten **312**
- Intensität **312**
- Kernenergie 277, 313, 318f., 321f., 326, 480, 489
- Politik 321f., 325f.
- Primärenergie **312**, 317
- Reserven 318 f.
- Sekundärenergie **313**
- Sonnenenergie 310, 313f.
- Steuer 226
- Verbrauch 309, 315ff., 322ff.
- Wasserenergie s. *Wasser*
Energieträger **312**, 321
- -Mix 313ff.
- erneuerbare - 277, **312**, 313, 326
- fossile - 310f., 318
- »moderne« - 313
- nicht erneuerbare - 309f.
- »post-fossiles« Zeitalter 325f.
- traditionelle - **312**, 313
Enquete-Kommission »Vorsorge zum Schutz der Erdatmosphäre« des Deutschen Bundestages 270, 276, 323
Entwaldung 300
Entwicklungsszenario 31
- Alternatives Entwicklungsszenario 176f.
Entwicklungszusammenarbeit, Bedeutung der 71, 337, 357
»Erdgipfel« s. *UN-Konferenz über Umwelt und Entwicklung*
Ernährung 53ff., 62
Erosion 281, 285f., 288
Erwerbsbevölkerung 229f., **233**, 235, 251f.
- »Feminisierung« 235f.
- Partizipationsrate **233**, 235
Ethnische Fragen 368
Eurogeldmarkt **183**, 193
»Euro-Notes« 191
Europäische Währungsunion 182, 185, 189f., 202
Europäische Flüchtlingskonvention 146
Europäischer Binnenmarkt **208**, 209, 221
Europäisches Währungssystem 217
Export 206, 209ff., 287, 487
- Auslandsnachfrage 212
- Leistung 212f.
- Umbau der Exportwirtschaft 225f.

»Fact-Finding Mission« 83
Familienplanung 104ff., 116, 117
Fernsehen 446ff., 465f.
- hochauflösendes - (HDTV) 447, **448**

- interaktives - *s. Kommunikationstechnologien, neue*
- »Pay-TV« 445, **448**
- Satellitenfernsehen 447 ff., 451

Finanzaufsicht 184, 199
Finanzinstrumente, derivative 160, 165, 181 f., **183**, 197 ff.
- »Financial Futures« **183**, 198
- »Forwards« 198
- Spekulation mit Derivaten 199

Finanzkonglomerate *s. Allfinanzunternehmen*
Finanzkonzepte, alternative 203
Finanzmärkte, internationale 191
- Steuerung 201

Flächenverbrauch 281
Flexibilisierung der Arbeitszeit 253
Flüchtlinge 123 f., 127, 131, 135, 142, 377
- Fluchtgründe 124
- Flüchtlingshilfe, internationale 124, 144
- »Jahrhundert der Flüchtlinge« 123
- »Kontingentflüchtlinge« 140
- »Palästinenserproblem« 138
- Weltflüchtlingsproblem 123, 144
- Zwangsrepatriierung 140

Fluorchlorkohlenwasserstoffe (FCKW) 259, 263, **264**, 272, 274 f.
Fluten *s. Überschwemmungen*
Föderalismus 342
Folter 91 f.
Forschung und Entwicklung 469 f., 478, 482 f., 490, 492 f., 496
- Forschungspolitik 486 ff.
- militärische - 387, 392 ff.
- pharmazeutische - 470, 476, 482, 488 f., 493

Fossilierung **312**
Fragmentierung der Gesellschaft 11 f., 166, 168, 245, 368
Frauen 46, 53, 59, 66, 71, 82, 87, 92, 94, 105, 117, 247 ff., 251
- Arbeitslosigkeit 241, 245
- »fehlende« - 54
- »Feminisierung der Arbeit« 235
- Migration 141
- und hohe Geburtenrate 115 f.

Freihandel 223
- Freihandelszone **208**
Freiheiten, bürgerliche 84 f.
Frieden
- -erhaltende Maßnahmen der UN 355
- Arbeit, präventive 331, 335 ff., 348
- Strategien 145
- Umweltzerstörung als Friedenshindernis 361
- *s. auch Konflikt und Krieg*

Friedenssicherung, internationale 353 ff.
Friedensdividende 389 f., 415 f.
Fundamentalismus **431**, 442
- Fundamentalismus, islamischer *s. Islamismus*

GATT-Prinzipien **208**
Geistiges Eigentum, Schutz des 219 f., 445, 460 f., 474, 493 ff.
- »Ökonomisierung des Wissens« 445, 461 f.
- »Piraterie« 463 ff., 494 f.
- TRIPS **448**

Geld
- Markt 159, 182
- Politik 184, 189
- Wertstabilität 182

Gemeinwohl 16
Genetische Vielfalt *s. Biologische Vielfalt*
Genetisches Material 299, 302
Genozid 377
Gentechnologie 277, 470, 476, 479 f., 496
»Geo-Ökonomie« 167
Gericht für Ruanda, internationales 91
Gerichtsbarkeit, internationale 83
Gesellschaftswelt 24
Gesundheit 56 ff., 61, 378
- Schäden durch verschmutztes Trinkwasser 291
- *s. auch Krankheit*

Gewalt
- Anwendung 333, 368 ff.
- gewaltloser Protest 368 ff.
- innerstaatliche - 361
- militärisch organisierte - 331
- Monopol 332 f.

Gewaltenteilung 331
Gini-Koeffizient 41
»Global Governance« 121
»Global Players« 168
»Globales Dorf« 481
Globale Politik, Aufgaben der 21
Globales Denken 35
Globalisierung 11 ff.
- abnehmende nationale Steuerungsfähigkeit als Folge der - 157, 190, 233
- der Kreditmärkte 192 f., 232
- der Ökologie 11, 177
- der Technologie 11, 22
- der Wirtschaft 11, 16, 18, 22, 151, 159, 166, 177, 192, 232 f.
- des Güterverkehrs 232
- die »neue« 160
- ökonomische Globalisierung als Migrationsursache 127
- und Massenarbeitslosigkeit 169
Golfkrieg 13, 320 f., 380, 389, 397
Großanleger 193 f.
»Große Drei« 205
Großgrundbesitz 287
Großmächte, alte und neue 373 f.
Grundbedürfnisse, Befriedigung der 70 f., 306
Gruppe der Sieben (G7) 15, 155, 173, 188

Halone 259, 263, 272, 274 f.
Handel 217 f.
- Anteil transnationaler Konzerne am Welthandel 164
- der Industrieländer 205, 224
- Diversifizierung 216
- Gravitationszentren 221 ff.
- Internationalisierung 159 f.
- intraregionaler - **208**, 209
- Liberalisierung des Welthandels 218 f.
- mit Energieträgern 320
- mit Währungen 160
- Regionalisierung 205 f., **208**, 209, 221 ff.
- »unfairer Welthandel« 217
Handelskonflikte, internationale 157
Hegemonie, regionale 373 f., 384

Hinduismus 421, 425, 429, 437
- Schivaismus 425
- Vischnuismus 425
Hochkommissar für den Schutz der Menschenrechte 83 f.
Homogenisierung, kulturelle 446, 481 f.
Hörfunk 447 ff., 465 f.
- »Digital Audio Broadcasting« **448**
Humankapital 177
- Verlust durch Flucht und Migration 129
Hunger 62, 64, 284, 378

Import
- »Einfuhrneigung« 212
- Einfuhrschutz 214
- künstlich verbilligter Import 226
- Substitution **208**, 215
Indianer 94, 370
Indigene Völker 83, 338, 370, 495 f.
- Internationales Jahr 83
- UN-Dekade der indigenen Völker 83
Individualismus 33
Inflation 181 f., 226, 236
»Information Superhighway« 456, **458**
Informationsordnung, neue internationale 460, 466, 496
Informationstechnologien, neue s. Kommunikationstechnologien, neue
Informeller Sektor **233**, 246 f., 249, 251
Infrastruktur 453, 466, 490
- Bedeutung der - für Wirtschaftswachstum 157
- Schädigung im Krieg 378
Inländergleichbehandlung s. Zoll
Insolvenzordnung, internationale 203
Interaktivität **448**
»International Alert« 345, 357
Internationale Arbeitsorganisation 254
Internationaler Währungsfonds
- Fazilitäten **183**, 188 f.
- Reform 14, 178, 202
- Sonderziehungsrechte **183**, 187
Internationalisierung s. Globalisierung
Internet 456, **457**, 466, 474, 481 f.
Interventionskräfte, flexible 389

Investitionen 156, 161, 320, 384, 453, 458
- Auslandsinvestitionen 159 ff., 225, 233
- Direktinvestitionen 160 ff., 166, 178, **183**, 192, 248, 492
- Investitionsgüter 210
- rechtliche Absicherung 177, 219

Islam 81, 334, 421, 425 f., 429 ff.
- »Feindbild Islam« 137 f., 431, 437 ff.
- Islamische Moderne 432
- Scharia 431
- Schiiten 13, 139, 425, 439
- Sunniten 425, 439

Islamismus 92 f., 137, 369, 425, 429 ff.

»Jahrzehnt, verlorenes« 152, 249
»Joint Implementation« **264**, 270 f., 277
Judentum 423

Kapital
- Anlagegesellschaften 193
- Anwerbung von Auslandskapital 225
- Tendenz zur Kapitalflucht 157
- Transfer durch Arbeitsmigranten 129, 143
- Transfer in die Entwicklungsländer, notwendiger 288, 304, 306

Kapitalmarkt, internationaler s. *Geld: internationaler Geldmarkt und Finanzmärkte, internationale*

Kaufkraft 46
- -parität und Dollarparität 172

Kernenergie s. *Energie*

Kinder 64
- -arbeit 91, 224
- -sterblichkeit 53 ff., 116, 291
- soziale Sicherung 116 f.

Klima
- Änderungen und Desertifikation 289
- Katastrophe 259, 309
- Modelle 259, 262 f., 265 f.
- Parameter **264**
- Politik 275 ff.
- Schutz und Technik 322 ff.

Kommunalismus 429
Kommunikationstechnologien, neue 165, 234, 445, 466, 469 ff., 479, 487

- interaktives Fernsehen 445
- Multimedia 445, 447, **448**, 452 f., 456, 458, 460
- und Migration 127

Komparative Kostenvorteile **208**, 490
- Theorem der komparativen Kostenvorteile 18

Konditionalität, politische 82, 98, 336
Konferenz der Vertragsstaaten der Klimarahmenkonvention in Berlin 13, 268, 270 f.

Konflikt 320 f., 348 ff., 368
- als Fluchtgrund 127 f.
- als Folge der Umweltzerstörung 259, 267 f., 277, 373
- als Folge des Bevölkerungswachstums 113
- als Folge von Wassermangel 293, 372
- ethnische und religiöse Konflikte 121, 348, 361, 429
- Folgenbearbeitung 336
- friedliche Bearbeitung 331, 335 f., 384
- Mehrheiten-Minderheiten-Konflikte 338 f., 370
- militärische Bearbeitung 336
- Prävention 98, 144, 321, 336 f., 357 f., 384
- Regelung 98, 335 f., 345 ff..
- »Track-1-/Track-2-Diplomatie« 335 f., 350, 353
- zivile Konfliktstruktur 357
- *s. auch Diplomatie, präventive*

Konfuzianismus 427, 437
Konsumgüter 212, 226
Konvention zum Schutz der Wasserressourcen, notwendige 297
Konvergenz, wirtschaftliche 182, 187, 189
Konzerne, transnationale (TNCs) 151, 164 ff., 178, 482 ff., 490, 492, 497
- Gewicht der TNCs in der Weltwirtschaft 167, 190
- Haltung der Entwicklungsländer zu TNCs 163
- Intra-Konzern-Handel 164
- Strategien 161, 163, 165, 168, 483 f.

Kraft-Wärme-Kopplung **312**

Krankheit 56, 268
- durch Wasserverschmutzung 291
- von Pflanzen 301, 302
Kredit
- Exklusivität der internationalen Kreditmärkte 193
- Expansion 200
- internationale Kreditaufsicht 181
- internationale Kreditgewährung 191
- nationale Kreditmärkte 194 ff.
Krieg 286, **362**, 363 ff., 368 ff., 378 ff.
- alternative Szenarien 379 ff.
- Beteiligung der Industrieländer 367
- Drogen und - 365 ff.
- Kosten 361, 378 ff.
- Nuklearkrieg 400 f.
- »Öko-Kriege« 371
- Ökonomie 384
- religiöser oder »heiliger« Krieg 435 ff.
- Tote 374 ff.
- *s. auch Konflikt*
Kriminalität 63, 84, 268
- organisierte Kriminalität 129, 141
Künstliche Intelligenz 475
Kurden 13, 94, 138

Landflucht *s. Migration: Land-Stadt-Migration*
Landlosigkeit 287
Landminen *s. Waffen: Kleinwaffen und Minen*
Landwirtschaft 246 f. 248, 252, 263, 277 f., 285 f., 292, 294, 299, 383, 476, 494
- Ackerland, potentielles 282 f.
- nachhaltige (ökologische) - 288, 304
- »traditionelle« - 302, 306, 310, 491
- Verlust landwirtschaftlicher Flächen 267
Least-Cost-Planning **312**
»Least Developed Countries« 247, 251
Lebenserwartung 53 ff., 291 f.
Lebensraum, natürlicher 303
Liberalismus 34
Liquidität, internationale 187, 202
Lohnstückkosten 214
Luftverschmutzung 301

Machtteilung in multiethnischen Gesellschaften 342
Machtwechsel als Konfliktgrund 371
Markt, funktionierender 18
Marktwirtschaft, globale 21
Massenmord *s. Demozid*
Mediation 350
- »power mediation« 350
Medien 25, 445
- Konzerne 449, 458 f., 482
- Märkte 447 ff.
- neue Medien *s. Kommunikationstechnologien, neue*
- Politik 445, 465 f.
- Printmedien 458 f.
Medizin 299
- Versorgung 60 f.
Meeresspiegel, Anstieg des 262, 266 f.
Meerwasserentsalzung 293
Meistbegünstigung *s. Zoll*
Menschenrechte 70, 81 f., 97, 331, 336
- Instrumente zum Schutz 98, 337
- Interdependenz 81
- Universalität 76, 81, 97
- Unteilbarkeit 81
Menschenrechtspolitik 145
Menschenrechtsverletzungen 14, 86 ff., 224, 378
- geschlechtsspezifische - 82
- Internationaler Gerichtshof 83
- Messung 84
»Menschliche Sicherheit« 50 f.
Menschliche Entwicklung 51 ff.
- Index; Human Development Index (HDI) 50 ff., **51**, 174 f.
- 20 : 20 Vertrag 72
»Mexiko-Krise« 200
Migration 133 f., 141, 301
- als Ausgleich für Überalterung der Industrieländer 146
- als Folge der Umweltzerstörung 126 f., 259, 284, 291, 372
- als kultureller Mischungsprozeß 142 f.
- als Sicherheitsrisiko 122, 145 f.
- Arbeitsmigration 123, 128 f., 134 f., 139, 141, 247

- illegale bzw. »irreguläre« Migration 123, 130, 141, 143
- Kontrolle 141, 143
- Land-Stadt-Migration 248, 251, 268
- »Mexiko-Syndrom« 142
- »Neue Völkerwanderungen« 122, 131
- Ost-West-Migration 130 ff.
- Prävention 121, 144 ff.
- Süd-Nord-Migration 130, 439
- Ursachen 125 ff.

Mikroelektronik 469 ff., 475, 479, 489
- Elektronikschrott 479

Militär
- Altlasten 412 f.
- Ausgaben 72, 390 ff.
- Bodenverbrauch 286

Minderheiten **83**, 368
- Mehrheiten-Minderheiten-Konflikte s. *Konflikte*
- Rechte 338 f., 358
- Schutz 82 f., 98, 331, 337 ff.
- Unterdrückung als Fluchtgrund 128
- Vertreibung 132, 348

Mindesteinkommen, soziales 48
Moderne, Krise der 433
Modernisierung 333
Monokultur 287, 493
Multimedia s. *Kommunikationstechnologien, neue: Multimedia*
Munition 405 f.
Muslime s. *Islam*
Müttersterblichkeit 56

Nachhaltige Entwicklung 281, 306, 478
Nachrichtenagenturen 459 f.
Nahost-Konflikt 350
Nahrungsgüter 212, 284
Nahrungsmittelhilfe 65, 378
Nation, Verständnis von 339
Naturhaushalt 281 ff., 291, 299
Neoliberalismus 16 f., 445
Neue Religionen 433 f.
- Aum Shinrikyo-Sekte 433
- Scientology Church 433

»Nichtbanken« 194

Nicht-tarifäre Handelshemmnisse 219
Nichtregierungsorganisationen (NGOs) 81, 306, 344 f., 465
Niederschlagsänderung 265 f.
Niedriglohn
- Bereiche 165
- Länder 162, 205, 240

Nord-Süd-Konflikt 97, 466
Notenbanken s. *Zentralbanken*
»Nuclear-Suppliers-Club« 409 f.
Nuklearmächte 400 f., 408 f.

Obdachlosigkeit 61
ökologische
- Korrektur ökonomischer Leitvorstellungen 176
- Kostenrechnung 175
- Steuerreform 278

»Öko-Dumping« 177
Ökosozialprodukt 175
Ökosystem 265 ff., 269, 302
Ölpreisschock 236
»Oslo-Connection« 352 f.
Ozon
- -fonds 274
- -schicht 259, 274 f.
- internationale -politik 273 ff.
- »Ozonloch« 272, 274

Papst 435
Parlament der Weltreligionen 441
Partizipation, politische 333, 336
Patentschutz 493, 495
- Patentierung von Lebensformen 478, 493

»Peace-building« 331, 336
»Peace-enforcement« 336
»Peace-keeping« 331, 336, 353, 355
»Peace-making« 331, 336
»Peso-Krise« 152, 249
Photosynthese **312**
Planzen- und Tierarten, weltweite s. *Tier- und Pflanzenarten*
Polarisierung, soziale s. *Fragmentierung, soziale*
»Political Terror Scale« 85

Presse *s. Medien*
Primärenergie *s. Energie*
Primat der Ökonomie 25
Pro-Kopf-Einkommen (PKE) 40, **44**, 51, 172f., 251
Produktion
- Auslandsproduktion 159
- »flexible« - 234

Produktivität
- Arbeitsproduktivität 238, 245
- Energieproduktivität 323
- Unproduktivität **246**
- Wachstum 238

Produktmärkte, Ausbildung globaler 159
Proliferation 400, 408ff.
- Kontrolle 410
- Risiko **313**

Prostitution 127, 141
Protektionismus 217, 245, 254, 496
- Grauzonen-Protektionismus **208**, 217, 220
- Kultur-Protektionismus 451
- Öko-Protektionismus 177, 223f.
- selektiver - 214
- Sozial-Protektionismus 177

»Purchasing Power Parity« 172

Rationalismus 33, 433ff.
- kritischer - 431

Raumfahrt 470
Reallöhne 230f., 239, 241, 249, 251
Recht
- »auf Bildung« 65
- »auf Einmischung« 145
- »auf Entwicklung« 81f., 97
- auf Information 465
- auf Leben 81

Rechte
- politische - 84f.
- Solidaritätsrechte 82
- von Asylbewerbern 86

Rechtsstaatlichkeit 331, 333, 336
Refinanzierung von Krediten 196, 200
Regime, internationale 25f., 201, **337**, 341, 384, 388, 408ff.
- GATT-Regime 218

Regionalismus 221ff.
- *s. auch Handel: Regionalisierung des Welthandels*

Religion 421ff.
- der Harmonie 427
- der Inneneinkehr 425
- Erlösungsreligionen 423
- »Ethos der Weltreligionen« *s. Weltethos*
- Gemeinschaften 422f.
- »irdische Religion der Moderne« 433
- konfrontative 423
- Multireligiosität 428
- Naturreligionen 425
- Statistik 422
- trennender Charakter 334, 437
- Universalreligion, monotheistische 423

Renten 68f.
- Versicherungen 69

Ressourcen 305f.
- natürliche 299, 303, 305, 490
- Patentierung genetischer Ressourcen 485, 495
- Verbrauch 281, 303

Revolution
- »Grüne -« 288, 470, 476
- industrielle - 310, 334
- neolithische - 310

Rezession *s. Wirtschaftskrise*
Risikoforschung 496
Rodung 285f.
Rohstoffe 210ff., 215, 299, 493
- »-Falle« 216
- -preise 226
- -recycling 281
- nachwachsende - 476
- Zwang zum Export 287

Rundfunk *s. Hörfunk*
Rüstung
- Aufrüstung 397
- Embargos 406ff.
- Industrie und Produktion 387, 395ff., 411ff.
- Kontrolle 388, 408ff., 415f.
- Konversion 387f., 411ff., 489

- Standorte und Bodenschäden 286
- Transfers 402 ff.
- Umrüstung 389
- Virtualisierung 389

Säuglingssterblichkeit 291
Saurer Regen 265
Schattenwirtschaft 42
Schulbesuch 66
Schwangerschaft 117 f.
Schwellenländer **208**
Sedimentation **264**, 266
Sekundärenergie s. *Energie*
Selbstbestimmungsrecht der Völker 339
Seuche s. *Krankheit*
Sezession 339, 341 f., 361
- internationales Sezessionsregime 341
Sicherheit, inhärente **312**
Sicherheitspolitik 146
Sicherheitssysteme
- kollektive - 353, 358 f., 384
- regionale - 145
Sikhismus 429
Sonderziehungsrechte s. *Internationaler Währungsfonds*
Sonnenenergie s. *Energie*
Souveränität, nationale 22, 339, 344
Soziale Sicherung 68 ff., 221, 224, 246
- Mindeststandards 70, 177, 205
- Sozialhilfeempfänger 50
- und Arbeitslosigkeit 242 f.
- von Migranten 143
Sparquoten 156
Spekulation
- mit derivativen Finanzinstrumenten 199
- Verhinderung 203
- Währungsspekulation 178
Spurengase, klimarelevante 260, 263, **264**, 311
Staat
- Interventionismus, neuer 20 f.
- Staatenwelt 11, 23
- Staatswerdung 364
Stadtbevölkerung, Wachstum der 110 ff.
Stammesreligionen 429

Standards
- Produktstandards 482
- Umwelt- und Sozialstandards 177, 205, 223, 496
Stille Reserve am Arbeitsmarkt **233**, 235
Strafgerichtshof
- für Kriegsverbrechen im ehemaligen Jugoslawien 84
- Internationaler - 83 f.
Strahlung, ultraviolette s. *UV-B-Strahlung*
»Swaps« **184**
UV-B-Strahlung 272 ff.
Stratosphäre 259, 272
Stromverbrauch 317 f.
Strukturanpassungsprogramme 233 f., 251, 337
Strukturwandel 216, 221, 226, 247
Stürme 261, 265 f.
Subventionen, Abbau von 219, 223

Taoismus s. *Daoismus*
Technikfolgenabschätzung 496
Technologie **471 f.**
- -politik 485 ff., 494, 497
- Schlüsseltechnologien 216
- Zukunftstechnologien 469 f., 480
Technologietransfer 490 ff., 495 f.
- negativer - 489
- notwendiger - 272, 275, 277, 281, 288, 297, 304, 306, 469, 491
Telekommunikation 445 f., 452 ff.
- als Wachstumsmarkt 453 f.
- Mobilfunk 454 ff.
»Teleports« 165
Temperaturänderung 260 ff., 265 f., 277
»Terms of Trade« **208**, 212 ff., 216
- der Entwicklungsländer 214 f.
Terminkontrakte 198
Terror
- politischer - 85
- religiöser - 433 f.
- staatlicher - 85, 224
Theologie
- »kontextuelle -« 429
- »schwarze -« 428 f.

Theorem
- der internationalen Arbeitsteilung 18
- der komparativen Kostenvorteile 18
- vom Markt 18
Tier- und Pflanzenarten, weltweite 298
»Tiger, vier kleine« 43, 141, 247
Todesstrafe 95
Tourismus 299
- »Ökotourismus« 299
Treibhauseffekt, natürlicher 260
Treibhauseffekt, anthropogener 260f., 264ff., 269, 276
- Kosten 267
- Ursachen 263f.
Treibhausgas 262f., **264**, 283
- Verringerung der Treibhausgas-Emissionen 269, 271
- s. auch Spurengase, klimarelevante
Triade 151, 160
Trinkwasser s. Wasser
Trockenheit 294

Überschwemmungen 139, 266ff., 284, 291
Überweidung 285
Umweltschutz 176, 224f.
- durch Beschäftigungspolitik 253
- Technik 487f.
Umwelttechnologien 478f., 488f., 495
Umweltverschmutzung als Zerstörer biologischer Vielfalt 303
UN-Konferenz über Umwelt und Entwicklung 1992 in Rio 13, 269, 281, 289, 297
UN-Menschenrechtssystem 76
UN-Sicherheitsrat, Beschlüsse des 406f.
UN-Völkerrechtskommission 83
UN-Waffenregister 402, 407f.
Ungleichheit, soziale s. *Einkommensungleichheit*
Universitäten 66, 485
Unterernährung 62, 64
Unternehmen
- Internationalisierung 166, 411
- Konzentrationsgrad 166
- *s. auch Konzerne, transnationale*

Urbanisierung *s. Verstädterung*
Uruguay-Runde 205, **209**, 218, 220, 223, 226, 448f., 493

Vatikan 435
Vegetationszonen, Verschiebung der 265
Vereinte Nationen, Reform der 15, 331
Verflechtung, internationale *s. Globalisierung*
Verfolgung, politische 142
Verkehr, Energieverbrauch des 317
Verschuldung 71, 185, 199f., 249
- Entschuldung 251, 254
- Großschuldner 194
- internationale - 181f.
- Staatsverschuldung 197
Verstädterung 61, 110ff., 287
Vertragsstaatenkonferenz *s. Konferenz der Vertragsstaaten der Klimarahmenkonvention in Berlin 1995*
Vertreibung 377
- von Minderheiten 132, 348
Virtuelle Realität **448**

Waffen 387
- Entsorgung 414f.
- internationaler Handel 365, 387, 395ff.
- Kleinwaffen und Minen 405f.
- Massenvernichtungswaffen 387, 408ff.
- Nuklearwaffen 388, 408ff.
Währung
- Handel und Spekulation 160, 178
- internationales Währungssystem 181f., 184ff.
- Reserven **184**
- Schlüsselwährungen 185, 490
Wälder 300f.
- boreale - 301
- tropische Regenwälder 298, 300ff.
Waldkonvention, notwendige 301
Wandel, technologischer 163, 240
Waren
- Halbwaren 211
- Struktur des Exports 210
- weltweiter Handel 206, 210f.

Wasser 281 ff.
- Grundwasservorräte 293 f.
- kulturelle Bedeutung 292 f.
- Kraft 313, 318
- Mangel 266, 291 f., 293 f., 372
- Meerwasserentsalzung 293
- Politik 294
- Produktitivät 296
- Qualität 296
- Süßwasserreserven 281, 290 f.
- Verbrauch 293 ff.
- Verschmutzung 267, 291 f., 294, 296
- Versorgung 56, 293
Wechselkurse 181 f., 185, 202, 214
- Manipulation 217
- Reform des Wechselkurssystems 226
- Wechselkurszonen 185, 202
Weltbank, Reform 14, 178
Weltbevölkerung 102 ff., 106, 108
- Vermögensverteilung 107
- Verstädterung 110 ff.
Welteinkommen 40
Weltethos 27, 421, 442
Weltfrauenkonferenz in Peking 82
Weltgipfel für soziale Entwicklung in Kopenhagen 14, 71
Welthandel s. *Handel*
Welthandelsorganisation (WTO) s. *World Trade Organization*
Weltkindergipfel 82
Weltklimakonferenzen in Genf 268
Weltkonferenz der Religionen für den Frieden 441
»Weltkultur« 446
Weltkulturen 27, 446
Weltmenschenrechtskonferenz in Wien 13, 76 f., 81 f., 97
Weltordnungspolitik 10 ff.
Weltparlament 28
Weltsozialgipfel s. *Weltgipfel für soziale Entwicklung in Kopenhagen*
Weltwährungsbehörde, notwendige 202
Weltwirtschaft
- Expansion 152
- Relatives Gewicht einzelner Regionen 157 f., 161 f.
- zunehmende Ungleichgewichte 152, 156
Weltwirtschaftsgipfel 15
- in Halifax 202
»Weltwirtschaftskrieg« 167
Werbung 446 f.
Werkstoffe
- Hochleistungswerkstoffe 473
- neue - 469 ff., 479 f.
»Werteimperialismus« 81
Wettbewerb 214, 475
- internationaler - 167 f., 177, 214, 216, 254, 484, 486 ff.
- »nationale Wettbewerbsfähigkeit« 167 f., 252 f.
- regional begrenzter - 221, 489
Wind 261
Wirtschaftskrisen 152, 154 f., 236
Wirtschaftsmodell, historisches 17
Wirtschaftswachstum 152 ff.
- Beschäftigungsintensität **233**, 238 f.
- Faktoren 155 ff., 212
Wissensindustrien 462 f.
Wissenstransfer 297
Wohlstand 16, 40 ff.
- Gefälle als Migrationsursache 125 f.
- Indikatoren 170 f.
- neue Modelle 277 f.
Wohnen 61 f.
- Wohnungsmangel 62
World Trade Organization (WTO) 14
- Erfolgsaussichten 226 f.

Zahlungsbilanz **184**
Zahlungsverkehr, grenzüberschreitender 189
Zentralbanken
- Europäisches System 182, **183**, 189, 202
- Haltung zur Arbeitslosigkeit 245
- Interventionen 186, 203
Zins 254
- Manipulation durch Zentralbanken 187
- Realzinsen als Arbeitsmarktfaktor 239

Zivilgesellschaft 24, 384
Zivilisationen **333**, 333f.
- Konfrontationen 334, 437
»Zivilisatorisches Hexagon« 332f.
Zivilisierung 331ff., 336
- notwendige Zivilisierungspolitik 357
Zivilkultur 331

Zoll 217, 219f., 227
- Antidumpingzoll **208**, 219, 223f.
- Inländergleichbehandlung 219f., 450
- Meistbegünstigung 219, 450
- Zollunion **209**
Zusammenarbeit, internationale 13
Zusammenschlüsse, regionale 15
Zwangsarbeit 224

Verzeichnis der Länder und Regionen

Abchasien 363
Afghanistan 55, 57, 138, 365, 371, 375, 378, 392, 402, 406
Afrika 43, 47, 51, 53, 55, 57f., 62, 66, 87, 104, 124, 130, 153, 158, 172, 209, 212, 214, 217, 229, 251, 268, 290, 293, 302, 325, 333, 338, 367, 370, 375, 388, 392, 403, 428, 437, 451, 453, 456, 482, 489
- südlich der Sahara 43, 47, 53f., 59f., 62, 64, 67, 134, 137, 152, 170, 266, 288, 293, 361, 364, 373, 378, 459
- Nordafrika 65, 92, 283, 293, 364, 368
- Westafrika 57, 134, 266, 485, 494
Ägypten 92, 129, 138, 267, 290, 293, 372, 374, 428
Albanien 47, 55, 344
Algerien 92, 137, 369, 400, 438
Amerika 94, 300
- Lateinamerika 43, 47, 58, 66f., 68, 130, 143, 152, 154, 158, 161, 172, 206, 215, 217, 229, 302, 315, 325, 333, 338, 367, 370, 388, 392, 403, 428, 451, 456, 465, 478, 482
- Nordamerika 57, 160, 206, 285, 293, 320, 363, 403, 423, 453
- Mittelamerika 142, 266, 298, 364, 388
- Südamerika 142, 286, 331, 364 f., 489
Angola 55, 87, 133, 135, 355, 378, 402, 406
Arabien 288
Argentinien 44, 55, 248, 267, 409
Armenien 64, 86f., 132, 363
Aserbaidschan 48, 86, 132, 319, 363, 378, 430
Asien 43, 46, 57, 59, 62, 65, 130, 161, 206, 229, 283f., 286, 300, 302, 331, 338, 365, 367, 370, 388, 403, 412, 430, 451, 453, 455 f., 482
- Ostasien 43, 47, 53f., 60, 63, 65f., 67, 125, 140, 152, 154 f., 158, 206, 333, 364, 374, 392, 423, 427
- Südasien 43, 47, 57, 64, 66, 138f. 141, 152, 158, 252, 361, 364, 372f., 392
- Südostasien 125, 138f., 140f., 158, 205f., 216, 229, 266, 288, 298, 361, 364, 373, 447, 478
- Westasien 57
Äthiopien 133, 135, 285, 290, 315, 325, 372f., 378, 388, 482, 489
Australien 53, 141, 241, 269, 277, 288, 320, 396, 451, 453

Balkan 124, 131
Baltische Republiken 48
Bangladesch 44, 47, 54, 64, 106, 139, 248, 252, 267, 372
Baskenland 370
Belgien 49, 53, 321, 342
Bhutan 92
Bolivien 57, 246, 302, 367, 374
Borneo 370
Bosnien-Herzegowina 124, 363, 371, 378, 382, 406
Botsuana 53, 299
Brasilien 44, 53, 57, 141, 172f., 248, 266f., 269, 285, 288, 290, 315, 409, 456, 494
Brunei 76
Bulgarien 47, 106, 131

Burkina Faso 285, 293
Burma s. *Myanmar*
Burundi 47, 87, 91, 133, 135, 285, 357, 371, 378

Chile 43, 94, 172, 248f., 302, 459
China 43, 44, 47, 53, 58, 76, 91, 141, 161, 173, 224, 247f., 251, 264, 267, 269, 274, 283, 284f., 315, 320, 324, 364, 373f., 377, 396, 399f., 403, 408ff., 427, 447, 451f., 454, 463f., 478, 493f.
Costa Rica 52, 305, 492
Côte d'Ivoire 44, 429

Dagestan 132
Dänemark 53, 209, 269
Deutschland 49, 51, 53, 57f., 61, 63, 71, 106, 130, 157, 160, 191, 217, 235, 241, 247, 267, 269, 315, 317, 320f., 377, 403, 411f., 449, 453, 455, 462, 464f., 478, 485f.
– Ostdeutschland 49f.
– Westdeutschland 48ff., 173, 323
Dschibuti 371

Ecuador 57, 302
El Salvador 285, 355, 406
Elfenbeinküste s. *Côte d'Ivoire*
Eritrea 133, 135, 373, 378, 406
Estland 86, 106, 269, 344, 459
Europa 57ff., 86, 212f., 245, 266f., 290, 300, 315, 320, 333f., 339, 363, 367, 396, 403, 423, 451, 464, 488f.
– Mitteleuropa 205, 229, 250, 269, 396, 412, 449, 465, 489
– Osteuropa 41, 53, 55f., 131, 161, 172, 205f., 209f., 216f., 229, 250, 259, 269, 334, 363, 370, 388, 391, 396, 400, 414, 423f., 449, 455, 465, 478, 489
– Südeuropa 130, 478
– Westeuropa 130, 160, 206, 209, 217, 412, 414, 449
Europäische Gemeinschaft s. *Europäische Union*
Europäische Union 16, 49, 130, 146, 205, 217, 221, 235f., 242, 264, 269, 383, 403, 449, 453, 486ff., 494

Falklandinseln (Malwinas) 406
Fidschi 141
Finnland 53
Frankreich 58, 61, 137, 160, 217, 241, 267, 305, 321, 374, 403, 408f., 410f., 449f., 455, 459
Französisch-Polynesien 141

Gabun 51, 91, 290
Gambia 267, 392
Gaza 104
Gemeinschaft Unabhängiger Staaten 58f., 172, 264, 284, 320, 371, 378, 392, 414, 423, 430
Georgien 64, 86, 132, 269, 363, 374, 378
Ghana 55, 61, 392
Golfstaaten 140f.
Griechenland 190, 267, 363
Großbritannien 59, 139, 160, 172f., 190, 192, 241, 267, 269, 370, 377, 403, 408, 410, 451
Guatemala 44, 370, 428
Guyana 52

Haiti 43, 95, 142, 355, 367, 374, 447
Honduras 94
Hongkong 43, 53, 140f., 173, 247, 447, 452, 454

Indien 44, 64, 92, 139, 165, 173, 251, 269, 274, 284, 315, 320, 338, 368, 372ff., 397, 400f., 409, 422, 425, 429, 437, 494
Indonesien 43, 76, 91, 117, 140f., 172f., 248, 267, 269, 373, 379, 415
Inguschien 132, 363, 374
Irak 55, 94, 104, 138, 372ff., 378, 380, 388, 398, 400, 402, 406
Iran 58, 76, 104, 138, 373f., 378, 380, 400, 402, 406, 430f., 438, 451
Irland 450
Island 392
Israel 92, 138, 352, 374, 388, 397, 400, 409, 423
Italien 49, 130, 190, 267, 403

Jamaika 53, 57
Japan 50, 53f., 58, 63, 141, 157, 160, 173,

192, 205, 209, 211f., 214, 216, 221, 235f.,
240, 242, 264, 269, 277, 315, 317, 320f.,
392, 396, 403, 423, 426, 433, 437, 414,
453f., 479, 485, 486f., 489, 494
Jemen 129, 138
Jordanien 92, 138
Jugoslawien 13, 64, 86, 131f., 339, 342,
353, 361, 363, 370, 377, 407, 437

Kambodscha 92, 140, 355, 377, 402, 406
Kanada 53, 57, 59, 173, 241, 269, 277, 301
Kap Verde 129
Karibik 43, 47, 165
Kasachstan 57, 87, 319, 344, 401, 409,
430
Kaschmir 92, 139, 374, 430
Katar 173
Kaukasus 339, 374
Kenia 371, 373, 429
Kirgistan 48, 57, 87, 344
Kiribati 266
Kolumbien 57, 94, 320, 365, 367, 374
Kongo 91
Korsika 370
Kosovo 86
Kroatien 363, 368, 371, 378, 382, 406
Kuba 142, 374
Kuwait 320, 380

Laos 58, 140, 365
Lesotho 129, 299, 453
Lettland 86, 344
Libanon 138, 368
Liberia 44, 87, 135, 378
Libyen 51, 293, 398, 400, 406
Litauen 55
Luxemburg 392

Madagaskar 52, 494
Mazedonien 86, 344, 355, 371, 378, 382
Malawi 47, 381
Malaysia 43, 76, 140f., 248, 451
Malediven 266
Mali 372
Marokko 44, 51, 137
Marshall-Inseln 104

Mauretanien 372f., 431
Mauritius 43
Mexiko 57f., 94, 117, 142, 173, 200, 248f.,
266, 288, 370f., 451
Mittlerer Osten 209, 212, 283, 364, 367, 373ff.
Moldau 86f., 363
Montenegro 371, 378, 382
Mosambik 55, 91, 133, 135, 267, 355, 378,
381, 402, 406
Myanmar 58, 92, 140, 365, 406

Nachfolgestaaten der Sowjetunion s. Gemeinschaft Unabhängiger Staaten
Naher Osten 47, 51, 65, 92, 152, 154, 214,
293, 320, 338, 364, 367f., 373, 375, 392,
397f., 403, 453
Namibia 133, 299, 355, 370
Nepal 54, 392
Neukaledonien 141
Neuseeland 53, 269
Nicaragua 43, 94, 355, 370, 374, 406
Niederlande 49, 267, 269, 293
Niger 55, 372
Nigeria 267, 429
Nordirland 363, 370
Nordkorea 92, 374, 399f., 407, 409
Nordossetien 132, 374
Norwegen 247, 459

Oman 51, 104
Ost-Timor 91, 377, 379
Ostblock, ehemaliger 154, 447, 489
Österreich 130f.
Ozeanien 139

Pakistan 44, 51, 58, 92, 138f., 372ff., 378,
400f., 409, 430
Panama 13, 285, 367, 374, 412
Paraguay 44, 94
Peru 57, 266, 292, 302, 365, 367, 459, 494
Philippinen 44, 76, 129, 140, 248, 370, 377
Polen 42, 47, 52, 58, 131f., 251, 266, 269, 456
Portugal 49, 130, 190, 459
Puerto Rico 370

Republik Korea *s. Südkorea*
Ruanda 13, 44, 91, 133, 135, 285, 355, 374, 376, 378, 392
Rumänien 47, 86, 131, 251, 269, 344, 363
Russische Föderation 47, 106, 173, 229, 250, 266, 301, 319, 344, 363, 374, 390 ff., 397, 402 f., 409 ff., 414, 430, 449, 489

Sahel 288
Sambia 55, 381
Saudi-Arabien 51, 76, 293, 320, 373, 398, 431, 451
Schweden 53, 267, 321
Schweiz 51, 53, 130, 269, 321
Senegal 267, 365
Serbien 363, 368, 371, 378, 382, 406
Sierra Leone 54, 133, 378
Simbabwe 117, 381
Singapur 43, 76, 141, 173, 247, 451, 454
Slowakei 48, 341, 344, 372
Slowenien 42, 371, 378, 382
Somalia 13, 44, 87, 133, 353, 371, 373, 378, 406, 447
Sowjetunion 41, 42, 86, 342, 361, 363, 367, 373, 377, 392, 401 ff., 408 f., 411
– Nachfolgestaaten *s. Gemeinschaft Unabhängiger Staaten*
Spanien 58, 130, 190, 267, 453
Sri Lanka 53, 92, 139, 368
Subsahara-Afrika *s. Afrika südlich der Sahara*
Südafrika 76, 81, 134, 299, 320, 342, 355, 371, 377, 381, 397, 406, 409, 451
Sudan 44, 76, 87, 133, 138, 372 f., 378, 406
Südkorea 43, 55, 58, 63, 141, 172, 247, 374, 396, 453, 456
Südossetien 363, 374
Swasiland 299
Syrien 104, 138, 372, 374, 400

Tadschikistan 48, 64, 86, 132, 363, 378, 430
Taiwan 43, 58, 141, 187, 247, 364, 396
Tansania 135, 172, 378, 381, 429
Thailand 43, 58, 66, 76, 140, 248, 267, 365, 396, 406
Tibet 364, 426
Togo 133
Tschad 368, 406
Tschechische Republik 42, 48, 55, 132, 251, 269, 341
Tschechoslowakei 363
Tschetschenien 13, 86, 132, 363, 374
Türkei 94, 129, 131, 274, 363, 372 ff., 404, 415, 430
Turkmenistan 42, 48, 55, 293, 319
Tuvalu 266

Uganda 55, 59, 135, 429
Ukraine 47, 106, 229, 250, 344, 401, 409, 411 f., 430
Ungarn 42, 48, 106, 132, 251, 344, 363, 437, 463
Uruguay 44, 52
USA 49, 57 f., 62 ff., 71, 95, 140, 157, 160, 185, 187, 192, 197, 205, 212 ff., 217, 235 f., 241 f., 247, 264, 267, 269, 277, 288, 293, 302, 305, 315, 317, 321, 370, 373, 377, 392, 395, 400 f., 403, 408 ff., 412, 414, 423, 428, 430 f., 437 f., 447, 449 f., 453 f., 457 ff., 463 f., 479, 482, 485 ff., 493 f.
Usbekistan 48, 430

Venezuela 269
Vereinigte Arabische Emirate 51, 173, 320
Vietnam 58, 140, 374, 377, 406

Weißrußland 401, 409
Westsahara 137, 355, 406

Zaire 44, 47, 87, 135, 378
Zypern 342

Verzeichnis wichtiger internationaler Abkommen

Abkommen der Vereinten Nationen über wirtschaftliche, soziale und kulturelle Rechte 70
Abkommen von Lomé 16
Allgemeine Erklärung der Menschenrechte 70
Asiatische Menschenrechtserklärung 76
Atomwaffensperrvertrag 408f., 480

Bellagio-Deklaration 462
Biodiversitäts-Konvention 305

Deklaration über die Rechte von Angehörigen nationaler oder ethnischer, religiöser und sprachlicher Minderheiten 338

Friedensabkommen von Oslo 352

Genfer Abkommen zur humanitären Kriegsführung 406
Genfer Flüchtlingskonvention 122

Internationaler Pakt über bürgerliche und zivile Rechte 76f., 87, 95, 338
Internationaler Pakt über ökonomische, soziale und kulturelle Rechte 76f., 146
Islamische Menschenrechtserklärung 432

Kinderkonvention *s. Übereinkommen über die Rechte des Kindes*
Klimarahmenkonvention 268, 269f.
– Walderklärung von Rio 301
Konvention zur Bekämpfung der Desertifikation 289

Schengen-Abkommen 130

Übereinkommen über die Rechte des Kindes 82
UN-Konvention gegen exzessiv oder wahllos wirkende Waffen 406
UN-Menschenrechtspakt 76f.
UN-Wanderarbeiterkonvention 146
UNESCO-Charta 65

Vertrag von Maastricht 189
Vertrag von Marrakesch 223

Weltbodencharta der FAO 289
Welttextilabkommen 218
Wiener Abkommen zum Schutz der Ozonschicht 274
– Montrealer Protokoll 274f.
Wüsten-Konvention der UN 289

Zivilpakt *s. Internationaler Pakt über bürgerliche und zivile Rechte*

Ihr direkter Zugriff zu den Daten der Welt

Der Fischer Weltalmanach '96
Zahlen Daten Fakten

Herausgegeben von Mario von Baratta
Band 19096

›Der Fischer Weltalmanach '96‹ informiert umfassend über alle Staaten der Erde, u. a. über Bevölkerungsstruktur, Staatsform, Regierung, Wirtschaft und mit einer Chronik über die politischen Ereignisse des vergangenen Jahres. Die deutschsprachigen Staaten werden mit zusätzlichen Daten zur Wirtschafts- und Sozialstruktur vorgestellt. Er beschreibt Aufbau und Ziele internationaler Organisationen, wobei der Europäischen Union und den Entwicklungsbanken besondere Aufmerksamkeit gilt, und liefert Kurzbiographien ausländischer Politiker. Nationale und globale Entwicklungen im Bereich der Wirtschaft werden mittels Daten und Statistiken zu Industrie, Landwirtschaft, Handel und Verkehr gezeigt. Außerdem werden die wichtigsten Preise aus allen kulturellen Bereichen aufgeführt.

»...wieder ein statistisch maßgeschneiderter Tausendsassa, der zuverlässig und zeitnah Auskunft gibt.«
Frankfurter Allgemeine Zeitung

Fischer Taschenbuch Verlag

Mario von Baratta / Jan Ulrich Clauss

Fischer Almanach
der internationalen Organisationen

Band 12259

Dieser Almanach stellt die wichtigsten internationalen und supranationalen Organisationen in alphabetischer Reihenfolge der gebräuchlichen Abkürzungen vor. Jeder Artikel informiert u. a. über Gründung, Mitglieder, Organe, Sitz, Finanzierung, Ziele und Aktivitäten.

Vorrangig behandelt werden gouvernementale, d. h. Organisationen mit staatlicher Trägerschaft wie die Europäische Union/EU oder die Vereinten Nationen/UN mit ihren Sonderorganisationen. Bei den nichtgouvernementalen Organisationen, die auf humanitärer, kultureller oder wirtschaftlicher und politischer Ebene arbeiten, wird eine Auswahl vorgestellt, die sich am Grad ihrer Bedeutung und Bekanntheit orientiert.

Fischer Taschenbuch Verlag

Worldwatch Institute Report

Zur Lage der Welt 1996

Herausgegeben vom Worldwatch Institute
Konzepte für das Überleben unseres Planeten
Band 12943 *(in Vorbereitung)*

Seit 1987 erscheint die deutsche Fassung des Worldwatch Institute Reports und ist zu einer festen Größe in der umweltpolitischen Diskussion geworden. Die globale Sichtweise, mit der Fakten und Zahlen aus allen Teilen der Erde analysiert werden, vermittelt auf anschauliche Weise, daß der Umweltzerstörung nur durch gemeinsame Anstrengungen aller begegnet werden kann. Die einzelnen Beiträge, die sich von Jahr zu Jahr mit anderen Themen beschäftigen, zeigen darüber hinaus, daß eine Umweltpolitik ohne Berücksichtigung der sozialen Komponente keine Zukunft hat. Es gilt, auf eine nachhaltig umweltverträgliche Entwicklung hinzuarbeiten, die nicht – wie häufig behauptet wird – Arbeitsplätze vernichtet, sondern neue schafft. Und es gilt, einen neuen Konsens zwischen Industrie- und Entwicklungsländern zu schaffen, um Probleme wie Überbevölkerung, Armut, Bürgerkriege, die weltweit zu 23 Millionen Flüchtlingen geführt haben, gemeinsam zu lösen. Der Worldwatch Institute Report nennt all diese Dinge beim Namen, die wir ändern müssen, wir Verbraucher, wir Unternehmer, wir Politiker.

Fischer Taschenbuch Verlag

Zur Situation der Kinder in der Welt 1995

Herausgegeben vom Deutschen Komitee für UNICEF
Band 12383

Der Jahresbericht von UNICEF »Zur Situation der Kinder in der Welt 1995« ist eine Dokumentation der Strategien und Erfolge internationaler Entwicklungshilfe für Kinder und Frauen. Viele der 1990 während des Weltgipfels für Kinder vereinbarten Vorhaben sind inzwischen Wirklichkeit geworden. Erstmals in der Geschichte der weltweiten Zusammenarbeit verfolgen Regierungschefs zahlreicher Länder das gemeinsame Ziel einer Verbesserung der Lage der Kinder und damit der Zukunft ihrer Nationen.

Diese UNICEF-Zwischenbilanz zur Mitte des Jahrzehnts verdeutlicht, daß wirksame und kostengünstige Entwicklungsstrategien bekannt und mittlerweile auch politisch akzeptiert sind. Sie stellt die wichtigsten dieser Vorgehensweisen für das Wohlergehen von Frauen und Kindern vor, verweist auf positive Erfahrungen, aber auch auf die Schwierigkeiten, z. B. beim Aufbau sozialer Netze.

Das Fazit des Berichts lautet: Ohne eine an den Kindern ausgerichtete Sozial- und Entwicklungspolitik können die großen Probleme der Menschheit – Armut, Bevölkerungswachstum, Umweltzerstörung, Kriege und Bürgerkriege – nicht gelöst werden.

Jahrbuch 1996 in Vorbereitung
(Band 12942)

Fischer Taschenbuch Verlag